U0856909

乔布斯传

神一样的男人

明道　编著

中国華僑出版社

北京

图书在版编目(CIP)数据

乔布斯传：神一样的男人/明道编著.—北京：中国华侨出版社，2013.8(2019.6 重印)

ISBN 978-7-5113-3960-7

Ⅰ.①乔… Ⅱ.①明… Ⅲ.①乔布斯,S.(1955~2011)-传记 Ⅳ.①K837.125.38

中国版本图书馆 CIP 数据核字(2013)第 196770 号

乔布斯传：神一样的男人

编　　著：明　道
责任编辑：黄　威
封面设计：韩立强
文字编辑：杨　君　贾　娟
图文制作：北京东方视点数据技术有限公司
经　　销：新华书店
开　　本：720mm × 1020mm　1/16　印张：34　字数：806 千字
印　　刷：鑫海达(天津)印务有限公司
版　　次：2013 年 10 月第 1 版　2022 年 3 月第 16 次印刷
书　　号：ISBN 978-7-5113-3960-7
定　　价：68.00 元

中国华侨出版社　北京市朝阳区西坝河东里 77 号楼底商 5 号　邮编：100028
发 行 部：(010)58815874　　传　真：(010)58815857
网　　址：www.oveaschin.com　　E-mail：oveaschin@sina.com

前言
Preface

苹果公司，是近几十年来屡屡创造奇迹的一家公司，而它之所以能创造奇迹，公认的原因，正是因为它有一个神一般的灵魂人物存在，他，就是乔布斯。乔布斯总能在关键的时刻，让他创建的苹果公司创造出惊人的奇迹。更关键的是，乔布斯赋予了苹果产品独特的含义，让电子产品走下神坛，深入人类生活的各个角落。

在世界各类媒体的报道中，我们不难发现乔布斯的几项个人特质，比如“专注”“完美主义”“精英主义”“现实扭曲力场”，等等。人们把乔布斯和他的“苹果”看成一个传奇，提到乔布斯，就会把他和一系列堪称艺术品的产品联系起来：iMac，iBook，iPod，iPhone，iPad……

乔布斯带领苹果公司上演了一出活生生的海明威式神话：“你可以打败我，但你永远打不垮我。”他的身上有无数让人着迷的特质：坚韧不拔、知难而进、勇于创新、敢于冒险……

乔布斯，这个全球最酷的企业家、IT产业的艺术家，为世界奉献了一个充满创意的“苹果”。乔布斯似乎拥有无穷无尽的意志力和行动力，他创造出一个又一个商业神话和新奇产品，不仅改变了他自己，甚至可以说改变和影响了人类的生活方式和对未来科技的认识。

超凡魅力，是一种赋予极少数人的礼物，而史蒂夫·乔布斯，正拥有这样一份堪称“现实扭曲力场”的“魔力”。目睹他长达数小时的演讲，就好像在看一位善于展示的能手在不携带任何草稿的情况下尽情挥洒内心的独白。这是一种醉心于科学技术的独白，技术就是史蒂夫·乔布斯的整个世界。

科学技术的迅速发展使得很多事物看上去都是新颖的、超前的、光彩夺目的，而乔布斯又对这种迅速发展的技术有着非同一般的感受。他内心充满激情，他对“苹果”怀着一种狂热，他会因拯救濒临失败的东西激动不已——这不但是为了自己，也是为了苹果公司，甚至是为了全世界的个人电脑产业。

他的“魔力”，他对胜利时刻的独特感受；他的从容，都汇集在了他创造的口号里：

“伟大的疯狂！”

“在世界上留下足迹！”

“让我们成为海盗吧!”

后来又产生了新的口号:“这将是了不起的成就!”

“超越盒子!”

到了最后是:“重振苹果!”

这些口号就像一支奇特的队伍经过时产生的嘈杂声,既有苹果公司和 NeXT 公司的工程师,也肯定有巴斯光年、海底小丑鱼,还有超人特工队一家。

乔布斯推动开发的一个接一个的产品总让人们产生“必须拥有”的渴望,因为他总是在设计时,考虑到你和我这样平凡而实际的用户。乔布斯经常被拿来与发明家托马斯·爱迪生、“汽车大王”亨利·福特相提并论,因为他们发明的产品都经济实惠,让生活更加方便,改变了美国人乃至全世界人的生活方式。

他生活中的某些经历,听起来就像从电影里搬出来的童话故事:刚出生就被领养,出色地从失败中崛起,拥有令人无法置信的巨大财富……他被人爱,也招人恨,被强烈地崇拜,也被广泛地鄙视。

在以前,当乔布斯尚显年轻、羽翼未丰的时候,一些对他持怀疑态度的人认为,他只不过是一位行事大胆的鲁莽之辈。当这位年轻的电脑天才在苹果公司占有一席之地的时候,他就有些飘飘然了,也似乎开始变得冷酷无情了。虽然他参与设计了麦金塔个人电脑,但他的内心还是感到很空虚。

他在被自己开创的公司赶出去之后,在“荒野”之中待了十几年,在他重新回来的时候,他的内心世界发生了很大的变化,那是一种更加人性化的转变。创业的失败使他变得谦逊了,孩子们的出生使他变得温顺了,而年龄的增长也使他变得更加成熟了。虽然他还可能刚愎自用,还可能像以前一样只相信自己的决断,但重要的是,他已经意识到工作是大部分人做的:“苹果公司就是一支团队。”

是史蒂夫的努力使科学技术在每个人面前都充满了希望,而其他人是做不到这一点的。

他习惯穿着黑色的圆领 T 恤和一条已经穿得很旧的牛仔裤,这也显示了他依旧鄙弃那种公司传统的正式服装。带着一种缺乏自信,甚至有点自嘲的笑容,带领苹果公司的团队,为全人类创造出了更多更好更棒的电子产品。

而他的人生经历,自然也为人们探寻和研究。打开本书,让你了解一个真实的乔布斯,让你知道他是如何从一个被亲生父母遗弃的婴儿成长为全球电子产品的领军人物,让你跟随乔布斯的失败与成功,体会逆境中的崛起,在人生的道路上走得更加顺畅。

目 录
Contents

命运捉弄与补偿

被遗弃的孩子

"亲生父母对于其他人来说，可能还有更重要的意义，但对于我来说，他们仅是精子库和卵子库而已。"

——在谈到自己的亲生父母时，乔布斯如是说

有人说，每个人都是上帝咬了一口的苹果，只是因为有的苹果味道特别芬芳，所以上帝就多咬了一口。这样说起来，本书的主人公史蒂夫·乔布斯一定是那个味道特别芬芳的苹果，因为他是那么的倒霉，还没有出生，就已经注定了要被遗弃。

故事要从一段师生恋开始讲起……

1954 年，来自威斯康星乡村的德裔女孩乔安妮·席贝尔·钱德里·辛普森进入了她梦寐以求的威斯康星大学，开始了绚烂多姿的大学生活。

与此同时，来自叙利亚的"约翰"阿卜杜勒塔赫·钱德里在贝鲁特拿到美国大学的学士学位后，进入了威斯康星大学攻读政治学硕士并担任助教。

于是，命运的齿轮就这样开始转动起来……修有政治课的乔安妮很快就为年轻助教钱德里优雅的举止和渊博的学识所倾倒，而钱德里也深深地被乔安妮的美丽乐观吸引，一场跨国的师生恋就此展开。

1954 年的夏天，乔安妮跟随钱德里来到了钱德里的祖国叙利亚。钱德里的家族在叙利亚非常显赫，他父亲经营着好几家炼油厂，还涉足其他多种产业，除此之外，他在叙利亚首都和第一大城市大马士革及第三大城市霍姆基还有大量资产，至于这笔资产到底有多巨大，从他一度掌控了那里小麦的价格就可见一斑。尽管钱德里家族世代经商，但是十分重视孩子的教育，一直坚持送家庭成员到伊斯坦布尔或者巴黎索邦大学读书。阿卜杜勒塔赫·钱德里也没有逃过这样的安排，他在很小的时候就被送到一所耶稣会寄宿学校学习。因为钱德里是家中九个孩子中最小的一个，所以非常受宠。

可能是爱屋及乌吧，乔安妮在钱德里家族中受到了热烈欢迎。钱德里和乔安妮在叙利亚度过了愉快的两个月，乔安妮甚至还从钱德里家人那里学会了如何做钱德里喜欢吃的叙利亚菜。快乐的时光总是过得很快，两个月后，当他们回到威斯康星，乔安妮发现自己怀孕了。

这个消息对于一个是学生、一个是研究生的他们来说，无异于一颗重磅炸弹，彻底打乱了他们正常的生活秩序。对于这个不合时宜到来的小家伙，他们想到了各种处置方法。首先是堕胎，但是因为当时他们所在的威斯康星是一个天主教地区，所以堕胎是违法的，孩子的这条小命暂时保住了；既然不能堕胎，那只有结婚，给孩子一个合法的身份了。

无奈的两个年轻人怀着忐忑的心情来到了乔安妮家。钱德里断断续续地向未来的老丈人说明了情况，并请求老丈人同意将女儿嫁给自己，给孩子一个合法的身份。

乔安妮的父亲——亚瑟·席贝尔是一个很成功的商人。他自德国移民到美国后，辗转来到了格林贝的郊区，经营着一家水貂养殖场，还涉足房地产等多种生意。他是一个非常虔诚的天主教徒，在女儿的恋爱的问题上尤其严厉，坚决要求自己的女儿必须嫁给一个天主教徒。几年前，乔安妮曾经谈过一个男朋友，但是因为对方不是天主教徒，所以被亚瑟·席贝尔活生生地拆散了。

面对着眼前这个用期盼的眼神看着自己的年轻人，亚瑟·席贝尔又问出了同样的问题，你是天主教徒吗？钱德里的答案没有让他满意，于是，他冷漠而又坚决地拒绝了他们的请求。他之所以反对这门亲事还有一个原因。在这个顽固的天主教徒眼里，未婚先孕有损家族荣誉。亚瑟的态度让这对满怀希望的年轻人备受打击。想起上一次父亲对自己爱情的阻挠，乔安妮非常生气，进行了激烈的反抗。但是，亚瑟威胁说，如果乔安妮敢和钱德里结婚，他就剥夺乔安妮的财产继承权，并断绝父女关系。万般无奈，乔安妮和钱德里只有放弃结婚的打算，而还在妈妈肚子里的乔布斯，就这样注定了被遗弃的命运。

随着宝宝出生日期的临近，1955 年初，乔安妮挺着大肚子来到了旧金山一家医院。这家医院可以帮助未婚准妈妈接生，并秘密安排孩子的领养事宜。

小宝宝又在肚子里做运动了，满脸洋溢着母爱的乔安妮既开心又难过，开心的是宝宝终于快要降生了，难过的是自己快要和宝宝分离了。尽管自己不能亲自抚养，但是乔安妮还是希望宝宝可以在一个良好的家庭环境中长大。于是，她对负责安排领养事宜的医生提出了这样一个要求：领养孩子的父母必须都是大学毕业生。按照这个要求，医生将乔安妮肚子里的宝宝安排给了一对律师夫妇。所有的事情都安排好了，看来小家伙一降生就可以开始崭新的生活了。

那一天终于来临了，1955 年 2 月 24 日，在历经痛苦之后，乔安妮生下了一名男婴。看着这个哭声震天、健康可爱的小家伙，乔安妮柔肠百结。尽管万分不舍，还是得忍痛割爱。让她稍感安慰的是，要收养他的那户人家条件不错。可是，没过几天，负责安排收养事宜的医生告诉了乔安妮一个坏消息：那对律师夫妇想要收养的是个女孩而不是男孩，所以他们放弃了这次收养机会。

这个消息对于乔安妮来说，无异于晴天霹雳。看着怀中胖乎乎的儿子，她悲哀地想：儿子啊儿子，没想到你的亲生父母遗弃你，你的第一对养父母也遗弃你，刚一出生就遭受了两次遗弃，你以后还将经历怎样的人生呢？

无奈之下，医生只好给乔安妮安排了排在第二位的领养人，他们就是乔布斯后来的养父母——保罗·乔布斯和克拉拉·哈戈皮安·乔布斯。

保罗后来回忆说，那是一天半夜，他接到了一个电话，电话里说："我们这里有个不请自来的小男孩，你们愿意收养他吗？""当然！"保罗毫不犹豫地回答。要知道他们想收养一个孩子已经很久了。

就在乔布斯夫妇毫不犹豫地准备接受这个小家伙时，乔安妮看着活泼可爱的儿子却开始犹豫了。这一方面是因为她发现，乔布斯夫妇家庭条件一般，和律师夫妇根本没法比，而且保罗只是一个高中退学生，根本不符合她设定的收养标准；另一方面却是因为她的父亲亚瑟已经生命垂危了，她想要等到父亲去世后，和钱德里结婚，这样孩子就不用送人了，毕竟骨肉分离的滋味不好受。

在犹豫与等待中，几个月过去了，乔安妮一直都没有在收养合同上签字。与此同时，盼子心切的乔布斯夫妇，却竭尽所能地争取着这个孩子的抚养权。他们除了不停地表达诚意外，还向乔安妮保证一定让孩子上大学，并承诺设立一项专款作为孩子将来上大学的费用。乔安妮终于松口，在收养合同上签了字。乔布斯后来回忆说："当我生母发现想收养我的养父母根本就没有上过大学，我的养父甚至连中学都没有毕业的时候，她想为我争取到更好的生活环境，于是拒绝在收养文件上签字。但是僵持了几个月后，她终于同意签字，因为我的养父母向她保证一定会让我上大学。"

办完领养手续后，乔布斯夫妇抱着胖乎乎的小家伙，给他起名为史蒂夫·乔布斯。自此，这个小男孩开始了他以"乔布斯"的名字改变世界的传奇人生……

非常富有戏剧性的是，就在领养手续办完后几星期，也就是1955年8月，乔安妮的父亲亚瑟就去世了。以后的故事是，没有了结婚阻碍的乔安妮和钱德里在当年的圣诞节过后，就步入了婚姻的殿堂。可能，这就是所谓的缘分吧，这个小男孩注定要以乔布斯的名字为世人所铭记。如果乔安妮再坚持几星期，这个小男孩的命运或许就会改写，可是谁能保证他被改写后的人生，会像今世的这样精彩呢？所以，对于乔布斯来说，被遗弃是一种人生的结束，又是另一种人生的开始……

对于被领养这件事，乔布斯认为，养父母对自己非常坦率，他说在自己六七岁的时候就知道这件事了。他回忆说，刚知道这件事的时候，自己并没有什么特别的感觉，只是有一次他在自家门前的草地上向住在对面的小女孩讲述这件事时，小女孩的一句话，才让他意识到了领养的含义。小女孩天真地问乔布斯："他们把你送人，是不是不要你了？"这戳中了小乔布斯的痛处。他说："当时感觉就好像是遭到了雷击一样。"他大哭着跑回家，问父母是不是这样的。保罗夫妇这样告诉他："不，史蒂夫，不是这样的，没有谁遗弃你，是我们特意挑选你的。"乔布斯回忆说："他们说这话的时候，表情很严肃，眼睛直直地看着我的眼睛，语速特别慢，几乎是一字一顿地跟我说的，而且他们还向我重复了好几遍这句话。"这样的方式，让乔布斯印象深刻，也抚慰了他那颗受伤的心。

乔布斯周围的人都认为被遗弃这件事对于其性格有深刻的影响。乔布斯多年的同事德尔·约克姆说：“他总想完全掌控生活中的每一样东西，应该和他刚出生就遭到遗弃有密切关系。”

自大学毕业后，一直都和乔布斯联系密切的格雷格·卡尔霍恩提到被遗弃对于乔布斯的影响时说：“很多时候，他都把产品看作自己的延伸，这让他总想控制一切。他曾跟我说过被遗弃对他造成的影响及伤害。这让他形成了独立的性格，导致他生活在自己构筑的与现实完全不同的小世界里，遵循着一套和常人不同的行为方式。”

对于朋友们认为被遗弃给自己带来的创伤，乔布斯却矢口否认。他说：“亲生父母对于其他人来说，可能还有更重要的意义，但对于我来说，他们仅是精子库和卵子库而已。被他们遗弃，让我变得更独立了。我的（养）父母一直都让我觉得自己很特别。”

养父母的厚爱

“他们百分之一千是我的父母。”

——在谈到自己的养父母时，乔布斯如是说

每当有人称保罗和克拉拉为乔布斯的“养父母”或者暗示他们不是乔布斯的亲生父母时，乔布斯就会异常愤怒。

乔布斯的养父保罗·乔布斯全名是保罗·莱因霍尔德·乔布斯。和自己的儿子一样，他也有着丰富的人生经历。他出生并成长于威斯康星州日耳曼的一家奶牛场，父亲是个酒鬼，经常在喝醉后虐待他，但是保罗·乔布斯并没有受到父亲性格的影响，而是成长为一个温和的男人。

他深受中西部加尔文宗思想的影响，这让他得以在长达10年的美国经济大萧条中挺了过来。他高中没有毕业就开始在中西部地区游荡，偶尔做一下工程师的工作。当时正值美国经济大萧条时期，到处都在裁员，因此工程师的工作非常不稳定。第二次世界大战爆发后，为了寻求到稳定的工作，19岁的保罗加入了海岸警卫队（更多的人称它为“无赖海军”，保罗自己也这么称呼），成为美国海军“梅格斯”号运兵船上的一名机械师和锅炉工。在第二次世界大战期间，保罗所在的运兵船主要负责为巴顿将军向意大利运输部队。作为一名海军警卫队队员，保罗并不会游泳，但这并不妨碍他成为一名优秀的机械师和锅炉工，他甚至还因此获得了很多奖励。但是，同时保罗也经常会惹各种小麻烦，所以他的最高军衔也仅是一等兵。

第二次世界大战结束后，“梅格斯”号运兵船在旧金山退役，保罗也从海岸警卫队退伍。退伍时，保罗和战友打了个赌，说自己要在两周之内找到一个妻子。他是有资本这样说的，经过军队的历练，此时的保罗身高六英尺（约1.82米），已经成了一个身高体壮、有着文身的引擎机械师，同时，他的长相酷似20世纪50年代著名男演员——詹姆斯·迪恩，总之就是帅呆了。

巧合的是，他真的很快就在金门大桥附近遇到了自己心仪的女孩克拉拉·哈戈皮安。

克拉拉·哈戈皮安来自一个移民家庭。她的祖籍是土耳其控制下的亚美尼亚，她父母逃离亚美尼亚后来到了美国的新泽西州，她就出生在那里。在克拉拉童年的时候，他们搬到了旧金山的米申区。克拉拉是一个甜美风趣的女孩，但她有一个秘密，那就是她曾经结过婚，但是丈夫在第二次世界大战中战死了。

当保罗约会克拉拉的时候，克拉拉已经做好了面对新生活的准备。克拉拉后来回忆说，自己之所以会答应和保罗约会，并不是看上了保罗的容貌，而是因为他和他的朋友们可以使用一辆轿车，而这是当时约她的其他人做不到的。

用现在的话来说，保罗和克拉拉属于闪婚，因为两个人在仅认识10天后，也就是1946年3月，就结婚了。与此同时，保罗也赢得了和队员们的赌博。这种闪婚的现象在当时是非常普遍的，因为经历了战争的人们，都渴望拥有安定而温馨的生活。

结婚后的保罗和克拉拉尽管经济条件并不富裕，但是过得也还不错。他们先在威斯康星州和保罗的父母一起住了几年，然后搬到了印第安纳州。在那里他们的生活条件得到明显的改善，因为保罗的个人爱好是维修汽车，这帮他赚了不少钱。他们本可以在那里平静地过一辈子的，但是相对于印第安纳州来说，克拉拉更喜欢繁华的旧金山，于是她说服丈夫于1952年搬回了旧金山。他们利用保罗维修汽车赚来的钱在日落区购买了一套环境相当不错的公寓，开始迎接新生活的到来。

安顿下来后，保罗开始找工作。他先在斯拜克特费兹克斯公司工作，负责开发了条形码扫描系统，这一系统现在还在超市中广泛应用。后来，他应聘到一家名为CIT的信贷公司做强制执行人员，也就是“回收人”，他的主要工作是向用户索要汽车贷款的欠款。如果欠款人拒不还贷，保罗就要撬开车锁，对车子进行重新处置，比如拍卖。由于保罗看上去身高体胖，又参过军，所以他做这类工作还算顺利。有时候，保罗也会买下这样的车，修好后卖出。

刚到旧金山的时候，保罗一家的日子过得比较窘迫，但是随着保罗事业的发展，很快他们就过上了小康生活。经济条件的改善，更让他们体会到了没有孩子的缺憾。保罗夫妇一直想要一个孩子，但是克拉拉因为一次宫外孕丧失了生育能力。在他们结婚9年后，也就是1955年，他们决定收养一个孩子。他们收养的第一个孩子是个男孩，他们叫他史蒂夫·乔布斯。两年后，他们又收养了一个女儿，为她取名为帕蒂。

两个孩子的到来让保罗夫妇忙得不可开交，却也温馨甜蜜，日子就这样向前推移。

转眼，乔布斯5岁了。这时，保罗的公司将他调到了帕罗奥图的办事处。他们负担不起帕罗奥图的生活费用，于是举家搬到了帕罗奥图南边的山景城居住。和现在繁荣的山景城不同，当时的山景城还是一片荒凉，属于郊区，生活费用相对比较便宜。

保罗一家的房子位于迪亚布洛大道286号，这是一幢建于1950～1974年的普通房子，在加州这样的房子大约有11000多座。它们有一个共同的开发建造商约瑟夫·埃奇勒。埃奇勒融合实用性和简洁性，致力于打造质优价廉的房子，他的目标是让美国的普通百姓都能够负担得起。无疑，他做到了。乔布斯后来回忆说：“埃奇勒做得非常好，他让收入不高的人群也能享受到艺术性和实用性并存的房子。同时他充分考虑了低收入人群的需要，设计了一些很实用的特色。例如，为了便于这类房子的住户取暖，他在地板下面安装了热辐射供暖设施。我记得小时候，只要铺上地毯，就会温暖而舒适。”受埃奇勒的影响，乔布斯后来总致力于打造物美价廉的电脑，他说：“我希望苹果公司的产品既有完美的设计、简便的使用方法，同时又不太贵。这是苹果公司最初的设想，我们这种设想最早尝试于麦金塔电脑上，并在iPod上得以实现。”

尽管保罗一家当时的生活还不错，但是为了让孩子们有更好的生活条件，保罗决定换个薪酬更高的工作。当时乔布斯家的对面住着一个成功的房地产经纪人，他看上去不是很聪明，但好像赚了很多钱，保罗想既然他能干这一行，那自己也应该可以。于是他拼命上夜校通过执照考试，进入了房地产行业。结果，保罗运气非常不好，他刚进入房地产业没多久，这个市场就崩溃了，于是保罗一家的生活陷入了拮据之中。克拉拉不得不出去工作补贴家用。还好，当时很多公司对于员工的要求并不是很高，她很快在一家名叫瓦里安的公司当起了记账员。此时，他们家最值钱的财产——房子也不得不办理了第二份抵押贷款。这样的情况持续了差不多一年。当时乔布斯在上小学四年级，家庭的变故让他不能理解。有一次，老师问同学们，他们对于这个世界有什么不明白的。小小的乔布斯疑惑地回答说，他不明白自己的父亲为什么一下子就破产了。这件事让保罗意识到了自己事业的失败给儿子造成了多大的影响，他对此非常自责。于是，他很快就重新振作起来，找了一份机械师的工作。

尽管父亲的事业曾经一败涂地，但是乔布斯仍然尊敬并爱戴父亲，因为他总是坚持自己做人的底线和原则，绝不会为了做成某单生意而卑躬屈膝、阿谀逢迎，更不要说要诈骗人了。“做房产经济人，有时候需要违心地奉承别人，爸爸对此不在行，也没有兴趣这样做。这让我很佩服。”乔布斯说。

乔布斯养父母对于他的厚爱不仅体现在努力为他创造好的物质生活上，也体现在对于他意志的尊重上。当乔布斯大喊着“如果不换学校，我就不上学了”时，他们毫不犹豫地选择了搬家，让乔布斯进入更好的学校；当乔布斯任性地非要进入昂贵的里德学院时，他们又一次尊重了儿子的选择，尽管那笔学费他们筹措起来可能很困难。这其中可能存在遵守承诺的成分（因为保罗夫妇答应了乔布斯的生母一定会让他上大学），但更多的是父母对于儿子的一种无私的爱。

乔布斯对于自己的养父母充满了感激，他说：“他们百分之一千是我的父母。他们都很宠我，当意识到我很聪明后就有了强烈的责任感，竭尽所能地满足我的要求，送我去好学校，让我学更多的东西。”这让乔布斯始终认为自己是与众不同的，他认为，世界上的某些人，如爱因斯坦、甘地等是特别的，是被上帝选中并受到启示的，当然，他认为自己也是其中之一，这也形成了他独特而自我的个性。

硅谷热土

“在那里（硅谷）成长，让我受到了独特历史的启发，这让我很想成为其中的一员。”

——对于硅谷，乔布斯如是说

第二次世界大战后，美苏对峙的世界格局形成，为了在对峙中不落于下风，在世界范围内形成足够的影响力，美国加大了对于国防事业的投资，而从中直接受益的就是乔布斯所在的山景城。

美国国家航空航天局埃姆斯研究中心（NASA Ames Research Center）就位于山景城，乔布斯第一次看见计算机就是在这个研究中心，他说：“是爸爸带我去的埃姆斯研究中心，在那里我第一次见到计算机终端，并第一眼就爱上了它。”随着国防工业的发展，20世纪50年代，其他一系列国防工程项目也相继在此处落户。这其中包括1956年搬到NASA中心隔壁的洛克希德公司导弹与空间部门（The Lockheed Missiles and Space Division），它主要生产潜射弹道导弹。这家公司的到来比保罗一家早了四年，当保罗一家搬到这里时，这家公司的规模已经达到了拥有20000名员工。这个地区另外一家著名的公司是西屋电气公司，它距离洛克希德公司仅有几百米，在产品上也和洛克希德公司有联系，主要负责为其生产电子管和变压器。

军事工业的发展，刺激了以科技为基础的经济发展。这次经济发展开始于1938年两个人的“同居”。这两个人一个是戴维·帕卡德，另一个是他的朋友比尔·休利特。当时，戴维·帕卡德和他的新婚妻子先来到帕罗奥图，并购买了一座公寓，接着休利特也入住这幢公寓。这两位朋友的“同居”，促成了一个伟大公司的诞生，它就是惠普。而他们所住房子的车库，则成了一个传奇的诞生地，正是在那间车库中，他们研发出了第一台音频振荡器。当20世纪50年代各大军事工业入驻时，惠普已经具备了高速成长的能力，公司规模正在迅速扩大。

恰在此时，斯坦福大学的工程系主任弗雷德里克·特曼（Frederick Terman）有了一个想法，他发现学校中有些学生的创意非常有商业价值，可是没有资金实现，于是，他从学校拥有的土地上划出了一块约700亩的土地，建立了一个工业园区（硅谷就是在此基础上发展起来的），专门提供给可以将学生的创意商业化的公司。入驻这个工业园区的第一家公司就是乔布斯养母所在的瓦里安联合公司。很快，惠普也入驻斯坦福工业园区。园区优异的成长环境，让惠普发展迅速，到乔布斯10岁的时候，它的雇员已经达到了9000多名，并且成长态势良好，是所有工程师梦寐以求的工作场所。没有特曼，就不会有之后的硅谷，对于特曼的计划，乔布斯评价说：“他（特曼）极大地促进了科学技术产业在当地的发展壮大。”

在硅谷的发展过程中，半导体产业的发展起着举足轻重的作用。晶体管最早是在

1929年由美国工程师利莲费尔德发明，但由于当时技术条件的限制没能制造出来。1947年12月，晶体管由美国贝尔实验室的威廉·肖克利（William Shockley）、约翰·巴丁（John Barden）和沃尔特·布拉顿（Walter Brattain）组成的研究小组研制成功。就在乔布斯出生后不久，诺贝尔物理学奖就颁给了肖克利、巴丁和布拉顿，以奖励他们发明了晶体管。晶体管的问世让人们可以用一个小巧的、消耗功率低的电子器件来代替体积大、功率消耗大的电子管，这就为后来集成电路的诞生吹响了号角。

1955年，晶体管的发明人之一——肖克利搬到了山景城，并在1956年创办了肖克利半导体实验室，研究用硅来代替当时普遍使用的昂贵的锗制造晶体管的可行性。但后来肖克利脾气越来越乖戾，甚至放弃了对硅晶体管项目的研究，于是跟随他的8名工程师都离开了他。离开他的8名工程师中就有罗伯特·诺伊斯（Robert Noyce）和戈登·摩尔（Gordon Moore），他们离开肖克利后一起创办了仙童半导体公司（Fairchild Semiconductor）。仙童公司一度发展到了拥有12000人，但到1968年，诺伊斯在一场争夺CEO的争斗中失败了，于是他带领戈登·摩尔离开仙童公司，创办了集成电路公司（Integrated Electronics Corporation），简称为“英特尔”（Intel）。除了这几家公司外，短短几年间，山景城地区生产半导体的公司就如同雨后春笋般纷纷涌现，达到了50多家。

半导体产业的迅猛发展与英特尔的创始人之一戈登·摩尔有密切关系。他在1965年，通过一张图表发现，在价格不变时，集成电路上可容纳的晶体管数目，约每隔18个月便会增加一倍，性能也将提升一倍，也就是说，每一美元所能买到的电脑性能将每隔18个月就翻两倍以上，这就是著名的摩尔定律。这一定律揭示了信息技术进步的速度，对于产品性价比的预测基本准确，这在后来帮助了以史蒂夫·乔布斯和比尔·盖茨为代表的年轻企业家预测产品的成本。

蓬勃发展的芯片产业为山景城及其附近的帕罗奥图市、森尼韦尔市和圣何塞市赢得了一个共同的名字——美国硅谷。这个名字最早出现在1971年1月的《电子新闻》上，专栏作家唐·赫夫勒（Don Hoefler）以“美国硅谷”的名字做了一个专栏报道，硅谷之称由此而来。硅谷南起南旧金山，北至圣何塞，横穿帕罗奥图，涵盖了绵延40英里的圣克拉拉谷，美国著名的国王大道贯穿整个硅谷。现在，这里每年都会吸引到美国约三分之一的风险投资，是一个创造财富和神话的地方。

1960年，当保罗一家搬到山景城时，那里还有很多地方都覆盖着杏树和李子树，当然了，也还没有人将它称为硅谷。

但是乔布斯家的周围居住了很多工程师，这让乔布斯陷入了浓郁的科技氛围中。他曾经回忆说：“我周围住的都是些和高科技打交道的人，这让我对这些东西也充满了好奇，总会拉着他们问东问西，他们也都很乐意给我讲解这些东西。”

在乔布斯的邻居中，有一个人和乔布斯的关系最为密切，他就是和乔布斯家隔了七户的拉里·朗（Larry Lang），他是惠普的工程师。乔布斯说：“无线电和电子产品就是他生活的全部，他最早在我心中建立起了惠普工程师的形象。”朗很喜欢和小孩子们在一起玩，他经常带着乔布斯和一帮小孩子到家里，给他们讲解电路原理，教孩子们用电脑。有一次他用一个碳晶话筒、一块蓄电池和一个扬声器做成了一个简易喇叭，让乔布斯对着话筒喊话，声音通过扬声器放大之后传了很远，乔布斯觉得好玩极了。他兴奋地跑回家告诉父亲说，并不是所有的话筒都要有电子放大器才能工作。保罗·乔布斯坚持认为肯定需要放大器，于是他们来到了拉里·朗家里，看他制造出来的扬声器。看过之后，保罗说："我赶紧撤吧，省得丢人现眼了。"

这件事让乔布斯第一次意识到了父亲不是"无所不知先生"，同时也让他发现了自己比父亲还要聪明，这让一直将父亲当作偶像来崇拜的乔布斯有些不安。"他初中都没有毕业，却很聪明，几乎什么都能做，尤其是在机械方面，更是这样。发觉我比父亲聪明的那个时刻是我生命中最重要的时刻之一，它带给我的孤立感甚至比知道自己是领养的这个事实更加强烈。我永远忘不了那种感觉。"他后来回忆说。这是一种偶像破灭后的恐慌和无助，这种体验让乔布斯更加独立，也更加相信自己的力量，这对于他性格中现实扭曲力场的形成起到了一定的推动作用。

当地浓郁的科技氛围让小乔布斯兴奋不已，他后来回忆说："当时拥有尖端科技的军事公司都集中在那里（硅谷），在那里居住真是太高科技，太酷了。在那里成长，让我受到了独特历史的启发，这让我很想成为其中的一员。"这种耳濡目染，也奠定了乔布斯以后的职业生涯。

问题少年

"在刚开始上学的那几年我觉得特别无聊，因为那些东西我都会了，所以我就不断地惹麻烦。"

——对于自己调皮捣蛋的童年，乔布斯如是说

和很多天才一样，乔布斯的童年也有着光辉的"战绩"。当然了，他的战绩，都是由恶作剧谱就的。

乔布斯的战绩可以从三岁算起。他通常在凌晨4点的时候就会醒来，然后开始进行各种骚扰活动。为了让乔布斯可以稍稍安静一点，保罗夫妇给他买了录音机和磁带，让他戴上耳机自己听音乐。后来，保罗夫妇又把乔布斯的注意力转移到了电视上，希望电视可以让他安静一会儿。他们家的电视机几乎从早开到晚，这让乔布斯后来认定电视是历史上最糟糕的发明，他说："电视绝对是历史上最糟糕的发明，因为它会让人的思维处于停滞状态。大量的研究表明，电视对人的精神和心智是有害的，它会在消耗人们大量时间的同时，让大脑变得迟钝。不信的话你可以去跟那些长时间看电视的人聊天看看，他们反应非常迟钝。"当然了，他对于自己发明的电脑，却赞誉有加："只有人们打开电脑的时候，大脑才开始运转。"

乔布斯是一个好奇心旺盛的人，这从他小时候就可以看出来。他因为好奇塑料燃烧的气味，就把妈妈带有金属片的发夹塞到了电源插孔中，结果触电，烧伤了手，吓

得父母赶紧送他去了医院；他很好奇杀虫剂到底是什么味道，就喝了一瓶灭蚁剂，结果不得不去医院洗胃……乔布斯顶着好奇心的帽子进行的此类探险可谓不胜枚举。

他会在邻居家的摄像机前做鬼脸，他会骑在三轮车上大喊大叫打扰邻居休息，他甚至看了一些不健康的电视节目，总之他就是一个让父母头疼的问题小孩。

终于熬到了乔布斯上小学的年纪，本以为有了老师的管制，乔布斯会收敛一些，谁知保罗夫妇想错了，等待他们的是一次次被老师送回家的乔布斯。

乔布斯小学时就读于距家四条街区的蒙塔·洛马小学。在四年级之前，乔布斯坚持“三不”政策：不听讲、不服从管理、不做作业。他认为做作业纯粹是浪费时间，他总在课堂上和老师唱反调，还多次因为不服从管理而被老师赶出了教室。

“在刚开始上学的那几年我觉得特别无聊，因为那些东西我都会了，所以我就不断地惹麻烦。”乔布斯后来面带微笑，极为自豪地回忆起自己小学的光辉事迹。乔布斯说那些东西他都会是真的，因为在乔布斯进入学校之前，克拉拉就已经教过他了。乔布斯之所以不好好学习的另一方面原因是因为他蔑视权威，总想反抗权威，这种反抗精神也贯穿了乔布斯的一生。当时，小乔布斯面临的最大权威无疑就是学校和老师了。“他们对我来说，意味着另一种形式的权威。我讨厌他们。他们几乎把我天性中所有的好奇心都掐灭了。”乔布斯曾经这样评价自己的学校和老师。

有了反抗权威作为动力，乔布斯将自己身上的叛逆精神和恶作剧天赋发挥到了极致。调皮捣蛋的人从来都不会只有一个，和乔布斯一起搞破坏的是一个叫里克·费伦蒂诺（Rick Ferrentino）的小家伙。他们最疯狂的一次是一起制作了一张海报，上面写着“带宠物上学日”，结果很多同学真的带着宠物到了学校，弄得教室里鸡飞狗跳，热闹非凡，老师们气得都跳起来了。还有一次，乔布斯和费伦蒂诺骗别人告诉了他们自己自行车锁的密码，然后乔布斯和费伦蒂诺就把所有人的车锁都调换了位置。放学后，所有人都发现自己的车子打不开了，这件事一直弄到很晚才解决掉。在乔布斯做过的恶作剧中，最危险的一次是他们在自己老师瑟曼夫人（Mrs. Thurman）的椅子下面点燃了炸药，“那个老师吓得腿都软了。”乔布斯说起这件事的时候，语气充满歉意。

这种种行为让乔布斯在三年级还未读完就被送回了家三次。幸好，当时保罗夫妇已经将乔布斯当作特殊的孩子来对待，否则乔布斯不知道要吃多少次竹笋炒肉（打屁股）呢。在又一次被遣送回家后，保罗带着乔布斯来到了学校说：“没有失败的学生，只有失败的学校和老师。我认为调动孩子的学习兴趣是你们的责任，如果你们不能履行这个责任，而责怪我的孩子，那是不对的。”对于父母的态度，乔布斯很是感动，他说：“印象中，他们从来没有因为我调皮捣蛋而惩罚过我。我父亲从来没有打过我一巴掌。”

在乔布斯调皮捣蛋的同时，还有敏感而脆弱的一面。他曾经参加过一个游泳队，这也是他为数不多参加过的体育运动队。据跟他一起训练的一位同学描述，比赛失败后，乔布斯就会跑到一边哭泣，那个同学说：“他是一个孤单而相当爱哭的男孩子。”爱哭的个性也伴随了乔布斯一生。

就这样，戴着“问题学生”的帽子，乔布斯升入了四年级，这一年改变了他的一生。这一年他面临的第一个变化是，和他一起恶作剧的费伦蒂诺被分配到了其他班级，当然，这是学校的策略，他们认为分开了乔布斯和费伦蒂诺，学校就会安宁一些。乔布斯面临的第二个变化是，他遇到了一个好老师。这位老师名叫伊莫金·希尔(Imogene Hill)，是一位干劲十足的女老师，因为她圆乎乎的很可爱，所以人们昵称她为“泰迪”。这个泰迪成为改变乔布斯人生轨迹的人之一。

知己知彼，百战不殆。泰迪在收服乔布斯之前，认真地观察了他好几周，她得出了结论，这是个聪明的小家伙，只是把聪明用错了地方，于是她决定“收买”他。乔布斯后来回忆整个“收买”过程是这样的：有一天放学后，乔布斯正要回家。泰迪拿着一个练习本走到他面前说：“你回家把这上面的数学题都做出来。”乔布斯暗想，这个老师是不是疯了，我怎么可能会做。泰迪好像是看出了乔布斯的想法，就从身后拿出了一根超大的棒棒糖说：“尽力做吧，如果大多数都做对了，这根棒棒糖就归你了，我还会再给你5美元零花钱。”在当时的乔布斯看来，整个地球也就那个棒棒糖那么大了。于是，乔布斯为了一根棒棒糖极其认真地用了两天时间把习题做完了。这样的奖励持续了几个月时间，然后乔布斯就自己提出不要奖励了，他说：“相对于奖励来说，我更想让她高兴。”

除了习题之外，泰迪还会帮他找来一些小工具，让他自己做些小东西，培养他的成就感，无疑她做到了。乔布斯回忆说：“那是我自上学以来，收获最多的一年。正是因为有她，才有了现在的我。否则的话，我可能早早地就进监狱了。她在我身上看到了别人看不到的东西，所以她把所有注意力都给了我。”乔布斯觉得泰迪只关注他一个人，这可能是乔布斯的个人感受，但是泰迪确实对乔布斯印象深刻，而乔布斯认为泰迪从他身上看到的东西，泰迪认为一方面是智慧，另一方面则是他身上日后被称为“现实扭曲力场”的那部分能力。泰迪很喜欢向人们展示当年班级在“夏威夷日”拍的一张照片。那天乔布斯没有按照规定穿夏威夷衫，但是在照相时，他成功说服另一个孩子把自己的衣服脱给了他，所以照片上的乔布斯是穿了夏威夷衫的。

美好的时光总是过得很快，乔布斯巴不得四年级永远不要过去，可是他还是处在了四年级的尾巴上。这时，泰迪给乔布斯做了一项测试，结果显示，乔布斯的知识水平已经达到初中二年级了。这让保罗夫妇之外的其他人也意识到了乔布斯智力上的超常，于是他们决定让乔布斯连跳两级，直接进入七年级，他们认为这对于乔布斯来说是一个挑战自我和奖励自我的好方法。

但是乔布斯的父母决定让乔布斯只跳一级，于是乔布斯进入了距离蒙塔·洛马小学八条街的克里滕登中学。跳级本来是对于智力超群的学生的一种优待政策，但是乔布斯进入的这所学校对于优等生没有任何特别的安排，而只是把他和那些年纪大一点的学生放在了一起。同时尽管蒙塔·洛马小学和克里滕登中学距离很近，但是学习环境有天壤之别。在这所学校中，几乎每天都有打架事件发生，高年级学生在厕所中敲诈低年级学生的事更是司空见惯。硅谷记者迈克尔·S. 马隆（Michael S. Malone）曾经这样形容过这所学校：“这所学校的学生们用一种特殊的方式来显示自己的男子气概，那就是带刀到学校。”乔布斯到达这所学校后，人们热议的话题有两个：一，本校学生某某某、某某某、某某某刚因为轮奸而被关押；二，隔壁学校的校车被克里滕登中学的学生砸毁了，因为他们在摔跤比赛中胜过了克里滕登中学。乔布斯面临的就是这样的学习环境，同时因为跳级，乔布斯比自己周围的同学都小，这就让他的处境更恶劣了。他在学校中经常被欺负。他在那所学校坚持了一个半学期，到七年级上到一半的时候，他跑回家跟父母说："我坚决要换学校，如果不换学校，我就不上学了。"这对于乔布斯的父母来说是一个巨大的挑战，因为他们家当时的经济状况也就是勉强能维持收支平衡而已。但是，出于对儿子的爱，他们接受了。他们经过调查发现，那一带最好的中学是库比蒂诺中学，于是1967年，乔布斯夫妇倾尽仅有的21000美元，在那个地区买下了一座房子。

这座房子位于南洛斯阿尔托斯，距离搬迁前的家仅3英里，但是和原来的那所舒服的房子不同，这所房子没有任何特色。它位于克里斯特路1161号，但在1983年时，门牌号改成了2066号。这所房子没有任何特色，却有非常重大的纪念意义，因为后来苹果公司就诞生在这所房子的车库中。那是一个最普通不过的车库了，有着常见的带卷闸门，如果非要说优点的话就是设备还算齐全。就是在这个车库中，两个年轻人改变了电脑产业的进程和方向。保罗夫妇之所以选择这所房子，主要是因为它位于硅谷最安全也最好的学区库比蒂诺－森尼韦尔学区内。这次搬家对于乔布斯来说最重要的意义在于，他遇到了生命中另一个非常重要的人物——沃兹，这是后话，暂且不提。

有一个很玄妙的词叫作"偶然间的注定"，乔布斯无疑遭遇了这样的注定。乔布斯家的邻居是一名有机作物园丁，他在无聊的时候会教乔布斯如何种植有机作物。这偶然间的相逢，对乔布斯产生了深远的影响，这让他形成了一个终身未变的习惯——只吃素食。这个邻居对于乔布斯的另外一个重要影响是对于完美主义的追求。乔布斯曾说："他（有机作物园丁）不论种什么都要做到完美。他种出来的食物是我吃过的所有食物中最好吃的。也是受他影响，我开始只吃有机水果和蔬菜。"

这就是少年时期的乔布斯，一个调皮而聪明的问题学生。

从父亲那里学到的

"他（保罗·乔布斯）追求完美，这甚至蔓延到了别人看不到的地方。"

——在父亲对自己的影响上，乔布斯如是说

尽管乔布斯很早的时候就知道了自己是领养的，但是这丝毫没有影响到他和父母之间的感情，尤其是他和父亲保罗·乔布斯的感情更加深厚。

在8岁那年，乔布斯偶然间找到了一张保罗年轻时在海岸警卫队的照片，他盯着照片兴奋异常，好像发现了什么惊天大秘密一样。他后来这样向人们描述看到照片的感受："我看到了年轻时的他（保罗·乔布斯），真的很像詹姆斯·迪恩。他当时正坐在轮机舱里，上身没有穿衣服，看上去性感极了。这种感觉对我来说奇妙极了，不禁想感叹一句‘原来我爸爸也曾经是个年轻人啊，真帅!’”

只要是跟父亲在一起，乔布斯经常觉得做什么都好。有一年夏天，乔布斯跟父亲参观祖父的奶牛场时，被一幅情景深深地震撼了。当时，奶牛场刚添了一头小牛犊。这头小牛犊刚出生几分钟就挣扎着站了起来，开始走路。乔布斯后来回忆说：“这件事让我意识到了有些技能是天生的，不需后天习得。这是很了不起的，虽然有人不这么觉得。”他后来将这种技能引申到了电脑领域，说：“拥有这种技能的动物就像一款已经设计好了一切的机器，在出生后立刻开始协调作用，而不用再去学习。”

乔布斯一直都很崇拜自己的父亲，觉得父亲似乎是无所不能的，所以当他发现自己比父亲还聪明的时候才会那么的不安。他说：“我爸爸尽管没有上过大学，但是几乎什么都会设计。家里缺什么了，他都能做出来。有时，他还会让我加入其中。有一次家里的栅栏坏了，他给我一把锤子说：‘来，咱们一起把栅栏修好吧。’就这样，我跟他一起修好了栅栏。”这样父子共同完成一件事的感觉，让乔布斯觉得很奇妙。

在搬到南洛斯阿尔托斯后的很长一段时间里，乔布斯都像父亲的跟屁虫。

保罗对于自己家有了一个设备齐全的车库非常兴奋。有了资源不利用，显然不是保罗的作风，于是他顺理成章地继续在工作之余做着二手车的买卖工作。除了不浪费资源之外，还有其他几个原因促使保罗从事这项工作，原因一，保罗喜欢这项工作；原因二，乔布斯家当时的生活条件不是很好，需要保罗从事这项工作补贴家用；原因三，保罗得攒钱让乔布斯上大学，这是他答应了乔布斯生母的。

乔布斯曾经回忆说：“你知道我上大学的钱是怎么来的吗？50美元买入一辆坏掉的车，然后花几个星期的时间修好它，再以250美元的价格卖掉。我爸爸就这样为我攒够了上大学的钱。”接着，他又带着略显顽皮的笑容说：“而且他不会去报税。”修理旧汽车，促成了父子俩每周一次的废品收购站“寻宝之旅”，这对于乔布斯来说是一个有趣的过程。他们会在废品站里寻找保罗在修理汽车时可能用到的零部件，比如发电机、化油器等。在找到需要的零件后，保罗就会跟老板砍价，乔布斯对于父亲的这一项才能钦佩不已：“砍价是他的拿手好戏，因为他比那些卖家还清楚这些零件的合理价格。”

车库就像保罗的个人工作站，他像个追星族那样，在车库中贴满了自己喜欢的车子照片。他还会指着照片向儿子介绍各种车子的特色，例如这款车子线条非常流畅，那款车子排气孔容易出问题等。他希望可以把自己对于机械和汽车的热爱传递给儿子。他甚至在车库的桌子上划出一块地方说：“史蒂夫，从现在开始，这就是你的工作台了。”每天下班后，保罗就会穿上工作服，在车库中摆弄汽车，而乔布斯就会在旁边给父亲打下手。保罗说：“我本意是要传授他（史蒂夫·乔布斯）一些汽车修理方面的技能的，但是事实证明，那根本不可行，因为他讨厌把手弄得脏兮兮的。”更让他挫败的是，他发现自己的儿子根本就不喜欢机械方面的东西。对于和父亲一起窝在车库中的举动，乔布斯解释说：“我对修汽车没什么兴趣，但是我喜欢和爸爸待在一起。”

乔布斯从自己父亲身上学到了很多终身受益的东西，追求完美就是其中的一项。

乔布斯曾和父亲一起制作了一个柜子。在制作柜子的过程中，保罗坚持柜子的背面也要做得完美，乔布斯不解，保罗说："真正好的木匠会把柜子的背面做得和正面一样好。"于是，这句话成了乔布斯的座右铭。在苹果公司，乔布斯多次地用这句话来回答、教育员工。也正是这种苛刻地追求完美的精神最后成就了乔布斯。

乔布斯一家搬到南洛斯阿尔托斯后，保罗找了一份在光谱物理公司做机械师的工作，这个公司主要负责为电子设备和医疗产品生产激光器件，而乔布斯父亲的工作则是为工程师们设计的产品制作样机。

乔布斯曾经看到过父亲的工作过程，那是一种从无到有的创造过程，他被父亲工作过程中那种对于完美的追求所深深打动。因为激光仪器要求极其精准的调校，所以工程师们会对保罗·乔布斯说："模具的金属板必须一体成型，只有这样膨胀系数才能保持一致，你能做到吗？"保罗会说："当然了。"然后保罗就会努力按照他们的要求利用各种工具，从零开始制作出他们需要的模具。乔布斯非常敬佩父亲这种专注工作的态度，但是也一直遗憾没能进入过父亲的车间，他说："我对车床的使用更感兴趣，遗憾的是，我从未进去过车间，因为电子对我的吸引力更大。"

乔布斯的第一辆汽车是父亲保罗送的。

那年乔布斯刚满15岁，保罗利用自己改造汽车的本领送了儿子人生第一辆汽车。那是一辆配备有英国MG公司生产的发动机的纳什大都会轿车。收到这辆车时，乔布斯并不高兴，他不喜欢它，但是没敢告诉父亲，因为他可不想错过拥有一辆自己汽车的机会。很多年后，乔布斯回忆起父亲送给自己的第一辆车时说："纳什大都会是多酷的车啊，可是我当时就是不喜欢。但是它还是带给了我拥有第一辆车时的兴奋。"对于那辆车的讨厌，刺激了乔布斯利用各种机会赚钱，从而攒钱换车。他在攒够了钱后，立刻就让父亲带自己去换车。他看上了一辆阿巴斯发动机的红色菲亚特850轿跑车。保罗帮他买车并检查了车况，然后乔布斯拥有了靠自己能力买来的第一辆汽车。乔布斯后来回忆起第一次自己赚钱买车的感受时说："为了一样东西奋力拼搏，最终取得成功的感觉真是太好了。"也正是在这辆车上，保罗发现了大麻，知道了乔布斯吸食大麻的事情，这引起了父子相处过程中为数不多的几次争吵之一。乔布斯后来回忆说："那是我唯一一次真的和爸爸发生冲突。"但是保罗还是选择了尊重乔布斯。乔布斯后来回忆说："我伤了他的心。他要求我以后远离大麻，但是那时年少气盛的我没有满足他的要求。"

迷恋电子和音乐

"我一直都在寻找那些真正让我感兴趣，真正能让我全身心投入的事情，无疑电子设备就是。"

——说到自己对于电子的痴迷，乔布斯如是说

乔布斯在各个方面都多多少少地受到了父亲保罗·乔布斯的影响。他受父亲影响

的其中一个方面后来成为他终身的追求，那就是对于电子设备的喜欢。

乔布斯第一次接触到电子设备，是在保罗·乔布斯摆弄的汽车上。乔布斯后来回忆说："父亲会为我讲解电子设备的基本原理，这很有趣，也最早让我对电子设备产生了兴趣。"

乔布斯自从在父亲摆弄的汽车上见识过电子设备后，就开始关注与电子设备相关的各种东西。

当乔布斯一家还在山景城居住的时候，那里有一家名叫海尔蒂克的商店。这家商店里经常有很多废弃不用的电子元件，而这些元件中大多数还能用。因为物以稀为贵，相反地，东西多了就不被人珍惜了，在硅谷这样一个到处都是电子元件的世界里，人们甚至可以以颜料涂得不均匀就扔掉一个元件。去这家商店寻找可以用的元件就成了乔布斯非常喜欢干的一件事。乔布斯在上中学的时候，经常在周末想办法来这里做零工。

乔布斯进入库比蒂诺中学后，加入了学校的电子学兴趣班，和一帮电子迷们学到了不少的电子学基础知识，同时还跟着老师做了许多电路实验，这都为他后来的创业打下了基础。

他在库比蒂诺中学还认识了一位律师的儿子——比尔·费尔南德斯。费尔南德斯和乔布斯一样都是瘦瘦小小的，但是他们都极富个性，这让别人觉得他们很有距离感，所以两个被孤立的人走到了一起。除此之外，两个人成为好朋友还有一个原因，那就是两个人都是电子迷，他们都会长时间地沉浸在电子的世界中，而丝毫不理会周围发生了什么。那时，两个人经常躲在学校附近的生产车间里鼓捣电子器件，一玩就是几个小时。尽管在其他同学眼中，他们非常古怪，但是两人毫不在乎，而是完全沉浸在了科学技术的氛围中。对于电子的痴迷，为他们赢得了"电子迷"的称号，这个称号和"书呆子"完全不同，它可是非常酷的。

费尔南德斯也成为后来介绍苹果两位创始人认识的"媒人"。因为苹果公司的另一位创始人沃兹是费尔南德斯的邻居。沃兹的父亲是一位电子工程师，费尔南德斯就经常跑到沃兹家向沃兹的父亲请教各种电子问题，有时，比费尔南德斯大 5 岁的沃兹也会参与到费尔南德斯的科学比赛小游戏中。

布鲁斯·考特尔是乔布斯中学时的朋友，他自高中起就被认为是最有希望成功的学生，他也果然成功了，目前他是硅谷一家高级律师事务所的合伙人。在谈到乔布斯时，他说："我对史蒂夫·乔布斯印象非常深刻。我们一般人都习惯于不紧不慢地处理自己的工作，但乔布斯不一样，他通常会通过精确的估计，用别人一半的时间就把整件工作做得非常成功。"

乔布斯曾经设计过一个频率计数器，这个装置可以用来跟踪电路中的固定电子频率。有一天，他在做实验时缺少了一个元件，就想既然惠普是最好的电子产品制造商，那惠普的老板一定能帮自己解决这个小小的问题，于是他翻开公共电话本，从上面查出惠普创始人兼总裁威廉·休利特的电话号码就拨了过去。没想到，休利特真的接了电话，当他知道，电话那头是个向他寻求帮助的小小电子迷时，感到很有趣，就答应了乔布斯的请求，同时非常耐心地跟乔布斯聊了将近20分钟，要知道这20分钟对于乔布斯来说可能就是一个炫耀的资本，“看，惠普的创始人还和我聊天了呢”，而对于休利特来说，这20分钟却是非常珍贵的，用现在的话说，当时休利特的时间都是按秒计算的，每秒钟的价值都不菲。这个电话不仅让休利特同意了给乔布斯提供他需要的零件，还让乔布斯得到了一个暑假去惠普实习的机会。说是实习，其实也就是在装配线上负责拧个螺丝帽，但这仍让乔布斯喜出望外。

乔布斯在惠普实习时，有些工友对于这位爱出风头的孩子有些不满，因为他是走后门进来的。但是他跟惠普的工程师们相处得非常融洽，每天早上10点，工程师那里会供应甜甜圈和咖啡，乔布斯就会跑到工程师中间，和他们混在一起。

“惠普的创始人让我去惠普工作，我真是高兴坏了。那年夏天，我在惠普学到了很多。”乔布斯后来回忆说。在惠普的这一次实习经历也成为后来他应聘雅达利公司成功的原因之一。

后来，每当乔布斯提起这件事的时候，他都会表露出对休利特的尊敬，尽管后来他创立的苹果公司在成就上超过了惠普，但是他始终以惠普为目标，想要将苹果打造成像惠普那样的传世公司。

伴随着乔布斯的成长，他慢慢意识到生活中除了电子学还有其他一些东西。他回忆说：“有一天，我从惠普公司装配线上工作回来，就兴高采烈地向我的学校监管克里斯讲我有多么喜欢电子学，我还问他最喜欢什么事情，他看了我一眼说：‘我喜欢鬼混，我喜欢鬼混。’那个夏天我开始了解到世界上除了电子学，还有很多其他的事情。”

在库比蒂诺中学上完中学后，1968年9月，13岁的乔布斯进入了霍姆斯泰德高中，和他一起进入这所学校的还有他的好朋友比尔·费尔南德斯。霍姆斯泰德高中虽然是一所不怎么起眼的学校，但是学习气息非常浓厚，而且它还是加利福尼亚州的特色学校之一。巧合的是，就在乔布斯进入霍姆斯泰德高中的那一年，乔布斯后来的好友和合作伙伴史蒂夫·沃兹刚从这所学校毕业。

尽管这所学校学习气息非常浓厚，但是乔布斯和费尔南德斯发现他们体验不到在家里时那种浓郁的科学氛围了。

乔布斯根据自己的爱好，选修了约翰·麦科勒姆（John McCollum）教授的电子学，这门学科后来和其他部分一起成就了硅谷传奇。麦科勒姆和乔布斯的父亲保罗一样，也参过军，不过他参加的是空军。他是一个特立独行的老师，从不一板一眼地讲授课本知识，而是经常通过各种有趣的小实验激起学生的学习兴趣，比如他会在做实验时，让线圈产生炫目的电火花，吸引学生的注意。他还有一个对于学生们来说类似藏宝库的储藏室，里面堆放的是学生们做实验会用到的各种零部件。他会把储藏室的钥匙借给表现良好的学生作为奖励，这种方法极大地激励了学生们。

他讲课深入浅出，非常容易理解，同时他会把理论和实际联系起来，例如，在讲解怎样将电阻和电容串联和并联时，他会用这些知识制作扩音器之类的小玩意。

麦科勒姆当时所用的是学校边缘一间类似厂房的教室，出身于军队的麦科勒姆将军事化的作风和对权威的尊重带到了教学中，而乔布斯则一向蔑视权威，反抗权威，同时他已经不再隐藏对于权威的厌恶了，于是麦科勒姆和乔布斯之间有了不可调和的矛盾。

麦科勒姆后来回忆起乔布斯时说："他是孤僻的，总占据教室的一角忙自己的事情，根本就懒得和我及班上其他同学交流，好像那是在浪费他的时间。"如此一来，乔布斯当然也就很少有机会可以进入麦科勒姆的藏宝室了。但是乔布斯曾经做过一件事，让麦科勒姆印象深刻。那时，乔布斯在做一个实验，需要用到一个市面上找不到的零件，于是他就像曾经给惠普公司的创始人打电话那样，毫不犹豫地给制造那种零件的公司——底特律的伯勒斯公司打了电话，而且是对方付费的。他告诉对方说，自己现在正在设计一个新产品，想要测试一下那个部件，但是现在自己没有那个零件，希望对方可以给自己提供那个零件。几天后，伯勒斯公司真的把那个部件空运了过来。当麦科勒姆见到乔布斯手中的零件后，问他是从哪里弄来的，乔布斯脸不红心不跳，甚至略带骄傲地把自己撒谎骗伯勒斯公司的事情讲了出来，这让麦科勒姆很是生气，麦科勒姆回忆说："当时我很生气，我不希望自己的学生骗人。"而乔布斯则说："这有什么呀，我没钱，而那家公司很有钱，帮助我一下又不会对他们造成很大的损失。"

这样的性格冲突注定了两个人是不能长期相处的，于是，在上了仅一年之后，乔布斯就结束了麦科勒姆本来是三年的课程。乔布斯在这一年学习期间曾经制造出了一台带有光感器的装置，在遇到光后就会开启电路。他对于激光非常感兴趣，就和几个朋友一起通过安装在扬声器上的镜面反射激光，制造出了用于各种派对的音乐灯光表演装置。

在高中二年级结束时，14 岁的乔布斯好像对电子失去兴趣了，因为他加入了一个游泳俱乐部，俱乐部的训练占去了他很多时间，他还参加了水球训练。但是他很快就对这些东西失去了兴趣，他发现自己并不适合在这些方面发展，于是他重新开始研究电子。

乔布斯在痴迷电子的同时，还有另外两项爱好，一个是文学，另一个是音乐。

乔布斯喜欢文学和音乐都是从高中的最后两年开始的。当时乔布斯的心智进入了快速发展期。他开始听很多音乐，也开始阅读科技以外的书籍。就是在那一时期，乔布斯阅读了莎士比亚、柏拉图、迪兰·托马斯等名家的作品。他非常喜欢莎士比亚的《李尔王》、赫尔曼·麦尔维尔的《白鲸》和迪兰·托马斯的诗作，他甚至还上了文学创作课。

乔布斯曾经说："小时候，我本来打算学文学的，但后来我发现跟电子设备打交道更有趣。后来我看到了我喜欢的宝丽来创始人埃德温·兰德说的一段话，他说同时擅长人文和科学的人对这个社会是非常重要的，于是我的目标便成了成为那样的人。"自高中起，乔布斯始终在努力地向着自己的目标前进。

乔布斯在前进的过程中，也曾走过弯路。乔布斯 15 岁那年，也就是上高中 3 年级的时候，他开始吸食大麻，这成了他诸多对于生命意义的探求中走过的最大的一次弯路。对于这一经历，乔布斯从未隐瞒，但是后来在禅宗的影响下，乔布斯慢慢地戒掉了毒瘾。

苹果双雄初会

电子天才沃兹

“很多不可能的任务，只有沃兹才能完成。”

——在提到沃兹的时候，乔布斯如是说

如果说乔布斯在电子上的特长是后天习得的，那么他的合作伙伴兼好友沃兹在电子上的特长就是天生的。

沃兹，全名史蒂夫·沃兹尼亚克（Stephen Wozniak），出生于1950年8月11日，比乔布斯大了将近五岁。所以1968年当乔布斯进入霍姆斯泰德高中时，沃兹刚好从那所学校毕业。沃兹出生于加利福尼亚的圣何塞，祖籍是波兰。

沃兹的父亲杰里·沃兹尼亚克，人称“杰里”，毕业于加州理工学院工程系，是一名优秀的工程师。对于工程学的爱好，让他认为从事商业销售的人是不值得尊重的。这在后来当乔布斯和沃兹合伙开公司时也有体现。

在沃兹的心目中，杰里从事的是非常神秘的工作，他在洛克希德公司（成立于1912年，是美国一家非常重要的航空航天公司）工作，负责高度机密的军事项目。他的工作性质要求他不能把自己的工作透露给任何人，包括家人。这是一个很难的要求，但是杰里做到了。他曾经告诉儿子沃兹说：“一个人一定要信守承诺。绝对不能撒谎，撒谎就等同于谋杀。”父亲身上的这种品质后来在沃兹身上也有体现。沃兹就曾在自己的自传中说：“我敢说，一直到现在，除了无伤大雅的恶作剧外，我从来没有撒过谎。”

尽管杰里的保密工作做得很好，但是还是没能瞒过儿子沃兹，也就是在这件事上，沃兹第一次展现出了自己的聪明劲。沃兹通过自己的侦查发现父亲从事的工作和著名的“北极星”潜射弹道导弹有关。这让童年的沃兹心里非常自豪，这种自豪感也间接地让沃兹更深地受到了父亲的影响。他从父亲身上学到了两种东西：一，忠诚、守信；二，对于工程技术的热爱。正是对于技术工程的热爱，让后来的沃兹对于权力和金钱从来都没有野心，这一点和乔布斯有明显的不同。乔布斯很少考虑金钱，但是他在乎权力，总想掌控一切。2010 年，沃兹和乔布斯这对老朋友和老搭档认识 40 年了，在一场苹果公司的产品发布会上，沃兹回顾了他们之间的差异，他说："受父亲的影响，我始终坚持中庸的做人原则。像史蒂夫那样成为高层领导从来都不是我追求的。相比于高层领导来说，我更乐意成为一名工程师。"关于自己的父亲，沃兹说："有些人知道他是因为他很能喝酒，尤其喜欢喝马蒂尼酒，但是更多的人知道他是因为他曾经拯救过洛克希德公司，当时那家公司的研究项目陷入僵局，是他提出了可行的解决方案。"

杰里认为，世界上最重要的科学就是工程学，是工程学推动着社会的进步。他这种对工程学的热爱，深深地影响了儿子。沃兹曾回忆说，自己最早的记忆之一就是关于电子零件的。当时父亲把他带到了自己工作的地方，然后把他放在了一边的桌子上，让他随意地拿电子元件玩。沃兹回忆说："我记得他（杰里）的工作是检验自己设计的一款电路是否能正常工作。他努力地让显示器上的一条波形保持平直。在那一刻我就意识到他的工作是非常重要的，而且他棒极了。"跟父亲在一起时，沃兹会随便地拿起一个东西问各种各样的问题，而杰里就会耐心地回答儿子的问题，他会从最小的原子和电子开始讲起，阐述各种道理。因此，当沃兹上小学二年级时，已经知道电流、电阻、电压之类的基本知识了。沃兹在 10 岁时，就自己设计并组装了一台晶体管收音机；11 岁时，自己组装了一台业余无线电台和计算器；13 岁时，已经掌握了电子计算机的大部分原理，并自己设计出了一台电子游戏机。对于他的才能，连他的父亲杰里都表示："沃兹是电子科学技术领域的天才。"沃兹曾经颇为自豪地说，一项智商测试显示，自己的智商高达 200＋！

当沃兹升入小学四年级时，因为总是沉迷于电子设备，而不喜欢运动，所以形成了他日后的典型形象：矮矮胖胖的，还有点驼背。他为自己和像自己这样喜欢电子的孩子们起了个称号"电子小孩"。他给"电子小孩"的定义是，认为盯着一只晶体管比和一个女孩子眉来眼去有意思的人。

当乔布斯还在和父亲争执话筒是不是一定要有扬声器时，沃兹已经在自己搭建晶体管对讲系统了。

那时沃兹上小学四年级，他从父母那里收到了一份圣诞礼物——一套业余电子爱好者的工具和电子元件套装。他利用工具，把放大器、继电器、蜂鸣器等连接在一起后，自己设计线路、搭接电线、调试信号，在自己和邻居小朋友的房屋中间搭建起了"远程"通信装置。通信装置搭建好的当天，他们激动得睡不着，半夜还在拿着话筒对话：

"喂，我还没睡觉，你能听见我说话吗？"

"嗯，我听到你说话了，我也没睡呢？你在干吗呢？"

"我在……"

…………

沃兹带领着一帮小朋友利用这套通信装置，经常在半夜的时候相约翻窗户溜出去玩。后来，沃兹通过把这套装置上的蜂鸣器换成灯泡，让这套装置演变成了他们和家长玩捉迷藏的工具。沃兹还组装过世界上最先进的无线电制造商哈利克拉夫特的发射器和接收器，并因此获得了业余无线电执照。

在试验之外，沃兹还阅读了大量父亲的电子学期刊。沃兹对于知识强大的消化吸收能力，让他在接触到布尔代数之后，认为计算机系统一点也不难，而是非常简单。

沃兹在八年级的时候，在二进制理论的基础上用100只晶体管、200只二极管、200只电阻和10块电路板，研发出了一台计算器参加当地一项由空军举办的比赛。结果沃兹获得了最高奖项，而当时和沃兹一起竞技的是十二年级的学生。美国空军代表表示："沃兹的设计是所有参赛选手中最棒的。"

沃兹在就读霍姆斯泰德高中时，也曾经选修过麦科勒姆老师的电子课。和让麦科勒姆头疼的乔布斯不同，沃兹可是麦科勒姆的得意门生。麦科勒姆非常喜欢沃兹，当然了，沃兹也多次拿到了麦科勒姆藏宝室的钥匙，他甚至因为在班上表现杰出而成为全校的传奇人物。

高中四年级时，沃兹第一次获得了在计算机前工作的机会，这个机会是由喜万年（Sylvania）公司提供的，它当时招聘学生兼职，优秀的沃兹无疑成了首选。沃兹逮住机会，首先自学了FORTRAN语言，并阅读了当时大多数电子系统的使用说明，然后开始结合最新微芯片的规格设计自己的计算机。他发现自己使用的计算机设计太复杂了，于是他的目标是用尽可能少的元件设计出最先进的计算机。他后来回忆说："从那时开始，一直到四年级结束的时候，我每天晚上都把自己关在房间里设计计算机，我要求自己每天都要进步。最后实现所有功能后，我的计算机比市面上的计算机足足少用了一半的芯片。可惜，那个设计仅停留在了图纸上。"对于这款计算机的研究让沃兹成了这方面的专家。

这种沉迷于电子世界的行为，很快就让沃兹和社会及同龄人脱了节。当他回过神来的时候，忽然发现，自己被周围的人孤立了。他曾经回忆当时的感觉说："我记得之前玩得很好的朋友，突然之间生分了，甚至没有一个人愿意跟我说话。"这种被孤立的感觉让沃兹很是恐慌，于是，他想到了一个融入群体的好办法，那就是恶作剧。

在霍姆斯泰德高中读四年级时，沃兹曾经发明过一个可以用来打拍子的电子节拍器，这本来是一件好事。可是沃兹觉得这个节拍器打拍子时发出的声音很像定时炸弹发出的声音，于是他灵机一动，找来人块电池，撕掉标签后，绑在一起，并在外面缠上了几根花花绿绿的导线做成炸弹的样子，放进了学校的储物柜。他还为这个装置设定好了程序，一旦柜门被打开，"滴答"的频率就会变高。这个炸弹被发现后，当时霍姆斯泰德高中的校长布吕德先生一下子抱住"炸弹"，英勇地冲出学生储物室来到了开阔的操场上，并打电话让警察过来判别"炸弹"的真假。沃兹在暗处看到这种情况，笑得乐不可支。当天，沃兹就被校长叫到了办公室，他还以为学校又要给自己发奖呢，就高高兴兴地去了，结果他见到的是黑着脸的警察。当天他就被送到了青少年拘留中心，在那里度过了人生中难忘的一个晚上。

即使是在拘留中心里，沃兹也没有闲着，他教狱友们把通到天花板上风扇的电线接到了铁窗上，这样一来，谁一碰到铁窗，就会被电到。

这次恶作剧事件让沃兹一下子在学校里成了名人，同学们把他议论了一个晚上，第二天沃兹从拘留中心里返回学校时，同学们都站起来大声地为沃兹欢呼。这件事也成为霍姆斯泰德高中的传奇故事之一。

1968年，沃兹进入科罗拉多大学。和乔布斯进入大学一样，沃兹进入这所学校也是自己强烈要求的结果。沃兹为了进入这所学校和父母达成了一个协议：第一年在这所学校，第二年就必须转到离家较近的迪安扎社区学院就读。

进入大学后的沃兹，仍然喜欢恶作剧。他经常把学校弄得鸡飞狗跳的。他曾经印发过大量书写着“×你妈的尼克松”的传单，这导致他某些课程挂科了，并被处以留校察看的惩罚。他还利用自己高超的程序编写技能编写了一个程序，让学校的计算机不停地计算斐波那契数列，结果耗费了学校大量的资源，于是学校威胁要他承担费用。有一次，他甚至对学校的管理部门搞起了恶作剧。当时，学校广播本来在播出一段关于美国大选的怀旧音乐，突然就传出了一些相当不敬的声音。还有一次，沃兹自制了一个可以干扰闭路电视的遥控器在教师讲课的时候进行干扰，这导致闭路电视的画面总是不清楚，老师以为是电视信号的问题，于是就去调试电视机。每当老师抬起一条腿或一只胳膊时，信号就会恢复正常。那位敬业的老师，竟然真的就那样辛苦地抬着一条腿，上完了一节课。

为了不让父母知道这些事，沃兹只有在第二年的时候转到了迪安扎社区学院。

尽管沃兹很爱搞恶作剧，但除此之外，他就显得非常呆了，沃兹的妈妈就总称沃兹为“呆木头”，因为他从来就不注意女同学，也不注意自己的形象，而只是沉迷于电子的世界中。

沃兹对于感兴趣的事情注意力会高度集中，他妈妈说，当沃兹沉迷于一件事时，你怎么叫他他都充耳不闻，你要想转移他的注意力，就得用铅笔戳一下他的脑袋。除了电子及与电子相关的学科外，沃兹对于其他学科，比如文学和社会学几乎连看都不看，他高中毕业的时候，英语和历史甚至都是不及格的。

第一次会面

“他是我见过的第一个比我还懂电子的人！”

——在谈到沃兹给自己的第一印象时，乔布斯如是说

苹果双雄乔布斯和沃兹的会面和一台电脑的产生有密切的关系，这台电脑叫“奶油苏打水电脑”。

奶油苏打水电脑的产生可以追溯到1969年，当时在科罗拉多大学上了一年大学的沃兹按照和父母的约定来到了迪安扎社区学院。当时他主要的兴趣都集中在了设计和研发电脑上。为了研发自己的电脑，他深入地研究了通用数据（Data General）公司推

出的 Nova 小型机，然后开始尝试组建克隆机。为了拥有第一手的资料，他甚至给通用公司写了一封求助信，要到了一份内容翔实的内部文件。在迪安扎社区学院的这一年对于沃兹来说是充实而愉快的一年。

到暑假的时候，沃兹决定休学去赚钱。很快他就在一家名为坦勒特（Tenet）的电脑公司找到了一份程式设计师的工作，这个公司主要负责为交通部门生产计算机。沃兹对这个工作动心的另一个原因在于，这个公司的主管愿意把公司中多余的芯片免费送给他。

沃兹之所以需要这些芯片是因为，当年他和好友艾伦·鲍姆曾经耗时一个月为一个机械装置制作了各种图表和说明书。后来鲍姆去了麻省理工学院上学，沃兹就决定自己完成这项任务。尽管有公司主管的免费馈赠，沃兹还是决定要用尽可能少的芯片以挑战自我。

鉴于任务量太大，沃兹找来了自己的电子迷邻居，当时正在霍姆斯泰德高中读书的比尔·费尔南德斯帮忙。费尔南德斯加入之后，他们就将组装地点从沃兹的卧室搬到了费尔南德斯家的车库，因为那里有一个适合操作的工作台。沃兹后来这样描述自己制造这个装置时的构想："我在研发的时候就告诉自己这个装置必须能达成某个目标。就好像是电视机的遥控那样。"最后沃兹确实实现了这样的功能。在制造这个装置的时候，沃兹和费尔南德斯喝了很多克雷格蒙特奶油苏打水，所以他们为这个装置起名为"奶油苏打水电脑"。这是一台可以做乘法的计算器，当通过一系列的开关将数字输入后，结果就会用小灯表示的二进制呈现出来。

1970 年秋，这台凝聚着沃兹心血的计算机终于制造完成了，为了炫耀自己的成果，沃兹通过自己妈妈的关系，向当地的《圣何塞信使报》进行了展示。在展示的过程中，那位记者表示出了浓厚的兴趣，但遗憾的是，展示刚开始没多久，就因为那位记者不小心踩到电源线，让电源线着火而中断了。尽管如此，那个记者对于沃兹的杰作，仍然毫不吝惜赞美之辞，他在第二天的报纸上，用巨大的篇幅报道了沃兹的奶油苏打水计算机，夸奖说沃兹是一名技术天才，还刊登了沃兹的大幅照片。

这台计算器比后来的 Apple Ⅰ更加原始，受内存和计算能力的限制，它只能进行简单的数学计算，但是这丝毫不能掩盖它是一台真正的可以工作的电脑的事实，它比后来市场上出现的同样功能的计算机早了 5 年诞生。它的先进之处还在于，当几乎其他所有电脑都在使用磁芯内存的时候，它却采用了比较便于安装的随机存取内存芯片，而且和当时的其他电脑相比，它采用了更少的芯片，这就让它更小巧而精致。

这台电脑诞生后的某一天，费尔南德斯告诉沃兹说："我们学校也有一个叫史蒂夫的人，他跟你一样喜欢恶作剧和电子学，你们应该认识一下。"

于是，1971 年的某一天，在"媒人"费尔南德斯的安排下，苹果的两位创始人乔布斯和沃兹在费尔南德斯家的车库里有了第一次见面。32 年前，休利特走进帕卡德家的车库，惠普的传奇开始书写；32 年后，乔布斯和沃兹在费尔南德斯家的车库会面，苹果公司的传奇拉开帷幕——硅谷似乎和车库有着不解之缘。

据沃兹后来回忆说，他们见面的当天是非常普通的一天，费尔南德斯把他们叫到了自己家，在参观完奶油苏打水电脑后，两个史蒂夫就坐在费尔南德斯家门口的人行道边聊了很久，他们聊的主要内容都是关于两个人是如何调皮捣蛋的，当然了，也聊到了电子电路之类的问题。

据沃兹回忆说，通过聊天，他发现乔布斯和自己有很多相同点，他们都喜欢恶作剧，也都喜欢电子设备。但是沃兹也发现了两个人之间的不同，他发现乔布斯身上有一些自己不具备的能力，比如，自己能够制造出一个复杂的电路，却很难把自己的设计明明白白地讲解给别人听，也很难给别人讲清楚这个东西到底哪里好。而乔布斯则似乎天生就是一个销售家，只要搞懂了原理，他就能深入浅出地把这个设计的所有特性说出来，而且第一时间发现它的商业价值。沃兹还说："一般情况下，我不喜欢向别人介绍自己的设计，因为太困难了，他们总也不能理解，但是史蒂夫不同。只要我一讲，他就能明白。他简直就是我的知音，我喜欢他。尽管他看起来干干瘦瘦的，但是充满了活力。"

乔布斯和沃兹之间的这种区别，很大一部分来自各自的父亲。尽管他们都受到了自己父亲的影响，但是乔布斯更多的是从父亲讨价还价的过程中学到了如何赚取可观的利润，而沃兹则更多的是从父亲那里学到了对于工程学的痴迷和专注。他们之间的这种不同，也直接决定两个人后来在苹果公司的不同分工。

本次会面的另一位参与人——乔布斯在进行这次会面之前，其实已经听说过了很多关于沃兹的事迹，当然了最著名的还是他制造的假炸弹事件，所以乔布斯对于这次见面很是期待。乔布斯后来这样回忆沃兹给自己的第一印象："在认识沃兹之前，我一直认为自己是最懂电子学的，沃兹是我见过的第一个比我还懂电子的人!"这句话也成了关于两个人见面流传很广的一句话，但是据沃兹说，当时的乔布斯并不是很懂电子学。除了承认沃兹比自己还懂电子外，乔布斯也意识到了两个人的区别："我比我的实际年龄显得成熟，而他则与我正相反，他很聪明，但是从情商上看，他更像我这个年纪的人，我们刚好调换了一下。他看上去很天真，像个小孩子。我几乎立刻就喜欢上了他。"沃兹这种情商低于年龄的情况，是可以预见的。试想如果一个人整天除了研究电路板，搞个无伤大雅恶作剧外，对其他东西都毫不关心，他的情商会高到那里去呢？但是这并不妨碍乔布斯对于沃兹设计和组装电子元件能力的佩服。如果说乔布斯在见到沃兹之前，还觉得自己简直就是天下第一，自己称第二没人敢称第一的话，那么在见过沃兹之后，他体味到了一句话——"强中更有强中手"，因为和沃兹亲手组建的计算器相比，乔布斯曾经做过的东西，都成了拿不出手的小儿科。

除了电子和恶作剧之外，两个人发现他们还有一个共同之处，那就是都喜欢音乐。乔布斯后来回忆说："我们刚好处于音乐最辉煌的时候，现在想想，那时就好像贝多芬和莫扎特从未去世那样。沃兹和我深陷其中，不能自拔。"沃兹向乔布斯推荐自己非常喜欢的一位歌手——鲍勃·迪伦（Bob Dylan），他后来也成了乔布斯的偶像之一。

16 岁的乔布斯和 21 岁的沃兹就这样成为朋友。乔布斯后来回忆说："当时有一个名叫斯蒂芬·皮克林（Stephen Pickering）的人经常会有关于迪伦的小道消息，我们就经常跟着他，询问迪伦的最新动向。迪伦有一个习惯：他会录下自己所有的演唱会，尽管他从不会外传，但是他身边的工作人员会不小心泄露，于是市面上就会有很多盗版磁带。”乔布斯和沃兹经常到处搜集这种盗版磁带。沃兹回忆说：“当时市面上有人专门销售印有迪伦歌词的小册子，我们会买来进行深入解读。那是一场有趣的体验，他的歌词经常激发我们的创造性思维。”他们对于迪伦的热爱是疯狂的。乔布斯自己收藏有迪伦超过100个小时的磁带，其中他最喜欢的是迪伦1965和1966年巡回演出的磁带，每一场演出的磁带他都有。尽管在那些演唱会上，迪伦尝试电子音乐时遭到了很多人的反对，但是乔布斯和沃兹依旧喜欢他。当时为了听歌，乔布斯和沃兹每人都斥巨资购买了一台当时最先进的TEAC牌双卷盘录音设备。沃兹说：“为了便于收听，我曾经把迪伦好几场演唱会的录音利用录音机录制到了一盘带子上。”乔布斯说：“相对于一群人一起听歌来说，我更喜欢自己一个人细细地品味，所以我买了一副很好的耳机，经常什么也不干，就静静地躺在床上听歌，几个小时很快就过去了。”

在和乔布斯认识之后，沃兹逐渐地就融入了乔布斯的生活圈子，沃兹的好友艾伦·鲍姆也加入其中。当时他们在一起除了听音乐外，干的最多就是恶作剧。

1971年的暑假即将到来的时候，为了欢送即将离校的高四学生，乔布斯、沃兹和鲍姆来到鲍姆家的后院，在一张被染成学校校旗的床单上画了一只巨大的竖起中指的手。甚至鲍姆的母亲也加入其中，帮他们搞定了色彩的渐变和阴影，这让整个画面看上去更加真实，她慧黠地说：“我知道这是什么意思。”为了表明所有权，他们还从三人的名字中各取几个字母，组成了单词“SWABJOB”，意思是“沃兹尼亚克—鲍姆—乔布斯联合出品”，画在了床单上。他们利用滑轮和绳子控制床单的升降，当毕业生走到他们选定的阳台时，床单缓缓落下。这场恶作剧在学校广为流传，但也让乔布斯再次遭到了停学处分。40年后，乔布斯曾再次回到校园，他看着周围追逐打闹的学生们，指着其中一个阳台说：“沃兹和我就是在那里，奠定了坚实的友谊。”

乔布斯和沃兹进行的最有趣的一次恶作剧使用上了沃兹上大学时制造的一个可以干扰无线电视信号的装置。

他们会先侦察一个众人都在看电视的房间，然后像串门那样走进去，接着按下干扰器，电视屏幕就会变得不清楚。当有人敲打电视机，妄图使它恢复清晰时，沃兹就会解除干扰，让电视机恢复正常。有时，他们会提高难度，让观众始终保持一个姿势，电视才会清楚。这个姿势可能是单脚着地，也可能是把手按在电视机的顶部等各种奇奇怪怪的动作。这件事让乔布斯印象深刻，即使很多年后，仍然记忆犹新。他在一次主题演讲上也遭遇了图像不清的情况，于是就脱离演讲，讲起了这件年轻时的趣事，还在台上做了几个很滑稽的动作，逗得现场一片笑声，最后他说：“通常人们坚持不了5分钟，就会被气得面部扭曲，就像我这样。”说着，他做了一个扭曲的表情。

历史上两个人合伙成立公司的情况并不少见，比如惠普公司是威廉·休利特和戴维·帕卡德联合创办的，谷歌公司是拉里·佩奇和谢尔盖·布林两个人联合创办的，微软公司是比尔·盖茨与保罗·艾伦联合创办的，但是很少有一个公司的两个创始人像乔布斯和沃兹这样性格迥异。他们性格完全相反，却又相互欣赏。乔布斯在认识沃兹之前，是一个典型的嬉皮士，他留着披肩长发，胡子很久都不刮一次，而且他喜欢开快车，甚至吸大麻。他对于自己有兴趣的事情讲起来会滔滔不绝，且有很强的蛊惑性。他的一位朋友曾这样评价他："和史蒂夫·乔布斯谈话就好像从灭火的水龙头里接水那样。"但是对于兴趣之外的事情，乔布斯则非常冷漠，有时人们能看到他微笑，但是那种发自内心的笑则少之又少。而沃兹则敦厚老实，壮硕可爱，他腼腆而内向，连酒都很少喝，更别说沾染毒品了。其实沃兹是一个非常随和的人，他平时非常喜欢开玩笑，他后来还曾经专门开办了一个免费的服务活动，叫作"乐一天"，人们只要拨打一个电话号码，就可以收听一个笑话。即使现在，他也经常向一个好朋友发送小笑话和卡通图片。

史蒂夫和沃兹一个像坏小孩，一个像乖宝宝，但对于电子的热爱将他们紧紧地联系在了一起。

盗打电话的坏小子

"我非常确定如果不是因为蓝盒子，就不会有后来的苹果公司。"

——在谈到蓝盒子时，乔布斯如是说

沃兹和乔布斯这两大电子迷进行的最惊险的一次恶作剧是他们利用沃兹制造的蓝盒子盗打电话。

那是1971年9月的一个周末，21岁的沃兹在利用暑假挣够学费后，决定要在第二天出发去伯克利大学上大学三年级。也就是说，到那时为止，沃兹为了读大学已经换了三所学校了，他的大学一年级是在科罗拉多大学读的，二年级是在迪安扎社区学院读的，三年级将要在伯克利大学读。传奇的是，大三结束之后，沃兹没有立即读大四，而是去了惠普公司上班，一直到很多年后的1981年，已经身价不菲的沃兹才又化名为洛基·克拉克（Rocky Raccoon Clark）在伯克利大学读完了大学。当然了，这些都是后话。

即将要离家去伯克利的沃兹无意间看到了妈妈留在厨房桌子上的《时尚先生》(*Esquire*)，就拿着翻了起来，他在看到了一篇文章后激动得几乎跳了起来。那篇文章的作者是一个名为罗恩·罗森鲍姆（Ron Rosenbaum）的记者，文章的名字为《蓝盒子的秘密》。在这篇报道中，罗森鲍姆讲了一个叫"咔嚓船长"的电话飞客通过模拟AT&T公司（美国电话电报公司）的特定音频而免费拨打长途电话的故事。他在这篇文章中披露电话网络中用以传输呼叫的开关发出的音频是2600赫兹，同时他还在文章中说，关于这件事人们可以从《贝尔系统技术期刊》中找到更详细的资料，不过在AT&T公司的强烈要求下，各地图书馆都已经将这本期刊下架了。沃兹刚读了这篇文章的一半，就按捺不住兴奋之情给乔布斯打了电话，并把这篇文章的一部分内容读给他听。沃兹后来回忆说："凭直觉，我知道那篇文章说的是真的。以我对史蒂夫的了解，我知道他一定会非常兴奋的。"果然，电话那头的乔布斯激动地说："我们必须马上找到那本技术期刊。”几分钟后，沃兹开车来到了乔布斯家，然后他们立刻赶到了斯坦福大学线性加速器中心的图书馆，希望在这里那本技术期刊能成为漏网之鱼，还没有下架。他们赶到图书馆的时候刚好是周末，图书馆关门了，幸运的是，他们知道一扇小门从不上锁，于是就从小门进入了图书馆。乔布斯后来回忆说：“为了找到那本杂志，我们进去之后把书架上的书弄得到处都是。终于功夫不负有心人，沃兹找到了那本书，我们打开一看，上面真的记载有全部的信息，音调、频率等。我们当时感觉好像自己从地摊上随意淘到的藏宝图忽然变成了真的，太震惊了。”

他们从图书馆出来后，直接冲去了森尼韦尔电子商店，最终赶在商店关门之前买到了需要的零部件。他们搭建了基本的音频电路后，开始寻找电话号码和不同频率声音之间的对应关系，乔布斯曾经在惠普探索者俱乐部的时候制造过一个频率计数器，他们就用这个计数器来调校需要的声音。号码只要一拨号，他们就能复制并录下文章中制定的声音。最终他们发现号码“1”是 700 赫兹与 900 赫兹两个音调的组合，号码“2”是 700 赫兹与 1100 赫兹的组合，号码“3”是 700 赫兹和 1300 赫兹的组合，等等。两个人忙到半夜终于调试好了，准备测试，结果两人遗憾地发现，自己失败了，因为由于振荡器不够稳定，没能骗过系统。沃兹后来回忆说：“问题出现在了振荡器，它太不稳定了。可惜的是我们知道问题在哪儿，却没有办法立刻解决。而我第二天就要去伯克利大学读书了，没有时间慢慢调试了，所以只有暂时作罢。我决定到学校之后，自己动手做一个数字版的。”

没有人知道数字版的蓝盒子应该是什么样的，但是沃兹就是有本事让一个事物从无到有。他利用二极管和晶体管制作出了一个蓝盒子，并在拥有完美音准的室友帮助下完成了调试。沃兹真的是个天才，一项从无到有的创造，他仅用了两个多月的时间，感恩节前夕，蓝盒子已经彻底完工。它只有两副扑克牌那么大，非常精巧。在很多年以后，沃兹仍然自豪地说：“我真的为自己感到自豪，我到现在都不敢相信我竟然做出了那么简洁的电路板。”

感恩节期间，沃兹开车从伯克利来到了乔布斯家中测试蓝盒子。他想给在洛杉矶的叔叔打电话，但是拨错了号码，他们毫不知情地大声对着电话嚷嚷着：“嗨，你好。我们正在免费给你打电话，免费打啊！”电话那头的人可能以为自己碰到了神经病于是一直没有说话，乔布斯接着说：“我们是从加利福尼亚打来的，你听到了吗？我们是从加利福尼亚打来的！”这就让电话那头的人更确定自己遇到了神经病，因为沃兹拨错了电话，他们当时就是在给加利福尼亚的另外一个人打电话，根本就没有超出一州的范围。

他们利用这只蓝盒子进行了很多恶作剧，最离谱的一次是他们打到了梵蒂冈，沃兹假装成了当时美国的国务卿亨利·基辛格，捏着嗓子，对电话说：“你好，我是国务卿基辛格。我正在莫斯科参加峰会，请让教皇接电话。”对方竟然真的信了，他告诉沃兹说：“国务卿先生，您好。我们这里的当地时间是早上五点半，教皇还在睡觉，暂时不能接电话。”过了一会儿，沃兹又打了过去要求跟教皇通话，这次接电话的是一名充当翻译的主教，他意识到了沃兹是假的，所以没有让教皇接电话。

对于这种盗打电话的行为，乔布斯后来回忆说："当时，我们都没有把这种行为看作偷盗，因为在这个过程中，只有电话公司受到了一点小小的损失，而那点损失对它们来说太微不足道了。"

为了向人们显摆自己的高超技能，沃兹和乔布斯甚至千方百计地联系上了制造蓝盒子的前辈"咔嚓船长"，他本名约翰·德拉浦，是IT历史上十大超级老牌黑客之一。沃兹和乔布斯向他展示了自己制造的蓝盒子。"咔嚓船长"对沃兹制造的蓝盒子赞叹不已，因为它不用开关，当有人拨打长途电话时，会自动被激活。

那天，在和"咔嚓船长"分别后，因为沃兹的车停在了乔布斯家，所以乔布斯载沃兹来自己家。结果在高速公路上，乔布斯的车子出了问题，发动机动力全无，乔布斯非常冷静地凭借高超的车技，硬是在车子完全停下来之前将车子停在了路边的安全地带。他们两人走到路边的加油站里想用加油站里的付费电话向朋友求救，乔布斯突然想到了蓝盒子，于是就试着用蓝盒子给朋友打电话，结果两次都没有成功。正在这时，突然有一位警察出现在了他们面前，盯着乔布斯手中的蓝盒子问："这是什么东西？"乔布斯急中生智地说："音乐合成器。"说着，他还按动盒子上的按钮，蓝盒子就发出了几个不同频率的声音。警察看着这个奇怪的音乐合成器说："那这个橙色的按钮是干什么用的？"那个按钮正是蓝盒子的关键，它可以控制蓝盒子发出2600赫兹的声音，沃兹犹豫着不知道怎么解释时，乔布斯急忙回答道："校音用的。"这时，又来了一个警察，他拿过乔布斯手中的蓝盒子说："你说这是音乐合成器，它是怎么工作的？"乔布斯回答说："电脑控制。""电脑控制？电脑在哪里？"那个警察继续问道。"电脑在盒子里面。"乔布斯回答道，他尽量地保持平静，可是他已经吓得不行了，如果被警察知道他们盗打电话，那可就严重了，那可是违法啊。幸好，那两个警察没有再问什么，就走了。

受到惊吓的两个人赶紧给朋友打了求救电话，当乔布斯和沃兹被朋友送回乔布斯家的时候，已经是午夜了，但是沃兹坚持要开车回到伯克利。结果半路上，沃兹竟然困得趴在方向盘上睡着了。当他清醒过来的时候，汽车已经失控地冲向了路边。沃兹拼命地打方向盘，车子在路面上打了好几个转，幸好有安全带，沃兹才幸免于难。这次车祸，只毁掉了车子，而沃兹则毫发无伤，这不能不说是个奇迹。

刚开始的时候，蓝盒子只是乔布斯和沃兹两个人恶作剧的工具，后来，从父亲那里学习到生意经的乔布斯就发现了其中的商机，他想：既然我和沃兹对蓝盒子这么喜欢，那么其他人肯定也会喜欢的，为什么我们不多制造一些卖给其他人呢？乔布斯回忆说："有了这个想法后，我就把剩下的元件，比如说盒子、电源和数字键盘等都集中了起来，然后想出了定价方式。"乔布斯将所有零部件的价格加起来得出蓝盒子的成本价约为40美元，所以他将售价定为了150美元。

在确定售价后，沃兹和乔布斯像"咔嚓船长"一样给自己起了个别称，沃兹称自己为"伯克利蓝"，乔布斯则称自己为"奥拉夫·图巴克"，他们会挨个敲响各个宿舍的门，向人们兜售蓝盒子。如果看到某人对蓝盒子有兴趣，他们还会进行现场演示，比如用蓝盒子打电话给伦敦的利兹酒店或者是拨打澳大利亚的"打电话听笑话"服务电话。这是一种非常有效的销售方式，他们制造的100个蓝盒子很快就全部卖完了。蓝盒子的售价也随着市场行情的渐长，增加到了300美元，当然了，这个价格只对那些负担得起这个价格人实行，而对于学生们，蓝盒子的售价仍为150美元。同时，他们还承诺，如果销售出去的蓝盒子出了故障，可以免费维修。

他们合作的第一次生意一直持续了一年，到1972年时，有两件事让乔布斯和沃兹放弃销售蓝盒子。第一件事是他们遇到了自己人生中的第一次抢劫。那是在森尼韦尔的一家比萨店，乔布斯和沃兹带着新做好的一台蓝盒子正准备一会儿开车去伯克利。因为乔布斯急着用钱，所以他极力向邻桌的那个人推销，很快那个人就对蓝盒子产生了浓厚的兴趣。于是乔布斯就拿起蓝盒子来到电话亭向他展示蓝盒子的用法，看完后，那个人说要到车里拿钱，乔布斯和沃兹就跟着他走向那个人的车子。乔布斯后来这么回忆自己人生中第一次遭到抢劫的场面："那时我手里拿着蓝盒子，跟着那个人走向他的车子，结果他打开车门，从车座下拿出一把枪抵着我的肚子说：'把它拿过来，老兄。'我的心怦怦怦地急速跳动着。天啊，那可是我第一次那么靠近一把枪，我真是被吓坏了。尽管很紧张，但我还是进行了一番思考，我在想用车门磕他的腿然后逃跑的可能性，但是鉴于他手中有枪，我乖乖地放弃了这个计划，然后听话地奉上了蓝盒子。那个人拿到蓝盒子后并没有立刻就走，而是给了我一个电话号码，他说如果蓝盒子真的能用的话，他以后会想办法把钱给我的。我当时就纳闷说这真是一次奇怪的抢劫。后来我试过打那个电话，竟然真的打通了，而且那个人还真的接了电话，但是他说他不会用蓝盒子。所以我就约他在一个公共场所见面，我们教他蓝盒子怎么用，同时他把钱给我们。但是我们很害怕就没有去，而且我们决定以后就算可以拿回那150美元，也不再跟那个男人联系了。"

另外一件事是他们两个人曾经见过的"咔嚓船长"东窗事发，以线路欺诈罪被警察逮捕了，这让他们很不安，于是他们决定放弃蓝盒子的生意。

这次生意结束后，乔布斯进入了里德学院上大一，而沃兹则继续在伯克利大学上大三，两个人暂时地分开了一段时间。当他们再次聚在一起的时候，乔布斯已经进入了雅达利公司上班，而沃兹则进入了惠普公司上班，他们的再次聚首也就是另一个传奇故事了。

这次恶作剧对于乔布斯和沃兹来说意义重大，它奠定了两个人后来的合作模式：沃兹负责技术发明，而乔布斯则负责将这项技术进行包装，推向市场。乔布斯后来回忆说："我非常确定如果不是因为蓝盒子，就不会有后来的苹果公司。通过蓝盒子我和沃兹学会了怎样合作，也获得了充足的信心，它让我们相信我们可以自己解决技术问题并把一些发明投入生产。"这次经历也让沃兹对自己信心倍增，他说："我们仅有40美元的东西就控制了价值数十亿美元的基础设施，你不知道这给了我们多少信心。出售蓝盒子也许并不是一个好主意，但是他让我认识到了自己的工程技术和他的远见卓识结合起来会做出一番怎样的事业。"

2012年5月28日，国外媒体盘点了全球十大著名黑客，乔布斯和沃兹凭借蓝盒子而榜上有名。

何处安放躁动之心

非里德学院不读

“我现在想起来真的觉得很羞愧。我当时太不懂事了，伤害了他们的感情，我应该表现得更好的。”

——在谈到自己非要上里德学院且不让父母送自己进校时，乔布斯如是说

1972年，17岁的乔布斯自霍姆斯泰德高中毕业了。毕业后，乔布斯就不想读书了，他后来回忆说：“当时我不想读书，而更想去闯荡纽约。”

但是乔布斯的养父母劝阻了他的这个决定，因为他们曾经答应过乔布斯的生母一定会让他上大学。迫于无奈，乔布斯答应了父母的这个要求。但是他提出了自己的要求，他要自己决定上哪所学校，保罗和克拉拉毫不犹豫就答应了。因为他们一直都设有一笔专款用于乔布斯上大学，尽管这笔钱不是很多，但是让他上一个州立大学是绰绰有余的。

在高中时期，乔布斯就经常一个人开车从硅谷到自己好友沃兹上大学的伯克利城，因为他喜欢那里浓厚的嬉皮士氛围。他经常在湾区散步，思考各种梦想实现的可能性。

在决定要上大学后，乔布斯就一个人对自己周围的学校进行了一番考察，他想找一个就像伯克利城那样嬉皮士氛围浓厚的学校以符合自己的气质，同时他还希望这个学校离家远一点，这样他就可以更自由一些。他转了一圈之后，认为伯克利大学虽然有巨大的阶梯教室，却是个批量生产学位的地方；他也不想去斯坦福大学和加州大学在伯克利的分校，因为他觉得这两所学校离家太近了，同时他觉得去斯坦福读书的人都已经明确地知道自己想要什么了，而他却不知道自己想要什么。另外，他认为斯坦福大学一点艺术性都没有，他想找一所更有趣、更有艺术性的学校。最终，他找到了符合自己要求的学校，位于俄勒冈州波特兰市的里德学院。

听到儿子的选择后，保罗和克拉拉大吃一惊，这一方面是因为它离家非常远，他们不能经常看望儿子，另一方面是因为里德学院是一所私立大学，学费非常昂贵，它是全美学费最昂贵的学校之一，学费根本不是一般的蓝领家庭可以承担的。尽管他们为儿子准备有上学基金，但是那笔钱用来上里德学院是远远不够的。于是，他们跟乔布斯商量能不能换个学校，比如离家很近的斯坦福大学，它甚至还可以给乔布斯提供奖学金。但是乔布斯一口回绝了父母的提议，他就像当初让父母同意他转学那样，决绝地说："如果不让我去里德学院上学，我就不上大学了。"保罗和克拉拉无奈之下同意了儿子的无理要求。

里德学院到底是一所什么样的学校呢，竟让乔布斯有了非它不可的想法?

里德学院成立于1908年，是一所私立文理学院，它以崇尚自由和培养优秀的人才而著称，当然了，昂贵的学费也是它著名的原因之一。校内建筑多为都铎一哥特式风格，这所学校最吸引乔布斯的地方在于这所学校是当时各种流行思想和叛逆行为的集散地，这非常对乔布斯这个嬉皮士的胃口。它当时的在校人数只有1000人左右，规模甚至不到乔布斯上高中的霍姆斯泰德的一半，它在20世纪70年代的退学率一度超过了1/3。它自由的氛围曾经吸引了众多精神领袖的到来。迷幻启蒙运动的发起人之一蒂莫西·利里就曾经来此举行"精神探索联盟"高校之旅，还在它的草地上喊出了"打开心扉、自问心源、脱离尘世（Turnon，Tunein，Dropout)"的伟大口号。即使在5年后，乔布斯来到里德学院的时候，还有很多人把这三句话奉为座右铭。这就是乔布斯即将踏入的学校。

尽管百般不愿，1972年9月，保罗和克拉拉还是开车将儿子送到了里德学院门口，他们本来想送儿子进学校的，但是乔布斯拒绝了，他拿着行李连头都没回就走进了里德学院，甚至连"再见"和"谢谢"也没有跟父母说。后来，每当回忆起这件事的时候，乔布斯都很愧疚，他说："我现在想起来真的觉得很羞愧。我当时太不懂事了，伤害了他们的感情，我应该表现得更好的。他们为给我凑学费拼尽了全力，而我却不想让他们待在我身边。我当时甚至想让人们认为我是个孤儿，就像那些搭着火车四处流浪的人一样。我希望自己可以像浮萍一样，没有背景，没有根，也没有过去，就是孤零零的一个人，与任何人都没有联系。"这是当时正在探求人生意义的乔布斯的真实写照。

乔布斯上大学的那个年代，美国刚经历了思想大解放的洗礼，嬉皮士、垮掉的一代、迷幻药、先锋艺术等各种思潮正在大碰撞、大融合。随之，美国的校园生活也发生了根本性的转变。美国对越南战争的结束，让随之而来的征兵热潮逐渐平息，校园中政治激进主义的倾向逐渐消退，人们逐渐把目光投向了对于个人自我价值的实现上，而东方哲学则无疑给人们指明了道路。在里德学院，蒂莫西·利里、理查德·阿尔珀特、加里·斯奈德等在东方哲学上比较有见解的专家都受到了学生们的追捧。乔布斯也深受这种时代精神的影响，他看了很多关于精神和启蒙的书籍，其中对他影响最大的是一本介绍冥想及致幻剂美妙之处的书籍，名为《此时此地》(*Be Here Now*)。

在里德学院，乔布斯也想取得好成绩，但不是在学习方面，而是在个人能力方面，因此他在学校中用在学习上的时间要远少于用在其他方面的时间。

在里德学院，乔布斯身上的嬉皮士精神好像找到了生长的沃土，他像其他嬉皮士一样，听鲍勃·迪伦的民谣和披头士的摇滚，读“垮掉的诗人”艾伦·金斯堡的号叫主义诗篇，以嬉皮士教父蒂莫西·利里的名言为座右铭，他在学校里穿着满是破洞的衣服四处乱逛，结交些趣味相投的朋友，和男孩子们一起泡妞、酗酒，尝试迷幻剂等微毒品带来的邪恶快感……

1999 年，有一部名为《硅谷传奇》（*Pirates of Silicon Valley*）的电影讲述了乔布斯和盖茨创业的历程。在这部电影的一开头，就是正在上中学的“乔布斯”和正在伯克利大学读书的“沃兹”在大学校园里亲历了学生们的示威游行和警察的干预与抓捕，乔布斯和沃兹两个人在混乱的人群中一边躲避拥挤的人群，一边兴奋地边跑边叫。尽管这部电影中有很多艺术加工的成分，但是它确实再现了当时的时代氛围。主人公之一的沃兹看过电影之后，评价说：“尽管里面的人物、时间、地点经常出错，人物性格却很准确。当电影开头出现催泪瓦斯和混乱场面时，我不由惊叹：‘天啊，就是这样。’”

乔布斯和其他的嬉皮士们甚至找到了一处名为“苹果农场（Apple Orchard）”的地方，并将它建成了嬉皮士们的乐园。

弗里德兰

“看着一个朋友从精神至上变成彻底的金钱至上，真是五味杂陈，既痛心，又好笑，还很奇怪。”

——在谈到弗里德兰的时候，乔布斯如是说

在里德学院，乔布斯遇到了一个对于他个性中“现实扭曲力场”的形成有重要影响的人，他就是罗伯特·弗里德兰。

弗里德兰是一位非常富有传奇色彩的人物。他父亲是第二次世界大战中有“死亡工厂”之称的奥斯威辛集中营 7650 名幸存者中的一个，后来在芝加哥成为一名成功的建筑师。弗里德兰比乔布斯大 4 岁，但是当乔布斯来到里德学院的时候，他才刚读大二。这是因为本来是在缅因州的鲍登文理学院读书的他，在大二的时候，因被警察搜出携带价值 125000 美元的 24000 片迷幻药，而进了监狱。当报纸为这则丑闻拍摄照片时，他丝毫不觉得羞耻，还冲着镜头微笑，这在当地引起轰动。携带迷幻药让他在弗吉尼亚州的一座联邦监狱里度过了两年。1972 年，当乔布斯进入里德学院时，刚获得假释的他也进入了这所学校继续大学学业。从携带迷幻药事件就可以看出弗里德兰不是一个甘于平凡的人，他进入里德学院做的第一件事更证明了这一点。当时刚获得假释的弗里德兰，一进入里德学院，就决定要竞选学生会主席，而且本来应该是生命中污点的两年监狱生活，却成为他竞选的优势，他宣称说自己竞选学生会主席就是要洗刷“司法不公”带给自己的耻辱，结果竟然有很多人支持他，于是他轻松当选。由此可见，弗里德兰是一位多么有魅力或者说蛊惑力的人。

乔布斯和弗里德兰的相识非常具有戏剧性。当时急需用钱的乔布斯决定卖掉自己的 IBM 电动打字机，而买家就是弗里德兰。那天，乔布斯走进要买打字机的弗里德兰的学生宿舍时，发现弗里德兰正在和女朋友云雨，于是很不好意思掉头就要离开。结果弗里德兰非常镇定地请乔布斯稍等一下。乔布斯后来回忆说：“我当时想：‘天啊，最离谱也不过如此了吧！’”乔布斯和弗里德兰就这样认识了。

弗里德兰的叔叔马塞尔·穆勒是一位百万富翁，他常年居住在瑞士，但是在波特兰西南 40 公里的地方有一个约为 220 英亩的苹果园。穆勒知道弗里德兰在波特兰的里德学院上学后，就将苹果园交给了他管理。接手苹果园的管理后，痴迷东方宗教的弗里德兰很快就将果园改造成了公社，起名为团结农场（All One Farm)。乔布斯认识了弗里德兰之后，就经常和其他一些志同道合的朋友到这里来过周末。苹果园里当时主要种植的是格拉文施泰因苹果（一种带有红纹的黄色大苹果）树，乔布斯和农场里的另一位成员负责给果树剪枝。弗里德兰回忆说：“我们当时负责生产有机苹果汁销售，而史蒂夫主要负责给苹果树剪枝，然后打扫果园。”

和乔布斯一样，弗里德兰也是一位禅宗爱好者，他曾经为了听《此时此地》一书的作者拉姆·达斯导师的一场演讲而专门跑到波士顿。他还在 1973 年的夏天，一个人去印度拜访了拉姆·达斯口中的精神导师——尼姆·卡罗里大师，他还有一个更为人所熟知的名字——马哈拉杰一吉（Maharaj-ji)。当年秋天，从印度回来之后，弗里德兰的形象更加独特了——一身印度长袍配凉鞋，他还向所有朋友声明：“从今天起，我新生了，请你们叫我……”说着，他说了一个长长的印度名字。为了便于禅修，他在校外租了一个位于车库顶上的房间，乔布斯经常去那里找他讨论禅宗的问题。弗里德兰追求自我启蒙的状态，并认为自己通过努力一定可以达到，这让乔布斯也受到了影响。乔布斯说：“他提升了我的觉悟，让我进入了一个新的层次。”

星期天的晚上，乔布斯经常和其他一些痴迷禅宗的人一起步行十几公里到波特兰西边的哈雷·克里希纳寺（Hara Krishna)，享用美味的免费素食。丹尼尔·科特基是乔布斯大学时期认识的好友，他们都痴迷禅宗，两个人后来还一起进行了印度之旅，他说：“我们去那里主要是为了那里免费的美食。我们只要在那里待上一会儿，和他们一起唱唱歌，跳跳舞，就可以享用免费的美食。那感觉真是太棒了。”在那里他们会用尽一切力气唱歌跳舞。乔布斯大学时期的另一位好友伊丽莎白·霍姆斯说：“罗伯特会彻底地放纵自己，但是史蒂夫会相对平静一些，他似乎拒绝彻底放松，因为那让他觉得尴尬。”

弗兰德里对禅宗的痴迷，让团结农场非常欢迎其他禅宗爱好者的到来。每当团结农场里香气四溢的时候，就是因为它迎来了哈雷·克里希纳寺的僧侣和信徒们，他们会来为人们准备一顿丰盛的素食。霍姆斯说：“史蒂夫有一个很奇怪的习惯。他经常会在大吃特吃之后强迫自己吐出来，在团结农场的时候更是这样。这让我在很长一段时间都怀疑他有贪食症。我们辛辛苦苦做好的食物，他刚吃进去就吐了出来，这让我们很郁闷。”

与弗里德兰的相识，褪去了乔布斯身上内向而羞涩的成分。科特基说：“我最初认识的史蒂夫，身上更多地显露出羞涩和谦逊，是一个内向的年轻人。我觉得他认识罗伯特后，从罗伯特身上学到了推销的技巧，与人交往的方法，同时学会了展示自我个性及掌控全局。”

很多人和乔布斯相处的时候都会陷入他制造的现实扭曲力场中，但是罗伯特是少数几个能够蛊惑乔布斯的人之一，而且乔布斯的现实扭曲力场还有一部分是从罗伯特身上学到的，甚至一度乔布斯把弗里德兰当作自己的精神导师，直到后来他将弗里德兰看作吹牛皮大王和诈骗高手，这一想法才改变。

科特基说：“罗伯特是一个极富个人魅力的人。他聪明自信，却也有一点独断专行。只要一走进一个房间，他立刻就能让别人注意到他。他拥有超强的意志力，可以让别人服从他，这一点史蒂夫非常佩服。史蒂夫刚来到里德学院的时候，和罗伯特几乎是刚好相反的。但和罗伯特相处一段时间之后，史蒂夫身上的羞涩就逐渐褪去，取而代之的是像罗伯特那样的魅力。应该说是罗伯特教会了史蒂夫他身上后来被称为现实扭曲力场的东西。”

在乔布斯深受弗里德兰影响的同时，弗里德兰也觉得乔布斯是一个非常有魅力的人。他后来回忆说：“我对他最初的印象是总喜欢光着脚走路。最让我印象深刻的是他对于某些事情的热情和执着。当谈论起这些东西的时候，他的热情就会超越理性，达到疯狂的极致状态。这集中地体现在他说服人的时候。他会采用紧迫盯人的战术，让你盯着他的眼睛给出答案，那对于被说服的人来说，真是一种精神折磨。”

乔布斯一直都是一个厌恶权威、反抗权威的人，这后来导致了他和弗里德兰之间的矛盾，因为他厌恶弗里德兰那种宗教首领般的行事风格。科特基说：“乔布斯越来越清楚地看到了弗里德兰的本质，所以他很快就开始厌恶弗里德兰。”团结农场最初吸引人的地方在于它让人们暂时地避开了物质主义的侵蚀，但是后来弗里德兰将它过多地商业化了，这让人们开始厌恶它。乔布斯后来回忆说，有一天他正在厨房的桌子下面睡觉，结果看过很多人不停地进出厨房，从冰箱里偷拿别人的食物，这让他感到很恶心，也充分地认识到团结农场再也不是那个世外桃源了。他说：“只有付出却没有回报，没有人能够长久地干下去，所以大家接二连三地离开了。”

弗里德兰从里德学院毕业后，去了印度学习梵文和佛教。后来他偶然间在加拿大的沃伊西湾发现了镍矿，就开始从事矿藏开采业，并成为亿万富翁。有一次，弗里德兰公司经营的一处金矿在美国科罗拉多州的萨米特城造成了严重的环境污染，20 多公里的河流被氰化物污染，这让他陷入了麻烦。而当时乔布斯在科技界的地位已经举足轻重，于是他向乔布斯打电话求救，希望他可以在当时担任美国总统的比尔·克林顿面前帮自己美言几句，但乔布斯没有理他。乔布斯提到这件事的时候，曾说：“一个宣扬精神至上的人，一旦越过了魅力的界限，就会成为欺骗，而罗伯特显然就是这样。”他接着说，“看着一个朋友从精神至上变成彻底的金钱至上，真是五味杂陈，既痛心，又好笑，还很奇怪。”

退学不离校

“退学是我做过的最正确的决定之一。我真正的大学教育是从退学后开始的。”

——在谈到退学时，乔布斯如是说

1972年，坚持非里德学院不上的乔布斯终于进入了里德学院，然而，仅一个学期，乔布斯就发现，这不是他想要的大学生活。他发现尽管里德学院里面有浓郁的嬉皮士氛围，但是也有严格的课程要求，学生们必须按照大纲要求完成学业，必须读很多学校规定的书籍，必须修够一定的学分，这让乔布斯不胜其烦。有一次沃兹来拜访的时候，乔布斯挥舞着自己的课程表抱怨道：“天呀，这些课程真是太烦人了。”沃兹说：“是的，每个大学都会给学生们指定一些课程。”沃兹也不喜欢学校选定的课程，但是他选择了忍受：“我从不会逃必修课，因为我知道那是必须学的。”但是乔布斯则不是这样，他拒绝去上学校规定的必修课，而只上那些自己感兴趣的课程。正如沃兹所说：“这就是我们之间的差别。”

对于必修课的厌恶与学费的高昂，乔布斯做出了一个大胆的决定：退学！他后来应邀在斯坦福大学毕业典礼上演讲时说：“里德学院的学费那么昂贵，父母为了这笔学费省吃俭用，而我却不知道自己上大学的目的是什么，也没有发现大学可以帮我搞清楚这个问题，所以我决定退学。”确定退学后的乔布斯甚至从学校里要回了下半年的学费。

尽管决定要退学，但是乔布斯并不是真的讨厌里德学院，他只是不想上某些课程而已，所以退学后的乔布斯仍然待在里德学院。而此时，里德学院也显出了它自由而博大的胸怀，校方容忍了乔布斯退学但是不离校的行为，在乔布斯停止交学费之后，学校还允许他旁听课程，并继续待在宿舍里和朋友们在一起。乔布斯甚至还和里德学院的教导主任杰克·达德曼成为忘年交，达德曼这样评价乔布斯：“他是一个求知欲很强的孩子，从来都不会不加思考地接受任何事实，我很欣赏这一点。”

乔布斯后来说：“当决定要退学的时候，我很忐忑，不知道未来的路会怎样，但是现在想起来，那是我做过的最正确的决定之一。我真正的大学教育是从退学后开始的。”退学让乔布斯拥有了充分的自由，他可以按照自己的喜好选择课程。而在他选修的所有课程中，书法课更是让他获益匪浅。他后来回忆起选修书法课的原因时说：“我发现学校里的海报都做得非常漂亮，所以就选修了书法课。我从书法课上学到了风格各异的字体，学会了调整字间距，以及如何设计完美的版面。这其中蕴含的美感、历史韵味和艺术的精妙之处是科学无法捕捉的，这让我深深地陶醉。”

乔布斯在无意间捡到宝了，因为当时里德学院教授的书法教育课程是全美国最好的。尽管当时乔布斯纯粹是从喜欢和欣赏的角度选修的书法，没有任何特殊的目的，但是这让他后来在麦金塔电脑上预置了众多好看而好玩的字体，让平常人也得以体味字体的美妙之处，同时这门课程也提高了乔布斯的审美，让他后来一眼就可以看出产品上的不足。乔布斯对于这一点非常自豪，他曾经说："幸好我上大学的时候选修了书法课，否则的话麦金塔电脑上就不会预置那么多漂亮的字体了。既然是 Windows 抄袭了 Mac，那么按此推论，很有可能所有个人电脑上也不会有这些。"

尽管学校允许乔布斯在学校免费住宿和听课，但是乔布斯仍然过得很窘迫。他会捡汽水瓶卖钱，有时也会到心理学系的实验室里维护那些用于进行动物实验的电子设备。为了改善生活，他仍然会在周末的时候走十几公里的路去哈雷·克里希纳寺吃一顿免费的素食。但是乔布斯在回忆起那段生活的时候，一点都不觉得苦，他说："当时，好奇心和直觉是我生活中仅有的两个向导，但事实证明，它们真是不错的向导，因为我在那段时间学到的后来都被证明是无价之宝。那才是我喜欢的生活。"

乔布斯自从退学后，彻底成了里德学院的边缘人员。他大多数时间里都光着脚走路，只有在下雪天的时候才会穿着凉鞋。后来，为了方便禅修，乔布斯从宿舍搬了出来，在校外以每月 20 美元的价格租下了一个没有供暖的车库房间。霍姆斯有时会来为他做饭，但是他挑剔的饮食习惯，经常会惹得霍姆斯非常生气。偶尔，乔布斯中学时的女朋友克里斯安·布伦南也会来乔布斯家做客，他们的关系时好时坏，但是乔布斯还是将主要精力都放了在对于心灵及个人觉悟的追求上。

是不是所有的天才都喜欢退学呢？乔布斯是退学生，比尔·盖茨是退学生，连后来和乔布斯一起创办了苹果的沃兹，也是退学生。答案是，与其说所有的天才都喜欢退学，不如说所有的天才都更知道自己想要什么。1973 年，当乔布斯在里德学院边参禅边学习的时候，沃兹在伯克利大学读完大三后，也决定退学。但是，他退学并不是因为受不了学校的制度，而是因为找到了他真正想干的工作——惠普的工程师。他负责为惠普公司设计计算器。惠普为沃兹提供了理想的工作环境：优美的办公环境、志同道合的同事、最酷的电子设备和最好的计算机，这让沃兹毫不犹豫地就选择了退学。

当乔布斯在学校里过着嬉皮士的生活时，沃兹已经成为标准的惠普工程师。他从来没有碰过毒品，甚至在 30 岁之前，都没有喝醉过。沃兹对嬉皮士从来都不感冒，但是，他和一个嬉皮士成了朋友，并且在 3 年后，和这个嬉皮士成立了一家公司。

乔布斯后来这样评价自己上大学时的那个时代："那是一个只能用'神奇'形容的时代，年轻人依靠虚幻的禅宗和堕落的迷幻药提升觉悟。吸食迷幻药对于我意义非凡，是不可磨灭的一段记忆。迷幻药刺激我看到了事物的另外一面。可能当药效退去之后，我会忘记自己具体看到了什么，但是我知道自己看到过。它让我更清醒地意识到了，金钱从来都不是我的目标，我的目标是创造伟大的发明，改变世界。我所应该做的是把我的人生放在历史和人类思想的长河中。"

加盟雅达利

“不得到一份工作，我是不会离开的。”

——去雅达利公司应聘时，乔布斯如是说

自退学后，乔布斯在里德学院游荡了 18 个月。1974 年 2 月，乔布斯决定回到父母居住的南洛斯阿尔托斯，并找份工作。当时，经过第三次科技革命，科技公司遍地开花，对于科技人才的需求非常大。这从 20 世纪 70 年代，《圣何塞水星报》的分类广告版面上，科技类的招工广告最多的时候曾达到了 60 页，可见一斑。所以当时的乔布斯想要找一份工作并不是什么难事。但是乔布斯不喜欢那些古板而正统的公司，然后一家“个性”的公司进入了乔布斯的视野。

说这家公司个性，主要是因为在众多呆板而枯燥的招聘广告中，它的广告却做得新颖而活泼，一下子吸引了乔布斯的注意，它的广告语是这样的：“在享乐中赚钱!”这家公司就是雅达利（Atari)。

雅达利可以说是当时众多科技公司中杀出的一匹黑马，它创立于 1972 年，创立时的资本只有 250 美元，但是它推出的《乒乓》游戏，却开辟出了一个每年 50 亿美元的电视游戏产业，也为 PC 革命奠定了基础，这让它在当时的知名度甚至超过了惠普和英特尔。如果说威利·黑格波特海姆和拉尔·拜尔是“电子游戏之父”，那么雅达利公司的创始人诺兰·布什内尔就是真正将电子游戏带入大众生活的人。他出生于 1943 年 2 月 5 日，是一个高大健壮的大块头，他和乔布斯大学时的同学弗里德兰一样充满魅力而能说会道，也能通过人格魅力让别人屈从自己的意志，后来，乔布斯将他们两个人身上的特性糅合在一起，形成了自己的魅力——现实扭曲力场。布什内尔有很多和乔布斯相似的地方，他们都蔑视权威，行事出人意料，他经常在浴缸里给员工们开会议，同时，他也吸毒，很喜欢开着自己的劳斯莱斯到处溜达。

布什内尔的成功离不开一个人的支持，他就是雅达利的首席工程师——阿尔·奥尔康。奥尔康是一个乐观而理性的人，他要负责帮布什内尔把关，确定什么样的事情可以做，什么样的事情不可以做。《乒乓》游戏就是由奥尔康研发的。其实在《乒乓》之前，雅达利公司还开发过一个游戏叫《电脑空间》，这是世界上第一台业务用投币式游戏机，它填补了电子游戏在商业市场的空白，但是因为这款游戏操作复杂，以失败而告终。意识到问题所在后，他们很快开发出了新游戏《乒乓》。《乒乓》操作起来非常简单，只要用屏幕上两根移动的光标充当球拍拦截充当乒乓球的小光点即可，在市场上大获成功。雅达利公司的第一台《乒乓》游戏机放在了森尼韦尔国王大道的一家酒吧里。几天之后，布什内尔接到电话说机器坏了。他派奥尔康去查看，发现原来是游戏机被硬币塞满了，由此可见这个游戏有多么受欢迎。

看到这么合自己口味的一家公司要招人，一身嬉皮士打扮的乔布斯就直接冲到了这个公司的大厅，对着前台人员说："我是来应聘的，不得到一份工作，我是不会离开的。"这种类似威胁的应聘方式让接待人员很吃惊。他告诉乔布斯可以留下简历，如果合适的话会通知他过来参加面试。可是乔布斯坚持说："不，我不要这样，我今天就要得到这份工作，得不到的话，我坚决不离开。"乔布斯不达目的誓不罢休的个性在此时展示得淋漓尽致。接待人员无奈之下，只好向奥尔康报告了这件事。奥尔康后来这样描述当时的情景："我正在自己的办公室里，前台接待人员跑过来告诉我说，大厅里有一个嬉皮士一样的年轻人，坚持要得到我们公司的一份工作，如果得不到的话就不离开。他问我他是应该打电话报警还是应该让他进来。当时我很好奇，到底是什么样的一个人，竟然会做出这么不合常理的事情。于是，我告诉接待人员说，让他进来，我要见见他。"就这样，乔布斯成功地获得了人生第一份正式工作，成为雅达利公司最初的50名员工之一，他的职位是技术员，主要负责游戏机的调试和维修工作，时薪是5美元。尽管乔布斯没有接受过正规的电子学教育，但是小时候的耳濡目染再加上聪明的头脑，他竟然成功地胜任了这份工作。后来，布什内尔听说了这件事后，还专门抽空见了一下乔布斯，他非常喜欢乔布斯："他非常具有哲学气质，这是他和其他人的不同之处。关于哲学，我们秉承不同的观点，我赞同宿命论，而他坚持自由意志论。我认为事情都是命中注定的，每个人都在按照既定计划前进，而乔布斯和我的观点刚好相反，他认为意志的力量可以改变现实。"乔布斯的这种观点，为他终生不懈的拼搏做出了注释，也奠定了他身上现实扭曲力场的基础。

奥尔康后来回忆说："现在想想真是疯狂，天啊，我竟然雇用了一个大学仅上了一个学期的退学生。要知道，我们当时的招聘要求是要有在大公司工作过的经验。而据我所知，他根本不符合这个条件，他唯一的经验就是在惠普做过暑假工，但是他告诉我说，他曾参与惠普公司的计算器研发，那语气就好像他正在惠普工作一样。"但是接着奥尔康说出了他录用乔布斯的原因，"我录用他不是一时冲动，我在他身上看到了某些特质，他非常聪明，对科技充满了热情，还有超强的想象力，这些很重要。"

乔布斯刚开始的工作伙伴是一个名叫唐·朗的工程师，他思想非常保守，这就让乔布斯和他之间充满了矛盾。两个人刚合作了一天，朗就向奥尔康抱怨说："乔布斯有体臭，我没有办法和他一起工作。"朗不是在无理取闹，乔布斯当时坚持只吃素食，他认为这样的话，自己就不会有体味，所以很少洗澡，也从不用香体剂，这让他身上总有一股怪味。他身上总有怪味这个问题后来在乔布斯创办苹果公司后也一直让和他一起工作的人非常困扰。

雅达利公司中没有人愿意和乔布斯一起工作，无奈之下，布什内尔决定让乔布斯上夜班，这样他就不用和同事们相处了。布什内尔说："他的体味和嬉皮士的行为举止对我来说都不是问题，因为我本身也是个很乖张的人。他是有很多问题，但是我喜欢他。所以在别人都想赶他走的时候，我决定让他留下来上夜班。"就这样，乔布斯开始了别人上班他休息，别人休息他上班的"猫头鹰"式的生活。

在雅达利公司，乔布斯第一次展示出了他性格中类似恶魔的一面。他上夜班时，很少会需要和人交流，但是在偶尔需要和别人交流时，他会毫无顾忌地称别人为"笨蛋""蠢货”“白痴”，这让他在雅达利公司成为以粗暴而闻名的“名人”。乔布斯后来在回忆这段生活时说：“他们之所以讨厌我，是因为他们太差劲了，因此不能容忍我比他们优秀。”

乔布斯也并不是对所有的人都那么粗暴，他和公司的绘图员罗恩·韦恩成了好朋友，这个人后来还成为苹果公司最早的三个创始人之一。韦恩有一个秘密从来没有告诉过公司里的任何人，但是他选择了告诉乔布斯。那是一个周末，乔布斯到韦恩的公寓讨论哲学问题。韦恩突然对乔布斯说有些事想告诉他。乔布斯说：“如果我没猜错的话，你想告诉我你喜欢男人。”韦恩点了点头。乔布斯后来回忆说：“那是我第一次跟同性恋者做朋友。我从他那里树立了关于同性恋的正确观点。”乔布斯对同性恋很好奇，就问韦恩：“你喜欢男人，那漂亮女人对于你来说像什么？”韦恩说：“她们对于我来说就好像一匹漂亮的马，我会欣赏她的美，但不会想和她上床。”后来说起为什么会把自己的性取向告诉乔布斯，韦恩说：“性取向是我的一个秘密，我很少告诉身边的人，但是史蒂夫给我的感觉是，告诉他，我们仍然会是好朋友，它不会影响我们之间的关系。”可能这句话也解释了为什么后来的苹果公司可以笼络住那么多的人才，因为乔布斯身上有一种包容的力量，当然这种包容也是有选择性的，对于工作上的不完美，乔布斯是丝毫也不会包容的。

乔布斯非常佩服韦恩，他说：“罗恩有丰富的人生经历，非常棒，他开过一个卖老虎机的公司，但是失败了。他是我生命中遇到的第一个跌倒了又爬起来的人。”乔布斯知道韦恩的经历后，向韦恩提议说他们可以合伙开公司，乔布斯甚至保证说自己可以借来50000美元，但是韦恩拒绝了，他说：“如果你想用最快的方法失去50000美元，那是最好的方法。但是我很佩服他，他事业心很强，迫切地想要成功。”

在雅达利公司，乔布斯收获良多。他开始注重产品的简洁性，韦恩说：“史蒂夫从雅达利公司的游戏中意识到了简洁性的重要，他在产品设计的过程中一直坚持了这条原则。”他还从布什内尔身上学到了如何将魅力转化为说服力，奥尔康说：“诺兰是一个以自我为中心的人，他不能容忍别人否定自己的决定，史蒂夫从诺兰身上学到了这一点。不过，史蒂夫的性格让他有时会失控地辱骂别人，而诺兰则从不这样。他们的共同之处是都有一种积极向上的力量，这种力量强大到了让人害怕的程度，但它让他们获得了成功。从这个角度来说，诺兰担得起‘史蒂夫的导师’的称号。”另外，乔布斯还从雅达利公司学到了不拘一格降人才的招聘方法，以及如何把产品设计得更有趣而人性化，这些无意间的积淀后来都成了苹果公司成功的秘诀。

痴迷禅与素食

“它改变了我和我的很多朋友！”

——在谈到禅宗时，乔布斯如是说

在乔布斯小时候，保罗夫妇为了让他受一点宗教教育，差不多每个星期天都会带他去路德教堂。乔布斯对于这一活动也并不排斥，但是13岁那年，他经历的一件事情彻底改变了他对于基督教的看法。

那是1968年的一天，乔布斯在自家订的《生活》杂志封面上看到了一张照片，照片上是比亚法拉（Republic of Biafra，尼日利亚东南部一个由分离主义者建立的短命国家，它自1967年5月30日成立，至1970年1月15日灭亡）一对饥饿的儿童，他非常震惊，就拿着那本杂志跑到了教堂，问牧师说："在我举起一根手指之前上帝就知道我要举哪根手指吗?"牧师回答说："是的，上帝无所不知。"于是，乔布斯拿出那本杂志，指着封面上的那张照片说："那上帝知道这个国家发生的事吗？他知道那里的孩子快要饿死了吗?"牧师有些愕然，但是仍然说："是的。史蒂夫，我知道你不能理解这些，但是上帝的确知道这些。"听到这样的答案，乔布斯当场就宣布："我再也不崇敬这样一位上帝了。他什么都知道，但是什么都不做。"于是，从那之后，他再也不愿意去教堂。对于儿子的这一行为，保罗夫妇选择了尊重，因为他们本身也不是非常狂热的宗教支持者。

尽管对基督教中不能帮助别人的上帝非常失望，乔布斯对于追求自我存在意义及价值的禅宗却非常痴迷。

乔布斯进入大学时，人们开始把注意力投向自我价值的实现，而东方哲学无疑给人们指明了道路。乔布斯进入大学后读的第一本书就是被称为20世纪最受推崇的心灵导师拉姆·达斯的《此时此地》。乔布斯曾经回忆说："这本书指导意义非常重大，它深刻地影响了我和我的很多朋友，重新塑造了我们的世界观和人生观。"在大学期间，乔布斯花了很多时间研究并践行禅宗教义。乔布斯喜欢禅宗的另一个原因在于，他认为禅宗更注重精神体验，而不是一味地遵守教条。他曾经这样评价基督教和禅宗的区别："基督教的精髓就在于以耶稣的方式生活或者从耶稣的角度看世界，当基督教为了让更多的人信仰，而放弃这些的时候，它就开始走上形式主义的道路了。"乔布斯对于宗教有自己的见解，他曾这样作比喻："宗教最神秘的地方在于，不同的宗教尽管在某些方面会有不同，但是它们就好像通往同一所房子的不同门，殊途同归。可是那个房子有时候我觉得它存在，有时候我又觉得它不存在。"

对于禅宗的喜欢，让乔布斯在大学期间交到了很多志同道合的朋友，其中和他关系最密切的是丹尼尔·科特基。科特基来自纽约的一个富人区，他非常聪明，但是和乔布斯暴躁的脾气不同，他非常温和。和乔布斯一样，他也喜欢禅宗、迷幻药和迪伦。科特基非常喜欢乔布斯的录音机。他说："史蒂夫有一台TEAC牌录音机，还有迪伦几乎全部的磁带，这真是太酷了。"

乔布斯通过科特基认识了伊丽莎白·霍姆斯。她是他们的同学，同时也是科特基当时的女友，她也很痴迷禅宗。乔布斯第一次见到霍姆斯的时候，就表现出了性格中恶魔的一面，他羞辱霍姆斯说："要多少钱你才愿意跟另一个男人上床?"尽管这样，霍姆斯并没有生气，依然和乔布斯成了朋友。作为穷学生的他们，经常会搭乘别人的便车出去玩，或者一起探讨生命的意义，周末的时候为了吃顿好的，他们还会去哈雷·克里希纳寺品尝免费的素食。科特基后来回忆说："这些活动对我们非常有意义，我们对于禅宗是非常认真的。”

自里德学院退学后，乔布斯有了大量的自由时间，他除了听自己感兴趣的课程和与朋友们相处外，其他时间都泡在了图书馆里看书，这期间他读的大多数书籍都是禅宗方面的。也就是在这段时间，他看了铃木俊隆的《禅者的初心》，帕拉宏撒·尤迦南达的《一个瑜伽行者的自传》，理查德·莫里斯·比克的《宇宙的意识》，以及丘扬创巴的《突破精神唯物主义》等。在这些书籍中，《禅者的初心》一书对于乔布斯的影响最大，它的作者铃木俊隆是禅宗南宋五家之一的曹洞宗在日本的传人。他在1959年到达美国，立志在美国宣扬佛法，教美国人修习禅道，《禅者的初心》就是他为美国人写的禅宗的入门书籍。

霍姆斯当时没有住校，而是在外面租了一个房子，为了追寻禅宗之道，乔布斯他们就将霍姆斯房间的阁楼中改造成了冥想室，尽管房间很小，但是他们尽可能地布置出了冥想需要的氛围，印度花布、一块手纺纱棉毯、蜡烛、熏香和冥想坐垫等应有尽有。乔布斯后来回忆说：“那里偶尔会成为我们吸食迷幻药的场所，但是更多的时候，我们都是在里面冥想。”

1973年，乔布斯为了追寻禅宗之道，进行了一次印度精神之旅。但是他在印度并没有找到自己的精神导师，而是领悟到了体验的重要性。他回到南洛斯阿尔托斯的家，开始通过各种途径追求精神启蒙。早上和晚上的时候，他会进行冥想和禅修，其他时间则去斯坦福大学旁听物理或者工程学的课程。

这样的日子过了一个多月后，乔布斯来到了雅达利公司上班。他偶然间发现《禅者的初心》的作者——铃木俊隆在旧金山有一个禅宗中心，并会在每周三晚上去那里开讲座，和一群禅宗爱好者一起冥想，于是乔布斯加入了他们。但是很快，乔布斯和其他的禅宗爱好者都觉得一周一次这样的活动根本满足不了他们对于禅宗的爱好，于是，铃木俊隆就让自己的助手乙川弘文开办了一家全天开放的禅宗中心。乔布斯和他当时的女友克里斯安·布伦南、科特基及霍姆斯等都经常去那家禅宗中心冥想和禅修。偶尔，乔布斯还会一个人去乙川弘文的另一处教学点塔萨加拉禅宗中心禅修。

科特基说：“跟乙川弘文禅修是一件非常有趣的事。他的英语口语很差，语速很慢，尾音拖得很长，因此，听他说话就好像在听吟诵，非常富有启发性。很多时候，我们都听不懂他在说什么，但这不重要，重要的是我们当时的状态很好。”霍姆斯则完全投入冥想的状态中：“在乙川弘文的禅宗中心里禅修是一件非常奇妙的事，我们学会了如何摒除外界的打扰。我记得有一次，我们正在冥想，外面下起了大雨，乙川弘文就教导我们借助外界环境集中注意力的方法。”

科特基回忆说：“当乔布斯进入禅修状态的时候就会非常严肃，目空一切，非常难以相处。”乔布斯和乙川弘文的见面频率非常高，几乎每天都见面，他说：“和乙川弘文相处对我来说非常重要，我会争取尽可能多的时间和他在一起，这甚至影响了他的生活。他的妻子是斯坦福的护士，有时她下晚班回家了，我还待在他们家里没走，她就会轰我出门。有一段时间，我向乙川弘文询问，我是否应该放弃工作，完全投入对精神的追求中，但是他反对我这么做，他认为工作和修行并不冲突，我可以边工作边修行。”如果没有乙川弘文，可能世界上会多一个与世无争的禅师，却将少一个改变世界的乔布斯。

乔布斯经常跟乙川弘文交流禅宗或生活中的各种困惑，乙川弘文自此成了乔布斯的精神导师。1991年，乔布斯结婚的时候，他邀请乙川弘文担任了主婚人。他们之间这种亦师亦友的关系一直持续到2002年乙川弘文去世——2002年7月26日，在瑞士海滨，乙川弘文5岁的女儿不慎落水，乙川弘文为救她，溺水身亡。

乔布斯为了追寻自我意识，曾经花费1000美元在一个叫“俄勒冈感觉中心”的地方参加过一个为期12周的原始尖叫疗法。这种疗法由洛杉矶的精神治疗师亚瑟·亚诺夫发明，他们认为人的心理问题都是由童年时受到冷落或伤害造成的，受这种问题干扰的成年人可以通过再次经历那些痛苦时大声尖叫、打枕头或者往墙上打球等行为发泄那种痛苦，从而从那种痛苦中解脱出来。乔布斯认为这种疗法比谈话疗法要好，因为它让人直接抒发了感受和情感，而不仅仅是接受理性的分析。他说：“这种疗法更注重体验，而不是思考，所以你只要闭上眼睛，完全投入就可以了，它会激发人们获得更深刻的见解。”但是他认为这种方法并没有什么效果，“那是一种陈旧的解决方法，没有任何创新，太肤浅了，不能促使人们进行更深刻的自我省悟。”但是霍姆斯认为，原始尖叫疗法让乔布斯更自信了：“原始尖叫疗法部分地增强了乔布斯的自信心，削弱了他的自卑感，这让他在那段时间看上去很平静，而不再像原来那样粗暴。”

原始尖叫疗法后来也成为乔布斯现实扭曲力场的一部分，它让乔布斯相信只要自己想，就可以让别人完成不可能的事。霍姆斯对于禅宗的完全痴迷，让她在与科特基分手后，曾经加入了一个邪教组织，这个组织要求成员断绝和所有朋友的联系。乔布斯对于这条禁令置若罔闻，有一天，他直接开车来到邪教的大本营拉着霍姆斯就走，要求霍姆斯和他一起去弗里德兰的团结农场，同时还要求霍姆斯也得开一段路程的车，可是霍姆斯根本不会开手动挡的车。霍姆斯后来回忆说：“我告诉他说，我不会开手动挡的车，他根本就不予理会。他将车开到大路上之后，就强迫我开车，刚开始的时候，他帮我换挡，后来时速达到55英里后，他就放着迪伦的《路上的血迹》(*Bloodon the Tracks*)，把头枕在我的膝盖上就睡着了。对于他来说，他要你会什么，你就得会什么。他完全信任我，这让我做到了我以前从来没做到过的事情。”霍姆斯接着说，“史蒂夫是有魔力的。如果他认为你可以，那么你就可以。当他希望一件事情发生时，他就会千方百计地让这件事发生，这就是史蒂夫。”

乔布斯对于禅宗的信奉并不是一时的心血来潮和赶时髦，而是一种精神上的寄托，他终身都在追寻东方精神、佛教禅宗及个人启蒙，并且终生都遵循着禅宗的基本戒律，比如他非常重视经由集中精神而直观体验到的灵感和体悟。在很多年后的2011年，55岁的乔布斯发布了iPad2，他在自己的iPad2上下载了好几部电影，但是只下载了一部书，那就是他在里德学院时读过的《一个瑜伽行者的自传》。由此可见，乔布斯对于禅宗是多么痴迷。科特基说：“史蒂夫是禅宗的忠实拥护者，禅宗深刻地影响了乔布斯，正是禅宗促成了他极简主义的美学追求。”乔布斯也认为佛教对自己影响非常大：“是佛教让我意识到，有时候，直觉比理性思考更重要而有意义。”但是佛教只是在乔布斯身上留下了印记，却没有完全改变乔布斯，佛教讲究放下，讲究随缘而不执着于一点，但乔布斯始终没有做到这些。但也正是这种对于自我的坚持，让乔布斯独一无二，成为不可复制的。

乔布斯童年时，受一位栽培有机作物的邻居影响，喜欢上了有机食物和蔬菜。上大学后，有一本书更深刻地改变了他的饮食习惯，这本书就是弗朗西斯·摩尔·拉佩编著的《一座小行星的新饮食方式》，这本书高度颂扬了素食主义，指出素食主义对于个人及人类居住的地球都有不可估量的好处，向人们提倡素食主义的生活方式，这种观点让乔布斯深信不疑，他后来回忆说："那本书让我决定，为了自己也为了地球，再也不吃肉类了。"素食主义本无可厚非，但是这本书将乔布斯引导到了一些极端的饮食习惯上，比如乔布斯会催吐、禁食或者是连续几个星期只吃同一种食物，这让周围的朋友们不能忍受。

乔布斯这种极端的饮食习惯自大一就开始了，受乔布斯影响，科特基也看了这本书，和乔布斯一样，在看过这本书后，他也成为严格的素食主义者，但是，科特基这样评价乔布斯对于素食主义的态度："他执行得特别彻底，有时候仅靠燕麦片维持生存。每隔一段时间，我们都会去农民合作社采购，他会一下子买上足够吃一星期的燕麦片，然后搭配点其他的散装食品，比如椰枣或者杏仁，以及胡萝卜。乔布斯对于胡萝卜的喜爱，源于他有一个冠军牌榨汁机，可以把胡萝卜榨成汁或做成沙拉。朋友们中间有个传闻说，史蒂夫因为吃了太多胡萝卜，皮肤呈现橘黄色。"乔布斯对于胡萝卜汁的喜爱后来延伸到了苹果公司，公司提供免费的胡萝卜汁。乔布斯一生的对手兼好友比尔·盖茨就曾经开玩笑说："我这一生喝过最贵的饮料是苹果公司的胡萝卜汁。"

如果说《一座小行星的新饮食方式》只是让乔布斯的饮食习惯变得极端，那么德国营养学狂热者阿诺德·埃雷特所著的《非黏液饮食治疗学》则让乔布斯的饮食习惯变得怪异。

埃雷特认为饮食中应该只有水果和不含淀粉的蔬菜，否则的话身体就会产生有害的黏液，他还认为人们应该定期地进行长时间的绝食从而清理身体。乔布斯看了这本书后，开始进行尝试。刚开始的时候，他尝试着只吃苹果，坚持了一个星期。然后，他开始试着绝食。从两天到一个星期，甚至更久，最后通过喝大量的水，进食少量的蔬菜而结束绝食。乔布斯后来回忆说："当时我疯狂地迷恋那种饮食方法。那真的是一种很奇妙的体验。在坚持绝食一周后，因为身体不用消化食物了，人就会获得更多活力。我当时觉得自己步行到旧金山去都没有问题。"

这种苛刻的饮食习惯也给乔布斯带来了一些问题，在弗里德兰的团结农场，乔布斯就曾经因为刚吃完就吐出去，而让很多人认为他有贪食症。后来，乔布斯罹患癌症后，这种苛刻的饮食习惯更成了他术后恢复的最大障碍。

印度之行

“我第一次意识到也许托马斯·爱迪生对世界的贡献比卡尔·马克思和尼姆·卡洛里·巴巴加起来还大。”

——谈起印度之行给自己的影响时，乔布斯如是说

1974年时，乔布斯之所以急切地想进入雅达利公司是因为他要攒钱进行一趟印度朝圣之旅。他的大学同学罗伯特·弗里德兰曾在1973年的夏天进行过一次这样的旅行，弗里德兰回来后兴高采烈地向乔布斯和科特基讲述了这次旅行的各种际遇，这让乔布斯和科特基心驰神往，他们决定也去印度进行一趟朝拜之旅，弗里德兰就给他们提供了一位高僧的联系方式和住宿地址。但是乔布斯和科特基没能立刻开始这趟旅行，因为他们没钱。

在雅达利工作了一段时间之后，乔布斯攒够了旅行所需的费用。他来到奥尔康的办公室，没有任何铺垫地说：“我要辞职去印度寻找精神导师。”奥尔康后来回忆说：“他来到我的办公室，眼睛直视着我，突然宣布说：‘我要辞职去印度寻找我的精神导师了。’我以为他在开玩笑，就说：‘好的，代我向你的导师问好！’接着，他说，他希望我可以承担他来回的车费，我这才意识到他是说真的，他要辞职去印度，我说：‘做梦，不可能，我不会承担路费的。’”不过后来奥尔康想到公司里有一批零件需要运往慕尼黑，在那里组装完毕后由都灵（意大利的一个城市）的批发商负责配送出去。但是因为美国市场上的游戏是每秒60帧，而欧洲市场上的游戏是每秒50帧，所以在使用时需要进行一些调整。于是奥尔康把乔布斯叫来向他讲明了情况，希望他可以去押送这批货物到欧洲，并把这个问题解决，然后从那里去印度，因为从那里去印度要便宜一些。乔布斯毫不犹豫地答应了。乔布斯离开奥尔康办公室的时候，奥尔康开玩笑似的说：“记得在两个小时内解决问题。”乔布斯到达慕尼黑后，真的在两个小时内解决了所有问题。

尽管只有短短两个小时的相处时间，乔布斯还是让德国那一群穿着西装的经理很不舒服。他们向奥尔康抱怨说：“他真的是你们公司的技术员吗？他看起来就像个流浪汉，身上的味道也和流浪汉差不多，而且行为粗鲁。”奥尔康对这样的抱怨充耳不闻，他问：“他帮你们解决问题了吗？”对方回答是的。他说：“那不就行了，下次你们再有什么问题，可以尽管给我打电话，我这里有很多他这样的人。”他们说：“不用了，下次我们宁愿自己解决，也不再和他那样的人打交道了。”奥尔康听后心里窃喜，没想到派乔布斯去还起到了这样独特的作用。在德国经理向奥尔康抱怨的同时，乔布斯也向奥尔康抱怨说：“他们只给我提供土豆和肉，他们甚至都不知道‘素食’这个词，真是太糟糕了。”

但是接下来的都灵之旅就让乔布斯感觉好多了，他对于意大利人的热情和好吃的

意大利面印象深刻。他说："都灵是一座生机勃勃的工业城市，我在那儿的几周真是美妙极了。都灵的那个批发商是个很好的人，他为了照顾我的口味，每天都带我去一个饭店吃饭。那家饭店最好的一个地方就在于它没有菜单，你想吃什么直接告诉他们，他们就能给你做出来。那个地方真是太棒了，意大利最有名的菲亚特汽车制造公司的董事长有时会去那里吃饭。那里只有八张桌子，却有一张是专门为他预留的。"

在解决了都灵批发商的问题之后，乔布斯去瑞士的卢加诺拜见了弗里德兰的叔叔，也就是团结农场的真正主人，然后就从瑞士直接搭飞机去了印度。

1974 年初，一身嬉皮士打扮的乔布斯到达了印度，他穿着破破烂烂的衣服，光着脚走出了新德里机场。他出机场后直接乘车来到了弗里德兰给他推荐的酒店，但是那家酒店客满了，他只有去了出租车司机极力推荐的另一家酒店。乔布斯每当回忆起这件事的时候，都会这样说："那个人肯定拿了酒店的回扣，因为他带我去的那个酒店真是糟糕透顶，甚至水都没有过滤，可是老板骗我说过滤了，我就直接喝了。傻傻的我很快就因为饮用不卫生的水而患上了痢疾，高烧不退，身边也没一个人照顾，于是体重一个星期内就从 160 磅（约 72.5 千克）减到了 120 磅（约 54.4 千克），真是可怜极了。"

一个多星期后，乔布斯终于好了一点，他决定立刻离开新德里这个倒霉地。他去了印度北部城市赫尔德瓦尔，它是一个面积和帕罗奥图差不多大小的城市，靠近恒河的源头，乔布斯之所以选择这里，是因为它每三年就会举行一次盛大的宗教集会。而 1974 年恰逢每 12 年举行一次的最大规模的集会，称为"大壶节"（Kumbha Mela）。这个当地居民不到 10 万人的城市一下子涌进了超过 1000 万人。乔布斯后来这样回忆大壶节的情形："满眼看到的都是教徒，随便一个帐篷里都住着一个甚至几个导师级的人物。还有人骑着大象巡游，非常热闹，但是那不是我想追寻的，所以在那里待了几天后，我决定离开。"

乔布斯决定去拜访弗里德兰曾经拜访过的尼姆·卡罗里大师。他先乘火车又转乘汽车来到了大师所在的村庄，结果遗憾地发现，尼姆·卡罗里大师已经去世了。没有了目标的乔布斯，在一户人家里租了个房间安顿下来。这户人家给他提供素食，并帮助他恢复了健康，乔布斯后来在提到这户人家的时候总是充满了感激。在这里他再次重读了《一个瑜伽行者的自传》，它是之前的一位旅行者落下的。乔布斯将这本书读了好几遍，因为在那里真的太无聊了。但是在那里他也交到了一个一辈子的好朋友——拉里·布里连特。他是一名流行病学家，当时在印度以根除天花为己任，后来主要负责帮助谷歌运营慈善机构，并负责管理斯科尔基金会。

正在无聊之时，乔布斯听到了一个消息，有位印度教的圣人要在一名富商位于喜马拉雅山脉的住处举办信徒聚会，乔布斯就赶了过去。在那里乔布斯经历的一件事，让他坚信自己是与众不同的。乔布斯回忆起当时参加那次聚会的目的时说："我去印度的目的就是找到一位有灵性的人，而那里无疑给我提供了机会。同时，我好久都没有吃顿好的了，我想那里也许会有好吃的，所以我就赶了过去。事实证明，我猜对了，我刚走进房子的时候就闻到了食物的香味。"当乔布斯正在享用美食时，乔布斯希望遇到的那位圣人，突然就从人群中选中了他，拉着他疯了一样开始大笑。乔布斯说："当时我正在吃东西，他突然穿过人群，来到我面前，拉着我说：'你纯净得就像个孩子。'"然后那位圣人拉着乔布斯逃离人群，来到了一个小山丘上，那里有一口井和一个小池塘。他拉着乔布斯坐下，拿出一把剃刀和一块肥皂，并开始把肥皂打在乔布斯头发上，然后用剃刀把乔布斯的头发剃光了。乔布斯说："他拿出剃刀的时候，吓了我一跳，我还以为他是个疯子。他边给我剃头边说这是在拯救我的健康。事实证明，他的剃头技术相当不错。"这个传奇经历，让乔布斯坚信自己是与众不同的，他认为世界上的有些人在来到这个世界之前是受到了上帝启示的，比如爱因斯坦、甘地等，而他自己也是其中之一，这种心理暗示对他独特人格的形成有重要的影响。

这件事之后没多久，乔布斯的好友科特基也来到了印度，乔布斯就返回新德里去见他。两人会合后，开始坐着公共汽车到处溜达。此时的乔布斯已经彻底地放弃了对于精神导师的寻找，而更多地转向了通过苦行体验、感官剥离和返璞归真寻求启蒙。

乔布斯和科特基后来晃荡到了靠近中国西藏的马纳里镇，在这里，科特基的睡袋连同旅行支票一起被偷走了。于是他们不得不返回新德里取消旅行支票，兑换现金。但是银行拒绝给他们兑换现金。这时，乔布斯的签证马上就要过期了，而科特基的签证则是延期的，而且机票是四个月往返，所以乔布斯就把自己所剩的总共150多美元都给了科特基，以便他可以在印度待到八月底。科特基回忆说："他不但担负起了我的住宿和饮食开销，还把自己仅剩的钱都给了我。"

此时的乔布斯，对于印度已经没有什么眷恋了，他决定启程回家。在印度游荡了7个月后，1974年的秋天，乔布斯踏上了归程，在回家的途中，他又在伦敦逗留了几天，拜访了一位本来约在印度见面的朋友，然后就乘坐最便宜的一班飞机回到了奥克兰。在奥克兰机场，他打电话给自己的父母让他们来接他。保罗和克拉拉接到电话还犹豫了一下，电话那头真的是自己的儿子吗？他自从去印度后，只给自己写过几封简短的信，他真的回来了吗？保罗夫妇惊喜异常，他们立刻开车从南洛斯阿尔托斯来到了奥克兰机场。乔布斯后来回忆起当时与父母见面时的情景时，总会不自禁地笑出声来："当时我的头发被剃光了，身上穿着印度棉袍子，皮肤被晒得又黑又红，他们从我身边来来回回走了差不多5次，妈妈才终于走到我身边试探性地叫：'史蒂夫？'我抬起头说：'嗨，妈妈。'"

这次印度之行，尽管没能让乔布斯找到自己的精神导师，但是仍然给乔布斯留下了深刻的印象。

很多年后，乔布斯曾经这样总结印度之行对自己的影响："从印度一下子到美国给我的文化冲击特别大。印度人做很多事都完全凭直觉，而我们则更多的时候依靠理性思维，所以印度人的直觉要比我们发达得多。我不知道别人怎么想，但是对我来说，直觉有时更重要，它对我的工作有很大的影响。理性思维是西方人后天习得的，它是西方文明的一项伟大成就。但是在印度，人们从来都不学习理性思维，他们学习直观和经验智慧，这些东西是和理性思维同样重要的。自印度回到美国后，以一个局外人的身份，我更清醒地意识到了西方世界的喧嚣和理性思维的不足。如果你平心静气地审查自己的内心，就会发现它是多么浮躁。此时你越是想平静下来，就越是浮躁。要让心真正平静下来，需要很长一段时间，如果耐得住性子，等心真正平静下来了，你的直觉就开始灵敏，会聆听到很多美妙的东西，会更清楚地看到事情的本质，也更真实地感受周围的现实环境。总之，当心静下来的时候，人的视界就会得到极大地延伸，也就能看到更深层的东西了。这是一种更高层次的修行，只有不断地练习，才能有所收获。”

这次印度之行，除了让乔布斯感受到东西方看待问题的不同角度外，还让他意识到了科技的重要性，他说：“看到印度当地原始的耕作工具，我第一次意识到也许托马斯·爱迪生对世界的贡献比卡尔·马克思和尼姆·卡洛里·巴巴加起来还大。”正是这个认识，让乔布斯在参禅和创造让人惊艳的产品中找到了平衡，迈开了他一边参禅一边改变世界的步伐。

《打砖块》游戏

“我不知道那些传言是从哪里冒出来的，我拿到钱分一半给沃兹，一直都是这样的。”

——听到有人说自己私吞《打砖块》游戏的奖金时，乔布斯如是说

自印度归来后，乔布斯稍微休息了一段时间就重新回到了雅达利公司上班。

奥尔康回忆说，那是1975年初的一天，当时他正在自己的办公室里，乔布斯在雅达利为数不多的朋友之一韦恩冲进了他的办公室喊道：“嘿，你猜谁回来了？是史蒂夫！”然后他就看到了当时的乔布斯：黑红的脸，怪异的橘黄色袍子，赤脚，手里还拿着一本《此时此地》，看起来和寺院里的僧人无异。乔布斯问奥尔康，自己可不可以回来上班，奥尔康说：“当然可以。”

和原来一样，乔布斯还是被安排上夜班，这样的安排无意间为乔布斯和他的好朋友沃兹提供了相处机会。事情是这样的：当时正在惠普上班的沃兹，一个偶然的机会在森尼韦尔的一家保龄球馆里玩了一次《乒乓》游戏，就迷上了。当他知道乔布斯在雅达利公司上夜班后，就经常在吃过晚饭后来找乔布斯免费玩游戏。对于这种揩油的行为，雅达利公司的老板布什内尔采取了纵容态度，这是因为，沃兹为了炫耀自己的本领，曾经将《乒乓》游戏利用很少的芯片改造成了可以在电视机上玩的版本，并向布什内尔进行了展示。布什内尔当时就对沃兹的设计赞不绝口，他想挖沃兹来雅达利公司上班，但是沃兹拒绝了，因为他喜欢惠普公司。

既然不能将沃兹挖到自己的公司，布什内尔想到了另外一个利用沃兹才能的方法，那就是通过乔布斯让沃兹为雅达利公司设计一款游戏。当时，雅达利公司在设计游戏时，动辄就需要用上百块芯片，这让成本急速上升，布什内尔决定改变这种现状，然后他就想到了沃兹。于是，1975年夏季的一天，布什内尔将乔布斯叫到了办公

室说，公司打算设计一款新游戏，名字叫《打砖块》。这款游戏将一改原来《乒乓》游戏需要两个人才能玩的格局，而将采取一个人也可以玩的单机模式，玩家需要将球击向一面墙，每击中一块砖，这块砖就会消失，当玩家把这面墙上的所有砖块打完后，就可以逃出去了。他说："史蒂夫，我打算让你设计这个游戏，而且用的芯片越少越好。如果你能完成的话，我就给你750美元的薪酬。除此之外，如果你用的芯片数少于50块，那么每少用一块，就有100美元的奖金。"乔布斯欣然接受了任务。

当晚他就将这件事告诉了来玩游戏的沃兹，并请沃兹和自己一起完成，他说："我把酬劳分你一半，咱们一起完成吧！"沃兹毫不犹豫地答应了，但是他在乎的并不是那一半的酬劳，而是因为他觉得可以设计出一款很多人都会喜欢的游戏非常酷，同时也可以展示自己的才能。布什内尔对于乔布斯请沃兹帮忙这件事，这样说："我把这看作买一送一，沃兹是个更加优秀的工程师。"乔布斯在沃兹答应帮忙后，才扔出了一枚他自己制造的重磅炸弹："我忘了跟你说，我们只有四天时间。"沃兹一下子惊讶地睁大了双眼："四天？通常情况下设计一个这样的游戏至少也要几个月吧？四天，就我们两个人怎么可能完成？"这时，乔布斯第一次在沃兹面前展示了现实扭曲力场，沃兹后来回忆说："当时我觉得自己根本不可能在四天内设计好这个游戏，但是史蒂夫让我做到了。我到现在都不明白他是怎么做到的。"布什内尔曾经这样评价乔布斯："当他想做某件事的时候，计划表都是按天和星期制定的，而不是按照月或年。"确实，当时布什内尔根本没有给乔布斯时间上的限制，只是乔布斯要在四天后去团结农场收苹果，所以他决定要在四天内完成所有设计。

对于这一情况毫不知情的沃兹，开始了夜以继日、不眠不休的设计工作。他会利用白天在惠普上班的间隙画出设计草图，晚上吃过饭后就赶到雅达利进行设计。沃兹在设计的时候，乔布斯就会在一边将芯片按照设计图排布在电路板上。沃兹说："如果史蒂夫排布芯片的速度跟不上我设计的速度了，我就会在他摆弄芯片的时候，玩一会儿我最喜欢的《极速赛道10》游戏。"在两人的密切配合下，四天后，他们竟然真的完成了这项原本不可能的任务，而且仅用了45块芯片，这比布什内尔要求的足足少用了5块芯片。

第五天一大早，乔布斯就带着只用了45块芯片的《打砖块》游戏的电路板来到了布什内尔的办公室。布什内尔对于乔布斯的到来非常吃惊，他还以为乔布斯要放弃这个挑战了，就在他要开口询问的时候，乔布斯开口了："游戏的电路板设计完成了，而且只用了45块电路板。"布什内尔吃惊地张大了嘴，暗想，天啊，这速度也太快了。于是，他爽快地付给了乔布斯750美元的薪酬和500美元的奖金。

乔布斯拿到钱后，将薪金平均分成了两份，并将其中的一份给了沃兹。那份奖金却成了乔布斯和沃兹之间一件没有定论的悬案，甚至就连当事人乔布斯和沃兹自己有时也搞不清楚事实的真相到底是怎样的。

那是在10年后的一天，沃兹在乘坐飞机时，偶然遇到了雅达利公司的首席工程师奥尔康，两个人在聊天时，奥尔康无意间透露当年沃兹和乔布斯设计的游戏除了拿到薪酬外，还有奖金。这让沃兹大吃一惊，因为乔布斯从来没有跟沃兹提到过有奖金这回事。

这让沃兹很受伤，他并不是在乎那笔钱，而是觉得乔布斯在感情上伤害了自己。他说："我不明白史蒂夫为什么要骗我，他为什么不告诉我实话呢？如果他确实需要那笔钱，我会把钱给他的。他是我的朋友，朋友就应该互相帮助不是吗？对我来说诚实是很重要的，但我也知道，每个人都是不同的。"他知道奖金的存在后，曾给乔布斯打电话询问这件事，乔布斯矢口否认，他说："根本就没有这回事。我也绝对没有私吞奖金。"沃兹听后选择了相信乔布斯，他说："如果做过，他应该会记得的。既然他说不记得，那就应该是没有做过。"沃兹始终是这样单纯的一个人。后来当再有人问题这件事的时候，他说："我宁愿让这件事就这么过去，我不想因为这件事就去评价史蒂夫是个怎样的人。他本身就是个多面体，耍手段只是他得以成功的诸多特性中的阴暗面。为什么人们一定要执着于他的这一面呢？"

乔布斯曾经授权《时代》杂志前总编沃尔特·艾萨克森写一本关于自己的传记，因此，他成为少数几个乔布斯愿意吐露心事的对象之一。他曾向乔布斯询问此事，乔布斯当时表现的反常地安静，很迟疑，他说："我不知道那些传言是从哪里冒出来的，我拿到钱分一半给沃兹，一直都是这样的。1978年之后沃兹就不再工作了，但他在苹果的股份还是和我一样多。"

尽管有这样的小插曲，但是沃兹从来都不掩饰他对于乔布斯的欣赏和赞叹，他说："我坚信我人生中接受过的最棒的一次邀请就是史蒂夫邀请我一起设计《打砖块》游戏，是史蒂夫给了我机会，设计出了一款人人都喜欢的游戏。这太酷了。"

就像沃兹说的，不论事实怎样，事情都已经过去了，这件事只是增加了乔布斯身上的传奇色彩而已。

《打砖块》游戏可以说是乔布斯和沃兹创办公司前的一次试水，尽管中间也有波折，但是它让乔布斯完成了商业和设计上的入门课，这为苹果公司的创立奠定了基础。

创立苹果公司

热浪滚滚的时代

“那时，有些奇妙的事情正在发生……”

——在回忆 20 世纪 70 年代的时候，乔布斯如是说

20 世纪 70 年代是一个迷茫的年代。在这个时代中，美国经历了文化飓风的侵袭，传统的观念受到了猛烈冲击。首先，时任总统的理查德·米尔豪斯·尼克松忽然成为奸邪之徒，被讽刺漫画家多次画漫画进行嘲讽、调侃；接着对越南的战争陷入僵局，人们对于这次战争的必要性产生怀疑；然后航天事业也出现问题，本打算载人登陆月球的阿波罗 13 号 4 个发动机中有 3 个都出现了故障，3 个氧气库中有 2 个失灵。

20 世纪 70 年代也是一个自由的年代，60 年代为人们所推崇的偶像忽然都消失了。1971 年 4 月 10 日，披头士乐队宣布解散，接着 9 月 18 日，把吉他玩得出神入化的吉米·亨德里克斯去世了，随后 10 月 4 日，史上最伟大的白人摇滚女歌手贾尼斯·乔普林也离开了人世……偶像的消失，让人们陷入了恐慌和不安中，但是这样的恐慌和不安，也让人们有机会从传统的思维中跳出来，让思想重获自由。而这样自由的氛围充分地促进了科技产业的发展。

尽管 1971 年的时候，《电子新闻》上已经使用了“硅谷”这个名字，但是到 1975 年时，仍然只有少数报纸杂志将圣克拉拉谷称为“硅谷”，然而这丝毫也不影响电子产业在当地如火如荼地发展。经过二十多年发展，电子公司、微芯片制造商和计算机公司在硅谷已经遍地都是，产业集聚已经初步形成。这种产业集聚让这里的科技氛围非常浓厚，可以说，在那里你随便走进一户人家里，那家的主人都能给你讲一通电子原理。这种浓郁的科技氛围，也吸引了电子黑客的集聚。那是一个技术黑客的黄金时代，来自不同行业、不同年龄的黑客，都聚集在硅谷讨论各种问题，交流经验。他们有的是特立独行的工程师，有的是资深的游戏玩家，有的是电话飞客，有的是业余电子爱好者……他们组成了各种各样的小团体。在所有的团体中，有一个专门研究迷幻药的准学术性团体非常引人注目。

一个准学术性团体专门研究迷幻药的效果？法律会允许这样的团体存在吗？是的，在现在这是不可想象的，但是在那时是很正常的，毕竟那是一个迷茫而自由的时代，人们在迷幻中寻找着精神上的启蒙。这个团体中可谓卧虎藏龙，它的成员有来自帕罗奥图增强研究中心的道格·恩格尔巴特。他是电脑界的一位奇才，也是人机交互方面的大师。他一生都在研究计算机，出版了 30 多本书，获得了 20 多项专利，现在计算机所拥有的基本功能，例如视窗、文字处理系统、在线呼叫集成系统、共享屏幕的远程会议等都是他发明的，但是他被世人记住是因为他所有发明中最微不足道的一项——鼠标。他在 1968 年就发明了鼠标，只是一直都躺在研究中心里，没能够普及，一直到 1984 年乔布斯推出麦金塔电脑后，鼠标这一称谓才世界闻名，而他也才名扬天下。它的成员还有肯·凯西，他曾在斯坦福大学学习写作，当时学校的附属医院精神病研究所在搞一项关于迷幻药的实验，参加实验的人员每天可以获得 75 美元的报酬，于是凯西就加入了这个实验，并对这个实验着了迷。学校的实验结束后，他开始自己实验致幻剂 LSD（麦角酰二乙胺，一种强致幻剂，能使听觉、视觉出现错乱，产生逼真幻觉、时空扭曲等生理反应，这种药在当时还不是违禁品）的致幻效果。他的第一批实验人员就是“感恩而死”乐队的前身“巫师”乐队的成员，他这种将音乐和致幻剂结合的做法成就了后来的迷幻摇滚。他后来还以自己吸食迷幻药后走进精神病患者内心世界的经历，写成了那本著名的小说《飞越疯人院》。

那是一个各种文化交锋的年代，湾区的嬉皮士运动、伯克利的言论自由运动，都在如火如荼地进行。这两种运动，刺激着人们追求自我实现和心灵的启迪，于是禅宗和印度教、冥想和瑜伽、原始尖叫和感觉剥夺、伊莎兰治疗法和电击休克治疗法等各种有助于自我启蒙的方法纷纷涌现。

刚开始的时候，嬉皮士和电脑并没有多少交集，他们甚至认为电脑是奥威尔式的专制统治工具，是五角大楼和统治阶级才会使用的工具。历史学家刘易斯·芒福德就曾在《机器神话》一书中说：“电脑正在蚕食我们的自由，损害正确的人生价值观。”

但是到 20 世纪 70 年代初期，人们对于电脑的看法开始发生改观。约翰·马尔科夫是《时代》杂志的撰稿人，主要负责撰写科技类的文章，他一直都非常关注科技对于世界的影响，他撰写有一本关于非主流文化与电脑产业的书《睡鼠说了什么》，在书中，他写道：“计算机的身份已经逐渐从被当作官僚机构的控制工具转变为了展示个人表达与自由解放的工具，人们对于它的态度也从最初的不屑一顾变为欣然接受。”美国当代最畅销诗人理查德·布劳提根 1967 年创作了一首关于计算机的诗，他在诗中描述了这样的场景，当蒂莫西·利里（1920 年 10 月 22 日～1996 年 5 月 31 日，美国著名心理学家、作家，以其晚年对迷幻药的研究而知名）大声地告诉世界，个人电脑已经替代迷幻药控制了人脑，并将他那句著名言论改写成“开机，启动，接入”（turn on，boot up，jack in）时，电脑致幻便已经得到证实。后来和乔布斯成为朋友的 U2 乐队主唱波诺这样解释为什么是来自湾区的非主流人士拉开了个人电脑产业的序幕：

“之所以那些跟着摇滚摇头晃脑、吸着大麻、衣衫不整的嬉皮士们开创了21世纪，是因为他们看待问题的角度和常人不同，能看到事物的另外一面。而在美国或世界的其他地方都没有这种思维方式生活的土壤，或早早地将这种思维扼杀在了摇篮里。但迷茫而自由的20世纪六七十年代，则刚好将人们从原来的思维模式中解放了出来，为想象未来插上了翅膀。”

处于这种环境中的乔布斯，有着一颗躁动不安的心，他总觉得在这样的环境中，自己不应该是毫无作为的，他内心始终涌动着一股热情，一股改变世界的热情，只是他还没有找到改变这个世界的途径。当时的他会在早晨的时候冥想，白天的时候去斯坦福大学旁听，晚上的时候去雅达利工作，同时梦想着创办自己的事业。他曾经这样回忆自己当时所处的那个时代：“那是一个神奇的时代。它孕育了最好的音乐，例如感恩而死、杰弗逊飞船乐队、琼·贝兹、詹尼斯·乔普林等；它哺育了改变世界的集成电路；它滋生了著名的反主流文化杂志《全球概览》。”

计算机俱乐部

“我们都被那家俱乐部吸引了，它很酷。”

——在回忆起家酿计算机俱乐部时，乔布斯如是说

在计算机发展的进程中，有一个人是值得铭记的，正是他促成了非主流文化人群和黑客的联合，他就是《全球概览》杂志的创办人斯图尔特·布兰德。

布兰德是一个非常活跃的人，他也曾经加入那个研究迷幻药的准学术性团体。为了赞扬迷幻药给人们带来的灵感和美妙体验，他曾和肯·凯西一起创办了一个“旅行节”，并在这个旅行节上邀请了“感恩而死”乐队的前身“巫师乐队”表演，引起巨大的轰动；他和团队中的另一位成员道格·恩格尔巴特一起开创了利用声光演示新技术的方法，被称为“演示之母”；因为参与兴奋剂的实验，他还曾经被新新闻体的开创人汤姆·伍尔夫写进了《令人振奋的兴奋剂实验》一书中。

他是一个梦想家，曾经经营一个名为“全球卡车商店”的商店。正如店铺名字所示，他的店铺就是一辆四处游荡的卡车，主要出售各种在当时看来很酷的玩意儿和教育用具。1968年，为了扩大这个商店的影响，布兰德决定创办一本名为《全球概览》的杂志。这是一本美国反主流文化目录，它创刊号的封面是一张从太空拍摄的地球照片，副标题是“通往工具之路”，它想告诉人们，科技和人类也可以成为朋友。布兰德后来回忆说：“真理往往掌握在少数人手中。当我们大多数人还将电脑视为统治阶级控制人们的工具时，有一小部分人，也就是后来所说的黑客，已经开始接受电脑并利用它解放自己。事实证明，他们才真正找到了通向未来的正确道路。”布兰德在创刊号的第一页上写道：“一个和个人力量密切相关的领域正在崛起，它让人可以实现自我提升，捕捉灵感，改变生活的环境，并自由地与别人分享经历。而《全球概览》

的目标就是搜寻到这种工具，并向人们推广它。”为此，布兰德还邀请了融建筑设计师、工程师、发明家、思想家和诗人于一体，人称“无害怪物”的巴克敏斯特·富勒为刊物写了一首诗刊登在创刊号上。在诗中，富勒写道：“从那些值得信任的工具和设备中，我仿佛见到了上帝……”

尽管从1968年开始发行到1971年停刊，《全球概览》仅存在了短短的四年时间，但是它受到很多人的喜爱，乔布斯就是其中之一。

他尤其喜欢1971年的停刊号，当时乔布斯正在读高中，他就带着这本杂志去了学校，上大学之后，他又带去了里德学院和团结农场。在30年后的2005年，与死神擦肩而过的乔布斯应邀在斯坦福大学毕业典礼上为学生们做演讲时，又提到了这本书：“在我年轻的时候，有本神奇的杂志叫《全球概览》，它是一本充满新奇工具的书，可惜的是它在1971年的时候停刊了。我特别喜欢它停刊号的封底。那是一张早晨乡间小路的照片，照片下方印有‘求知若饥，虚心若愚’的字样。”这两句话后来一直激励着乔布斯，让他在创新的路上不断前进。乔布斯对于这本杂志评价非常高，他认为这本杂志是互联网概念的先驱，他说：“那时个人电脑还没有出现，它所有的内容都是用打字机、剪刀和照片做出来的，杂志内容有点像印在纸上的Google，但是它的出现比Google早了35年。”《全球概览》杂志的创办者布兰德对于本书受到乔布斯喜爱一事非常自豪，他说：“史蒂夫就处于反主流文化与科技的交汇处，他看到了工具为人所用的本质。”这本杂志在1972年获得了美国国家图书奖（National Book Award），这是美国首次将这一奖项颁发给目录类杂志。

《全球概览》这种以推广科技为目的的定位让布兰德在创立这本杂志的过程中得到了波托拉协会的帮助。波托拉协会是一个致力于计算机教育这个新兴领域的基金会，它在帮助布兰德创办《全球概览》的同时，也帮助另外一个以“向人民传输计算机的力量”为己任的组织成立了人民电脑公司。人民电脑公司尽管冠有“公司”之名，但它并不是一家公司，而是一个以出版通讯为主的组织。这个组织偶尔会在周三晚上举行聚会，戈登·弗伦奇和弗雷德·摩尔是这个聚会中的常客。他们觉得目前的人民电脑公司太松散了，于是决定要成立一家更正规的俱乐部，让大家可以在这里分享成果，交流经验。

而此时，《大众电子学》上刊登的一篇文章给了他们契机。那是《大众电子学》1975年的第1期，它的技术编辑所罗门花费大量笔墨向人们描述了世界上第一台个人电脑Altair，这极大地挑起了人们的好奇心。但是，由于当时Altair的发明人埃德·罗伯茨仅制造了一台样机，而样机又在罗伯茨邮寄给所罗门的过程中不翼而飞，所以当时除了罗伯茨和所罗门之外，根本就没有人见过Altair电脑。但这丝毫不影响人们对于这台电脑的热烈追捧。Altair说是一台个人电脑，其实只不过是一堆价值397美元的零件，它只有被焊接到一块电路板上才能执行非常少的任务，但是它向人们灌输了这样一个信念：电脑是一种人人都能够买得起的小体积实用工具，而不是一个华而不实的玩具。这种观念为电脑的普及打下了基础，而为人们打造一种人人都可以买得起的小体积实用工具也成了乔布斯等一批电脑研发者终身追求的目标。同时它采用了二进制编码，而在此之前，人们都采用费时的手工编码，并且需要经过多道操作转换程序才能把信息输入计算机存储器中，这表明二进制的编程方式获得了重大突破，为计算机的发展开辟了道路。

Altair 电脑的问世让弗伦奇和摩尔意识到他们可以把 Altair 作为俱乐部的第一期议题，于是两个人开始为俱乐部做宣传工作，他们印发了大量的传单，并在传单上写了如下话语："不论你是想搭建自己的计算机、电视机还是终端机，都来加入与你志趣相投的人的聚会吧！"沃兹的好友鲍姆在惠普的公告栏上看到了这张传单，于是打电话邀请沃兹一起参加。

1975 年 3 月 5 日，家酿计算机俱乐部（the Homebrew Computer Club）在弗伦奇位于门洛帕克的车库正式成立，来自四面八方的 30 多人参加了它的第一次聚会。在聚会上，大家依次进行了自我介绍。摩尔负责这次会议记录，在记录中，关于沃兹的爱好有如下记录："视频游戏、酒店里的付费电影、科学计算器设计和电视机设计。"沃兹后来回忆说："我生命中最重要的夜晚不多，但那是其中之一，当时我非常紧张。"

会上，弗伦奇向人们展示了 Altair 电脑，从这台电脑上，沃兹第一次见识到了微处理器，而这次展示让另外两个人意识到软件的重要性，他们就是比尔·盖茨和保罗·艾伦。他们见过 Altair 电脑之后就开始编写适用于这台电脑的 BASIC 语言版本，艾伦还凭借这个成为 Altair 电脑所属的微型仪器遥测系统公司（MITS）的软件经理。但是后来因为市场运作和公司内部因素，Altair 电脑没能取得成功，盖茨和艾伦也就离开这家公司，自己创立了微软公司。

家酿计算机俱乐部凭借 Altair 电脑的展示，一下子打出了名气，人员很快就从最初的 30 多人增加到了 100 多人。乔布斯在沃兹的介绍下很快也加入了这个俱乐部，并被这家俱乐部浓郁的科技氛围吸引，之后他们就经常参加俱乐部的活动。乔布斯后来回忆起家酿计算机俱乐部时说："我们都被那家俱乐部吸引了，它很酷。"

但与沃兹相比，乔布斯除了和人们分享成果、交流经验外，他更关注一项新技术的发明会对人们的生活产生怎样的影响，这也为沃兹和乔布斯后来创立苹果后的分工奠定了基础。沃兹后来正是从家酿计算机俱乐部中获得灵感，研制了苹果一代电脑，所以从某个角度来说，是家酿计算机俱乐部促成了苹果公司的诞生，也促成了个人电脑产业的第一次大发展。

苹果一代的诞生

"我们做出了一个非同寻常的东西。"

——在沃兹成功研制出 Apple Ⅰ时，乔布斯如是说

自从在家酿计算机俱乐部上第一次见到微处理器，沃兹就产生了一种想法，即利用微处理器设计一台带有键盘和显示器的终端机，使其成为一台独立的小型台式机。

其实，在此之前，沃兹就曾想过将键盘、屏幕与电路板整合在一套个人装置中，只是苦于没有必需的元件，所以此计划一直未能得到实施，直到在家酿计算机俱乐部中看到那个带有一整块中央处理单元的微处理器时，他的这种想法才有了付诸实施的可能。

沃兹和乔布斯一样，都属于那种想到就做的人。因此，沃兹在回到家后就立即开始了研制工作，并在当天晚上就设计出了后来成为 AppleⅠ计算机的草图。当然了，计算机的研制并非一朝一夕就能完成的。比方说选择微处理器、设计电路板，或是调试控制电路、编写程序语言等，无论哪一项对于沃兹来说都是一个不小的挑战。

在刚开始的时候，沃兹曾想使用英特尔 8080 微处理器。但由于该款芯片的成本太高，沃兹只得放弃了，并开始寻找其他替代品。后来，他通过一位在惠普工作的朋友，以 40 美元的价格购到一块摩托罗拉 6800 微处理器。不过，这对于沃兹来说，成本仍然有些高。再后来，他又经过多方努力，找到了 MOS 科技公司（MOS Technologies）生产制造的一款芯片，其性能不仅与摩托罗拉 6800 基本一样，而且价格也很便宜，每块芯片只需 20 美元。如此一来，AppleⅠ的制造成本再度降低了不少。不过，在英特尔生产的芯片成为行业标准之后，苹果电脑因为与之不兼容的事实，而使苹果公司遭受了不小的损失。

在研制 AppleⅠ的时候，沃兹每天除了吃饭睡觉之外，几乎所有的时间用在研制之上了。经过几个月的努力，他终于在 1975 年 6 月 29 日这一天成功试制出了第一台拥有实时输入、输出功能的个人电脑，而这一天对于个人电脑的发展也有着里程碑式的意义。尤其是沃兹在键盘上键入一个字符后，那个字符便立即显示在电脑屏幕上时，不但沃兹兴奋不已，就连在一旁观看的乔布斯也是满脸的震惊。

当乔布斯从震惊中恢复过来后，立刻兴奋地对沃兹说道：“我们做出了一个非同寻常的东西。”随后，他又兴奋地接连问了沃兹好几个问题，如这台电脑可以联网吗，它是否能够配备一块磁盘作为存储器等。接着，他又帮沃兹找来不少零件升级这台电脑，如乔布斯托人找来的 DRAM（动态随机存取存储芯片），以及他从英特尔公司那里免费得到的几块英特尔 8080 微处理器等，为这台电脑性能的改善做出了不小的努力。当时，这台尚在设计开发中的电脑并没有名字，直到乔布斯和沃兹在半年之后创办苹果公司，并开始销售这种电脑时，乔布斯才正式将其命名为 AppleⅠ。

在完成 AppleⅠ的初步设计后，乔布斯便建议沃兹参加家酿计算机俱乐部的会议，向各位爱好者展示自己的设计成果。但前进的路从来都不会是一帆风顺的，超越于时代的设计理念和 Altair8800 的冲击，让沃兹第一次在俱乐部内展示 AppleⅠ时，并没有引起多少人的关注。前来聚会的人，也只是说了些场面话，说他的设计很前卫，除此之外，别无其他。至于沃兹颇为自豪的“新式人机交互方式”（即利用键盘输入、输出的方式），那些 Altair 8800 爱好者们也很不以为然，甚至还有不少人觉得，键盘输入、输出的方式，还不如由 0 和 1 组成的机器语言奇妙。

但是，乔布斯和沃兹并未气馁，在接下来的几次聚会中，他们都会向别人展示 AppleⅠ的操作与功能。慢慢地，便有不少人为 AppleⅠ那简便的操作方式，及直观的显示方式产生了兴趣，后来还受到了俱乐部内100多名电脑狂热爱的追捧。由于人多地狭，他们聚会的地点也由弗伦奇的车库改迁到了斯坦福大学线性加速器中心的大礼堂。早在四年前，乔布斯曾与沃兹在这里找到了那本帮助他们设计出蓝盒子，并让他们赚了不少钱的科技期刊，现如今他们又在这里聚集到一群能够读懂他们理念的支持者，这是一种巧合，还是在暗示着什么？

在向各位爱好者展示的过程中，沃兹还从中发现了不少新的问题。随后，他又亲自为这台电脑编写了一个BASIC语言解释器。到了当年10月份时，AppleⅠ便已具备了Altair 8800的所有功能，而且与Altair 8800相比，AppleⅠ不但体积更小，成本也要低很多，尤其是操作更为简便。可以说AppleⅠ的问世，对于个人电脑的发展有着划时代的意义。

AppleⅠ并不是世界上第一台个人电脑，因为在它之前，就已经有其他电脑存在了，比如1975年MITS公司推出的Altair 8800。但是AppleⅠ的出现具有划时代的伟大的意义，因为它极大地简化了个人电脑的操作。

当时，电脑的操作是非常麻烦的。就以人们当时热烈追捧的Altair 8800来说，它采用的还是传统的二进制和机器语言，如果操作者不懂这些知识，就没法使用。而且Altair 8800本身既没有键盘，也没有显示器，所有程序的输入与输出全都得靠前面板上的开关和指示灯的明暗实现。

比如说，在Altair 8800机箱的前面板上的每个开关都代表一个二进制位，将开关拨到上面指示灯亮起时，代表1，反之则代表0。若是需要输入一段程序时，就得用手连续拨动开关，操作极为不便。因为，即便是输入一组最为简单的算数程序，也要拨动几十次开关才行。若是遇到复杂的统计计算，那就不是一般人能够操作得了的。

当然了，在AppleⅠ问世之前，也曾有人想办法将此问题简化。如为Altair 8800配上了纸带阅读器、磁带机或是电传打字机等设备，运算时只需将运行结果直接打印到纸上便可。但这种便利都是有代价的，在当时，每台Altair 8800的售价仅为600美元左右，而一台电传打字机的售价则在1500美元左右，这根本就不是一般人能够消费得起的！

正是因为Altair 8800操作的复杂性，才使得众多电脑爱好者意识到了AppleⅠ的强大与简便，并以AppleⅠ为榜样，迅速掀起了一场电脑革新的风暴。其实，个人电脑在历史上的每一次发展与革新，在很大程度上都是为了方便用户操作，正如iPad摒弃传统的键盘和鼠标，将人们的手指解放出来一样，AppleⅠ把人们从那复杂的前面板、指示灯以及开关中解放了出来，实现了个人电脑技术的革新。

在苹果公司成立后，乔布斯虽然主张只以主板的形式出售AppleⅠ，至于键盘、显示器等需要用户自己准备，但是他们依然获得了不错的业绩。因为，他们在那块主板里已经装置好了控制键盘输入以及屏幕输出的芯片，用户在将AppleⅠ买回家后，只需接上键盘和显示器就能使用了，再也不必像以前那样为那些二进制开关和红色指示灯的操作而烦恼了。对此，我们可以毫不夸张地说，正是AppleⅠ的问世，才有了现代个人电脑的人机交互方式，这对于个人电脑的发展与革新都有着里程碑式的意义。

对此，沃兹后来也毫不做作地总结道：“在Apple Ⅰ问世之前，人们需要通过难懂的前面板和电脑沟通，而在Apple Ⅰ之后，所有电脑都配备了屏幕和键盘，人们通过屏幕和键盘就可以和电脑沟通了。”

愚人节的礼物

“苹果公司的成立，是我当年收到的最好的愚人节礼物。”

——在回忆苹果公司的成立时，乔布斯如是说

乔布斯与沃兹刚开始参加家酿计算机俱乐部的聚会时，沃兹都会很自豪地向别人演示他的机器，并乐于与他人交换与分享，甚至还将自己的电路板设计图纸免费提供给那些人看。乔布斯在最初的时候也曾劝过他不要这么做，但沃兹觉得这个俱乐部的主题就是乐于奉献，帮助他人。而且，他还对乔布斯说道：“我当初在设计Apple Ⅰ时，目的就是为了将它作为免费资源贡献给别人。”

率先对沃兹这种观点表示反驳的是微软的创始人比尔·盖茨，因为他和保罗·艾伦在完成了Altair电脑的BASIC语言编译器后，家酿计算机俱乐部的成员在未经其允许，也没有付费的情况下，便复制了该编译器的程序在其内部相互分享。对于此事，比尔·盖茨在气愤之余还给家酿俱乐部的负责人写了那封著名的信：“请你们中的大多数业余爱好者们注意一下，你们现在正在使用的软件是偷来的，你们觉得这样做对开发软件的人公平吗？假如你们再这样下去的话，还会有人再去编写好的软件吗？假如你们有谁愿意付钱购买我的软件的话，请给我来信，我会很感激的。”

乔布斯与比尔·盖茨的观点一致，不管是当初的蓝盒子还是现在的Apple Ⅰ，他都不希望沃兹的发明免费提供给别人。1975年的感恩节前后，乔布斯已经确定了沃兹的设计肯定会改变整个世界，他想好好地把握住其中所蕴含的巨大商机。为了说服沃兹放弃免费为别人提供设计图，乔布斯想了很多理由，如他曾劝沃兹道：“这些人根本就没有意识到你设计的电脑是前所未有的，他们只会在设计图中找乐子，根本就看不到这种电脑将会改变人们的生活。”眼见沃兹的思想发生了动摇，乔布斯又趁机使出了自己的“杀手锏”，道：“反正那些人中绝大多数都没有时间自己去组装一台电脑，我们还不如将做好的电路板卖给他们呢，那样他们只需买来芯片插到板子上，很快就能做出可用的计算机来。那样的话不比他们自己设计、制造电脑方便许多吗，而且那样做能让我们赚上一笔小钱。”

最终，沃兹还是被乔布斯那诱人的计划给打动了，他打算不再免费送出他的设计原理图，并准备销售其所制作的电路板。后来，沃兹在回忆这段往事时说道：“当时我真的从没有想过要靠卖电脑赚钱，是史蒂夫告诉我说那个东西可以改变世界，他觉得我们应该把这些拿出来给大家看看，并伺机卖出去一些。”事实证明了乔布斯的眼

光之独到。

当然了，1975 年的乔布斯毕竟只有 20 岁，他虽然隐隐觉得沃兹设计的电脑会改变人们的生活，但他最初并没有打多大的算盘，他只是想在电脑爱好者这个圈子里卖些制作好的电路板。而在制作第一批电路板的时候，乔布斯并不打算自己制作，而是准备花 1000 美元请其在雅达利公司内的一个熟人，让他帮自己绘制 100 张电路板。按照乔布斯的设想，每块电路板的成本控制在 25 美元左右，那么每块只需卖 50 美元，他们就有 1500 美元的利润。

沃兹在听到乔布斯的设想后，觉得他们不可能卖掉所有的电路板。对此，沃兹回忆道："我当时真没有看出来我们该怎样收回成本，再加上当时的银行还拒绝支付我的支票，每个月我只能用现金付房租，当时的情况可真是糟糕透了。"

若想赚钱，最好的办法就是成立一家属于自己的公司，这是乔布斯的想法。同时，他觉得自己将是个不错的老板，而沃兹也将是个不错的技术合伙人。但是，沃兹对于两人合伙成立公司一事却不太积极，因为他对自己在惠普有着稳定收入的工作非常满足。

乔布斯深知沃兹的为人，他知道用怎样的方法才能说服沃兹。因此，乔布斯并没有与沃兹争辩说他们一定能够赚到钱，只是对他说："即便将来赔了钱，至少我们还可以对别人说：'在我们的一生中，我们曾拥有过一家公司。'"这句话就像是一顿丰盛的大餐一般，深深地诱惑着沃兹。毕竟大家都是年轻人，都想成就一番属于自己的事业，沃兹也不例外。对此，沃兹曾回忆道："你根本就难以想象我在当时的那种兴奋之情，两个最要好的朋友一同创办一家公司，那将是件多么美妙的事情啊！因此，在我听完史蒂夫的话后，我马上就同意了他的提议。"

在刚开始的时候，沃兹虽然答应了与乔布斯一同创办公司，但他没有立即从惠普辞职。不过，这样一来，新的问题就产生了。沃兹身为惠普的员工，其在惠普任职内的所有技术成果所有权都归惠普所有。也就是说，在没有得到惠普同意的情况下，他是无法利用自己所发明的产品牟利的。所以，他即便是答应了乔布斯的提议，也需要先解决掉销售这些电脑时的法律问题，为此，沃兹还专门将自己设计好的电脑拿给惠普的老板看，看看惠普是否有意生产并销售这款产品。

也许是冥冥中自有定数，沃兹的老板和同事们虽然对沃兹设计的电脑赞不绝口，但没有人觉得 AppleⅠ会有什么市场，因为 AppleⅠ与惠普生产的那些商务电子产品相比，就像是个玩具一般，惠普的那些大客户们根本就不会花钱购买。随后，惠普公司便答应了沃兹的请求，并专门为沃兹出具了书面证明，放弃了对 AppleⅠ的所有权。于是，一向以严谨、务实著称的惠普，就这么白白错失了引领个人电脑革命的大好机会。

既然是要创办公司，首先得要有着足够的资金才行。但是，当时的两人身上一共才有不到 200 美元。为了凑够启动资金，沃兹忍痛以 500 美元的价格卖掉了自己的 HP 65 计算器，可是不善交际的他被人骗了，最后只拿到了 250 美元。至于乔布斯，则将自己的大众汽车卖了，再次筹到了 1100 美元。如此一来，他们就有了足够的资金启动项目了。接下来的事情就简单了，那就是为自己的公司起个好听的名字。

事有凑巧，在两人准备筹建公司的那段时间里，乔布斯抽空回了一趟俄勒冈的苹果农场，而在其返回“硅谷”的当天，沃兹驾车到机场接乔布斯。在回去的路上，两人就公司的名字进行了讨论。他们既考虑过用“矩阵”（Matrix）等较为典型的技术词汇命名，也尝试着创造一个新的词汇如“Executek”（寓意“执行”与“科技”）等命名，但在最后都被乔布斯否决了。正当二人陷入沉思时，乔布斯突然对沃兹说道：“我们的公司不如就叫‘苹果电脑公司’吧！”后来，当人们问他为什么会以“苹果”命名自己的公司时，乔布斯则笑称道：“因为那段时间里我正在吃水果餐节食，‘苹果’这个名字不仅听上去很有意思，而且还显得很有活力，同时也削弱了‘电脑’这个专有名词的抽象性。更重要一点是，这个名字可以让我们公司在电话簿上排在雅达利公司之前。”就这样，公司的名字被定了下来。

在说服了沃兹之后，乔布斯觉得自己还需要找来一个有着资深的经历、懂得法律和商业事务的人来帮忙，同时，这个人还应在自己和沃兹的意见存在分歧或争执的时，起到调解的作用，并伺机打破僵局。经过仔细的甄选，乔布斯最终选中了自己在雅达利的同事兼好友罗恩·韦恩。韦恩虽然答应了乔布斯的邀请，但他觉得乔布斯和沃兹只是一时心血来潮，若是想靠着售卖一些几十美元一块的电脑主板作为主要收入的话，是很难将生意做大的，但碍于自己与乔布斯的关系，最终还是答应了乔布斯的邀请，加入了苹果公司。

当谈及他们合伙时的状况时，韦恩说道：“他们两个完全是两种人，但是他们的组合是最强大的。有的时候，我总觉得史蒂夫有时就像恶魔的化身，他可以变得冷酷、残忍，但有的时候，他又极富魅力，让人心甘情愿地为他完成他想要做的事情；而沃兹虽然在电子设计方面是个天才，但性格像个孩子一样，每次与陌生人打交道的时候，都会显得不知所措。正是这种能力上的互补，才使得他们的合作相得益彰。”对此，沃兹也承认道：“我一直都不想与别人打交道，那样总会让我觉得有些别扭，但史蒂夫不同，他即便是给陌生人打个电话，别人都会心甘情愿地帮他做事。尽管有的时候他会对一些他认为不够聪明的人很粗暴，可他从未那样对待过我。我想，这可能就是友谊吧！”

当乔布斯克服种种苦难，成功说服沃兹和韦恩之后，前期的所有准备工作也就完毕了。正所谓，万事俱备，只欠东风。现在最重要的就是起草一份合伙文书，将他们三人合伙的方式确定下来，那就标志着“苹果公司”真正成立了。

1976年4月1日，当别人都在相互捉弄对方的时候，乔布斯等三人则坐在韦恩的卧室里共同签署了一份由韦恩起草的长达十余页的合作文书，将他们最终的合伙方式确定下来。其中，乔布斯和沃兹两人各占苹果公司45%的股份，韦恩占10%。至此，苹果公司历史上最伟大的时刻，便定格在愚人节这一天。对此，乔布斯还曾调侃道：“苹果公司的成立，是我当年收到的最好的愚人节礼物。”

尽管韦恩在苹果公司成立后的第11天，因害怕乔布斯会失败而选择逃避并退出了苹果公司，与乔布斯和沃兹开了一个不大不小的玩笑。但是，对自己的产品充满信心的乔布斯不以为然，他觉得自己的产品定能震惊全世界，开创一个全新的电子时代。为此，他将他们的第一代产品命名为“Apple Ⅰ”，寓意他们的“苹果”将会一个接一个地从“苹果树”上掉下来。

奇迹从车库开始

“只要你能说出自己的需求、感受和动机，我们就能作出正确的回应，生产出你所需要的产品。”

——在推销 Apple Ⅰ 时，乔布斯如是说

在苹果公司成立后不久，乔布斯便准备向家酿俱乐部的成员们推销他们的产品了。乔布斯与沃兹带着一块经过改进的电路板，参加了一次家酿计算机俱乐部的聚会。在聚会时，先是沃兹向众位电脑发烧友展示了那块电路板上的微处理器、8Kb 的内存及其他本人编写的 BASIC 语言程序，并向众人特别强调了整个电脑的关键部位，即取代了由大堆灯泡和开关组成的前面板的键盘。

接着乔布斯便在会上发表了讲话，他先是指出了 Apple Ⅰ 与 Altair 电脑最大的不同之处，即 Apple Ⅰ 所有的关键元件都是内置的。随后，他又极为努力地向大家讲解了苹果电脑所潜藏的惊人价值。但是，绝大多数电脑爱好者们并未对 Apple Ⅰ 表现出很大的兴趣，而且他们的理由也很简单，即 Apple Ⅰ 所使用的微处理器只是二流产品，并非英特尔 8080 这类主流微处理器。

但是，真理往往掌握在少数人的手中。当大多数人离去之后，那个对早期苹果公司的发展起到过关键作用的人却留了下来，这个人就是向苹果公司下了第一笔订单的保罗·特雷尔（Paul Terrell）。1975 年初，特雷尔在门洛帕克的国王大道上开了一家电脑商店，即 Byte Shop，到了 1976 年，他已经拥有了三家连锁店。同时，作为家酿俱乐部的会员之一，俱乐部内的每次聚会他都会参加。在这一次聚会上，颇具商业眼光的他在看到 Apple Ⅰ 后，便看到了其中所蕴含的商机。因此他留了下来，并想进一步地了解有关 Apple Ⅰ 的信息。

在得知保罗·特雷尔的身份后，乔布斯非常兴奋，因为直觉告诉他，这个人肯定会为自己带来第一桶金。因此，乔布斯在私下为其做演示时，还不忘对他说道：“看看吧，你肯定会喜欢上这东西的。”事实上也是如此，保罗·特雷尔只是看了一遍之后，便对 Apple Ⅰ 产生了浓厚的兴趣。在临走之际，他还将自己的名片给了乔布斯和沃兹，并对他们二人说道：“保持联系。”

第二天一早，特雷尔刚打开店门，就听见有人对他说道：“我来联系你了。”之后，他便看到了衣衫不整的乔布斯正站在店门口冲自己笑。特雷尔对于乔布斯的突然到访虽然有些惊讶，但他很快就恢复了正常，因为乔布斯下面的话吸引到了他这个有着大志向的精明商人。“昨天在俱乐部成员聚会的时候，你也看到沃兹设计的电脑了，

你是不是觉得它很棒？假如我们现在批量制造这种电脑的电路板，并以50美元一块的价格出售的话，肯定能够大赚一笔，不知你对此感兴趣吗？”

特雷尔有些诧异地说道：“代销电路板？我觉得这个主意不是很好。你想想看，普通人谁会像俱乐部内的那些疯子一般自己购买元件组装电脑？假如让你选择的话，你是愿意去买一块没有芯片的电路板和一些元件自己组装，还是直接去买一台Altair 8800使用？”乔布斯听后眼前一亮，随即又对特雷尔说道：“既然这样，我们就将除了显示器之外的其他元件都组装好由你代销，至于显示器则由客户们自己购买好了，这样的话肯定会有着不错的销量。”

特雷尔听到这句话时，显然已经心动了，因为他等的就是乔布斯这句话。乔布斯看到特雷尔的表情后就知道这件事情成了，便试探性地问道：“你打算以什么样的价格从我们这里购进这种组装好的电脑呢？”特雷尔先是犹豫了一下，然后才开口道：“这样吧，我可以为你们代销50台，每台支付500美元，你觉得怎么样？”

一台500美元，一共50台，乔布斯先是在脑子中飞快地计算了一下Apple Ⅰ的成本，即每台不算显示器的话，成本在400美元左右。也就是说，假如以500美元的价格卖给特雷尔，那每台就可以获得100美元左右的利润。想到这里后，乔布斯当即便同意了特雷尔的提议，并为苹果公司接下了第一笔订单。乔布斯从特雷尔的Byte Shop出来后，便将这件事情立即打电话通知了正在惠普上班的沃兹。据沃兹回忆道：“当听到这个消息时，我完全被震住了。即便是过去了这么多年，我对当时的情景仍记忆犹新。”很显然，乔布斯那精明的商业头脑和冒险意识，大大超过了沃兹和韦恩。因此，当沃兹和韦恩听到乔布斯与特雷尔谈妥了合同后，两人都觉得乔布斯肯定是疯了。

沃兹不善交际，虽然他知道苹果公司在当时只有1000多美元的流动资金，根本就没有足够的成本生产50台Apple Ⅰ，但他没有明说。然而韦恩不同，他比较直接地说道：“假如我们非要生产这么多电脑的话，恐怕只有向银行借贷才行了。但是，我们的电脑在制造出来之后，若是没人买的话，到时能拿什么去还银行的贷款呢？”面对着韦恩的反对，乔布斯依然深信Apple Ⅰ肯定会改变整个世界，像Apple Ⅰ这样的电脑不可能没有销路。

他还开导二人道：“我们要把目光放长远一点，不能仅停留在Byte Shop的50台订单上，我们还可通过其他渠道卖掉更多的电脑，赚取到更多的利润。因此，我决定第一批制造100台，其中50台卖给特雷尔，剩下的50台则卖给我们的朋友和同事，至于零售价就比卖给特雷尔的价格高出三成好了！”

在乔布斯的自信和坚持下，沃兹最终选择站到了乔布斯的一边，并提议道：“我觉得零售的价格可以定在666.66美元一台，因为我喜欢重复的数字。”在看到两个史蒂夫都同意的情况下，曾有过投资失败经历的韦恩则坐不住了，他总觉得自己好像着了这两个“疯子”的道儿了，他可不想再过一次一无所有的生活了。想到这里，韦恩便产生了退出苹果的念头。为了尽可能地不让自己的财产受到损失，在苹果公司成立的第11天，韦恩便折现卖掉了自己在苹果公司的股份，从苹果抽身而去。但是，令韦恩做梦都没有想到的是，那两个曾与他一起创办苹果公司的“疯狂小子”，最后却成了改变整个世界的电脑双雄。

在韦恩退出后，乔布斯和沃兹两人并未因此而受到多大的干扰，反而是激情更加高涨。为了能够完成订单，他们最先要做的便是筹集到足够的资金购买50台电脑所需的元件。为此，乔布斯先是找到其好友艾伦·鲍姆及其父亲，并从他们那里借到了5000美元。接着他又到银行借钱，但遭到了无情的拒绝。随后，他又去了几个地方，但都没能借到钱。眼看借钱无果，乔布斯便另辟蹊径，打算从赊买元器件这一方面入手。后经多方努力，乔布斯最终在拿出自己公司与特雷尔的订单后，才说服了克拉默电子公司预支50台电脑的元件给他们，而赊账期则为30天。也就是说，他们必须在30天的时间内完成Byte Shop的订单，否则的话，他们除了偿还本金外，还得另外支付一笔违约金给克拉默电子公司。

在凑齐了所需的元件后，接下来的工作主要就是按时完成订单要求。但是，仅靠乔布斯两人的话，是很难在30天内完成50台的。因此，他们不得不找了一些帮手，如丹尼尔·科特基和他的前女友伊丽莎白·霍姆斯，以及乔布斯的妹妹帕蒂，至于他们工作的地点，就在乔布斯的家中。

刚开始的时候，他们工作的地点是在帕蒂空出来的卧室内，后转移到客厅，甚至连厨房都曾被他们占用过。在这种情况下，乔布斯的养父便停下了自己修理汽车的副业，建议他们将工作地点转移至车库。他不但为他们在车库内放置了一张长长的旧工作台，还为他们装上了一排贴好了标签的抽屉，以便他们存放各类元器件。大家千万不要小看了这个简陋的车库，因为苹果公司所创造的奇迹就是由这里开始的。

由于资金和时间的限制，乔布斯并没能兑现自己当初对特雷尔的承诺。因为在一个星期后，乔布斯只是将12块组装好的电路板交给了特雷尔。当特雷尔看到乔布斯所提交的“电脑”时很不高兴，因为他觉得自己订购的是带有电路板、机箱、电源和键盘的计算机，而不仅仅是一块电路板。但乔布斯对他说，一个完全装配好的电路板，其实就是一台完整的“计算机”。

面对着乔布斯的“强词夺理”，特雷尔虽然很不高兴，但还是按照约定支付了货款。这样一来，每台电脑的成本就被乔布斯控制在了340美元左右，大大低于他们预估的成本。因此，当50台电脑的电路板完全交付完毕的时候，苹果公司的第一单生意就让他们赚到了近8000美元的利润。当然了，颇具革命性的AppleⅠ也没有让特雷尔失望，那批电脑主板成为其商店内最畅销的产品，很快便销售一空，而这也为其带来了一笔不小的利润。

到了1976年底，乔布斯和沃兹一共制造并卖出了近200台AppleⅠ。也就是说，在短短的9个月中，AppleⅠ就为他们带来了近5万美元的利润，这在极大程度上促成了沃兹放弃在惠普继续工作下去的决定，为其全力投入到苹果公司的工作之中，并打造出下一代真正意义上的个人电脑——AppleⅡ，开创出下一个奇迹，奠定了坚实的基础。

苹果二代风暴

狂热的电脑先知

“要让人机交互变得更加简单，让电脑的操作更加容易，让电脑成为大众消费品。”

——在沃兹设计 AppleⅡ时，乔布斯如是说

AppleⅡ在上市之后，之所以令全世界为之着迷，仔细盘点起来主要有两个原因：一是AppleⅡ有着独到的设计；二是AppleⅡ有着准确的市场定位。而这两个原因，则应分别归功于沃兹和乔布斯。

在当时的个人电脑市场上，AppleⅠ虽然在设计上领先于其他的个人电脑，但AppleⅠ毕竟只是一块高度集成的主板，并不能算作一台完整的计算机，因此其竞争优势并不明显。如当时的Altair电脑，以及后来的IMSAI 8080和伯克利处理器科技公司生产制造的SOL－20等，都是其强有力的竞争者。鉴于此，在AppleⅠ的设计制造刚刚完成之后，沃兹便将其主要精力放在了AppleⅡ的研发之上。有了之前研发AppleⅠ的经验，沃兹在设计和制造AppleⅡ时就显得熟练多了，没过多久便研制出了AppleⅡ的样机。

在苹果公司成立一个月后，即在1976年的劳动节，当时正好又是周末，乔布斯和沃兹带着AppleⅠ和他们新研制出的AppleⅡ参加了在新泽西州大西洋城举行的第一届年度个人电脑节，在那里，所有人都有机会向别人展示自己的产品。在出发之前，他们将AppleⅠ和AppleⅡ样机分别放在两个雪茄盒子里，包装十分粗糙。结果，正是由于他们不注重苹果电脑的包装，这让他们在电脑节上遭遇了滑铁卢。

在电脑节开始后，各式各样的个人电脑纷纷登场。其中，最引人注目的是来自伯克利处理器技术中心的人员所携带着SOL－20电脑，那种电脑有着完整的配件、光滑的金属机箱，以及内嵌式的键盘，而接通电源和显示器的操作也很简单，再加上它所采用的微处理器与Altair计算机的一样，因此它可以很好地兼容Altair计算机的绝大

多数程序。而乔布斯和沃兹带来的 Apple Ⅰ 虽然在功能上要比 SOL－20 电脑强大很多，但是由于造型粗陋，一直都没有多少人感兴趣，即便是个别对苹果电脑感兴趣的人，也都在大众的引导下，倒向了造型优美的 SOL－20 电脑。

看到这种情况后，沃兹害羞了，他已经没有勇气向别人介绍 Apple Ⅰ 的强大之处了。至于乔布斯则充满好奇地在会场中来回走动，仔细地观察每一位竞争对手的情况。经过全场的调查之后，他更加确信了沃兹设计出的电脑是无人能比的，因为无论是 Apple Ⅰ 还是 Apple Ⅱ 在功能上都能击败在场的所有对手。但是，与苹果电脑相比，SOL－20 有着更加迷人的外观，而 Apple Ⅰ 与 Apple Ⅱ 与它相比就显得有些邋遢不堪了。

通过这次小小的失败，乔布斯终于意识到了包装对于个人电脑市场的重要性。因此，当时他就下定决心，Apple Ⅱ 在正式上市销售时，不但会有着漂亮的机箱、内置的键盘，还会将电源、软件、显示器等全都整合在一台机器中，使其成为一台真正意义上的个人电脑。对此，乔布斯曾回忆道："我当时的想法就是制造出一台整合所有部件的电脑，而我们的目标客户也不再是少数电脑爱好者了，而是所有希望将电脑拿到手后就能运行的人，这个数量将会是业余爱好者的 1000 倍以上。"

在参加电脑节之前，乔布斯本想将 Apple Ⅱ 作为重头戏在最后推出，可是第一天的遭遇却让乔布斯打消了向世人展示 Apple Ⅱ 的念头，他觉得 Apple Ⅱ 应当以一种完美的面貌示人。因此，Apple Ⅱ 在被他们带到新泽西后，只被他们带出过一次房间。那是一天的深夜，他们将 Apple Ⅱ 带到了一间会议室内，并将其连接到了一台彩色投影仪上。他们这样做是为了验证沃兹的一个想法，即让 Apple Ⅱ 的芯片运行出色彩，一改 Apple Ⅰ 只有单色显示的情况。经过一番努力之后，沃兹比较轻松地搞定了 Apple Ⅱ 的彩色输出接口，为了验证他的想法是否可行，他们才会借用酒店内的会议室，结果运行非常完美。当时除了乔布斯和沃兹二人外，只有一个酒店的技术人员见证了这一伟大的时刻。而且，当时他就直言不讳地说道："在我所见过的电脑中，只有这一台才是我愿意购买的。"后来，沃兹又将 Apple Ⅱ 连接到彩色电视机上，结果同样能够完美地运行。为此，Apple Ⅱ 在 1977 年正式发售时，还特地采用了新设计的彩虹苹果商标，以强调 Apple Ⅱ 的彩色功能。

乔布斯也知道，若想让 Apple Ⅱ 取得成功，需要的不仅仅是沃兹杰出的电路设计能力，还需要让 Apple Ⅱ 变成一台有着完整功能的消费产品。因此，在返回"硅谷"后，乔布斯便将主要精力放在了 Apple Ⅱ 的外观设计上。

他先是找来之前的合伙人罗恩·韦恩，请他为 Apple Ⅱ 设计一个机箱。但韦恩觉得乔布斯两人并没有什么钱，就为他们简单设计了一个机箱，那是一个有机玻璃制成的机箱，棱角处由金属片连接固定，在机箱的正前方还有一扇可以盖住键盘的卷门。乔布斯在拿到样品后很不高兴，因为他想要的是一种既简单精致而又轻巧的机箱，而不是那种笨重的金属机箱。

有一天，当乔布斯正在为此而苦恼时，一家百货公司内的一台食品加工机的塑料外壳给他带来的灵感。后来，他在参加一次家酿计算机俱乐部的聚会时，花了 1500 美元请一名技术顾问杰里·马诺克为他设计并制造一个外表光滑且又轻便的模制塑料制成的机箱。在看到乔布斯的着装后，马诺克先是有些怀疑，还要求乔布斯预支报酬给他，却被乔布斯给拒绝了。后来，马诺克还是接受了乔布斯的委托，并在几个星期之后做出了一个完全采用流线型设计的塑料机箱，造型虽然简单，但看上去很整齐、简洁，乔布斯看到后十分满意。

在解决了机箱的问题之后，乔布斯又将目光转向了 AppleⅡ内部的风扇上。他觉得在计算机中安装风扇会发出噪声，很容易让人分散精力，无法集中精神。当他向沃兹说明这一想法后，沃兹便在家中仔细对计算机中发热的主要器件进行了研究，并最终得出结论，计算机中的大部分热量是由电源产生的。也就是说，乔布斯若想在不使用风扇的情况下为电脑供电，就得设法对电源进行改善。可问题是，沃兹虽然在电路板及程序的设计上是个天才，但他在电源改进问题上无能为力。

不过，这并没有让乔布斯退缩，反而激起了他高昂的斗志。为解决这一问题，他最先想到了雅达利公司的首席工程师奥尔康，后者在了解情况之后，便向乔布斯推荐了一个人，即罗德·霍尔特。对此，乔布斯回忆道："奥尔康在听完我所说的情况后，便将罗德·霍尔特介绍给了我，他是一个非常聪明的人，几乎精通所有的事物。"霍尔特和马诺克一样，在第一次见到乔布斯的时候，他也很怀疑乔布斯到底有没有能力支付自己所需的报酬。为此，他还半开玩笑半试探性说道："我收费很高的。"乔布斯相信奥尔康推荐给自己的人肯定是有真本事的，于是他便对霍尔特说道："钱不是问题。"就这样，霍尔特被乔布斯说服了。后来，霍尔特还辞去了在雅达利公司的职务，成为一名全职的苹果员工。

霍尔特在对电源进行改进时，并未采用传统的线性电源设计方案，而是设计出了一种非常复杂的转换电源，看上去与示波器等仪器上所使用的开关电源相类似。而且，这种新型电源的重量轻，体积也小，最重要的就是容易冷却。这项设计大大缩小了电源所占用的机箱空间，比较符合乔布斯之前所要求的不安装风扇的要求，同时也突破性地创新了计算机电源的输入方式。对此，乔布斯曾回忆道："那个开关电源是和 AppleⅡ的电路板一样伟大的发明，很少有人知道并赞扬霍尔特，但他应该为世人所铭记的。"

对于 AppleⅡ，无论是在外形上还是技术上，乔布斯都力求完美，即便是别人看不到的地方，他也会尽心尽力地去做好。如在刚开始的时候，他就曾否决过沃兹对于 AppleⅡ电路板的布局设置，而其理由竟是沃兹设计的线路不够直。

正是这种对完美的追求，乔布斯的控制欲也变得越来越强。在当时，很多电脑爱好者都很喜欢定制和改装自己的电脑，有时候甚至还会在主板上插上各种部件，沃兹也不例外。毕竟沃兹在最初的时候并没有想过以苹果电脑盈利，他在设计 Apple Ⅰ电脑的时候，只是将自己当成了一名爱好者，并将这种思想带到了 AppleⅡ的研制中。所以，他在设计 AppleⅡ的电路板时，准备预留 8 个扩展槽，这样可以满足爱好者们的需求。不过，喜欢追求完美的乔布斯则觉得预留过多的扩展槽将会威胁到无缝的用户体验，因此他便坚持要求沃兹只留两个扩展槽，即一个留给打印机，而另一个留给调制解调器就行。

对此，沃兹回忆道："我一般不会发脾气，但是那次我真的急了，就大声地对史蒂夫说：'我设计的电脑都会带有8个扩展槽，想要只带两个的，你就自己设计去吧。'"毕竟技术掌握在沃兹的手中，最终，这场争执还是以沃兹的胜利而告终。不过，沃兹也通过这件事情感觉到自己不会一直胜利。

AppleⅡ在AppleⅠ的基础上，继续沿着革新的道路大跨步迈进。不仅它那优美的塑料机箱第一次让电脑在外观设计上有了个人消费品的味道，AppleⅡ还内置了BASIC语言解释器，让人们可以使用与英语语法类似的BASIC语言编写程序。在AppleⅡ之前，AppleⅠ和Altair 8800虽然也支持BASIC语言，但只能先从磁带上加载BASIC语言解释器后才能使用，而AppleⅡ一开机便能使用BASIC语言，这种创新大大简化了人机交互的方式。

"要让人机交互变得更加简单，让电脑的操作更加容易，让电脑成为大众消费品。"这是乔布斯在沃兹设计AppleⅡ时所提出的几点要求，同时也是AppleⅠ和AppleⅡ所体现出来的最为重要的革新精神。这种精神从苹果成立之初，直至后来其所推出了Macintosh、iPod、iMac、iPhone和iPad等系列产品，无一不贯穿着这种精神，而这也是乔布斯所独有的，一种可以令全世界为之疯狂的精神。

AppleⅡ在面市销售之后，只用了短短的6年时间，就成功销售出了100多万台，开创了个人电脑的第一个黄金时代。而如此辉煌的成绩，也证明了乔布斯就像个先知一般，对大众的心理与市场充满了准确的预见性。

马库拉入伙

"他在英特尔的时候没能获得成功，但在苹果，我能让他很好地证明自己。"

——在回忆初次拉马库拉入伙时，乔布斯如是说

1976年秋，AppleⅠ在特雷尔的商店里已不再是最为热门的个人电脑了。为此，乔布斯通过其他办法销售AppleⅠ，为苹果公司创造了极为可观的利润。再加上当时的AppleⅡ已经到了研发的结尾，只要AppleⅡ面世，仅靠乔布斯和沃兹两人是不行的。所以，乔布斯便想了找一些可靠的投资者扩大公司的规模。乔布斯中学时的女朋友克里斯安·布伦南，就是在这个时候加入苹果公司的，但不是以合伙人的身份，而仅是雇员。

到了1976年底，沃兹基本上完成了AppleⅡ的研发工作，此时的乔布斯既要把AppleⅡ推向市场，又得忙于扩建自己的公司，此时的他才感觉到自己肩上的压力之大。虽然他也很努力地到处网罗精英人士加盟他的公司，但是当时的苹果公司毕竟资金有限，无法招揽到最好的人才。尤其是生产整套的AppleⅡ也需要大量的资金投入，此时乔布斯便想到了将苹果公司的股权出售给更大的公司。

乔布斯一向都是想到做到的人，为此，他最先找到了在雅达利工作的奥尔康，希望奥尔康帮自己安排与雅达利总裁乔·基南的会面。但是，由于乔·基南为人保守，且又有些洁癖，因此，当他看到不修边幅的乔布斯毫无形象地坐在自己对面时，还未等乔布斯开口，就将其赶了出来。对此，奥尔康回忆道："史蒂夫在进去向乔推销 AppleⅡ时，乔根本就无法忍受史蒂夫的个人形象及卫生状况。乔甚至还当场吼道：'我不仅不会买你们公司的股份，还请你马上离开我的公司！'"就这样，乔布斯第一次向别人兜售自己公司的股份以失败而告终。

接着，乔布斯请来了康懋达电脑公司的查克·佩德尔，希望他在观看过 AppleⅡ的演示之后，说服康懋达电脑公司的高层认购苹果公司的股份。佩德尔看后，对 AppleⅡ的强大非常震撼，并立即着手安排了乔布斯与康懋达公司高层的会面与演示。在演示完毕后，乔布斯还当场对着康懋达公司的高层说道："你们也许有兴趣花几十万块钱买下我们的公司。"当沃兹听到乔布斯狮子大开口时，当场就为乔布斯这个有些"荒唐的"建议而惊呆了。他虽然也暗示了乔布斯要价过高了，但乔布斯坚持说这是AppleⅡ应有的价值。

几天之后，康懋达电脑公司的公关人员通知乔布斯道："我们觉得自己研发电脑将会更加省钱，所以……"这一次虽然还是没能将苹果公司卖出去，但是乔布斯和沃兹一点儿都不沮丧。甚至当康懋达电脑公司在 9 个月后推出自己的电脑"Commodore PET"时，沃兹还对其直言不讳道："他们太急于求成了，所以才会做出这么一个蹩脚的产品，他们本来是有机会拥有苹果的，但那早已成了过去。"

在苹果公司的出售再次遭到失败时，乔布斯与沃兹的父亲之间的冲突也爆发了。沃兹的父亲杰里·沃兹尼亚克总觉得沃兹作为一名工程师，贡献要远超乔布斯，而沃兹却与乔布斯有着均等的利益分成，这让杰里很是想不通。所以，当乔布斯到沃兹家做客时，杰里便对乔布斯提出了自己不满："你不应该得到那么多，因为你从来都没有设计出过一样产品。"乔布斯听后竟伤心地哭了起来，这个日后被人们视为神魔一般存在的男人竟然如孩童一般哭了，一点都不擅长控制自己的情绪。

乔布斯虽然很伤心，但他还是告诉沃兹道："如果我们不能均等地分配利益的话，我愿意停止我们之间的合作关系，你也可以将这些东西全部收为已有。"沃兹不是杰里，他深知自己与乔布斯的共生关系，假如没有乔布斯的话，也许他现在正在家酿计算机俱乐部的聚会上，向着一群爱好者免费发放自己设计的电路板设计图，而不是将自己的技术转化成了极具潜力的一桩生意，最好的例子就是几年前的蓝盒子。因此，他不顾父亲的反对，依然保持着与乔布斯的合作关系。

但是扩大公司规模、生产电脑，这一切都要花费不少的钱财，乔布斯只得再次寻找认购苹果公司的"财神爷"。这一次，乔布斯找到了雅达利的创始人诺兰·布什内尔，而且，他也没有像前两次那般，要求别人花巨资买下苹果公司，而是告诉布什内尔只需投资一笔资金，便能得到苹果公司的一部分股权。"当时史蒂夫问我能不能投资 5 万美元，那样我将会得到苹果公司 1/3 的股权。可是，当时的我觉得自己很聪明，拒绝了他的提议，现在每想起这件事，我都非常后悔。"这是布什内尔在回忆当时的情形时所说的。

布什内尔在拒绝了乔布斯的提议后，便向乔布斯建议，让他去找曾任美国国家半导体公司任营销经理，后来创办了风险投资企业——红杉资本的唐·瓦伦丁。可能是优越的生活过惯了，当瓦伦丁开着奔驰来到了乔布斯家的车库，看到衣衫褴褛的乔布斯以及苹果公司的简陋时，竟连一点与他合作的欲望都没有了。不过，人既然来了，他也不好拂了乔布斯的面子，当场甩袖走人，只是委婉地表明了自己的意思，并在临走之前向乔布斯推荐了三个人。其中，对苹果公司在未来的20年发展中一直扮演着重要角色的人，迈克·马库拉就是其中之一。

马库拉是个谨慎而又聪明的人，他每走一步几乎都力求精准，英特尔公司正是在他的努力下才成功上市的，而他借此狂赚了几百万美元。乔布斯在找他出山时，他虽然只有33岁，却已是处在半退休状态，正在好好地享受自己赚来的财富。不过，马库拉与瓦伦丁不同，他在来到乔布斯家的车库时，并没有太在意乔布斯的形象，反而被沃兹所展示的 Apple Ⅱ 给深深地吸引住了。对此，马库拉回忆道："当时我对他们两个的长头发一点都不在意，毕竟头发什么时候都可以剪，但是他们向我展示的东西不是一般人能够制造得出来的。"

乔布斯何其精明，他一下就看出了马库拉对于 Apple Ⅱ 的喜爱。但是，乔布斯没有立即向马库拉发出加入苹果公司的邀请。因为，他对马库拉还是有些了解的，他知道马库拉是在帮助英特尔走向辉煌之时而被抛弃的人，也许是有着同样的心理历程。因此，乔布斯在第一次看到马库拉时就喜欢上了他。后来，乔布斯在回忆此事时曾直言不讳道："他在英特尔的时候没能获得成功，但在苹果，我能让他很好地证明自己。"在看透这一点后，并未急于求成的乔布斯只是先向马库拉描绘了苹果公司美好的发展前景，对他灌输了一些苹果电脑将改变整个世界的家庭和办公室的想法，接着才引诱马库拉一步步地加入苹果公司。

马库拉并不像其他人那般，他的直觉告诉他乔布斯说的是对的。所以，自第一次见面之后，他虽然没有立即答应加入苹果公司，却经常驾车来到车库。经过一段时间的接触，马库拉竟然发现自己对于开发软件着了迷，很快就成为一个有着极高水平的电脑程序迷。眼看时机成熟，乔布斯就趁机邀请马库拉入伙，而此时的马库拉在对 Apple Ⅱ 有着深刻的了解后，也看到了苹果公司所蕴含的巨大潜力。因此，当乔布斯向他发出邀请，他几乎是毫不犹豫地就答应了下来。

在马库拉进入苹果公司后，之前帮助乔布斯设计电源的霍尔特也从雅达利公司辞职，正式加入到了苹果公司。在吸收了两员大将之后，乔布斯和沃兹经过商量，便对公司的股权做了重新划分。其中，乔布斯、沃兹和马库拉各占26%的股权，霍尔特占10%，至于剩下的股份主要留下用以吸引未来的投资者。作为回报，除了最初入伙时提供的9万美元，马库拉还主动为苹果公司提供了高达25万美元的信用贷款，这对于当时苹果公司来说，无异于雪中送炭。后来，乔布斯在回忆当时的情形还曾说过："当时我想迈克可能再也收不回他那25万美元了。"

在加入苹果公司后，马库拉先是帮乔布斯制定了一套完整的公司战略和经营计划方案。他在计划书中指出，乔布斯和沃兹不能只将市场停留在那些业余爱好者身上，只有将苹果电脑带入寻常百姓家，才能让苹果公司谋取到最大的利益，他的这一想法倒是与乔布斯之前的想法不谋而合。不仅如此，马库拉还在那份商业计划书中做了一个大胆的预测，即苹果公司将会在5年内成为《财富》排行榜500强的企业之一。虽然苹果公司最终用了7年时间才得以跻身《财富》500强，但这也从侧面反映出了马库拉那卓绝的眼光。当然了，从这份公司战略和经营计划方案中，乔布斯也看了自己在商务和市场方面与马库拉的差距。

1977年1月3日，苹果公司的三巨头齐聚于马库拉家的游泳池旁边，在那里，乔布斯和沃兹、马库拉一起讨论了有关公司未来发展的一些事情，并在最后签署了一份文件，将苹果计算机公司正式转变成了一家股份公司。同时，马库拉还在文件中坚持写明乔布斯和沃兹必须成为苹果公司全职的员工。当时的沃兹对于惠普公司虽然仍有些不舍，但他还是决定辞职。至于公司的名字，他们虽然也曾想过改换，但由于“苹果”在当时已经有相当高的知名度了，于是他们也就放弃了这一想法。至此，苹果公司才算是迎来了真正的发展。

被上帝咬过的苹果

“你只要不把我们公司的商标做得太卡通了就行。”

——在罗布·雅诺夫设计苹果商标时，乔布斯如是说

在苹果电脑开始生产后，乔布斯等人首先要面对的问题就是如何将苹果电脑推销出去，同时这也是乔布斯亟须得到答案的问题。正在乔布斯为此而苦恼的时候，英特尔半导体公司在1976年秋末所做的一条广告吸引到了乔布斯的注意：在那则宣传广告中，英特尔放弃了之前直接对产品进行宣传的方式，而是以一种更为形象的东西替代原来的电脑形象，并获得了不错的宣传效果。受此启发的乔布斯很自然就被这种宣传方式吸引住了，而且，这种方式对以后苹果电脑的广告宣传理念都起到了很大的影响。

既然想要采取这种方式，那就得先找到设计出这种宣传理念的人。为此，乔布斯便亲自打电话到英特尔公司的市场部，想通过那里的人得到这一广告理念设计者里吉斯·麦肯纳的联系方式。当时接到电话的是麦肯纳公司的一个叫弗兰克·伯奇的业务经理，他在接到电话后只想尽快地将乔布斯打发掉，并不想为苹果公司代理广告业务。但是，乔布斯又怎会轻易放弃呢？在之后的几个星期内，乔布斯几乎每天会给伯奇打电话，并要求伯奇到他的车库内亲眼看看苹果电脑，而后再做决定。

最后，伯奇终于屈服在乔布斯的“蘑菇功”下，驱车来到了乔布斯的车库。当伯奇回想起这段往事的时候这样说道：“当时我就觉得乔布斯这人肯定是个怪胎，我根本就不想见他，可我又不能显得太过无礼。”尤其是他在见到不修边幅的乔布斯时，

更是在后来感慨地说道："我初次见到乔布斯时，除了衣着外，他还给我留下了两点深刻的印象，一是我觉得他是个非常聪明的人，二是他所说的东西我完全听不懂。"

有了第一次的见面，以后的事情的就好办多了。在乔布斯的不懈努力下，麦肯纳终于肯见乔布斯和沃兹两人了。不过，他们第一次的会面不欢而散，而造成这一结果的并不是一向喜欢张扬的乔布斯，而是羞涩惯了的沃兹。当他们二人见到麦肯纳后，麦肯纳先是简单翻看了一下沃兹所写的有关苹果公司的介绍，并提出沃兹所写的内容技术性过强，若是不修改得生动一些的话，一般人是很难看懂的。但是，在听完麦肯纳的建议后，沃兹带着非常不善的语气说道："任何人都别想修改我的稿子。"对于沃兹的表现，麦肯纳也有些生气了，既然自己负责广告宣传，在这方面的经验肯定要比沃兹这个外行人强得太多了。因此，在一怒之下，麦肯纳竟下了逐客令。

在离开麦肯纳的广告公司后，乔布斯很快就与麦肯纳提出了再次会面的要求，此时的麦肯纳也已恢复了过来，他也觉得自己之前的行为可能有些过激了，便答应了乔布斯。不过，第二次拜访麦肯纳的时候，只有乔布斯一人，而且，两人聊得还很投机。毕竟，麦肯纳对于自己能够策划 AppleⅡ这种极具时代意义的产品也很有兴趣，因此，两人很快就达成了协议。

从一开始的时候，麦肯纳就很明白，苹果公司若想将其产品全面推广出去，就不能局限在电脑爱好者的市场，需要在媒体上大做广告才行。但在此之前，首先要做的就是为苹果公司设计一个标识。在此之前，苹果公司所用的一直都是罗恩·韦恩所设计的维多利亚木版画风格的标识，这种标识在乔布斯和麦肯纳眼中都显得过于复杂和业余，更不符合乔布斯那"至繁归于至简"的设计理念。于是，在乔布斯的要求下，麦肯纳便专门派设计师罗布·雅诺夫为苹果公司设计一个全新的标志。

在设计标识时，乔布斯并没有给雅诺夫更多的建议，只是对他说："你只要不把我们公司的商标做得太卡通了就行。"为此，雅诺夫想到了很多种设计方案，但都被他自己一一否决了。有一天，他的妻子从外边买回一袋子苹果，他看到后便立刻产生了灵感，既然苹果公司是个"苹果"，为什么不能用苹果作为苹果公司的标识呢？想到此处，他便对着妻子买回的这些苹果，花了一个多星期的时间，将苹果的外形简化成了一个圆圆的，且带有一片叶子的苹果。同时为了让这个"苹果"的标识看上去更加匀称一些，同时也为了避免人们在看到这个图案而联想到果蔬，他又在苹果的右边画出了一个缺口，就像一个苹果被人咬掉了一口一般。不仅如此，雅诺夫还发现，"咬"（Bite）这个词的发音，正好与代表电脑的"字节"（Byte）相同，这可以说是一个完美的创意。

后来，乔布斯在第一眼看到这个标识时，立刻就喜欢上了这个图案。不过，这个标识在雅诺夫的眼中虽然是个完美的创意，但乔布斯还是给雅诺夫提出了一条修改意见，即为这个"苹果"加上彩色条纹。雅诺夫虽然不知道乔布斯为何会提出这一"怪异"的修改意见，但他还是在之前单色设计稿的基础上，为这个"苹果"增加了几道横条纹状的彩虹图案，只是这些条纹的排布顺序并不与真的彩虹相同。对此，雅诺夫回忆道："当时我并不知道 AppleⅡ的卖点所在就是它的彩色功能，而我之所以将那些把彩条按照那种顺序排列，也没有什么特别的理由，只是我喜欢那样排列而已。”

这个被咬了一口的彩虹苹果商标，自从在 AppleⅡ上第一次亮相后，一直沿用到了 1998 年，即乔布斯回归苹果后的第二年。甚至到了今天，仍有很多老苹果迷在怀念那带有彩虹条纹的苹果标识。因为，这个彩色商标所记录了“苹果”成为 IT 巨人所走过的青葱岁月，成就了“苹果”这个品牌。

对此，甲骨文公司的总裁拉里·埃里森就曾直言不讳道：“苹果可以说是计算机产业中唯一一个生活时尚品牌。”的确，品牌是苹果公司最有特点，也是最宝贵的财富。当 1997 年的苹果正处在风雨飘摇中的时候，复出的乔布斯就清醒地看到了当时的苹果所剩下的最有价值的东西，就是苹果的品牌。事实也证明了乔布斯眼光的独到，在 2011 年的时候，苹果的品牌价值一举超越了微软和谷歌，达到了 1530 亿美元，成为全球最有价值的科技品牌。

其实，苹果这个品牌值不值钱并不重要，重要的是，自创立苹果公司的那一天起，乔布斯就似乎有一种奇特的魔力，他可以将“苹果”这个品牌变成一种宗教似的存在，让万千世人一看到苹果的商标时就热血沸腾。如 IBM 的品牌价值靠的是其百年老店的质量和信誉，一般人谁会在意谁是 IBM 的总裁呢？还有麦当劳的品牌价值，靠的是其遍布五大洲的“M”形标记，毕竟没有几个孩子喜欢打听谁是麦当劳的总裁。但是，“苹果”是个“异类”，因为在众多人的眼中，“苹果”就等于乔布斯。几乎所有的“苹果迷”们只要一见到那个犹如被上帝咬过一口的苹果时，必然想到乔布斯，而一想到乔布斯首先就会联想到苹果的产品。因此，苹果的品牌价值，在某种意义上来说，就等同于乔布斯的个人价值。

惊艳亮相

“AppleⅡ是一台真正意义上的成品计算机，它不再是一些简单部件的组合了，当你买回去之后，立刻就能使用……它本身就是一件完美的产品。”

——在首届西海岸电脑展览会上，对于 AppleⅡ，乔布斯如是说

当一切准备就绪后，一个令乔布斯等三人都很兴奋的消息传了过来。1977 年 2 月底，乔布斯收到了一份快件，当他打开快件，看到里面那张“首届西海岸电脑展览会的邀请函”时，当时便兴奋不已。随即，乔布斯便决定在首届西海岸电脑展览会公开发布 AppleⅡ。

该展会于 1977 年 4 月在旧金山举办，举办这次展会的负责人正是家酿俱乐部的吉姆·沃伦，否则的话，苹果公司还不一定能够获得那张可以令他们一飞冲天的邀请函。乔布斯何等的精明，他知道在这次展现会上，苹果电脑必会大获全胜。马库拉和沃兹也觉得，通过这次展销会，可以将苹果电脑的强大之处更为直观地展现在世人的面前。因此，他们三人很快就达成了一致意见，参加这次展销会。

为了更好地展示自己产品，并给人们留下深刻的印象，乔布斯决定预定下展销会最靠前的展位。为此，乔布斯还向主办方预支了5000美元。沃兹对乔布斯的这一做法非常吃惊，因为这笔资金对当时的苹果公司来说，可以说是一笔巨款了，乔布斯却毫不心疼地花了出去。不过，沃兹最终也没有对乔布斯的这一做法提出反对的意见，对此，他后来还回忆道："史蒂夫觉得那次展销会对于我们今后的发展至关重要，因为他想让全世界都知道，我们不仅有着一家很棒的公司，而且还有着世界上最棒的个人电脑。所以，我没有理由反对他那么做。"

除了乔布斯之外，苹果公司的另一大股东马库拉的表现也很"疯狂"。因为，仅仅是设计苹果公司的展位，他也花掉了近5000美元。当其他公司在设计展位时，用的只是一些普通的桌子和硬纸板做的牌子，上面是手写的各种标识语。而马库拉则在苹果公司的展位上安放了一大块背光式的有机璃板，上面还印着苹果公司的名称以及苹果电脑的商标。展台的四周，悬垂着黑色的天鹅绒。在展台上则摆放3台全新型号的AppleⅡ电脑和1台宽屏幕的显示器，显示器上所呈现的则是滑稽的游戏和供人们演示的程序。其他公司与苹果公司展台相比，简直是天壤之别。

在展销会开幕前的一天，为AppleⅡ参加展销会而设计的新机箱才运到。本来正在为机箱这么晚才运到而发火的乔布斯，在看到这几个机箱上面有些细小的污点时，乔布斯一下子就爆发了，并严令苹果公司为数不多的几名员工立刻将这几个机箱打磨干净。

除了AppleⅡ的外表形象，马库拉还十分注重乔布斯和沃兹的形象，他觉得在这么重大的场合，他们二人也应当穿得正式一点，而不是如之前那般懒散。为此，马库拉为他们介绍了一位旧金山的裁缝，并为他们两人每人定做了三套西装。不过，他们穿上之后显得颇为滑稽。据沃兹对当时的情形回忆道："马库拉对我们说，我们必须盛装打扮一下自己，以崭新、整洁的形象登台亮相。"

待一切准备就绪，乔布斯等人就等着展销会开幕了。在展销会开幕当天，当展销会的大门正式打开以后，蜂拥而入的人群最先看到的便是最前端的苹果公司那华丽的展台，以及外表优美的AppleⅡ。尤其是当苹果公司的参展员工将AppleⅡ的机箱打开时，无论是电脑爱好者，还是普通参观者，抑或是媒体记者，所看到的都是一种从未见过、且设计极为先进的计算机主板。AppleⅡ的主板可以说是沃兹使出浑身解数，将62块芯片通过集成电路而巧妙连接起来的电路板。当这些人听到沃兹的介绍时，他们一个个竟如同未见过世面的"乡巴佬"一般，纷纷为AppleⅡ的巧夺天工而感叹。

再加上AppleⅡ完全采用流线型的设计，以及电脑屏幕上那变幻莫测的多彩显示，更是令不少人着迷。一时之间，几乎所有的参观者全都围在苹果公司的展台周围，仿佛他们所看到的都是不真实的一般，将AppleⅡ视为一个奇迹般的存在。

在听取了马库拉的建议后，乔布斯也第一次穿上了整齐的西装，并不断地将展台边的帷幕扯到一边，以便向更多的人证明他们就只有这三台小巧的微型计算机，并没有靠着其他大型的计算机运行。当时一名正在上高三的学生，同时也是苹果公司程序员的克里斯·埃斯皮诺萨对此回忆道："在参加完第一天的展销会后，我们所有人都对自己的表现非常满意，且更多的是兴奋，因为 Apple Ⅱ 的出现，为整个计算机行业的发展指出了前进的道路。”

在这次展销会上，Apple Ⅱ 虽然只是第一次在公众面前亮相，苹果公司也没有什么响亮的名声。但是，表现出众且极具划时代意义的 Apple Ⅱ，不但一举吸引了世人的目光，更是让苹果公司的名声几乎在一夜之间响彻了整个旧金山海岸。无论人们相不相信可以将个人电脑装到塑料机箱里，或是一台功能强大的电脑的主板居然可以设计得如此简洁、大胆，Apple Ⅱ 都做到了，因为它就真实地摆在大家面前。所以，在展销会结束时，苹果公司一下子接到了 300 多份订单，这比 Apple Ⅰ 在过去一年中的总销量还要多出许多。在这 300 多位客户中，乔布斯还结识了水岛聪，即后来苹果公司在日本的第一位经销商。

在销售 Apple Ⅱ 的过程中，乔布斯注意到，他们之前所售出的苹果电脑还有升级的空间，便在沃兹与马库拉的同意下，开启了售后免费升级电脑的服务。尽管这会让苹果公司蒙受一些损失，但是乔布斯不在乎，他觉得只有客户满意了，才是苹果公司生存并持续强大下去的理由。因此，在乔布斯离开苹果公司之前，苹果公司一直都有着为已售电脑免费升级的服务。

Apple Ⅱ 以完美的设计和革命性创新，在整个计算机业界刮起了一场风暴。可以说，苹果公司正是凭借着对个人电脑的改革，才得以像火箭升空一般迅速发展起来的。也许有人会问，人们为什么会为 Apple Ⅱ 而如此疯狂？当你看到 Apple Ⅱ 所创下的几项纪录，就不会再这么问了。如 Apple Ⅱ 第一次使用了塑料外壳；第一次使用了不需要风扇散热的电源装置；第一次带有高分辨率色彩；第一次内置了扬声器界面；第一次实现了 CPU 与主板共享内存；第一次拥有了 48K 的内存……这一系列的革新，每一项都具有划时代的意义。按照乔布斯所言：“Apple Ⅱ 是一台真正意义上的成品计算机，它不再是一些简单部件的组合了，当你买回去之后，立刻就能使用。你根本无须为了能够正常使用 Apple Ⅱ 而到处搜集硬件了，因为它本身就是一件完美的产品。”

自从参加完 1977 年的展销会后，苹果公司的购货订单便纷纷而来，从前的资金周转问题迎刃而解。一年之后，苹果公司更是从最初只有 6 名员工的小公司，迅速地发展成了拥有 60 名员工的中等计算机公司了。

与此同时，在苹果电脑横扫普通消费者市场的时候，众多美国高中院校也成为其忠实的客户。在 Apple Ⅱ 未推出之前，就有不少高中院校曾想选购一些适合学生使用的计算机，但是由于那些计算机操作过于复杂，他们才不得不暂时搁浅了这一计划。直到 Apple Ⅱ 的横空出世，他们才重新看到了希望，并迅速将 Apple Ⅱ 作为首选。因此，在 Apple Ⅱ 推出后的几年时间里，苹果公司就以摧枯拉朽之势，几乎横扫了整个个人电脑市场，而这也为苹果公司赢得了巨大的利益。

如在 1979 年，苹果电脑的销售额便达到了惊人的 7000 多万美元，而 1980 年的销售额则达到了前所未有的 11700 多万美元。到了 1982 年，Apple Ⅱ 更是以每月 33000 台的速度出售，当年的销售额更是两年前的五倍之多。在短短的 7 年时间内，苹果公司就从当初那个资金只有 1000 多美元的小公司，变成了《财富》排行榜上 500 强的大企业，创造了当时列入该名单的最年轻企业纪录。

乔布斯凭借着AppleⅡ的成功，不仅使自己迅速成为百万富翁，更是让苹果公司从大量的计算机公司中脱颖而出，迅速成为个人电脑市场上的霸主，为造就“苹果”神话起了个完美的开端。

总裁斯科特

“在苹果的时候，我朝斯科特吼过的次数最多。”

——在回忆与苹果第一任总裁斯科特之间的关系时，乔布斯如是说

一般来说，聘请创始人以外的人担任公司的总裁是一件好事。但是，苹果外聘总裁的历程一点都不平坦，甚至是一波三折。几乎苹果公司的每一位外聘总裁都是带着懊丧、遗憾抑或是愤怒而离开的，甚至连乔布斯这个创始人也因为与自己聘请的总裁不和而最终被排挤出了苹果公司。可以说，苹果公司外聘总裁的历史，就是苹果公司早期的动荡史。如苹果公司的第一任总裁迈克·斯科特，与乔布斯之间更有着说不清的恩怨。

1977年1月，在苹果公司完成正式的公司注册手续后，总部就由乔布斯家的车库转移到了库比蒂诺史蒂文斯溪大道上租来的办公室内。而随着苹果公司的壮大，乔布斯每天都承受着来自顾客和供应商的压力。至于马库拉在入伙时就曾明确地表示自己并不打算亲自管理公司，甚至还坦白地向乔布斯和沃兹说道：“我们作为年轻的创业者，由于缺乏经验，根本就不适合管理公司，我们需要聘请一个有经验的人来。”对于马库拉的提议，沃兹也觉得非常有理。

其实，马库拉这么说更重要的一点是因为在马库拉和沃兹都无意于亲自管理公司的前提下，乔布斯也没能承担起自己身上日益加重的责任。不仅如此，他的情绪一直处在喜怒无常中，这一点令苹果内部的不少员工都很反感。当初乔布斯还在雅达利公司上班的时候，他就曾因此而被众人嫌弃，只能上晚班。可是，这里是苹果公司，是他一手创办起来的，没人敢将他赶出来。每当回忆到这段往事的时候，马库拉都会忍不住说道：“他变得越来越专横，批评别人的话也越来越刻薄，从来没想过为别人留点儿面子。”在苹果公司，乔布斯对待年轻的程序员克里斯·埃斯皮诺萨和兰迪·威金顿的方式最为粗暴。当时刚高中毕业的威金顿对此回忆道：“有时史蒂夫只是瞄一眼我做的东西，就会打击我说，那些全是垃圾。他连我做的是什么都不知道，就完全否定，这太武断了。”

不仅如此，乔布斯的个人卫生依然有着不小的问题，尽管别人对他都有些忍受不了了，可他依旧坚信，只要自己坚持素食习惯，根本就不需要经常洗澡。对此，马库拉曾痛苦地回忆道：“当我们闻到他身上的那股怪味时，我们曾多次请他出去洗个澡再进来。甚至在有些时候，他还将自己的脚泡在马桶里，他的这一举动几乎让公司内

所有的同事们都很不适。”

因此，苹果公司的员工，无论是高层还是基层，都不愿意再受乔布斯的管制，并一致决定外聘一位总裁对乔布斯加以管束。于是，他们便靠着马库拉的关系，从美国国家半导体公司挖来了身为职业经理人的迈克·斯科特，并使其成为苹果公司历史上的第一任总裁。

仅从履历上看，迈克·斯科特可以说是一个最好的人选。斯科特和马库拉一样，是在 1967 年的同一天加入仙童公司的。后来，斯科特又到了美国国家半导体公司工作，不仅有着工程师的身份，还有着极为丰富的管理经验。

对于聘任斯科特一事，沃兹十分赞同，他和马库拉一样，希望斯科特的到来，能够管束好乔布斯。对这一决定，乔布斯虽然十分抵触，但无奈的是公司三大创始人中的两人都支持，再加上霍尔特等高层的支持，乔布斯只得被迫接受这一提议。失去对苹果公司的控制权，这对于乔布斯来说是件很痛苦的事情。因此，每当乔布斯回忆这段往事时，他都会说道：“当时的我虽然只有 22 岁，也没有管理好一家公司的经验，可是苹果就像我的孩子，我从未想过要放弃它。”

斯科特和乔布斯有一点相同，那就是二人都对至高的权力和地位有着无尽的追求欲望。但除此之外，二人之间就没有什么共同点了。乔布斯可以说是典型的梦想狂，他所做的一切努力几乎在为实现自己改变世界的梦想。但也正因为这样，他才会在追求权力的同时而为所欲为，丝毫不考虑别人的感受。斯科特后来对乔布斯如此评价道：“史蒂夫根本就不知道何为管理，他简直一点儿管理能力都没有。假如你正按原定的计划做着某件事，这时他就会突然出现，并时不时插上一手，让你做的事情按照他的意志来回变换。”而斯科特与乔布斯不同，他追求权力的最大愿望就是为了向别人证明自己的管理才能。而且，与乔布斯相比，作为职业经理人的斯科特，在管理方法、管理技巧以及权力分配等方面，都要胜于乔布斯。

斯科特自入主苹果公司以后，就背负着一个艰巨的任务——管束乔布斯。在斯科特来之前，乔布斯在苹果公司内可以说是想做什么就做什么。而在斯科特来之后，乔布斯才发现，自己手中的权力正在一点一滴地向斯科特流去。甚至连马库拉也经常站在斯科特的一边，此时的乔布斯才发现，这是一个从一开始便有意针对他的“阴谋”。

刚开始的时候，乔布斯和斯科特之间的火药味并没有那么浓，而斯科特也在严格执行着自己的任务。最初，斯科特还能找来乔布斯一起散步、闲聊，希望借此慢慢改变乔布斯的性格及处事方式。斯科特对此回忆道：“记得当初我与他第一次散步闲聊时，我曾建议他多洗澡，他则以让我多看看果蔬饮食方面的书作为交换条件。”结果，对于乔布斯所奉行的果蔬饮食，斯科特始终都没能接受。对于斯科特的建议，乔布斯虽然也做出了小小的让步，但仍坚持每周只洗一次澡，这让斯科特很是受不了，但又无可奈何。

我们前面说过，乔布斯有着极强的控制欲，他只想控制别人，而不喜欢被别人控制。因此，他和斯科特之间的矛盾迟早都是会爆发的。尤其是当乔布斯发现斯科特竟然是少数几个不会屈服他意志的人时，他那种潜在的征服一切的欲望就更加强烈了。

斯科特后来也曾对此深有感触："他必须受到管制，但显然他不喜欢那样。而且，我与史蒂夫之间的主要问题在于，我们俩人谁更顽固一些，可史蒂夫不知道我要比他更加顽固一些。"不仅斯科特有此感慨，就连乔布斯后来也曾说过："在苹果的时候，我朝斯科特吼过的次数最多。"

因此，没过多久，乔布斯和斯科特之间就因为员工编号的问题上发生了争执。在斯科特看来，苹果电脑既然是沃兹发明出来的，那么沃兹自然是苹果公司的1号员工，乔布斯作为苹果创世元老为2号员工，之后是3号员工马库拉，费尔南德斯为4号，霍尔特为5号等。当时，众人对这个编号的处理都没有意见，唯独乔布斯例外。

乔布斯觉得自己的地位受到了威胁，便对斯科特大喊道："我要当'1'号！""我怎么会让他得逞呢，那样只会让他更加自负。"事后，斯科特对此回忆道。但是，当乔布斯听到斯科特拒绝了自己的请求后，先是对斯科特大发脾气，甚至还很没有形象地在董事会上痛哭流涕，但斯科特毫不心软，坚持不让乔布斯当"1"号。后来，眼见事不可为，乔布斯就和斯科特玩起了数字游戏，因为他提出了一个建议："不让我当'1'号也可以，但是我要当'0'号。"面对着乔布斯如此的表现，斯科特终于还是向乔布斯妥协了，让他当上了"0"号。不过，后来的银行则又帮斯科特赢回了这一仗，因为美国银行的工资系统中要求员工的编号必须是正整数，因此，乔布斯只得郁闷地当起了他的"2"号。

自此之后，乔布斯和斯科特在苹果公司里便经常为一些事情争吵，且多为鸡毛蒜皮的小事。比方说，进货合同应该由谁签字，或是员工的办公室应该怎样布局，抑或是员工的工作台应该涂什么样的颜色等。不过，他们二人因为较重大事情而发生的争执也不少。如乔布斯曾想让AppleⅡ的保修期增长至一年，这个想法曾让斯科特目瞪口呆。因为，当时电子产品的保修期最长的只有90天，若是延长至一年的话，苹果公司每年的收入就会降低不少。不过，这个问题最终以斯科特的再次屈服而告终。

乔布斯与斯科特还有一点不同，那就是乔布斯无论做什么都力求完美，而斯科特则力求实用而并非完美。其中，最显著的例子便是确定AppleⅡ机箱的颜色。在确定AppleⅡ机箱的颜色时，潘通公司（Pantone Company）为苹果公司提供了2000余种不同的颜色，但没有一种令乔布斯感到满意。对此，斯科特很惊讶，后来他还回忆道："当时的史蒂夫对什么颜色都不感兴趣，甚至还想制造出一种全新的颜色，对于他的这一疯狂举动，我不得不阻止他。"还有就是在调整机箱设计的时候，乔布斯还专门花了几天的时间研究机箱的边角到底该有多圆润才算合适。对此，斯科特依旧不屑道："我并不关心机箱的边角到底该有多圆润，我只想他赶快将机箱的造型确定下来。"

除了马库拉和斯科特以外，一向与乔布斯关系最好的沃兹也开始对乔布斯的处事风格反感了。对此，沃兹回忆道："我希望公司就像一个大家庭一样，所有员工都是家人，大家没有矛盾地和平共处，共同为苹果公司做贡献，可是史蒂夫把自己当成了管理者，严苛地对待别人，破坏了愉快的氛围。"

不过，不管乔布斯和斯科特之间的矛盾无论如何深化，他们性格上的冲突暂时还没有到失控的地步。尤其是在AppleⅡ成功推出之后，苹果公司的业绩越来越好，这也在一定程度上抵消了他们内斗时消耗的能量。但无论如何，苹果公司高层间的不和，准确地说，是所有人都与乔布斯不和，已经成了不争的事实。

苹果助推器：Visi Calc

“如果说硬件是电脑的大脑和肌肉，那么软件就是电脑的灵魂。”

——在参加苹果研发者大会时，乔布斯如是说

在推出AppleⅡ时，乔布斯对其所做的市场定位便是普及型的个人电脑。因此，除了从外观造型设计上用力外，从一开始的时候，乔布斯就确定了AppleⅡ两大核心功能，即游戏和办公。

首先在游戏方面，AppleⅡ不仅能够显示高分辨率的彩色图像，还内置有BASIC语言解释器，这也使得AppleⅡ在所有个人电脑中拥有了无与伦比的游戏能力。

当然了，AppleⅡ若是仅有着强悍的游戏能力的话，也就无法说服人们花费1200多美元的高价购买它了。因此，除了强大游戏功能之外，AppleⅡ还有着无与伦比的办公性能。在AppleⅡ问世之前，市场上充斥着各种各样功能单一的文字处理机，还有不少人在用英文打字机处理一些文书信函，用其他公司生产出来的计算器来完成公司理财或商业报表的计算。直到拥有强大办公性能的AppleⅡ问世后，人们才逐渐摒弃那种操作繁杂的机器，将AppleⅡ视为最理想的办公设备。

不过，AppleⅡ在1977年4月刚刚推出之时，其办公能力还是相当有限的。毕竟当时的AppleⅡ只支持读取缓慢且易出错的磁带机等外置存储设备。至于软件方面，除了沃兹开发并内置的BASIC语言解释器外，也没有多少可供AppleⅡ选用的成熟软件。也就是说，AppleⅡ的功能虽然强大，但无论是在硬件和软件方面都需要进一步的改进。

在AppleⅡ推出后不久，用户对苹果公司推出软驱的呼声也日渐高涨起来。乔布斯和马库拉在看到这一情况后，都极力支持对软驱的开发。乔布斯甚至还意识到，软驱的出现，将会令AppleⅡ成为真正意义上的大众消费品。为此，乔布斯等人决定最迟在1977年为AppleⅡ添加软驱支持，并决定在1978年1月于赌城拉斯维加斯举行的美国消费电子展（CES）上展出。

不过，在刚开始的时候，沃兹和其他工程师都在忙着其他事情，均无暇为AppleⅡ添加软驱支持。直到1977年底，马库拉找到沃兹，并对他说：“AppleⅡ必须支持软驱，并能在两周后的CES上演示，才能让AppleⅡ成为办公室内必不可少的机器。”站在一旁的乔布斯也对沃兹说道：“不是我们非要开发软驱不可，而是用户需要软驱，我们不能让客户们继续忍受像蜗牛一样慢的磁带机了。”

在马库拉和乔布斯的提醒下，此前一直忙于AppleⅡ改进工作的沃兹才想到之前

研制软驱的计划。虽然距离CES的正式开幕只有两周的时间，但这对于沃兹而言已经足够了。在之后的一段时间里，乔布斯对沃兹的工作非常配合，并且还时不时提供一些帮助。如乔布斯千方百计地为沃兹找来了舒加特公司所生产的5英寸软驱及其核心技术资料等。在沃兹忙着调试为AppleⅡ新增的软驱接口的芯片以及底层控制程序时，其他的工程师和程序员也没有闲着，如苹果公司的第6号员工兰迪·威金顿就帮沃兹编写了一个高端应用接口程序。

沃兹虽然很自信，但在飞往“赌城”之前，他依旧没能制造出能够正常工作的软驱。但是，沃兹和兰迪很清楚，软驱的研制工作已经基本完成，只需再花费几个小时调试一下就行了。于是，在到了“赌城”之后，沃兹和兰迪虽然被拉斯维加斯如梦幻般的城市夜景深深吸引到，但是，他们更清楚自己首要的工作是将软驱调试好。所以，尽管夜色很美，他们二人还是一头扎进展会现场，连夜将软驱的功能调试好了。他们知道，AppleⅡ支持软驱给人们带来的震撼会比拉斯维加斯的夜景大得多。

在忙活到后半夜的时候，沃兹和兰迪终于完成了所有的调试工作，此时的两人也已疲惫不堪。不过，向来谨慎的沃兹为了以防万一，还是强忍着睡意，将明天要用的演示拷贝一份到空白的软盘上。待沃兹蒙眬着睡眼操作着AppleⅡ完成备份后，不但没有感到轻松，反而还出现了一个不祥的预感：在打瞌睡的情况下，自己将那个空白软盘中的垃圾数据“备份”到了那张做好了的软盘之上。为了验证自己的直觉，他赶紧将演示用的软盘插进AppleⅡ。结果，事实证明了他直觉的准确性，那张做好的软盘上的数据果真被他的“备份”操作给清除了。

当时沃兹和兰迪就觉得完了，因为他们已经没有时间重做一份了，如此一来，第二天白天的演示操作恐怕是无法正常进行了。在无奈之下，沃兹和兰迪只得沮丧地回到了旅馆内。然而，到了第二天早上，刚刚醒来的沃兹又恢复了以往的自信，因为他和乔布斯一样，都视苹果公司为自己的孩子，希望将最完美的AppleⅡ展现在世人面前。怀着这样的心思，沃兹一早就赶到了展会现场，并展开了疯狂而有效的编程工作，硬是在展会开始之前，重新设置好了所有的演示程序。

当拉斯维加斯展会开幕后，带有软盘驱动器的AppleⅡ和8个月前一样，再次取得了空前的成功。假如说AppleⅡ在1977年4月问世的时候只是牛刀小试的话，那么在拉斯维加斯的这次展会上，AppleⅡ则成为一个受万众瞩目的超级明星。

带有软驱驱动器的AppleⅡ作为当时最好的个人电脑，自然会引起众多的软件开发者的兴趣，甚至还有不少的编程高手针对AppleⅡ编写了许多的应用程序。在这众多应用软件中，最受苹果公司关注的是办公软件，尤其是Visi Calc电子表格软件。

当今，熟悉微软Office办公软件的人，对电子表格也一定非常熟悉。可是，在Visi Calc没有被设计出来之前，根本就没有人知道什么是电子表格软件，更没有人知道如何利用所见即所得的方式在电脑上编制报表或是完成数据的统计计算。

这个程序的编写者是两个AppleⅡ的狂热崇拜者，即丹·布里克林和鲍勃·弗兰克斯顿。在AppleⅡ刚问世的时候，正在读大学的布里克林就有了编写一个所见即所得的财务报表软件的想法，可以让用户通过直观的方式，看到屏幕上的格子，而且，只需在里面填数字和一些简单的公式就能完成计算的任务。假如这个软件能够编写出来的话，绝对是一种革命性的用户体验。为此，布里克林在付出了不少的努力后，终于在 1978 年初编写出了 Visi Calc 程序的原型。但由于他一直解决不了程序运行速度缓慢的问题，便找来了弗兰克斯顿帮其改进程序，并合伙注册一家软件公司，专门从事电子表格软件的开发与销售。经过不懈的努力，两人终于在 1979 年完成了这个专门为 AppleⅡ而设计的电子表格软件，并于同年上市发售。

马库拉在得知 Visi Calc 的发售消息后，便立即联系布里克林和弗兰克斯顿，并试图由苹果出资买断 Visi Calc 软件的所有权，最后却因价格过高而不了了之。苹果公司虽然没有买下 Visi Calc 的所有权，但买下了它的使用权。而内置了 Visi Calc 软件的 AppleⅡ，也迅速成为了人们购机的首选。

在拥有了软驱功能之后，再加上 Visi Calc 等办公软件的辅助，AppleⅡ的办公效率便一下子提高到了前所未有的高度，这也让 AppleⅡ的月销售量直线攀升，从 1978 年的每月销售几千台，直接蹿升到了每月万余台。到了 1983 年的时候，AppleⅡ更是凭借其出色的硬件设施，及 Visi Calc 等出色的办公软件的辅助，成为计算机历史上第一部销量过百万台的个人电脑。如果说 AppleⅡ创造了一个传奇的话，那么 Visi Calc 电子表格软件就是这段传奇的助推器。

癫狂的“丽萨”

狂躁不祥的“丽萨”

“很显然，那是以我女儿的名字命名的电脑。”

——当有人问起“丽萨”这一名称的由来时，乔布斯如是说

自 AppleⅡ推出后，在之后的 16 年中，不同型号的 AppleⅡ先后共售出了近 600 万台，真正开创了个人电脑产业。沃兹作为 AppleⅡ的设计者，理应受到世人的赞誉。但是，将沃兹所设计的电路板整合成一台完美机器，并为其加上了最先进的电源装置和漂亮机箱的乔布斯，也应受到人们的赞誉，否则的话，就不会有今日的苹果。后来，里吉斯·麦肯纳也对此感叹道：“沃兹虽然设计出了一台世界上最伟大的机器，但若没有史蒂夫的话，他的那台机器恐怕永远只会在那些业余爱好者中流传。”

不过，乔布斯并没有因此而满足，他知道 AppleⅡ的功能即便是再强大，也不可能长盛不衰。同时，他为了不让自己落于沃兹之后，也想研发出一种电脑产品，并让所有的人都知道，在苹果公司不是只有沃兹一个计算机天才，他乔布斯也有能力研发出新的计算机。

刚开始的时候，乔布斯将希望寄托在了正在研发的 AppleⅢ身上。AppleⅢ作为 AppleⅡ的后续之作，有着更大的内存，屏幕上可显示的字符也从 AppleⅡ的 40 个提升到了 80 个，而且还拥有了区分大小写字母的功能。为了向世人证明自己，乔布斯对 AppleⅢ的设计陷入了狂热的地步，他不但严格限定了 AppleⅢ机箱的尺寸及形状，并让工程师往电路板上增加了不少的部件，且拒绝任何人进行修改。结果，AppleⅢ被制造出来后，这些小部件因与主板的连接不稳定而经常出现故障，这也直接导致了其销量的惨淡。对此，兰迪·威金顿曾总结道：“AppleⅢ有点儿像一群年轻人在集体狂欢时所怀上的孩子，事后大家都很为此事头痛，至于这个野孩子，根本就没人愿意承

认是自己的。”

在看到AppleⅢ那惨淡的销量后，乔布斯很快就疏远了这个项目，并急不可耐地想要创造出下一个更加与众不同的机器。之后，乔布斯曾想在苹果电脑上使用触摸屏，但最后不了了之。因为在参加一次触摸屏技术演示的大会时，他迟到了，没能听到前半部分的他，只是狂躁不安地坐了一会儿，便突然打断了正在演示的工程师，并很不礼貌地对他说了句“谢谢”，然后他就坐在那里一言不发地看着那些人。他的这句话和表情一下子就将所有与会的工程师们都弄糊涂了，那个被打断的工程师最先反应过来，并试探性地问道：“你是不是想要我们离开?”乔布斯则很直接地回答道：“是的。”不仅如此，喜怒无常的乔布斯还痛斥这些人浪费了他的时间。

此时的乔布斯已经想好了，他要让自己参与设计研发的新型电脑在性能上超过之前所有的电脑。而且，在进行研发之前，他就已经将这台计算机取好了名字——丽萨，这竟然和他当时拒绝承认的女儿的名字一模一样。虽然当时也有其他电脑的设计者以自己的女儿为新电脑命名的事，但这件事情放在乔布斯身上又有着不同的意味了。对此，当时负责“丽萨”项目公关事务的安德烈·坎宁安回忆道：“他这么做可能是出于内疚吧！但是，我们在对外宣传‘丽萨’的时候，不能说这是以他的女儿的名字命名的，为此我们只能将丽萨（Lisa）视为一个缩略词，并想出一个和它相对应的一句短语进行宣传。”最后，她将这个缩写进行逆推，得到了“局部集成系统架构”(Local Integrated Systems Architecture)，虽然这个短语没有任何意义，但它最终还是成为苹果公司对于丽萨（Lisa）这个名字的官方解释。

丽萨是乔布斯与第一任女友克里斯安·布伦南的女儿，但是乔布斯并不愿意承认这个事实。当乔布斯刚知道布伦南怀上了自己的孩子时，他就极力证明自己与布伦南是正常的男女交往，并拒绝承认自己是孩子的父亲。即便是后来的亲子鉴定证明了这一事实，他也不愿意承担起自己应负的责任。所以，年幼的丽萨成了和她父亲一样的人——被遗弃者。

在很长一段时间里，苹果公司内部虽有不少员工都很明白这个名字代表着什么，但没人愿意明说，甚至还有不少人为此而展开了一场游戏，并规定谁若是能对“丽萨”这一名提出一个听起来较为合理的解释，谁就是赢家。如有人对此戏称为“‘Lisa’就是‘发明了愚蠢的缩写’(Lisa：Invented Stupid Acronym)”。多年之后，当有人向乔布斯问起这件事时，乔布斯则很坦然地说道：“很显然，那是以我女儿的名字命名的电脑。”不过，令乔布斯没有想到的是，他力主研发的“丽萨”却有着与他一样的命运，尽管很出色，但最终还是被遗弃了。

乔布斯不是那种光说不做的人，他既然决定研发一款全新的电脑，并为它取好了名字，即便是有人想要阻止，他也会将这个项目做下去。事实上也是如此，自从斯科特成为苹果公司的总裁之后，马库拉便剥夺了大部分属于乔布斯的权力，甚至在早些的时候，还有不少苹果员工根本都不知道乔布斯每天都在做些什么。而他一旦出现，就会对着苹果的员工们进行长篇而又激烈的抨击演说，这就使得马库拉更不愿意放权给他了。

但是，为了实现“丽萨”梦想，乔布斯还是利用自己的身份，找来了苹果公司市场部的负责人特里普·霍金斯，让他帮自己参谋。霍金斯向乔布斯建议道：“这个项目若是研发成功，每台计算机的售价可定在2000美元左右，而且应抛弃AppleⅡ上所使用的8位微处理器，改用16位微处理器，以便使其成为高性能的办公用计算机。对此，我们可以参照惠普公司研发的一些高性能计算机。”

对研发新型电脑产品有着强烈愿望的乔布斯，在听到霍金斯的建议后，觉得他说得很有道理，便立即花重金从惠普公司挖来两名工程师，并让他们参与到了“丽萨”的研发工作中。虽然当时的乔布斯被剥夺了不少的权力，但他作为苹果公司研究与开发副总裁，在公司内所说的话还是有着一定效用的。

但是，在缺少了沃兹加盟的情况下，由乔布斯召集到的这些工程师们所制造出的“丽萨”，虽然是全球首款采用图形用户界面（GUI）和鼠标的个人电脑，但它在1983年面市时，根本就没有考虑到消费者的承受能力，就定价为9935美元。若是折算成当前售价的话，一台“丽萨”的售价将高达20807美元。现在的人们可以用这笔钱购买到40多台iPad2。由于售价奇高，不少企业用户将目光转向了价格相对低廉的IBM PC机。最终，“丽萨”只得惨淡收场，并于1986年8月正式退出了历史舞台，就连最后一批存货也在1989年被彻底销毁了，为乔布斯的这次失败画上了句号。

乔布斯震惊了

“你们怎么不用这么酷的技术做点儿什么呢？像这么棒的东西，绝对可以引起一场革命！”

——在第一次见到GUI用户界面时，乔布斯如是说

为研发“丽萨”，乔布斯可谓是耗尽心思，四处搜罗人才。这些人大多比较古板，专心于研究设计，使得试验室内的氛围有些沉闷。不过，有一个人的到来为这个研发小组注入了不少的活力，这个人就是比尔·阿特金森。他本来是神经系统科学专业的一位博士生，由于对计算机的喜爱而成了一名程序员。

最初，乔布斯在招揽他的时候，被他拒绝了。不过，乔布斯可不是轻易放弃的人。之后，他便以公司的名义给他寄去了一张无法退票的机票。阿特金森在看到那张机票后虽然有些哭笑不得，但还是决定用掉这张机票，并让乔布斯想办法说服自己。两人见面后进行了一次长谈，在谈话将要结束的时候，乔布斯还对他说道：“我们正在创造未来，你可以想象一下当你在海浪的最前端冲浪时，一定很兴奋、刺激；但若让你在海浪的末尾学狗刨的话，肯定一点儿激情都没有。只要你来苹果，你就是那个站在浪尖冲浪的人，必将受到全世界的瞩目。”最后，阿特金森被乔布斯说服了，加入了苹果公司。

从表面上看去，阿特金森有着一头蓬松的长发和从未修剪过的胡子，总给人一种

懒散的感觉，但在他的脸上从不缺乏活力。而且，他还有着沃兹的创造天赋以及乔布斯对卓越产品追求的热情，这也是乔布斯招揽他的主要原因。在来到苹果公司之后，阿特金森的第一份工作是独立开发一个程序，结果他开发出了一款只要拨打道琼斯的服务热线，就能获取各只股票报价，并据此快速分析出最优投资组合的程序。对于这个程序，阿特金森回忆道："当时之所以编写这个程序，是因为我在一本杂志上看到了一则关于 AppleⅡ的广告上，广告中描述的是一位丈夫正坐在餐桌旁盯着满是股价图表的 AppleⅡ屏幕，而他的妻子则在对着他微笑。但实际上我们公司当时还没有开发出这种程序，所以我就编写了这样一个程序。"

随后，他又将一种高级编程语言，即 Pascal 语言成功的移植到了 AppleⅡ上。刚开始的时候，乔布斯觉得 AppleⅡ上只要有 BASIC 就足够了，对于 Pascal 非常抵制，并对阿特金森说道："既然你对这个语言程序如此感兴趣，那我就给你 6 天的时间证明我的看法是错误的。"结果，阿特金森做到了，这也让乔布斯对他敬佩不已。

到了 1979 年秋，AppleⅡ已经上市一年多了，其各方面的技术均已成熟，苹果公司也在积极研究新的机型，以便适应市场的需求。但是，事情的进展却不那么顺利，AppleⅡ的继任者本来有三种机型，结果 AppleⅢ以失败告终，接着是逐渐受到乔布斯冷落的丽萨项目，唯一还有着较大希望的便是一个研发代号为"安妮"（Annie）的项目。这个项目的主持者名为杰夫·拉斯金，他的目标是制造出一台拥有图形界面，且价格低廉的"大众电脑"。为此，他还鼓动自己的同事们到图形界面技术的先驱，即施乐公司位于帕罗奥图的研究中心参观。

施乐公司位于帕罗奥图的研究中心（Palo Alto Research Center），简称"施乐 PARC"，成立于 1970 年，主要目标是在数字领域有所创新。所以，他们才会将研究中心的地点设在远离康涅狄格州总部的帕罗奥图，便于研究创新工作的顺利展开。在这个研究中心，有许多梦想家，其中一位叫艾伦·凯的科学家就与乔布斯有着相同的看法，他们都觉得："预见未来最好的方式就是亲手创造未来。"为了自己的梦想，艾伦·凯还率先提出了小型个人电脑的理念，并将其称之为"动态笔记本"（Dynabook），即一种操作简便，甚至小孩子也能轻松操作的个人电脑。但若想实现这一梦想，就不能再使用那拒人于千里的命令行和 DOS 提示符了，只得重新开发一种全新的图形用户界面（GUI）。

几经努力，他们终于在施乐公司另一项"位图显示"技术的基础之上，成功开发出了一种新的图形用户界面。在当时的科技条件下，绝大多数电脑都是基于字符显示的。比方说，你在键盘上敲下一个字符，计算机的屏幕上就会有一个绿色的字符出现在深色的背景上。但是，这种新的用户图形界面不同，因为用户可以利用鼠标，通过直观的方式指向并点击任何一个文件或文件夹，而不需要像之前那样需要输入一连串的命令行和 DOS 提示符才能打开。

施乐 PARC 的工程师们在成功地研发出图形用户界面之后，便设计出了一台样机，即 Alto 电脑，而杰夫·拉斯金就是为数不多的见过这台电脑的人员之一。他在看到那台电脑时，便觉得这种用户图形界面将会成为电脑产业的未来。所以，他才会鼓动自己的同事到施乐 PARC 考察一番，甚至曾鼓动乔布斯前去参观。

乔布斯对拉斯金并没有多少好感，甚至还曾当众说拉斯金是个“糟糕透顶的白痴”，对于他的建议更是充耳不闻。不过，拉斯金也不是那么容易放弃的人，他找来自己的好友阿特金森，希望让他去劝服乔布斯多关注一下施乐 PARC 关于图形用户界面的研究进展。乔布斯虽然不愿意听“白痴”的话，但他还是非常乐意听“天才”建议的，而阿特金森就属于后者。

其实，在拉斯金游说乔布斯之前，乔布斯就已经开始和施乐公司开始接触了。1976 年夏，为了苹果公司能够早日上市，乔布斯和马库拉很早就开始了第一轮的对外融资，而在第一轮认购苹果公司股份的 16 家风投公司中就有施乐公司。后来，在双方谈判认购苹果股份之前，乔布斯听从了阿特金斯的建议，并对施乐开出了条件：“如果你们愿意揭开施乐 PARC 的神秘面纱，我就同意你们投资 100 万美元。”最终，施乐同意了乔布斯的条件，允许苹果公司的技术人员到施乐公司里最神秘、最奇幻的地方——帕罗奥图研究中心参观。这次融资不仅给了施乐入股苹果的机会，同时也给了施乐将苹果当作“窗口”，观察个人电脑产业发展的机会。

乔布斯也知道帕罗奥图研究中心有着极高的科研水平，他们有着许多足以改变整个世界的新技术，如激光打印机、以太网及面向对象的编程语言等，全都诞生在这里。不过，有着如此顶级研究中心的施乐，不知道该如何将这些顶尖的专利技术变成值钱的产品，而这正好便宜了苹果。

1979 年底，乔布斯带着苹果公司的一群技术人员第一次走进了帕罗奥图研究中心。在真正进入帕罗奥图中心之后，乔布斯就像是小孩子一样到处乱看，似乎每一种新奇的技术都能让他欣喜若狂。其中，最吸引乔布斯眼球的是一台名为 Alto 的个人电脑。从外观上看，它与 AppleⅡ极为相似，不过这台电脑却是施乐于 1973 年发明制造的，比 AppleⅠ还要早三年。更重要的是，这台电脑上还应用了无人知晓的图形用户界面技术，这才是让乔布斯真正感到震惊的地方。

除了图形用户界面技术，这台电脑还有一个吸引乔布斯眼球的部件，即一个连接在电脑机箱上，活像只小老鼠般的部件——“鼠标”。当现场负责演示的施乐工程师拉里·特斯勒向乔布斯讲述这个小东西的时候，乔布斯再一次惊呆了。他从没有想到，电脑原来还可以这样操作，虽然沃兹在人机界面设计上一直都在尝试着创新，可与这台 Alto 电脑相比，简直就是拿着棍棒的原始人与拿着现代热武器的人们火拼一般，这之间的差距实在是太大了。

负责接待的工程师特斯勒对此回忆道：“当时史蒂夫看着我在屏幕上操作了不到一分钟的时间，就在屋子内非常兴奋地嚷道：‘你们怎么不用这么酷的技术做点儿什么呢？像这么棒的东西，绝对可以引起一场革命！’”

在 Alto 电脑身上，乔布斯看到的是一种极为人性化的人机交互技术。在回到苹果公司之后，乔布斯便认定了，其所研发的下一代个人电脑一定要以图形用户界面为基础，毕竟 AppleⅡ所代表的字符操作界面终将有没落的一天。

抢劫施乐的创意

"与其说是苹果公司抢劫了施乐，倒不如说是施乐公司自己酿下了苦果。"

——在谈到"抢劫"施乐公司研发的用户界面时，乔布斯如是说

在从震惊与兴奋中恢复过来之后，乔布斯很快就发现了一个问题，那就是帕罗奥图研究中心的人只是给自己演示如何操作，根本就没有向自己透漏这些技术的核心内容。对此乔布斯很生气，觉得施乐公司没有按之前的约定向自己公开最核心的技术，之后他还打电话给施乐公司的高层，要求获得更多的信息。

几天之后，乔布斯再次来到了帕罗奥图研究中心，这一次他并不像前一次那样随便带了几个技术人员，而是带着颇具才华的比尔·阿特金森和程序员布鲁斯·霍恩一起过来的。而且，他们也都知道乔布斯带他们来的目的是什么。

对于乔布斯第二次驾临帕罗奥图研究中心一事，当时的一位研究员阿黛尔·戈德堡记得非常清楚。她曾回忆道："那天我刚到公司就发现公司里要比平常喧闹一些，经过打听，我才知道乔布斯正带着阿特金森等一群程序员坐在会议室里。当时虽有我们公司的工程师在向他展示一些我们这项技术的细节，但是乔布斯显得越来越不耐烦了，而且不停地喊着：'别再给我讲这些不是秘密的秘密了，我希望你们能够给我拿出点实际的东西来!'"

在乔布斯的"无理取闹"之下，施乐公司的几名工程师只得妥协，并决定向乔布斯等人展示一部分核心的技术，其中展示的主要内容就是编程语言 Smalltalk，而且是"非机密"版本。他们觉得即便是"非机密"版本，也足够让乔布斯眼花缭乱了，足能将乔布斯糊弄过去。不过，他们还是低估了乔布斯。

乔布斯带来的阿特金森等人，都读过"施乐 PARC"关于 Smalltalk 这一编程语言的论文。因此，他们在看到对方向自己演示的东西时，便知道对方并未向自己公开其中的核心信息。对此，乔布斯非常生气，他立即给施乐公司风投部门的负责人打去电话，并向对方抱怨这件事。结果，远在康涅狄格的公司总部立刻向施乐 PARC 打来电话，并命令他们向乔布斯和他的团队展示所有核心成果。

作为进行主要演示工作的戈德堡得知这一消息后，非常气愤地说道："总部这么做将是一个无比愚蠢而又疯狂的决定，总有一天，他们会为今天的事情而后悔的。"说完之后，便愤然离去。事实上也是如此，乔布斯这次前来是有备而来的，其主要目的便是图形用户界面的核心技术和 Smalltalk 编程语言，只是很多人都没有看透乔布斯的用心而已。

在戈德堡离开后，主要的展示工作就由另一位程序员拉里·特斯勒负责。当他向乔布斯等人展示出真正的核心技术时，乔布斯等人全都惊呆了。当时的阿特金森非常不相信地盯着屏幕，甚至还很没形象地贴到电脑屏幕上仔细检查每一个像素的成像，

以至于正在操作演示的特斯勒都感觉到自己与阿特金森之间显得过于“亲密”了。不仅如此，乔布斯在后面也非常兴奋，特斯勒每展示一部分内容，他都会发出一声惊叹。到了最后，乔布斯还有些不敢相信地说道：“我真不敢想象，倘若施乐公司将这项技术商业化的话，他们将会获得多大的利润。但可惜的是，他们还不知道自己就坐在金矿之上。”在此次展示中，特斯勒虽然故意将 Smalltalk 的演示作为重点，但他却不知道乔布斯和他的团队最感兴趣并不是这个，而是那个位图显示和图形界面的技术。后来，乔布斯还曾对此回忆道：“当时我感觉好像蒙在我眼睛上的纱布被揭开了一样，一下子就看到了计算机产业的未来。”

在两个多小时后，当所有的演示工作做完后，特斯勒又对众人关于这项技术的一些核心问题进行了解答。随后，乔布斯便带着阿特金森等人返回了苹果公司。在回去的路上，乔布斯仍旧很兴奋，而且嘴上还不停地说着“就是它了”“我们一定要把它变成现实”之类的话语。待其情绪稍稍平复一点儿后，他又转头看向阿特金森，并问道：“假如让你负责这个项目，你需要多久能够成功?”阿特金森老老实实地答道：“我不确定，虽然我看明白他们这些技术后面的各种原理，但若想做得和他们一样完美，至少也得 6 个月吧。”

后来，乔布斯带着他的这些工程师们，在借鉴施乐 PARC 图形界面技术的同时，又对这一技术做出了不小的改进和完善。如施乐 PARC 研发出来的窗口界面，根本无法利用鼠标在屏幕上拖拽窗口，但在苹果的工程师们所设计出的界面上，用户不仅能够随意地拖拽窗口和文件，还可以将它们拖到指定的文件夹中。不仅如此，这些人还在乔布斯的鞭策下，进一步完善了这种桌面概念，并在其研发的图形界面添加了漂亮的图标和位于窗口顶端的下拉菜单，使得窗口操作更加简洁、美观。

苹果公司对施乐 PARC 的这次技术盗窃，曾一度被形容为工业史上最严重的“抢劫事件”之一。对此，乔布斯也曾多次毫不避讳地承认道：“毕加索曾说过‘好的艺术家只是照抄，而伟大的艺术家却能窃取他人的灵感’。因此，在窃取伟大的灵感这一方面，我觉得我和毕加索都是厚颜无耻的。”

在乔布斯看来，施乐公司本可以称霸整个计算机产业的，但是施乐公司的高层没有意识到个人电脑这一新兴产业所蕴含的巨大潜力。对此，乔布斯还曾说过：“与其说是苹果公司抢劫了施乐，倒不如说是施乐公司自己酿下了苦果。”

其实，施乐的高层并不是如乔布斯所认为的那样，他们也曾尝试过利用这些研究成果盈利。1981 年，早在苹果的丽萨电脑和麦金塔电脑面世之前，施乐公司就推出了运用了图形用户界面、鼠标、位图显示、窗口以及桌面概念的“施乐之星”（Xerox Star）电脑。不过，这台电脑有诸多缺点，这就注定了它必将以失败告终。如它的运行速度非常慢，即便是保存稍大一点儿的文件，都需要数分钟时间。而且，这台机器自从问世，便以计算机网络化的企业作为自己的主要销售对象，这也使得其零售价非常高（高达 16590 美元）。介于种种原因，这款计算机最后只卖出去 3 万台，根本就无力争霸计算机市场。

不仅如此，在施乐公司刚刚推出“施乐之星”电脑的时候，乔布斯还曾特意带着他的团队来到一家“施乐之星”电脑的经销商那里查看情况。在查看之后，乔布斯就觉得这台机器毫无价值，并告诉他的同事们不用花钱买这么一台价格昂贵且又不实用的电脑。

后来乔布斯还对此回忆道：“在见到真正的‘施乐之星’后，我们重新把心放到了肚子里，施乐把事情搞砸了。这就是苹果的机会，而且我坚信我们不仅能把这款电脑做好，还能做到物美价廉。”几周后，乔布斯还专门给“施乐之星”团队的硬件设计师之一鲍勃·贝尔维尔打了个电话，并劝他来苹果公司工作。结果，贝尔维尔很快就同意了乔布斯的邀请，而与他一起跳槽的还有拉里·特斯勒。至此，乔布斯不但“抢劫”了施乐的图形用户界面技术，还挖了施乐公司的墙角，壮大了自己的实力。

创始人被驱逐

“当时我很难过，我总觉得自己被马库拉遗弃了。他和斯科特的想法一样，他们都觉得我无法胜任丽萨项目的管理工作，为此我郁闷了很久。”

——在回忆自己被迫退出丽萨项目时，乔布斯如是说

在获取了图形用户界面的核心技术后，乔布斯似乎又对“丽萨”项目恢复了信心。于是，在接下来的一段日子里，他便不断地插手丽萨项目的日常管理工作，甚至经常无视该项目的负责人约翰·库奇，而直接与阿特金森和特斯勒联系，并将自己的想法灌输给二人，即便是库奇有想法，乔布斯也不予理会，尤其是关于丽萨的图形界面设计。

其实，乔布斯这样做是有着自己的想法的。他想将负责整个丽萨项目的部门都控制在自己的手中，并借此打造出一款惊世骇俗的电脑。自从在施乐 PARC“抢劫”归来后，新式的人机交互方式，几乎激起了每一位苹果员工的热情，这对于苹果公司来说是一件好事。不过，这对于刚刚起步的丽萨项目来说，却未必是好事。

在苹果公司，当初开发“丽萨”电脑的员工总会在不经意间显露出一种高人一等的优越感，他们与公司其他部门的员工有着明显的不同。假如其他部门的员工想要进入他们工作的区域，必须佩戴一枚黄色的徽章才行。不过，那种优越感并不能保证所有的工作成果都能令人满意。对此，霍金斯回忆道：“当时大家都快要发疯了，这里的每一个人，包括史蒂夫在内，全都在为‘丽萨’而努力。”

在当时的情况下，乔布斯身上那种冲突明显的多重个性也显现了出来。有的时候，他可能会让自己身边的同事对他怨恨不已，但下一刻，他也可能会瞬间改变自己的想法，让别人消除对自己的怨恨。

在丽萨电脑的研发过程中，乔布斯最常说的一句话便是：“我们做出来的东西将会有着重大的意义，在不久的将来，肯定会掀起社会的轰动。”在当时来看，乔布斯此言无异于天方夜谭，甚至还有些可笑。但是，当时负责这一项目的人没人认为这不

可能，全都为实现这一理想而拼命地工作。尤其是有为数不少的工程师，还整天泡在实验室中，曾一度与外面的世界中断了联系。对此，霍金斯回忆道：“乔布斯有一种对未来的洞察力，不仅如此，他还能鼓动他身边的人同他一起前进。假如他觉得某件事情可以成功时，他就会努力冲破一切障碍，带领所有人拼搏，直至实现自己的目标。”

很快地，霍金斯的话就应验了。随着丽萨项目的展开，乔布斯与该项目的负责人约翰·库奇等诸多思想较为传统的人的矛盾渐渐暴露出来。其中，尤以库奇对乔布斯肆意插手丽萨项目意见最大。对此，乔布斯回忆道：“我想要制造的是适合大多数人能用的电脑，而那帮和库奇一样曾在惠普干过的人，他们眼中的市场只有企业单位，我们的观念有着很大区别，而这也注定了我们之间的战斗将会非常激烈。”

在乔布斯与库奇的矛盾逐渐升级的情况下，马库拉和斯科特在刚开始的时候，出于对公司稳定的考虑，一直都在小心地控制着乔布斯的权力，尽量不让他过多地干预丽萨项目的进展。随着事态的发展，马库拉和斯科特对乔布斯越来越不放心，为此还曾警告乔布斯不得再越级管理。可是，乔布斯天生就不是那种可以安静下来的人，他虽然在马库拉的警告下安静了一段时间，但没过多久，便又开始对丽萨项目指手画脚了。

正所谓，不在沉默中爆发，就在沉默中灭亡。在苹果公司，库奇的地位虽然不如乔布斯，但是作为一个工程师，他也不是可以随意任人摆布的。因此，他在看到乔布斯不顾马库拉的警告而再次插手丽萨项目后，便很明确地告诉乔布斯，不准他再插手此事了。

马库拉和斯科特眼见事态发展到了如此严重的地步，再不解决的话，很有可能毁掉苹果公司。于是，在1980年9月的一天，他们二人便联合沃兹，在暗中对公司进行了重组，将苹果公司划分成了四个部门。第一个是配件部，主要负责电脑配件的采购与制作；第二个是磁盘驱动部，也是当时的苹果公司正在努力发展的一个部门；第三个是将AppleⅡ和AppleⅢ两条生产线合并后而组成的一个新部门，即个人电脑系统部；至于第四个则是专业办公系统部，主要负责“丽萨”项目的开发。

自从在施乐公司看到图形用户界面后，乔布斯便决定将他所看到的一切都融入寄予着其厚望的“丽萨”电脑中。所以，他才会不顾一切地对丽萨项目指手画脚，哪怕遭到众多工程师们的反对也没有丝毫的退却。在一些小的争斗中，乔布斯虽然占了一时的上风，但是在遇到大的决策时，乔布斯却败得一塌涂地。

当马库拉等决定成立专业办公系统部负责丽萨项目时，乔布斯本以为自己肯定会入主该部门，但结果让他大跌眼镜。马库拉和斯科特等人非但没让乔布斯如愿，还让其“死对头”约翰·库奇成了丽萨项目的实际负责人。不仅如此，马库拉等公司高层还决定让库奇接替乔布斯，担任研发部门副总裁的职务，只是授予乔布斯一个没有实权的董事会非执行主席，平时仅以苹果公司的公众形象出场，这一突变让乔布斯备受打击。后来，在回想起这段往事时，乔布斯说道：“当时我很难过，我总觉得自己被马库拉遗弃了。他和斯科特的想法一样，他们都觉得我无法胜任丽萨项目的管理工作，为此我郁闷了很久。”

当然了，马库拉和斯科特并未将事情做绝，他们虽然不让乔布斯插手丽萨项目，却允许乔布斯组织一小部分工程开发人员，研发新一代的机器。与此同时，他们还安慰乔布斯道：“我们公司现在正筹划公开发行股票的事情，非常需要你在那个岗位上工作。”不过，乔布斯并没有因此而好受多少。对此，霍金斯回忆道：“那一次事情真的让乔布斯很受伤，他对斯科特没有事先通知他，更没有和他商量过的情况下，便将他从副总裁的位置上撤下来的做法很不满。毕竟他还是这家公司的创始人，而‘丽萨’更是凝聚了他大量心血的第一部电脑。结果，却出现了那种事情，我想无论是谁都会很难过的。”

这次遭逐是乔布斯第一次遭受如此大的羞辱。在此之前，他的事业可以说是一帆风顺，很快就成了公众眼中的宠儿。但是，经过此番突变后，他几乎变得一无所有，这之间的巨大反差，让他充分品尝到了失败后的痛楚。不过，这对于他来说未尝不是一件好事。因为从那一刻起，他的命运已在悄悄地发生着变化。

乔布斯要毁掉“丽萨”

“我们将会推出另一款性能稍弱，而售价却比丽萨更低的Mac电脑。这是由我亲自领导的一个项目，我可以提前告诉你们，Mac电脑将是一台最不可思议的电脑！”

——在宣传推广“丽萨”电脑时，乔布斯如是说

如果说在策划AppleⅡ上市时的乔布斯是个天神的话，那在毁掉“丽萨”时的他就是个魔鬼。在他看来，既然自己无法亲手创造一个奇迹，那就将它给毁掉，让别人也无法获得成功。在有了这种疯狂的想法后，乔布斯的脑海中便产生了一个新的方法，即设计一台功能配置与丽萨相近，且价格更为低廉的电脑，不让丽萨有立足之地。

有了这种想法之后，乔布斯便想起了杰夫·拉斯金曾向自己提出的生产廉价、低性能便携电脑的计划。对此，乔布斯将其重新定义为拥有图形用户界面的Mac电脑，准备将其打造成一台小尺寸版本的丽萨，并以低廉的价格面向各种类型的办公室销售，这与“丽萨”电脑计划中的销售方向相同。在项目开始运作之初，就有人意识到Mac一旦问世的话，肯定削弱“丽萨”的市场影响力。尤其是在乔布斯敦促伯勒尔·史密斯围绕摩托罗拉68000微处理器设计Mac，并让Mac有着比“丽萨”更快的运行速度时，他的这一目的就更加明确了，他就是要毁掉丽萨。他甚至还跟约翰·库奇以5000美元作为赌注，赌Mac会在“丽萨”之前上市。

当然了，作为一个研发项目，不可能说批准就批准。也就是说，乔布斯前期虽然做了很多努力，但Mac电脑仍属于苹果公司设计规划中的实验性项目。为了让Mac电脑项目顺利进行，乔布斯也稍微收敛了一下自己的个性，非常恭敬地找到马库拉，希望他能批准Mac项目，将它当作公司的一项正式研究项目。马库拉在看到乔布斯如此

恭敬之时，也小心了起来，并问乔布斯为什么要发起这一项目，乔布斯则避实就虚地回答道："Mac 电脑主要针对的是'丽萨'电脑所无法涉足的市场。"

由于之前并没有听说 Mac 电脑准备与"丽萨"电脑同时问世的传闻，再加上身边没有什么可以咨询的人，马库拉就凭借自己对乔布斯为人以及他在廉价机器方面的销售能力认为，乔布斯能够很好地开拓 Mac 电脑的销售市场。于是，他很快就同意了乔布斯的请求，批准了 Mac 电脑的研发项目，并很快通过了董事会的决议。至此，Mac 电脑真正成了苹果公司正式的研发项目。

Mac 电脑的正式研发工作开始没多久，负责管理开发"丽萨"电脑应用软件的工程师拉里·特斯勒便想开发出一些可以在两款机器上都能运用的软件。为此，在他的努力下，Mac 研发团队与"丽萨"研究团队暂时达成了和平，并邀请工程师伯勒尔·史密斯和安迪·赫茨菲尔德来到了丽萨的工作区，向他们展示一下 Mac 的样机。

当众多工程师聚在一起，认真地观看安迪·赫茨菲尔德操作演示 Mac 电脑时，负责丽萨大部分设计工作的工程师里奇·佩奇忽然闯了进来，并对众人喊道："Mac 电脑不仅会毁了丽萨，还会毁掉苹果公司！"眼见无人回应，佩奇更加地怒吼道："由于我们没让乔布斯负责丽萨项目，所以他就想亲手毁掉丽萨！我相信在 Mac 电脑问世以后，是不会有人购买丽萨的。"说完之后，他便冲出了房门，并狠狠地将门关上。过了一会儿，他又闯了进来，并对伯勒尔·史密斯和安迪·赫茨菲尔德说道："乔布斯是所有的问题关键所在，你们代我转告他，他的行为正在毁灭苹果公司！"

其实，佩奇的怒气由来已久，只是这次实在是忍不住了才爆发的。在此之前，乔布斯一直在公司内部公开赞美 Mac 电脑，同时还不忘抨击"丽萨"。可以说，两大开发团队的对立，完全是由乔布斯那些不负责任的言行造成的。尽管乔布斯出于打击"丽萨"的目的而造成双方的对立，但这也让 Mac 团队的研发人员感受到一种无与伦比的归属感，提高了众人在工作中的积极性。为此，乔布斯还不失时机地为自己的团队贴上了"海盗"的标签，这也使得 Mac 研发团队显得更加特立独行。在 Mac 团队埋头苦干时，"丽萨"团队也没有闲着，都在奋力冲刺。

在乔布斯混乱而强势的领导下，Mac 的发布时间只得一推再推，最终还是让"丽萨"电脑抢先发布了。当"丽萨"电脑于 1983 年 1 月正式发布的当天，乔布斯给了库奇 5000 美元，那是他们当初定下的赌金。

乔布斯虽然被驱逐出了"丽萨"团队，但是身为董事会主席和苹果电脑形象代言人的他，依然是丽萨对外宣传推广活动中的主角。因此，丽萨的荣耀最终还是属于他。但是，乔布斯对此显然很不买账，尽管董事会之前曾一再告诫他，不得在推广丽萨电脑的时候提及 Mac 电脑，否则的话将会影响到丽萨电脑的销量。

对此，乔布斯非但没有将此事放在心上，还肆无忌惮地在《时代》《财富》《商业周刊》《华尔街日报》等各大媒体上放言："今年晚些时候，我们将会推出另一款性能稍弱，而售价却比丽萨更低的 Mac 电脑。这是由我亲自领导的一个项目，我可以提前告诉你们，Mac 电脑将是一台最不可思议的电脑！"在丽萨唯一的荣耀时刻，乔布斯还不忘打击它，而这就是那个让人又爱又恨的乔布斯！

更可恶的是，乔布斯还毫不隐讳地向人们指出："未来的 Mac 电脑和丽萨绝不兼容。"乔布斯这番话无异于宣判了刚问世的丽萨电脑的死刑，这让雄心勃勃的丽萨团队遭受到了巨大的打击。

黯淡收场

"它太贵了，我们也曾试图将它卖给大公司，可是我们擅长的是将其出售给个人客户，所以丽萨的失败是不可逆转的。"

——在回忆丽萨项目黯淡退场时，乔布斯如是说

在将乔布斯驱逐出丽萨项目后，丽萨电脑虽然采用了图形用户界面技术，但仍步了 Apple Ⅲ的后尘，悲剧性地成为苹果公司第二款失败的产品。

1983 年 1 月，苹果公司正式在纽约发布了丽萨电脑，它成为世界上第一款使用了图形用户界面技术的商业用电脑，这比 Mac 电脑的发布早了一年多的时间。不过，丽萨电脑太贵了，因为它的售价竟然高达 9995 美元！这也使得丽萨电脑在 IBM 的 PC 机面前，毫无竞争优势可言。

不仅如此，丽萨电脑上所能应用的软件也非常少，除了几款办公软件之外，它与 Apple Ⅱ及后来的 Mac 电脑都互不兼容。然而更要命的是，丽萨电脑从一开始就将自己定位于纯粹的办公用电脑。为此，丽萨团队只是为其开发了几款办公软件外，无视第三方开发者的软件。

即使没有乔布斯从中推波助澜，丽萨电脑的销售前景依旧会很黯淡，失败也是其必然的结局。至于乔布斯的介入，只是加速了这一进程而已。更何况，当时对苹果电脑威胁最大的并不是乔布斯，而是蓝色巨人 IBM 于 1981 年 8 月所推出的个人 PC 机。

想当初，乔布斯之所以提出丽萨项目，以及后来提出的 Mac 电脑研发项目，都是为了阻截 IBM 的 PC 机。但事实证明，乔布斯还是低估了 IBM。在 1983 年初，苹果公司发布丽萨电脑的前夕，美国《时代》周刊上的一则关于上年度风云人物的介绍，引起了众人的注意。那篇文章中称："在过去的一年里，吸引人的话题有很多，但是，人们谈论最多的却不是某个人，而是一台机器，即 IBM 公司推出的个人 PC 机。"

一般来说，能够当选为《时代》周刊的年度风云人物，要么就是政界要员，要么就是商界泰斗。但是，当年的《时代》周刊却一反常态，让一台个人 PC 机成了 1982 年的"风云人物"。此消息一出，似乎在一夜之间，PC 机的声望就达到了一个远超所有人想象的一个高度。

早在 1981 年 8 月之前，苹果公司、坦迪无线电公司以及康懋达公司等三巨头占据着个人电脑 75%的市场份额，这些巨头们根本就不将"蓝色巨人"放在眼中。但是，到了 1983 年底，IBM 的个人 PC 机就售出了 50 万台之多，占据了 76%的市场份额，一举取代了苹果公司的霸主地位，这让乔布斯等人都始料不及。

相形之下，丽萨电脑的销量实在是有些惨不忍睹了。到了 1984 年 2 月，苹果公司终止生产了销量持续低迷的丽萨电脑，并将丽萨团队进行部分裁员后，合并入 Mac 团队。后来，乔布斯曾对此回忆道："它太贵了，我们也曾试图将它卖给大公司，可是我们擅长的是将其出售给个人客户，所以丽萨的失败是不可逆转的。"到了 1989 年 9 月，当苹果公司销毁掉仓库中最后 2700 余台丽萨电脑时，也标志着丽萨项目的惨淡落幕。

不过，在丽萨项目以失败而告终时，乔布斯的心中又升起了一丝新的希望，即随着丽萨项目的失败，苹果公司高层必会将希望寄托在 Mac 电脑上，这又给了乔布斯新的动力。

苹果一鸣惊人

苹果的上市

“我在23岁的时候，资产达到了100万美元；在24岁的时候，我的资产达到了1000万美元；而在25岁的时候，我的资产就已经达到了1亿美元。”

——在回忆苹果公司成功上市时，乔布斯如是说

1977年1月，马库拉在乔布斯和沃兹的邀请下加入了苹果公司，并将他们二人联手创办的公司改名为苹果计算机公司（Apple Computer Co.）。

到了1980年12月12日，眼看时机成熟的马库拉等人，带领苹果公司成功上市。不仅如此，他们还成为自福特汽车于1956年上市之后，最大规模的IPO（首次公开募股）。到了1980年12月底，在短短的半个月内，苹果的市值便已高达17.9亿美元。在造就了近300位百万富翁的同时，也让乔布斯于一夜之间成为最年轻的靠白手起家的亿万富翁——当时的他只有25岁。

苹果公司的上市创造了股市上的一个奇迹。它以每股22元的价格上市，几分钟之内460万股公开股就被抢购一空。一天之内股票价格的涨幅达到了32%，收于每股29美元。它刷新了新股上市最成功的记录，在此之前，这项记录的保持者一直都是20世纪50年代中期福特汽车公司的公开上市，而苹果公司的这次上市在超额认购数量方面远远超过了福特公司。

在股票上市之前，作为苹果公司IPO的公众形象，乔布斯为苹果公司找来了两家投资银行，即位于华尔街的摩根士丹利和位于旧金山的汉布里克特－奎斯特。负责其IPO的运作。其中，摩根士丹利是一家是传统的投资银行，而后者虽然不是一家传统的投行，但其当时的服务主要针对部分特定领域。

据汉布里克特－奎斯特总裁比尔·汉布里克特回忆说：“摩根士丹利是当时是最为保守的投行，乔布斯对他们公司的人十分无礼，但是他们最后竟然还是答应了他，

太让我意外了。”

其实，摩根士丹利之所以会答应乔布斯，原因就在于他们看到了苹果的股票必然迅速暴涨。不过，出于保守，摩根士丹利准备将苹果的股价定为每股 18 美元。可是，在摩根士丹利提出这一方案时，就有不少银行家质疑道：“假如我们将这只股票定为 18 美元的话，接下来我们会赚到多少？难道我们不能将这只股票卖给更好的优质客户吗？”对此，汉布里克特提出了自己的想法，即在 IPO 之前，通过反向竞拍来为股票定价，并获得了大家的一致认可。最终，苹果公司的股价被定格在 22 美元一股。

1980 年 12 月 12 日，在股市开盘之前，乔布斯便早早地赶到了汉布里克特的办公室，他想亲眼见证苹果公司这颗新星的崛起。结果，让乔布斯和汉布里克特都没有想到的是，甫一开盘，仅仅几分钟的时间，苹果公司所发行的 460 万股公开股就被抢购一空。当天，更是以 29 美元每股的价格完美收盘，一天之内其股票的价格就上涨了三成多，这才让乔布斯悬着的心放了下来，他知道苹果成功了。

苹果公司的完美上市，不仅让乔布斯一夜暴富，成了身家达 2 亿多美元的富翁，苹果公司内的很多人也都因此而获得了巨大的财富。如马库拉以 700 万股股票获得了 1.9 亿多美元的财富，这与他当年投资苹果的 34 万美元相比，在四年不到的时间里，其投资回报率竟然达到了惊人的 55882%。甚至连沃兹这个当初并不想创建公司的人，也因为手握 400 万股股票而赚到了 1 亿多美元。对此，乔布斯曾自豪地说道：“我在 23 岁的时候，资产达到了 100 万美元；在 24 岁的时候，我的资产达到了 1000 万美元；而在 25 岁的时候，我的资产就已经达到了 1 亿美元。”

苹果公司早期的私人投资运行一切都还不错，只有施乐公司在苹果成功上市不久后，就把自己的股份卖了出去。可即便如此，他们当初所投资的 100 万美元，在其卖出去的时候，也让他们得到了 3000 多万美元的回报。

对此，施乐公司的前风险投资专家史蒂文·伯恩鲍姆回忆道：“一般来说，作为投资者，别的公司通常会给我们提供 5 年期的投资规划，而能在 7 年内完成这 5 年的投资规划的公司就已经算是不错的了。但是，苹果公司仅用了 18 个月的时间，就超额完成了其所规划的目标，并在 7 年的时间内跻身财富 500 强企业，这不得不说是一个奇迹。”

还有一件事需要提一下，即在苹果上市的前几天，即 1980 年的 12 月 8 日，乔布斯的偶像兼披头士乐队的主唱约翰·列侬被歌迷枪杀了。乔布斯知道这件事后很伤心，因此，在苹果公司上市的时候，乔布斯心头一直都被一层阴影所笼罩着，而这似乎也在暗示着苹果公司在上市之后的坎坷。

最年轻的亿万富翁

“钱对来我说并不那么重要，因为我从来没有缺过钱，它对于我来说只是个数字而已。”

——在谈及财富问题时，乔布斯如是说

在苹果公司成功上市之后，史蒂夫·乔布斯便成了一位名副其实的亿万富翁，而且是一个靠着自己创业获得财富最多的年轻人。在公众的眼中，他就是一个善于创造奇迹的人，是人们争相崇拜的偶像。

在乔布斯的一生中，他经历过贫穷，也拥有过财富，还尝试过破产的滋味。因此，他对待财富有着很复杂的态度。他虽然是个佛教的狂热信徒，但经过印度朝圣之旅，他却觉得创业才是自己的使命；他虽然是个反物质主义者，却又将好友准备免费送出的发明变成了获取巨大利益的工具。不过，令人奇怪的是，这些事情虽然全都发生在他的身上，但人们没有从他身上看到任何不妥，反而觉得这一切都是那么的自然。

在有了巨大的财富之后，乔布斯并没有像很多一夜暴富的人那样肆意挥霍自己的财富，而只是把钱花在了自己认为值得花的地方。在苹果公司上市 30 年后，乔布斯在回忆自己当初一夜暴富的时候，曾感慨道：“我从小生长在一个中产阶级家庭内，因此，钱对来我说并不那么重要，因为我从来没有缺过钱，它对于我来说只是个数字而已。后来到了雅达利工作，我觉得自己是个很出色的工程师，这也足以让我维持生计。我自印度回来之后，虽然有了自己的事业，但还是过着简单的生活。尤其是在苹果公司上市后，我看到公司内不少人在大赚一笔后，纷纷买下许多大房子和好汽车。甚至有人带着自己的妻子去整形，把自己打扮得稀奇古怪。每当想到这里，我都觉得他们太疯狂了。因此，我答应过自己，决不让钱毁了我的生活。”

尽管这么说，乔布斯还是在圣克鲁斯山边的小镇洛思加托斯买了一套房子。只是他对这套房子的装修非常简单，除了一幅麦克斯菲尔德·派黎思的绘画作品，就只有一些简单的家具了，而这也是乔布斯苦行僧般生活的见证。

了解乔布斯的人都知道，他对一些设计优雅、工艺精湛的物品有着近乎疯狂的喜爱，比如他为自己购买的第一辆梅赛德斯—奔驰双人小汽车、宝马摩托车、双立人刀具和博朗电器等。对于奢侈的消费品，他一向都是非常抵触的。如马库拉曾邀他一起购买里尔喷气式飞机，他拒绝了，但他后来要求苹果公司给他购置了一架湾流飞机。此外，尽管苹果公司的利润巨大，但他在和供应商签订合同时，仍会经过一番讨价还价，丝毫不会退让。

乔布斯虽然不是一个非常喜欢乐善好施的人，但他还是经常向尼泊尔和印度的盲人提供帮助和捐款等。但有一件事，对乔布斯的影响却很大。在苹果公司上市之前，乔布斯就曾以个人的名义捐出过5000美元，帮助拉里·布里连特成立了一个致力于帮助穷人对抗疾病的基金，即塞瓦基金会（Seva Foundation），并同意成为其董事会的成员。不过，在一次内部会议之上，乔布斯与另一名董事发生了争执，起因是乔布斯想雇用里吉斯·麦肯纳谋划其筹款以及公关等事务，但被那位董事拒绝了。会议结束后，乔布斯竟然在停车场内痛哭了一场。后来，在苹果完成IPO之后，布里连特带着基金会的几位董事，当然也包括那个曾拒绝了乔布斯提议的人，来到苹果公司后，说明了募集善款的来意。结果，乔布斯非但没有满足他们，还以此前曾向该基金会捐赠了一台 AppleⅡ和 VisiCalc 程序，帮助其对尼泊尔民众失明情况的调查为由，拒绝向其提供任何资助。

当然了，这并不是说乔布斯毫不讲人情的，只是他喜欢根据自己的喜好做事。比方说，对于自己的养父母，乔布斯就非常大方。在公司上市后，他就送给了二老价值约 75 万美元的股票。乔布斯的住所虽然简单，他对养父母却很孝敬。他也曾想为二老购置一套新房，却被二老拒绝了。后来，老两口出售了一部分股票，用来偿还他们在南洛斯阿尔托斯购买的那座房子的贷款。在还过贷款后，他们还将乔布斯喊了回来到家中庆祝。对此乔布斯回忆道："我第一次看到了他们不用背负贷款时的轻松表情，当时他们还请来了几个朋友一起庆祝，那场面简直太温馨了。"尽管二老对眼前的生活很满意，不过他们也有个奢侈的愿望，即每年都能乘坐"公主"号游轮进行一次度假。这在乔布斯暴富之前，他们根本就从未想过，但在乔布斯暴富之后，他们却有了实现这个愿望的资本。对此，乔布斯曾回忆道："我爸爸最想做的事情就是乘坐'公主'号穿越巴拿马运河，那样会让他想起自己在海岸警卫队服役的日子。"

苹果公司的成功上市，不仅给乔布斯带来巨大的利益，还有良好的声名。如在1981 年 10 月，《企业》不仅第一次将乔布斯搬到了封面上，还宣称："是这个人永久改变了商业世界。"在杂志中他们更是极力渲染道："史蒂夫·乔布斯是个说话极富热情的人，他不但可以预见未来，还能创造未来。"此外，《时代》也在 1982 年 2 月对乔布斯做了个专题，称其"独自开创了个人电脑产业"。

尽管名利双收，但乔布斯还是把自己看作一个反主流文化的孩子，对于名利看得不是那么重。有一次，他到斯坦福大学演讲，当时就有不少学生问他苹果的股价何时会上涨等问题。对此，乔布斯一概不理，只是开始对于苹果公司未来的新产品做了激情的演说。看到乔布斯如此，慢慢地就没人再问商业方面的问题了。后来，乔布斯在回忆这段往事的时候说道："那个时代的孩子更加醉心于物质主义，只知道追求名利，根本就不愿意用理想主义的方式来思考问题，这让我看到了我与那代人对待名利的差异。"

作为一个超级富人，而且是最年轻的一个超级富人，苹果公司的成功，不但让乔布斯声名鹊起，而且其创业经历也成了财富积累的一个奇迹。在公众的眼中，他就是整个计算机领域的开拓者，即便他有着狂放、粗暴的缺点，也仍会被人看作个人魅力的外放，而这也真实地反映了人们对于成功者的崇拜心理。

对股权态度不同

“沃兹不懂得拒绝人，他不该把自己的期权都分给了那些不应得到的人，他不知道有很多人都在利用他。”

——在沃兹将自己的期权分给其他员工时，乔布斯如是说

苹果在超额完成IPO后，造就了近300位百万富翁，但在这些人中不包括丹尼尔·科特基。作为乔布斯的挚友，他曾和乔布斯一起读大学，一起远行印度，并成为苹果公司的第一批员工。暂且不论他公司元老的身份，即便是位普通员工，在公司上市的时候，也该获得一份不错的收入。但他仍以最普通的员工身份在苹果工作，甚至因其级别不够高，而无法获得IPO之前奖励给员工的股票期权。

对此，科特基曾回忆道：“当时我完全相信史蒂夫，我觉得他仍会像以前我照顾他那样来照顾我。因此，我从没想过要催他。”在科特基等待着乔布斯给自己带来好消息时，乔布斯对于此事却十分冷漠，甚至还公开宣称：科特基只是一名领着时薪的技术人员，而不是领着固定薪水的工程师，所以，没有资格得到期权的奖励。对此，苹果公司早期的工程师安迪·赫茨菲尔德回忆道：“史蒂夫就是背叛的代言人，他从来都不知道什么叫忠诚，他总会毫不留情地伤害那些最亲近的朋友。”

这个结果并不是科特基想要的，在他看来，自己完全有资格获赠一些“发起人股”，而不是像现在这般一无所得。为此，他决定守在乔布斯的办公室外，想当面和他解决这个问题。但乔布斯每次见到科特基时，都对他的询问置之不理。有一次，乔布斯告诉他道：“作为朋友，我可以告诉你，你若想持有公司的股票，可以去找你的经理谈谈。”科特基听后十分伤心，即便是到了现在，他也不敢相信当初的乔布斯竟会那般的决绝。

在IPO成功约半年后，再也忍不住的科特基终于鼓起勇气，冲到乔布斯的办公室里，想尽快解决这个问题。但是，乔布斯一如既往的冷漠让科特基实在是无法相信。科特基回忆道：“当时我气得连一句话都说不出来了，我觉得我们的友谊在那一刻全都烟消云散了，他真的太令我伤心了。”

工程师罗德·霍尔特是早期加入苹果公司的员工之一，同时也是苹果公司的主要股东。为此，他得到了不少的股票期权。在看到乔布斯如此冷漠之时，他曾找过乔布斯，希望乔布斯能够改变主意。如有一次，他对乔布斯说道：“我们必须为你的朋友丹尼尔做点儿什么。不如这样，你给他多少期权，我就给他多少。”结果，乔布斯听后说了句“好的”，霍尔特还以为乔布斯答应了自己的提议，可是接下来乔布斯所说的那句“我什么都不给他”，这让霍尔特顿时有了种抓狂的冲动，好在他忍住了。

其实，乔布斯是故意不给科特基任何股份的，这样可以更好地显示出他在公司内部所拥有的权力，向别人证明他才是真正的老板。不过，乔布斯不给科特基任何股

份，似乎是因为他不够忠诚。在乔布斯看来，聪明才智和忠诚是衡量一个人最主要的两个标准。科特基虽然足够聪明，但在乔布斯眼中他不够忠诚，这也是乔布斯绝对无法忍受的，因为他最为厌恶的就是反叛，所以科特基被他给无视了。后来，科特基在找到马库拉和斯科特后，才获得了2000份公司期权。

除了科特基之外，得到这种不公正待遇的还有克里斯·埃斯皮诺萨和兰迪·威金顿等四人。尽管这几人做得都很出色，但是他们都和科特基一样，在乔布斯的故意无视下，没能获得任何股票期权，没能从公司的上市中获得任何利益，这让他们伤透了心。

反观沃兹在处理此事的态度上，则与乔布斯截然不同。在苹果上市之前，沃兹就曾为他们五人没有获得任何股份而打抱不平。可能是出于慷慨，也可能是为了体现公平，沃兹在苹果公司上市前，将其近8000份期权（约占他个人持有期权的1/3）分给了家人及克里斯·埃斯皮诺萨和兰迪·威金顿等人。后来，他又将自己手中的近2000份期权，以极低的价格卖给了公司内的40名中层员工，保证这些人在公司上市之后都能赚到一套房子的钱。而这一举动，也促成了苹果公司提前上市。斯科特对此回忆道："在苹果公司的历史上，有着许多不可思议的数字，其中一个就是500。作为一家公司，一旦拥有了500个股东，就必须在美国证券交易委员会SEC备案。"因此，在沃兹的慷慨解囊之下，苹果公司俨然成了事实上的上市公司。

沃兹一直都很受苹果员工的喜爱，尤其是在他慷慨捐赠期权之后，大家对他更是喜爱非常。但乔布斯对此说道："沃兹不懂得拒绝人，他不该把自己的期权都分给那些不应得到的人，他不知道有很多人都在利用他。"虽然乔布斯的看法有些偏激，但也有不少人同意乔布斯的看法，觉得沃兹"天性纯良到幼稚"。甚至在苹果上市的几个月后，公司的公告板上本来有一张联合慈善总会宣传海报，上面画着的是一个穷困潦倒的人。结果，竟有人在那张海报上下面添上了一句话"1990年的沃兹"，借此嘲弄沃兹将为自己的天真付出代价。

此外，由于乔布斯的苛刻和不近人情，很多苹果的员工对他的忠诚度都不高。不仅如此，乔布斯那层出不穷的怪诞想法，也让员工们十分生气和不满。虽然大多数的员工都对他的行为敢怒不敢言，但并不代表没人敢反抗。如曾在苹果公司创业初期立下过汗马功劳的比尔·费尔南德斯，作为苹果公司聘任的第一个员工，按理说也应获得一部分公司的股票。但令他失望的是，他竟一无所得，甚至连一些新来的工程师都不如。于是，他便愤而辞职，成了第一个从苹果辞职的员工。在辞职的时候，他还非常不满地说道："我觉得自己就像个被人遮上了眼睛的蠢驴一样，每天累死累活的，结果竟然始终都只是一个技术人员而已。"（后来，他又回到了苹果公司。）

在苹果公司，乔布斯和沃兹所持有的股份一样多，但两人的对股票的分配截然不同。结果，一人备受诟病，而另一人则备受拥戴，反差如此之大，加深了乔布斯与苹果员工之间的矛盾。

马库拉执政

"此事我一无所知，这都是斯科特在自作主张。"

——在斯科特因辞退员工而犯了众怒时，乔布斯如是说

到了1981年初，苹果公司经过几年的发展，已经初具规模，但是其在人员结构上显得日渐臃肿起来。苹果总裁斯科特最先发现了这个问题，他觉得公司的员工在公司壮大的同时，工作积极性越来越低。甚至还有不少员工都觉得公司绝对不会解雇他们，就连新加入的员工也觉得自己拿到了一个"金饭碗"，以后再也不用为工作的事情而发愁了。为了让员工保持对工作的积极性，他便想通过裁员的方式，让员工们警醒。

在准备裁员之前，斯科特先和马库拉和乔布斯商量了一下，结果二人没有多大犹豫便同意了。在得到二人的支持后，斯科特便开始了其裁员的计划。1981年2月25日，星期三，斯科特展开了苹果公司历史上第一次大规模的裁员。在来到公司后，斯科特所做的第一件事便是通知所有员工在上班后，全部到公司的地下停车库召开全体员工大会。对此，程序员唐·登曼回忆道："在人员到齐后，斯科特便开始了演讲，他说：'苹果公司的人太多了，我需要解雇一些。待会儿我会将该解雇的员工召集到我的办公室，并将解雇的理由告诉他。'在斯科特说完后，整个会场一下子就安静了下来。因为这事来得太突然了，究竟都有谁会出现在那个被解雇者的名单上？在那一天，所有的人都很难静下心来工作。"

接下来，斯科特便吩咐各部门经理分别向斯科特提交一份建议名单，然后再由斯科特做最终的决定。结果，苹果公司的员工很快就发现了一个问题，即斯科特并未等到那些经理向自己提交建议名单，而是在当天上午便毫无预兆地解雇了近40名员工。解雇的消息出来时，那些被解雇的员工在毫无准备的情况下全都呆住了，他们怎么也想不到会轮到自己。尤其是在这批被解雇的员工中，并不是所有都是业绩差的人，也有不少人在几周前的工作中还取得了不错的业绩，甚至还有部分AppleⅡ团队的员工。随着被解雇人员的相继离开，留下的员工也都明白了一件事情，只要管理者想要解雇你，你就得卷铺盖走人，无论你曾为公司做过多少贡献，都不能留下。

当天下午，在所有被解雇的员工都离开后，斯科特对着留下来的员工说道："在就任公司总裁的时候我曾说过，当我觉得做苹果的总裁不再感到快乐的时候，我会选择离开。但是现在，我改变主意了，我决定在这项工作中找不到快乐的时候，会解雇你们中的一些人，直到这项工作让我重新快乐起来为止。"

那些留下来的员工在听到斯科特的话后，几乎个个都咬牙切齿，因为没人知道自己将来的命运，说不定哪天自己就被解雇了。更何况现在还是公司刚刚上市不久，正面临着大好的前景，他们真的不敢想象在公司前景堪忧的情况下，他们所有人是不是

都会被解雇掉。斯科特在这一天的粗暴做法，深深地烙进了每一个人的心中，几乎令所有人对公司的忠诚度都降到了 0。为此，还有不少人将那一天称为“黑色星期三”，以表达对斯科特的不满。尤其是在这个时候，乔布斯又竭力撇清自己与这件事情的关系，使得所有人都觉得这件事就是斯科特一个人的主意，这让人们对斯科特的怨恨又增加了几分。

经历过“黑色星期三”的狂风骤雨后，不少关于斯科特的流言蜚语迅速在公司内传播开来，再加上部分公司人力资源部成员对斯科特在解雇员工时的独断十分不满，他们也在暗中煽风点火。结果，斯科特在所有苹果员工的心中的威信大减，甚至连一向支持他工作的马库拉也刻意拉开了与他的距离。不仅如此，马库拉还产生了放弃他的念头，因为他觉得，此时的斯科特在管理上的手段十分拙劣，这与他刚到苹果时所表现出来的细致、谨慎完全不同，简直判若两人。

其实，斯科特的这次裁员活动仅是小打小闹，毕竟从 1500 多名员工中裁掉 40 余人并不算什么。但是由于当时的苹果公司正处在蓬勃发展的时期，许多人都认为斯科特此举“残暴不仁”。斯科特此举虽是得到了乔布斯和马库拉的暗中支持，可一旦犯了众怒，乔布斯和马库拉就立刻与他划清了界限，乔布斯甚至还曾公开说道：“此事我一无所知，这都是斯科特在自作主张。”即便是一向充当和事佬的沃兹也在事后回忆道：“斯科特没有通过正常的程序就突然解雇了那些员工，而且在他解雇的那些人中，还有不少是好员工。为此，他失去自己的工作。”

1981 年 3 月，趁斯科特到夏威夷度假的时候，马库拉召集了公司所有高层，就是否继续聘用斯科特为总裁一事展开了讨论。结果，绝大多数人都表示同意解除与斯科特的和约。不过，出于对公司稳定的考虑，马库拉等人决定，在当年 7 月与斯科特的和约到期时不再与他续约，以此结束他对苹果公司的管理。

对于这个决定，最兴奋的莫过于乔布斯了。乔布斯一直都觊觎着总裁之位，想要自己管理苹果公司，但之前有斯科特挡在自己的面前，再加上现在他又负责着麦金塔机的研发项目，斯科特的存在也是一个潜在的障碍。因此，他觉得这样处置斯科特是最合适的。1981 年 7 月，当苹果公司与斯科特所签订的合同到期时，马库拉代表董事会向他说明了之前的那个决定，斯科特对于这一突发事件，虽然不是很吃惊，但还是显得十分沮丧，只得黯然地离开苹果公司。

在斯科特离开后，马库拉便决定亲自出山，揽过了总裁的大权。其实，马库拉当时并不想这么做。在他准备辞退斯科特的时候，就曾四处物色新的总裁人选，但直到斯科特离开，他也没有找到合适的。而在斯科特离开后，乔布斯虽然曾向马库拉表示自己可以胜任总裁一职，但对乔布斯深有了解的马库拉却不这么认为，再加上董事会其他成员的反对，乔布斯最终未能如愿。正所谓国不能一日无主，在这个时候，马库拉只得再度出山，执掌苹果大权，至少也要带领苹果公司先走过这段过渡期再说。

划时代的麦金塔

劫夺麦金塔

“我在完全掌控Mac项目后，就觉得像是回到了当年的车库，一切又都在我的掌控之中了。”

——在回忆自己完全掌控Mac部门时，乔布斯如是说

乔布斯在被赶出丽萨团队后愤恨不已，他很想通过一个新的项目以证明自己的领导能力。后来，乔布斯在公司内闲逛的时候，发现了工程师杰夫·拉斯金正在秘密研发一款新电脑。这款电脑不仅有着和丽萨类似的图形用户界面，而且价格也更便宜，即便是普通人也能消费得起。其实，这台电脑早在1979年圣诞节前，拉斯金就在几名工程师的帮助下设计出了原型，并为其命名为Macintosh，简称Mac（麦金塔）。

据说，当时这台电脑的名字本为McIntosh，但是为了避免与当时一家制造音响设备的公司McIntosh实验室重名，而故意拼错的。但即便如此，苹果在1982年注册Macintosh商标时，还是和那家音响设备公司打了一场官司，直到1983年才获得批准。

在刚开始研发的时候，拉斯金将这台电脑的预售价定在了1000美元，他要让它像普通家用电器一般有着简单的操作，甚至要将屏幕、键盘和电脑本身整合为一体。但由于研发资金短缺，他只得一再降低成本。这样一来，他只能选用5英寸的小屏幕，和价格极其便宜同时性能也很落后的微处理器——摩托罗拉6809。可是，无论他如何压缩成本，自1979年到1980年初，这个项目一直都处在奄奄一息的状态。每隔几周，它都会面临一次被解散的危机。不过，拉斯金也是个颇有口才的人，竟能一次次地让马库拉善心大发，拨给他足以维持项目进行下去的资金。

在乔布斯没有介入这个项目之前，这个研发团队只有4名工程师，而办公地点就在苹果公司以前的办公楼内，与公司新建的总部大楼隔了好几条街。在这个团队中，除了拉斯金以外，还有一个无师自通的年轻工程师伯勒尔·史密斯，他在Mac电脑的

研发与改进过程中贡献出了不小的力量。

拉斯金的 Macintosh 本身只是一个小项目，因此被乔布斯看上之后，就没有能够逃脱的道理。1981 年初，乔布斯只是略施手段，就很轻松地将这个项目从拉斯金的手中抢了过来，成为 Macintosh 团队的负责人。拉斯金虽然非常痛恨乔布斯抢了他的项目，但乔布斯的入主也并非都是坏事。因为乔布斯在掌管这个项目后，就立即从其他研发团队内，其中就包括 AppleⅡ的研发团队中抽调了不少的人手，组建了一支空前强大的研发队伍。

在乔布斯刚接手 Mac 项目的时候，拉斯金的心里并不认可乔布斯的强盗行为，但碍于乔布斯的身份，整日里只得如履薄冰地与乔布斯合作，并在暗中与乔布斯争夺 Mac 项目的控制权。而在乔布斯的眼中，拉斯金则是那种可以让自己着迷或者厌烦的人。事实证明，乔布斯在面对拉斯金时，这两种感情都有。

拉斯金本身是个有着多重性格的人，有的时候他很幽默，有的时候则很呆板、沉闷。不仅如此，他还是个多才多艺的人。1967 年，他在加州大学圣迭戈分校上学时，在其博士论文中提出了计算机应该拥有图形界面的概念，而不是基于文本的界面。毕业之后，他并未进入计算机科研领域，而是当了一名教师，从事音乐和视觉艺术的教育工作。在厌倦了教书的生活之后，他又出人意料地租了一只热气球，并飞到校长家的上空，大声喊出了自己的辞职决定。如此怪诞不羁的行为，也是乔布斯对他着迷的主要原因。

至于拉斯金加入苹果公司，也是一件颇具戏剧性的事情。在加入苹果之前，拉斯金已经跳槽到一家专门帮别人写软件的小公司，由于公司业务不多，他赚不到什么钱。此时的拉斯金便在工作之余做了份零工，即为当地的一家报纸撰写有关电脑方面的报道，以换取稿费。

1976 年，精通电脑技术的拉斯金被报社的编辑派到乔布斯的车库，采访沃兹和乔布斯二人。由于三人都对电脑有所研究，因此他们很快就找了相同的话题。结果，随着话题的深入，原本的采访竟变成了“招聘会”。最后，拉斯金在乔布斯两个人的诚邀之下，来到了苹果公司，并担任了研发部的总经理。到了 1978 年时候，他才奉命带着另外 4 位工程师，专攻于个人 PC 的研究。但他没有想到，在自己的研究略有所成时，竟会硬生生地被乔布斯给劫走。

其实，乔布斯在对丽萨项目还拥有话语权的时候，就已经知道拉斯金在研究 Mac 电脑了。但是，那时的乔布斯主要心思都在丽萨上，根本就无暇他顾。他还挖苦拉斯金道：“你根本做不出来那种机器，你的研发方向完全是错误的，我们只需要丽萨电脑，你所设计这种电脑会阻碍‘丽萨’的研发与销售。”不过，随着乔布斯被驱逐出“丽萨”团队，他再次将目光聚集到了像个烤箱一般的 Mac 电脑上，并想借此毁掉丽萨电脑。

乔布斯虽然对拉斯金的想象力非常赞赏，却对他因控制成本而采用一些落后元件的行为表示不满。因此，在接管 Mac 项目后，乔布斯就打算将“摩托罗拉 68000”芯片应用到 Mac 电脑上，仅此一项就令 Mac 电脑的成本增加不少。对此，拉斯金很气愤，就去找乔布斯理论，但乔布斯告诉他："你不用担心价格，只需将电脑的性能给我列出来就行了。"

这种回答让拉斯金更加气恼，作为回应，他便向乔布斯递交了一份颇具讽刺意味的文书，并在其中列出诸多难以实现的功能，如拥有一块每行可显示96个字符的高分辨率彩色屏幕、可以无限地访问ARPA（美国国防部高级研究计划署）网络、可以识别语音和合成音乐等功能之类，在这份文书的最后，拉斯金还不忘总结道："一切只从计算机的性能出发是毫无意义的，我们只有设定一个价格目标和相应的性能，才能获得良好的市场反应。"

不过，拉斯金毕竟只是一个研发小组的头目，而乔布斯则是公司的创始人，两人的地位不可同日而语。最后的胜利只能属于乔布斯，而拉斯金只能忍气吞声，眼睁睁地看着自己的研发项目被乔布斯篡改得面目全非。Mac团队的成员乔安娜·霍夫曼对此回忆道："乔布斯一来到Mac团队，便开始将他的想法灌输给我们，而杰夫则因此而陷入苦闷的思考之中，至于最后的结果怎样，则是一目了然。"

在这次冲突中，比尔·阿特金森也站到了乔布斯的身边，他和乔布斯一样，都想让Mac电脑拥有更强大的处理器。在他看来，若是使用摩托罗拉6809芯片，则无法支持炫丽的图形效果和鼠标的运用。对此，阿特金森回忆道："乔布斯当初将这个项目从杰夫手里夺走是很正确的选择，否则的话，世人将无法看到这款划时代的产品。"

除了产品理念上的分歧外，乔布斯和拉斯金的个性也互不相容，而这也是他最后被乔布斯驱逐出苹果的主要原因。拉斯金曾说过："乔布斯是那种非常喜欢发号施令的人，他非常享受那种被人们当作高高在上的神明供奉起来的感觉，对于别人指出的缺点根本就不愿意接受。"反观乔布斯对拉斯金也很不屑，他曾就此说过："杰夫是个非常自命不凡的家伙，但事实上他对图形界面的了解很少，但我又不想制造出一台垃圾电脑。因此，我从丽萨团队里挖来了几个精兵强将，如阿特金森等人，待这几个人全部加入后，我就会全面接管这个项目，制造出一台廉价版的丽萨。"

之后，两人的矛盾逐渐深化。乔布斯不但在口头上挖苦拉斯金，还在暗中搞了不少的小动作。其中，最为严重的一次是乔布斯暗中破坏掉了拉斯金精心准备的一场内部研讨会，而这一事件也直接让失望透顶的拉斯金离开了苹果。此事发生在1981年2月，当时的拉斯金准备召集公司内的精英们开一场研讨会。结果，在研讨会开始前，乔布斯却仗着自己的身份，在拉斯金不知情的情况下取消了研讨会。拉斯金知道这件事后非常气愤，他立刻跑到总裁斯科特那里告状，并声称乔布斯是个糟糕透顶的管理者，总是不经过思考就行动，且判断力很差。只要你提出一个新的想法，他若是不满意，就会立刻攻击这个想法，说它是毫无价值的，甚至是愚蠢的。他若是觉得还不错，就会将这个主意当成自己的到处宣传，根本就不顾别人的感受。最后，拉斯金甚至还歇斯底里地喊道："我实在是受够了，希望你能给我一个合理的解释。"

斯科特对于乔布斯的做法虽然颇感无奈，但还是在拉斯金告状的那天下午，将两个当事人都叫到了自己的办公室，同时他还喊来了公司的另一个大佬——马库拉。在来到斯科特的办公室后，马库拉虽然很努力地调解两人间的矛盾，但是乔布斯和拉斯金二人仿佛颇有默契一般，谁都不服谁。

看到这种情况后，斯科特也在心中打起了小算盘：当年在丽萨项目上，他选择库奇，让乔布斯对他颇有成见。现如今，他不如做个顺水人情，让乔布斯赢一次。更何况，Mac 电脑的研发只是一个小规模的开发项目，若是能够借此支开整日纠缠着自己的乔布斯，也未尝不是件好事。于是，他在与马库拉商量之后，便给拉斯金放了一次长假，让乔布斯全面接管 Mac 项目。对此，乔布斯回忆道："我知道他们当时是在迁就我，想借机给我找点儿事情做，不过，我觉得他们对此事处理得很好。至少我在完全掌控 Mac 项目后，觉得自己好像又回到了当年的车库，一切又都在我的掌控之中了。"

1982 年，失意的拉斯金黯然离开了苹果公司。在当时看来，拉斯金在与乔布斯的冲突中遭到驱逐，看似不公平。但后来的事实证明，斯科特当初所做的决定，对 Mac 项目的发展起到了积极的作用。拉斯金在离开苹果后受雇于佳能公司，并按照其当初的想法设计出了"佳能猫"（Canon Cat）电脑，结果却无人问津，反观 Mac 电脑一上市便获得了巨大的成功。对此，阿特金森回忆道："没有人想要它（佳能猫电脑），它就是一个彻底的败笔。而 Mac 电脑不同，史蒂夫在将 Mac 变成简洁版的丽萨后，就不再是简单的消费电子设备，还是一个强大的运算平台。"

在拉斯金离开苹果后，Mac 电脑就已经彻底成为乔布斯的私有财产。在世人的眼中，人们只知道乔布斯是 Mac 电脑的"父亲"，疯狂地膜拜他。殊不知，它真正的"父亲"却是遭到驱逐的拉斯金，而它只是乔布斯抢来的"孩子"而已。

德士古的小分队

"我想我们这个小分队，也应该搬到更大的地方去了，比方说可以容纳 50 人以上的班德雷四号。"

——在搬离"德士古塔楼"前，乔布斯如是说

乔布斯在接手 Mac 项目后，首先做的就是从 AppleⅡ的开发团队中调了几名研发人员，如罗德·霍尔特、兰迪·威金顿、杰里·曼诺克、比尔·费尔南德斯、丹·科特克等。此外，还有一些苹果公司的老员工，如伯勒尔·史密斯、巴德·特里布尔（AppleⅡ机箱的设计者）、布赖恩·霍华德以及乔安娜·霍夫曼等，也都加入这个项目中。

这些人并不是乔布斯随意召集而来的，而是他精挑细选的。在拉斯金离开苹果后，乔布斯很快就出现在了安迪·赫茨菲尔德在 AppleⅡ研发室的小隔间里，赫茨菲尔德的年纪虽然不大，但他是一个天才，这也是乔布斯前来找他的原因。据赫茨菲尔德回忆道："由于史蒂夫动不动就爱发怒，而且还经常将自己心中所想的东西毫无顾忌地说出来，根本就不考虑别人的感受。因此，当时在苹果内部，很多同事都很害怕

见到乔布斯。”不过，赫茨菲尔德在见到乔布斯后，虽然也有一些害怕，但更多的是因为乔布斯的到来而产生的兴奋。

在来到赫茨菲尔德的小隔间后，乔布斯很突兀地问了他一句：“你觉得自己很棒吗？我们Mac团队现在只想吸收真正有才华的人，可我却不知道你是不是足够好，你能帮我解决这个疑惑吗？”作为苹果的老员工，赫茨菲尔德知道该如何回答乔布斯，便小心翼翼道：“是的，我觉得自己很棒。”

赫茨菲尔德本以为乔布斯在问过自己之后就会离开，便继续埋头工作。不过，后来他才发现乔布斯并没有真的离开，而是在离开后很快又回来了，并一直坐在自己的小隔间外盯着自己看。当乔布斯被赫茨菲尔德发现后，他则非常高兴地对赫茨菲尔德说道：“现在我有好消息告诉你，你已经是Mac项目的成员了，跟我来吧。”赫茨菲尔德听后便有些迷惑了，说他不知道乔布斯这么说是什么意思。于是，他又小心翼翼回答道：“我手头的工作还需要几天才能完成。”结果，乔布斯却对他喊道：“难道还有什么事情比研发Mac更重要的吗？”

这一次，赫茨菲尔德听清了乔布斯来找自己干什么了，但他当时正忙着将新开发出的程序应用到AppleⅡ上，而且差一点儿就要成功了，他可不想半途而废。可是，乔布斯并不想给他这个机会，甚至还有些生气地对赫茨菲尔德说道：“你这么做简直是在浪费时间！现在谁还在乎AppleⅡ啊？你看着吧，要不了几年，AppleⅡ就会退出市场，到时候只有Mac电脑才是苹果公司的未来，我命令你现在就到Mac工作室上班！”说完之后，乔布斯还有些生气地把赫茨菲尔德一直在做的代码全毁了，接着又拔掉了他桌上那台AppleⅡ的电源线。随后，又大声说道：“你跟我来，我现在就带你去你的新办公室。”

赫茨菲尔德就这样被乔布斯给强押着到了Mac项目的办公室。到了地方之后，乔布斯将赫茨菲尔德安置在了伯勒尔·史密斯的隔间旁边，而那里曾是拉斯金工作的地方。甚至当赫茨菲尔德拉开抽屉后，还发现了不少拉斯金未能及时清理掉的杂物。

除了赫茨菲尔德之外，乔布斯还从AppleⅡ团队及丽萨团队内挖来了不少人，逐渐壮大了Mac团队。不仅如此，乔布斯还将目光瞄准了公司之外，如布鲁斯·霍恩等人。

为了向其他人证明Mac这一研发项目的正统性，除了这些人外，乔布斯还特意拉拢了沃兹入伙。尽管他觉得沃兹在AppleⅡ的后期研发中有些懒散，但他还是想将沃兹拉拢过来以凝聚人心。正所谓天有不测风云，就在乔布斯刚刚说动沃兹准备加入Mac团队的时候，沃兹却在驾驶他新买的飞机时出事了。为此，沃兹还差点丧了命，好在只是重伤并失去了部分记忆而已。

当时，沃兹刚和第二任妻子订婚不久，而他自己也是刚刚拿到飞行驾照。在兴奋之余，他便想带着未婚妻开着私人飞机兜风。但当他驾驶着飞机准备起飞时，不知道因为什么，飞机并没有正常起飞，而是摇摇摆摆地坠毁在跑道的尽头。结果，沃兹和他的未婚妻都受了不轻的伤，住了一个多月的院。在沃兹的身体康复之后，沃兹由于头部受损，患上了阶段性记忆缺失症，因此会经常忘记一些重要的事情，甚至连上班和休息的时间都会弄混，好在这种状况并未持续太久。

在经历过生死劫后，沃兹对人生已经产生了不同的认识，他决定用更加快乐的方式走完剩余的生命时光。所以，沃兹在康复后不久，便决定暂时离开苹果一段时间，并准备重回伯克利大学，用化名读完大学四年级的课程，拿到属于自己的学位。同时，他还计划在当年夏天和未婚妻完婚。这样一来，乔布斯招揽沃兹的计划也就失败了，但他并不沮丧，因为他已经招揽到了足够的人才，至于沃兹只是用来撑场面的，就算不来对 Mac 项目的影响也不大。

在找齐人手后，乔布斯还想给这个项目再打上一层自己的印记。于是，他便想将拉斯金定下“Mac”的名称更改为“自行车”。在他看来，电脑和自行车一样，它们的出现都加速了人们的效率。不过，乔布斯的这一决定并没有人赞同，再加上 Mac 工作室的人都已经习惯了“Mac”的名称，甚至还有不少样机都标有“Mac”字样，就算改，一时半会儿的也改不过来。因此，乔布斯最后只得放弃变更名字的想法。

到了 1981 年初，原本只有 5 人的 Mac 团队，在乔布斯的不断拉拢之下，已经形成了一个 20 余人的团队。此时，乔布斯觉得他们这些人都挤在一个小小的研究室里显得过于拥挤了，他便想换个更大的地方搞研究。经过仔细物色，乔布斯看中了位于史蒂文森·克里克大道和 Saratoga－Sunnyvale 路交叉口的一栋名为“德古塔楼”（Taco Towers）的双层办公楼。

在 Mac 团队入驻之前，这里曾是丽萨团队进驻的地方，在丽萨团队于 1981 年搬出后，乔布斯便迫不及待地带着 Mac 团队进驻这个“好地方”。在刚刚进驻这里的时候，Mac 团队内的每个成员都很兴奋，因为苹果公司其他地方的办公场所都是单层的。其实，乔布斯并没有将整栋楼租下，他只是租下了顶层，以及被走廊间隔开的四个小套间。由于第二层的阳台和街角的那个加油站非常接近，再加上“德古”（Taco）和德士古（Texaco）的发音相似，于是，Mac 团队的这个新基地很快就有了一个新的名字，即“德士古塔楼”（Texaco Towers），而乔布斯也将 Mac 团队形象地称为“德士古小分队”。

在到了“德士古塔楼”以后，布瑞尔·史密斯、丹·科特克等人便迅速选了一块各自相中的风水宝地，建立起实验室。与此同时，乔布斯并未停下招揽人才的脚步，因此，Mac 团队的研发人员在乔布斯的努力下一步步壮大着。

1981 年 5 月初，正在办公室里闷坐着的乔布斯突然站了起来，对所有人吼道：“办公室里的气氛一点儿也不活泼，现在谁去买来一套便携式立体声音响，我立刻让公司为他报销。”伯勒尔·史密斯和安迪·赫茨菲尔德听到后，便立刻跑了出去，他们根本就不等乔布斯改变主意，就从外边买回了一台银白色的卡式混合音箱。此后，Mac 团队的不少员工，都会在晚间或者周末的时候，待在这里放磁带听。

1982 年初，Mac 团队的成员几乎占满了整个德士古塔楼。对此，乔布斯说道：“我想我们这个小分队，也应该搬到更大的地方去了，比方说可以容纳 50 人以上的班德雷四号。”没过多久，乔布斯就带着已经无比壮大的 Mac 团队，进驻了这个位于苹果主园区的研发楼内。

Mac团队在这个塔楼里驻扎的时间虽然不长，但几乎每个人都对这里有着深厚的感情。赫茨菲尔德曾对此回忆道："摩托罗拉68000芯片就是在那里第一次被我们装在了Mac电脑的主板上，是我们让一个有前途的研发计划变成了现实，并生产出了足以改变世界的产品。可以说，那里才是Mac的诞生地。"所以，即便是Mac团队搬离了"德士古塔楼"，仍有有不少人以"德士古小分队队员"自称，以怀念曾在那里工作过的日子。

现实扭曲力场

"人活着就是为了改变世界，难道不是吗？"

——在回答其现实扭曲力场能量的问题时，乔布斯如是说

安迪·赫茨菲尔德在加入Mac团队后，立刻就有了大量的工作待做。主要原因来自乔布斯，因为他非常想让Mac电脑在1982年1月前完工。对此，赫茨菲尔德回忆道："史蒂夫真是太疯狂了，他想要我们在一年之内完成Mac电脑的所有研发工作，那几乎是不可能的事情。"

虽然不断有人向乔布斯抱怨此事，但他一直不肯放宽Mac电脑的研发时间。不过，在苹果公司里，只有阿特金森一人能够开发出可以在电脑屏幕上显示图像的软件，再加上这项技术十分复杂，即便是阿特金森，也要半年多的时间才能将图形用户界面处理好。因此，Mac电脑的研发工作肯定会长于一年。为此，研发组成员们为自己找到了一个好的办法，以避免到时候因未能完成Mac电脑的研发而遭到乔布斯的责骂。程序员唐·登曼对此回忆道："我们在乔布斯来到办公室的时候，每个人都会做出一副非常努力工作的样子。那样一来，到了最后期限，我们即便没能完工，也不会受到太多的责罚了。"不过，Mac团队的工程师们也都清楚，在乔布斯的领导下工作，并不是一件轻松、惬意的事情，因此他们也都从未偷过懒。

后来，他们的计划还是得逞了，乔布斯被迫将Mac电脑推向市场的日期推迟到1982年10月1日。可即便如此，这些工程师们想要按照乔布斯的计划，在规定的时间内完成这个项目，也是不可能的。但在管理中一向粗暴、自负，因极度追求完美而显得过于苛刻的乔布斯，根本不在意这些。不仅如此，他还经常朝令夕改，给那些工程师们下达一些奇怪的命令，并让他们在短时间内完成自己的计划，趁机榨干每一位工程师的所有能量。虽然其中也有着不少好的主意，可是Mac团队内的工程师对他多是敬而远之，很害怕他会出现在自己的身边。

如有一天，乔布斯突然走到某个工程师身边问道："你做的是什么？"在听完那个工程师的汇报后，乔布斯则摇着头说道："不，我想要的功能并不是这样的，你需要这样做……"在对别人的设计进行一番指手画脚后，就让那个工程师按照自己的思路去修改、设计。假如有谁敢说"你说的功能太复杂了，我做不了"的话，乔布斯则会

立即打断对方的辩解，并威胁道："如果你做不出来，那我就去找一个能够做出这件事的人来代替你。"结果，绝大多数人都屈服在他的淫威之下。

对于乔布斯这种根本不能接受别人违背自己意志的事情的做法，程序员特里布尔曾这样说过："在电影《星际迷航》中，有一个术语能够很好地形容乔布斯的这种情况，即史蒂夫有着现实扭曲力场。即有他在的时候，一切现实都是可塑的，他会让所有人都相信任何事情都是可以做到的；而他不在的时候，这种力场就会逐渐消失。不过，这种力场很难让我们做出更加符合实际的计划。"看过这部电影的赫茨菲尔德也深表赞同道："一旦陷入史蒂夫的扭曲力场中，那将是一件很危险的事情，不过这种力场真的可以改变现实。"

在刚开始的时候，赫茨菲尔德觉得特里布尔对乔布斯的形容过于夸张了。但没过多久，他就改变了自己的看法，并对此回忆道："现实扭曲力场并不是一种简单的个人力场，而是几种因素的混合物，其中既有颇富魅力的措辞风格，也有不屈的意志和让现实屈从于自己的热切渴望。如果史蒂夫用一个论点没能说服别人，那他就会切换到另一个论点继续劝说。有的时候，他还会突然将你的观点占为己有，还绝不承认这是别人曾提出过的想法，简直让人防不胜防。"

对于赫茨菲尔德说的这些，布鲁斯·霍恩也是深有体会。他和泰斯勒从施乐PARC跳槽到苹果以后，就亲身经历过了好多次。如有一次，他向乔布斯提了一个很好的建议，可是乔布斯告诉他："你的想法太疯狂了，我是不会批准的。"可是当霍恩不再想这件事的时候，乔布斯则又在一周后突然跑到霍恩的前面，并对他说："嘿！我有个很棒的主意！"其实，乔布斯那个所谓的"很棒"的主意，就是霍恩之前提出的那个想法，并理所当然地将它视为自己的想法，霍恩即便据理力争也没用。

也曾有人试图躲避乔布斯所散发出的这股力量，但很快就有人发现，根本没人能够避开。对此，赫茨菲尔德回忆道："史蒂夫的这种能力很特殊，即便是有人很早便意识到了他的这股力场的存在，并尽量做出规避，但结果都是一样，这种力场都在对方的身上产生作用。所以，一段时间之后，大多数人都放弃了抵抗，并将史蒂夫的这种能力视为一种只有神魔才能掌控的力量。"

按照字面上的解释，现实扭曲力场指的就是结合骇人的眼神、口若悬河的表述能力、过人的意志力，以及扭曲事实以达到混淆视听的目的，说白了就是一种更为复杂的掩饰行为。不过，乔布斯是靠着这一神秘能力，改变了他周围的人群，颠覆了计算机业界的思维，并用苹果的亿万台产品改写了人们的生活方式。虽然有很多人都将他的这种能力看作乔布斯强大无边的洗脑能力，是一种欺骗的手段，但结果与之相反，他不但没有坑人，甚至还创造了一个又一个神话，用 iPod、iPhone 等一系列惊世骇俗的产品，改变着现实的世界。

他的这种能力源自他对这个世界上众多规则的不满，以及通过不断地努力让现实屈服于自己的欲望所产生的。对此，赫茨菲尔德在其著作《苹果往事》中对乔布斯回忆道："史蒂夫总觉得自己很特别，就像爱因斯坦和甘地一样。他之前也曾与克里斯安讲过这些，但都被克里斯安给无视了。后来，他又向我暗示，甚至还曾对我说过他是被上天选中并受到启示的人。当我听到这些话的时候，我还以为尼采重生了呢！”

赫茨菲尔德虽然知道乔布斯从没有研究过尼采，但他知道乔布斯与尼采一样，都有着“超人”的特殊本性。如尼采在《查拉图斯特拉如是说》中写道：“精神拥有了自己的意志，却被世界所驱逐的人，但这也为自己赢得了属于自己的世界！”反观乔布斯，他若感觉现实与自己的意愿不一致的话，他就会竭力扭曲或忽略现实。如多年前，在他的女儿丽萨出生时，他就选择了忽略；而在多年之后，当他被诊断出患上了胰腺癌时，他再次选择了忽略现实的做法。此外，在平时的时候，即便是很小的一件事情，他也不愿意受到规则和现实的约束。比如说，他从来没在自己的汽车上装过牌照，有的时候他还会将汽车停在残疾人停车位上，根本就不顾忌别人的感受。

当然了，生活中也有不少人会为了实现某一不可告人的目的而扭曲现实，但乔布斯在这么做的时候，却与一般人又有所不同。他通常会先告诉别人他这么做的目的是什么，然后再试图去改变人们的看法，这是一种策略，而且绝大多数成功了。作为乔布斯的好友，沃兹对于这种力量的效果也曾惊叹道：“当他对未来产生一些不合常理的想法时，他也会告诉我，然后我就会在他的影响下做出点儿什么。比如说，当年我之所以能在几天时间内就设计出了《打砖块》游戏，他那种现实扭曲力场的能量就起到不小的作用。在他看来，你越是觉得不可能实现的东西，他就越会想办法让它变为现实。”

和沃兹一样，Mac 团队中的黛比·科尔曼也认为乔布斯的这种现实扭曲力场是充满着力量的，并对此回忆道：“人们一旦接近他就像是被催眠了一般，哪怕他端给你一杯毒药，你也会毫不犹豫地喝下去。”

后来有人问乔布斯，对自己这种特殊能力有什么看法时，乔布斯则反问对方道：“人活着就是为了改变世界，难道不是吗？”顿时那人被问得哑口无言。事实也证明了，正是在这种魔力的控制下，乔布斯才得以带领 Mac 团队，在掌握的资源远不及施乐及 IBM 的情况下，扭转了自己的颓势，改变了整个计算机产业的进程。

乔布斯的蛊惑力

“Mac 团队是一支有着崇高使命的队伍，在不久的未来，我们在共同回顾这段奇妙的巅峰时刻时，你们就会发现，当初的那些痛苦，只不过是过眼云烟罢了，大可一笑了之。”

——在 1982 年 9 月的 Mac 团队集思会上，乔布斯如是说

在公众的眼中，乔布斯是个很有蛊惑力的人，几乎每一次演讲，他都能让所有人为之倾倒。在为 Mac 团队四处招揽人马的时候，他的这种能力更是展露无遗。

我们之前提到过，乔布斯对于人或物的分类很简单，非黑即白。在他看来，世人要么是“受到过启示的”，要么就是庸才。对于别人的研究成果，在他的眼中也只有

两种，即“最棒的”和“最垃圾的”。对此，Mac团队的设计师阿特金森曾说过：“在史蒂夫的手下工作实在是太难了，因为在他的眼中只有‘神’与‘白痴’两种人。如果你是神，他就将你供奉在高高的神坛之上，且绝不能犯错误。如果你在他的眼中是个‘白痴’的话，无论他们如何努力，他都不会赏识你，因为他不会承认自己当初的判断是错误的。因此，他们永远都无法摆脱‘白痴’的身份。可即便如此，大家还是心甘情愿地在他手下做事。”

乔布斯除了拥有现实扭曲力场的能力之外，还有着不可思议的阅人能力，能够一眼看出别人的优势、弱点，甚至还能在别人毫无戒备的情况下，直击对方心灵的最深处。有些事情，他根本就不需要证据，仅凭直觉，他就能看出对方是否在撒谎。正是在这种特殊能力的辅助下，他才成为了一个哄骗、劝说、安抚、威胁他人的心理大师。对此深有体会的乔安娜·霍夫曼回忆道：“他有着一种神奇的力量，那是一些极富魅力、知道如何操纵别人的所共有的特质。他会让你知道，他可以轻易地摧毁你，让你觉得自己在他面前很渺小，逼着你努力得到他的认可，然后他才会把你推上神坛并彻底控制你。”

如当年的布鲁斯·霍恩，在大学毕业之前就接到了乔布斯的邀请。当初，乔布斯带着自己的团队去施乐PARC时，就发现了在那里做兼职的霍恩。自那个时候起，乔布斯就已经起了招揽他的心思，尤其是在听说霍恩接到了英特尔公司的邀请后，乔布斯就有些坐不住了，并立即给霍恩打了个电话。

在电话中，乔布斯非常直接地说道：“布鲁斯，我是史蒂夫，你觉得苹果公司怎么样，你愿意来我们公司工作吗?”霍恩在接到电话之初非常意外，他没有想到乔布斯会主动给他打电话，但他很快就平静了下来，并回答道：“苹果公司很棒，但我已经接受了英特尔的邀请，所以……”乔布斯未等他说完，便直接打断道：“你知道自己在做什么吗？你还是忘了英特尔吧，明天早上九点就到苹果公司报到，我们这里还有很多东西等着向你展示呢!”

到了第二天早上，霍恩果真来到了苹果公司，见到了Mac团队的所有成员，并听了乔布斯的一通演讲。后来，霍恩对此回忆道：“那天我也不知道我是怎么想的，就是觉得有股力量在吸引着我，结果我就出现在了苹果公司。”不过，尽管霍恩鬼使神差般地出现在了苹果公司，并不代表他就一定会加入苹果公司。但是，当乔布斯向他一一展示Mac团队的各项研究成果时，霍恩很快就改变了自己的主意，并于第二天给英特尔公司发去了一封邮件，称自己改变了注意，已经加入了苹果公司。就这样，乔布斯靠着他那非凡的蛊惑力，让霍恩最终放弃了去英特尔的打算，正式加盟苹果公司，成为Mac团队中的一员。

除了霍恩之外，还有一个人并不能称为新人，他就是克里斯·埃斯皮诺萨。苹果公司刚成立时，他就加入了苹果公司。不过，当时的他还是一名高中生。后来，他又回到校园，刚刚完成学业，就被乔布斯蛊惑到了Mac团队，成了其得力助手。

乔布斯不仅在蛊惑别人加入Mac团队这一方面很有一套，在Mac团队内部，乔布斯也能通过自己的演讲，蛊惑每一个成员努力工作，并不断取得新的突破。如有一天，乔布斯刚到负责 Mac 电脑操作系统的工程师拉里·凯尼恩的办公隔间，就大声抱怨道："开机启动时间太长了，你要给我想办法缩短这个时间。"凯尼恩本想解释，结果又被乔布斯打断道："如果可以救人一命的话，你能想出办法让 Mac 电脑的启动时间缩短 10 秒钟吗?"凯尼恩听后有些犹豫地说道："也许可以。"乔布斯听后并没有表现出多么高兴，而是对凯尼恩说道："世界上如果有 500 万人使用 Mac 电脑，而这些人每天在开机的时候都要多用 10 秒钟，若是加起来的话，一年就要浪费 3 亿多分钟，而这 3 亿分钟却相当于 10 个人的终身寿命。"乔布斯的这番话让凯尼恩十分震惊。几周过后，当乔布斯再来看的时候，凯尼恩居然将 Mac 电脑的启动时间缩短了 28 秒，乔布斯就是这样从宏观的层面，蛊惑着其员工不断进取。

也有不少人认为乔布斯是个脾性暴躁、行为恶劣的人，很多受到其残酷"剥削"的员工，都曾表示自己在感情上很受伤，甚至还有不少人都有种心力交瘁的感觉。对此，沃兹回忆道："其实，史蒂夫不用让员工对他如此恐惧，也能让 Mac 团队作出自己应有的贡献。比方说我就很有耐心，与公司员工也没有那么多的矛盾。但若让我负责 Mac 项目的话，可能要比史蒂夫负责还糟。因此，我觉得若是史蒂夫能将我们两人的风格中和一下的话，效果可能会更好。"

但是，乔布斯毕竟是独一无二的，也正是因为他的这种行事风格，苹果的员工们才拥有了创造革命性产品的热情。与此同时，也让这些人相信，自己完全可以像上帝一样，完成一些看上去不可能完成的事情。对此，乔布斯曾深有感触道："这么多年的经验告诉我，当你拥有真正优秀的人才，并想要他们做出好成绩时，请不要太纵容他们，那样他们才会做出最好的成绩。如最初的 Mac 团队就让我明白了一个道理，最棒的人才都喜欢与自己同水平的人一起工作，而且他们不能容忍自己做出平庸的作品。即便到了现在，你也可以随便找个 Mac 团队里的成员问问他们，当初那么拼命是否值得，我想他们的答案都是肯定的。"

1982 年 9 月，乔布斯在蒙特雷附近的帕加罗沙丘举行了一次集思会。当时，近 50 名 Mac 团队的成员都挤在一间小屋里。在会议开始后，他只是小声说了几句话，然后就走到一个黑板架旁边，在上面贴上了一张卡片，上面写着"永不妥协"，接着他又在上面贴了一张写有"过程就是奖励"的卡片。随后，他便在众人不解的目光中解释道："Mac 团队是一支有着崇高使命的队伍，在不久的未来，我们在共同回顾这段奇妙的巅峰时刻时，你们就会发现，当初的那些痛苦，只不过是过眼云烟罢了，大可一笑了之。"

后来，在演讲的过程中，乔布斯曾突然拿出一个日记本大小的装置，并向众人问道："你们想知道这是什么好东西吗?"问完之后，他也不等众人回答，便打开了那个装置。这时，众人才发现乔布斯拿出来的是一台可以放在膝盖上的电脑，更神奇的是键盘和屏幕连接在了一起，有点类似于现在的笔记本。在看到众人惊讶的目光后，乔布斯非常满意地说道："你们所看到的就是我的梦想，我希望大家在 80 年代中后期就能造出这种电脑。"乔布斯的这番举动和话语给众人带去了巨大的震撼，当他们恢复过来以后，又马上为乔布斯的这种想法而陷入疯狂之中。

在集思会的最后，乔布斯面对众人说道："我知道我可能有一点难相处，但我绝不后悔，因为我们这50余人所做的工作将会对整个世界产生深远的影响，而这也是我在一生之中所做过的最有趣的事情。"当时很多人都不这么认为，但在多年之后，他们都同意了乔布斯的说法，因为他们的产品真的影响到了整个世界。

1983年1月底，在丽萨电脑发布不久，乔布斯再次召集Mac团队的成员进行了一次集思会，只是这次的气氛有点诡异了些。因为他没能让Mac电脑赶在丽萨电脑之前上市，进而打赌输给了库奇5000美金，正有不少人都在等着看他的笑话。对此，乔布斯好像不知道一般，在众人有些异样的眼光中开始了回忆。在会议开始后，乔布斯就将他在四个月前贴到黑板上的写有"决不妥协"的卡片揭了下来，并重新贴上了一张写有"真正的艺术家要让产品上市"的卡片。此时，大家的神经才开始紧张起来。因为，他们发现乔布斯表在面上看似不在乎，但其内心对此极为不满，他们若是再敢挑战乔布斯的底线，那他的愤怒极有可能会转嫁到他们的身上，所以他们害怕了。

幸运的是，乔布斯这一次忍住了，只是向大家宣称他已经就使用Mac（Macintosh）这个名字一事，和麦金托什（McIntosh）音频实验室解决了纷争。事实上，很多人都知道双方仍在谈判之中。但是，拥有现实扭曲力场能量的乔布斯，再次蛊惑了众人，使得他们相信了自己的说辞，并对Mac电脑的未来充满了信心。

工业设计理念

"在做设计的时候，最重要的事情是让产品的特性一目了然。"

——在谈及产品的外观设计时，乔布斯如是说

乔布斯一直坚信，只有大众喜欢的设计，才是最好的。所以，自苹果公司创立之初，他对每一款产品的工业设计都很在意，而这也让其产品显得与众不同。想当年，苹果公司在搬出乔布斯的车库后，所租用的第一个办公场在一栋小楼里。那里除了苹果公司外，还有索尼公司设在那里的一处销售点。

正所谓近水楼台先得月，索尼一直都以其暗色调、工业气息浓重的设计风格而闻名，精明的乔布斯又怎会放弃这么好的偷师机会呢？于是，在搬到这里后，乔布斯便经常到这个"邻居"家中串门。当时还是索尼员工的丹·卢因回忆道："我第一次见到史蒂夫的时候，他的穿着就很邋遢。而且，他每次来到我们这里后，都会拿着那些产品的宣传材料进行研究，有时还会指出一些产品设计上的特点。"后来，因十分佩服乔布斯在设计上的独特见解，再加上乔布斯的蛊惑，丹·卢因从索尼跳槽到了苹果公司。

1981年6月，关于Mac电脑的外形设计，乔布斯和苹果公司设计部的主任詹姆斯·费里斯已经讨论了很久。之后，他们虽然决定采用竖立放置的电脑外壳，并让AppleⅡ外壳的设计者杰里·马诺克负责具体的设计工作，但他的设计一直未能得到

乔布斯认可。正当乔布斯为此而烦恼的时候，一年一度的国际设计大会（International Design Conference）在阿斯彭开始了。为了寻求灵感，乔布斯决定参加这次大会。结果，在这次大会上，乔布斯不但找到了灵感，还被自由、简洁的意大利式风格给深深地吸引住了。对此，乔布斯回忆道："我就是去膜拜那些意大利设计师的，就好像电影《告别昨日》（*Breaking Acoay*）中的孩子膜拜意大利自行车手一样，那次大会对我真是一个奇妙的启示。"

在阿斯彭的国际设计大会上，除了意大利风格的作品，追求简约且兼具表现精神的现代主义风格作品，也深深地吸引着乔布斯的目光。这种设计风格主要通过运用干净的线条和简约的形式，强调产品的合理性和功能性，这与乔布斯所追求的设计理念不谋而合。后来，乔布斯在谈到自己对产品设计的基本想法时曾说过："设计是个有趣的领域。很多人觉得，设计只是简单的外观而已。其实不是，真正的设计不仅与产品的外观有关，还与产品的性能有关，而现代主义风格正是我所追求的。"如在研发设计 Mac 电脑时，他不但要求 Mac 电脑要有着漂亮的机身外壳，还要求自己的手下将 Mac 电脑的主板设计得漂亮、合理一些，至于性能更是不必说了。因为在乔布斯的眼中，没有最简单、最实用，只有更简单、更实用。

1983 年，国际设计大会再度在阿斯彭召开，乔布斯在这次大会上发表了一次演讲，他不仅对现代主义风格的简单朴素进行了称颂，还直言不讳地预言了索尼风格的消亡："索尼的产品设计虽然高科技感十足，却不是最好的设计，再加上其形式单调，早晚都会被淘汰的。"与此同时，他还以产品的功能和本性为出发点，基于现代主义风格而提出了一个替代方案，说道："我们设计的产品不仅会体现出其十足的科技感，还会给它设计一个简单、干净的包装，让人看到后就觉得非常舒服。"不仅如此，他还反复强调："我们奉行的是至繁归于至简的原则，追求的是极致简约的产品设计理念。"

乔布斯还曾说过："在做设计的时候，最重要的事情是让产品的特性一目了然。"他的意思非常明显，简约化设计的核心要素就是能够让人直观地感觉到产品的简单易用。一般来说，很多产品的设计，看着十分简单、漂亮，但若真正操作起来很麻烦，这样的产品并不会有多好的市场。但他对于苹果电脑充满了信心，尤其是对 Mac 电脑的桌面概念更是有着高度的赞扬："人们从直观上就能知道如何处理桌面。比方说，你在走进办公室后，桌子上放着一堆文件，其中最重要的多会放在最上面，因为你的秘书知道什么是要优先处理的。我们在设计 Mac 电脑的时候，就根据人们的这一经验，引入了桌面这个概念，使得人机交互更加友好、简单。"

在 1983 年的那次国际设计大会上，乔布斯遇到了自己的好友林璎（Maya Lin，1982 年因其设计的越南战争纪念碑在华盛顿落成而一举成名，且与乔布斯成了很好的朋友）女士，并在大会结束后邀其到苹果公司参观。当时，林璎就曾问他："为什么你们制造出的电脑看上去像个电视机一样笨重呢？你们为什么不把它做得薄一点儿，就像平板一样？"对此，乔布斯则回答说："那正是我的目标，只是我们现在技术还不成熟，那样的电脑还要再等一段时间才能问世。"

自从参加过 1983 年的国际设计大会后，乔布斯已经对工业设计有些失望了。对此，与乔布斯一起回到苹果公司的林瓔女士回忆道：“当时的工业设计界就像一潭死水，没有丝毫的涟漪，尤其是在硅谷这个地方，更是没有一件令人激动的设计出现，当时的史蒂夫就很希望靠自己改变这一局面。”为了寻找设计上的灵感，乔布斯先是买了一盏理查德·萨珀设计的台灯——这是他最欣赏的一个作品、伊姆斯夫妇设计的一套家具，接着又买了由迪特尔·拉姆斯所设计的几款博朗产品。这些都是有着极简风格的作品，非常符合乔布斯的审美观点与设计理念。不过，乔布斯并不会为了追求简单的设计而让其产品显得冷冰冰的，他总会为这些产品增加一些趣味性，但又不会让它显得突兀。

如乔布斯当初为了苹果的产品能够有着优美而简洁的设计，曾在设计师杰里·马诺克以及非正式团体“苹果设计协会”的帮助下，组织了一次选拔赛，目的是为苹果公司挑选一些世界级的设计师，而此次选拔活动也有个很好听的名字，即“白雪公主”。乔布斯之所以起这样的名字，并不是他偏爱白色或是其他，而是因为白色够简单、干净。

最后，比赛的胜出者是一位名为哈特穆特·艾斯林格的德国设计师，索尼之前生产的特丽珑电视的外观就是由其设计的。为了显示出自己合作的诚意，乔布斯还亲自飞到巴登·符腾堡州的黑森林与他会面。两人第一次见面时，乔布斯就发现对方与自己一样，对于产品的设计都有着近乎完美的苛求。既如此，双方很快就达成了合作的协议，艾斯林格答应了乔布斯的要求，搬到了加利福尼亚居住。

艾斯林格虽然是个德国人，但他在与苹果合作时，几乎没有将任何有关德国的元素掺杂进去。在他看来，苹果电脑就是土生土长的美国产品，它应当有着独特的加利福尼亚风情。按照他所言：“苹果电脑就像是好莱坞和音乐一样，要有一点叛逆，还要散发出自然性感的魅力。”为此，他一口气设计了40余个模型，让乔布斯检验。当乔布斯看到那些模型的时候，禁不住地感叹道：“对，就是这样！”随后，乔布斯便将一款曲线紧致圆润，上面还有着散热和装饰作用的细密通风槽的白色机箱运用到了AppleⅡ上。1983年，艾斯林格在帕罗奥图成立了自己的公司后，依然保持着与苹果公司在业务上的往来，并有多款产品的外观均是由其负责。

除了艾斯林格之外，乔布斯在参加了几次国际设计大会后，结识到了不少设计大师，这也使得其设计鉴赏能力不断地提升，再加上佛教禅宗的影响，他那独特的设计理念在吸取了众家之精华后，也悄然成形。直到他去世，他那“至繁归于至简”的设计理念一直都在影响着众人，即便是在他去世之后，这种影响依然存在。

残酷完美主义者

“如果要做成一件事，你就要对它十分、十分热爱，否则就没有任何意义。”

——在谈及对完美的追求时，乔布斯如是说

完美是一种境界，是一种态度，没有具体的标准。不过，它不存在于现实之中，只存在于我们的大脑之中。乔布斯之所以能够成功，关键就在于他心中对于完美的渴求。在他的眼中，只有A计划。哪怕是进入一个全新的领域，他也只会倾注全力去打造一款产品或服务，根本就没有备选方案，也从不给自己留下退路。

为了追求完美，乔布斯可以不惜任何代价。举个最简单的例子，大家都知道乔布斯的讲演总能给人带来惊喜，不仅每次都能触及每个人的神经，还能将尺度拿捏得刚刚好，吊足每个人的胃口。不知道内情的人都觉得乔布斯是个即兴发挥的演讲天才，但实际上并非如此，因为每一场讲演，他都要提前几个星期，由上百人协同他一起准备。

最常见的就是由这些人出去帮他收集到足够的影音资料，再从中选出最满意的递交给他。乔布斯在拿到这些心血后，则会毫不留情地砍掉其中的一大部分，然后那些协同他搜集材料的人，不得不返工重做，如此重复多次，直到每段演示都要精确无误，每一个图片和他的手势都要达到最佳的契合他才会满意。乔布斯的这种做法虽然有些不可理喻，但我们不得不承认，由他最后定下的这些资料确实是最棒的，因为观众的狂热就是最好的明证。

其实，乔布斯这种对于完美近乎残酷的追求方式，更多地体现在他对苹果新产品的研制之中。在很多公司在产品开发的过程中，都会有人以“做不出来”为由，对上边的要求进行缩水处理，此时就很需要一位铁腕的领导者将“不行”变成“行”。乔布斯就是这种有着超越了技术、超越了理性、超越了现实的直觉判断力的人。但令人有些可惜的是，无论是苹果的员工还是其合作伙伴，当场就能理解和认同乔布斯的人很少，只有到后来获得巨大成功时，他们才发现原来乔布斯的想法才是对的。

如在设计Mac电脑的外观时，乔布斯专门请来了苹果公司的设计总监詹姆斯·费里斯，由他协助设计Mac电脑的外壳。杰夫·拉斯金在未离开苹果之前，曾建议乔布斯采用状似缝纫机般的水平放置的方形外壳，并擅自让一个名为亚当·奥斯本的人代工制造出了一批。乔布斯得知后非常生气，并对拉斯金咆哮道：“Mac电脑的外形应当是清新脱俗的，而不是你所想的那样鄙陋。”

随后，乔布斯又找来费里斯，告诉他自己的想法，准备沿用AppleⅡ那“白雪公主”式的外观设计，但费里斯提出了不同的意见。他觉得Mac电脑既然是一款全新的机器，那就应该有着其独特的外观，让用户看到后就能产生赏心悦目的感觉。为此，两人展开一场激烈的讨论。乔布斯觉得：“我们要设计出一个经典的外形，我要让它像大众的甲壳虫汽车一样，永远不会过时。”费里斯则反驳道：“不对，它的外形应该像法拉利那样性感、诱人。”“不，应该更像保时捷!”这是乔布斯的意见。争论的最后，费里斯还是屈从了乔布斯的意志，决定设计一款像保时捷928（乔布斯当时就有一辆保时捷928）一般经典的Mac电脑。

在决定之后，乔布斯先是找来了比尔·阿特金森，并把他带到自己的保时捷928前，对阿特金森说道：“伟大的艺术品是不会追随潮流的，因为它们将会引领新的潮流。你看他们将汽车的线条做得多么柔和，而这正是我们需要在Mac电脑上实现的目标。”接着，乔布斯又找来杰里·马诺克和大山·特里，在向他们灌输了自己的想法之后，让他们两人负责具体的外观设计工作。

一周后，大山·特里做出了一个初步设计方案，并制作了一个石膏模型。当时，Mac团队的所有成员都聚集到了一起，并发表了自己的意见。赫茨菲尔德觉得特里的设计十分“可爱”，而其他人对于他的设计也很满意。不过，乔布斯毫不留情地说道：“这种造型太过方正了，一点儿曲线美的感觉都没有。难道你就不能将第一个倒角的半径再放大一点儿，还有就是斜角的尺寸我也不喜欢。”特里还以为他的设计方案只存在这两个问题呢，刚松了口气，就听乔布斯说道：“这是一个开始。”当时的特里就知道这件事情肯定没完。

在之后的一段时间内，每隔一个月，马诺克和特里都会拿出一个设计方案供乔布斯挑刺儿，并按照乔布斯的意志加以改进，到了第四个的时候，已经跟第一个完全不同了。但是，乔布斯仍是非常不满，并很肯定地说，他喜欢或者讨厌某个细节，而他所说的东西则是马诺克和特里无法觉察到的。后来，为了寻找灵感，乔布斯还专门去了一趟家用电器专卖店。在来到家用电器专卖店没多久，乔布斯就有了新的想法。于是，他便立刻赶回公司，并要求马诺克和特里按照一台厨艺公司的电器的轮廓、曲线和斜角等，对Mac电脑的外壳造型重新设计。

最后，他们设计出了一款造型非常友好的外壳，因为，它看上去就像是一张人脸，相比于拉斯金的设计，不知道漂亮了多少倍。特里对此回忆道：“这个造型的设计图纸虽然不是史蒂夫亲手画出来的，但正是他的思想和灵感才有了这个设计。还有就是，在史蒂夫没有告诉我们之前，我们根本不知道电脑的‘友好’指的是什么。”

此外，乔布斯还坚持Mac电脑外壳必须是一体成型，它的构造必须是一种制造工艺上的突破。乔布斯这种苛刻的要求几乎让所有的工程师们都抓狂了，其中就有不少人抗议道：“史蒂夫，我们根本就设计不出你说的那种有着奇特外形的外壳，太复杂了!”但乔布斯对于研发成员的抱怨，要么是听而不闻，要么就是用“无能”等言语去刺激他们。最终，这些人还是完成了这个不可能完成的任务，让乔布斯如了愿。

在解决完了Mac电脑的外壳问题后，乔布斯很快又将矛头指向了Mac电脑的主板，并不满地对众人咆哮道：“你们是怎么设计主板的，竟然让内存条和周围的元件都挤到了一块儿，真是难看死了。”这时，一位刚到Mac研发基地不久的新成员，由于不太了解乔布斯，他在听到乔布斯的话后立刻反问道：“您知道一台电脑中什么东西最重要吗？只要它的性能好，谁还会在乎主板的外观是否漂亮，难道还有谁会无聊地打开机箱，专门查看里面的主板是否美观吗?”

乔布斯听后冷哼道：“主板即使被装在机箱里，我也会打开机箱查看一下，而且还希望它尽可能地美观一些。这就好比一个好的木匠，永远都不会以别人看不到为借口，而使用劣质的木料做橱柜。”最后，那名新成员只得屈从于乔布斯的意志，重新对主板上的元器件进行排布。

乔布斯曾说过，真正的设计不仅与产品的外观有关，还与产品的性能有关。因此，他不仅关心Mac电脑的外观是否优美，他还很注意Mac电脑的操作系统及用户界面是否友好。如在设计Mac电脑的桌面系统时，乔布斯当初就费了不少的心思。从刚开始时到施乐PARC偷师，到自己组织人进行研究、开发，再到研究略有所成，他和他的团队都做出了不小的努力，虽然他只是经常站在“用户”的角度提出具有决定性的意见，但他毕竟还是参与了。

用过苹果电脑的人都知道，Mac OS操作系统中的每个窗口的左上角都有黄色、绿色、红色三个按钮，分别对应着“缩小窗口”“放大窗口”和“关闭窗口”等三个功能。但在最初的时候，这三个按钮都被设计成了灰色。在设计好后，乔布斯召集大家开会，并对这三个小按钮的设计进行了仔细的“研究”，他一边看一边摇头说道：“不行，不行，这三个按钮仅从外观上看，根本就看不出它们有什么用，必须得改。”

听到乔布斯的话后，负责用户界面设计的柯戴尔·瑞茨拉夫说道：“我之所以把它们设计成灰色，主要是为了不分散用户的注意力。如果您想要明确地区分它们的功能，我可以设计一个小动画，当鼠标移动到某个按钮上时，就会主动提示用户这个按钮的功能是什么，您觉得怎么样？”

乔布斯听后依旧摇了摇头道：“不好，那样做太复杂了。”当瑞茨拉夫正在想其他方法的时候，突然听到乔布斯说道：“这三个按钮可以分别设计成红、黄、绿三种颜色，分别对应不同的功能，就像交通信号灯一样，让人们一眼就能看出它们分别代表着什么功能。”后来，瑞茨拉夫对此感慨道：“当初刚听到这个建议时，我们都觉得史蒂夫很疯狂，他竟然能将交通信号灯和电脑的图形用户界面联系在一起，实在是太过怪异了。但后来我们就发现，史蒂夫是对的。不同颜色的按钮，看上去不但简洁、干净，还非常直观地暗示了用户它们有着不同的功能，简直是太完美了。”

在乔布斯的影响下，Mac团队的成员全都充满了激情，誓要制造出一台完美的产品，而不仅仅是为了赚钱。据赫茨菲尔德回忆道：“史蒂夫总觉得自己是个艺术家，同时他也鼓励设计团队的员工把自己也当成艺术家。而我们的目标从在乔布斯的影响下，由最初的打败竞争对手或是狠赚一笔，变成了誓要做出最好的产品，甚至比最好的产品还要再好一点儿。”好的设计不仅仅能够生产出一件完美的产品，还代表着对完美的追求精神，而Mac电脑就是最好的代表。

乔布斯对于完美的追求是固执的，同时也是残酷的。在追求完美的时候，他只需要一个最好的计划，而不给自己留有预备方案，甚至连一丝后悔的机会都不给自己留下。一旦认定了目标，他就会倾注全力去打造那款产品或是服务。也正因如此，他才能将最好的创意、技术和设计倾注到其所关注的每一款产品上，iPod、iPhone、iPad莫不如此。

界面图标绝对漂亮

“图标将是图形界面中不可缺少的要素之一。”

——在看到苏珊·卡雷设计出的图标时，乔布斯如是说

乔布斯对于完美的追求，注定了他对Mac电脑的每一个细节都会关注。除了前文

提到的外观设计之外，他对于 Mac 电脑的屏幕上所显示的内容也很痴迷。在他看来，电脑的界面不但要好看，还要好用。

如当初负责 Mac 电脑用户界面设计的柯戴尔·瑞茨拉夫曾回忆道："史蒂夫非常重视细节，细致程度居然达到了对每一个像素都很关注的程度。为此，他还经常盯着电脑屏幕，仔细地检查每一个像素，以确保每个图像都能准确地对齐。一旦发现问题，他会立即对着负责这个项目的工程师大吼大叫起来。"

在设计图形用户界面的时候，由于有些文档过大，需要翻页才能阅读到全部的内容，但有的时候不知道自己翻了几页，这就会给工作或是阅读带去不便。瑞茨拉夫在考虑到这个问题时，便设计出了滚动条，这样便能直观地提示人们页与页的切换。按说这个设计在整个图形用户界面中并不抢眼，但是乔布斯发现后对它非常在意，甚至还对瑞茨拉夫提出了批评，称其做出来的滚动条是垃圾，根本就没有体现出应有的艺术化效果。在被批评之后，瑞茨拉夫也提出了多种修改方案，但却一直未能得到乔布斯的认可。直到六个月后，他才拿出了一个乔布斯感到满意的设计方案。

Mac 电脑的主要研发工作都是"德士古塔楼"内完成的，这其中也包括一款应用在 Mac 电脑上图形程序。那一天，比尔·阿特金森非常兴奋地冲进办公室，他告诉大家自己想到一个绝妙的主意，可以快速地在屏幕上画出圆和椭圆。

在当时的技术条件下，若想在屏幕上画出圆或椭圆，需要通过计算平方根才能实现，但 Mac 电脑上所使用的摩托罗拉 68000 微处理器不支持计算平方根这一功能。对此，阿特金森便从另一方面入手，他通过一组奇数序列相加，得到了一组完全平方数序列（如 1＋3＝4，1＋3＋5＝9，…），并通过这个方法顺利地画出了圆和椭圆。赫茨菲尔德回忆道："当阿特金森向我们演示这一算法的时候，除了史蒂夫外，所有人都震惊了。而在演示结束后，史蒂夫只是对他说了句：'能画出圆和椭圆是不错，但你觉得你能画出带圆角的矩形吗？'"

阿特金森听后说道："我觉得我们用不着那样做，只要我能把图形程序做得精简一点儿，可以满足基本的需要就可以了。更何况，我也做不出来。""你不知道吗？圆角矩形到处都有，你怎么可能做不出来？"乔布斯听后立刻跳起来大吼道。吼完之后，乔布斯变得更加激动了，他指着办公室里的小黑板、办公桌及其他一些东西带圆角的矩形说道："你就看看这个房间里有多少！除了这个房间内，你再看看外面还有更多，基本上每个角落都有！"说完之后，乔布斯就拉着阿特金森出了办公室，指着外面的车窗、广告牌以及街道的指示牌给他看。无论走到哪里，乔布斯都能给他指出带有圆角的矩形。后来阿特金森完全信服了，并对乔布斯说道："好了，你是对的，圆角矩形也是我们电脑中的一个基本要素。"

在图形设计方面，阿特金森的确是个天才。正如赫茨菲尔德回忆的那样："在第二天下午，比尔回到德士古塔楼的时候，脸上带着满足的微笑，并当着众人的面在电脑上飞快地画出了漂亮的圆角矩形。"自此之后，丽萨和 Mac 电脑，以及后来几乎所有的苹果电脑的对话框和窗口上，都用上了这种带有圆角的矩形。

乔布斯还在里德学院上学的时候，曾旁听过不少的书法课，对各种衬线字体和无衬线字体产生了浓厚的兴趣，并对字与字之间有着什么样的距离最合适有着不错的研究。由于Mac电脑采用的是位图显示，无数种的字体都可以以像素形式呈现在屏幕上。因此，乔布斯在刚介入Mac团队时，他就要求工程师们将此应用到Mac电脑中。

为了设计这些字体，赫茨菲尔德费了不少的工夫，并专程请来了自己的高中好友苏珊·卡雷协助自己。设计完成后，在给这些字体命名时，赫茨菲尔德也为给它们找个合适的名字而伤透了脑筋，无奈之下，赫茨菲尔德决定用费城梅因莱恩区各火车站的名字命名，如梅里昂（Merion）、欧弗布鲁克（Overbrook）、阿德莫尔（Ardmore）等。乔布斯知道这件事后，觉得非常有趣，便在一个傍晚来到赫茨菲尔德工作的地方，和他一起为那些新开发出来的字体想名字。当他看到赫茨菲尔德为那些字体起的名字时，乔布斯有些抱怨地说道："你说的名字都是一些从没有人听说过的小地方，我们应该用世界上著名的大城市为这些字体命名，那样才能让人们记住!"正因为有了乔布斯的这番话，那些字体才有了现在的名字，如纽约、芝加哥、伦敦、日内瓦、多伦多以及威尼斯等。

刚开始的时候，马库拉和其他诸多员工，都很不理解乔布斯为什么会对字体设计如此痴迷。对此，马库拉还曾回忆道："史蒂夫一直坚持要设计好看的字体，他对于字体的了解，让我们所有人都很惊讶。那个时候，我经常对他说的就是：'难道我们除了设计字体之外，就没有其他重要的事情做了吗?'"尽管乔布斯的偏执并没有得到多少人的认可，但是当Mac电脑上各种漂亮的字体，结合强大的图形功能和激光打印技术出现在人们面前的时候，所有人都吃惊了。因为他们体验到了之前只有印刷工人、编辑才能体会得到的，由字体知识带给他们的奇妙快感。乔布斯的这一坚持，在不久的将来，不仅推动了桌面出版产业的诞生，同时这也成为苹果公司主要盈利点之一。

在发现了苏珊·卡雷的才华后，乔布斯并没有打算放过这个人才，在将她收入Mac团队后，她又独立开发出了图标。乔布斯得知这一消息后非常兴奋，并非常肯定地说道："图标将是图形界面中不可缺少的要素之一。"

在苹果公司内，和乔布斯合得来的人不多，而苏珊就是其中之一。究其原因主要是因为他们两人都很喜欢简约的设计，并且都想让Mac电脑成为一台充满创意的完美产品。不过，他们两人合得来，并不代表乔布斯不会责备她。如她在设计图标的时候，只要乔布斯感觉不满意，就会遭到无情的否定。后来，她设计了一款兔子形的图标，乔布斯不但没有认可，还在一旁奚落道："你做出来的这个毛茸茸的生物，一看就知道是个'娘娘腔'。"

在设计桌面窗口、文件及屏幕顶端的标题栏时，乔布斯也耗费了不小的精力。他在丽萨团队时，就不喜欢丽萨电脑上的标题栏，总觉得它们太黑、太粗糙了。在他来到Mac团队后，发现阿特金森等人竟然沿用了丽萨电脑上的标题栏，这让乔布斯很不爽。他希望Mac电脑的标题栏能够更加平滑一些，最好还能有些细条纹。为此，他还要求阿特金森和苏珊对标题栏进行了多次修改。阿特金森和苏珊还曾因此向乔布斯抱怨，他们还有更重要的事情去做，而不是将大量的时间浪费在修改标题栏上。乔布斯对于他们的抱怨则大发脾气道："你们能想象一下每天看着那难看的东西是种什么感觉吗？你们给我记住了，这不是件小事，你们必须做好！"阿特金森和苏珊看到爆发的乔布斯后，他们害怕了，直到他们按照乔布斯的要求，做出令他满意的标题栏后，他们才得以继续之前的工作。

除了要求界面图标等必须漂亮外，乔布斯对于Mac电脑上运行的程序窗口等，也有着完美的要求。克里斯·埃斯皮诺萨作为苹果的元老之一，他还在上高中的时候就到苹果上班了。后来，他虽然如愿以偿地进入伯克利大学学习，但却在乔布斯的蛊惑下，从伯克利退学，加入Mac团队。他知道，研发Mac的机会只有一次，所以为了让Mac电脑上留下自己的印记，他决定为Mac电脑开发一款计算器程序，且很快就完成了。赫茨菲尔德在回忆埃斯皮诺萨向大家演示那个计算器程序的情景时说道："那天，我们全都聚集到了一起，克里斯在展示完自己开发出程序后，他看着史蒂夫并屏住了呼吸，等待着史蒂夫的反应。"

在一阵沉默之后，乔布斯开口道："你做的这个只是个开始，因为你做的这个很烂，背景颜色太深了，线条粗细不均，计算器上的按键也太大了点儿。"虽然乔布斯对此程序有些不满，但还是认可了这个程序的价值，而埃斯皮诺萨为了让乔布斯满意，只得日复一日地不断对此程序进行完善，而且每次都会受到新的批评。

后来，有些忍受不了的埃斯皮诺萨想到了一个绝妙的主意，他决定让乔布斯自己动手设计这个计算器程序。为了达成这个目的，他先对这款程序做了个小小的修改，即允许用户自主改变程序线条的粗细、按键的大小、阴影、背景和其他属性。这天，乔布斯再次出现在埃斯皮诺萨的面前时，埃斯皮诺萨便让乔布斯亲自上阵，让他根据自己的喜好调整计算器的外观。约一刻钟后，乔布斯终于按照自己的想法，将那款计算器的外观调整到了最满意的地步。毫无疑问的是，那款计算器最终出现在了问世的Mac上，并作为经典，在之后15年内，几乎出现在了苹果所有的电脑产品中。

在所有的设计方案全都敲定以后，乔布斯还专门将Mac团队的成员都召集到了一起，并举行了一个简单的仪式。随后，他便说道："真正的艺术家都会在作品上签上名字。"说完之后，他便拿出一张绘图纸和一支笔，让所有人都签上了自己的名字，最后还让人将这些签名刻在了每一台Mac电脑外壳的内部。阿特金森对此回忆道："在那一刻，他让我们感觉到了，我们的成果就是一件伟大的艺术品。"

强力掌控一切

"不行，我不希望Mac电脑脱离我的掌控。"

——在拒绝为Mac电脑增加扩展口时，乔布斯如是说

在研发Mac电脑的时候，乔布斯之所以不想让Mac电脑与丽萨的架构相兼容，除

了竞争或是复仇的目的外，还与他对于控制权的迷恋有关。他想让 Mac 电脑在自己的控制下，成为一个独一无二的存在。

在他看来，一台真正完美的电脑，其硬件和软件应是一体的，所有的软件都是为了这台电脑的硬件而量身定做的，而这台电脑的硬件也是专为这些软件而定制的。如果非要让新研制出的新电脑兼容其他电脑上的一些软件，那其自身就要牺牲一部分功能，而这正是乔布斯所不能容忍的。所以，Mac 电脑上所使用的操作系统只能在自己的电脑硬件上运行，这与微软和安卓等操作系统相比，显得极为特立独行。乔布斯这种软、硬件紧密结合成一体化的产品理念，也让后来的 iPod、iPhone 和 iPad 等产品，从诸多竞争者中脱颖而出。

CNET 的编辑丹·法伯在采访过乔布斯后曾写道："乔布斯就是一个固执的杰出艺术家，他不希望看到自己创造的任何东西被二流的程序员给糟蹋了。如果真有人那样做的话，他就觉得像毕加索的画作被大街上随便某个人给涂了几笔，或是有人肆意改动了鲍勃·迪伦的歌词一般，让他很不自在。"《Mac 信徒》一书的作者利安德·卡尼也在自己的书中写道："从最初的 Mac 到最新的 iPhone，乔布斯的系统一直都是封闭的，任何人都不能对其进行干预或修改。"

想当初，乔布斯和沃兹在争论是否在 Apple Ⅱ 上设置扩展槽时，就表现出了控制用户体验的强烈欲望，他想让每一个用户都按照自己的想法进行体验。不过，当时的乔布斯还缺乏与沃兹叫板的资本，所以，尽管他在当时极力反对，但最后还是在沃兹的威胁下妥协了，同意沃兹在 Apple Ⅱ 上安装了 8 个扩展槽。现在，Mac 电脑已是属于他乔布斯的了，沃兹已经无法对他进行威胁了。所以，Mac 电脑上不会有扩展槽，用户们甚至连打开机箱看看里面的主板都不行。

在 Mac 项目刚启动时，负责硬件设计的伯勒尔·史密斯曾也建议乔布斯道："电子组件的更新速度实在是太快了，我们很有必要在 Mac 电脑上保留下可扩展功能，至少也要留下一个外扩接口，以免 Mac 电脑一上市就因功能过时而被淘汰。"结果乔布斯却告诉他："不行，我不希望 Mac 电脑脱离我的掌控。"心有不甘的史密斯便暗中找到布莱恩·霍德华，与他一同设计了一个扩展槽。为了不引起乔布斯的怀疑，他们对其称之为"诊断端口"，主要用来诊断制造电脑过程中可能产生的错误，而乔布斯也相信了他们的说法。不过，协助乔布斯工作的罗德·霍尔特在发现了这个"诊断端口"的秘密后，就立即从主板上将其给拿掉了，并严肃地对史密斯二人说道："如果你们还想在 Mac 团队里干下去的话，最好不要惹恼了史蒂夫。"此事虽然不是乔布斯亲自出面解决的，甚至他可能都不知道有这回事，但自此之后，确实没人再提设置扩展槽的事情了。

乔布斯如此专断，虽然让众多电脑爱好者或黑客们失去不少的乐趣，却让他成功控制住了用户的体验。对此，曾担任苹果市场策划的贝里·卡什回忆道："史蒂夫喜欢掌控一切的感觉。之前每次提到 Apple Ⅱ 的时候，他都会向我们抱怨道：'我们没有控制权，只能看着那些人对它做些疯狂的事情，这是无法忍受的，而且我也不想再犯同样的错误了。'所以，他才不允许任何人改动 Mac 电脑，并将它牢牢地掌控在自己的手中。”不仅如此，乔布斯命人设计的机箱也很独特，一般的用户根本无法使用常规的螺丝刀打开Mac的机箱，只有特制的工具才能打开。对此，他还曾兴奋地对卡什说过：“只有我们的员工，才能进入到机箱内部。”

如果说，乔布斯不允许别人动他的Mac是出于对自己产品的保护，那他决定取消Mac电脑键盘上的光标方向键，就显得过于霸道了。在此之前，人们早已经习惯了用键盘操控光标，但是，乔布斯在为Mac电脑配备上鼠标之后，就取消了Mac电脑键盘上的光标方向键，迫使用户们必须适应鼠标的指向和点击操作。虽然也有不少用户对乔布斯的这一做法提出了反对，但乔布斯不像别的产品的开发者一样，相信顾客的话永远都是对的。为此，他还公开宣称道：“如果大家都抵制使用鼠标的话，那你们就错了。”

乔布斯提出的苹果电脑的软件硬件“一体化”，不仅有效地控制住了用户的体验，还迫使苹果公司以外的软件开发商，必须专门针对Mac电脑的操作系统编写程序，而不是像其他人一样，只需编写好一个通用程序后，就可以在不同的电脑上应用。这样一来，苹果电脑上应用软件的开发、操作系统及硬件设备间的垂直整合也变得更加简单起来，而这正是乔布斯想看到的结果。

不过，也有人不开眼，曾试图说服乔布斯将Mac的操作系统授权给其他的厂家，允许别人制造出Mac电脑的仿制品，这让一直渴望实现全面掌控的乔布斯十分反感。如新上任的Mac营销总监迈克·默里，在1982年5月，他在交给乔布斯的机密文件中提出了一个授权计划。他在备忘录中写道：“我们都很想让Mac的用户环境可以成为整个电脑业界的标准，但在此之前，我们需要先解决掉一个问题，即开放Mac电脑的操作系统。”随后，他还建议乔布斯将Mac的操作系统授权给坦迪公司，希望通过坦迪公司旗下的Radio Shack商店，为双方赢得更多的消费者。

这个建议听上去很不错，在不影响苹果产品销售的情况下，还能为苹果公司带来更多的利润。但可惜的是，乔布斯并没有同意，因为他无法忍受不能将Mac电脑完全掌控在自己手中的感觉。所以，在乔布斯的一再坚持下，Mac的操作系统仍然作为一个封闭的用户环境而存在，使得任何外人都无法染指半分。

海盗团队

“当‘海盗’胜过加入正规海军，让我们一起当‘海盗’吧!”

——面对着麦金塔团队，乔布斯如是说

乔布斯和沃兹在组织研发AppleⅠ和AppleⅡ时，根本就没有什么团队的概念。因为，在研发它们的时候，苹果公司看上去就像一个从外边请了几个帮工的小作坊，主要工作都是由沃兹一人完成的。在丽萨项目启动之后，乔布斯虽然也开始尝试着学习管理，但是他的表现实在是不敢令人恭维，直到他接手Mac团队，才逐渐进入研发团队负责人的角色，并奠定了其团队管理风格。尽管他在Mac团队的最后结局依然很糟——1985年，乔布斯被Mac团队和苹果公司抛弃，但他当年所带领的Mac团队是一支闻名世界的“海盗团队”。

早在《加勒比海盗》系列电影推出之前，“加勒比海盗”就是迪士尼公园内最受人们喜爱的形象之一。乔布斯也不例外，他也是那群“海盗”的“粉丝”，甚至还将他们当成敢想敢做，且又放荡不羁的英雄加以膜拜。

在刚入主Mac团队时，乔布斯就想将其打造为一支拥有加勒比海盗风格的团队。作为Mac团队最酷的程序员之一，史蒂夫·卡普斯则建议乔布斯为这种“海盗”精神，在办公室内升起一面海盗旗。不仅如此，他还专门找来一块黑布，并让苏珊在上面画了个骷髅头，而骷髅所戴的眼罩正是一个苹果的标志。乔布斯看到后非常高兴，并让卡普斯在一个周末的夜晚，把它挂在了班德利3号楼的楼顶。

刚开始的时候，有不少人都对乔布斯的这一举动表示不解，乔布斯则非常简洁地对他们说道：“我们要做海盗。”不仅如此，乔布斯还以“海盗船长”自居，并经常向团队内的成员蛊惑道：“当‘海盗’胜过加入正规海军，让我们一起当‘海盗’吧!”除了言语上的蛊惑之外，乔布斯用实际行动向别人证明了自己打造一支“海盗团队”的决心。因为，无论是新加入Mac团队的员工还是老员工，每个人都会领到一件海盗T恤衫，上面还印着一行字，即“做海盗！不做海军!”他想借此将海盗精神烙在每一个人的心头。

不过，在最初的时候，乔布斯和他的“海盗”们还是遇到了一点点麻烦。在他们的“海盗旗”升起几天后的夜晚，他们遭到了丽萨团队成员的偷袭，而被他们视为“海盗”象征的“海盗旗”也在那次事件中被偷走了。不过，偷袭成功后的丽萨团队并没有做出进一步的举动，因为他们知道乔布斯肯定会想办法将旗子给夺回去的，因此，他们决定化被动而主动，于是，给Mac团队写了一封信，明目张胆地向乔布斯索取一笔赎金。

乔布斯是何等人？他又怎愿意受到他人的摆布？于是，他便让卡普斯抢回旗子。而卡普斯也没有让乔布斯失望，他从一个负责看管海盗旗的秘书那里成功地夺回了它。当时，有不少人都觉得，乔布斯的海盗心理正在逐渐失控，甚至还有人当着他的面说道：“升海盗旗这件事真的非常愚蠢。”但事实上，乔布斯这样做只是想告诉大家，他们都还不够出色，希望能够借此激励大家更加努力。直到Mac项目完成，那面海盗旗都一直飘荡在那艘“海盗船”上。对此，乔布斯回忆道：“当时我们都很叛逆，我只是想让大家对我们有一点儿了解罢了。”

既然当上了“海盗”，就不会有那么多的繁文缛节，“作战”方式也将更加灵活、变通，而这正是乔布斯想要带给Mac团队的东西。为了活跃气氛，乔布斯便开始着手改善“海盗船”内的环境，并不断为Mac团队注入一些动感元素，使得“海盗船”上显得不是那么冷清。如他曾批准赫茨菲尔德用公款买了台音响放在办公室里，尽管他们只有在晚上或周末的时候才能把音响打开，但这也足能让Mac团队的成员兴奋不已。不仅如此，还有不少成员将自己拿手的乐器也放到了办公室里，在休息的时候就为同事们奏上一曲。更为夸张的是，乔布斯竟然还将一辆宝马摩托车和一架贝森朵夫钢琴摆在了“海盗船”上。在他看来，这些东西可以让员工迷上简洁而又高雅的工艺风格。

在乔布斯的“精心”布置下，Mac团队的办公区，怎么看都是一个杂乱无章的实验室，至于那种“海盗”式的办公室文化，也被乔布斯演绎得淋漓尽致。在他的感染下，Mac团队成员的行事风格，都像极了海盗。如有一天，大家正聚在办公室内讨论一款软件的设计方案，当时为了到苹果公司的另一幢大楼内拿一块存有演示文件的硬盘，比尔·阿特金森便直接从办公楼的后门跑了出去。

当时的苹果公司有规定，下午5点半之后，警卫就会打开办公楼后门的自动报警器，只要有人出入，就会发出警报声。也许是阿特金森真的忘记了，他竟然没有注意到这一点，一时间报警器大作，整栋办公楼内都充斥着刺耳的警报声，而阿特金森仿若这一切都与自己无关一般，如旋风一般朝着另一幢公司大楼奔去。

可是，在阿特金森跑出去之后，刺耳的警铃声却没有停歇的迹象，这下可惹恼了乔布斯。当时，乔布斯便对着其他人怒声道：“难道就没人能够把那鬼玩意儿关掉吗?”此时，安迪·赫茨菲尔德便在旁边小声问道：“史蒂夫，我们能不能把那些鬼玩意儿给毁掉，这样它们永远都不会烦到你了。”乔布斯听后便立即说道：“没问题，只要你们能让它停下，你们想怎么做都行。”

在得到乔布斯的准许之后，赫茨菲尔德便和其他几位同事冲到储物间内，纷纷抄起螺丝刀、锤子、扳手之类的工具，朝着那些正在“叫嚣”着的警铃杀奔而去。刚开始的时候，这群人的行为还没有那么过激，只是用螺丝刀戳破了警铃的玻璃罩。但是，那些“叫嚣”着警铃并没有因此而停歇下来。这一下可惹怒了这群疯狂的工程师们，他们再也没有了平时文弱的书生样，个个都用上了蛮力，锤子敲、扳手砸……只用几下便解决了那个疯狂大作的警铃，世界也因此而在瞬间安静下来。

当这群人正准备为自己的胜利而庆祝的时候，一个警卫忽然出现在了众人的身后，并对着这群强盗般的工程师们吼道：“你们做得可真好啊，你们知不知道自己做了什么？你们的头儿是谁？你们的证件呢？你们就等着倒大霉吧！”这时，比别人慢半拍的乔布斯刚到这里，听到警卫的话后，便将自己的证件递给了他，并面带微笑地对着那个警卫说道：“我想我会负责的。”结果，那个警卫在看到乔布斯的证件后，终于知道这群疯子为什么敢这么猖狂了。他只好什么都不说，只是在收拾完那个警铃的“残肢碎骨”后就离开了。

“海盗”很少跟别人讲理，也不会让自己吃亏。只要有人敢惹到他们，他们就会“以牙还牙，以眼还眼”。不过，总有那么些人不信邪，他们总想看看乔布斯的团队到底是不是一群“海盗”，而发售了世界上第一台商业便携式电脑Os－borneⅠ的亚当·奥斯本就是其中之一，结果他却发现，乔布斯的这个“海盗”团队，比真正的海盗还要可怕、可恨。

当时，奥斯本在其便携式电脑Os－borneⅠ的发布会上，看到了前来参观的Mac团队成员，便走到那几人跟前，极为轻蔑地说道：“你们回去告诉乔布斯，我的Os－

borneⅠ肯定会比 AppleⅡ和 Mac 电脑卖得好得多。”这几个人听后很生气，不过却没有当场发作，而是在回到公司后，向乔布斯转述了这件事情的经过。

乔布斯听后十分生气，怒气冲冲地拿起电话给奥斯本的公司打了过去，怒道：“我是史蒂夫·乔布斯，让亚当·奥斯本跟我说话。”奥斯本的秘书听后先是一愣，而后便告诉乔布斯：“我们总经理不在公司，他要到明天上午才能来，如果您有什么事的话，可以留言。”乔布斯听后便说道：“真的是这样吗？那你就替我告诉他，亚当你就是个浑蛋。”

那个秘书听到乔布斯的话后，非常无语，而乔布斯则不管这些，又继续说道：“哦，差点忘了，我好像记得亚当对我们的 Mac 电脑很感兴趣。那就请你转告他，Mac 电脑非常棒，日后当他的公司因为 Mac 电脑的上市而关门大吉的时候，我还会送几台 Mac 电脑给他的孩子们用的。”这时的秘书更加无语了。一年后，乔布斯的预言应验了，奥斯本的公司在苹果电脑的打压下，果真关门大吉了，而乔布斯也没有送他一台 Mac 电脑，仿佛自己从来没有说过那句话一般。

海盗是放荡不羁的，几乎是无所畏惧和顾忌的存在，他们只会容纳与自己“情投意合”的人入伙，否则免谈。如在 1982 年 1 月，赫茨菲尔德等几人和乔布斯一同面试一个应聘者。应聘刚开始没多久，赫茨菲尔德就知道这家伙要倒霉了。因为，自面试开始后，那个人就显得非常紧张，几个问题的回答总是支支吾吾的，这让一向缺乏耐心的乔布斯很不高兴。

果然，不出赫茨菲尔德所料，正当那人思索乔布斯刚才提出的那个问题时，乔布斯突然向他问道：“你在几岁的时候失去了童贞？”那个应聘者有些不敢相信地问道：“你说什么？”乔布斯则显得颇有耐心地说道：“我问你还是处男吗？”这时，坐在旁边的赫茨菲尔德因忍不住而笑出了声，至于那个应聘者好像还没反应过来一般，大脑依旧处在短路中，根本就没弄清楚乔布斯这么问他是什么意思。可是，乔布斯却不管三七二十一，还未待那个应聘者回答，又对其问道：“你吃过迷幻药吗？”那个应聘者在听到乔布斯的这句话后，原本就有些无神的眼睛已经变得有些呆滞了。

为了缓解那个应聘者的尴尬，赫茨菲尔德便插口问了他一些技术上的问题，但那个应聘者依旧像之前一样，回答得吞吞吐吐。乔布斯一看这架势，又不高兴了起来，便在旁边开始学鸭子“呱呱”地叫了起来。旁边的赫茨菲尔德有些受不了了，他也不顾对面的应聘者有何反应，便抱着肚子大笑了起来，而乔布斯仿若看不到一般，依旧我行我素。直到这时，那个可怜的应聘者才算知道怎么回事，赶紧灰溜溜地逃出了面试现场，放弃了到苹果公司工作的念头。

不过，话又说回来了，乔布斯带领的海盗团队虽然打造了惊世骇俗的 Mac 电脑。但是，乔布斯当时在处理团队合作、人际关系等方面确实不够高明，甚至还有些固执、粗暴。在最初的时候，乔布斯曾一度认为，一个由 10 个最厉害的人组成的小团队，要比由 100 个技术参差不齐的人组成的大团队更有效率。因此，乔布斯曾不止一次地说过：“Mac 团队永远不会超过 100 个人，若是我们在某些时候必须要雇佣在某一方面有专长的人的话，就必须有另一个人离开，以保证团队的规模不变。”他觉得，团队规模越大，官僚习气越重，工作效率就越低。所以，早期研发 Mac 电脑的时候，他很小心地控制着团队的规模。

但遗憾的是，随着自信心的快速膨胀，他很快就忘记了这一切，而 Mac 团队也在不知不觉中壮大了许多。到了 1984 年，在将丽萨团队并入 Mac 团队后，乔布斯虽然遣散了近四分之一的丽萨员工，但合并之后的 Mac 团队，仍有 300 人之多，这与乔布斯心目中最为理想的“海盗团队”已经差了很多。再加上乔布斯之前担心的一些“大团队病”也出现了不少，并迫使不少 Mac 团队的骨干成员相继离职，这已经是一个已经变了味的“海盗团队”，乔布斯虽然在极力维护着，但他所做的一切都显得那样徒劳。

如赫茨菲尔德在停薪留职 6 个月后，便正式向乔布斯提出了辞呈。当乔布斯极力挽留他时，他则非常伤感地说道：“我想回去加入的海盗团队已经不复存在了。”

磁盘驱动器之争

“我决定与阿尔卑斯电子公司合作，让他们代为生产磁盘驱动器。”

——在为 Mac 电脑选择磁盘驱动器时，乔布斯如是说

1983 年 5 月 16 日，乔布斯再一次爽约了。在数月之前，乔布斯曾郑重地向人们承诺，Mac 电脑将会在这一天推向市场，并对此做了大量的宣传。可当时间临近的时候，乔布斯再次跳票了。其实，Mac 电脑的这次跳票有着多重原因，除了苹果公司对于刚上市的丽萨电脑的市场保护，不允许 Mac 电脑这么早上市外，最主要的原因则在于 Mac 机的磁盘驱动器出了问题。

这件事情还要追溯到 Mac 刚刚立项之时。苹果公司有一个专门负责生产大容量存储设备的部门，并根据其设备产品开发了一套代号为崔姬（Twiggy）的磁盘驱动系统。通过这套系统，安装了驱动器的电脑，可以轻松地对 5.25 英寸的软盘进行读写，Mac 电脑在当初所用的磁盘驱动器就是这种 5.25 英寸磁盘和配套的崔姬系统。

不过，由于技术的局限性，崔姬系统的高故障率很快就显现了出来。如在 1983 年 1 月上市的丽萨电脑上，崔姬系统就有着很高的故障率。只是由于丽萨电脑上还自带有一个硬盘驱动器，所以，这一情况对丽萨电脑的影响并不是很大。但是，Mac 电脑上可没有安装硬盘驱动器，因此，与丽萨电脑相比，Mac 电脑的问题就要严重得多了。对此，安迪·赫茨菲尔德回忆道：“我们在 Mac 电脑上只用了一个安装了崔姬系统的软盘驱动器，可是当崔姬系统频繁出现问题时，我们才开始惊慌起来。”

随后，乔布斯带着 Mac 团队进行了一次静修。这次与前两次不同，不仅少了前两次那种激动人心的氛围，就连静修的地点也从之前的帕哈楼沙丘城转移到了卡梅尔市的一个汽车旅馆内。在那次静修中，他们主要就崔姬系统的故障问题展开了讨论。

几天之后，乔布斯离开卡梅尔市的宾馆，驾车来到苹果公司生产崔姬的工厂视

察。在视察了一会儿之后，乔布斯便发现在每一个生产流程中，都有一半多的产品不合格。看到这种情况后，乔布斯非常生气，并在气急败坏之下，对着工厂内的人大声咆哮道："你们这群浑蛋，我要把你们都开除。"好在陪同乔布斯一同前来的鲍勃·贝尔维尔及时制止了乔布斯，并在他恢复平静后，和他一同讨论起了替代方案。

在讨论的过程中，贝尔维尔先是建议乔布斯使用索尼公司最近才研发成功的3.5英寸新型磁盘。贝尔维尔对乔布斯说道："这种磁盘完全被包裹在牢固的塑料之中，你可以将它随意地装进自己的口袋里，根本就不用担心它会损坏。"之后，他又从节省成本的方面考虑，建议乔布斯采用日本阿尔卑斯电子公司（the Alps Electronics Co.）仿造索尼3.5英寸新型磁盘而做出的产品。在此之前，阿尔卑斯电子公司一直在为AppleⅡ供应磁盘驱动器，再加上该公司在当时已经获得了索尼的技术授权，一旦他们能够生产出符合Mac电脑用的驱动器的话，那就要比购买索尼的产品便宜不少。

在听了贝尔维尔的建议之后，为了尽快解决这个问题，乔布斯决定带着贝尔维尔和罗德·霍尔特一同飞往日本，到阿尔卑斯电子公司及索尼的工厂进行实地考察。在到了阿尔卑斯电子公司的工厂后，贝尔维尔才发现，那里的工程师连一台测试用的样机都没有，只有一台不完全的模型。当时他就觉得，阿尔卑斯电子公司根本就不可能在规定的时间内将合格的产品交给苹果公司。可是，乔布斯觉得他们做得很不错，甚至大加赞赏。

之后，乔布斯一行人又改变了行程，到另外几家公司进行了参观。不过，乔布斯当时的表现很难让人恭维。在与那些接待他的人见面时，乔布斯不仅在穿着上一点也不讲究，而且很不讲礼貌。如别人在与他初次见面时送给他的礼物，通常会被他给随手丢到一边，至于回馈礼物，在他眼中根本就是一个笑话，因为他从来都没有听说过还有回赠礼物这一礼节。对于这些公司的产品，乔布斯更是不屑一顾，甚至在人家的工厂内，当着所有人的面厉声斥责道："你们做的这些就是垃圾，我随便找个人做出来的产品都比你们的好。"接待他的人虽然很想揍他一顿出气，但是他们还是忍住了，对于有可能成为自己的财神爷的人物，他们还是尽量不要去得罪的好。

他们行程的最后一站是到位于东京郊区的索尼工厂进行参观，在参观结束后，贝尔维尔提出了自己的意见，他觉得索尼的磁盘驱动器是最好的，因为它们可以直接安装到Mac电脑上使用，其他随行之人也都赞同贝尔维尔的意见。不过，有一个人是个例外。不错，这个人就是乔布斯，而他拒绝的理由也很简单，即索尼的工厂里面太乱、产品要价过高。与此同时，他还对贝尔维尔等人说道："我决定与阿尔卑斯电子公司合作，让他们代为生产磁盘驱动器。"之后，他还命令贝尔维尔终止一切与索尼的接触活动与合作事宜。

对于乔布斯的决定，贝尔维尔准备忽略掉。于是，他便暗中与马库拉进行了沟通，并向他说明了阿尔卑斯电子公司与索尼这两家公司的具体情况，结果马库拉赞成他的意见，并让他在瞒着乔布斯的情况下，采取一切措施，在短时间内准备好一款可应用到Mac电脑上的驱动器。

后来，贝尔维尔在其他人的掩护下，与索尼的管理人员进行了接触，并告诉他们，阿尔卑斯电子公司一旦无法按时供货，苹果就会立即采用索尼的产品，希望他们能够准备好可以应用到Mac电脑上的磁盘驱动器。对此，索尼公司自是十分高兴，甚至还将开发这款驱动器的工程师嘉本秀年秘密地派到了苹果公司，为此还引来了不少的笑话。

当初，为了不让乔布斯发现Mac团队的基地多出一个人，每当乔布斯来到Mac团队的驻地进行视察的时候，嘉本秀年都要找个地方把自己藏起来。有一次，乔布斯在苹果公司的楼下遇到了嘉本秀年，由于两人在日本见过面，所以乔布斯很快就认出了他，不过乔布斯没有往更深处联想，此事也就不了了之。

但有一次，乔布斯差点儿就发现了驻扎在Mac基地的嘉本秀年。那一天，乔布斯突然出现在了Mac团队的办公区，这让许多知道嘉本秀年这个存在的人都有些措手不及。还好，赫茨菲尔德的反应最快，他当即跑到坐在一个办公隔间里搞研究的嘉本秀年面前，一把将他抓了起来，并指着一旁的卫生间道："快躲到里面去，现在就去!"嘉本秀年虽然一脸的疑惑，可他还是飞快地冲进了卫生间。直到乔布斯离开之后，嘉本秀年才被赫茨菲尔德从卫生间里喊了出来，当赫茨菲尔德向他解释清楚原因后，嘉本秀年则非常幽默地说道："其实，在卫生间里办公也挺不错，至少不用慌慌张张地到处藏身了!"

到了1983年5月初，贝尔维尔之前的猜测变成了事实，阿尔卑斯电子公司没能按时完成苹果公司的要求。而且，他们也承认，若想生产出索尼驱动器的仿制品，至少还得再给他们18个月的时间才行。听到这个消息后，乔布斯很不高兴，但他又无可奈何，谁让他在当初非要和阿尔卑斯电子公司签订合同的。现在磁盘驱动器的问题不但没有解决，还得再次失信于人，推迟Mac电脑的上市计划，对于这一结果，乔布斯真是哑巴吃黄连，有苦说不出。

此时，马库拉便趁机向乔布斯问道："你打算怎么办?"乔布斯则有些沮丧地说道："还能怎么办，再找一家合作商。"正当两人讨论该找哪个生产厂家合作的时候，贝尔维尔在得到马库拉暗示后，伺机打断了他们的对话，并对他们说道："我能找到阿尔卑斯驱动器的替代产品，而且很快就能投入使用。"

在听到贝尔维尔的话后，乔布斯先是一愣，接着又像是想到了什么，随后便对着贝尔维尔吼道："你这个浑蛋!"不过，在他的语气中没有一丝怒意。因为，他在说完之后就咧开嘴笑了起来。赫茨菲尔德回忆道："史蒂夫在知道了贝尔维尔和其他工程师背着他和索尼合作的事情后，就收起了自己的傲慢，并对他们没有服从自己的命令而做出了正确的选择——表示了感谢。"最终，这场磁盘驱动器之争，以乔布斯的失败而结束了。

完美收官

“我们并不是在为别人而生产，而是在为自己生产，无论将来的市场如何，我都希望你们能够竭尽所能地生产出我们认为的最好的产品。”

——在 IBM 的巨大压力面前，乔布斯如是说

Mac 电脑在乔布斯及其“海盗团队”的共同努力下，历经 2 年多的时间，在吸收了各种有价值的思想以及失败的教训后，终于取得了巨大的成功，并决定于 1984 年初，将这台世界上最出色的 Mac 电脑推向市场。

在此之前，Mac 电脑的发布日期虽然一推再推，但对于 Mac 这种革命性的电脑而言，乔布斯及其带领的“海盗”们能够在如此短的时间内取得如此成就，已经可以称得上是一个奇迹了。不过，介于当时的电子元件功能和工程师的技术水平有限，Mac 电脑的技术在微软于 1994 年推出 Windows 95 前，只是在整个电脑行业内领先了 10 余年而已，但这也足以令计算机界内的其他同行们汗颜了。

乔布斯自入主 Mac 团队后，到 1981 年 7 月，Mac 电脑的基本元件和电路板的设计就差不多完成了，接下来就能进入测试阶段了。当时，乔布斯还制定了一份有关 Mac 电脑的商业计划方案，预计在 1982 年年中正式向人们推出 Mac 电脑。可即便如此，Mac 项目在苹果公司内部的设计规划中仍属于实验性的研发项目。为此，乔布斯不止一次找到马库拉，希望他能让 Mac 项目成为公司的正式规划项目。马库拉知道乔布斯是个极具销售头脑的人，再加上他在此之前被赶出了丽萨项目，让他负责一个项目还能起到安抚他的作用。因此，马库拉就同意了乔布斯的请求，使得 Mac 项目成了苹果公司的正式研发项目。

1982 年中，Mac 电脑的研发受到了一些挫折。乔布斯对此非但毫不气馁，甚至扬言道，要在 1983 年中将 Mac 电脑推向市场。正所谓好事多磨，Mac 电脑作为一款极具革命意义的个人电脑，必会多灾多难。

1983 年中，Mac 电脑再次因磁盘驱动器出现了问题，而将发布的日期向后推迟，至于具体的时间，直到 1983 年 10 月，苹果公司的高层及 Mac 团队的高层及销售人员在夏威夷岛举行的销售会议上，才将 Mac 电脑的面世时间定在了 1984 年的 1 月。

然而，就在乔布斯等人在夏威夷参加会议时，《商业周刊》上刊载了一篇题为《个人电脑：赢家是 IBM》的文章。在那篇文章中，对 IBM 个人电脑的崛起进行了详细的报道，还在文章的结尾处写道：“IBM 仅用了两年的时间，就获取了个人电脑市场近四分之一的市场份额。照此发展，到了 1985 年的时候，IBM 极有可能会占据全球个人电脑消费市场份额的一半。”

乔布斯看到这个消息以后，顿时觉得压力大增，因为在 3 个月后上市的 Mac 电脑将会成为扭转整个局面的关键所在。因此，在会后，乔布斯便召集 Mac 团队的所有成

员，对他们做了一番颇具煽动性的演讲，对IBM自1958年以来的所有错误决策进行了分析。如“1958年，IBM拒绝收购发明了静电复印术的小公司。结果，两年后，那家公司重新注册为施乐公司，而自此之后，IBM在此方面就一直在追着施乐的脚步走”等。

随后，乔布斯又对IBM试图主宰整个个人电脑市场的举动发出了质疑：“IBM想独吞个人电脑这块市场，现在的他们已经把枪指向了他们前进道路上的唯一劲敌——苹果公司。你们想让IBM主宰整个电脑产业吗？你们想让IBM控制整个信息时代吗？还有乔治·奥威尔在《1984》中描述的一切会变成现实吗？”下面的人听后都很激动，他们可不愿意成为IBM通往成功的垫脚石。接着，乔布斯又鼓励大家道：“据我估计，Mac电脑的销量将十分巨大。不过，我要你们记住，我们并不是在为别人而生产，而是在为自己生产，无论将来的市场如何，我都希望你们能够竭尽所能地生产出我们认为的最好的产品就行。”在这之后的三个月内，Mac团队上下齐心，誓要将Mac电脑做成世界上最好的个人电脑，以打破IBM称霸的美梦。

不过，即便是Mac团队如何努力，他们在Mac电脑上市前的一个星期，仍有一个问题没能解决，即安迪·赫茨菲尔德曾和其他工程师向乔布斯保证，会在1984年1月16日之前，完成Mac电脑的编程工作并交付运行。但是，在距离交付日只剩下一周的时候，就有人向乔布斯报告说，程序还存在一些问题，他们无法在1月16日前完成工作，至少也要再给他们两周的时间才行。

乔布斯当时正在曼哈顿的一家酒店内，为即将召开的媒体沟通会做准备。他在听说了这个消息后，马上推掉了所有事情，并召集Mac团队的主要员工，开了一个电话会议。当负责软件开发的经理仔细地向乔布斯说明了情况后，赫茨菲尔德及其他人都围在电话机旁，听着乔布斯将如何抉择。再说了，他们提的要求很简单，一是将Mac电脑的上市时间向后推延一周；二是他们先给经销商一个“演示版”的软件，等到新的程序一完成，就马上对其进行替换。

乔布斯听后，并没有像往常那样大声咆哮，而是在沉默了片刻之后，对电话另一端的赫茨菲尔德等人说道：“你们真的很棒，我相信你们能够搞得定这些问题，所以我不打算改变原定的上市计划！你们已经在这个程序上花了好几个月的时间了，若是再给你们两个星期的时间，结果也不会比现在好上多少。所以，你们还是赶紧将它做好吧。一周之后，我希望我能看到一套完美的程序。如果你们能够做到的话，我还可以将你们的名字标在那套软件的包装之上，让所有的人都记住你们。”

赫茨菲尔德等人没有想到乔布斯这一次竟会如此坚决，连一点商量的余地都没有，他们只得答应乔布斯一定会按时完成。结果，他们再一次在乔布斯那现实扭曲力场的作用下，完成了一项他们自认为不可能完成的任务。在他们突击完善那套程序的时候，兰迪·威金顿还专门带了大包浓缩咖啡，在交付程序的最后三天一会儿也没睡。到了1月16日这天早上，一早便来到公司的乔布斯就发现了趴在沙发上几近昏睡的兰迪。虽然这套程序仍有几处细微的毛病，但乔布斯觉得这不是问题，并让兰迪回去休息了。没过多大会儿，乔布斯又给位于弗雷蒙的工厂打去了电话，让他们开始生产印有苹果彩色条纹标志的箱子。乔布斯之前曾说“真正的艺术家总能完成作品”，而现在正是他证明自己就是一个伟大的艺术家的良机。

在所有的准备工作都准备就绪之后，Mac电脑在发售之前还有一个很重要的问题需要解决，即Mac电脑的价格问题。在Mac电脑研发之初，其市场定价为1000美元左右。但是，当Mac电脑的原型机做出来之后，他们才发现，Mac电脑光成本就超过了1500美元。因此，其市场定价也将有所提升。对此，乔布斯决定以1995美元的单价出售Mac电脑，而当时的苹果总裁斯卡利却表示反对。他觉得Mac电脑在上市之初的半年内，可能会因为生产能力不足而影响到其销量。所以，他建议以2495美元的单价出售Mac电脑，并以此控制住Mac电脑的订单量。

乔布斯并不赞同斯卡利的这一观点，并找到他质问道：“你不觉得这个价格太高了吗？当年的丽萨电脑就因为单价过高而影响到了其销量。现在你若在将Mac电脑的单价提升500美元的话，极有可能会将我们那些忠诚的老用户给吓跑，这个责任你担得起吗?”

对此，斯卡利亦是毫不让步道：“我们如果不提高Mac电脑的单价的话，那我们就不会有额外的预算为Mac电脑做市场宣传。也就是说，现在摆在我们面前的有两种选择，一是以较低的价格出售Mac电脑，却没钱进行大量的宣传；二是提高Mac电脑的定价，从中获取到足够的资金用在宣传上。对此你会选哪个?”对于斯卡利给出的选择题，深知市场营销策略重要性的乔布斯选择了第二个。因为他明白，若是无法将宣传做大、做广，Mac电脑的优点及其革命性就无法让世人看到。所以，乔布斯同意了斯卡利的观点，同意提升Mac电脑的单价，事实也证明了斯卡利这一观点的正确性。

1984年1月24日，Mac电脑终于在世人的千呼万唤中出现在发布会现场，很多人在看到Mac电脑的强大功能后都为之惊叹。尽管它的价格偏高，却深受消费者的喜爱，还一举粉碎了IBM垄断个人电脑市场的计划。

“1984”起惊雷

“我想要的是一种能让所有的人都会立即停下来观看的东西，最好能像一声惊雷一般，让所有人都惊奇不已。”

——在谈及Mac电脑的广告片时，乔布斯如是说

1983年初，乔布斯就已经开始着手Mac电脑的发布计划了，其中一环就是广告宣传。他希望Mac电脑的广告宣传片能像自己创造的产品一样，极具革命性。他曾说过：“我想要的是一种能让所有的人都会立即停下来观看的东西，最好能像一声惊雷一般，让所有人都惊奇不已。”

在接触了几家广告公司后，乔布斯最终将目光落在了Chiat/Day广告公司的身上。

该公司自收购了里吉斯·麦肯纳的广告公司之后，苹果的很多广告业务都是与其合作的。作为Chiat/Day广告公司的创意总监的李·克劳，有着丰富的经验，可以做出令乔布斯满意的东西，而这也是乔布斯在近30年的时间内都与其合作的主要原因。

在接到这个合同之前，李·克劳与其同事布伦特·托马斯和史蒂夫·海登，一直在对著名小说家乔治·奥威尔小说中的一句话进行辩论，即“这就是为什么1984不会变成《1984》。”后来，乔布斯来到Chiat/Day广告公司找李·克劳商谈广告一事时，无意间听到并立即喜欢上了这句话，还要求李·克劳对此加以演绎，作为Mac电脑的宣传广告。

李·克劳等三人很快就按乔布斯的要求，构思出了一个长1分钟的故事脚本，并找来里德利·斯科特拍出了样片。乍看之下，那片子有点像科幻片而不是广告片。因为这条广告是以蓝灰色调开始，最先出现在屏幕中的是一条行进中的队伍，走在一条装满了监视器械的通道里。此时，无名的女主角穿着一条橙色短裤和一件印有麦金塔计算机图片的白色背心，手中拿着一个大锤子，朝着出现“老大哥”影像的大屏幕跑去，而在她的身后则有四名正在追捕她的警卫。当那个老大哥正在向众人蛊惑着“我们的‘统一思想’是更强大的武器，我们将会用它来消灭敌人”时，女主角也跑到了大屏幕之前，并朝着屏幕用力掷出了锤子，在那个老大哥喊出“我们将会获胜”的口号后，那柄被抛出的锤子正好将屏幕击碎。紧接着，视频中出现一段文字，即“苹果公司将在1月24日推出Mac电脑，到时候你会发现1984为何不像‘1984’”，最后出现的则是苹果的彩色商标。

在这则广告中，李·克劳将Mac电脑塑造成了一个敢于反抗“老大哥”控制，愿为自由而战的斗士。后来，李·克劳回忆道：“那则广告阐释了苹果公司的理念和目标，即让所有人都能享用到最新的科学技术，而不只有政府和大公司。因此，电脑假如不是为了掌控我们的生活，那它就得成为易被我们得到和使用的工具。”

对于这个创意，乔布斯十分喜欢，他看出了这则广告中的反叛精神，而这一点又和他本人非常相像。比方说，乔布斯用人从来都是不拘一格，凡是被他招入Mac团队的人，几乎每一个都个性十足，既有黑客气质的程序员，也有满脑子海盗精神的工程师，就连乔布斯也不例外。因为，他就是第一任“海盗头子”。

不过，乔布斯是一个矛盾集合体。他虽然有着极强的反叛精神，可他还有着极强的控制欲，他不希望任何人对自己一手打造的产品进行改造，哪怕是一个螺丝都不行。对此，很多人都指责乔布斯已经不再具有黑客精神了。如即将推出的Mac电脑，不仅价格过高，还没有扩展插槽。如此一来，电脑爱好者们就无法根据自己的喜好，在主板上插入自己的扩展卡或是添加一些自己想要的新功能。此外，若是有人想看看Mac电脑内部的构造，还要通过特殊的工具，才能打开其塑料壳。换言之，Mac电脑就是一个封闭和受控的系统。若是严格来看的话，乔布斯更像广告片中的“老大哥”，而非其他人或企业。

作为苹果公司的CEO，斯卡利在第一次看到这个故事脚本的时候，就有些不太赞同。不过，乔布斯坚持道：“我们需要的是一个具有革命性的东西。”在这种情况下，斯卡利只得同意，并拨给了乔布斯一笔高达 75 万美元的广告拍摄费用。

广告片拍摄好以后，除了乔布斯外，最先看到的是苹果公司的一群销售人员和 Mac 团队的几个主要成员。他们大多数人都和乔布斯一样，个个都兴奋异常。看到这种情形后，乔布斯信心大增。因此，他决定在 1983 年 12 月召开的苹果年终董事会上播放这则广告。但这一次，在广告播放完毕后，乔布斯没有听到预想中的欢呼声，因为所有的人都沉默了。

在这些人中，表现最夸张的是梅西百货公司加利福尼亚分公司的 CEO 菲利普·施莱因，只见他无力地趴在桌子上，一副心力交瘁的模样。在所有董事中，只有马库拉一人静静地凝视刚刚上播放完广告片的屏幕。刚开始的时候，很多人都以为马库拉已经折服于这则广告了。可是，他接下来的这句话却表明了事情完全不是那么回事，因为，当时他向众人问的是："还有谁想另换一家广告公司？"

本来就对这个故事脚本有所怀疑的斯卡利，在看到这则广告的时候，已经没有一点信心了。他曾回忆道："不仅是我，还有很多人都觉得那是自己看到过的最差的广告片。"在董事会结束后，斯卡利觉得重新设计广告已经来不及了，因为在下一个月 Mac 电脑就该发布了。因此，他便就致电 Chiat/Day 公司，让他们将已经买下且准备插播 Mac 电脑广告的两个时段（一个 60 秒，另一个 30 秒）以低价卖掉，尽量减少公司的损失。

乔布斯听闻此事后非常生气，但他又无可奈何。一天晚上，自飞机事故后就淡出苹果管理层的沃兹，不知怎么就溜达到了 Mac 团队的办公楼上。乔布斯看到他后，便立刻拉住他道："沃兹，快过来，我给你看样东西！"紧接着，他便找来一台录像机，开始播放那段广告片。沃兹对此回忆道："当时，我一下子就被震住了，我觉得那是一个很了不起的片子。"

随后，乔布斯又告诉沃兹，董事会决定不在"超级碗"（美国职业橄榄球联赛）的大赛中播出这则广告，这让沃兹很吃惊。过了一会儿，沃兹向乔布斯问道："播放这段广告需要多少钱？""80 万美元。"乔布斯非常干脆地答道，这一切似乎都在他的算计之中一般。事实上也是如此，一向善良的沃兹决定帮乔布斯一把，对他说道："不如这样吧，假如你愿意出一半钱，剩下的一半我可以替你拿出来。"

但是最后，乔布斯和沃兹两人谁都没有出一分钱，因为 Chiat/Day 公司只是将 30 秒的那个广告时段卖掉了，至于另一个 60 秒的广告时段则没有卖出去。后来，李·克劳回忆道："当时我告诉苹果公司说，60 秒的卖不掉，而实际上则是我们根本就不想卖，也不想去尝试卖掉它。"结果，苹果公司只得将这个时段利用起来。刚开始的时候，有董事建议在这段时间内插播苹果之前做过的一个广告，而斯卡利为了避免董事会与乔布斯之间的矛盾升级，决定仍按原计划插播"1984"这则广告，打算在这 60 秒的广告时间内放手一搏。本以为自己筹划的广告就这样泡汤的时候，乔布斯怎么也没想到竟会峰回路转，最终帮到自己的不是沃兹这个老友，而是李·克劳这个合作伙伴。

从 1984 年 1 月 16 日开始，有关 Mac 电脑即将上市的报道便相继出现在美国各大媒体之上，而苹果公司的这则广告直到1月22日才第一次出现在世人的眼前。当时，美国职业橄榄球联赛的决赛刚刚结束第二节的比赛，苹果公司这则与众不同的广告就像是一道惊雷一般，展现在了9000多万名观众的眼前，一下子就吸引了无数观众的眼球。即便是在广告放完之后，仍有不少人为之感叹不已，甚至连比赛的最后两节都没有心思看下去了。

不仅如此，当天晚些时候，美国三大电视网和50个地方电视台，都在新闻中重复播放了该则广告，这在为苹果公司做了大量的宣传工作的同时，也为苹果公司省下了数百万美元的广告费用。这则广告在火了几个月之后，最终被《广告时代》（*Advertising Age*）和《电视指南》（*TV Guide*）共同选评为有史以来最伟大的商业广告。

2004年，苹果公司为了纪念他们在20年前推出的这则广告，决定对这个广告进行翻拍，并做了一点小小的改动，即广告中那个女孩的身上多了一台iPod，至于其他的则和当年完全一样，就连最后出现的彩色商标都未曾改动。

麦金塔的宣传发布

“这将是我人生中最重要的时刻，我真的非常紧张，我想只有你可以体会到我现在的感受了。”

——在Mac电脑发布会开始前，面对斯卡利时，乔布斯如是说

在对Mac电脑的程序进行突击之后，赫茨菲尔德和其同事终于在1月16日的早晨完成了那个系统软件。在回到家后，早已精疲力竭的赫茨菲尔德本想在床上睡上一天，可是到了下午他就睡不着了，之后便匆匆赶回了办公室，对那款软件检查了起来，他可不想那款软件再有任何问题了。

后来，乔布斯来到办公室，看到赫茨菲尔德等人有躺在地板上的，也有躺在沙发上的，虽然个个都是一脸的疲惫，但是他们都显得非常兴奋。看到这种情形后，乔布斯便对他们说道：“你们赶紧起来，我们的事情还没做完呢！我们现在需要为Mac电脑的演示做好准备！”乔布斯的构思比较简单，他准备在观众面前隆重地揭开Mac电脑的面纱，然后在电影《烈火战车》（*Chariots of Fire*）主题曲的伴奏下，向人们展示Mac。最后，乔布斯还向他们强调道：“这个周末你们一定要做好，为八天后的预演做好准备。”乔布斯说完之后，众人虽是发出了一片哀号之声，但是他们在讨论了一会儿之后就意识到，假如能够做出一个给人留下深刻印象的东西，那这一切都是值得的。

在发布时间推迟了数次之后，Mac电脑终于要在1984年的1月24日向世人露出它的真面目了，而这一天，也是苹果年度股东大会的召开时间。后经过讨论，他们决定将Mac电脑的发布地点定在迪安扎社区学院的弗林特礼堂。在发布之前，除了电视广告和疯狂的媒体宣传之外，乔布斯对Mac电脑的发布仪式也进行了精心的安排，因

为他想让这次发布会和 Mac 电脑一样，成为划时代的作品，并永远刻在所有人的心中。

赫茨菲尔德等人在接到乔布斯的命令后，便再次开足马力，为 Mac 电脑的成功发布而努力奋战。其中，赫茨菲尔德仅用了两天时间就编好了一个音乐播放器程序，可以让 Mac 电脑直接播放《烈火战车》的主题曲，这可以说是一个壮举。不过，乔布斯听后觉得 Mac 电脑的音质十分糟糕，决定改用录音代替。与此同时，乔布斯还被 Mac 电脑中的一款语音发生器给吸引住了，因为这个程序可以将文本转变成动听的电子语音。他在第一次听到这种声音后，便决定将此作为演示的一部分，并兴奋地对众人说道："我要 Mac 成为第一台可以进行自我介绍的电脑！"随后，他又找到负责"1984"广告文案的史蒂夫·海登，专门为 Mac 电脑撰写了一个脚本。此外，史蒂夫·卡普斯设计了一套可以让"Macintosh"以大字体的形式在屏幕上滚动的小程序，而苏珊·卡雷则为 Mac 电脑设计了一个开机画面。

尽管 Mac 团队的成员都很努力，但直到发布的前一晚，Mac 电脑的演示工作仍没做好。如乔布斯很不喜欢"Macintosh"在屏幕上的滚动方式，便要求卡普斯不断地对此做出调整。除了对 Mac 电脑本身的一些不满外，乔布斯还对展示舞台的灯光效果很不满意。为了将此效果调整到最佳的状态，他便找到苹果总裁斯卡利，让他坐在大礼堂的不同座位上，并让他根据自己的感受给出一些意见。在此之前，斯卡利从来都没有考虑过舞台灯光对于 Mac 电脑的演示会有什么影响，也从没想过乔布斯会让自己给出调试的意见，但他还是照乔布斯的话去做了。

五个小时后，舞台的调试才告一段落，而当时已是深夜。对此，斯卡利回忆道："当时我还以为我们没有办法在第二天上午进行展示了。"因为，当时的乔布斯仍在为 Mac 电脑的糟糕演示而烦恼。尤其是对 Mac 电脑的发言展示，即便只有一点儿小问题，乔布斯都会对着众人发火。作为乔布斯的好友，斯卡利也曾建议乔布斯对 Mac 电脑的讲稿做些小的改动，乔布斯虽然没有明确的拒绝，但他那烦躁的表情还是说明了他的意图，斯卡利只得就此打住。经过一夜的奋战，快到黎明的时候，众人的努力才得到乔布斯的认可。斯卡利对此回忆道："他一次次扔掉手中的幻灯片，对着调试人员咆哮着，好像要把所有人都逼疯了之后，才会停手一般。"

在 1 月 24 日上午，在 Mac 电脑的发布大会暨苹果公司的股东大会召开之前，原本可以容纳 2500 余人的弗林特礼堂竟被挤得连根针都插不进去了。乔布斯为了此次发布活动，也一改之前的穿衣风格，穿上了西装，打起了领结。在等待大会开始的时候，乔布斯对身旁的斯卡利说道："这将是我人生中最重要的时刻，我真的非常紧张，我想只有你可以体会到我现在的感受了。"斯卡利听后拍了拍乔布斯的肩膀，并对他说道："祝我们好运吧！"

时间到了以后，乔布斯作为苹果公司的董事长，第一个登上演讲台，并宣布 Mac 电脑的发布大会暨苹果公司的股东大会正式开始。随后，他便以著名歌手鲍勃·迪伦在 20 年前唱的《时代在变》(*The Times They Are A－Changin'*) 一曲中的部分歌词作为开场白，缓缓地说道："用笔预言未来的作家和批评家，快来吧；把眼光放远一些，因为机会只有一次；别过早地下结论，因为车轮还在转动……没人知道现在的失败者会不会成为以后的大赢家，因为时代在变。”

在乔布斯那动情的演讲结束之后，斯卡利作为苹果的CEO第二个登上了讲台，与乔布斯相比，他的演讲就平庸得多了。他先是汇报了苹果公司近一年来的营收状况，随后又对苹果公司的未来做了展望，就在大家都对他那近乎枯燥的讲话开始不耐烦的时候，他却以一段与公司业务毫不相干的话作为结尾，即“在过去的9个月里，我和史蒂夫·乔布斯之间建立了一段非常深厚的友谊，这对我来说是件很重要的事情。”

随后，乔布斯再次来到了演讲台上。在他刚站定的时候，整个礼堂内的灯光全都暗了下来。正当大家为此惊愕的时候，伴随着缓缓亮起的灯光，乔布斯的声音也随之响了起来：“1958年，IBM拒绝了收购一家发明了静电复印术的小公司。结果，两年后，施乐公司成立了，IBM为此而追悔莫及。”乔布斯刚说到这里，很多人都笑了，因为很多人都知道IBM在那次决策中的失误。接着，乔布斯又历数了IBM的其他几处失误，然后便语锋一转，对当前IT业界的状况进行了分析，称：“IBM妄想在1984年称霸全部个人电脑市场，而苹果正是它们实现这一目标的绊脚石……我们能让IBM成为整个电脑产业的主宰吗？我们愿意让IBM掌控整个信息时代吗？乔治·奥威尔在他的小说《1984》中所描述的一切都会变成现实吗？”

在乔布斯一连串的反问之下，下面的观众从刚开始的喃喃细语变成了热烈的掌声，最后还有不少人应和着、高呼着，发布现场的气氛被他的这一演讲推向了高潮。可是，还没等这些人回答乔布斯的问题，整个礼堂再次陷入黑暗之中，紧接着演讲台上的大屏幕上便播起了“1984”这则电视广告，待到广告播放结束后，全场人员都占了起来，掌声比之前更加热烈。

可是这一切还没有结束，因为更精彩的内容还在后面。在广告播放结束后，乔布斯穿过那略显黑暗的演讲台，走到一张小桌子旁边，扯起了桌上那个布包的一角说道：“现在我就让你们看看Mac电脑的真面目，而你们接下来在大屏幕上所看到的一切，都是由它实现的。”说完之后，他便将Mac电脑快速地组装了起来，接着又从其衬衣口袋中拿出一张3.5英寸软盘插入到了Mac机内。在乔布斯轻点下鼠标之后，《烈火战车》的主题曲也随之响了起来。在歌曲完结之时，“Macintosh”的字样从电脑屏幕上横向滚动而出，而在这行字的下方还慢慢出现了出现了“cool”（酷毙了）的字样，就像有人慢慢写上去的一般。接着，便是一系列截图开始出现在大屏幕上，如不同的字体、图表、图画、文件、电子表格等截图。当然了，为了让更多的人都能看清这一切，Mac电脑屏幕上的一切字幕、图像等都被投影到大屏幕之上。

这一切都进行得那么完美，以至于乔布斯也出现了短暂的恍惚。因为他们昨晚虽然也演示了多次，却未取得一次成功。所以，当这段开场演示结束的时候，包括乔布斯在内的所有人都安静了下来。好在乔布斯最先清醒了过来，并立即面露笑容道：“最近一段时间，关于Mac电脑的事情我已经说了很多。所以，今天我不打算再说什么了，我要让它自己介绍给你们。”说完之后，乔布斯在轻点了下鼠标之后，便退到了Mac电脑的后边。紧接着，Mac电脑便发出了可爱但又略显低沉的声音：

“嗨，大家好，我是Mac电脑，能够从那个包包中出来真是太好了。”在停顿了一会之后，它又接着“说”道：“我现在还不习惯当着这么多人的面演讲，但我有一句话想与大家分享，这是我在第一次见到IBM生产的大型计算机时的感想：千万不要相信一台你搬不动的电脑。虽然我能够讲话，但是我更想坐下来静静地听你们讲。现在我将非常自豪地向你们介绍一个人，他就像我的父亲一样，这个人就是史蒂夫·乔布斯。”在Mac的话音刚刚落下，观众席上就爆发出了雷鸣般的掌声，

这次的展示和乔布斯预想的一样，都是非常完美的。他再一次用他那超凡的魅力赢得了观众的好感，重新回到了人们关注的中心。但唯一有些遗憾的是，乔布斯缺乏一点幽默感，因为在众人为之欢呼的时候，他只是缓缓地点了点头，然后便双唇紧闭，开心地笑了起来。

在发布会结束的当天，就有成群的顾客拥进了Mac电脑的销售商店，排着长队等着购买Mac电脑。据统计，在最初的几个月内，Mac电脑的销售就超出了所有人的预期，因为在短短75天内，Mac电脑就已经销售出去5万余台，一举打破了IBM PC之前用七个半月的时间所创下的这一销售记录。

与比尔·盖茨的杯葛

哈佛退学生比尔

"比尔虽然喜欢将自己描述成一个做产品的人，但是他确实不是，他只是一个做生意的人。"

——在评价比尔·盖茨时，乔布斯如是说

在20世纪70年代末，随着科技的快速发展，人类正式步入了个人电脑时代。而促成这一结果的，除了史蒂夫·乔布斯外，还有一个重量级的人物，即比尔·盖茨。他们两人被誉为个人电脑领域内的"双子星"。但实际情况是，两人既是合作伙伴，又是死对头。准确地说，从两人刚结识时算起，他们之间这种矛盾的关系就已经产生了。

作为美国两大影响世界的人物，乔布斯与比尔·盖茨经常被人们放在一起对比。身为计算机业界内的两个传奇，他们两人不仅对个人电脑有着极大兴趣，在其他方面也有着不少的共同点，如他们都出生于1955年，都半途退学，并各自创建了风格迥异的计算机产业王国等。不过，由于两人的生活环境不同，他们的个性也有着极大的差异。比尔·盖茨作为华盛顿上流阶层出身的孩子，他不是一个反叛者，也不是嬉皮士的追随者，他不反对主流文化人士，也没有做过"蓝盒子"之类的东西盗打电话。他在上高中的时候就成了一名极客，不过他所编写的程序并不是为了赚钱。如他在湖滨中学（Lakeside High）读书时，曾为当地的交通管理部门免费编写了一个车辆计数程序，后为自己的学校编写了一个排课程序，并在这个程序的帮助下，和自己喜欢的女孩安排了同样的课程。

在进入哈佛大学不久，比尔·盖茨虽然决定放弃自己的学业，但他的理由不像乔布斯那样要到印度苦修，而是为了创立自己的软件公司。如他在上大一的时候，就开始主修研究生级别的高等数学，而且大多得到了A或A+的成绩。不仅如此，对于没有多少人选修的经济学理论课程，他则选了，并在该课结束时拿到了A的成绩。在注重学业的同时，他对电脑技术，尤其是软件开发技术极为着迷，还曾将自己开发的软件卖给当时开发出世界上第一台个人电脑 Altair 8800 的 MITS 公司。

比尔·盖茨在30年后的哈佛毕业典礼上对此回忆道："1975年1月，我利用宿舍楼里的电话给 MITS 公司打了一个电话，并提出想向他们出售软件的想法。当时我很担心他们会发现我是一个学生，并因此而挂断我的电话。不过，我担心的事情并没有发生，因为他们告诉我：'我们现在还没有准备好发布这台电脑，一个月后你再来找我们吧。'"比尔·盖茨听到这个消息时很高兴，不仅因为对方没有拒绝他，更重要的是他所说的那个软件还没写出来。所以，在接下来的一个月内，他便夜以继日地工作，并最终完成了那个软件，而这也导致了其学生生涯的结束，打开了其通往世界巅峰的通道。

1975年7月，比尔·盖茨找到其好友保罗·艾伦，共同创立了微软公司。不过，在公司成立后，比尔·盖茨并未立即选择退学，而是到了1976年秋，他才正式做出退学的决定。对此，比尔·盖茨回忆道："我那个时候才意识到，作为微软的老板，我除了亲自设计程序以及软件的宣传推广外，还是一个需要应付哈佛大学法律课程的学生。这让我有些分身乏术，我必须在学业和事业之间有所取舍，不能再对此视而不见了。"

比尔·盖茨在其职业生涯的早期，他和典型的极客有些相似，有着患上阿斯伯格综合征（一种主要以社会交往困难、局限而异常的兴趣行为模式为特征的神经系统发育障碍性疾病，患者多会出现肢体互动障碍和语言表达方式异常等状况）的嫌疑，除了软件开发外，无论他做其他什么事情都很难专注。但是，乔布斯与他正好相反，无论做什么事请都很关注。

其实，有些事情只有作为旁观者的人看得最清楚。如安迪·赫茨菲尔德曾回忆道："他们两人刚认识的时候，彼此都觉得自己比对方聪明，但是史蒂夫总认为自己比比尔稍胜一筹，尤其是在个人品位和风格之上，而比尔则对不会编程的史蒂夫有些看不起。"但即便如此，从两人结识之初，盖茨就被乔布斯那超凡的个人魅力给吸引住了，同时还对他蛊惑人心的能力有些嫉妒。

在为人处世方面，比尔·盖茨也比乔布斯更加务实和有原则，对于出现的问题有着极强的分析处理能力。乔布斯则不同，在更多的时候，他只相信自己的直觉，这也是他在技术实用化、外观设计以及计算机的界面友好方面有着极高的天分的主要原因。不仅如此，乔布斯还很喜欢追求完美，无论是对人还是对事，他的要求都非常苛刻。对此，比尔·盖茨曾说过："史蒂夫是有着奇特缺陷的一个人，无论你做得怎么样，他要么会说'你做的狗屁不如'，要么就是努力地引诱、怂恿你开发新的东西。"对于比尔·盖茨的这种评论，乔布斯则回应道："盖茨太狭隘了，如果他在年轻的时候吃过迷幻药或进行过禅修，那么他的心胸也许会更为开阔一些。"

由于两人在个性上的差异，他们在不久之后就走上了对立面，甚至还引发了数字时代的根本分立。我们都知道，乔布斯是个喜欢追求完美的人，希望所有的一切都在他的掌控之中。比方说，他将苹果的硬件、软件等无缝整合到了一起，就是其追求完美的体现。而比尔·盖茨则不同，他更像一个精明务实而又深谋远虑的分析师，他没有乔布斯那种强烈的控制欲，并愿意将自己的操作系统和软件授权给各种不同的制造商使用。

在步入 21 世纪后，两人间的敌意有所减弱，比尔·盖茨对于乔布斯的评价也产生了一些改变，如他在 2007 年时曾说过："他对技术的了解真的很少，但他那种惊人的天赋很让人捉摸不透，因为他知道什么样的东西才会取得成功。"但乔布斯对待比尔·盖茨的态度依旧没有多大改变。比如，后来有人问乔布斯如何看待比尔·盖茨时，他说道："比尔基本上没有什么想象力，也从没创造过什么东西，他只会无耻盗用别人的想法（即盖茨在看到 Mac 电脑的图形界面后开发出了 Windows 操作系统一事）。这也是为什么我认为他更适合像现在这般做做慈善事业（比尔·盖茨于 2008 年 6 月正式退出微软公司，并将 580 亿美元的个人财产捐到了比尔与美琳达·盖茨基金会），而不是像我一样仍然留在技术领域。"

不仅如此，乔布斯还不止一次地对外宣称："比尔虽然喜欢将自己描述成一个做产品的人，但是他确实不是，他只是一个做生意的人。在他看来，做成一单生意要比做出一件伟大的产品更重要。如果他的目标是成为全球首富的话，那他成功了，可那并不是我的目标。"

在两个天才的诸多交锋中，他们互有胜负，而他们之间的关系也因此而变得十分复杂。如在乔布斯去世后，比尔·盖茨曾说过："在得知史蒂夫去世的消息后，我非常伤心。早在 30 多年前，自我与史蒂夫初次见面后，我们两人之间便形成了同事、竞争对手以及好友的关系。"

正如美国总统奥巴马在乔布斯的悼文中写的那样："乔布斯不但改变了我们的生活，重新定义了整个计算机行业，还铸就了人类历史上的一个奇迹。"其实，这话用来形容比尔·盖茨这个哈佛的退学生也相当合适。

结缘 Mac

"刚开始的时候，他们做出的东西都是垃圾，好在他们及时改了过来，并做出了不错的东西。"

——在谈及微软为 Mac 电脑开发的软件时，乔布斯如是说

自 1977 年，乔布斯和比尔·盖茨初次见面后，两人之间就保持着断断续续的来往。在那次展销会结束后，苹果公司专门找到比尔·盖茨，请他为 AppleⅡ电脑编写了一款名为"Multiplan"的电子表格程序。乔布斯在接手 Mac 项目后，再次想到了这个软件天才，希望他能为 Mac 电脑多编写程序。他的这个决定，对于后来研发出来的 Mac 机有着至关重要的作用。不过，他的这个决定，也让苹果公司日后在与 IBM 公司

就个人电脑的市场争夺中，失去了主导权，并最终败下阵来。

其实，乔布斯之所以找到比尔·盖茨是有原因的。在找微软合作之前，乔布斯曾找到沃兹，希望他能为Mac电脑编写一个BASIC程序。但是，沃兹没能让乔布斯如愿，这让乔布斯有些生气。再加上他在负责AppleⅢ和“丽萨”项目的时候，就已经意识到了研发组的规模越大，他对研发组的影响力和控制力就越小。他在找微软合作的时候，Mac团队的成员只有十几个人，一切还都在他的掌控之中。但是，随着研发进度的不断推进，乔布斯害怕自己会随着团队的壮大而失去对该项目的掌控。尤其是在软件开发方面，这是他的软肋，他极易在这方面失控。为了杜绝这一情况，他才找到了微软，希望比尔·盖茨能够为Mac电脑开发一些软件，如Mac电脑亟须改进的BASIC语言程序，以及文字处理、图表和电子表格等软件。

为了显示自己合作的诚意，乔布斯决定亲自到微软公司找比尔·盖茨谈谈。当时，他与比尔·盖茨和保罗·艾伦在微软总部的办公大楼里进行了一番长谈，他们在商讨的过程中，乔布斯极力宣扬他们合作的必要性，要求微软公司同意这一合作计划。

当时的微软公司虽然已经有不小规模了，但与苹果公司相比，还差很多。如在1984年，苹果公司的年销售额为15亿美元，而微软的却只有1亿美元。也就是说，当时的微软仍处在赶超苹果公司的阶段。所以，乔布斯在到了微软以后，也有了“嚣张”的资本。更何况，当时的微软公司主要是靠BASIC程序语言的授权进行盈利。虽然有很多种电脑都应用了这一程序，但是只有在AppleⅡ上的应用才是最完美的。并且，随着AppleⅡ的热销，微软的利润才会呈几何形式增长。

让乔布斯感到意外的是，他本以为比尔·盖茨会满口答应自己的要求，却没想到比尔·盖茨竟没有立即答应。比尔·盖茨所以这样做是有原因的，当时的微软已经开始着手为IBM公司开发的个人电脑编写软件了，同时还有不少该公司的工程师进入微软。在这些人的影响下，他觉得计算机只不过是一台实用性的商业工具，而不会出现像乔布斯之前所描述的那样被人们抢购的情景。

乔布斯看到比尔·盖茨如此态度时，他觉得仅凭自己的几句话，是很难说服比尔·盖茨等人了。于是，他便提出了邀请，让比尔·盖茨和保罗·艾伦到Mac团队的工程实验室内参观一下再做决定。

在乔布斯离开后，比尔·盖茨和保罗·艾伦决定组织一队人马，到Mac团队的实验室内看看乔布斯口中的那台新奇的电脑。但在参观之前，比尔·盖茨就已经打算好了，他觉得“丽萨”电脑才是苹果公司大力扶持的项目，现在他们虽然答应到Mac团队的实验室去参观，但同时也会与丽萨团队的人打好关系，给自己上双保险。

比尔·盖茨等一行人到了库比蒂诺后，由赫茨菲尔德负责Mac电脑操作系统的演示工作。由于Mac电脑在当时还没有研制出可用的样机，因此他只能在丽萨电脑上运行为Mac电脑研发的一些软件，并通过Mac电脑样机的屏幕显示出来。

当时的比尔·盖茨并没有觉得Mac电脑有什么特别之处，对此，他曾回忆道：“当我第一次到那儿参观的时候，他们只运行了一个应用程序，我只看到一些小东西在屏幕上跳来跳去，而且，那个好像唯一能在那台电脑上运行的程序（当时 Mac Paint 还未完成）。”不仅如此，乔布斯在接待比尔·盖茨等人时的态度，也让比尔·盖茨非常反感，他回忆道：“当时我有种被骗的感觉。因为，史蒂夫在接待我们的时候，对我们说了句：‘我们也不是真的很需要你们，我们正在做的这个东西很伟大，许多东西都需要保密。’他说这句话无非就是在暗示：‘我不需要你，但会考虑让你参与进来。’这真的让我难以忍受。”

不仅如此，就连 Mac 团队的其他“海盗们”也让比尔·盖茨有些难以忍受。如赫茨菲尔德曾回忆道：“比尔并不是个很好的听众，他经常会打断我们的介绍，自己推测某个产品的用法，或是猜想某个软件是怎样运作的。”如赫茨菲尔德在向比尔·盖茨展示麦金塔电脑的光标如何在屏幕上快速而流畅地移动时，比尔·盖茨就突然发问道：“你是用什么硬件来模拟出那个光标的？”赫茨菲尔德便非常自豪地对他说，他们只是靠着一款小小的软件就实现了这一功能，并没有运用任何特殊的硬件。比尔·盖茨却不信，且坚持认为赫茨菲尔德撒谎了，若是没有其他硬件支撑，屏幕上的光标怎么出现如此流畅的移动效果呢？听到比尔·盖茨的话后，布鲁斯·霍恩对赫茨菲尔德说道：“你还跟这样的人说什么呢？他根本就不是那种可以理解 Mac 电脑的伟大之处的人。”

虽然在这一次的参观过程中，双方人马之间闹了一点不愉快，但这无伤大雅，结果还是很令双方满意的。尤其是比尔·盖茨，一想到微软能为 Mac 电脑制作图形界面软件，并借此将个人电脑带入一个全新的境界，他就非常兴奋。因此，在参观结束后，双方就达成了协议，由微软公司为 Mac 电脑开发一系列的软件。

很快地，微软就组建了一个团队专门负责 Mac 电脑软件的研发项目。比尔·盖茨回忆道：“当时我们在 Mac 项目上投入的人手比苹果公司的还要多，当时的他们只有十四五个人，而我们却有 20 人，当时我们真的是把微软的未来全都押在 Mac 电脑上了。”不过，在刚开始的时候，微软的那群程序员的表现很让乔布斯不满，好在他们的坚持赢得了乔布斯的认可。乔布斯对此回忆道：“刚开始的时候，他们做出的东西都是垃圾，好在他们及时改了过来，并做出了不错的东西。”

后来，微软在开发出全新的电子表格软件 Excel 时，乔布斯对此办公软件十分喜爱，为了让这款软件出现在 Mac 电脑上，他还和比尔·盖茨达成了一个秘密的协议，即在未来两年内，微软若是只为 Mac 电脑做 Excel，而不为其他电脑公司开发个人电脑的版本，他可以撤掉 Mac 电脑的 BASIC 团队，并一直使用微软的 BASIC 程序进行开发。精明的比尔·盖茨听到乔布斯的这个提议后，知道自己很有可能会从中获得巨大的利益，因此他立刻就接受了。不过，这件事激怒了苹果公司因此而遭到解散的 BASIC 团队成员，同时也为微软在与苹果日后的对抗中取得了一定的优势。

微软和苹果暂时取得了不错的关系，准确地说，应是比尔·盖茨和乔布斯之间的关系还算不错。在他们两人达成秘密协议没多久，他们两人还曾一同前往行业分析师本·罗森在威斯康星州日内瓦湖举办的一次聚会。当时与会的众人，除了乔布斯二人外，没人知道苹果正在开发图形界面。虽然他们在会上也透漏了一点信息，但没人相信，这让他们二人既得意又有些失落。从威斯康星州回来之后，比尔·盖茨就成了苹果公司的常客，甚至在苹果公司的每次聚餐晚宴上，都能看到他的身影，仿佛他就是苹果的一分子。

不过，好景不长，苹果和微软之间还是出现了一些不和谐的事情。当初，双方在协议中规定，将微软的一些应用程序，如 Excel、File 和 Chart 等在换上苹果的商标后，与苹果自己开发的软件 Mac Paint 和 Mac Write，一起预装在 Mac 电脑中，进行捆绑销售。刚开始的时候，比尔·盖茨觉得这个协议非常棒，因为这样一来他们就不用自己销售这些软件了，只要卖出去一台 Mac 电脑，每台电脑上的每个程序都能给他带去 10 美元的收入。不过，由于微软的一些软件程序没能按照乔布斯的要求按时完成。结果，乔布斯便决定不在 Mac 电脑中预装微软的软件。如此一来，微软就得自己动手将这些软件卖给消费者了。

刚开始的时候，比尔·盖茨并没有抱怨太多，因为他发现，乔布斯的这一决定看似损害到了微软的利益，实际却是给了微软赚到更多 money（钱）的机会。后来，微软在将他们做出来的那些办公软件售卖给其他个人电脑开发商后果然大赚了一笔。不仅如此，微软在为其他操作平台的个人电脑开发出 Word 之后，就立即停止了 Mac 版 Word 软件的开发，这让苹果公司蒙受了不小的损失。

不过，让乔布斯更想不到的是，正是他当初这个取消捆绑的决定，竟使得微软和苹果正式走上了对立面。而微软更是利用与苹果合作的这段时间，掌握了一些图形界面的核心技术，开发出了 Windows 操作系统，并靠着其强大的软件开发能力，曾一度将苹果公司逼上了绝路。

强盗与小偷

“比尔就像是个‘小偷儿’一样，没有一点儿廉耻之心，竟然完全盗用了我们的东西。”

——在微软“盗用”了苹果的图形界面技术后，乔布斯如是说

自与微软合作伊始，乔布斯就对微软有所防备，他可不想自己的图形用户界面被微软盗取，并借机开发出自己的操作界面。因为当时的微软已经开发出了 DOS 操作系统，并授权给了多家电脑公司使用。

当时，微软开发出来的 DOS 系统，采用的是极为老式的命令行界面，显得小而呆板，与 Mac 电脑那优美的图形界面相比，简直就是一个小乞丐和高贵的公主相比一般，乔布斯和其团队都很担心微软抄袭 Mac 电脑的图形界面的技术。

如安迪·赫茨菲尔德就曾注意到，微软方面的负责人，曾就 Mac 电脑的操作系统的运作细节问了很多问题。后来，他将此事告诉乔布斯，并对他说微软有意抄袭 Mac。乔布斯深知这件事的重大，也非常担心微软的抄袭行为，但他又不想在自己的下属面

前表现出来，只得强作镇定道："微软就算有了Mac作为范本，也开发不出像样的操作系统。"

实际上，比尔·盖茨确实有意于Mac电脑的图形界面，并看到了这种图形界面的未来。作为天才，他相信自己有能力也有权利像苹果一样，根据施乐PARC所开发的这种操作界面，开发出一款属于微软的图形界面。后来，盖茨也曾坦率地承认此事道："当时，我们也有这么想过，毕竟我们也见识过施乐PARC的成果，并对这种图形界面很感兴趣。"

双方之间虽然互有猜忌和防备，但研发工作还在继续。不过，有许多事情并不是有所防备就能避免得了的。如在刚开始的时候，乔布斯决定于1983年1月发布Mac电脑。因此，苹果与微软在签订合同之初就曾规定：微软在一年之内不得将任何与图形界面有关的软件卖给其他公司。也就是说，在1984年1月之前，微软所开发出的一切与图形界面程序与软件只得与苹果合作。但不幸的是，苹果电脑非但没能按时发布，还延后了整整一年的时间。

很快，苹果公司所担心的事情就发生了。1983年11月，比尔·盖茨对外宣布，微软准备为IBM开发的个人电脑研发一种类似于苹果图形界面的操作系统——Windows1.0。苹果公司对此虽然非常不满，但又无可奈何，因为苹果此前曾正式授权微软将相关的专利技术用于Windows1.0的研发。也就是说，微软此举完全在其权利范围内，这些都是他们在最初的合同中定下的条款，即便是起诉到法院，苹果也得不到什么好处。

随后，比尔·盖茨又趁热打铁，在纽约的赫尔姆斯利大饭店（Hebnsley Palace Hotel）召开了一次产品发布大会。紧接着，他又飞到"赌城"拉斯维加斯参加了一次计算机分销商展览会（COMDEX），并在会上做了一次激动人心的演讲，指出了图形界面对于计算机的发展将会"超级重要"，至于鼠标等硬件也将成为一台电脑的标准配置。

乔布斯对于比尔·盖茨的行为相当愤怒，可他一点办法都没有，因为他们之间的合同就要到期了。但乔布斯又怎么会善罢甘休？既然行为上不能阻止，那他只好借助于语言对其进行猛烈的抨击。因此，在盛怒之下，乔布斯对着负责向其他软件公司宣传苹果的迈克·贝尔奇吼道："马上把比尔给我叫过来。"

比尔·盖茨接到通知后，他知道乔布斯想要做什么。对此，他回忆道："我知道他叫我来是想冲我发脾气，但我并没有觉得我做错了什么，我们当时在做Windows操作系统，而且还将整个公司都押在了上面。"

后来，盖茨一个人来到了Mac团队的基地。虽然他很想和乔布斯坐下来好好讨论这个问题，但乔布斯似乎并不想给他这个机会。当时，他们是在乔布斯的会议室里见的面，而围在比尔·盖茨周围的人却有十多个，他们都想看看乔布斯将如何处理这件事。赫茨菲尔德对此回忆道："刚开始的时候，史蒂夫一直对着比尔大呼小叫，并对微软盗用我们的东西表达了强烈的不满。"不过，比尔·盖茨在最初的时候，就像入定的高僧一般不发一言，只是冷静地坐在那里直视着史蒂夫的眼睛，待乔布斯停下来之后，他才反驳道："史蒂夫，我觉得我们可以换一种方式来看待这个问题。首先，我要明确地告诉你，Windows 可没有抄袭 Mac。我想你应该知道，我们两家其实都是从施乐那里偷学到的这种图形用户界面技术。既然你能进入施乐的'房间'里偷走他们的'电视机'，那我为什么不能进去偷走里面的'音响'呢?"

听到比尔·盖茨的话后，乔布斯有些哑火了，他理解对方话中的意思，但他就是忍不住想要发火。好在，他之前的情绪虽然非常激动，但并没有突破自己的底线。因为，他清楚此刻的苹果和微软就像一座山中的两只老虎，既然无法将对方彻底除掉，那就只能想办法同生共处。

在乔布斯发完火后，比尔·盖茨非常平静地向乔布斯演示了一下微软正在研发的 Windows 操作系统。对此，比尔·盖茨回忆道："我本以为史蒂夫会说：'你看，它真的违反了合同中的某些协议。'但他没有，只是指着电脑屏幕说道：'哦，你们做的就是一堆狗屎。'"在绝大多数情况下，若是有人指着自己的作品说是"一堆狗屎"，相信很多人都会很不高兴的。但比尔·盖茨听后很高兴，因为他知道若是乔布斯这样说话，那他就有机会让乔布斯暂时平静下来。所以，比尔·盖茨当时就回应道："你说得不错，但它是一坨儿可爱的狗屎。"

对于比尔·盖茨的回答，乔布斯也不知道该如何作答了，他也没有想到对方竟会如此爽利地承认。沉默了一会儿之后，他又提议到外边转转，比尔·盖茨自然不会拒绝。他们在路上走了很长一段时间，而乔布斯也在思考了很久之后才对比尔·盖茨说道："就这样吧，只要你们做出来的东西别太像我们的东西就行了。"随后，他又要求微软要继续为 Mac 电脑编写应用程序。对于这样的结果，比尔·盖茨自然十分高兴，对于乔布斯的要求也一并答应了。

继乔布斯之后，苹果 CEO 斯卡利也曾找到比尔·盖茨，并威胁他若是不停止 Windows 的开发工作，就会将其告上法庭。对此，比尔·盖茨则以停止开发 Mac 版的 Word、Excel 等程序作为威胁，迫使斯卡利与之妥协，并与其签署了一份合同，同意微软可以在其研发的 Windows 系统中使用苹果的部分图形界面技术。当然了，此时的比尔·盖茨也不想彻底得罪苹果，他在同意继续为 Mac 电脑编写软件的基础上，还对苹果做出承诺，即在一段时间内，只有苹果电脑可以使用 Excel 软件，其他人都不会得到授权。

1985 年秋，在 Mac 电脑发布一年半后，微软才正式推出了 Windows1.0 版操作系统。不过，它并不像 Mac 电脑上的图形界面那般完美，怎么看都是一套劣质的操作系统。比方说，Windows1.0 界面上的图标都很古板，窗口四四方方地平铺在界面上，打开的时候一点儿平滑感都没有，更不具备 Mac 电脑所具有的重叠窗口功能。因此，Windows1.0 在发布之初，就遭到了很多人的嘲讽。不过，比尔·盖茨可不是一个轻易服输的人，在他的领导下，他们化嘲讽为力量，不断地对 Windows 操作系统进行改进，从最初的 Windows1.0，到后来的 Windows95，再到现如今的 WindowsXP、Windows7 等，微软的操作系统几乎已经主宰了整个操作系统领域。

其实，乔布斯当初的愤怒之情是可以理解的。我们都知道，苹果公司一直都致力于创新，他们的产品都是精心设计出来的，哪怕是一个细节他们都会精益求精。可事实证明，拥有最好最富创新意识的产品并不一定会是最后的赢家。比方说微软，他们在刚开始的时候，虽然只做出了一系列粗糙的复制品，但它最后赢得与苹果的操作系统之争。如自 Windows1.0 发布后，苹果便对微软开始了长达近十年的诉讼。但每次法院都以“Windows 的操作系统虽然与苹果的很像，但不是一个东西”为由，驳回苹果的诉讼请求。因此，在近十年的诉讼活动中，苹果一直都未打赢那场官司。

多年之后，乔布斯这个曾经的“海盗头子”对此依然耿耿于怀，甚至还曾公开宣称道：“比尔就像是个‘小偷儿’一样，没有一点儿廉耻之心，竟然完全盗用了我们的东西，他们根本就没有自己的见解，也不会在产品中注入更多的内容。当然，我对他们的成功并没有异议，也觉得大部分的成功都是他们应得的。但有一点很难让我接受，那就是他们的成功，竟然全都是靠着从我们这里偷去的技术而做出来的三流的产品取得的。”

不过，令乔布斯更加没有想到的是，微软后来竟凭借着这些“三流”产品，将苹果给逼到了绝路之上，甚至差一点儿让苹果公司成为历史。由此来看，我们就能理解乔布斯为什么会对比尔·盖茨如此恼恨了。

荣耀中失控

对 IBM 的不屑

“如果 IBM 不主动退出个人电脑市场的话，我们将会让它吃不了兜着走。”

——在 IBM 推出自己的个人 PC 后，乔布斯如是说

苹果与 IBM 的恩怨由来已久，如乔布斯在创业之初，就曾大胆地斥责 IBM 为计算机界的独裁者。之后，苹果公司推出的 Apple Ⅰ 和 Apple Ⅱ 虽然压了 IBM 一筹，但作为老牌计算机产业巨头，IBM 的底蕴并非苹果这个刚成立不久的公司所能比拟的。

因此，1981 年 8 月底，经过几年的蛰伏，IBM 强势推出了他们的个人 PC，并引起了业界内的一阵惊慌。乔布斯也不例外，但他没有表现出来，他只是让自己的团队去买了一台回来研究。结果，大家一致认为，IBM 公司推出的这款个人 PC 有着笨重而又硕大的机身，技术老套不说，还毫无创新意识，操作复杂（IBM PC 用的是命令行提示符），性能低下，总之就是一款非常糟糕的作品，根本就无法与苹果公司正处在研发状态中的丽萨电脑和 Mac 电脑相比。他们坚信，只要等到丽萨电脑或 Mac 电脑问世之后，肯定能够灭掉 IBM 公司那嚣张的气焰。如 Mac 团队的克里斯 · 埃斯皮诺萨在对其进行研究之后，就觉得它很失败，并对其评价为“性能低下，毫无创新”。

说实在的，苹果的员工有些过于自信了，他们根本就没有意识到，许多大型企业更愿意从 IBM 这个老牌计算机企业购买产品，而不会从他们这个刚成立不久，而且还是水果命名的公司购买产品。在 IBM 发布个人 PC 的那天，比尔 · 盖茨也在苹果总部参加一场会议。对此，他回忆道：“史蒂夫等人根本就没有将 IBM 的举动放在心上，到一年后，他们才认识到此事的严重性。”

不过，即便是在感受到 IBM 的威胁之后，乔布斯也只是有些紧张罢了，如他曾对

自己的下属说道："苹果公司就要和 IBM 展开竞争了，假如我们因为某种原因而出现了重大的失误，并输掉这场竞争，那我们在今后的 20 年中，就会一直被 IBM 压着打，我们的产品销量也会因此而一蹶不振，甚至会影响到新软件或程序的开发与设计。"接着，他又对众人说道："如果你考察过大型计算机市场的话，你就会发现，IBM 自 15 年前垄断整个大型计算机市场以来，他们的技术居然没有任何革新，就连他们前段时间发布的个人 PC，也只是一台重新包装过的 AppleⅡ而已。"

除了乔布斯外，马库拉也对 IBM 推出个人 PC 的举动流露出了不屑。他曾就 IBM 的个人 PC 评价道："我们计划并等待 IBM 进入个人电脑市场已经四年多了。现在我们有着强大的磁盘驱动器、软件库、分销系统以及 30 万名安装用户，面对这些成就，IBM 只有招架的份儿。他们若想打败我们的话，除非发生第三次世界大战。很显然，这是不可能的。"

不仅如此，在 IBM 推出个人 PC 的第三天，苹果公司就在著名的报刊《华尔街日报》上刊登了一篇题为《IBM，我们真心欢迎你的加入（Welcome，IBM. Seriously）》的广告，其文章大意如下：

"欢迎 IBM 公司，我们真诚欢迎你们和我们合作。同时也欢迎你们进入这个自 30 年前就已经发生变革的计算机市场，在这里你们会发现很多激动人心的事情。现在，我们要祝贺你们研发出了世界上的第一台个人计算机，让我们通过使用计算机，提高了工作的效率，改变了人们的学习和思考方式，使得人们对计算机的操作能力很快就成为与读书、写字一样重要的基本技能。"

"在我们研发出第一套个人电脑系统时，我们就预感到，在全世界范围内将有 1.4 亿人意识到计算机的好处，并购买我们的计算机。按照现在的行情分析，明年我们将会售出 100 万台电脑。当然了，在你们加入之后，我们非常希望我们之间能够有着激烈而又良性的竞争，争取将美国的计算机技术传播到全世界的每一个角落。因此，我们真的非常欢迎你们能够加入我们的队伍中来。"

在这篇文章中，苹果把即将到来的电脑产业大战，定义成了苹果和 IBM 两家之间的竞争，至于其他电脑公司，如康懋达公司、坦迪公司（Tandy）等，都被其自动忽略了。尤其是苹果在看到 IBM 个人电脑投放市场之初的反映后，更是对 IBM 不屑一顾，根本就没有意识到 IBM 对其的潜在威胁性，而这也为其后来的惨败埋下了伏笔。

对于 IBM 刚刚上市的个人电脑，乔布斯只是把它当成了苹果电脑的配角，在他看来，只有苹果电脑才会是最后的赢家。为此，他在发表完那篇文章之后，还曾向 IBM 公开挑衅道："如果 IBM 不主动退出个人电脑市场的话，我们将让它吃不了兜着走。"可是，随着事态的发展，最后吃不了兜着走的竟是苹果公司，而不是 IBM。

IBM 作为一个老牌电脑品牌，早已在公众中树立起了良好的声望，而这正是苹果这个新生代的公司所不具有的资源。因此，就在苹果公司对 IBM 的产品不屑之时，IBM 却凭借着其强大的品牌效应，迅速在个人电脑市场站稳了脚跟。到了 1981 年底，仅仅 4 个月的时间，他们就售出了近 5 万台个人电脑。1982 年，IBM 的个人电脑销量就达到了 24 万台，与 AppleⅡ的 27.9 万台销量相差无几。直到这时，苹果公司才开始认真对待这件事情，并决定用 1983 年推向市场的丽萨计算机来抗衡 IBM 的个人电脑。

但是，丽萨电脑并没能成功地抢夺到 IBM 的潜在用户，其中的原因有很多，主要有三点：一是丽萨电脑的售价过高（9995 美元）；二是丽萨电脑的硬件设施不能与市场上的其他软件兼容，只能应用几款捆绑程序；三是丽萨电脑的芯片过于老旧，无法胜任所有的信息处理工作。此外，再加上 IBM 于 1982 年顺应了美国政府对其提出的反垄断指控，开放了 IBM 个人电脑的标准，并随之成为行业标准，使得惠普、戴尔、康柏等电脑制造商只能生产与 IBM 相兼容的电脑，而苹果公司却不愿意开放自己的技术标准。综上种种，即便是丽萨电脑的软件程序要比 IBM 的更加先进，其操作系统也要比 IBM 的 DOS 操作系统先进许多，人们还是愿意选择 IBM 而不是苹果。

因此，到了 1983 年时，IBM 个人电脑的销量就已经达到了惊人的 130 万台，占据了近 1/4 的个人电脑市场。而苹果公司只有 AppleⅡ销售出去了 42 万台，至于同年发布的 AppleⅢ和丽萨电脑都以失败而告终，其年销量竟然连 IBM 的 1/3 都不到，这让苹果公司再次感受到了 IBM 带给他们的压力。但木已成舟，他们只能将希望寄托在即将上市的 Mac 电脑上，并想借助 Mac 电脑打个漂亮的翻身仗。

“年度人物”风波

“纽约的那些编辑们（《时代》周刊的编辑）都放弃了让我成为‘年度人物’的决定，这让我很伤心。”

——在回忆自己未被评为 1982 年的“年度人物”时，乔布斯如是说

1982 年年末，《时代》周刊的编辑们曾向苹果公司提议，准备在 1983 年的第一期期刊上，登载一篇关于苹果公司事迹的文章，用以纪念第一台个人计算机的问世。对于这件事情，马库拉、乔布斯等人都非常高兴，尤其是乔布斯，他觉得自己将会成为《时代》杂志上的“年度人物”。

早在 1982 年 2 月，乔布斯就曾登上过《时代》周刊的封面，当时的封面文章是由《时代》周刊驻旧金山的记者米歇尔·莫里茨执笔的，对于他的文笔，乔布斯相当喜欢。因此，这一次乔布斯便提议由米歇尔·莫里茨负责这件事，同时还允许他到苹果公司做长期的采访，就连一向机密的 Macintosh 研讨会议，也会让他参与进去。

不过，让乔布斯没有想到的是，他未能如愿以偿地登上《时代》周刊的封面，成为“年度人物”，取而代之的则是一台电脑。只是在报道这个封面主题的文章之后附了一篇介绍乔布斯的报道，而文章标题则是《乔布斯的创业新篇章》。

当时，那期《时代》周刊出版后不久，邮递员就将一本《时代》周刊交到了乔布斯的手中。乔布斯在接到后，先是看了眼封面，结果他只看到一个电脑而非自己的头

像，这让他有些失望。接着，他又打开杂志浏览了起来，且很快就发现那篇有关自己报道的文章。

在那篇文章中，《时代》周刊好像在故意渲染史蒂夫的缺点。不论是乔布斯还是其他人，只要有人看到那篇文章，肯定会有不少人觉得，乔布斯就是一个没有任何创造和设计才能的人，而他所谋取的巨额财富都是靠着别人的研发成果而取得的。如在篇文章中就记录着沃兹曾说过的一句话："史蒂夫从没有设计过任何东西，哪怕是一块电路板、一条程序编码等。"除了沃兹外，这篇文章中还记录了其他不少人对乔布斯的评价。如有一个自称是乔布斯好友的人，在面对米歇尔·莫里茨的采访时这样说道："在很多时候，史蒂夫的行事风格一点儿都不灵活，时常让人难堪。"其实，这并不算什么，乔布斯对于这种评价早就习惯了。不过，让乔布斯有些受不了的是，他的这个隐匿姓名的好友，在攻击他的同时，居然还对沃兹大加赞扬，这样他非常生气，并大骂那个对他不忠的"好友"。

"好友"的不忠虽然让乔布斯非常生气，但是最让乔布斯恼怒的是在这篇文章中，还披露了他有一个被他抛弃的女儿——丽萨的秘密。不仅如此，文中还提到了乔布斯曾说过的那句"整个美国有近三成的男性都有可能是那个孩子的父亲"，这简直让乔布斯愤怒到了极点。在看完文章后，他就已经知道是谁说出了自己的这个秘密。随后，他便扔掉手中的杂志，愤怒地冲到科特基工作的办公隔间，当着全体 Mac 员工的面，对着科特基痛骂了一顿。对此，科特基回忆道："当时莫里茨问我乔布斯是不是有个女儿叫丽萨，作为史蒂夫的朋友，我不想让他成为一个否认自己有个孩子的浑蛋，所以我对他说'是的'。可是，史蒂夫并不理解我，他对我的做法很生气，觉得是我冒犯了他，并当着所有人的面说我背叛了他。"

在看到这样的报道后，没人会不生气，乔布斯也不例外。因此，乔布斯在骂完那些把自己的私生活爆料给媒体的不义之徒后，又将怒火烧到了米歇尔·莫里茨那里，虽然米歇尔·莫里茨一直都未接乔布斯的电话，但他还是听到了乔布斯那恶毒的以及带有威胁性的语言。在愤怒之余，乔布斯又在苹果公司发下禁令，严禁米歇尔·莫里茨踏入苹果公司，同时还不让苹果的任何人与他接触，一经发现就立即开除。

不过，米歇尔·莫里茨也不是什么软柿子。作为回应，他很快就出版一本采访撰记《小王国》，在这本书中，他披露了更多乔布斯不愿让外人知道的私密，如他在年轻时曾整日里与嬉皮士鬼混、吸食过迷幻剂以及跟女友同居之类的事情，全都被他公之于众。这一下，乔布斯可真成了"年度人物"了，只不过全是负面的报道。

对于没能成为真正的"年度人物"，这真的令乔布斯非常伤心。后来他对此回忆道："当时我才 27 岁，而《时代》周刊就已经决定让我成为'年度人物'了，那种感觉真的很酷。不过，在我看到前来采访我的米歇尔·莫里茨时，我从他的眼中看到了嫉妒。因为，作为同龄人，我在事业上已经非常成功了，而他却还只是一个编辑。不过，我却没有想到，他竟然利用手中的工具，用最恶毒的语言对我进行了诽谤，以至于纽约的那些编辑们都放弃了让我成为'年度人物'的决定，这让我很伤心。"

事实上，这只是乔布斯的一厢情愿，并不是因为米歇尔·莫里茨嫉妒乔布斯才那样写的。关于乔布斯的那篇报道是由一位负责摇滚音乐信息采集的编辑杰伊·科克斯撰写的，他在看到米歇尔·莫里茨的文章后，便断章取义，从中截取了一部分加以改写，并加入了一些八卦消息，最后便成为乔布斯看到的那篇文章。不过，米歇尔·莫里茨还是有些责任的，因为他并没有阻止杰伊·科克斯的改写行为，而是采取了默认的方法。所以，乔布斯才会在盛怒之下将矛头指向了他一人。

另外还有一点，当年的那些编辑们，从一开始就决定将“电脑”作为封面“人物”而不是某个具体的人。为此，他们还专门请来了著名的雕塑家乔治·西格尔雕刻了一台电脑，并将其作为封面上的图像。也就是说，乔布斯从未被定为“年度人物”，从他接到《时代》周刊的采访通知时，他就有些想当然了。如当时曾参与过这件事的一名编辑雷·凯夫回忆道：“我们并没有考虑过乔布斯，因为我们的目的是纪念第一台个人计算机的问世。所以，出现在封面上的只可能是一个无生命的物体，而不是某个人。”

其实，乔布斯的想法很简单，他只是希望由自己来控制外界对他的描述，无论他之前多么的浑蛋，他都想通过媒体将自己塑造成一个令人喜欢的形象。不过，他越是努力控制，有关于他的八卦报道就越多。甚至还有不少的小报记者，更是深入“敌后”，搜集乔布斯的一切“罪证”，然后再加以编造，以吸引人们眼球。也正因此，这些人都被乔布斯视为敌人。尤其是在此次“年度人物”风波之后的很多年中，乔布斯就很少再接受媒体的采访了。以至于在很多时候，人们只能在苹果的产品发布会上见到那个睥睨天下、指点未来的乔布斯。

苹果寻找总裁

“我和苹果的关系永远不会断，我希望在自己的一生中，我个人的生命历程可以和苹果的发展交织在一起，就像那幅织锦一样。虽然我会有几年不在苹果，但我一定还会回来的。”

——在被斯卡利逐出苹果时，乔布斯如是说

1982年秋，丽萨电脑已经准备好了在来年春天的发布活动。而且，根据前期的用户体验反馈，丽萨电脑有着不错的反响，这令苹果公司上下都颇受鼓舞。不仅如此，还有一件事情值得苹果公司的员工高兴，那就是 Apple Ⅱ 的订单非但没有因为要发布丽萨电脑而有所削减，甚至还有所增加。不过，在众人欣喜之余，还有一件事情亟须解决，那就是关于公司 CEO 的人选。

作为苹果公司的三巨头之一，迈克·马库拉对于权力并不像乔布斯那样执着。他从来都没有想过要当苹果的 CEO，他只想靠自己所持有的苹果股票期权过着豪华的生活，驾驶着自己私人飞机到处游玩，而不是整日里为公司内的各种纠纷而头疼。但在他被迫赶走了迈克·斯科特后，不得不暂时坐到了苹果 CEO 的位置上。不过，他在上任之前就曾答应过自己的妻子，只要找到合适的人选，他会立即让出这个职位。

可是，到了1982年底，在近两年的时间里，马库拉一直都未找到合适的人选。此时，他的妻子便有些不耐烦了，甚至还给他下了最后通牒，让他马上为自己寻找一个接班人。在此期间，乔布斯虽然也曾想过由自己担任公司的CEO，不过他还是有些自知之明的，至少他知道当时的自己并没有能力管理好苹果公司。而且，马库拉也觉得乔布斯现在还是有些不成熟，做事过于冲动，还不适合担任苹果的CEO。因此，他们只得在苹果公司之外寻找合适的人选。

不过，这并不代表乔布斯没有想法。即便是他不能出任CEO，他也希望找到一个能够默契配合自己，并能供他驱使的CEO，那样才能保证他将自己关于产品和公司未来的想法，毫无障碍地贯彻到公司日常运营中。

在物色的所有人中，他们只看中了两个。其中，他们两人都很看好的人是IBM个人电脑项目的研发者和产品上市的负责人唐·埃斯特里奇。当年，苹果在推出Apple Ⅱ并大获成功之时，IBM在慌张之中，于1980年从公司内挑选出了12名最为优秀的工程师研发IBM个人电脑，要求他们必须在一年后完成并上市。而在这12个人中，贡献最大的就是唐·埃斯特里奇，正是在他的带领下，IBM在个人电脑的领域内才真正走向了成熟，拥有了与苹果公司在个人电脑市场上叫板的资格。

乔布斯和他的Mac团队虽然对IBM的个人电脑不屑一顾，但是乔布斯对于埃斯特里奇的才华非常赞赏。在他的身上，乔布斯仿佛看到自己身上所特有的那种上进心和创造力，甚至连对方的那点叛逆也与自己十分相像。

为了能够拉埃斯特里奇入伙，乔布斯亲自飞到博卡拉顿找到埃斯特里奇，对他开出了100万美元的年薪以及100万美元的签约奖金。按照乔布斯的想法，如此丰厚的条件足以打动任何一个人。但是，埃斯特里奇拒绝了乔布斯的邀请，而他拒绝的理由也很简单："我喜欢做海军，而不是当海盗。"

关于第二个人选，则是乔布斯看中的百事可乐前总裁约翰·斯卡利。早在1977年，在百事可乐被可口可乐打压得毫无还手之力时，正是在他的带领下，百事可乐公司才得以走出困境，破除了可口可乐的钳制，打了一个漂亮的翻身仗。不仅如此，在经过多次的接触之后，乔布斯还感觉到，斯卡利在管理方面确实有着其独到之处，而这一点正是他所欠缺的。若是能够请到斯卡利做苹果的CEO，那么乔布斯也可以随时向他请教，补足自己的缺点，将自己培养成真正有资格管理苹果的人。所以，在众人（包括苹果其他董事及斯卡利在内）还在为此而犹豫的时候，他就认定了斯卡利就是苹果的CEO。

不过，乔布斯显然还是有些一厢情愿了，他高估了自己与斯卡利之间的默契度和互补程度。作为职业经理人，斯卡利的管理水平虽然要胜过斯科特许多，但是他和斯科特一样，根本就不可能真正理解乔布斯关于个人电脑技术与苹果公司未来的构想。而乔布斯这个向来不喜欢按常规出牌的人，也不可能真正学会斯卡利那一套严谨、务实的思维方式，这也就为他们日后的冲突以及他被斯卡利逐出苹果公司，埋下了伏笔。

说服斯卡利

“你是想卖一辈子的糖水，还是想和我一起改变这个世界？”

——在游说斯卡利加入苹果时，乔布斯如是说

约翰·斯卡利，作为百事可乐公司的前任CEO，他在未到苹果就任之前，有着辉煌的成绩。为此，有很多猎头公司都想来挖他的墙脚，可他就像铁板一样，任谁都挖不动。不过，1982年底的一个电话改变了这一切。

打电话过来的人是他的好友杰里·罗奇，此人是纽约最著名的猎头之一。在接到这个老友的电话时，斯卡利就预感到了这个电话非同一般。因为以他和罗奇的关系，除非有着极具诱惑的条件，否则他是不会给自己打电话来挖墙脚的。

电话接通后，杰里·罗奇便开门见山道：“约翰，想换换工作吗？”斯卡利则笑着回应道：“罗奇，这么多年了，难道你还不了解我吗？百事就是我的一切，我对其他机会是不会感兴趣的。”电话那头响起了杰里·罗奇的声音：“我当然了解你，不过，你也知道，若是没有绝好的机会，我是不会给你打电话的。尤其是今天我给你说的这个机会，你一定会为之心动的。”

听到杰里·罗奇的话后，斯卡利倒被提起了一丝兴趣，他想听听是到底什么样的机会竟能有着让自己离开百事可乐公司诱惑力。接着，杰里·罗奇便对斯卡利讲述了乔布斯、沃兹等人的传奇故事，并对他讲明了苹果公司已经为找到一个合适CEO而忙了好几个月了，希望斯卡利能够找个机会和那群才华横溢，却又个性十足的年轻人见上一面。

对于苹果公司，斯卡利还是了解一些的，因为他的办公桌就有一台AppleⅡ。他对这台灵巧、方便的机器非常喜欢。现在，他有这么一个机会，可以和发明AppleⅡ的年轻人接触，而且，对方还为他提供了一个CEO的职位！即便是经历过无数风浪的斯卡利，在初听到这个消息的时候，也有些惊讶得说不出话来了。

斯卡利之前虽然从未想过要离开百事，但在听到杰里·罗奇的话后，他有些动摇了。经过一夜的思考后，第二天早上，他就给杰里·罗奇回了一个电话，表明他虽然对苹果这家公司很感兴趣，却不值得他拿自己的前途做赌注。不过，在杰里·罗奇的劝说下，他还是同意到硅谷一趟，与开发了AppleⅡ的那群年轻人见上一面。

1982年12月下旬，斯卡利来到了苹果位于库比蒂诺的总部。当时，负责接待他的是迈克·马库拉。在简短的会谈之后，马库拉便带着他来到乔布斯的办公室，这也是他和乔布斯的第一次会面。在见到乔布斯之前，关于乔布斯的事情，他就听说了很多，不过在真的见到乔布斯的时候，他还是有些吃惊。据斯卡利回忆道：“史蒂夫的办公室就像是一个很大的活动中心，外面有很多人都站在办公室外等着进去，而办公室内的电话则响个不停。不过，最让我感到惊奇的是，引领人们进入个人电脑产业时代的乔布斯的办公室里竟然没有一台电脑，而只是四处散落着各种电子配件和包装。”

在见到斯卡利时，乔布斯也对其表示出了极大的兴趣，并非常热情地对他说道："我是史蒂夫·乔布斯，很高兴你能来到苹果。"对此，斯卡利则赶紧回应道："我必须让你知道，我来这儿并不是为了应聘那份工作。"乔布斯则答道："我明白，不过，能见到你，听你讲些市场营销中的经验，我就已经非常高兴了。"

中午，乔布斯等三人来到苹果公司附近的一家餐馆就餐。乔布斯和往常一样，点的依旧是素食主菜和水果沙拉。刚开始的时候，乔布斯只是坐在一旁听着马库拉和斯卡利的交谈，偶尔还会插上一两句话。后来，在斯卡利谈到 AppleⅡ给他带去的一些麻烦时，乔布斯才插言道："我们现在做的就是改变人们对于苹果电脑的使用方式。"随后，他才开始滔滔不绝地向斯卡利介绍有关 AppleⅡ的各种改进想法。在这次会面即将结束的时候，乔布斯还对斯卡利言道："我相信苹果公司在不久的将来会成为世界上最棒的电脑公司，远比 IBM 棒得多。"

乔布斯在第一次虽然没能留下斯卡利，但是在斯卡利的心中埋下了一颗种子，只要时机成熟，这个颗种子就会发芽并长成参天大树，到时候所有的事情自会水到渠成。比方说斯卡利在返回纽约的飞机上，还在想着自己与乔布斯会面时的情景。虽然他当时还不想离开百事可乐公司，但他对乔布斯和苹果公司产生了浓厚的兴趣。

1983 年 1 月，乔布斯等人带着丽萨电脑在纽约举行发布会。在发布会前夕，乔布斯第二次约见了斯卡利。当斯卡利来到乔布斯下榻的酒店房间内时，他看到了苹果公司的一群年轻人都聚集在乔布斯的房间内，那些人都是为即将发布的丽萨电脑做宣传的。乔布斯在看到斯卡利到来后，非常热情地和他打招呼道："嗨，约翰，你来啦！你看我们的丽萨棒极了，几乎每个见过它的人都喜欢上了它，你若不信的话，我现在就可以演示给你看。"说完之后，乔布斯也不待斯卡利回答，就迫不及待地打开了丽萨电脑，这也使得斯卡利成为除苹果公司员工以外，最早见过丽萨电脑图形用户界面（GUI）的少数人之一，而斯卡利也为丽萨电脑那改变人机互动的"革命性"和"不可思议"而震惊了。

此时的斯卡利已经有些相信了，没有哪家电脑公司比苹果更有激情和创造力了。即便他当时仍然没有做好离开百事可乐公司的准备，但与上个月的见面相比，他的内心已经承认了苹果公司。不仅如此，他还打定主意，假如自己在百事可乐公司不顺的话，他会选择到苹果工作的。

当天晚上，斯卡利和乔布斯等人聊了许久，内容既有市场营销方面的经验，也有其关于个人电脑的未来走向的看法等。据约翰·库奇回忆道："在谈话结束后，史蒂夫在回来的路上一直念叨着：'今天晚上真是太兴奋了。'"不仅乔布斯如此，斯卡利在回到家中之后，也因兴奋而难以入眠。对此，斯卡利回忆道："跟史蒂夫打交道要比跟装瓶工沟通有趣多了，在他的刺激下，我内心那蛰伏已久的激情已经有些蠢蠢欲动了。"

第二天早晨，杰里·罗奇给斯卡利打电话道："我并不想知道你和史蒂夫到底干了些什么，我现在只想告诉你，史蒂夫对昨晚的会面非常高兴。"不过，斯卡利依旧像之前一样，平静地告诉杰里·罗奇，他现在还不想离开百事可乐公司。在随后的一段时间里，乔布斯每隔两三天就会给斯卡利打一个电话，在电话中，他也不提让斯卡利到苹果就任CEO的事情，只是日常寒暄，这让斯卡利有些难以适应了。

不仅如此，在打了一段时间的“骚扰”电话后，乔布斯还在1983年2月的一个周末，亲自飞到了斯卡利位于纽约的家中拜访。在看到来访的乔布斯时，斯卡利已经意识到了什么，他便开门见山地问道：“史蒂夫，你怎么想到来我家找我了？我对计算机一点儿都不懂，我想在IBM或是惠普会有更适合你们的人选吧？”乔布斯听后，也直截了当地说道：“我们的公司是一家完全不同的公司，而我们想要做的是让每一个人都能拥有一台属于自己的苹果电脑。为了实现这个梦想，我们需要找一位擅长市场营销的CEO，而你就是最佳的人选。”

当天下午，斯卡利驾车带着乔布斯来到了百事公司的总部进行了参观，在途经IBM总部大楼的时候，乔布斯被眼前那幢平庸得一塌糊涂的IBM办公大楼给惊呆了。在此之前，乔布斯一直觉得“蓝色巨人”作为科技大佬，其办公场所肯定也是惊世骇俗的，可是，眼前这幢毫无特色的办公大楼，改变了乔布斯对IBM以往的看法。随后，他还异常兴奋地对斯卡利说道：“我要包一架波音飞机，让Mac部门的所有员工都来看看现实中的IBM，到底是什么样的一家公司。”

在参观结束后，乔布斯依旧像个孩子一般兴奋，斯卡利却有些高兴不起来了。当时的他既想到苹果去一展才华，但又不愿意离开百事可乐。虽然这两件事情非常矛盾，但是斯卡利对百事可乐有些感情的，于是他便对乔布斯说道：“我们虽然已经是很好的朋友了，但我不得不遗憾地告诉你，我暂时还不想离开百事到苹果去上班。”乔布斯听后只是淡淡回应道：“没关系，不过，我希望你能多考虑一下。”

在送走了乔布斯之后，斯卡利再次陷入去或留的纠结之中。因为，他的内心告诉他，他已经喜欢上了苹果，可他又无法说服自己离开百事，到一个自己完全不熟悉的领域去打拼。为了彻底解决这个问题，他决定再到库比蒂诺与乔布斯见上一面。

在第二次来到苹果总部的时候，斯卡利见到了外形酷似一台小电视机的Mac电脑。它不但有着被乔布斯称之为“革命性”的图形界面，还有着简洁的外观设计和排布整齐的主板。当Mac团队的工程师们向他演示Mac电脑的一些程序时，斯卡利就觉得自己好像穿越到了未来一般，所有技术既让他感到新鲜，又让他感到热血沸腾，现在的他更是不知道该在百事和苹果两者间作何选择了。

当斯卡利带着纠结的心情回到纽约后，乔布斯可不打算给他喘气的机会。正所谓打铁要趁热，乔布斯既然认定了斯卡利就是苹果的CEO，现在这么好的机会，他又怎会放过呢？三月下旬，乔布斯再次飞抵纽约，约见了斯卡利。两人刚一见面，乔布斯便问道：“你考虑得怎么样了？我真的很想让你过来，那样我就能从你身上学到很多东西了。”面对着乔布斯如此赤裸裸的表白，斯卡利既高兴又无奈地说道：“在我看到你们所做的一切的时候，我真的非常兴奋，因为你们真的在改变这个世界，但我现在还没有考虑好，请你再给我一点时间。”

对于斯卡利的提议，乔布斯并没有反对，只是让他和自己出去转转。当他们漫步在中央公园的小路上时，他们两人聊了很多，既有电脑设计、研发方面的问题，也有企业管理方面的经验，甚至他们还拿百事和苹果两家公司进行了比较。

在散步即将结束时，乔布斯突然话锋一转，问道：“约翰，你考虑得怎么样了，我现在就需要你回答我。”对于乔布斯的“咄咄逼人”，斯卡利在做了一番思想斗争后无奈道：“史蒂夫，你是我遇到的最好的人，虽然我很想为你提供一切有可能的帮助，但我不想去苹果工作，我还是待在百事吧！”

在斯卡利说完之后，乔布斯便咬着牙，低下了头，凝视着地面，一言不发。在这短暂的平静中，周围的气氛突然变得沉闷起来，好在这段时间并没有持续多久。因为，正当斯卡利因此而感觉到不舒服时，乔布斯忽然抬起了头，直视着斯卡利，并说出了那句让他终生难忘的一句话：“你是想卖一辈子的糖水，还是想和我一起改变这个世界?”

听到乔布斯的话后，斯卡利忽然有一种如梦方醒的感觉。的确，他到底想要的是什么？是选择改变世界的机会，还是继续选择平庸下去？其实，这道选择题并不难做，尤其是在乔布斯如此有诚意的邀请下，他更是无法拒绝。后来，斯卡利对此回忆道：“史蒂夫有一种非凡的能力，他可以得到他想要的一切。而经过和他4个月的接触以后，那是我第一次感觉到自己无法对他说‘不’。”所以，他最后答应了和乔布斯一起来到硅谷，一起致力于他们改变世界的梦想。

来自百事可乐的CEO

“你是唯一一个能够理解我的人。”

——在斯卡利成为苹果CEO后，乔布斯如是说

1983年3月底，苹果召开董事会，商讨任命约翰·斯卡利为CEO的事宜。4月初，这个来自百事可乐的总裁，为了乔布斯当初的那句“卖糖水还是改变世界”的话，开始了他在苹果长达10年的CEO生涯。

苹果公司对他开出的条件还是非常丰厚的，年薪100万美元，加入苹果公司后，还有100万美元的奖金。此外，若是其业绩出色，另有价值100万美元DE苹果股票期权，并允许其以低息贷款购买一座价值不超过200万美元的房子。仅仅几天时间，他就从百事可乐公司的总裁，摇身一变成为了“硅谷”年薪最高的CEO。但是，让他没有想到的是，他的到来，并没有给苹果公司带去多久的和谐，而是加剧了苹果创始人与CEO之间矛盾的深化。

在马库拉向苹果全体公司员工宣布约翰·斯卡利出任苹果公司总裁后，斯卡利发表了一次就职演讲，他说道：“有很多人都想知道我为什么要来苹果公司当CEO，其实，原因很简单，即在这里我可以和史蒂夫一起工作。在我看来，他是一个真正伟大的人，现在他给了我一个帮助他的机会，这让我想想都够兴奋。”

斯卡利在离开纽约的家来到苹果公司总部时，他虽然知道苹果公司对于员工的着装并没有十分严格的要求，但他还是从纽约的家中带了几套西服过来，他暂时还很难适应苹果公司那种轻松的氛围。

1983年5月，苹果公司高层到帕加罗沙丘举行了一次旅游度假会议。在会议上，乔布斯赤着脚，盘坐在地板上，只顾玩弄着自己的脚趾，别人说的什么他根本就不去听。斯卡利曾在会上试着提出一个方案，即如何解决 AppleⅡ、AppleⅢ、丽萨和 Mac 电脑这些产品的市场问题，以及苹果公司是否根据这些产品线、市场等重新组织公司。不过，让斯卡利没有想到的是，他的这个建议在刚提出时，大家还很有模有样地进行讨论，可是没过多大会儿，整个会场就变得像菜市场一般哄闹，每个人都提出了自己的观点，甚至还因彼此观点相左而争执了起来。

如乔布斯就曾在会议上对丽萨团队进行语言攻击，称其制造的丽萨电脑是个失败的产品。而丽萨团队的成员则指责乔布斯没有资格评价丽萨电脑，因为他负责的 Mac 电脑还没有上市，现在下结论还为时过早。紧接着，乔布斯便上演了一出“舌战群雄”的好戏。因为，除了 Mac 团队外，其他项目的人都受到了乔布斯的指责，而这些人最后全都团结起来，一同对付乔布斯。第一次经历这种事情的斯卡利被眼前的情形吓了一跳，以前他在百事可乐公司的时候，可从来没有人敢这样指责董事会主席。就在众人吵得不可开交的时候，一场小小的地震，打破了这个僵局，众人纷纷往外跑去，不知是谁喊了一句“到海边去”，结果，所有人都朝着海边跑去。可是，还没跑出几步，又有人喊道：“地震极易引发海啸。”所有人又都赶紧往回跑。在这种时候，竟然没有一个有主见的人站出来，指挥这些人该怎么做。后来，斯卡利对此回忆道：“公司领导人的优柔寡断、领导与下属间的意见冲突以及自然灾害等，那些似乎都在预示着什么。”

不过，斯卡利还是比较幸运的。到了6月份时，上任仅有两个月的斯卡利，就让苹果公司的股票从之前的36美元一路飙升到了63美元，为苹果公司新造就了不少的百万富翁。在很多人都将这一成就赋予苹果的新 CEO 斯卡利时，苹果公司的员工却不这么认为。因为，他们清楚，苹果取得如此好的业绩，应主要归功于当时的个人电脑的发展呈井喷式爆发，几乎所有的电脑产品都供不应求，所以，苹果的销售业绩才会得到大幅度的提升。不过，帮助苹果公司取得如此业绩的，并非被他们寄寓了厚望的丽萨电脑，而是经过升级改版后的 AppleⅡ。

对于“丽萨”电脑的销售前景，斯卡利虽然刚到苹果公司，可他一点都不乐观，甚至他还预感到了丽萨电脑的下场将会和 AppleⅢ一样。其中，高达近1万美元的售价只是其销量不好的主要原因之一。最重要的是，它的软件都是内置捆绑的，而且非常少，并不像仅售3000美元的 IBM PC 那样，可以支持多种微软发布的实用软件，丽萨根本就满足不了人们的需求。因此，假如你是消费者的话，你会选择哪个？

斯卡利的担忧很快就变成了现实，苹果公司的股票价格上扬的趋势并没有维持多久就暴跌。1983年9月，斯卡利向公众公布了“丽萨”电脑远未达到预期销售目标的事实，并指出这将使苹果公司在接下来的第4季度处于亏损状态。此消息一出，就像是瘟疫一般，迅速蔓延了整个股市，苹果公司的股票价格也从每股63美元一路暴跌至21美元每股，乔布斯则因此而损失了近2.5亿美元的资产。

乔布斯在这一次事件中的损失虽然很大，但对他的影响很小。正如《花花公子》

的记者在后来采访他时所说的那样："股票下跌让我在一年内损失了2.5亿美元，但是那对于我来说，也只是个数字而已，它没有影响到我的生活。"因此，他对斯卡利依然十分信任。每逢周六的时候，只要有时间，他都会邀请斯卡利和他的妻子利兹（Leezy）到自己的家中做客。

斯卡利夫妇第一次受邀到乔布斯的家中做客时，非常惊讶于他的家中竟然没有几件家具，甚至连厨具都不全。整栋住宅内，除了一盏台灯、一张餐桌、一台索尼电视和一台激光影碟机外，连一张沙发或是椅子都没有，地板上铺的全是塑料泡沫制成的垫子。乔布斯对此的解释是："很抱歉，我还没抽出时间来买家具。所以，家具不是很多。"为此，斯卡利夫妇第二次到乔布斯家中做客时，利兹自带着一个平底锅，以便下厨做饭。她做的素食煎蛋卷受到了乔布斯的高度赞扬（当时的乔布斯已经不再是一个严格的素食主义者了）。

斯卡利来到苹果公司没有多久，就和乔布斯成了无话不谈的好朋友。当时，他们每天都会聊很久。而且，乔布斯每次跟斯卡利探讨一些问题的时候，都会说"你是唯一一个能够理解我的人"。为此，他们只需将话说到一半，对方就能说出此方没讲完的话。有的时候，乔布斯还会在凌晨打电话给斯卡利，告诉对方自己突然想出来的一个主意，这让斯卡利觉得乔布斯和他很像。

不过，斯卡利在管理的风格上与斯科特还是比较相像的，很多事情他都比较谨慎。因此，他一直在努力地寻找着自己与乔布斯之间的共同点。但是，随着他们二人关系的不断发展，乔布斯很快就意识到了他们两人并非真正的志趣相投，而他们的这种相处方式，早晚都会酿成灾难的。乔布斯对此回忆道："在约翰来到苹果的几个月之后，我就意识到了我和他的世界观、人生观以及价值观等都不相同。"

在发现这个问题后，乔布斯便不断将一些优点强加在斯卡利的身上，让他觉得跟自己很像，并试图以此来操控斯卡利的思想和行为。作为旁观者，Mac团队的很多人都清楚乔布斯和斯卡利之间早晚都会爆发一场大战，只不过他们都没有预料到结果竟是那样的残酷。如乔安娜·霍夫曼曾对此回忆道："史蒂夫把许多优点都加在了斯卡利的身上，让斯卡利觉得自己很杰出。就这样，斯卡利被冲昏了头脑，同时也让他对史蒂夫更加着迷。不过，随着事情变得越来越明显，而斯卡利也意识到自己并没有那些优点的时候，他们之间的战争终于爆发了。"

偏执、偏私与偏狂

"我决定在丽萨团队在与Mac团队合并后，所有高层的职位都将由Mac团队中的人担任。而且，我还会裁掉你们中的一部分人，只留下一流的员工。"

——在丽萨团队与Mac团队合并时，乔布斯如是说

在加入苹果后，斯卡利最初的热情便随着时间的推移而慢慢淡了下来。此时的他

才注意到，苹果的内部竟是一团混乱。虽然他有能力将苹果公司治理好，可他总想着如何兼顾到所有人，所以他对每一个人都很有礼貌。但乔布斯不行，他只会对天才和最完美的产品感兴趣。

在相处了一段时间之后，斯卡利才注意到，乔布斯有着偏执的性格，多疑、敏感、自负、粗鲁。有的时候，他在知道自己做错的情况下，也不会低头认错，甚至会埋怨别人。如有一天，Mac 团队的成员将一组写好的代码拿给乔布斯看，他连看都没看，就将对方写好的代码扔了回去，要他们重做。当时，斯卡利就坐在旁边，他看到乔布斯的举动后，便问他道："你怎么连看都不看，就把他的成果给否定了呢?"对此，乔布斯则回答道："我相信他能做出更好的东西，而不是眼前的这个垃圾程序。"对此，斯卡利也曾试着对他说道："史蒂夫，你得学会控制自己的情绪。"对于斯卡利善意的提醒，乔布斯表示愿意接受。

不过，乔布斯天生就是个偏执狂，情绪波动非常大。因此，他答不答应斯卡利都没有多大的用处。有的时候，他会因为某事而欣喜若狂，有时又会突然间变得低沉、沮丧起来，甚至还会无缘无故地痛斥某人，面对着这样的乔布斯，斯卡利就得花不少的时间让他平静下来。斯卡利对此回忆道："当时每隔 20 多分钟，我都会接到下面员工的求救电话，因为史蒂夫又在对着他们发火了。"

虽然乔布斯的性格有些让人难以接受，但他同时还有着超强的感染力及人格魅力，为此也有不少人被他蒙蔽了双眼，心甘情愿地接受他的指派，哪怕明知是错误的，他们也会欣然接受。没过多久，斯卡利就发现了这个问题，他觉得乔布斯这样做是在拿公司的前途做赌注。他希望乔布斯能够听从他的意见，但他没有意识到，乔布斯根本就不会与他人分享控制权，所以，他一直都未能取得成功。

如苹果公司在 1984 年 10 月举行的那次经营战略会议上，乔布斯就在所有的公司高层面前，显露出了其对权力的渴望。在谈到下一年度各部门的预算时，他向大家提出了一个建议，即苹果内部每个单独的部门，例如 Mac 团队、Apple Ⅱ 团队等，都应单独核算，独自支配自己所创造的利润，而不是将这些利润都划归为整个公司的一部分，然后再做分配。

在乔布斯提出这个建议后，大家都觉得乔布斯实在是太幼稚了。苹果各部门创造的利润肯定会有所不同，但是这种不同应当体现在奖励机制中，而非是在各部门的财务预算中。否则的话，公司内的个部门之间肯定会相互倾轧，势如水火，后果将不堪设想。可是，乔布斯根本就没有意识到其中的利害关系，甚至还在大家沉默的时候，用上了他最擅长的演讲技巧，向众人介绍起了这种方法的优点。

当时在场的所有公司高层，除了乔布斯外，所有人都不赞同这个建议。但是，他们在看到乔布斯那夸张的语言和手势面前，又没人敢站出来阻止他。后来，大家都将目光集中在了斯卡利的身上，希望这个 CEO 能够站出来，让乔布斯结束他那卑劣的表演。可是，斯卡利让大家失望了。他虽然知道乔布斯需要约束和培养，但是碍于他和乔布斯的关系，他选择了沉默和容忍。对此，斯卡利回忆道："大家都想让我掌控局面，以便让史蒂夫闭嘴，可我没有那么做。大家都不理解我，甚至在散会之后，他们还纷纷向我抱怨‘为什么不让他闭嘴’，听到大家这么问，我觉得很无奈。”

在斯卡利刚来苹果的时候，他和乔布斯的关系还算融洽。但在几个月后，他和乔布斯之间就因为给即将上市的Mac电脑定价而闹了一次矛盾，这也是他们之间的第一次意见不合。按照最初的设想，Mac电脑的售价为1000美元左右，但是由于设计和程序的改进，大大提高了Mac电脑的成本。所以，乔布斯准备将Mac电脑的售价调整为1995美元。但是，斯卡利坚持将其零售价定为2495美元，至于理由则是他们为营销所做的一切活动消费都应算作Mac电脑的成本。对于这一提议，乔布斯非常生气地对着斯卡利吼道：“这会破坏我们掉我们最初的理念，我只想让它成为一台具有革命性的电脑，而不是靠它去榨取更多的利润。”斯卡利听后，则非常淡定地对他说道：“你可以继续以1995美元的售价出售，也可以用多出来的钱为Mac电脑的上市举办一场盛大的产品发布会，但二者只能选其一，你自己看着办吧！”

对于斯卡利出的这个单选题，乔布斯无法做出选择。于是，他便向自己的“海盗”团队们求救。他对众人说道：“我有一个坏消息要告诉大家，斯卡利坚持将Mac的售价定为2495美元，这比我们预定的价格高了整整500美元。”众人听后都很吃惊，赫茨菲尔德最先开口道：“Mac电脑是为像我们这样的人而设计的，若是定价过高的话，肯定会有悖于我们当初的立场。”虽然乔布斯一再向他们承诺，绝不会让斯卡利得逞的，但最后还是斯卡利获胜了，而乔布斯则在这次争斗中当了一次英雄，使得他在下属面前的威信得到了些许的提升。

后来，乔布斯便为当初答应斯卡利的决定而后悔了，他觉得自己在做出这个决定的时候，好像正在失去对这款产品和苹果公司的控制。尤其是在Mac电脑惨步了丽萨电脑的后尘时，乔布斯更是怒不可遏地将所有责任都推到了斯卡利的身上，称Mac电脑销量下滑的主要原因，就是因为斯卡利对其定价过高了。

斯卡利虽然和乔布斯闹过一点儿矛盾，但这并未让他做出削弱乔布斯权力的事情，甚至给了后者更多的控制权，因为他知道乔布斯想要什么。如在丽萨电脑彻底失败后，斯卡利决定将丽萨团队和Mac团队合并，然后再交由乔布斯管理，这个消息着实让乔布斯高兴了一阵子。但是，随着自身权力的膨胀，乔布斯却未因此而变得更加成熟一些，反而体现出了其偏私的一面。如他在面对丽萨团队的成员时，曾冷酷地说道：“你们失败了，因为你们只是一个二流团队，成员的能力也只是二流的层次。因此，我决定在丽萨团队在与Mac团队合并后，所有高层的职位都将由Mac团队中的人担任。而且，我还会裁掉你们中的一部分人，只留下一流的员工。”

对于乔布斯的这一做法，很多人都表示了不满，即便是乔布斯最为倚重的比尔·阿特金森也跳了出来，指责乔布斯的不是。他觉得乔布斯这种处理方式不仅冷酷无情，而且还极不公平。在他看来，被裁掉的那些人都是杰出的工程师。乔布斯却告诉他：“如果你想要组建一个一流的团队，就得狠下心来。若是我吸收了其中的几名二流成员，他们就会为我们招来更多二流队员，到那时候，我们的团队恐怕就会变成三流团队了，这绝不是我想要的结果。”在这段话中，乔布斯已经流露出了他想要完全掌控整个苹果公司的企图，但这也预示着他在苹果公司的好日子已经不多了。

乔布斯对于权力有着近乎偏狂的追求，他很享受那种将一切控制在自己手中的感觉。如苹果公司为生产 Mac 电脑而在弗雷蒙建造的工厂落成后投入使用时，他就要求工人们将制造出来的 Mac 电脑都涂上明亮的颜色。但是，由于生产总监马特·卡特因嫌选择颜色太浪费时间了，所以他便为 Mac 电脑选用了初定的米色。可是，乔布斯在知道这件事后，立即赶到了弗雷蒙的工厂，并命人将那些已经喷好的电脑重新喷刷成了自己喜欢的颜色。马特·卡特对于乔布斯的一意孤行非常气愤，最后还因此而辞了职。

在马特·卡特离开苹果后，乔布斯便任命自己的“亲信”，即 Mac 团队的财务主管黛比·科尔曼接任卡特的职位。科尔曼虽曾对抗过乔布斯，但她知道在何时需要迎合乔布斯的奇想。如在科尔曼上任后，苹果的艺术总监克莱门特·莫克找到科尔曼，并对她说：“史蒂夫让你把工厂里的墙面都刷成白色的。”科尔曼虽然觉得白色的墙壁很容易脏，但她还是照做了。

多年以后，有人问乔布斯为什么非要那么做时，乔布斯回答道：“我那样做是为了让大家明白，无论何时都要有着追求完美的激情。为此，我经常带着一只白手套来到工厂，只要被我检查到那里有灰尘，无论是机器上还是地板上，我都会让黛比去清理干净。当初，黛比非常恼火，她并不理解我为什么非要让她打扫得一尘不染，而我又不能告诉她我真正的目的是加强我们整个团队的合作精神和纪律意识。”

乔布斯的美好愿望并未能实现，因为在 1984 年 7 月份的时候，Mac 电脑的销售额要比前一个月少了许多。刚开始的时候，乔布斯还不相信这个事实，他觉得这是夏天经济萎靡的一种表现。但是，到了 8 月份的时候，这种情况还在恶化，此时的他才开始紧张起来。其实，造成这一后果的原因很简单，当初在设计 Mac 电脑的时候，乔布斯完全忽略了用户的感想。他不知道大多数人在买电脑时，并不在乎它美不美观，关键在于是否实用。

由于乔布斯当时的偏执，才造成了如今的局面，为此，苹果的高层生出了不少对他的怨恨之声。虽然乔布斯和公司的其他高层也在为 Mac 电脑的行情大跌而焦虑万分，但又都无可奈何。至于斯卡利，由于乔布斯这座大山横亘在前，也就无法有效地控制住公司的局面，整个苹果公司都陷入一片混乱之中。

连遭败绩

“无论是现在还是将来，技术都能够让全世界的人获得更加紧密的联系。任何事物都有它的弊端，都会带来意想不到的后果。”

——在 1985 年 2 月接受《花花公子》采访时，乔布斯如是说

自 1980 年开始，苹果公司似乎就将陷入某种困境之中。先是 AppleⅢ的失败，接着便是 1983 年推出的丽萨电脑在销售市场上的败北，还有就是噱头十足的 Mac 电

脑，最终也惨淡收场。若是仔细分析一下的话，人们很快就会发现，这一连串的败绩都与一个人有关，即乔布斯。我们这样说，也许对乔布斯有些不公平，但事实就是如此。

苹果公司在1980年5月，为Apple Ⅲ召开过发布会后，曾承诺于当年7月正式推出AppleⅢ。可是，到了7月末，他们也没能解决掉生产方面的问题。直到8月中旬，才开始生产AppleⅢ，但其推出计划只得向后推移至11月底。与AppleⅠ和AppleⅡ不同的是，AppleⅢ是乔布斯组织人手研发的，所有的设计都是按照他的个人意愿进行的。因此，在AppleⅢ研发出来后，就有人指出，AppleⅢ存在着一些隐患。对此，乔布斯根本就不加以理会，还一意孤行地在当年11月底正式推出了AppleⅢ。

没过多久，从苹果发出去的首批AppleⅢ就出现了问题，这一次主要是AppleⅢ内置的时钟/日历功能出现了问题，为了解决这一问题，苹果公司决定去掉时钟芯片，并对AppleⅢ降价50美元销售。然而，事情并未就此结束。首批运往分销商处的AppleⅢ，在到达目的地后，竟有五分之一都因电脑芯片从插槽中松动或掉了出来而坏掉了。即便是没有坏掉的，在用了一段时间之后，也会经常出现故障，而其中的主要原因就是因为乔布斯坚决主张AppleⅢ不使用风扇而引起的（在设计Mac时他也提出了同样的设计要求），他觉得只需在机箱内部装上铝质的底盘就能导热，可事实上并非如此。

出于对公司声誉的考虑，苹果并没有刻意隐瞒这个问题。马库拉还于1981年4月在《华尔街日报》刊登了一则消息，称：“如果我非要说AppleⅢ是一台完美无缺的产品，那肯定是我在撒谎。”随后，苹果便制定出一套慷慨的赔付政策，即无条件现场用改进后的AppleⅢs为客户更换坏掉的AppleⅢ。但是，让人有些感到沮丧的是，很少有人能够换到新的AppleⅢs。

不仅如此，AppleⅢ的售价高昂，虽然其在1983年的12月推出了改善后的升级型，并随之将其售价从4190美元降价到3495美元进行促销，但仍无法改变AppleⅢ在个人电脑市场中的劣势。而这也是IBM于1981年以低价推出IBM PC及其兼容机后，便迅速席卷了个人电脑市场的主要原因。到了1983年12月底，AppleⅢ只销售出了75000台，这与Apple Ⅱ的130万台销量相比，简直是太少了。到了1984年4月，苹果突然停止了该产品线的生产，他们在为此而损失掉了6000多万美元后，AppleⅢ这款失败的产品，也悄然地从苹果公司的产品清单上消失了，退出了个人电脑的竞争行列。

接着再看丽萨电脑，无论是在设计方面还是在功能方面都要比AppleⅢ强上许多，但其结局和AppleⅢ差不多。作为一款具有划时代意义的电脑，可以说没有丽萨电脑就没有后来的Mac电脑，但就是这款有着16位的CPU、滑鼠、硬盘、友好的图形用户界面、多任务的操作系统以及随机捆绑的7个商用软件，这样的电脑最后却同样步了AppleⅢ的后尘，甚至连AppleⅢ都不如。

丽萨电脑在1983年1月以9995美元上市的时候，虽然也惊起了不少人的关注，但是真正订购的人很少。过于昂贵的价格只是其失败的一个原因，缺少软件开发商的支持才是其失败的主要原因。苹果本想以此扭转其在个人电脑市场上的劣势，结果却再次失去了获取更多市场份额的机会。1983 年 9 月，在丽萨电脑上市 8 个月后，苹果 CEO 斯卡利就对外公布了“丽萨”电脑远未达到预期的销售目标，而这也使得苹果公司在接下来的第 4 季度处于亏损状态。此一消息放出之后，苹果的股票价格立刻从最初的 63 美元每股暴跌至 21 美元每股。为此，乔布斯还损失了近 2.5 亿美元的资产。到了 1986 年，苹果对外宣布停产丽萨电脑，至于他们未能销售出去的，则都被他们埋在了犹他州的垃圾堆中。

在 AppleⅢ和丽萨电脑连续冲击 IBM PC 未果后，苹果公司将最后的希望寄托在 Mac 电脑之上。但是，Mac 电脑也同样失败了，这并不是说 Mac 电脑不具有革命性和创新性，而是因为乔布斯的专断所造成的。

在 Mac 电脑的研发组中，并不缺乏头脑清醒的人。比方说从施乐挖来的科学家阿兰·凯，他通过仔细分析，很快就发现 Mac 存在着一个非常致命的问题，即电脑的内存不足。在发现这一问题后，他立刻给斯卡利留了张便条，上面写道：“Mac 的设计非常好，但其内存严重不足，这就在很大程度上制约了人们在 Mac 上软件开发。此外，与 IBM PC 相比，Mac 电脑非但不与 IBM PC 机兼容，与办公相对应的软件也很少。这种情况，对于 Mac 电脑的销售前景极为不利。”

不过，斯卡利在看到那张便条之后，却没有立即找乔布斯谈话，因为他觉得，现在为 Mac 电脑解决市场和销售问题才是当务之急，至于改进 Mac 电脑的软件或硬件并没有那么重要。此外，乔布斯在 Mac 电脑还在研发期时就已经发现这个问题了，可他总是一副满不在乎的样子，根本不把这当成一回事儿，所以阿兰·凯才会做出直接告知斯卡利的举动。

与此同时，苹果销售部门的负责人也找到了斯卡利，向他反映 Mac 电脑在营销上存在的隐患，即 Mac 电脑与 AppleⅡ不同，它不支持其他扩展设备，这也就掐断了公司利润的一个主要来源。因此，有许多经销商后来在卖个人电脑的时候，都会将美观、时尚的 Mac 电脑摆在最显眼的地方，当顾客来到店中之后，他们就会向对方推销更便宜、兼容性更强的 IBM PC，而不是吸引顾客眼球的 Mac 电脑。

Mac 电脑在发布之初，确实引发了一阵购机热潮，但是那是当时由于市场上供小于求所致。到了 1984 年下半年，当这种情况逐渐淡去之后，Mac 电脑的销量便急速下滑。这个时候，外表美观但运行缓慢、内存不足的 Mac 电脑，即便是苹果公司再怎么宣传，也无法掩盖其缺点，扭转其销量下滑的局面。如 IBM PC 采用的界面虽然是呆板的命令行，电脑屏幕上显示的一个字符只占用半个字节，128K 的内存足够用了。但 Mac 电脑因采用了图形用户界面，且内置了优雅的字体，这就使得每个字符所占用的内存就达到了 10 到 15 个字节，因而只有 128K 内存的 Mac 电脑在运行的时候相当缓慢。也就是说，苹果本想以华丽的界面为卖点，没想到这种友好的图形界面竟成了 Mac 电脑最大的缺陷之一。

Mac 电脑存在另一个大问题是没有内置硬盘驱动。在 Mac 电脑还处在研发阶段的时候，乔安娜·霍夫曼就曾建议乔布什使用内置硬盘作为 Mac 电脑的存储设备，因为在 Mac 电脑上只有一个软盘驱动器，对于那些需要经常复制数据的人来说，是件很麻烦的事，因为他们需要不停地装卸软盘。不过，霍夫曼的这个建议虽好，却被乔布斯给直接否决掉了。还有就是我们在前面提到过的，在 Mac 的主机中并没有安装风扇。乔布斯总觉得在为 Mac 电脑装上风扇后，会增大电脑的噪声。结果，在没有风扇散热的情况下，Mac 电脑故障频生，为此还得了一个"米黄色烤面包机"的绰号。

几个月后，当人们意识到 Mac 电脑所存在种种缺陷时，其销量便开始逐渐减少。到了 1984 年底的时候，Mac 电脑的月销量已经跌至 10000 台以下了，而比它早发布一年的丽萨电脑的月销量几乎为零。在这种情况下，乔布斯又做出了一个非常不明智的决定。他在库存的丽萨电脑上面安装了 Mac 电脑的仿真程序后，就以"MacXL"命名，将其作为新产品推向了市场。对于乔布斯的行为，很多人都觉得有些反常，因为他一向都以追求完美为目标，这次怎么会做出这么草率的决定？其中，反应最激烈的是乔安娜·霍夫曼，她对乔布斯口中的这个"新产品"很是不满，她在后来回忆道："我当时非常生气，因为它根本不是什么 MacXL，他那样做只是为了将库存的丽萨电脑卖出去。虽然刚开始的时候卖得很好，但我们最终不得不结束这个骗局，否则我们就会失去顾客的信任，后来我还因为这件事情而辞职了。"

在乔布斯改进丽萨电脑的时候，还有一件事情令乔布斯头疼不已。由于丽萨电脑已经停产，丽萨团队也就没有继续存在下去的必要了。于是，乔布斯就在斯卡利的支持下对丽萨团队与 Mac 团队进行了整合。刚开始的时候虽然也发生了一点儿小插曲，但影响不大。可是，当 Mac 团队的成员在与丽萨的成员混熟，并了解到他们在丽萨团队时的薪资情况时，很多人都对乔布斯失去了应有的信任，这让乔布斯备受打击。如在原丽萨团队中，一个普通的工程师每年可以拿到 5 万多美元的薪水，而在 Mac 团队里，除了赫茨菲尔德和伯勒尔外，其他人每年只能拿到 1 万～2 万美元。因此，当 Mac 团队的员工在知道这件事后，迅速失去了工作积极性。再加上乔布斯还一直在他们的身后，鼓动他们不分昼夜地为他工作，这更让他们对乔布斯怨恨不已。

苹果公司的一位经理曾在一份备忘录中写道："Mac 团队的员工都觉得史蒂夫在利用他们，他们为史蒂夫和 Mac 电脑的上市拼尽了全力，可是竟然工资比其他人都低，这让他们觉得自己受到了欺骗。这件事让史蒂夫彻底失去了人们的信任，这种信任再也没能恢复。"

无论是在新产品的销售上，还是在公司的管理上，自 1980 年 5 月至 1985 年 1 月，乔布斯似乎一直都未成功过。如在产品销售上，Apple Ⅲ、丽萨电脑、Mac 电脑相继败北，再加上 IBM 与微软的围堵，乔布斯陷入进退两难的地步；而在管理上，他同样交了一份很烂的答卷，先是被丽萨团队驱逐，后又因薪资事件而失去了员工对其的信任。后来，他还被自己倍加信任的斯卡利给扫地出门，彻底赶出了苹果公司。可以说，乔布斯这一连串的失败，都是在所难免的。

30岁的生日PARTY

“在人生的前30年里，你养成了习惯；而在后30年里，习惯塑造了你。请过来跟我一同庆祝我的30岁生日吧!”

——在自己30岁生日的请柬上，乔布斯如是说

1985年2月，乔布斯为了庆祝其30岁的生日，在旧金山的一家大酒店里举办了一场盛大的Party。当天晚上，他邀请了1000多人参加，而参加的人员都有着同样的装扮，即上身穿着西服、打着领带，下身则穿着牛仔裤和运动鞋。不仅如此，他在给这些人的请柬上写的话也很有意思，即“在人生的前30年里，你养成了习惯；而在后30年里，习惯塑造了你。请过来跟我一同庆祝我的30岁生日吧!”

前来赴宴的既有政界名流，也有商界巨子，如比尔·盖茨和米切尔·卡普尔等；还有流行明星，如埃拉·菲茨杰拉德（Ella Fitzgerald，美国黑人爵士乐女歌手）等。当然，更多的则是来自苹果的员工以及他的老朋友，如沃兹、安迪·赫茨菲尔德、伯勒尔·史密斯以及伊丽莎白·霍姆斯等，而且，这些人都为乔布斯准备了一份特别的礼物。

如沃兹送给乔布斯一个相框，里面是一张电脑宣传单，那是他们在1977年参加西海岸电脑节上时，一张并不存在的“扎尔泰”电脑的宣传单。而更为重要的是，Apple Ⅱ这台颇具革命性的电脑就是在那次电脑节上发布的。黛比·科尔曼为乔布斯准备了一本第一版的《最后的大亨》（*The Last Tycoon*），这可是美国著名小说家弗·斯科特·菲茨杰拉德的代表作。不过，在宴会结束后，乔布斯却将他收到的所有礼物都留在了酒店房间里，一件都没有拿走。

在宴会开始后，众人便在施特劳斯圆舞曲的伴奏声中，翩翩起舞，现场气氛非常活跃，就连女歌手埃拉·菲茨杰拉德也登台为乔布斯献唱了好几首歌曲。不仅如此，她还根据现场，将一些歌词进行了改变，使之更符合当前的意境。如她在唱《来自伊帕内玛的姑娘》（*The Girl From Ipanema*）时，故意唱成“来自库比蒂诺的小伙子”。随后，她又唱了一首慢节奏的《生日快乐》为乔布斯送上了自己的生日祝福。

在埃拉·菲茨杰拉德献唱完毕之后，斯卡利最先走上了台，在讲了一通的生日祝词后，他提议道：“让我们为这个技术领域内最重要的远见者而干杯。”对于斯卡利的赞美，乔布斯欣然接受，即便他们之间在那时已经产生了隔阂，但总的来说，乔布斯还是非常欣赏斯卡利的。斯卡利走下台后，沃兹这位苹果的创始人之一、乔布斯最要好的朋友也走上了台。由于性格腼腆，他在上台之后虽然只说了一句“生日快乐”便走下了台来，而乔布斯对此却很满足。因为，他了解沃兹是那种不善于用语言表达自己感情的人，只这一句已经足够了。

在宴会上，唐·瓦伦丁这个曾经拒绝了收购苹果公司的红杉资本老总，对于乔布

斯在这近十年间的变化也很吃惊。当天，他还当着不少人的面感叹道："我刚见到史蒂夫时，他一切都显得那样糟糕。而且，那时的他似乎也不相信任何一个超过30岁以上的人。但现在，他却同埃拉·菲茨杰拉德一起，为自己办了一个这么棒的30岁生日Party，他的变化真是太大了！"

在这次生日宴会上，沃兹及苹果公司的一些元老们并没有在派对上吃多少东西，而是选择在附近的一家餐厅聚餐，他们好像很久都没有在一起吃过饭了。不过，乔布斯也没有闲着，因为前来参加他宴会的人中有一个人是《花花公子》杂志社的记者戴维·谢菲，他在晚宴结束后对乔布斯进行了采访，当晚他们聊了很多。

乔布斯告诉他："一个伟大的艺术家若是在自己三四十岁的时候，还能够创作出令人惊奇的东西，这种人是很罕见的。"对于乔布斯的话他深表赞同，但同时他也对乔布斯充满了好奇。于是，他就向乔布斯问了很多问题，也和他交换了很多的意见。在他看来："有人天生就有一种求知欲，永远像小孩一样对生命充满了敬畏，只是这种人很少而已。"

在谈到技术创新时，乔布斯对戴维·谢菲说道："每个人在考虑事情的时候，都会先在自己的头脑中创建出一种模式，就像是建房子需要先搭好脚手架一样，然后再刺激大脑作出反应。久而久之，人们脑海中就会形成一种固定的模式，然后就会深陷其中，以后再也跳不出来了。"

"如果你想像个艺术家一样，有创造性地过自己想过的生活，那你就不能常常回顾过去。无论做过什么，你之前取得了多么辉煌的成就，你在展开新的征途之前，都要将它们抛诸脑后。还有就是要注意外界对你的关注，当外边的人试图强化你在世人眼中的形象时，那你就很难再专心做一名艺术家了，而这也是很多艺术家为什么在自己缺乏灵感的时候总是会说，'我必须换个环境，离开这里'。然后，他们就会离开自己生活了很多年的地方了，找一处清静之地归隐，等到他再次出现的时候，你很快就会发现他与之前已经不同了。"

后来，戴维·谢菲又将话题引到了未来的问题上，对此乔布斯也说了很多："我想我会一直和苹果走下去，我希望自己的一生都能和苹果的命运彼此交错在一起。也许有一天我也会离开苹果一段时间，但无论如何，我最终还是会回到这里的，而这也是我在不久的将来可能要做的事情。"乔布斯在说这番话的时候，似乎已经预感到了将会有什么事情降临到自己的身上，而后来的事实也证明了其预感的准确性。不过，当他再次回归苹果的时候，正如他之前所说的那样，他是一个真正的艺术家，他的离开是为了寻找不同的灵感和打破旧的思维模式，结果他成功了，并再次铸就了苹果的辉煌，延续了自己的神话。

惨遭苹果遗弃

暴戾、敏感、彷徨

“你们要么将这些设计草案全都交给苹果公司，要么就将它们全部撕毁。”

——在得知青蛙公司背着自己为沃兹的新公司做设计时，乔布斯如是说

1984年10月，Mac电脑的销售业绩在连续下滑了几个月后，苹果公司一年一度的销售大会在夏威夷召开。乔布斯觉得可以借助这次大会，给公司的销售人员鼓劲加油，让他们将所有的精力全都用在产品的销售上，以便摆脱公司目前的困境。

不过，苹果的销售人员可不这么认为，他们来到夏威夷只是想尽情玩耍，为此很多人都在那里狂欢了一周。苹果的高层虽然也召开了几次会议，但收效甚微。因此，当这次大会结束后，众人回到苹果总部库比提诺时，脸上都带着几分焦虑。

随着Mac电脑销量的不断下滑，苹果内部积压的矛盾也相继暴露出来，甚至有不少人都对乔布斯的粗暴和越权管理表达了不满。如在一次经理大会上，就有不少人对公司的管理现状表达了不满，纷纷发表言论道：“到底是谁在管理着公司？若是斯卡利的话，那乔布斯为什么总会跳出来，对着我们指手画脚呢？”

与此同时，Mac团队内的几个人也跑来向斯卡利抱怨道：“史蒂夫在部门内乱指挥。”按照乔布斯最初的设想，Mac团队内的总人数不会超过100人，可是到了1984年底的时候，整个Mac团队已经有了数百人，效率却要比之前低了许多。而乔布斯那种朝令夕改的老毛病，在这个臃肿的团队中更是突出，这让很多人都难以接受。

斯卡利在听到这些人的抱怨后，也曾多次找过乔布斯，并对他说道：“你应当将精力都集中在Mac电脑上，而不是什么人、什么事都管。如果你再这样下去，我们就没办法再在一起做事了。”对此，乔布斯总是对他说道：“约翰，不用担心，我知道我们在做什么。你要保持镇静，请相信我，我选择的道路都是正确的。”对于乔布斯的话，斯卡利很是有些无奈。他觉得自己和乔布斯之间的意见相同的地方越来越

少了，而乔布斯在做一些事情的时候，也不再和斯卡利商量了，苹果上下一片混乱。

此时的斯卡利觉得，必须得约束一下乔布斯的行为了。于是，他找来乔布斯说道："史蒂夫，我想和你谈谈。你知道没人可以像我这样崇拜你的远见和才华。为此，我甚至不惜辞去了之前那份喜爱的工作而来和你一起奋斗。在过去两年里，我们成了最好的朋友。但是现在，我们之间好像出了一些问题，我觉得再这样下去，肯定不利于公司的发展，尤其是我对你目前管理 Mac 团队的方式已经彻底失去了信心。所以，现在我有两个办法可以帮助公司渡过眼前的难关，一是你想办法作出一些改变，二是对公司的管理层作出改变。我希望你能好好考虑一下。"

对于斯卡利的话，乔布斯有些惊讶，这可是斯卡利第一次对乔布斯说这样的话。他有些不高兴地回答道："哦？难道你就不能多花一点儿时间，指点我该怎么做吗？"斯卡利在听到乔布斯的话后，也有些内疚。在最近的几个月里，他确实没有抽出多少时间对乔布斯的管理多做指导和培养。可是，这与苹果当前的现状并无多大关联。因为，他现在最先要解决的是如何制止乔布斯对公司内部管理秩序的破坏行为。

在做了一番思想斗争后，斯卡利终于咬紧牙关说道："史蒂夫，我想将这件事提交到董事会上，并建议董事会撤除你 Mac 部门经理的职位，这样也好让你专心于董事会主席的事务，多关注一下未来的新技术或新产品。不过，在通知董事会之前，我觉得有必要先让你知道此事。"

听完斯卡利的话后，乔布斯更加吃惊了。随后，被激怒的乔布斯突然从座位上跳起来，指着斯卡利怒吼道："我真的不敢相信，曾经我是那么信任你，可你现在竟然这样对我。你知不知道，如果你真这样做了，肯定会毁掉整个公司的。因为，只有我才是最了解公司产品以及运营方式的人。而你只是懂得一点点而已，还有很多东西你都不懂。"

面对着暴跳如雷的乔布斯，斯卡利颇为平静地说道："史蒂夫，你已经在错误的道路上走了很远了，早就偏离了一个管理者所应该做的。假如我继续纵容你的行为的话，那我们就不再会有新产品发布，更不会取得任何新的成功，希望你能明白我的苦心。"乔布斯不敢相信，几个月前那个还很配合自己工作的好搭档，为什么在几个月后，竟变成了无法与自己共存的对立者了。一时之间，乔布斯陷入彷徨当中。

不过，乔布斯并没有彷徨多久，因为苹果公司的情况越来越糟了。正在众人都为此而担忧的时候，他却变得越来越兴奋，甚至还跟别人说，只有他才能让公司摆脱现状，就像个救世主一样。为此，他还想出了一条"绝妙"的主意，即寻找一家大型公司合作经营，那样就能快速解决掉公司当前的困境。为了证明自己是对的，乔布斯便开始为此而奔波起来，他曾积极地与美国电话电报、通用电气等公司联系，希望取得他们的帮助，但都没能成功。

后来，在碰了许多钉子之后，乔布斯找到了通用汽车公司的 CEO 罗杰·史密斯，他不仅热情地邀请史密斯一同参观 Mac 电脑的生产部门，还建议通用汽车公司与苹果公司进行发展战略联合。对于乔布斯的这些提议，史密斯虽然有些心动，但他并未表现出来，只是淡淡地回答道：“我对计算机了解得很少，不过，我可以派一名公司的董事前往贵公司，与你们商讨合作的事宜。”随后，罗斯·佩罗特被指派到苹果进行商讨合作的事宜，此人与乔布斯虽然很谈得来，但他一直未能发现他们两家公司在哪个地方可以合作。所以，他很快就离开了苹果公司，此事自然也就不了了之。

眼看在国内寻求合作无望，乔布斯便将其目光放到了海外。他最先看中的是日本的爱普生科技公司，他觉得苹果公司能够和它更好地开展合作。于是，他便带着苹果公司的几个人远赴日本，与爱普生科技公司商讨合作的事宜。不过，在去日本东京的时候，由于突发地震，很多道路都被毁坏了，这让乔布斯很是不爽。随后，他们准备转乘火车赶往东京，但是，铁路的状况并不比公路好多少。过了很久，当他们终于赶到爱普生公司总部的时候，却又被他们的工作人员给晾在了一边，这更让乔布斯很是不爽。后来，爱普生的工作人员在接待乔布斯等人的时候，虽然表现得还算和善、殷勤，但乔布斯依然为之前的事情而生气。

在双方会谈开始后，爱普生公司的CEO亲自站起身来对他们的产品进行展示，可是，他刚刚开始演示，就被乔布斯那粗鲁的话语给打断了。当时，杰伊·埃利奥特就是陪同乔布斯前往爱普生总部的人员之一，据他回忆道：“史蒂夫当时对着爱普生的CEO说道：‘你们所做的产品都是垃圾，难道你们做不出比这更好的产品吗?’说完之后便扬长而去。”

在谈判失败后，坐车回去的途中，乔布斯开始发泄其内心的不满。只不过，他不是在说与爱普生合作失败的事情，而是与他新交的女友有关。对此，杰伊·埃利奥特回忆道：“在回去的路上，他根本就不在乎自己在爱普生公司所做的一切。可以说，在他离开爱普生公司的一刹那，他就那件事情给忘得一干二净了。在他的心目中，他对苹果的事业始终都保持着前所未有的热忱，可他不明白自己为什么会遇到那么多的麻烦事，为什么他的热忱不能帮他解决所面临的难题?”就这样，这个年近而立的亿万富翁，在回去的路上一直都在向别人倾诉着内心的不畅。

自从日本回来后，乔布斯依旧生活在自己想象的世界里。1985年3月底，他偶然去了一趟青蛙设计公司（Frog Design)，结果引起了轩然大波。青蛙设计公司是一家颇具欧洲品位的美国公司，曾为日本索尼公司的随身听设计过外形，并一举取得了成功。在此之前，乔布斯在第一次见到青蛙公司为索尼设计的随身听外观时，就被其超凡的设计能力给折服了，并立即说服它与苹果公司就未来电脑产品的设计方案达成了合作协议。乔布斯来到青蛙公司的时候，发现他们正在为沃兹新创办的公司云－9（Cloud－9）做设计工作。这让乔布斯勃然大怒。

他愤怒地对着青蛙公司的总经理咆哮道：“你们要么将这些设计草案全都交给苹果公司，要么就将它们全部撕毁。”此时的沃兹已经离开了苹果，在苹果内部支持乔布斯的人已经很少了，所以他在当时变得极为敏感，他很害怕所有人都背叛自己，他只能借助于愤怒来发泄心中的不满。不过，乔布斯也有权利这么做，因为当初他与青蛙公司签订合同时，就曾明确规定：青蛙公司可以接受其他公司的设计项目，但不能与乔布斯之前的合作伙伴有所接触。

后来，这件事情还被好事的记者给捅到了报纸上，很多人在看到那篇报道后，都觉得乔布斯的为人十分狭隘和卑劣，这让乔布斯的声望一下子降到了极低的地步。

人才大流失

“我希望你能回来帮我，但若你不愿意，我也不勉强，反正你在Mac团队中也不是那么的重要。”

——在劝安迪·赫茨菲尔德回到苹果时，乔布斯如是说

1985年初，苹果公司的人事发生了一次剧烈的动荡，包括创始人沃兹在内的AppleⅡ团队和Mac团队中总共有几十位中、高层以及工程师辞职，给苹果公司的运作带来了不小的打击。在那段时间里，苹果公司的每个部门几乎都有空缺，这从斯卡利贴在办公室墙上的那张组织结构图上就可以看出，因为上边有许多地方都标记着“TBH”（待招聘）的字样。

在1984年初，Mac电脑发布不久，安迪·赫茨菲尔德出于对乔布斯的愤怒，就准备离开苹果公司。当时，乔布斯并没有同意，而是给他放了一个长假。鉴于自己正在与当时的上司鲍勃·贝尔维尔闹矛盾，同时也不是真的想离开苹果，所以赫茨菲尔德爽快地答应了乔布斯的提议。

刚开始的时候，赫茨菲尔德的休假生活还算惬意。但有一天，当他听说乔布斯给Mac团队的每位工程师都发了奖金，且最高达5万美元时，赫茨菲尔德生气了，因为这些人中并不包括他。他在得知这一消息后，立即中止了休假，并找到乔布斯，向他讨要属于自己的那份奖金。但乔布斯告诉他，是贝尔维尔决定不给休假的人发奖金的。结果，赫茨菲尔德在与贝尔维尔对质的时候，贝尔维尔不小心说漏了嘴，抖出了乔布斯才是幕后指使者的真相，这让赫茨菲尔德非常生气。当他再次找到乔布斯时，乔布斯还不想承认，但当赫茨菲尔德说出确切的证据时，乔布斯则对他说道：“嗯，即使你说的都是真的，可是事情已经过去了，难道你还能改变些什么吗？”

在听完乔布斯的话后，赫茨菲尔德知道乔布斯是不会给自己一分钱的，此时的他已经对乔布斯彻底失望了。虽然，他从这件事中看出乔布斯之所以扣着自己的奖金不给，就是为了让他回到苹果。但是，赫茨菲尔德并没有妥协，而是选择了继续休假。

赫茨菲尔德在其休假快要结束之时，和乔布斯约好了共进晚餐。在吃饭的过程中，他对乔布斯说道：“我是真的想回去，但是现在的情况真的非常糟糕。负责软件开发的人，个个都无精打采的，已经过去好几个月了，你看看他们都做出了什么？还有就是，伯勒尔前几天跟我说，他对这样的情况非常难受，也许在今年年底之前他也会离开的……”

“够了！”还没等赫茨菲尔德说完，乔布斯就对他吼道，“你知道自己在说什么吗？

我们的 Mac 团队很棒，你这完全是无稽之谈。看来，你已经跟我们严重脱节了。”在听到乔布斯的话后，赫茨菲尔德闷闷不乐地回道：“如果你真那么认为的话，那我肯定是不会回去了。因为，我想要回归的那个 Mac 团队，已经不复存在了。”乔布斯对此回应道：“我希望你能回来帮我，但若你不愿意，我也不勉强，反正你在 Mac 团队中也不是那么的重要。”在听完乔布斯的这句话后，赫茨菲尔德更加伤心了，并坚决地离开了苹果公司。

1985 年初，伯勒尔·史密斯也准备离开苹果了。不过，他非常害怕乔布斯那强大的现实扭曲立场，只要乔布斯试图劝他留下的话，那他就极有可能不会离开。为了能够顺利地离开苹果，他找到了一年前就离开的赫茨菲尔德取经，希望赫茨菲尔德能给自己出个主意。可是，赫茨菲尔德对于乔布斯那强大的现实扭曲力场也是无能为力。正在赫茨菲尔德苦思对策的时候，伯勒尔突然喊道：“我想到一个完美的方法，保证史蒂夫会辞掉我的。”当赫茨菲尔德问他是什么办法时，他说他会在乔布斯的办公桌上小便，并以此惹恼乔布斯将他开除掉。当他跟 Mac 团队内的其他人说起这件事时，很多人都打赌说伯勒尔不敢这么做。在乔布斯 30 岁的生日刚过没几天，早已鼓足勇气的伯勒尔就准备好要做这件“壮举”了。

可是，当他走进乔布斯的办公室时，他吃惊地发现乔布斯正对着他笑得非常开心。不仅如此，他还对伯勒尔问道：“你真的想那么做吗?”听到乔布斯的问话，伯勒尔已经知道自己的计划被暴露了。他在进来之前，虽然还在想着，无论如何，自己都要想办法惹怒乔布斯。可在听到乔布斯的话后，他犹豫了。于是，他对乔布斯说道：“其实，我也不想那么做，但若万不得已的话，我想我会的。”结果，乔布斯听后只是冷哼了一声就批准了他的辞职申请，并给予了他不错的条件。

继伯勒尔之后，另一个离开的 Mac 的是布鲁斯·霍恩（主要负责 Mac 电脑的电源开发与改进），他在向乔布斯辞职的时候，并没有受到什么刁难。只是在双方告别的时候，乔布斯对他说道：“你知道吗？Mac 电脑的所有问题都因你而造成的。”霍恩听后摊了摊手回答道：“嗯，这个我不否认。不过，Mac 电脑上的许多优点也都是因为我的错才得以实现的吧！”乔布斯在承认这个事实的同时，也对霍恩做了最后的挽留，道：“假如你肯留下的话，我就给你 15000 股的股票。”面对这样的诱惑，霍恩还是坚定自己的立场，拒绝了乔布斯的挽留。此时的乔布斯并没有像对待赫茨菲尔德时那样暴躁，而是抱了抱霍恩，然后就放他离开了苹果公司。

也许 1985 年的 2 月注定不是平凡的一个月份。伯勒尔和霍恩的离开并没有引起多大的轰动，但是沃兹这位苹果的创始人之一的离开则不同，关于他离开苹果的消息，铺天盖地地出现在各大主流媒体之上。当然，关于其离开苹果的猜测也是千奇百怪。

由于个性的不同，乔布斯和沃兹之间，从未爆发过激烈的冲突。即便两人在苹果的管理和战略问题上有着根本的分歧，沃兹也从未与乔布斯撕破过脸皮。尤其自那次飞机事故之后，他虽然重新回到了苹果公司，但他只想待在 AppleⅡ团队中做个合格的工程师，远离公司的权力斗争，只以公司的招牌人物而存在。但实际上，AppleⅡ的许多研发与改进工作都不需要他插手，再加上每天他都会被无数的电话、电子邮件、讲演以及大小会议等困扰着，这让他有些难以忍受。

然而，更让沃兹他难以忍受的是，乔布斯居然向董事会提出，准备砍掉 AppleⅡ的产品线，全力辅佐 Mac 电脑的推出，这让沃兹非常生气。在那次大会上，向来温和的沃兹对着乔布斯发怒道："作为苹果的创始人、三大股东之一，我想告诉你，我很生气，AppleⅡ团队的其他人也很生气。你可知道，现在苹果公司近 70％的利润都是由 AppleⅡ创造的，而你却全力支持 Mac 电脑，甚至还准备砍掉 AppleⅡ的产品线，你知道这对苹果员工的士气是多大的打击吗？"股东大会结束后，他又找到斯卡利，痛斥他在乔布斯身上和 Mac 部门浪费了太多的精力。

可这一切有用吗？当时，乔布斯的眼中只有 Mac 电脑，他想为 Mac 电脑通往成功的道路铲除掉一切障碍。在心灰意冷下，沃兹准备离开苹果公司。当时，他觉得自己在苹果已经不那么重要了，就没有通知其他的部门，也没有告诉乔布斯和马库拉，只是将自己的想法告诉了 AppleⅡ团队的工程师主管乔·埃尼斯和助理劳拉（后来二人跟随沃兹一同离开了苹果公司，并创建了 Cloud－9 公司），然后便悄然离开了苹果公司，并创办了一家制造其发明的万能遥控器的公司（即 Cloud－9 公司）。直到后来的《华尔街日报》上登载了有关沃兹创建的公司介绍时，乔布斯才知道沃兹想要淡出苹果的消息。

在看到这个消息后，乔布斯非常吃惊，他知道沃兹对于苹果意味着什么，所以他不想沃兹离开，可他又找不到合适的理由。正当他为此而矛盾的时候，他和沃兹同时收到了罗纳德·里根总统的请帖，邀请他们前往华盛顿去参加一次庆典。在那次庆典之上，里根总统还将首届国家技术奖章（National Medal of Technology）授予了他们，以表彰他们对美国科学技术的发展所做出的杰出贡献。在庆典结束后，乔布斯找到沃兹，他想要留下沃兹，就提出和他谈谈，沃兹同意了。

后来，乔布斯和沃兹聊了很多，并尽量避开了所有存在分歧的问题。乔布斯虽然没能说服沃兹留下，不过，他的游说还是起了一定的作用。最终，沃兹同意以兼职的方式，代表苹果公司出席一些活动和展览，然后再慢慢淡出人们的视线，和苹果公司友好地分手。

可惜，好景不长。几周后，乔布斯发现了专门负责苹果产品外观设计的青蛙公司，竟然背着他为沃兹公司的产品设计外观，这让他很是生气。之后，他又借机毁掉了所有为沃兹的公司做的设计草图，一点旧友之情都不留。此事传出后，两人的关系也因此而急剧恶化，并最终导致了沃兹与苹果公司的彻底决裂。

在沃兹正式宣布离开苹果之后，一时间有关苹果的流言四起，使得苹果的股票再次下跌至冰点。此时的苹果可以说是内忧外患齐聚，已是乱成了一团，亟须董事会拿出一个可行的方案，解决眼前的混乱。

董事会的决定

"如果让我继续担当Mac部门的总经理的话，我可以向你保证，管理公司的事情我绝不会再插手的，希望你能给我一次证明自己的机会。"

——在被撤掉Mac部门经理后，找斯卡利和谈时，乔布斯如是说

1985年3月初，苹果公司在经历过2月份的人事大动荡后，乔布斯和苹果CEO斯卡利之间闹了不小的矛盾，两人之间的关系也因此而急剧恶化。其实，他们两人之间的矛盾是由多方面的原因造成的，既有管理上的，也有业务上的。

如斯卡利想让Mac电脑的销售价格一直维持在2500美元左右，以便获取到最大的利润。但乔布斯对此则嗤之以鼻，他只是想让Mac卖出去的价格更加便宜、合理一些，其目的并不是为了赚钱。另外，他们两人的心理也出现了一些变化。刚开始的时候，乔布斯想在斯卡利身上学到管理上的经验，而斯卡利则想方设法地想让乔布斯喜欢自己。那个时候两人还能和平相处。但是，当两人最初的激情都成为过去之后，他们才发现自己原来与对方如此不和，他们之间的矛盾也因此而逐渐多了起来。

在斯卡利看来，乔布斯对于产品的细枝末节太过关注和苛求了，那样的工作一点儿效率都没有。不仅如此，他还觉得乔布斯将自己请到苹果之后，就像是换了个人一般，对自己的并没有之前那么关心了。虽然他也曾非常努力地吸引着乔布斯的关注，但乔布斯的表现却又让他非常讨厌。

如有一天，他带着乔布斯同施乐公司的董事会副主席比尔·格拉文谈判，在会面之前，斯卡利一直要求乔布斯在双方会谈开始之后，千万不要失了礼态。但是，出乎斯卡利预料的是，双方坐下还没多久，乔布斯就有些不耐烦地说道："你们这些家伙，根本都不知道自己在做些什么。"说完之后，便起身离去，那次会面自然是不欢而散。在散会后，乔布斯就像个孩子一样，对着斯卡利道歉道："约翰，真是对不起，可我就是控制不住自己。"鉴于此，一两次还可以原谅，但若每次都这样的话，即便是竭力讨好乔布斯的斯卡利也有些不爽了。

而在乔布斯的眼中，斯卡利在刚开始的时候，只是个卖汽水和零食的人，他根本就不知道产品的配方是什么，也没有兴趣知道，对于苹果电脑，尤其是Mac电脑，他同样没有表现出足够的喜爱之情，这让乔布斯有些不爽。对此，乔布斯还曾回忆道："我曾试图让他明白一些工程上的细节，但他还是不知道那些产品是怎样被创造出来的。刚开始的时候，我还有些耐心，后来就不行了。为此，我还和他吵了几次。"雅达利公司的阿尔·奥尔康曾对两人的区别作出了这样的评论："斯卡利为人谨慎，他在保证某一个人高兴的前提下，还会照顾到其他人的情绪，以免造成某种误会。而史蒂夫则不然，他对所有的人都不屑一顾，哪怕是一流的员工也不行。"

在两人之间刚出现矛盾时候，苹果的董事会就已经对此有所警戒了。随着矛盾的

不断激化，就有越来越多的董事对他们两人指责了起来。其中，尤以亚瑟·罗克的反应最为激烈。他曾对斯卡利言道："我们请你过来，就是要你负责苹果公司的运营，而不是花更多的心思讨好乔布斯一人。"当然了，他们在指责斯卡利的时候，还不忘警告乔布斯一声，要他尽快解决掉Mac团队内部混乱的问题，稳定好Mac团队与苹果其他各部门间的关系。

到了1985年3月底，在第一季度即将结束的时候，Mac电脑的销量再次令人大失所望，因为其销量还不足之前预测的十分之一。这一结果让乔布斯非常生气，无论是谁碰到他，都会被他大骂一通。尤其是公司内的一些中层主管，更是被他骂得体无完肤，很快就激起了"民怨"，并纷纷联合起来反抗乔布斯的"暴政"。

在这群人中，营销主管迈克·默里被推认为代表，由他找到斯卡利反映一下大家对乔布斯的看法，希望斯卡利能够帮助他们解决掉这个问题。一天，在一次会议之后，迈克·默里叫住了正欲离去的斯卡利，将大家的想法告诉了斯卡利，希望他将乔布斯从Mac团队的管理层中踢出，以避免其为公司带来更大的损失。对此，斯卡利则告诉他说："现在我还没到非得和他摊牌的地步，所以，你们就先忍忍吧！"可是，迈克·默里也是个有血性的人，他在回到住处之后，立刻就给乔布斯发了一封邮件，对他那带有人身攻击性质的管理方式表达了强烈的不满。

在迈克·默里给乔布斯发过邮件后的几周内，乔布斯似乎是听从了迈克·默里的批评，不再见谁都吼，与斯卡利之间的关系似乎也恢复到了正常。其实，当时的乔布斯正醉心于一种新的技术，即平板显示屏技术，这是伍德赛德设计公司（Woodside Design）的一位名叫史蒂夫·基钦的工程师研发出来的，所以他才无暇顾及其他。除了这个之外，还有一项技术引起了乔布斯的注意，那是一家小公司研发出的触摸屏技术。在看到这两种技术后，乔布斯便萌生出了研发"Mac书"（Macinabook）的计划，那是一种无须鼠标，只需用手指轻轻触滑就能实现控制的一种设备。为此，他还想出了一个绝妙的注意，即设立一个实验室专门研发这种设备。不仅如此，他还早早地为这个实验室起好了名字——苹果实验室（Apple Labs），在建成后他会亲自管理，带着Mac团队中的精英一同开发这种具有革命性的新产品。

斯卡利听说这件事后，自然十分高兴。他觉得，这件事如果办成的话，乔布斯就能回到他最擅长的领域，不会再给苹果公司的管理造成破坏，进而解决掉他们之间因管理公司而出现的大部分问题。为此，斯卡利还专门从法国为他物色了一个接班人——让·路易·加西，准备在他创建苹果实验室后，由让·路易·加西替代他接管Mac团队。

让·路易·加西本为苹果公司在法国分部的主管，之前，乔布斯在去法国考察的时候，就是他负责的接待工作，不仅如此，他还面对着无礼的乔布斯据理力争过。他在飞往库比蒂诺前，曾向斯卡利表明，他来到苹果总部后，只想全权管理Mac团队，而不是在乔布斯的手下工作。

为此，斯卡利还专门找到董事会的其他成员，想让他们劝服乔布斯，让他创建一个为研发新产品且充满激情的小团队。但此时的乔布斯已经改变了主意，他虽然很想研发那种东西，但与Mac团队的控制权相比，显然后者更为重要，他可不想再将自己一手创立起来的团队交给其他人处理。让·路易·加西还算明智，在乔布斯表过态后，就立刻飞回了巴黎，他可不想招惹乔布斯这个大麻烦。在让·路易·加西离开后，乔布斯则又想起了苹果实验室的筹建计划，并经常在这个计划与是否继续执掌Mac团队之间摇摆不定。

3月底，对于乔布斯的反复无常，斯卡利终于忍不住了。那天，他带着人力资源部经理杰伊·埃利奥特步入了乔布斯的办公室，率先开口道："史蒂夫，你知道没人比我更欣赏你的才华，但是，光有这些是行不通的。现在我对你管理Mac部门的能力已经失去了信心，我希望你能放弃Mac部门的管理权。"

乔布斯听后，非常吃惊地看着斯卡利，他不相信斯卡利会这么对待自己。但事实摆在眼前，又由不得他不信。过了一会儿，他才对斯卡利展开反击，称其没兑现当初的承诺，将他培养成一个合格的管理者。不仅如此，他还责怪斯卡利将公司管理得一团糟，远不如自己想象中的那样。

面对着乔布斯的一连串反击，斯卡利只得默默地坐在那里听着。他明白，自己现在还不是乔布斯的对手，他需要找一个强大的伙伴与乔布斯对抗。因此，当乔布斯停下来的时候，闷坐了许久的斯卡利开言道："我会把今天的情况提交到董事会，并建议他们撤销掉你对Mac部门的管理职权。我今天来，只是尽了一个朋友的义务，提前告诉你一声而已。"对于斯卡利的话，乔布斯非常吃惊，只见他忽然跳了起来，并指着斯卡利威胁道："假如你真那样做了，公司肯定会毁在你手上的。"

乔布斯虽然很愤怒，但是斯卡利显得毫无畏惧。尤其是在取得马库拉的支持后，斯卡利的胆气似乎更足了。1985年4月10日，在苹果董事大会上，斯卡利向众董事提出了这一问题，并发言道："我正试图劝服史蒂夫放弃Mac部门的总经理一职。所以，我希望能够得到你们的支持，如果我成功了，那么我会对公司今后的运营负全责。如果我没有成功的话，也许在不久的将来，你们就要重新物色一个CEO了。"斯卡利知道，自己即便是取得马库拉的支持，也很难博得其他董事的支持，乔布斯毕竟是苹果的创始人，很多人都是站在他那一边的。因此，在提出这个建议的时候，他就已经做好了被解雇的准备。

事实上也是如此，很多董事并不想看到两人闹僵。正在大家商量对策的时候，苹果董事会成员之一的亚瑟·罗克提出了一个调解的方案，希望双方能够和解。可是，在经过了近三天的调解后，乔布斯一直坚持认为斯卡利才是问题所在，拒绝承认自己有错。结果，调解失败。

最终，董事会成员达成一致意见，全都站在了斯卡利的一边，决定免去乔布斯Mac部门总经理一职，改由斯卡利之前提议的让·路易·卡西接任，只保留乔布斯董事会主席的头衔，并同时授权斯卡利执行这一决议。

乔布斯对这个决定非常震惊，他很难相信这个决定是真实的，不过，更让他不明白的是，斯卡利为什么非要这样对付自己。在会议结束后的几天内，他对斯卡利痛恨极了，而且他的脾气在这几天内也变得异常暴躁。

几天之后，逐渐冷静了下来乔布斯，压制着内心的狂躁对斯卡利提出了一个和解的计划："难道你就不能保留我现在的职位？如果让我继续担当 Mac 部门的总经理的话，我可以向你保证，管理公司的事情我绝不会再插手的，希望你能给我一次证明自己的机会。"虽然乔布斯的语气极为谦卑，但是早已看透了乔布斯的斯卡利直接拒绝了乔布斯，他觉得，事情既然已经这样了，已经没有回头的可能了。

残酷的现实

"当时我就觉得自己像被人扼住了喉咙一般，闷得我无法呼吸。"

——在回忆自己被苹果董事会抛弃时，乔布斯如是说

现实是残酷的，乔布斯即便是苹果公司的创始人之一，但他还是被他所掌控的董事会给出卖了，成了一个没有了实权的董事长。在与斯卡利交涉未果的情况下，乔布斯虽然很生气，却没有更过激的表现，而是回到了家中静坐。

在那段时间里，乔布斯一直将自己封闭在家中，还将窗帘全都拉了下来，不让一丝阳光射入，电话也转入了自动录音功能，无论是谁的电话他都不接。可以说，在那段时间里，除了他女友蒂娜·莱德斯以外，谁都没有见过乔布斯。在这段时间里，他除了坐在那里静静地思考外，就是一遍一遍地听着鲍勃·迪伦唱的那首《时代在变》。早在一年多前，他在向众人揭开 Mac 电脑的神秘面纱时，所朗诵的就是这首歌的一部分歌词，而他最欣赏的则是歌词的最后一句："现在的失败者，必会成为最后的赢家。"

乔布斯虽然乖张、暴躁，但他还是有朋友的，比方说已经离开了苹果的安迪·赫茨菲尔德，他在得知乔布斯被赶出 Mac 团队的消息后，立刻驾车赶到了苹果总部，这是他在离开苹果之后第一次回来，遗憾的是他没能见到乔布斯。

后来，赫茨菲尔德回忆道："我非常意外，真没想到公司的董事会居然真的赶走了史蒂夫。虽然在很多时候，他都很难被满足，可他毕竟是苹果公司的灵魂和精神依托。也许在史蒂夫离开后，那些反感他的人会觉得扬眉吐气，会有不少人抓住这个机会升迁。不过，大多数苹果员工在史蒂夫离开后，都会对未来流露出忧虑、沮丧和不确定的情感。"

赫茨菲尔德在白天的时候，没能在公司见到乔布斯。到了晚上，他就约比尔·阿特金森等几位 Mac 团队的核心成员一同来到了乔布斯的家中，准备帮他重新振作起来。不过，他们在来到乔布斯家的时候，在门口等了很长一段时间，乔布斯才为他们打开房门，并带着他们来到了家中唯一摆有家具的房间里。

在坐下来之后，赫茨菲尔德率先开口道："史蒂夫，告诉我到底发生了什么？事情真有那么糟吗？"乔布斯摆出一副愁眉苦脸的样子道："恐怕比你想象的还要糟。斯卡利彻底地背叛了我，他一点情面都不给我留，只是保留了我董事长的头衔，而没有实权参与到公司的管理之中。现在，我真的很难想象，苹果公司在没有我的情况下，

还能被管理好吗？”乔布斯越说越激动，甚至到了后来，还对斯卡利破口大骂了起来。为了缓和气氛，赫茨菲尔德赶紧将话题转向了他们之前共同度过的那段快乐的日子，开始对过去进行缅怀。

在来乔布斯家之前，赫茨菲尔德还专门带了一张鲍勃·迪伦刚出的新专辑，其中有一首名为《当夜幕降临》（*When the Night Comes Falling From the Sky*）的歌曲，很适合当时的情景。不过，乔布斯在听到这首歌时总觉得它很聒噪，听起来很不舒服。于是，赫茨菲尔德又播放起了这张专辑中的另一首歌曲《黑眼睛》（*Dark Eyes*），这是一首只有吉他和口琴伴奏的音乐，节奏也很缓慢，但是其所表达的感情却比较哀伤，他本以为现在的乔布斯会喜欢这首歌，但乔布斯和刚才一样，同样不喜欢这首歌，也不想再听这张专辑里的其他歌曲。在他看来，鲍勃·迪伦自从出了《路上的血迹》那张专辑后，一直在走下坡路，唱的歌曲也一首不如一首。

赫茨菲尔德非常理解乔布斯当时的反应，在他看来，乔布斯曾一度将斯卡利视为父亲般的存在，当然还有迈克·马库拉，以及另一位董事亚瑟·罗克。但是，正是这三个人，在那一天的董事大会上，同时抛弃了他，这让他非常伤心。多年后，乔布斯对此回忆道：“当时我就觉得自己像被人扼住了喉咙一般，闷得无法呼吸。”他的好友兼律师乔治·莱利也曾对此回忆道：“小时候那种被抛弃的感受再次笼罩了史蒂夫，但经历过此次事件后，他更加清醒地认清了自己到底是谁，给自己下了一个较为准确的定义。”

其实，在这三人中，最让乔布斯伤心的是失去了亚瑟·罗克的支持，而不是斯卡利的背叛。在乔布斯的眼中，亚瑟·罗克一直都是个父亲般的存在，一直庇护着乔布斯，包容着他的任性。在生活中，亚瑟·罗克给乔布斯讲过歌剧，还曾多次在家中招待过他。我们都知道，乔布斯是个很不喜欢送礼物的人，但他会经常送给亚瑟·罗克一些礼物。如他此前到日本谈判时，就给亚瑟·罗克买回了一部索尼牌的随身听。后来，乔布斯回忆道：“我真的从来没有想过，他会选择斯卡利而不是我，这对我的打击真的很大。”

在乔布斯内心的悲伤逐渐消失之后，乔布斯又将自身的愤怒全都转移到了背叛自己的斯卡利身上，他觉得自己心爱的公司正被他眼中的笨蛋操控在手中，这让他很难接受。对此，乔布斯曾愤怒地说道：“董事会应当将我和斯卡利分开处理，他们虽然觉得我没有能力管理好公司，但也不能将公司交给斯卡利管理，而应将他解雇掉。”

在乔布斯和斯卡利相互对峙的时候，他们两人共同的朋友曾想从中调解，但最终都以失败告终。如在 1985 年 7 月末的一天，鲍勃·梅特卡夫同时邀请乔布斯和斯卡利到自己的家中做客，结果却很让他失望。后来，他对此回忆道：“我当时做了个错误的决定，我不该请他们两人同时来到我的家中。当时，史蒂夫和约翰分别坐在房间的两头，两人就那样瞪着对方，一句话都没有说。直到那时，我才意识到他们之间已到了水火不容的地步。”

决心赶走斯卡利

“我想继续管理 Mac 部门，时间会证明我是对的。”

——在对控制 Mac 部门仍留有一丝幻想时，乔布斯如是说

在那次董事大会之后，乔布斯和斯卡利之间就已是势同水火了，无论是谁都无法让他们达成和解。乔布斯由于一直在家静修，所以并未在公众面前露面。但斯卡利不同，作为苹果的 CEO 他可没有时间静修，就算有的话，他也不愿意去。

后来，斯卡利在接受一次采访的时候宣称，乔布斯虽然还是苹果的董事长，但他与苹果已经没有多少关系了。不管是将来还是现在，公司的运营方式，他都没有资格再参与其中。当这一消息传至乔布斯耳中的时候，他们之间的关系也因此而进一步恶化了。

1985 年 4 月，Mac 电脑的销量依旧没有什么起色。到了 5 月初的时候，乔布斯找到斯卡利，并对他说：“我想你现在已经有些自顾不暇了。记得我请你过来的第一年时间里，几乎所有的事情你都做得非常完美。可是，最近发生了一些不愉快的事情，以至于成了现在这个样子，而公司也没有按照我之前所想的那样发展下去，对此我非常失望。”

听到乔布斯的话后，斯卡利仍旧带着一丝耐心对他说道：“史蒂夫，我想我们应该坐下来好好谈谈了。我承认，以前都是我的错，我没能花费更多的时间指导你。可是，你在管理 Mac 部门的时候，没能按时推出与 Mac 电脑配套的办公软件，也从不听取市场上的反馈意见，你根本就不了解用户真正想要的是什么样的产品。还有就是，你一直都不接受生产可以兼容的电脑，对此我也深表失望。你可能都不相信，现在 IBM 公司生产的个人电脑已经占据了大半的市场份额，远远地超过了苹果，难道你还想再坚持下去吗?”

乔布斯听后则有些玩味地说道：“你的分析听上去很不错。不过，你应当明白，当初我请你来当 CEO 的时候，是先让你看了公司的情况，而后你才下定的决心。倘若如你所言，我并不是一个好的管理者，那么完美的 Mac 电脑又怎么可能研发出来？倘若你是一个优秀的管理者，那你对目前的状况又当做何解释?”听完乔布斯的话后，斯卡利顿时语塞，一时之间，竟不知该如何作答。

随后，乔布斯又趁热打铁道：“约翰，正如你所言，我们确实该坐下好好谈谈了。现在我只想告诉你，公司的现状是谁都不愿看到的。所以，我想继续管理 Mac 部门，时间会证明我是对的。”听完乔布斯的话后，斯卡利就已经明白了乔布斯的意图，对于乔布斯的这个要求他想都没想就直接拒绝了。乔布斯对此回应自然是恼羞成怒，甚至对斯卡利说出了让他彻底离开苹果的狠话。兔子急了还咬人，更何况是一个有着自己个性的人呢？因此，一向温和的斯卡利便在办公室内和乔布斯吵了起来，最后两人

不欢而散。

5月中旬，Mac团队向斯卡利和苹果其他高层汇报第二季度的报告，而乔布斯和斯卡利的矛盾也因此而达到了高潮。此时的乔布斯依然不打算放弃Mac部门的控制权，甚至非常嚣张地带着Mac团队的几个核心人员走进了会议室，与斯卡利展开了一场激烈的对抗。

在会议上，乔布斯坚持认为，Mac团队现阶段的主要任务就是卖掉更多的Mac电脑，但斯卡利指出，Mac团队应当以服务于公司整体为主。就此问题，两人争论了近一个小时，可即便这样，他们最后谁也没能说服对方。在争辩未果后，乔布斯又提出了Mac团队正在对Mac电脑进行改进，并称其将比之前的Mac电脑更加强劲。此外，乔布斯还在大会上道出了Mac团队正在研发的一款名为“文档服务器”（File Server）的软件，并称这款软件一旦完成，所有Mac电脑的用户均可以通过它在互联网上实现文件共享。对此，斯卡利则回应道：“史蒂夫，我想你说的这些都未能按时完成吧？你连自己的手下都约束不了，还敢妄言研发出更为成功的软件，你这不是在混淆视听吗？”就这样，大会在他们两人的不断争吵中结束了。

当天晚上，乔布斯带着Mac团队的众人在一家酒店内吃饭，并邀请了当时待在苹果总部，等待接管Mac部门的让·路易·加西一同进餐。在晚餐的时候，鲍勃·贝尔维尔举着酒杯意有所指地说道：“敬我们这些真正明白史蒂夫构想的人。”让·路易·加西听后很不好受，因为他曾说过乔布斯是一个生活在自己构想的世界中的人，贝尔维尔这话明显是冲着他来的，可他又不好发作，只得强颜欢笑。宴会结束后，只有贝尔维尔一人留了下来，他不断地鼓励乔布斯要重新燃起斗志，与斯卡利抗争到底。

贝尔维尔的话提醒了乔布斯，他也觉得再这样下去，肯定对Mac团队还有自己都很不利。于是，他便想设计出一套完美的计划，准备将斯卡利从公司内抹掉。不过，乔布斯虽然精于操控别人的精神，可以轻易哄骗和迷惑他人为自己做事，但他在玩心计这方面远不如他人。正如杰伊·埃利奥特后来指出的那样，“史蒂夫天生不会玩办公室政治，也一直没有去想过，但他还是做了，结果可想而知。”

乔布斯发动“政变”

“不如我来当CEO，你来当董事长好了。”

——在发动“政变”面对斯卡利时，乔布斯如是说

为了重夺公司大权，乔布斯再次展现出了他那不计前嫌的个人魅力，他找到了自己的老友兼苹果市场总监迈克·默里，两人合伙草拟了一份大胆的公司改革计划书，在这份草案中，乔布斯准备将苹果划分成一个总公司和四个分公司，其中一个分公司主要负责苹果产品的零售业务，并准备让斯卡利出任该分公司的总经理。按照乔布斯的设想，只要这个计划能够成功，斯卡利就得让出公司CEO的职位，无法再干涉自己

的事情了。

不仅如此，乔布斯还计算好了，只要斯卡利一动身前往中国（苹果公司在几个月前，获得了向中国出口电脑的许可，斯卡利决定自己去签协议），他就立即发动“政变”，夺取公司大权。为了“政变”能够成功，乔布斯做了相应的准备。

在告诉迈克·默里自己的计划之后，乔布斯又于5月23日，在Mac部门的管理层会议上，向众位核心人员讲述了自己的计划。随后，他又将这一消息透漏给了苹果人力资源部的总监杰伊·埃利奥特，希望能够得到他的支持，埃利奥特虽然并不相信他的这个计划会成功，但他还是和苹果的一些董事会成员进行了接触，并劝他们支持乔布斯。很显然，那些人和埃利奥特的想法较为一致，他们大多站在斯卡利的一边。除了他们，还有为数不少的苹果高级职员也都是斯卡利的支持者。当埃利奥特将这一情况告诉乔布斯，并劝他放弃这一计划的时候，却被他给拒绝了。

如果乔布斯当初只是在暗中联络众人，也许真的能够成功地发动政变。但是，乔布斯在那天犯了一个致命的错误，他竟然将这个计划告诉了让·路易·加西。后来，乔布斯还对此回忆道：“我真后悔把这个决定告诉了加西，我居然忘了他是约翰找来的帮手。”事实上也是如此，让·路易·加西在当天晚上就告诉斯卡利：“假如你明天动身去中国的话，那你就会被史蒂夫所取代，因为他正在密谋除掉你。”

斯卡利听闻后先是一惊，随后便命人取消了第二天的中国之行，并于当天上午在苹果总部紧急召开了一次高层会议，想与乔布斯当面对质此事。会议开始后，姗姗来迟的乔布斯发现自己的座位被斯卡利占了之后，他便坐到了与斯卡利相对立的另一头。会议开始后，斯卡利首先向大家言明了自己之所以会取消当日的中国之行，为的就是解决他和乔布斯之间的事情。随后，他便直视着乔布斯道：“我知道你正想办法把我赶出公司，可我还是想亲口问问你，这是真的吗？”

乔布斯没想到斯卡利这么快就得到消息了，不过，他没有表现出任何的惊慌，而是盯着斯卡利道：“我觉得你并不是管理苹果的最佳人选，留下你就等于为公司留下一个祸害。”紧接着，他又对斯卡利厉声道：“想当初，我找你来是为了帮我，可是你有帮过我吗？更何况，都过去这么久了，你竟然连公司产品的开发流程都不懂，更不知道如何经营公司，我想你真的该离开苹果了。”

听到乔布斯的话后，斯卡利也有些发火了，当场就和乔布斯争执了起来。当两人的争吵趋于白热化的时候，之前一直保持沉默的那些董事及公司高层们开始说话了。其中，第一个发表意见的是德尔·约克姆，他先是表明了自己对乔布斯的欣赏，希望他能继续为公司的发展尽心尽力，随后他却话锋一转，对乔布斯说道：“我会尊重并支持斯卡利继续管理公司。”乔布斯听后非常吃惊，可还没等他恢复过来，阿尔·艾森斯塔特和里吉斯·麦肯纳等一群高级职员也纷纷表明了对斯卡利的支持。只有一个人在此事面前犹豫了，即比尔·坎贝尔，他非常欣赏乔布斯，却不怎么欣赏斯卡利。不过，他在最后还是选择了斯卡利。

看到这一情景后，乔布斯都快崩溃了，他没有想到，大家竟然都会如此表态。接着，他在留下一句“我已经知道大家的想法了”之后，愤怒地离开会议室，回到了自己的办公室。

在回到办公室后，原本愤怒的乔布斯已经变得极为沮丧了。他在Mac团队的那帮心腹闻讯后纷纷赶来安慰他，而他则像个小孩儿一般，还没说上两句话，就已经泣不成声了。待其情绪稳定一点后，他对着众人说道："我想我得离开苹果一段时间了。"这时，黛比·科尔曼站了出来，她对乔布斯言道："史蒂夫，你最好先静下心来，千万不要轻举妄动，只要有我们在，你就可以重新组建团队，不是非要离开才行啊！"在众人的一致劝慰下，乔布斯的心情方才平复了下来。

另一方面，斯卡利虽然在当天取得了一场胜利，但他的心情很低落。会议结束后，他找到阿尔·艾森斯塔特，并提出和他一起出去转转，阿尔·艾森斯塔特同意了。在路上，斯卡利神情沮丧地对他说道："我真的不知道自己是否还能再坚持下去，而且，我也觉得我并不是管理苹果的合适人选，因此，我想辞职。"阿尔·艾森斯塔特听后吃惊道："你不能那样做，你要勇敢地面对这一切，否则苹果会垮掉的。"经过一夜的考虑，斯卡利终于又重拾信心，决定继续留任苹果CEO。

5月25日，迈克·默里找到乔布斯，劝他接受公司总裁的任命，顺便启动苹果实验室的项目，远离公司总部。不过，乔布斯对于这个建议并无兴趣，他现在最想做的就是和斯卡利谈谈。于是，在迈克·默里离开后，他就给斯卡利打去了电话，并约他一起出来谈谈，看看是否能将昨天的事情给解决掉。斯卡利对于乔布斯的举动虽然有些吃惊，但还是同意了。

5月26日上午，斯卡利依约和乔布斯见了面。在这次会面中，乔布斯再次提出了他之前所提的请求，想在苹果公司担任一个有着决策权的职位。不过，当日的斯卡利表现得非常坚决，直接拒绝了乔布斯的这个请求，并不断地劝说乔布斯安心当好董事长就行了。对于斯卡利的提议，乔布斯也是没有丝毫的兴趣，他可不想当一个有名无实的领导者，否则他也不会策划这次"政变"了。在一番争执之后，乔布斯说出了一句极为幼稚，但却令斯卡利非常吃惊的话，即"不如我来当CEO，你来当董事长好了。"过了好大一会儿才反应过来的斯卡利，平复了一下心情后对乔布斯说道："史蒂夫，你应该知道，这个提议一点儿意义都没有。"

不甘心的乔布斯接下来又向斯卡利提议道："我看不如这样，我们将公司的职能分成两大部分，你主要负责营销和商业上的一些问题，而我主要负责产品方面的问题。"此时的斯卡利已经看透了乔布斯，再加上公司董事会给他撑腰，他已经不打算再给乔布斯任何东山再起的机会了。于是，他便非常直接地拒绝道："你应该知道，董事会支持的是我而不是你，所以，公司只能由我一个人掌管。"在和谈未果后，乔布斯只得郁闷地驾车离去。在回家的路上，他顺便拐到了马库拉的家中，并邀请他在第二天晚上到自己家中做客。随后，他又邀请了他在Mac团队的几位心腹，希望他们能够说服马库拉放弃对斯卡利的支持。

5月27日下午，鲍勃·贝尔维尔、黛比·科尔曼、苏珊·巴恩斯、迈克·默里等乔布斯的心腹，提前来到了乔布斯的家中，他们需要事先商量一下，应当如何劝服马库拉放弃斯卡利。马库拉在来到乔布斯的家中后，他已经明白了，这是场"醉翁之意不在酒”的宴席，于是表示愿意听取众人的意见。不过，这“众人”之中并没有乔布斯。为了避免众人向他发牢骚，马库拉直接将谈论的对象集中到了Mac团队的具体管理问题之上，如之前研发“文件服务器”软件时，为什么迟迟不能完成，还有就是Mac电脑的分销系统为什么没有对需求的改变作出相应的调整等。结果，在听取了众人的回答后，马库拉直接表明，他是不会支持乔布斯的。后来，马库拉对此回忆道：“那些人只是在史蒂夫的怂恿下叛乱的，所以，当时我就对史蒂夫说：‘我不会支持你的，一切到此为止了。’”

在同一天，斯卡利也想听听公司其他高管的意见，看看他们是否同意自己屈从于乔布斯在前一天提出的条件。结果，几乎所有听到这件事的高管都纷纷表示斯卡利肯定是疯了，在这种情况下怎么能向乔布斯服软呢？他们还纷纷跳将出来，表明自己愿意支持斯卡利，坚决不同意让乔布斯重新执掌运营大权，这些人的表现给足了斯卡利信心。当天稍晚的时候，马库拉还打电话给他，告诉了他自己与乔布斯会面的事情，更是让他坚定了将乔布斯排挤在外的决心。

5月28日上午，斯卡利直接来到乔布斯的办公室，对乔布斯说道：“我已经取得了董事会的支持，希望你能尽快离开公司总部。”说完之后，他也不等乔布斯回答，便驱车前往马库拉的家，向他简单说明了一下自己的重组计划。接着，他便返回办公室，与董事会的其他成员通了电话，取得了他们对苹果公司重组计划的支持，并决定于当周实施。

当天，在让·路易·加西从乔布斯手中强行接过Mac团队的管理权时，乔布斯就知道自己发动的“政变”失败了，一切都已成定局。接着，他便开始哭泣，并给比尔·坎贝尔、杰伊·埃利奥特、迈克·默里等人挨个打了电话，诉说着自己内心的痛苦。

5月29日，在想了一天一夜之后，乔布斯给迈克·默里打电话，说自己想再发动一场抗争，但迈克·默里冷静地告诉他，“一切都结束了，你还是放弃吧！”不仅如此，他还劝乔布斯在后天（即5月31日）到公司去，听听斯卡利的重组计划。

在那天的大会上，乔布斯确实到场了，但他一言未发，一切都按着斯卡利的设想而进行着。即便是被剥夺了所有的权力，只剩下一个“苹果董事长”虚职和一个新任命的“全球架构师”的虚名，他也没有发表任何意见，此时的乔布斯似乎已经有些看淡了。

被剥夺和遗弃

“他们让我搬出了我的办公室，并在苹果总部的对面给我租下了一幢小楼，那里就像苏联的西伯利亚一样冷清。”

——在回忆自己被迫搬离苹果总部时，乔布斯如是说

1985年5月31日，乔布斯被正式解除了Mac部门总经理的职位，只任公司董事

长这一虚职。到了这个时候，已经有人预测到，乔布斯除非重新夺回执掌苹果的大权，否则他是不会在那个位置上坐多久的，他们唯一不确定的只是他会在何时离开。

不过，在斯卡利宣布这一决定的时候，并不是所有的人都支持斯卡利的。如副总裁杰伊·埃利奥特支持的就是乔布斯。在他看来，乔布斯是个注重产品导向的人，由他来管理公司，要比斯卡利这个只擅长销售而不懂得研发的人合适得多。因此，在当天的大会结束后，杰伊·埃利奥特就从马库拉开始，找到每一个董事会的成员谈话，并努力向他们证明，抛弃乔布斯将会对苹果造成多么巨大的损失。与此同时，他还旧事重提，建议将 Mac 部门分拆出去，由乔布斯统领。

结果，马库拉率先表示反对道："不行，史蒂夫太不成熟了。我们现在让他离开管理层，也是为了公司好。"至于其他董事的回复，大多和马库拉类似，这让杰伊·埃利奥特很是无奈。当乔布斯在听说了杰伊·埃利奥特为自己所做的努力后，他非常感激，还专门请杰伊·埃利奥特来到自己家中做客。席间，乔布斯对他说道："谢谢你帮我！我多么希望你所做的努力能够帮助那些董事们作出正确的选择啊!"当然了，这只是乔布斯的一厢情愿罢了。

6 月初，斯卡利在苹果总部召开了一次高层会议，他想让这些人都向自己效忠。但是，杰伊·埃利奥特还像之前一样，表示自己只愿意向苹果的员工以及苹果的创始股东效忠，非常明白地告诉斯卡利，他只支持乔布斯。为此，斯卡利在会后专门找到了杰伊·埃利奥特，说道："我想你得告诉我，你为什么要在大会上那样说?"杰伊·埃利奥特面对斯卡利的质问，非常镇静地说道："难道你没有发现，你和史蒂夫之间的矛盾很可笑吗？不管怎么说，Mac 团队都代表着公司的未来，而你现在竟然狠心将一手创建并领导着 Mac 团队的史蒂夫从这个队伍中踢了出去，你知道这意味着什么吗?"听完杰伊·埃利奥特的话后，斯卡利沉默了，走到这一步并非他所愿，但事已至此，他已别无选择。

在苹果内部的矛盾逐渐平息之后，外部的危机也随之而来。1985 年 6 月，为了化解公司所面临的财政危机，斯卡利忍痛解雇了 1000 多名员工，而这也成为苹果公司自创立以来最大的一次裁员事件。一时之间，所有员工对苹果公司的忠诚度都降到了最低限。此时，担任苹果董事会主席的乔布斯对此视而不见。但是，乔布斯越是表现得平静，斯卡利就越是害怕，他怕乔布斯在暗中给他使绊子。为了避免这一情况的发生，他便安排自己的秘书陪着乔布斯到欧洲转转，这样既能让乔布斯代表苹果出席一些活动，还能让乔布斯放松下心情，自此安静下来。

对于斯卡利的安排，乔布斯并没有作出什么抵抗，他也觉得自己若是到欧洲转转，说不定对改变当前的局面也有所帮助。于是，在 6 月中旬，他便动身前往法国，并出席了苹果在巴黎举办的一场活动。接着，他又飞到了意大利，对佛罗伦萨的建筑风格极为着迷。为此，他还对身边的朋友说道："我真想在这里找个可以种田养花的地方客居下来。"

6 月底，乔布斯到了瑞典，依旧在为苹果电脑做宣传。经过近一个月的磨炼，此时的乔布斯在心态上要老练得多了。当有记者问他如何看待苹果高层的这次重组时，乔布斯平静地回答道："许多事情并不一定都会向着你所想象的方向发展，正如某句歌词中唱的那样'你不可能得到你想要每一样东西，有些时候，你只要得到自己想要的就已经足够了'。我之所以那样做，并不代表我是一个天生就喜欢追逐权力的人，我在乎的只是苹果公司的未来与发展。否则，我也不会创建这样一家公司，并将我所有的精力都放在了电脑的研发上。可以这样说，只要是为了苹果公司好，哪怕是让我扫地、倒垃圾都行。"对乔布斯而言，苹果公司就像他的孩子一样，因此，每当谈到苹果公司的时候，他总是很难抑制住自己的感情。

7月初，为了推广刚刚踏足苏联的AppleⅡ电脑，他第一次飞到了苏联。当时，美苏正处在冷战期间，苹果公司很多必要的出口许可都没能获得美国政府的批准。当他为此而前往美国驻莫斯科大使馆拜访外交官迈克·默文时，对方则警告他道："美国法律严格反对与苏联共享技术。"对此，乔布斯非常恼火，甚至还当场质问默文道："苏联人在有了Mac电脑以后，就能打印他们所有的报纸了，这明显是对我们双方都有利的事情，你怎么能说我们违反了美国的法律呢？"

当乔布斯非常郁闷地离开大使馆后，便以被放逐的托洛茨基（俄国与世界历史上重要的无产阶级革命家之一）自喻道："我就是苹果的托洛茨基呀！"倔强的他甚至还曾想过，一直留在苏联算了，以便向那里的学校推销苹果电脑。不过，乔布斯在欧洲游历时所产生的那些疯狂的想法，一个都没能实现，因为他的心中还存有一丝"复辟"的幻想，他总想再搏一搏。

因此，七月中旬，当乔布斯从欧洲回来后，便立刻找到杰伊·埃利奥特，对他说道："我想再试一试，也许这次能够说服董事会，让他们改变当初的决定。"当杰伊·埃利奥特问他有没有什么计划时，乔布斯则对他说道："我准备定做一批T恤衫，在上面印上'我们要乔布斯回来'，你觉得这个主意怎么样？"杰伊·埃利奥特听后连声赞同，可他刚说过"这个主意真不错"的时候，他就后悔了，因为，乔布斯对他说："那这事就交给你办了，我已经印好了一批T恤衫，在中午吃饭的时候，你只需将全体员工召集在一起，然后每人发一件就成。"

当时的杰伊·埃利奥特还算清醒，他知道这样做意味着什么，他虽然同情乔布斯，但并不意味着他会付诸行动。于是，他便拒绝道："史蒂夫，这恐怕不行，我是苹果高管人员，是不能亲自出面做这件事的。"乔布斯听后就像泄了气的皮球一般，只得沮丧地对杰伊·埃利奥特说道："既然这样，那就算了吧。"看着失望的乔布斯，艾略特也不知道该如何安慰了，只是对他说道："不管怎么说，这都是个不错的主意。"

在"复辟"未果后，乔布斯很快就发现苹果公司已经没人再关注他了。对此，乔布斯回忆道："他们让我搬出了原来的办公室，并在苹果总部的对面给我租下了一幢小楼，那里就像苏联的西伯利亚一样冷清。"在搬到那里以后，乔布斯很想给自己找点事情做，可他发现，那里根本就没有什么事情可做。于是，他就给苹果公司的每一个行政管理人员都打去了电话，并告诉他们，如果需要帮忙的话，尽管给他打电话好了。尽管那些人都满口应下了此事，但令乔布斯失望的是，自始至终，都没有一个人给他打过电话。

过了一段时间后，乔布斯觉得自己已经没有必要再留在苹果了，他虽然很努力地想引起每一个人的注意，但所有的人都对他视而不见。后来，乔布斯对此回忆道："我曾尝试过好好工作，可在那里真的没有一个人想起过我。我总觉待在那里，是对我精神上的一种折磨。所以，在很长的一段时间里我都待在家里，并打算再也不去那里了。"

在此后的一段日子里，乔布斯虽然仍是苹果公司名义上的董事长，但是许多公司中的事务他都已经不再参与了，只是将自己的注意力全都放在了自家房屋的装修之上。不仅如此，他还曾想向美国国家航空航天局申请，想要乘坐"挑战者"号航天飞机，到太空中看一看。结果，因其在很多方面都不符合标准，而未能成行。

不仅如此，在这段时间内，乔布斯还决定将其所持有的苹果股票抛售掉，第一次他虽然只抛售了85万股，但那也让乔布斯赚到了1100多万美元。接着，他又卖掉了自己手中剩余的600多万股股票，获得了9000多万美元。对于乔布斯抛售苹果公司股票的举动，很多人都对这件事有着不同的看法。不过，在这些想法中，却没有一人相信乔布斯会接受自己被赶出苹果公司的命运。

到了1985年9月初，人们才意识到，早被剥夺了一切权利的乔布斯，对苹果的高层已是万念俱灰。此时，经过一番慎重的思考后，他向苹果董事会递交了辞呈。几日后，董事会决议通过了乔布斯的辞职请求。至此，乔布斯已经完全被苹果给抛弃了。不过，正如乔布斯之前经常所说的那样，现在的失败者，必会成为最后的赢家。所有对乔布斯抱以期望的人，都在等着他这个王者的归来。

NeXT，下一站

决定另起炉灶

“我喜欢设计新型的电脑，我觉得自己可以做得更好。”

——在回忆自己离开苹果后最想做什么时，乔布斯如是说

在被架空权力之后，乔布斯可以说是无所事事。为了打发时间，他也曾想过给自己找个兼职。于是，他就找到一家咨询公司，想咨询一下对方有没有什么方法可以快速从政。结果，这家咨询公司在看过乔布斯的资料后告诉他，由于他不属于任何一个政党的派别，若想获得选民的支持将是件非常困难的事情，也就是说，乔布斯从政无望。

1985 年 8 月中旬，闲暇的乔布斯受到斯坦福大学校长唐纳德·肯尼迪的邀请，参加其举办的一次宴会。在宴会上，他结识了生物学家保罗·伯格（1980 年的诺贝尔化学奖得主），在闲谈之中，他对这位生物学家提到的基因重组这一生物科学技术产生了浓厚的兴趣。

在那次会谈中，乔布斯仿佛从这项生物科学技术中看到了什么，但他又不确定是什么东西。于是，他就琢磨着什么时候和保罗·伯格再聚一次，并在几天后给他打了个电话约他出来，结果还算顺利，保罗·伯格最近并不是很忙。

再次见面之后，他们先在斯坦福大学的校园里散步，后来在一家小咖啡馆里坐了下来。在交谈的过程中，保罗·伯格向乔布斯解释了生物实验的困难有多大。乔布斯一边聆听，一边思考。当保罗·伯格说到“在一次较为大型的实验中，若是想得到某个实验结果，短则需要数周的时间，长则数年……”这时，乔布斯忽然想到了什么，就对保罗·伯格说道：“那你们为什么不用计算机进行模拟实验呢？那样岂不是可以节省很多时间？还有您之前提到过的基因重组实验，我觉得也可以在计算机上通过模拟软件实现。”

听了乔布斯的话后，保罗·伯格回应道："不是我们不想利用计算机去做，即便是我们这么有实力的大学，也很难建得起那样一座实验室。因为，仅购买一台具备那种能力的计算机都会让我们很吃力。"保罗·伯格说完后，突然看到乔布斯的眼中充满了兴奋。后来，他回忆道："史蒂夫当时跟我说，他想离开苹果，重新创办一家新的公司，为自己的生活找点儿事做。"

在经过仔细思考之后，乔布斯发现，最能发挥其特长的还是设计新型电脑产品，如 AppleⅡ、Mac 电脑等，皆是具有革命性的创新型电脑。也是在那个时候，他才开始明白自己想要创建一个什么样的公司了。乔布斯后来回忆道："因为我喜欢设计新型电脑，我觉得自己可以做得更好，所以，我就召集了一小组的电脑'天才'，成功地研发出了 AppleⅡ和 Mac 电脑。"

既然明白了自己想要做的是什么，那接下来的一切事情都好办了。尤其是前段时间他和保罗·伯格的谈话，让他对研发能够提高科研和教学效率的新型电脑产生了浓厚的兴趣。其实，乔布斯对于科研和教育事业的热忱，并非心血来潮。十多年来，除了苹果公司和苹果电脑外，他最关心的就是科研和教育事业。如他曾经鼎力促成苹果教育基金（Apple Education Foundation）的创立，并曾向苹果董事会提出了一个名为"孩子不能等"（The Kids Can't Wait）的计划。按照计划的内容，他将为全美的每一所学校都赠送电脑。结果，虽然仅在加利福尼亚实现了这一计划，但在那次，乔布斯也一口气送出去了近 1 万台苹果电脑。

几天后，乔布斯再次来到斯坦福大学，他向保罗·伯格询问了一些当代生物科技实验无法利用电脑模拟的问题。保罗·伯格告诉他，在教学中所用的电脑大多性能低下。不仅内存小，运行速度缓慢，图像的分辨率也极低，根本就无法准确地模拟出 DNA 分子的结构及其变化。若是仅靠生化实验，而不通过电脑进行模拟实验，那样的花费也同样高得离谱。听完保罗·伯格的话后，乔布斯对他说，他正在筹划创立一家新公司，第一个目标就是研发一台足以支持这种模拟实验的高性能电脑，以便为生化科研和教学提供帮助。

保罗·伯格在听了乔布斯的话后非常激动，接着便对乔布斯建议道："这台全新的电脑最好能够达到 3 个 M（milion，百万的缩写）的指标。即其内存要达到 100 万字节，显示器的分辨率能够达到 100 万像素，另外就是其运算能力要超过 100 万次每秒。"当然了，保罗·伯格的话也同样令乔布斯激动不已，他被对方所描绘出的那台"3M 电脑"给打动了，甚至他都有些迫不及待地想要立即开始着手研发了。因为他相信，如果这台电脑能够研发成功的话，足以像 AppleⅡ及 Mac 电脑一样，掀起一场计算机革命的风暴。

自从参与设计蓝盒子开始，到 AppleⅠ、AppleⅡ的问世，接着是"丽萨"电脑，最后是 Mac 电脑，这一系列的产品都凝聚着乔布斯的心血，现在他已离开苹果公司的管理层很长时间了，似乎被人遗忘了一般，而他当初的激情好像也在慢慢淡去。不过，在与保罗·伯格多次交谈之后，他那创造新事物的激情又被重新点燃了。很快，他就下定了决心，准备离开苹果，另起炉灶，全身心投入这种新机器的研发之中。

挖走苹果五高管

“他们即便是苹果的高层又怎样？反正他们是自愿辞职的，也许再过一会儿你就能够收到他们的辞职信了。”

——在面对斯卡利的质问时，乔布斯如是说

1985年夏，乔布斯在被正式逐出Mac团队前，他就已经开始着手研发“大Mac”(Big Mac)电脑了，这是一款采用了Unix操作系统和友好的Mac界面的电脑，与Mac电脑相比，它有着极为出色的性能。不过，在乔布斯被逐出Mac团队后，让·路易·加西刚一上台，就取消了这一项目。

当这一消息公布的时候，除了乔布斯外，负责这一项目的工程师里奇·佩奇、巴德·特里布尔等人都对让·路易·加西的这一决定十分不满，他们甚至还扬言要因此而离开苹果公司。一时之间，苹果公司内的气氛再次紧张了起来。后来，乔布斯在与保罗·伯格的谈话中构思出“3M电脑”时候，他就想组建一个新的团队对其进行研发。于是，他便找到了里奇·佩奇、巴德·特里布尔等人，向他们说明了自己另办一家新公司的想法，专门生产强大的个人工作站，很快几人就被乔布斯给说动了，并表示愿意加入乔布斯的新公司。

除了他们两人之外，为了自己的新公司，乔布斯还联系到了Mac部门的另外两位员工，即乔治·克罗和Mac部门的总监苏珊·巴恩斯，这两人在乔布斯被免去Mac部门经理的时候，就已经想从苹果辞职了，此时在收到乔布斯的邀请后，自然十分欣喜地答应了下来。

在争取到这四个人后，乔布斯打算组建的新公司还有一个重要的职位空缺着，即负责营销的人员。经过一番思索，乔布斯很快就将目光锁定在丹·卢因的身上，他是乔布斯于1980年从索尼那里挖过来的。在加盟苹果后，丹·卢因主要负责向多家大学批量出售苹果电脑。乔布斯在找到他的时候，他正非常泄气地待在家里，一是因为乔布斯的离开；二是新上任的营销总监比尔·坎贝尔对营销部门进行了重组，并降低了对高校直销的关注度。本来他可以靠着多年的高校营销经验，让Mac部门峰回路转的，但残酷的现实让他如泄了气的皮球一般，一点儿精神都没有。

8月底的一个周末，丹·卢因本想打电话给乔布斯，问问他有什么想法没。不过，让他没有想到的是，乔布斯竟然先给他打了过来。随后，他便来到乔布斯的家中，与他一起讨论了有关新公司的事情，丹·卢因在听到乔布斯的计划后，显得十分激动，并在与比尔·坎贝尔联系之后，答应加盟乔布斯的新公司。至此，乔布斯准备筹建的新公司的核心高层已经齐聚，正所谓万事俱备，只欠东风。现在只有一件事情摆在乔布斯面前，即从苹果公司辞职。

没过多久，乔布斯的机会就来了。1985年9月12日，周四，苹果公司按例召开董事大会。在此之前，乔布斯虽然仍是苹果公司名义上的董事长，可他自失去实权以后，就再也没有参加过这样的会议。不过，那一天乔布斯给斯卡利打了个电话，并对他说自己要参加当天的董事大会，并想在大会上发言，让斯卡利给他安排一下。

斯卡利本以为乔布斯想在大会上对公司最新的重组进行批评，但事实非如此。在会议进行到最后的时候，此前一直没有说话的乔布斯站了起来，可能是知道自己的话将会引起多么激烈的反响的缘故，所以乔布斯略微有些紧张地说道："在此之前，我想了很多，现在应该是我做出重大选择的时候了。"在顿了顿之后，他接着说道："我现在才 30 岁，我肯定还能有所作为，我不想再这样下去了……"随后，他便按照之前准备好的演讲稿，讲述了自己将会创办一家新公司的计划，并且他还向众人承诺，他只会研发一些用于高等教育和科研的计算机，并不会与苹果公司产生竞争关系，希望苹果可以购买其公司产品的一部分经销权，抑或是授权他的这家新公司的产品可以使用 Mac 电脑上的软件。同时，他还告诉众人："在我的新公司成立后，将有少数级别不高的苹果员工加入其中。"

当他说到这里的时候，马库拉有些不高兴了，他质问乔布斯道："你凭什么要从苹果公司带走一部分人?"对此，乔布斯则平静地回答道："迈克，不要生气。我可以向你保证，我带走的那些人的级别都不高，而且，他们都是一些准备辞职的人。"在听到乔布斯的话后，马库拉也不知道该如何说了。

在说完新公司的事情后，乔布斯才郑重向董事会提出辞呈。即便很多人早已猜到，乔布斯肯定会离开苹果的，只是不确定他会在什么时候离开。现如今，当他真的作出这一决定的时候，众人反倒有些惊愕了。在当天的董事会上，众人并没有立即同意乔布斯请辞的决定，而是让其继续留任董事长，并准备对其新公司注资，收购 10%的股权。

会议结束后，乔布斯邀里奇・佩奇等五人到自己的家中聚餐。当他向众人说明自己愿意接受苹果的投资时，几人的反应都很强烈，他们都觉得乔布斯这样做很不明智，纷纷劝他不要接受这一提议。最后，他们还一致同意，最好马上辞职，以免夜长梦多。于是，在第二天早上，乔布斯就正式递出了自己的辞呈，并告诉了斯卡利他将要带走的那 5 名员工都有谁。

斯卡利在听到他要带走的 5 个人名单时，阴沉着脸说道："史蒂夫，难道这就是你口中所说的那些级别不高的职员?"乔布斯对此疑问根本就没有辩驳，而是对斯卡利言道："他们即便是苹果的高层又怎样? 反正他们是自愿辞职的，也许再过一会儿你就能够收到他们的辞职信了。"

在乔布斯看来，他当初并没有撒谎。他所要带走的这五个人并非公司哪个部门的经理，也不隶属于斯卡利的高层团队。所以，他就理所当然地把他们划分为了级别不高的职员。但事实上，这些都是苹果的重要员工。比方说里奇・佩奇，他是苹果公司的资深工程师，丹・卢因在苹果对高等教育市场的开发方面有着举足轻重的地位。不过，斯卡利最终还是同意了这些人的辞职请求。

在乔布斯离开自己的办公室后，斯卡利便立即召集所有的苹果高层进行了一场临时会议，提及乔布斯及将要辞职的众人。很多人在听完斯卡利的话后，都觉得乔布斯欺骗了他们，且对苹果极为不忠。其中，尤以比尔·坎贝尔的反应最为激烈，当时他就在临时大会上喊道："我们应该将史蒂夫的欺诈行为宣传出去，那样就不会再有人将他当作救世主给供奉起来了！"后来，比尔·坎贝尔还回忆道："我当时真的很生气，尤其是在听到他要带走丹·卢因时。"

在感受到众人的愤怒后，斯卡利只得小心翼翼地询问了一下董事会的意见。结果，董事会成员的反应和那些高层管理者差不多，尤其是亚瑟·罗克。他在此之前，曾多次帮助乔布斯，并在一周之前邀请他与女友蒂娜·莱德斯到自己家中做客，而乔布斯一点都不信任他，根本就没有向他提及过自己将要筹建新公司的事情。所以，他在得知这一消息时，显得非常生气，还大骂乔布斯背叛了自己、背叛了苹果。作为公司的联合创始人之一，马库拉的反应虽然没有亚瑟·罗克那样激烈，但他同样表达了自己的愤怒。后来，他在回忆这段往事的时候曾说道："史蒂夫在离开苹果之前，就偷偷地笼络了一批高管人员，并带走了他们。我当时真的很生气，他的手段真是太卑劣了！"

在之后的几天内，虽然发生了很多事，不过，苹果董事会最终还是同意了乔布斯及另外 5 个人的辞职请求。另外，苹果公司准备向乔布斯的新公司注资的事情，最后也在多种因素的阻挠下，不了了之。随后，乔布斯便迅速地组建起了自己的公司，并将其命名为 Next（后改为 NeXT），寓意他所打造的下一代电脑，将会超越目前所有的产品，并想借此证明自己才是个人电脑领域内无所不能的神。

再起轩然大波

"我们之前曾一起努力过，并取得了不小辉煌。现在，我只希望我们能够友好地分手……"

——在给马库拉的信中，乔布斯如是说

当日，乔布斯在向斯卡利递交过辞呈之后，就离开了苹果公司。他觉得斯卡利肯定会很乐意自己离开苹果的，自己的事情肯定会很顺利地通过。因此，在未接到苹果董事会的通知之前，他打算一直保持沉默。

不过，就在乔布斯在家专心等待消息的时候，一件大事惊动了他。9 月 15 日，周日，就在乔布斯正式递交辞呈的第三天，斯卡利在苹果董事会及部分高级职员的说服下，终于忍不住要向乔布斯动手了。首先，由苹果的联合创始人马库拉发表了一份正式声明，指责乔布斯违反了其在苹果董事会上的声明，不该从苹果公司聘用高级职员为自己新建的公司所用。在这份声明的最后，马库拉还郑重地表示："对于此事，苹果董事会正在考虑该用何种方式解决。"接着，第二日的《华尔街日报》还引用了另一位不愿署名的董事的话："在苹果公司，我从来没有见到大家在同一时间内都如此的愤怒，而这一切皆因他蓄意欺骗了我们所有的人。"

在看到《华尔街日报》上的那篇报道后，乔布斯非常生气，他觉得自己应当做些什么了。于是，他便给几个一向喜欢自己的记者打去了电话，邀请他们于第二天到自己的家中做客，并向他们澄清一下事实。

随后，他又给安德烈·坎宁安打了个电话，让她过来帮自己召开一场小型的记者会。她后来回忆道："当我赶到乔布斯家的时候，史蒂夫正与里奇·佩奇等五人躺在屋内的地板上，而在乔布斯家的花园内，则坐满了记者。"乔布斯看到安德烈·坎宁安来到后，便告诉她自己准备在这个新闻发布会上对那些攻讦自己的苹果高层说些难听的话，安德烈·坎宁安听后非常吃惊，她告诉乔布斯这么做会影响他的名声，并最终说服他放弃了这个念头。后来，乔布斯只是将辞职信副本发给了记者，并说了一些无关痛痒的评论。

当天稍晚的时候，乔布斯又给马库拉写了一封信，内容大致如下：

"迈克，我看到今天报纸上的新闻，上面说苹果正在考虑撤去我的董事长职务，而不是我主动辞职。对此，我想问问你，是谁发出的这篇报道，你们觉得这样做对我公平吗？你也许还记得，我在上周四的董事会上已经表示过，我将会创办一家新公司，并在会上提出了辞去公司董事长的请求。可是，你们竟没有一个人同意，甚至还要我等一周的时间再给我答复。鉴于我对苹果的感情，以及董事会对我准备成立的新公司的友好态度，我才同意了你们推迟答复的要求。第二天，我在跟约翰说明哪些人将要离开苹果的时候，他也没有表示反对。可是，自我那天离开公司后，似乎一切都变了，整个公司都对我极为敌视，我不知道这是为什么，但现在我只想你们尽快答应我辞职的请求……"

在信的结尾，乔布斯还用了一段和他辞职信中差不多的话："我今年只有 30 岁而已，我希望自己仍能做出一番成就，对这个社会有所贡献。我们之前曾一起努力过，并取得了不小的辉煌。现在，我只希望我们能够友好地分手……"

在看完乔布斯的信后，马库拉心软了，他准备放乔布斯一马。因此，在周四的董事大会上，他向董事会提议，批准了乔布斯辞职的请求，并登报声明。但让苹果高层没有想到的是，当他们宣布乔布斯辞职的消息后，苹果的股价竟然神奇地上涨了近 7%。一位专门负责科技股的某杂志社编辑对此调侃道："在苹果内部，那些来自东海岸的股东们，对于经营公司的加利福尼亚人总是有点不放心。但是，现在好了，沃兹和乔布斯都离开了，他们终于可以松口气了。"当然了，有幸灾乐祸者，也有为乔布斯鸣不平者，如雅达利公司的创始人诺兰·布什内尔，就对乔布斯的离开表示非常遗憾，他在接受《时代》杂志采访时说道："在史蒂夫离开后，我真不知道苹果的灵感将从哪里来？难道说，充满着百事可乐味道的苹果公司还能再创造出一个奇迹吗？"

不过，事情并未因为乔布斯的辞职而结束。几天之后，当乔布斯正在与里奇·佩奇等人筹划新公司的产品和战略方向时，苹果突然以乔布斯利用不正当的手段从苹果挖走了一批重要的人才、创意及技术为由，将乔布斯及其新开的公司告上了法庭。为此，他们还通过媒体造势，称乔布斯早在离开苹果之前，就已开始在暗中组建这样一家公司与苹果公司展开不正当竞争了，里奇·佩奇等人就是在他的蛊惑下才离开苹果公司的……

其实，他们这样怀疑是有理由的。自从 5 月底开始，乔布斯便在短短的几个月内将其所持有的价值超过 1 亿美元的 600 多万股苹果股票抛售了大部分，只给自己留下 1 股，保证自己有参加股东大会的权力。再加上那段时间内，乔布斯一直想到乔治·

卢卡斯电影公司的电脑图形设计部转转，这就更加使人怀疑，乔布斯根本就不会接受自己就此被赶出苹果的命运。因此，当时就有人推测，乔布斯大量抛售苹果股票的举动，可能是想借此获得巨资，成立一家投资基金组织，成为一个风险投资家，抑或是重新创办一家电脑公司，以与苹果抗争。

不仅外界如此，就连新加入的乔安娜·霍夫曼也曾说过："史蒂夫对于苹果公司的起诉非常生气。按理说，当时的苹果电脑在教育市场上已经有着极强的优势了，但史蒂夫为了向苹果复仇，在公司成立之初，他就针对这一市场展开了新的研发。"不过，无论别人怎么看，乔布斯并不觉得自己哪里做错了。为此，他再次给那些崇拜自己的记者打去了电话，准备在家中再举办一次记者招待会。这一次，他没有通知安德烈·坎宁安，他可不想再听什么要冷静、要谨慎之类的话了。刚开始的时候，乔布斯的表现还算平静，他先是驳斥了苹果的指控说道："我并没有任何挑衅的意思，他们几个在苹果公司内被忽视了，因此他们早就想离开苹果了，我并没有引诱他们辞职。相反地，倒是他们先给我打的电话，劝我辞职。"

过了一会儿，他又对众人说道："你们也许还不知道，我最擅长的就是发现一批天才，然后将他们聚在一起创造出具有革命性的东西。幸运的是，我在很早以前就找到了这么一群人，并创立了苹果公司。因此，不论怎样，我对苹果都是有感情的，就像是所有男人都会记得自己的初恋一般。"紧接着，乔布斯话锋一转道："但若在你离开后，便有人公开说你是公司的贼，即便对它有着再深的感情，我也会作出回应的。尤其是苹果公司竟然真的对我发起了起诉，这真的很让我吃惊。"在访谈的最后，乔布斯还有些玩味地说道："我真的没有想到，像约翰这样掌管着一个有着4000多名员工、市值超过20亿美元的公司的人，竟然还会害怕我们几个穿着牛仔裤的人。"

其实，苹果起诉乔布斯及其新公司，也有点赌气的意思。不久之后，马库拉和斯卡利便同时意识到，无论这场官司谁赢，最后受到伤害的都是苹果公司。于是，他们便努力寻求一种更加明智的做法，而不是非要弄得双方反目成仇不可。

后来，由于苹果公司在1985年第四季度的销售业绩稍有起色，苹果公司便趁机撤回了对乔布斯及其公司的起诉，这件事也就不了了之了。尽管如此，苹果还是同乔布斯的公司签订了一些有失公平的协议，如在协议中规定：NeXT公司在研发出新产品后，应先向苹果公司展示，只有苹果公司确认了这款新产品没有盗用苹果的设计模式和研发流程，才能够投放市场。到此，这场轩然大波才算是尘埃落定。

10万美元的标识

"假如你能为我的新公司设计出一款与众不同的标识，我会付给你10万美元的酬劳。"

——在请保罗·兰德为自己的新公司设计标识时，乔布斯如是说

在决定离开苹果以后，乔布斯就开始着手建立属于自己的公司了。他先是卖掉了

手中的苹果股票，为新公司的启动提供了足够的资金。在新公司，乔布斯终于可以尽情地释放自己所有的天性了，在那里没有人可以约束他，一切都将以他的意志为准。虽然他所负责设计制造的一系列产品都在市场上遭到了重挫，但这也给了乔布斯丰富的经验，为其日后的巨大成功做好了铺垫。

在新公司成立后，乔布斯就为它起了一个有些与众不同的名字：Next，按照中文翻译可解释为“下一个”或“接下来的”意思，但是，乔布斯的本意恐怕是想借此再打造出一个属于他的传奇。

为了彰显自己新公司的与众不同，除了名字之外，乔布斯还准备花重金请人为他的新公司设计一款全新的标识，就像苹果的标识一般，让人过目不忘。因此，他通过层层关系，最终找到了 71 岁的企业标识设计大师保罗·兰德。IBM、西屋电器、联合包裹服务公司（即 UPS）、美国广播公司以及《君子》杂志等企业的标识，都是他的杰作，而这也是乔布斯为什么会找上他的原因。

不过，乔布斯在找到保罗·兰德时，遇到了一点儿麻烦。当时的保罗·兰德已与 IBM 签约，在他们的合约中明确规定着：在合约期间，乙方（即保罗·兰德）不得为其他计算机公司设计标识，以免造成冲突，对甲方（即 IBM）造成损失。在了解到这一情况后，乔布斯便立即拿起电话，给 IBM 的 CEO 约翰·埃克斯打了过去。结果，对方恰好不在。有些执拗的乔布斯便打给他们的董事长，同样没人接听，紧接着他又给他们的副董事长保罗·里佐打了过去。按照乔布斯的想法，只要他一个个地打过去，肯定能够找到一个掌有实权的人出来。结果，在打第三通电话的时候他成功了。

在接通电话后，乔布斯便直截了当地对里佐说，他想让保罗·兰德为他的新公司设计一款标识。很显然对方知道是谁给他打的电话，他本想拒绝，可是他发现，在面对乔布斯的时候，哪怕是在电话中，他也生不起丝毫反抗的意识。当天，他虽然没有同意乔布斯的要求，但在两天之后，他才发现自己若是拒绝乔布斯的话，乔布斯就一直与自己纠缠不清。在无奈之下，他只得同意保罗·兰德为乔布斯的新公司设计标识。

与 IBM 谈妥之后，乔布斯便带着保罗·兰德飞回了帕罗奥图。刚开始的时候，乔布斯并没有让他立即投入设计之中，而是想先听听他的想法。在两人交流的过程中，乔布斯率先提出了自己的意见。在他看来，最完美的计算机应是一个立方体，那样显得既简单又大方。据此，保罗·兰德也决定将其标识设计成带有立方体效果的 Logo（标识）。不仅如此，他还准备让那个立方体成 28°角倾斜，那样看上去既活泼又美观。在谈论的最后，乔布斯还像以往那样，要求保罗·兰德多做几个备选方案供他选择。但出乎意料的是，他碰到了一个倔老头儿。他明确地向乔布斯表示道：“我从来不做备选方案。还有就是，我设计出来的东西无论好坏，也不管你用不用，都得付钱给我。”

听了保罗·兰德的话后，乔布斯有些吃惊，但更多是对他的佩服。乔布斯知道，只有最自信的人才会一往直前，不做备选方案，在这一点上，他们两人很像。于是，乔布斯很快就下定了决心，对他说道：“假如你能为我的新公司设计出一款与众不同的标识，我会付给你 10 万美元的酬劳。”后来，乔布斯还对此回忆道：“我们之间的关系非常清楚，保罗有着艺术家的纯粹品质，而且长于解决商业上的问题。虽然从表面上看，他就是一个倔老头儿，但是他的内心很善良。”

保罗·兰德并没有让乔布斯久等，他只用了两周的时间就做好了那个标识。之后，他便再次飞临帕罗奥图，来到乔布斯的家中，将设计交给了乔布斯。乔布斯在看过标识的图样之后，保罗·兰德又递给他一个小册子，上面记载着他构思这个标识的整个过程。接过小册子后，乔布斯认真地翻看了起来，在最后一页，他看到了保罗·兰德对于这个标识的评价：“仅从色彩与设计的搭配上来看，这个标识就是一个杰作。尤其是它那 28°的倾斜角，更显得活泼美观，给人一种随和、友善之感。至于中间的那个立方体则给人一种图章式的权威感。”另外，在那个标识上，保罗·兰德还将乔布斯的新公司的名字“Next”分成了两行，分别填写在了那个立方体的立面。不仅如此，原本的“Next”也被他改成了“NeXT”，至于那个小写的“e”则被他解释为“卓越、教育”等含义。

乔布斯最喜欢追求的是完美，但是，什么样的东西才算是最完美的，恐怕连他自己都不知道。但有一点可以确信，他在看过保罗·兰德的设计后，立刻就喜欢上了。因为，在看完那本小册子的最后一页时，乔布斯拥抱了一下保罗·兰德。他在与保罗·兰德交流的时候，虽然曾想劝对方将那个小写字母“e”的颜色由暗黄色改成黄色，但遭到了保罗·兰德激烈的反对。最后，乔布斯妥协了，完全采用了保罗·兰德的设计。

标识确定下来之后，另一个问题随之而来。由于乔布斯在注册公司的时候，填写的是“Next”而不是标识上的“NeXT”，因此，乔布斯只得跑到工商管理部门，将公司的名字更正一下，才算是“名副其实”。

当时，有很多人都不理解乔布斯为什么那么重视公司的标识，而且还愿意花费巨资请人设计。不过，乔布斯却知道，一个标识就代表着一家公司的形象和身份，标识设计得越好，自己的起点就越高。在他看来，一家公司和一本书一样，你可以根据一本书的封面去评价它，也可以根据一家公司的标识去评价它。因此，为了能让自己公司的标识能够给人们留下深刻的印象，体会到其所蕴含的价值观，他才愿意耗费巨资设计这么一款标识。

在离开帕罗奥图前，保罗·兰德答应了乔布斯的一个请求，即同意为他免费设计一款个人名片。不过，对于这个免费的“赠品”，乔布斯和保罗·兰德又发生了一点儿争执，而其关键就在于一个“.”的位置。乔布斯觉得，在自己名字“Steve P. Jobs”中，字母“P”后面的那个缩写符最好放在“P”的曲线下，但保罗·兰德坚持将那个缩写符放在靠右的放置，理由则是方便印刷。结果，在一场激烈的争执过后，最终以乔布斯胜出而结束了。

再次走麦城

煞费苦心的外观

“没关系，你们可以重新设计一下主板，直到能够适应这种立方体为止。”

——在有人质疑 NeXT 计算机的机箱外观设计时，乔布斯如是说

在 NeXT 公司，乔布斯对细节和完美的追求变得更加疯狂。从 NeXT 机箱外壳的颜色、式样，到 NeXT 机箱内部的电路板如何设计等，每一个细节他都力求完美，甚至比他在苹果负责 Mac 计算机的研发时更加苛刻，这把负责研发设计的员工们折腾得苦不堪言。

其实，早在乔布斯看到保罗·兰德为自己的新公司设计好的标识时，他就想让自己公司的产品与它完美地结合起来。不过，若想实现这一目标，他还得再为自己的新公司物色一个新的，且值得信赖的工业设计师。在与里奇·佩奇等人商量之后，他们发现，只有哈特穆特·艾斯林格最合适，此人是青蛙设计公司的负责人。当初，青蛙公司在硅谷的分部之所以能与苹果达成长期的合作，就是由乔布斯一手促成的。不过，乔布斯若想说服艾斯林格为 NeXT 工作，首先他得解决自己与苹果公司之间的问题。

1985 年 11 月初，距离苹果对乔布斯提起诉讼已有五周的时间了，为了自己公司产品的外观设计，乔布斯决定先向苹果公司妥协。于是，他便给苹果公司的法律总顾问，即这次诉讼的发起人艾森斯塔特写了一封信，如是说道：“前几天，我在与哈特穆特·艾斯林格聊天的时候，他建议我给你写一封信，说明一下 NeXT 想与青蛙设计公司合作的意愿。”接着，他又在信中写道：“我对于苹果公司现在正在研发的产品及外观设计知之甚少，假如我和其他的设计公司合作的话，他们很可能会因为不了解苹果的设计方向，进而设计出与苹果产品相类似的外观。为了避免这一情况，我们才找到了与苹果长期合作，且熟知这一切的哈特穆特·艾斯林格。如果由他负责的话，这

对我们双方都很有利……”

艾森斯塔特看到乔布斯的信后，有些为乔布斯的厚脸皮而无语。因此，他在答复乔布斯的信件中这样写道：“在此之前，我对你是否会在自己的新公司利用苹果的机密信息只是有些担心而已。但在今天，当我看到你的信件后，我非但没能完全相信你，而且还更加担心了。更何况，你还曾利用手中的合同，强迫青蛙设计公司放弃沃兹遥控装置的项目，对于有着如此前科的人，你让我如何相信？所以，我不打算让青蛙公司与你合作。”

看到对方的回信后，乔布斯意识到，苹果公司仍在记恨自己。否则的话，他们也不会在自己刚离开苹果公司，就对自己和新公司发起诉讼了。因此，为了能与青蛙设计公司合作，只有先让苹果对自己撤诉才行。正当乔布斯为此而苦恼的时候，他得到了一个消息，即斯卡利愿意同他和解，撤回之前的诉讼。

1986 年 1 月，经过一番争执后，双方终于达成了和解，而条件则是：在 1987 年 3 月之前，NeXT 不能推出自己的产品，而在推出之后，只能直接销售给高校。不仅如此，苹果还不准 NeXT 公司生产研发与 Mac 计算机相似的操作系统，甚至还无理地要求 NeXT 新研发出的产品应当先在苹果的工程师面前演示一遍，在保证其没有盗用 Mac 计算机的操作系统的情况下，才能投入市场。可即便这样，乔布斯还是很快就答应了。

在解决掉诉讼问题之后，乔布斯就将主要精力放在了对哈特穆特·艾斯林格的游说工作上。很快，对方就向乔布斯缴械投降，同意在与苹果的合作到期后，就终止与它的合作，转而与 NeXT 合作。在乔布斯的眼中，哈特穆特·艾斯林格和保罗·兰德一样，都是艺术家。所以，为了能与哈特穆特·艾斯林格合作，乔布斯真可谓煞费苦心。不仅如此，他还给了对方充分的自由，让他根据自己的想象进行自由的设计，而其他人则无法享受到这份特殊的待遇，只能按照乔布斯的想法去做。

按照乔布斯的想法，只有将计算机设计成立方体才是最完美的。因此，当青蛙设计公司的其他员工在设计 NeXT 计算机的外观时，乔布斯就提出了自己的要求：NeXT 计算机的每条边都是 1 英尺长，而每一个角都正好是 90°。他的这个要求一提出来，就有人不满道：“如果那样设计的话，我们设计的主板就放不进去了。”对此，乔布斯则回应道：“没关系，你们可以重新设计一下主板，直到能够适应这种立方体为止。”

除了主板不能适应这种机箱的造型外，立方体的机箱外壳在生产的时候，也遇到了不小的麻烦。当时，许多工厂内的模具所铸造出来的计算机零件都不是绝对的直角，部分可能超过 90°，还有不少是圆角，那样更方便工人将零件从模具中取出来。为了解决这一问题，乔布斯还专门花费 60 多万美元购买了一套模具，并要求工人们每一面都分开制作，以保证这种机箱的绝对完美性。

慢慢地，乔布斯对于完美的工业设计的热情开始有些失控了。如有一次，他发现自己新购置的那套模具在制造出来的机器底盘上留下了一道细纹。于是，他便立刻赶往工厂，要求那里的员工进行重铸。随后，他又购置了一台价值 15 万美元的砂光机，专门用于打磨机箱外壳上的留痕。

对于一般人来说，自己的产品上若是有些瑕疵，而这些瑕疵还是外观上的，对产品本身没有一点影响，他们都会想办法掩饰过去。但乔布斯不是一般人，他不但不隐藏，还要求手下将 NeXT 计算机的机箱外壳涂成不发亮、反光也不强的黑色，使得外壳上的瑕疵更为显眼。

在搞定 NeXT 计算机机箱外壳的外观及颜色后，乔布斯又要求 NeXT 项目的工程师戴维·凯利为 NeXT 计算机设计出一个有着优美曲线的显示器支架，同时他还要求对方设计出的这个显示器支架必须拥有调整显示器俯仰角的功能。在接到这个几乎不可能完成的任务后，戴维·凯利和他的团队便夜以继日地奋战在研发岗位上，在想尽了一切办法之后，他们终于将乔布斯的要求变成了现实。戴维·凯利后来对此回忆道："在接到这个任务时，我很想对他说'史蒂夫，这不可能办得到'，不过当我考虑到他回答我的将是'你可真够笨的'时候，我就放弃了这个想法，我可不想让他觉得我是个思想狭隘的人。因此，我只能按照他的要求去做。"

在乔布斯的眼中，一款完美的产品，不但要有完美的外观设计，就连产品的内部也应该完美。如当初的 AppleⅡ、丽萨计算机，以及后来的 Mac 计算机等，每一款都有着优美的外观设计和内部设计。当时在苹果的时候，乔布斯并不是唯一的老板，因此在一些方面容易受到约束，以至于 AppleⅡ、丽萨、Mac 等计算机并非完全按照他自己的理念设计的。但是，现在不一样了，在 NeXT 没人再约束他了，他可以在这里尽情地发挥，而不必担心有人阻挠。因此，当有人问他："主板上的电路只需设计得清晰一些，便于维护就好了，为什么非要设计得那么漂亮、那么吸引人呢？难道还会有人打开机箱去看看吗？"乔布斯则对此回答道："我不知道别人会不会，但我一定会。"众人只得再次屈服于乔布斯的意志。

乔布斯除了对产品的外观非常重视外，他对 NeXT 计算机的软件研发也极为重视，尤其是操作系统，他可不打算应用购买别人开发的操作系统。但他当初与苹果公司签有协议，不得使用 Mac 计算机上的用户接口系统，他只得重新组织人手进行研发。为此，他从卡内基·梅隆大学挖来了阿维·特凡尼安这个操作系统的开发高手，NeXT 公司后来推出的 NeXT STEP 操作系统，就是由他领导研发出来的。

1986 年 10 月，NeXT 公司来了一位应聘者，即托德·鲁伦·米勒，他本是一名有着丰富经验的计算机销售人员，他知道 NeXT 公司正缺这方面的人才，所以就来到了这里，准备应聘 NeXT 的工作职位。此次面试是乔布斯亲自进行的，他在看过托德·鲁伦·米勒的简历后，就带着他来到了会议室，先是对后者讲了半个多小时 NeXT 公司的宏伟蓝图，然后才指着桌子上被一块布遮着的东西说道："你想看看这块布下是什么吗？"其实，托德·鲁伦·米勒在刚进到会议室的时候，就开始猜测这个神秘的东西到底是不是外界风传的 NeXT 计算机了。因此，在听到乔布斯的话后，他马上点了点头。

当乔布斯拉开那块布，露出下面那个黑色的正方体铁盒子时，托德·鲁伦·米勒有些好奇地问道："难道这就是 NeXT 计算机？"乔布斯则神秘一笑道："不是，这只是 NeXT 计算机的主机箱而已。难道你不觉得这主机箱很漂亮、很前卫吗?”听完乔布斯的话后，托德·鲁伦·米勒只觉得眼前一黑，他怎么也没想到，自己眼前这个黑色的铁盒子竟然只是一个主机箱，而这还是 NeXT 公司在这一年里费了大力气折腾出来的。不过，托德·鲁伦·米勒最后还是被乔布斯对产品的激情给感染了，并加盟 NeXT 公司，成为乔布斯的得力助手之一。

疯狂依然故我

“我们研发的第一台计算机一定要在一年半内发售。”

——在 NeXT 组织的第一次集思会上，乔布斯如是说

乔布斯在创建 NeXT 公司的过程中，对公司的总部选址及设置可是做了不少的规划。如在办公环境上，为了最大限度地激发员工的灵感和创造力，他在经过一番筛选后，才将 NeXT 的办公地点选在了帕罗奥图的一幢两层小楼，并在上下两层都铺上了红木地板。在那幢小楼上，除了乔布斯自己的办公室和会议室外，其他的办公区都是开放式的。后来随着公司员工的不断增加，乔布斯又费尽心机地将办公室搬到了红木城，那里依然被他装修得十分豪华。

若是有人去过 NeXT 公司这两个办公地点的话，很快就会发现，无论是在帕罗奥图的那幢两层小楼中，还是在红木城的大楼里，NeXT 的办公室都有一个设计特别的楼梯。如在帕罗奥图的办公楼里，连接上下两层的是一个漂亮的圆形扶梯，而在红木城的办公楼内，楼梯则是一个没有多余支撑物的、半透明的“悬浮”楼梯。据说，这两处办公楼中的楼梯都是华裔著名建筑设计大师贝聿铭的杰作，而且，光这两处楼梯的设计费用就高达 100 万美元。自此之后，乔布斯似乎就患上了“楼梯情结”，甚至在他回归苹果后，苹果的专卖店也受他影响，在每一家专卖店里，我们都能看到一个半透明的楼梯。

在 NeXT 公司，乔布斯与在苹果时相比，似乎并没有什么改变。据《君子》杂志的记者乔·诺切拉报道：乔布斯在 NeXT 员工大会议上表现得很随意，从未一直坐在那里安静地开过会，他总是在会议室内不断地走来走去，有时候还会坐在椅子里咬指甲，抑或是在身后的黑板上乱涂乱画，这与他在苹果时几乎没有什么两样。很显然，乔布斯并没有从之前的失败中吸取教训。对于乔布斯这样心高气傲但又缺乏经验的管理者而言，也许只有经历更多的失败，他才会更快地清醒和成熟起来。

NeXT 作为一家全新的公司，有着最为出色的和最富创新精神的员工。在这些人中，还有不少都曾是乔布斯在苹果公司的手下。不过，在来到新公司后，乔布斯对待他们的方式仍像以前那样，苛刻无比。

特里布尔对此回忆道：“史蒂夫在管理公司的时候，最常用的手段就是施展个人魅力与公开羞辱对方这两种方式，而且，在很多时候，这两种方法都很有效。”在很

多时候，乔布斯都像在苹果时一样，会突然出现在某个忙碌的员工面前，然后就想方设法地挑出别人工作中的毛病，最后再用最刻薄的语言将对方羞辱一顿。对待自己的员工，乔布斯说得最多的就是“你就是个傻瓜”。不过，有相当一部分人都对他的这句话产生了免疫力。如 NeXT 的一位员工对此回忆道：“当史蒂夫说你是个傻瓜时，你可千万别当真。在很多时候，他并不是真的认为你就是一个傻瓜，那只是他不同意你的意见的一种表达方式。”

当然，也有例外的时候。如 NeXT 前工程师戴维·保尔森，他在来到 NeXT 后，每周都要工作 90 个小时以上。十个月后，他就向乔布斯提出了辞职，理由则是在 NeXT 公司他经常受到辱骂，没能得到应有的尊重。

在 NeXT，乔布斯也像以前一样朝令夕改，让人无所适从。如在 1986 年的夏天，在有关 NeXT 计算机的产品定位上，乔布斯再次发生了摇摆。最初他只想研发出一款价格低廉且性能超群的教育、科研用的计算机，但他很快就发现，在性能强大和价格便宜之间，很难找到一个平衡点。经过一番权衡之后，乔布斯最终还是放弃了便宜的价格。虽然很多人都不理解乔布斯为什么会突然改变当初的研发目标，但有一点可以确定，他想证明自己预见的准确性以及对未来的创造能力，而这是低端的兼容机所无法实现的，所以他才会在众人的不解中改动了当初的这一目标。

NeXT 公司在研发新型计算机的时候，执着的乔布斯再一次表现出了强硬的一面，他不打算在这款新型计算机上使用软盘驱动器，而打算采用技术性能更加复杂的光盘驱动器，通过这种驱动器，人们可以将数据写入一种特制的光盘上。在当时的计算机技术领域内，敢于使用这种光盘驱动器，简直就是一种非常大胆而且超前的做法，但是乔布斯不顾众人的反对，毅然选择了这种驱动器。结果，在 NeXT 公司研发的新型计算机装上这种驱动器后，虽然功能非常强大，但麻烦也不少。

乔布斯虽然在许多方面都很专断，但他在 NeXT 依然有着无人能及的精神和领袖魅力。尤其是在其组织的外出集思会上，他那强大的现实扭曲力场也再次找到了发挥的地方。如在 1985 年 12 月，乔布斯带领着 NeXT 的员工，在圆石滩举行了第一次外出集思会，在会上，他的现实扭曲力场第一次在 NeXT 的员工面前展现了出来。

当时他对 NeXT 的员工自信的言道：“我们研发的第一台计算机一定要在一年半内发售。”按照当时的情况来看，NeXT 根本就不可能实现这一目标。因此，当时一位还算清醒的工程师向乔布斯建议道：“我们不如将发售日期改为 1988 年，那样可能会更现实一点儿。”结果，乔布斯强烈反驳道：“世界总是在运动的，如果我们把日期延后的话，那我们就无法掌握住最新的技术，而我们做出来的东西也会被人们给扔进垃圾桶。”

作为乔布斯的老部下，乔安娜·霍夫曼在苹果的时候就以敢于挑战乔布斯而出名，在 NeXT 她也同样敢这么做。当她听到乔布斯的话后，便站了起来说道：“史蒂夫，我知道你那现实扭曲立场对于我们有着很强的激励意义，但我想告诉你的是，我们在那个时候发售，肯定会影响到产品的设计。所以，希望你能将日期适当延后一些。”对于她的提议，乔布斯则直接拒绝道：“我觉得我们如果错过那个时间，公司的信誉就会受损，我可不想看到那样的结果。”不过，很多人都不相信乔布斯的说辞，他们中有很多人都知道，乔布斯在 NeXT 公司只投了 700 万美元，按照 NeXT 公司当时的资金消耗速度，如果在 18 个月后，他们还无法通过发售新产品而获得收入，那他们就没钱了。因此，很多人都在猜测，乔布斯之所以不想推迟 NeXT 计算机的发售时间，就是因为这个。

不仅如此，在乔布斯的带领下，他的新团队也拥有着毫无顾忌的海盗气质。如在 1986 年，苹果解除了与 Chiat/Day 广告公司（曾为苹果做过“1984”这个广告）的合作。乔布斯听说后非常高兴，为此他还买下了《华尔街日报》上一整版的版面，毫无顾忌地发表了一篇题为《恭喜 Chiat/Day 广告公司》的文章。他在文中先是对 Chiat/Day 广告公司的创意大加赞赏，接着又对他们之前对苹果所作的贡献作出了肯定。最后，他还郑重其事地总结道：“在离开苹果后，你会发现这无异于一次重生。”至于斯卡利等人因此而对他的敌视，他则视而不见。

在 NeXT，乔布斯有着更大的自由度。他虽然很优秀，对其他人也充满了吸引力，但是他那追求极端完美的性格，却也让他变得更加苛刻和暴躁。当初他就是因此而被驱逐出了苹果，现在，他依然没有从中吸取教训，依旧我行我素。这对于刚起步的 NeXT 来说，是福是祸还真难说。

执着的科技先驱

“我们要做科技先驱，就不能畏首畏尾。而且，我相信这项技术肯定会成为将来的主流，让 NeXT 电脑成为一个划时代的产物。”

——在坚持为 NeXT 电脑安装光驱时，乔布斯如是说

在 NeXT 公司成立之初，乔布斯显得很乐观。不过，为了能够研发出一款可以应用于教育和科研事业的电脑，他还是将公司的大部分员工都遣到各大校园内，四处征集意见，甚至连他自己也经常与丹·卢因一起走进校园。

常言道，兵马未动，粮草先行，无论做什么事，都要有所打算。乔布斯虽然偏执、暴躁，但有些事情他看得还是比较远的。比方说，在收集各方对其研发的新型电脑的意见时，他也在积极地物色能为这款新型电脑开发软件的工程师。

一天，他和丹·卢因从哈佛大学出来后，在学校旁的餐厅里遇见了正在就餐的莲花软件公司的董事长米切尔·卡普尔。当时，卡普尔正在往一块面包上涂黄油，乔布斯则坐在他的对面看着他，然后突然问道：“你知道黄油中含有多少胆固醇吗?”卡普尔听后先是一愣，随后才回答道：“我们两人做个交易如何？我不谈论你的性格，也请你不要评论我的饮食习惯，你觉得怎么样?”乔布斯听后并没有多说什么，仍是静静地坐在对面看着卡普尔吃东西。

在对方吃完后，乔布斯才开言道：“我们的新型电脑正缺乏一些软件，比如说电

子表格程序等，我想你们公司肯定愿意与我们合作。”卡普尔听后说道：“我连你们那款所谓的新型电脑都没有见过，我为什么要答应你呢?”“我们这款新型电脑虽然还处在研发中，不过，我相信我们这款电脑定会再次掀起一场革命，你若是同意与我们合作，将会得到莫大的好处。”乔布斯直言不讳道，他相信自己的产品肯定是最完美的。听到乔布斯的话后，卡普尔陷入沉默当中。约一刻钟后，卡普尔经过再三权衡，最终同意为 NeXT 电脑编写一款电子表格程序。

卡普尔虽然只答应为 NeXT 电脑编写一款软件，但这也让乔布斯高兴了许久，因为在当时的 NeXT 公司并没有人能够编写出这种程序。乔布斯也曾找过比尔·盖茨，希望微软为自己编写这些程序，结果却被拒绝了。在与莲花公司达成协议后，乔布斯还想在这款新型电脑中预装一些出色的程序。于是，他找来工程师迈克尔·霍利，让他想办法设计出一些其他电脑上未曾出现过的程序，他的目的是要 NeXT 电脑成为计算机界的先驱，而不是一台普通的用于教育或科研用的电脑。

按照乔布斯的要求，迈克尔·霍利经过多日的努力，终于为其开发出了一部电子词典。几天后，他听一位朋友说自己在牛津大学出版社上班，并参与了最新版的莎士比亚作品集的排版印刷工作。此时迈克尔·霍利的脑海中突然冒出一个想法，假如他能将这个排版拿到手，并将它存入 NeXT 电脑中，那人们就不用再去买印刷好的书籍了。想到这里，他便立即给乔布斯打了电话，当乔布斯听到迈克尔·霍利的构想后也很兴奋，并在第二天就带着他飞到英国，找到了牛津大学出版社的负责人。

刚一见面，乔布斯就开门见山道：“我们愿意支付 2000 美元买下牛津版莎士比亚作品集的版权。另外，我们还会从每一台卖出去的 NeXT 电脑中拿出 75 美分支付给你们。”正在那位负责人考虑这件事的时候，乔布斯又开言道：“这件事对你们来说并不算什么，我们只要拿到你们的排版，你们就能轻易地获得一笔不错的收入。还有就是，我们之间合作的项目，是以前从来都没有人这么做过的，所以，我们将会因此而成为这一应用的先驱者。”听完乔布斯的话后，牛津大学出版社的负责人心动了，并很快与乔布斯签订了合约。因此，在 NeXT 电脑研发成功后，除了一款电子表格程序外，里面还预装了一部字典、一部百科汇编以及一部《牛津英语词典》，在有了这三个程序之后，NeXT 电脑也一跃成为计算机界实现了可搜索式电子书概念的先驱之一。

除了电子书的概念外，乔布斯还力排众议，为 NeXT 电脑装上了光驱，这是他在到日本参观佳能公司的工厂时决定的。当时，他在佳能的工厂参观时，于无意间得知佳能制造的一张光盘就有着 256M 的空间时，他都快惊呆了。要知道，当时一台电脑的硬盘最大存储量也达不到 256M，可是现在只需一张光盘就能做到，而前提只是为那台电脑装上一个光驱，然后就能轻松实现，这如何不让他吃惊。因此，乔布斯当时就决定为 NeXT 装上一个光驱。

在乔布斯做出这一决定时，有不少人劝乔布斯道：“佳能的这项技术还不成熟，若是贸然用在 NeXT 电脑上的话，一旦出现问题，很有可能会给 NeXT 电脑的销售带来沉重的打击。”可是，乔布斯回应道：“我们要做科技先驱，就不能畏首畏尾。而且，我相信这项技术肯定会成为将来的主流，让 NeXT 电脑成为一个划时代的产物。”就这样，在乔布斯的执意坚持下，NeXT 的高管只得接受了为 NeXT 电脑配置光驱的建议。

在研发 NeXT 电脑的时候，乔布斯动了不少的心思，而在生产的方面，他也同样费了不少的心神。为了让 NeXT 电脑在研发成功的第一时间就能投入生产，乔布斯在 1986 年就开始筹建自己的生产工厂了。到了 1987 年初，隶属于 NeXT 的一座全自动化工厂终于在加州的弗里蒙特建成了。在这座工厂里，乔布斯采用了“准时化生产模式”（即 JIT 生产模式），电脑的主要生产工作都是机器人完成的，只有少量工作由人去做，大大提高了工作的效率。据初步估计，这座工厂每年至少可以制造 15 万台 NeXT 电脑。后来，乔布斯还对此回忆道：“这座工厂和它生产出的电脑一样，都很让我骄傲！”

说实话，乔布斯确实有着独到的战略眼光，在很多时候他就像是个神明一般，能够准确地预见到未来几年内的产业趋势。不过，可以看到未来的趋势，并不等于他有条件或是能力把握好这一切。从一开始，乔布斯就将 NeXT 电脑定位成了领先业界至少 5 年的科技产品，可他又从未考虑过当时的人们是否愿意接受这样的产品。因此，当他最后以近 7000 美元的价格推出 NeXT 电脑时，它的功能虽然强大，但其销量没有那么乐观，甚至与其预料的结果相差甚远，而这一切都与其当初的执着有关。

风险投资押宝

“我们的创意在我们的想法之中、在我们的员工之中。所以，我并不害怕从零开始。”

——在 NeXT 公司陷入财政危机时，乔布斯如是说

乔布斯本打算在 1987 年年初将 NeXT 电脑投放市场，但实际上，当时的 NeXT 公司只是将时间花在了设计一流的标识、装修时髦的办公室以及 NeXT 电脑机箱的设计上。不仅如此，他们还为此而花费了近 700 万美元，这是乔布斯投在 NeXT 公司的所有资金。也就是说，在 1987 年初的时候，在没有任何产品和收入的情况下，若是没有外部资金的注入，NeXT 公司就危险了。

其实，在 1986 年底的时候，乔布斯就已经开始着手处理这个问题了。按照他当时的预估，NeXT 公司的市值约为 3000 万美元，因此，他便向一些风投公司发出了招股说明书，并向他们保证，只要向 NeXT 公司投入 300 万美元，就能得到 NeXT 公司 10%的股份。不过，很多人在了解到 NeXT 的境况后，都没人敢来蹚这趟浑水。

但凡事总有例外，有害怕的人，也有不害怕的人，这个不害怕的人就是罗斯·佩罗，他本来也创办了一家电子数据系统公司，后以 24 亿美元的价格转手卖给了通用汽车公司，悠闲地做起了亿万富翁。他之所以投资 NeXT 公司，是因为其在 1987 年初的

时候，碰巧看到了一部纪录片，即《创业者》，其中就有一部分有关乔布斯及其NeXT公司的介绍。随后，他就对乔布斯和他的公司产生了兴趣，并在第二天就给乔布斯打去了电话，道："假如你们需要寻找投资人的话，请和我联系。"

罗斯·佩罗如此不顾风险地将宝押在NeXT公司身上是有原因的。早在1979年时，他曾想收购微软，由于当时的微软还是一家很小的公司，他觉得最多花费100万美元就能成功收购微软。但是，比尔·盖茨坚持以400万美元卖掉微软。结果，双方僵持不下，收购微软的计划也就不了了之。

随着时间的推移，微软日渐壮大，到了1986年初的时候，微软的股票一路飙升，公司市值也达到了6亿6000万美元。到了这时，罗斯·佩罗才意识到自己错过了一个多么好的机会。而到了1987年初的时候，微软的股票再次攀升到了一个顶点，公司市值更是达到了10亿美元，这时的罗斯·佩罗更加后悔了。后来，他还对此回忆道："我没有下定决心收购微软，可以说是我在商场上犯下的最大错误之一。"

为了避免重蹈覆辙，这一次罗斯·佩罗决定果断出手，因此才有了上面的那个通话。当时的乔布斯确实急需外部资金的注入，而他也同样给不少风投公司发去了招股说明书。不过，在接到罗斯·佩罗的电话后，他还算冷静，直到一周后才给罗斯·佩罗回了个电话，表示愿意考虑其对NeXT公司投资。

在接到乔布斯的回复后，罗斯·佩罗便立即请来一家资产评估机构对NeXT公司进行评估。乔布斯这段时间也没有闲着，他趁此机会又向NeXT公司注资500万美元，并对罗斯·佩罗提出了新的招股条件，尤其是招股价格，竟是几个月前的4倍之多。不过，罗斯·佩罗好像并不在乎乔布斯向他提出的价格，因为他只对这家公司的潜力感兴趣，他相信这家公司可以为他带来巨额的财富。所以，最后他只以2000万美元的高价买下了NeXT公司16%的股权，入股NeXT。当《纽约时报》的记者问他为什么会选择NeXT公司作为投资对象的时候，他则毫不避讳地回答道："在所有的创业公司中，NeXT是我见过的风险最小的计算机企业。他们的产品肯定是最棒的，我相信自己的眼光不会错。"

在成为NeXT的股东之后，罗斯·佩罗很快就投入自己的角色之中，时常给NeXT的员工们打气，为他们带去了精神上的支持。如NeXT的工程师们在NeXT电脑的主板芯片优化方面一筹莫展的时候，他就鼓励众人道："你们现在遇到的只是一点儿小小的困难，根本就难不住你们，请你们相信自己的能力。"

不仅如此，罗斯·佩罗还有着丰富的社交经验，有效地弥补了乔布斯在这方面的不足。如他曾带着乔布斯前往华盛顿参加一个宴会，那是石油大亨戈登·格蒂为到访的西班牙国王胡安·卡洛斯举办的。在宴会上，当这位西班牙国王问罗斯·佩罗还应再见见谁时，他便毫不犹豫地说出了乔布斯的名字。两人见面后，没过多久便陷入兴奋无比的谈话之中。到了最后，乔布斯更是凭借其出色的演讲才能，成功说服胡安·卡洛斯购买了一台NeXT电脑。罗斯·佩罗在听说这件事后，当场就震惊了。他没想到乔布斯居然会在这种场合向一位国王推销自己的产品，而且还成功了。

1987年10月，NeXT电脑终于要揭开其神秘的面纱了。这虽然比乔布斯之前所预想的时间晚了半年多，但它在发布的时候，依然受到了众人追捧。不过，由于其高昂的价格（近7000美元，若是加上打印机的话，售价近1万美元），使得不少人都对其望而却步。

NeXT公司自1985年9月成立至1987年10月，在这两年中没有任何收入，即便是罗斯·佩罗投入了2000万美元，但是到了NeXT电脑发布的时候，整个公司可以动用的流动资金已经不多了。乔布斯虽然相信眼前的NeXT电脑有着神奇的能力，但需要时间证明，可资金上又不允许他那样做。因此，为了能让NeXT公司继续运作下去，乔布斯只得再次对各大风投公司发出了招股说明书。

这一次，对NeXT感兴趣的人多了起来，纷纷表示愿意投资。但是，乔布斯只选了一家，即日本佳能公司。在达成合约后，佳能公司向NeXT公司注资1亿美元，持有NeXT公司16.67%的股份。后来，又两次追加投资，前后三次共计投资1.3亿美元。这样一来，乔布斯在很长一段时间内都不用再为公司的运作资金而发愁了。

与比尔·盖茨较劲

“我们曾在一起为Mac开发过软件，结果对你非常有利。现在，你若愿意与我们一起为NeXT电脑开发软件的话，肯定还会有着非常不错的收获。”

——在请比尔·盖茨为自己的新电脑开发软件时，乔布斯如是说

乔布斯与比尔·盖茨两人的性情有着极大差异，而且他们两人之间的关系很复杂，有时候他们是很好的伙伴，但有的时候他们又都想将对方置于死地。其实，事情的起因还要追溯到几年前，苹果的图形界面技术被微软“窃取”一事。也正因此，乔布斯才会对比尔·盖茨耿耿于怀，一直想找个机会好好的“报复”一下对方。

乔布斯虽然厌恶比尔·盖茨的做法，但对他的才华还是非常欣赏的。因此，为了NeXT电脑在研发完成后能够拥有更多的应用程序，他还非常“大度”地给比尔·盖茨打了个电话，希望微软能为自己的新型电脑开发一些软件，最后还邀请他到NeXT公司总部一聚。面对着乔布斯那“真诚”的邀请，比尔·盖茨并没有拒绝，他虽然并不打算为乔布斯的电脑开发新的软件，但他还是想过去看看乔布斯准备怎么唱好这出戏。

第二天一早，比尔·盖茨早早地便驱车来到了位于帕罗奥图的NeXT总部。不过，在比尔·盖茨到了地方以后，乔布斯为了报复他，竟让他在办公楼的大厅里等了半个多小时。不仅如此，乔布斯还故意在一间装有玻璃的办公室内走来走去，就是不出来见他。比尔·盖茨看到他这样，除了生气之外，别无他法。后来，他对此回忆道：“我到了NeXT总部后，乔布斯迟到了半个小时，而在这半个小时内，我不但喝到了最贵的胡萝卜汁，还见识到了被装潢得异常豪华的办公室。”

半个小时后，乔布斯觉得差不多了才从办公室内出来。双方见面后，乔布斯并没

有说什么致歉的客套话，而是语带讥讽地说道："我们曾在一起为 Mac 开发过软件，结果对你非常有利。现在，你若愿意与我们一起为 NeXT 电脑开发软件的话，肯定还会有着非常不错的收获。"

在来帕罗奥图之前，比尔·盖茨就曾决定不为 NeXT 电脑开发新的软件，现在听了乔布斯的话后，他更不愿意那么做了。不仅如此，他还被乔布斯的话给激起了火气，他对着乔布斯吼道："你们研发出的这款机器就是一推废铁，光驱的反应时间超长不说，一个破机箱还卖那么贵，你不觉得你做出来的东西很荒唐吗?"后来，他还在众多公开场合公然表态道："若是他将他们的电脑拿来让我为它开发软件，我想我会忍不住在它上面撒尿的!"在他看来，一台没有应用软件的电脑，只是一堆垃圾而已。而且，以微软公司在当时的软件界地位，他只需一表态，其他的软件公司只得乖乖地跟着做，竟然没有一家软件公司愿意与 NeXT 公司合作。

中国有句古话：因祸得福，这句话很快就在乔布斯身上应验了。乔布斯在"报复"比尔·盖茨的时候，他并没有想到会是如此结果。可事已至此，他只得靠自己的员工研发新的软件了。不过，新的问题又来了，他的手下根本就没有这样的人才，若是从其他公司挖墙脚又不太现实。因此，他只得将目光转向了专门搞计算机研究的一些大学和科研机构。结果，还真让他挖到了一位软件天才，即阿维·特凡尼安，后来的 NeXT STEP 操作系统就是由他一手开发的。这套操作系统是他基于 Unix 系统开发出来的，要比微软的 Windows 操作系统好上很多。

为了与比尔·盖茨较劲，乔布斯打算将这款操作系统暗中授权给 IBM 使用，想借此与微软争夺软件市场。其实，他是在很不情愿的情况下做出这个决定的，毕竟 IBM 还是他的敌人，只是它的威胁要比微软小一些。但是，为了打击他最大的敌人，他只得忍痛将自己的软件授权给 IBM 使用。

在做出这个决定后，乔布斯很快就找到了一个很好的机会，既能与 IBM 高层见面，还能掩人耳目。1987 年 6 月，凯瑟琳·格雷厄姆（《华盛顿邮报》的发行人）举办了一场生日宴会，当时受邀出席的嘉宾，全都是有头有脸的人物，如美国前总统罗纳德·里根、乔布斯、IBM 的董事长约翰·埃克斯等。在宴会上，乔布斯"偶遇"约翰·埃克斯，两人开始交谈后，他就一直在念叨 Windows 操作系统种种弊端，希望对方能够放弃 Windows 系统，并直言不讳道："如果你把宝都押在微软身上，是不是太冒险了？更何况，微软的系统在我眼中根本就不值一提。"约翰·埃克斯并没有让乔布斯失望，很快就上钩了。

几周后，乔布斯就带着巴德·特里布尔出现在了 IBM 的总部，在 NeXT 电脑上为约翰·埃克斯演示了 NeXT STEP 系统。当时，IBM 公司前来观摩的工程师们，在见到这套系统后都很惊讶，他们没有想到乔布斯居然背着人开发出了如此优秀的操作系统。

IBM 的高层在看到众工程师的表情后，也对这款操作系统产生了浓厚的兴趣，随后便与乔布斯展开了谈判。不过，双方的谈判并不那么顺利，而造成这一结果的主要原因出在乔布斯身上。在双方谈判期间，即便是因为一点小小的细节，乔布斯都会发怒，甚至还会中途离席，以致谈判多次中断。直到 1988 年 4 月，双方才达成口头协议，NeXT 公司将授权 IBM 使用 NeXT STEP 系统的当前版本。不过，在签协议的时候，双方又发生了一点儿小插曲。

当时，IBM 派出一个代表，并带着他们精心拟好的一份 100 多页的合同前往 NeXT 总部签约。结果，乔布斯连看都没看就将那份合同给扔掉了，同时还对着那人吼道："别跟我来这一套，你们只需准备一份只有几页纸的合同就行了。"说完之后，便扬长而去。几天后，迫切想与 NeXT 签约的 IBM 果然按照他的要求，只带着一份五六页的合同来到了帕罗奥图。

按照乔布斯的设想，他想一直瞒着比尔·盖茨，不让他知道自己与 IBM 的合作，最起码也要在 NeXT 电脑推出之后，才能公布这一消息。可是，在与 IBM 签订合约后，IBM 就不顾乔布斯的反对而发布了这一消息。

大家可想而知，比尔·盖茨在得知这个消息时有多么的生气，他甚至还对着 IBM 的高管们咆哮道："NeXT STEP 跟任何东西都不兼容，你们怎么会和他合作呢！"其实，他也清楚，IBM 之所以与 NeXT 合作，目的就是为了摆脱对 Windows 操作系统的依赖，给自己留下更大的发展空间。

在 NeXT 与 IBM 合作的消息放出后，就有很多依赖于微软操作系统的计算机制造商都找到了乔布斯，希望他能授权他们使用 NeXT STEP 系统，如戴尔、康柏等公司。甚至有不少公司纷纷表示，NeXT 若是放弃自己的硬件业务，他们愿意付更高的价钱购买 NeXT STEP 系统的使用权。对此，比尔·盖茨非常害怕，假如乔布斯答应这一条件的话，那么 NeXT 就会迅速地将微软踩在脚下，因为 NeXT STEP 系统确实要比 Windows 系统好很多。

很显然，比尔·盖茨的担心是多余的。作为一个完美主义者，乔布斯根本就难以容忍自己开发出的完美系统安装在那些"垃圾"电脑中，而他之所以与 IBM 签约，只是为了与比尔·盖茨较劲。所以，他很快就拒绝了那些人的请求，而这也让比尔·盖茨松了一口气。

后来，乔布斯因要求 IBM 支付更多的钱才能继续使用 NeXT STEP 系统的更新版本，而惹怒了新上任的 IBM 总裁吉姆·坎纳维诺，进而终止了双方的合作。在听到这个消息后，比尔·盖茨更加高兴了，因为微软将会和 IBM 继续保持深度合作。

当然了，乔布斯和比尔·盖茨的争斗并没有就此结束，甚至有愈演愈烈之势。如在一次宴会上，两人恰好碰到了一起。甫一见面，乔布斯便以微软拒绝为 NeXT 开发软件为由，对比尔·盖茨大加呵斥，而比尔·盖茨也不甘示弱地对他挖苦道："等你的新电脑有了市场的时候，我会考虑这件事的。"结果，他们的吵闹声越来越大，直到他们发现有不少人围观时才各自退去。

此后，两人又多次在公开场合相互较劲、相互攻讦，因此，两人之间的关系也一度恶化到了不可调解的地步。直到乔布斯重回苹果后，他们之间的关系才有所改观。

NeXT 电脑发布

“我们造出了世界上最好的电脑。”

——在 NeXT 电脑的发布会上，乔布斯如是说

在 NeXT 公司开始研发新型电脑的时候，乔布斯就曾对外宣称，他们将于 1987 年年初推出一款全新的电脑。但他食言了，而且还将这个时间向后推延了一年半的时间，直到 1988 年 10 月 12 日，NeXT 电脑的原型机才首次出现在媒体公众面前。

在发布会召开之前，就有不少人猜测，NeXT 电脑会不会像 Apple Ⅱ 一样，成为全世界追捧的对象。同时，也有不少人并不看好 NeXT 电脑，尤其是乔布斯一再推迟它的发布时间，这更令他们焦躁不安。为此，还曾有记者问乔布斯质疑道：“你到底还要拖延到什么时候才发布 NeXT 电脑啊?”乔布斯对此则不屑道：“拖延? 你根本就不了解 NeXT 电脑，它的技术至少要领先现在的计算机 5 年!”

为了澄清这些人的质疑，同时也为了超越自己，乔布斯在发布会前的几周，几乎每天都要跑到发布会的现场精心布置每一个细节，从演讲的措辞到背景的颜色，以及演示用的幻灯片等，他都一一介入，提出了自己的修改意见，并专门请了一家视频投影公司负责这一切。至于整个发布会的筹划工作，他则请来了后现代主义戏剧制作人乔治·科茨，让他为自己设计了一个有着黑色背景、处处体现着极简主义的舞台。在乔布斯的建议下，他在舞台的中央摆上一张桌子，在发布会召开那天，完美的、黑色立方体形的 NeXT 电脑就将在这里与世人见面。不仅如此，乔布斯还亲自拟定了参加发布会的人员名单，他可不想在介绍 NeXT 电脑的时候，听到有人发出不和谐的声音。

其实，这次发布活动还是有些仓促了，因为 NeXT 电脑的硬件和操作系统等并没有真正完成。所以，在发布会之前，就有人劝乔布斯使用模拟程序进行展示。不过，都被乔布斯给拒绝了。

发布会当天，乔布斯并没有让那些受邀前来的人们失望。在发布会开始后，他沿用了其在苹果时惯用的开场白，对着台下的观众们打招呼道：“很高兴能够回来。”接着又向众人缓缓言道：“每一个十年内都会出现一两件震惊世界的事情，而我们今日准备推出的电脑，将会以一个崭新的平台出现，改变所有人对计算机的认识。”随后他又讲述了 NeXT 公司自成立以来的 3 年内，为了研发 NeXT 电脑而走访了国内绝大多数的高校采集信息，并最终研发出了这款适用于高等教育的计算机。

和以前一样，乔布斯在演讲的过程中，所用的最多的词语还是“令人难以置信的”“我们造出了世界上最好的电脑”等。在他的描述中，NeXT 电脑就是一个完美的化身，无论是外观，还是人们看不到的内部，都非常完美。为此，他还指着另一个闲置的长、宽、高各 1 英尺的黑色铁盒子和一块长、宽各 1 英尺的主板，对着台下的众

人充满热情地说道："这是我一生中见过的最漂亮的主板，现在我就给你们一个可以看清它真面目的机会。"说完，他就拿着那块他自认为最完美的主板，向人们展示了起来。

乔布斯对于完美的追求体现在各个方面，外观设计只是其中之一，而不是全部。他在向人们展示完 NeXT 电脑的外观后，又对这款机器的录音播放功能进行了展示。他先是放了一段美国前总统肯尼迪的一段讲话（即《不要问》）和美国著名的黑人运动领袖马丁·路德·金那段《我有一个梦想》的讲话，当人们还沉浸在那激昂的回音中时，乔布斯对着 NeXT 的麦克风俯下了身子，录下了一段属于他的声音："嗨，大家好，我是史蒂夫，在这个极具历史性的时刻，我录下了这段声音。"说完后，他站起身来，示意台下的观众给这段录音加上"一片掌声"，台下的观众虽然不明白乔布斯的葫芦里卖的什么药，但还是照做了。没过多大会儿，他们就知道发生了什么，因为乔布斯刚才所说的话和他们的掌声，正回荡在发布现场的大厅之内。

紧接着，乔布斯又向他们介绍起了 NeXT 电脑的另一个新功能——电子书，他对众人说道："在我们的电脑里，有一批真正意义上的电子书。你在这里可以找到牛津版的莎士比亚全集和其他大部名著和工具书。可以说，自古腾堡（西方活字印刷术的发明人）以来，人类印刷书本的技术就再未进步过，但是这一切将因 NeXT 电脑的问世而改变。"

然后，他又有些自嘲般地对着下面的人们说道："我知道你们经常会用'mercurial'这个词来形容我。"很多人听到乔布斯这句话后都笑了起来，尤其是坐在前排的 NeXT 员工，他们更是深有体会。不过，乔布斯对此则毫不在意，他只是轻轻地转过身子，将这个词输入到了已经在 NeXT 电脑中打开的牛津词典中，当他敲下回车键的时候，出现了这个词的释义。乔布斯从容地读出了他的第一条释义："水星的，我想你们对我的评价并不是这个意思，而应是第三种释义'情绪善变的'才对。"乔布斯的话音刚落，下面众人的笑声就又大了几分。在罗列出"mercurial"一词的多种释义后，他又继续说道："你们刚才看到的只是一部分，假如你们继续往下看的话，你们还会看到它的反义词'saturnine'（沉默寡言的）。而且，你们只需轻点一下鼠标，就能看到这个单词的完整释义。"这一全新的功能，使得众多从事教育的人都是眼前一亮，继而爆发出了热烈的掌声。

除了这些之外，乔布斯还向人们展示了 NeXT 电脑所特有的收发邮件功能和光驱这个外配装置。不过，在介绍光驱的时候，他巧妙地避开了一些问题，只是向人们描述说，通过这个装置，可以对高容量的光盘进行读写，其数据存储量要远大于软盘，至于光驱从光盘上读取速度缓慢的事实他却只字未提。

其实，从一开始的时候，乔布斯就在设局。他先是罗列出了 NeXT 电脑的一系列新功能，目的就是要将它描述成一台价格高昂的东西，以便在正式公布它的售价时，下面的观众不会产生过激的反应。在介绍完 NeXT 电脑所特有的新功能后，眼见时机成熟的乔布斯，在略一停顿后说道："大家都已看到了，NeXT 电脑可以说是一款非常棒的电脑。因此，我们打算以 6500 美元的单价出售，我想那些从事高等教育的人士肯定会对它非常感兴趣的。”然而，出乎乔布斯意料的是，在他说出 NeXT 电脑的售价时，很多人都流露出了失望的神情，整个看台上只有寥寥数人在鼓掌，而那些人又都是他的忠实粉丝。

事情还没有结束，当有人向乔布斯提问 NeXT 电脑将会在何时正式发售时，乔布斯则含糊其词地答道：“我们将会在明年初推出 NeXT STEP 0.9 版的操作系统，届时将会支持软件的开发，希望喜欢尝鲜的人能够喜欢。”其实，这个所谓的 NeXT STEP 0.9 只是一个试用版本。直到 1989 年第二季度，NeXT 公司才推出装有 NeXT STEP 1.0 这个正式版的 NeXT 电脑。

在发布会的最后，台下的观众虽然因为 NeXT 电脑的价格而产生了一丝不愉快，但整体情况还是比较乐观的。尤其是在结尾的时候，当乔布斯将其特意从旧金山请来的一位小提琴手与 NeXT 电脑一同演奏起了巴赫的《维瓦尔第 A 小调小提琴协奏曲》时，几乎所有人因 NeXT 电脑高昂的价格和推迟发布的不愉快都被一扫而空。

1989 年第二季度，NeXT 电脑终于亮相了。由于这款电脑有着极为先进的技术，所以它的正式发售很快就引起了新闻界的关注。不过，当有顾客准备购买它时才发现，它并不如乔布斯所说的那样完美。虽然它采用了页面显示软件（Display Postscript），使得显示器的屏幕非常简洁、活泼，字体也显得格外清晰，但屏幕显示的色彩却是黑白的，这让很多人都很失望。

再加上它售价非常昂贵，这让 NeXT 电脑尽管有着非常出色的 NeXT STEP 操作系统，但仍然销售惨淡，自其被推出至 1989 年底，月销量只有 400 余台，并没有像乔布斯所预想的那样，在整个计算机界掀起一场轩然大波。反观微软和 IBM 所开发的 Windows 操作系统和 OS/2 操作系统，虽然不如 NeXT STEP 那般优秀，但它们成了操作系统这一领域内的实际霸主。可以说，在当时计算机系统的争夺战中，根本就是微软和 IBM 两家公司的事情，几乎没有 NeXT 公司什么事，以至于乔布斯和他的公司及其产品完全被人给忽略了。

又是大溃败

“世界将会因为 NeXT 电脑而改变，而迪士尼公司作为动画产业的领头羊，更应该充分利用最先进的技术，保证自己站在这场变革的最前沿。”

——在游说迪士尼公司购买 NeXT 电脑时，乔布斯如是说

在发布会过后没多久，人们对于 NeXT 电脑的热情似乎在瞬间降到了冰点，尤其是它还没有上市，这更是让不少人都放弃了对它的执着。乔布斯的竞争对手看到这种情况后，既有幸灾乐祸的，也有落井下石的。如 Sim 公司的首席科学家比尔·乔伊，就诙谐地称 NeXT 电脑为“世界上第一款优皮士终端”。而他的老对手比尔·盖茨则是像以前一样，毫无保留地对 NeXT 电脑进行贬低，他在接受《华尔街日报》日报的

采访时说道：“5 年前，乔布斯推出的 Mac 电脑是独一无二。不过，对于他现在推出的这款新电脑，我没有发现它有任何特别之处，这真的很让我失望。”

就这样，在一片不叫好也不叫座的情况下，NeXT 电脑终于在推延了两年多后，于 1989 年第二季度末正式发售了。按照乔布斯的预想，这么棒的电脑，每月至少可以卖出去 10000 台，可实际上只有可怜的 400 余台，这对于当时的 NeXT 公司来说，简直就是入不敷出。

当 NeXT 电脑的销售状况很不好的时候，日本佳能公司的总裁找到了乔布斯，并表明了佳能公司想要入股 NeXT 的想法。此时正处在危急关头的乔布斯自然不会拒绝，但是，对于伸向自己的救命稻草，乔布斯并没有显示出任何的仁慈，他在佳能公司出资 1 亿美元的情况下，只给了它 16.6%的股份，与罗斯·佩罗所持有的股份一样多。

不过，更多资金的注入并没有改变 NeXT 电脑滞销的现实，只是有效地缓解了其资金周转的压力而已。这个时候，乔布斯有些坐不住了，他想要亲自上阵推销自己的产品。于是，在短短的几周内，几乎所有公司的 CEO 都接到过乔布斯打过去的推销电话。不仅如此，有的时候，乔布斯还会亲自上门推销。如他在将电话打给迪士尼的 CEO 迈克尔·艾斯纳时，就曾在电话中言道：“关于 NeXT 电脑到底有多棒，我在电话里根本就说不清楚，不如这样，你什么时候有时间的话，我可以到迪士尼与你面谈，顺便向你展示一下 NeXT 电脑都能帮助你们做些什么。”迈克尔·艾斯纳很快就同意了乔布斯的请求，并与他约好了见面的时间。

当日，陪同乔布斯前往迪士尼的还有 NeXT 公司的几位高管和两名工程师，以及两台 NeXT 电脑。其中，一台电脑的显示器是黑白的，而另一台则是彩色的。当时，迪士尼公司前来观看乔布斯演示的除了总裁迈克尔·艾斯纳外，还有两个重量级的人物，即弗兰克·韦尔斯和杰弗里·卡曾伯格，他们都是好莱坞鼎鼎有名的人物。不过，乔布斯对于自己能够见到他们，一点儿也不激动，因为他正充满激情地对着迪士尼的一群拥有话语权的人做着演讲。后来，一位曾出席了这次演示活动的迪士尼员工对此回忆道：“史蒂夫一边展示 NeXT 电脑的功能，一边用极具鼓动性的口吻说道：‘世界将会因为 NeXT 电脑而改变，而迪士尼公司作为动画产业的领头羊，更应该充分利用最先进的技术，保证自己站在这场变革的最前沿。’”

还有就是乔布斯在来迪士尼公司的时候，是带着两台电脑来的，而他的目的也有两个。他首先向众人演示的是有着黑白显示器的 NeXT 电脑，按照乔布斯的说法，它对迪士尼公司的日常管理有着很大的帮助，而像这种功能强大的电脑只有 NeXT 才能制造得出。随后，他又向众人展示了带有彩色显示器的电脑，在他的口中，这台电脑则成了迪士尼“引领动画片技术变革的主要媒介”。在乔布斯声情并茂的演讲结束之后，迪士尼的一干人等虽然并不完全赞同乔布斯的观点，但还是有不少人被乔布斯给打动了。如杰弗里·卡曾伯格在乔布斯讲完后，就激动地说道：“这台电脑真是太棒了，它简直就像一件艺术品一样。如果可能的话，我们准备购买 1000 台。”

乔布斯听后非常高兴，因为这笔生意一旦谈成的话，NeXT 公司很快就会从低谷中走出来。不过，事情的发展并没有那么顺利。因为，杰弗里·卡曾伯格的话只代表他个人的观点，虽然其他人也很欣赏NeXT电脑，但是由于它能应用的软件实在是太少了，所以，乔布斯的这次迪士尼之行并没有任何斩获。

之后，乔布斯又将目光转回到了美国一些高校的身上，在这些目标中他首选的就是卡内基·梅隆大学。在那里，乔布斯曾挖到了阿维·特凡尼安这个操作系统的开发高手，他觉得这里是自己的福地。因此，自从在迪士尼折戟沉沙后，他就将自己的目标定在了这里，并与李开复进行了第一次的对话。

1989年11月，时任卡内基·梅隆大学计算系助理教授的李开复，接到学校计算系的负责人拉吉·瑞迪的通知，史蒂夫·乔布斯要来学校的计算机实验室参观。李开复听后非常开心，并马上赶到了学校。在去学校的路上，他还以为乔布斯真的只是来学校的实验室参观，而不是为了过来推销他的NeXT电脑。因此，他在到了实验室后，就非常兴奋地为乔布斯演示了自己刚刚开发出的世界上第一套非特定人连续语音识别系统。结果，演示非常成功，乔布斯也对其连声称赞道："真是太神奇了！这项技术足以改变未来!"

李开复听后自是十分高兴，他甚至还曾想着若是乔布斯能够买下他的这项技术，或是投资开发这项技术的话，那就更好了。但是，乔布斯让他失望了。因为，乔布斯夸他只是在为推销NeXT电脑做铺垫而已。所以，正当李开复还在做着美梦的时候，就听到乔布斯问他道："你的这套语音识别系统是不是在Sun工作站上开发出来的?如果是的话，我想告诉你，我们的NeXT电脑也能做到，甚至更好。我想你也知道，NeXT电脑上的NeXT STEP操作系统，正是基于你们学校研发的Mach内核开发出来的，这是一套代表着未来的新技术。不仅如此，它还有着最为完美的图形用户界面和最为灵活的开发模式，假如你将你的那套系统安装在NeXT电脑上，效果肯定不差。"

结果，乔布斯用他那极为出色的演讲口才和营销天分，赢得了李开复的信任，并顺利地拿下了与卡内基·梅隆大学的订单。虽然他们订购的数量不多，但聊胜于无。不过，当NeXT电脑真正来到卡内基·梅隆大学的计算机系实验室的时候，却让李开复有些失望。虽然NeXT电脑确实如乔布斯所说的那样不错，但是当他尝试着将那套语音识别系统移植到NeXT电脑上时，其运行速度竟然要比在Sun工作站上慢许多，这让李开复有些不太高兴。也正因此，卡内基·梅隆大学只从NeXT订购了极少数的NeXT电脑。

在之后的一段时间内，乔布斯又辗转于其他大学。由于NeXT电脑与其他公司生产的硬件不兼容，而且其技术只拘囿于高等教育这个特定的市场，再加上居高不下的价格，以至于很多高校在资金方面都难以承受，因此NeXT电脑的销量相当有限。

NeXT电脑在教育市场上的销售乏力，使得乔布斯不得不改变将NeXT电脑直接销售给学生与教育机构的销售策略。因此，在1989年底，乔布斯联系上了电脑零售商大卫·诺曼，并与其达成协议，由后者在全美范围内销售NeXT电脑。不过，这个营销策略也不成功。由于NeXT电脑在设计的时候根本就不是针对普通消费者开发的，所以，在大卫·诺曼的零售点内，NeXT电脑一共只卖出去了几百台而已。

除此之外，NeXT电脑的质量也引得消费者怨声载道，几乎所有的用户都在抱怨NeXT电脑的性能不如Sun的工作站，最典型的代表就是李开复。此外，还有不少人因早期售卖的NeXT只有黑白的而抱怨，也有不少因NeXT电脑的磁盘驱动器的配置太低而不满等。乔布斯和他的团队虽然也在不断地对其进行着改进，但无力扭转其在销售市场上溃败的事实。

迷雾中漂流挣扎

只剩一张王牌

“在系统开发方面，我们也需要微软产品的替代品，而唯一能够替代微软的就只有 NeXT 了。”

——在 NeXT 公司推出 NeXT STEP3.0 系统时，乔布斯如是说

也许你很难想象，一个不懂得任何软件开发的公司总裁，竟然带着一帮以开发软件产品为主的员工开辟了一方属于自己的天地。而且，他还一再声称自己的公司将成为一家比微软还要伟大的公司，能够说出这种话的人，恐怕除了史蒂夫·乔布斯外，很难再找到第二个人了。事实上也是如此，当乔布斯和他的 NeXT 公司陷入重重危机时，他正是凭借着一款软件扭转了公司的局面，并最终重返了苹果。

NeXT 电脑自 1989 年夏上市之后，就在硬件销售市场上遭遇了滑铁卢。其惨淡的市场销量，给公司的股东们带去了极大的打击。面对这种困境，最先退缩的是罗斯·佩罗，他在 NeXT 最困难的 1991 年，辞去了公司董事会成员的职务，甚至还公开宣称道：“当时我做出将钱投给那些年轻人的决定，可以说是我这一生中所犯过的最大的错误。”

当然了，NeXT 在硬件市场上的惨淡业绩，也给乔布斯的自信心带去了极大的打击。好在他对此并不在意，而是更为努力地寻找新的出路。很快地，乔布斯很快就发现了一个新的问题。每当他们的营销人员向别人介绍 NeXT 电脑时，大多数人并不关心它的硬件和外观如何，只是就 NeXT STEP 这套操作系统提出了不少的疑问。甚至连 IBM 都很看好这款操作系统，还不惜花费重金想要加入这一行列。

正所谓，有心栽花花不成，无心插柳柳成荫。本想在硬件市场上大展身手的乔布斯，到了最后竟然要靠一款操作系统而维持下去。而且，这款软件似乎也成了 NeXT 公司能否绝地翻身的唯一王牌了。

1989年，乔布斯凭着他那三寸不烂之舌，居然说动了IBM的“PC之父”比尔·劳，让他相信了NeXT STEP系统将比Windows系统更加适合IBM研发的高端电脑。然后，他又利用IBM对微软在操作系统上的垄断有所担心的心理，以极为强势的姿态取得了与IBM的合作。不仅如此，NeXT与IBM的合作，也在一定程度上满足了乔布斯对比尔·盖茨的“报复”心理。

如果说当年的NeXT与IBM合作成功的话，那么IBM在其新推出的电脑上所预装的就应该是NeXT STEP系统，而非是Windows系统。不仅如此，乔布斯也可借此轻松地占领软件操作系统的市场，而不是当年的比尔·盖茨。

然世事难料，两家的联姻还未等结出胜利的果实，便草草地收场了。而起因则是比尔·劳在与NeXT达成协议不久，因受IBM内部的权力纷争，被排挤出了IBM。所以，失去了比尔·劳的支持，加上继任者的冷漠态度，双方最终在一个极不愉快的氛围中结束了合作。

后来，乔布斯也不得不承认，在与IBM的合作失败后，使得NeXT失去了一次霸占整个软件操作系统市场的绝佳机会。对此他还回忆道：“从客观上讲，NeXT STEP系统就像是一颗耀眼的明珠一般。可是在比尔·劳被迫离开IBM后，在IBM的那些高层眼中，这套优秀的操作系统竟然只是一个很普通的产品。”

除了IBM之外，还有不少电脑产业的巨头纷纷找上了乔布斯，如戴尔、康柏等，而他们的目的也都相同，即获得NeXT STEP系统的使用授权。不过，他们与IBM不一样，他们有着自己的私心。他们愿意花比IBM更多的钱获得授权，而条件只有一个，即不许NeXT生产自己品牌的电脑硬件。他们可不希望自己的电脑在安装了NeXT STEP系统后，还要面临着NeXT电脑的威胁。

可是，他们并不了解乔布斯。乔布斯的梦想就是打造一台完整的、足能改变世界的电脑，而不是整日里与那些看不见、摸不着的软件代码打交道。在苹果的时候，他就尽量保持软件的研发和硬件的生产在相对封闭的状态下进行，因此才有了AppleⅡ和Mac的完美设计。在NeXT他也有着同样的想法，所以，无论那些电脑生产商提出多么诱人的条件迫使乔布斯放弃硬件的生产，都被他给拒绝了。

经历过这段风波之后，NeXT的销售情况并没有多大改善。据统计，自1989年NeXT电脑推出至1993年初，NeXT电脑卖出的数量不足50000台，由此也可见其经营之惨淡，而这一切都与乔布斯坚持控制一切的性格有关。不过，乔布斯对此就像毫无知觉一般，依旧我行我素，他的手中虽然握有一张王牌，只要他愿意打出去，就能为他赢来无尽的财富，可他就是固执地不愿放手。因为，他还想再搏一搏。

1992年1月，乔布斯在旧金山举办了第一届NeXT－WORLD Expo展览会，在此次大会上，乔布斯向人们展出了NeXT－station、NeXT－station Color和NeXT－cube等三款全新的电脑。不过，这都不算什么，因为前来参展的人并不是来看这三款电脑的，而是冲着NeXT STEP3.0系统而来的。按照乔布斯所言，这款系统的改版可以在英特尔80486处理器上完美运行。再加上NeXT STEP3.0的操作简单、易于使用，很快就得到了人们的认可与追捧。乔布斯当时还曾得意地对着媒体说道：“在系统开发方面，我们也需要微软产品的替代品，而唯一能够替代微软的就只有 NeXT 了。”

不过，现实是残酷的，尽管其所推出几款电脑上都装有 NeXT STEP3.0 系统，但因其价格昂贵，依旧同之前的产品一样，无人问津。此时的乔布斯才愿意正视自己在硬件市场上的失败，忍痛放弃了对硬件的生产，专心于 NeXT STEP 系统的销售和升级，并最终通过这张王牌一扫 NeXT 之前的颓势。

无可挽救的沉沦

“我来到这个世上，不是为了卖某个公司的产品，也不是为了把我的软件授权给别人装在那些蹩脚的硬件里。我只想向别人销售我们生产的电脑产品，我现在却做不到，这让我很沮丧。”

——在忍痛关闭 NeXT 的硬件部门时，乔布斯如是说

1988 年，当乔布斯首度公开 NeXT 电脑时，确实引起了不少人的注意。但是，到了 1989 年 NeXT 电脑最终上市的时候，关注它的人少之又少。尽管乔布斯非常努力地鼓吹着 NeXT 电脑是一台极具开创性电脑，新闻报刊等也极力地对其进行宣传，但是，NeXT 电脑那微乎其微的销量，使得 NeXT 公司的前景异常暗淡。

对于 NeXT 电脑销量惨淡的事实，美联社的记者巴特·齐格勒这样分析道：“现在的计算机行业，正向着操作系统可互换的方向发展，而 NeXT 电脑却与其他电脑不兼容，这就使得能够在 NeXT 电脑上运行的软件少之又少。因此，它才很难吸引到消费者的眼球。”

在发布 NeXT 电脑之前，乔布斯就将其定位为个人工作站，想要成为这一新产品类型的领跑者。不过，他没有想到，人们在 NeXT 电脑发布的时候，已经能够用更低廉的价格从 Sun 公司购买到这样的电脑了，其销量要远胜 NeXT 电脑。对此，我们可对当年的销售额做个对比，NeXT 公司在 1990 年的销售额是 2800 万美元，而 Sun 公司在同一年的销售额是 25 亿美元，其销售额是 NeXT 公司的近 90 倍。

当初，乔布斯在到卡内基·梅隆大学推销 NeXT 电脑的时候，从那里获悉了一项重要的研究成果，即卡内基·梅隆大学根据 UNIX 操作系统，自主研发的“Mach”系统。在这套操作系统中，有一个主要的功能就是可以对经常使用的类或对象的程序编码进行重构。这是一种面向对象的程序设计方法，利用这种方法，人们可以在多个程序中多次、重复使用这些类或对象，就连程序繁杂的写作软件程序，在这套系统中也得到了相当程度的简化。

乔布斯在软件开发方面的理解虽然不多，但他有着一双敏锐的、可以洞察一切的眼睛，很快就注意到了“Mach”这种操作系统所蕴含着的巨大开发潜力和价值。因此，他很快就设法从卡内基·梅隆大学获取了这种操作系统的内核编程，决定在此基础上进行革新，并准备将此植入自己公司新研发的电脑产品中去，以表明他才是电脑技术的开拓者。除此之外，为了尽快实现自己的这一目标，他还专门挖到了软件天才

阿维·特凡尼安，负责主要的研发与革新工作。

在阿维·特凡尼安加盟 NeXT 公司，并组建起专门的软件开发小组后，确实做出了不少开拓性的成就，而这也使得 NeXT 公司的状况有所好转，这一切似乎都在向着好的方面发展。但事实并非如此，在销售方面，他们的产品依然没有多大的起色，只是越来越多的人对他们开发出的系统产生了浓厚的兴趣，为此才有了之前的假象。

1990 年 9 月，乔布斯满怀信心地赶到了旧金山参加 NeXT 公司新产品的发布会，他相信自己的公司定能在这次发布会上，让所有人再吃一惊。因为他不但要在此次发布会上推出三款电脑，即 NeXT－station、NeXT－station Color 和 NeXT－cube，还会推出一套功能更为强大的操作系统。

其中，NeXT－station 作为乔布斯在此次发布会上首推的个人电脑，它摒弃了之前对外观的苛刻要求，只是采用了光亮的黑色镁合金机箱，从外形上看，很像是个装满了比萨饼的盒子。不仅如此，在软件方面，NeXT－station 除了安装了最新版的 NeXT STEP3.0 系统，在软件应用上也要比 NeXT 电脑多出不少。

在展示这款电脑的时候，乔布斯先是接上黑白显示器对其进行了展示，结果很多人都对它那简洁的外观和友好的操作界面产生了浓厚的兴趣。尤其是当时乔布斯在为它接上彩色的显示器，并在上面播放了动画片《绿野仙踪》中的一个片段后，几乎所有的观众们都为之喝彩不止。

不过，现实总是残酷的。随着发布会的结束，人们对这款电脑的热情也随之散去。从价格上来看，这款电脑虽然要比之前 NeXT 电脑便宜许多，但其价格仍远比其他厂商生产的电脑贵出许多。因此，前来问津者寥寥无几。与 NeXT－station 同时推出的另两款电脑，也遭遇了同样的尴尬。

在 1992 年的时候，NeXT 公司虽然也卖出去了近 20000 台电脑，创下了 1.4 亿美元的营业额。但与其他竞争对手相比，他们的成绩简直是微不足道。不仅如此，他们的销售收入看似很大，但实际上入不敷出。当时的 NeXT 公司拥有员工 700 余名，仅工资这一项，就是一笔不小的开支，以至于公司的亏损越来越严重。对此情景，乔布斯非常着急，可他不知道该如何处理。与乔布斯同样着急的还有日本佳能公司，这个当初一掷千金的大公司，可不想眼睁睁地看着自己当初投到这里的 1 亿美元就这么打了水漂，只得再次追加 3000 万美元的投资。结果，NeXT 公司的情况依旧没有什么好转，佳能公司也只得看着 NeXT 公司持续萎靡下去，当真是有苦难言。

与此同时，IBM 还在当年终止了与 NeXT 公司在系统软件方面的合作，IBM 的这一举动，无异于雪上加霜，使得 NeXT 的境地更加窘迫了。无奈之下，乔布斯只得违背自己的本性，下了一个艰难的决定，即授权其他品牌的电脑使用 NeXT STEP 操作系统。他的这一决定是在 1992 年 1 月对外宣布的，而他这一决定也正式宣布了 NeXT 公司的硬件产品在与 IBM 等巨头比拼下，完全落入了下风，甚至连一点儿竞争力都没有，这让乔布斯非常伤心。好在 NeXT STEP 操作系统的授权费用以及以其为基础开发出的软件产品，倒是让 NeXT 公司赚了不少钱。

不过，没过多久，乔布斯就发现了一个新问题，那就是他们在软件上的盈利根本就无法填补硬件上的亏损。假如 NeXT 公司仍要一边做硬件一边开发软件的话，估计要不了几个月，NeXT 公司的软件部门就会被硬件部门给拖垮，到那个时候，NeXT 公司恐怕就真的完了。

据统计，到了 1993 年初，NeXT 公司在三年半的时间内，只卖出了约 5 万台电脑。在看到这一统计数据后，乔布斯也知道自己的公司在硬件市场上已经是彻底失败了。因此，他便在当年 2 月再次下达了一个让他心痛的决定：放弃硬件业务，只专注于软件的研发与销售。而随着业务方面的转型，原本注册的 NeXT 电脑公司，也因此而正式更名为 NeXT 软件公司，一心一意做起了软件业务。

乔布斯在作出这个决定的两天内，就将 NeXT 公司生产电脑的工厂转让给了佳能公司，而硬件研发部门的近 300 人也全都被裁掉了，办公室里大量办公用品也都被变卖干净了。这件事情给乔布斯带来的打击，毫不亚于他被赶出苹果时的痛苦，他再一次为自己所坚持的理想而付出了沉痛的代价。

NeXT 在放弃了持续亏损的硬件部门后，公司所需的成本大幅削减，很快就扭亏为盈，并在当年取得了 100 多万美元的赢利。不过，这点儿盈利对于 NeXT 来说还是太少了，很多人都对乔布斯失去了信心，并相继离职而去，整个 NeXT 公司都笼罩在一片愁云之中。甚至连当初与他一同离开苹果的那五个人也都相继离去，这更让他苦恼不已。如《福布斯》杂志在 NeXT 公司创始人之一的苏珊·巴恩斯辞职后，就曾对乔布斯这样评价道："NeXT 公司的表现实在令人失望，史蒂夫·乔布斯虽然是个伟大的预言家，但他不是一个高明的管理者。"

对于乔布斯而言，这个评价也许太过苛刻了。不过，那时的乔布斯虽然已有 30 多岁，并且是两个孩子的父亲了，可他在公司的管理上仍像个幼稚的孩子一般。也许，只有经历过足够多的磨难，他才能真正成熟起来，带领 NeXT 扫清头顶的阴霾，让灿烂的阳光重现大地。

NeXT 烟消云散

"我一直都知道，我们要么是最后一家成功的硬件公司，要么就是第一家失败的。结果很不幸，我们是第一家失败的。"

——在关闭 NeXT 公司的硬件部门后接受媒体采访时，乔布斯如是说

NeXT 公司可以说是乔布斯的一块"心病"，它的问题一天不解决，他就寝食难安。即便他手下的另一产业——皮克斯的业绩再好，都无法让他有着一丝一毫的开心。

1991 年，在苏珊·巴恩斯、巴德·特里布尔以及罗斯·佩罗等人相继离职后，NeXT 电脑的销售一度跌到了低谷。为了改变这一现状，他四处搜寻杰出的销售人才。

最后，他将目光落在了迈克·史雷德的身上，此人不仅在市场销售方面是个天才，而且还是微软的高管。因此，乔布斯在成功挖了微软的墙脚后，很是得意了一番。

迈克·史雷德的到来，确实让公司的员工大受鼓舞，更重要的是NeXT电脑的销售量也得到了大幅度的提升，这让乔布斯很是高兴。不过，这种情况并未能持续多久，很快NeXT电脑的销售状况便回落至当初的颓势，NeXT公司的业绩再次跌入低谷。除此之外，迈克·史雷德的离职也让乔布斯郁闷了很久。他不明白，像NeXT这样完美的电脑，怎么就没人买呢?

在NeXT公司的前景极为惨淡的情况下，还有一家公司给了乔布斯一丝的希望，即皮克斯公司，这是乔布斯在1987年从卢卡斯手中以1000万美元买来的公司。可以说，皮克斯自1987年被乔布斯收购以来，在动画制作及软件开发方面都有着不少的斩获，取得了不错的业绩。如皮克斯在1987年制作的第一部短片《顽皮跳跳灯》不但获得了奥斯卡最佳动画短片提名，还获得旧金山国际电影节电脑影像类影片第一评审团奖——金门奖。1989年，皮克斯利用自主开发的程序Render Man制作的动画短片《锡铁小兵》一举夺下了当年的奥斯卡最佳动画短片奖、美国电影协会蓝带奖以及第三届洛杉矶国际动画节一等奖。1992年，皮克斯自主研发的电脑辅助制作系统(CAPS)，也一举夺得了当届奥斯卡的科学工程金像奖等。

按理说，乔布斯应当为皮克斯的成功而感到高兴或是欣慰，但是，笼罩在NeXT公司上方的阴云却怎么也让他高兴不起来。不仅如此，为了拯救NeXT，他还想从皮克斯挖人过去，却遭到了对方的拒绝。结果，NeXT的状况还是那样半死不活。

此后一段时间内，乔布斯依然在为NeXT电脑的销售而物色人才，并雇用了一个有着不错的销售管理才能的英国人，即皮特·凡·库伦伯格。他为人冷酷，可以说是不近人情。他在负责NeXT电脑的销售工作没多久，乔布斯就接到公司内部几位副总裁的辞职信，而理由竟然出奇地一致，即皮特·凡·库伦伯格太苛刻了，而且还总是在他们的面前指手画脚。当乔布斯找到他谈话的时候，他一点儿都不觉得自己做得过分，甚至还振振有词道：“我只是在给他们施加压力，可是你也看到了，并不是所有的人都能承受这份压力。还有就是，公司的副总裁是不是太多了点儿?”对于他的回答，乔布斯确实找不出任何毛病，只得任他在公司内调度。

事情还没有结束，皮特·凡·库伦伯格在与乔布斯谈过话后，变得更加肆无忌惮了。他甚至还在暗中与Sun公司的CEO斯科特·麦克尼联系，准备让Sun公司收购NeXT，并在乔布斯离开后，由自己担任NeXT的CEO。好在斯科特·麦克尼根本就不屑于这种卑劣的手段，不仅如此，他在拒绝了对方的提议后，还通知了乔布斯这件事。乔布斯知道后非常生气，很快便将其扫地出门，使NeXT公司免去了一场灭顶之灾。

1993年初，NeXT公司的发展似乎有所好转，因为在财务报告上显示，NeXT公司在1992年全年的销售额是1.4亿美元，这使得乔布斯信心大增，他还就此鼓励NeXT的员工道：“我们公司已经步入了正轨，一切都在好转，我们的NeXT电脑在市场上的占有率已经达到了Sun公司的一半，而且这个比率还在增加，用不了多久，

Sun公司就会被我们给挤垮的。”事实上，这只是乔布斯的一厢情愿或是盲目乐观。1992年，NeXT公司只卖出去了20000台电脑，而Sun公司一个月所卖的电脑都要比这个数字大很多。

可即便这样，还是有人愿意相信乔布斯的话，而这个人就是佳能公司的社长，他对NeXT公司在1992年的业绩还算满意，并不认为自己之前投入的1亿美元打了水漂。不仅如此，一直做着电脑梦的佳能公司，还准备再向NeXT公司投资3000万美元，希望它能再创佳绩。

不过，佳能公司再向NeXT投资也是有条件的。他们觉得乔布斯应当对NeXT公司目前这种入不敷出的境况负主要责任，所以，他们提议，假如佳能公司再向NeXT投钱的话，乔布斯就得将公司的一部分大权交给佳能公司选择的主管。这一要求让乔布斯为难了，假如他答应的话，难保这个新来的主管不会像当年的斯卡利一样，实施夺权并将自己赶出NeXT。但若不答应的话，NeXT公司很有可能会因资金不足而早早关门歇业。那样的话，公司的所有员工都会失业，而他自己在公众面前也将名誉扫地。一时间，他陷入到了两难的境地。最后，他还是同意了佳能公司的条件，而这似乎也是他能保住NeXT的唯一机会。

一般情况下，以管理公司的角度来看，在NeXT公司内多出一位新主管，似乎是个不错的管理方法，可这并不一定就能得到所有人的认可。在NeXT公司，虽然很多人都觉得乔布斯很不好，不但脾气暴躁、行为乖张，而且随时有可能被他炒鱿鱼。但是，他们对于乔布斯的忠诚确实是无与伦比的。现在，突然间又多出一位主管要他们效忠，一时间，很多人都接受不了，甚至还有不少人以为乔布斯放弃了他们。结果，公司的高管开始相继离职。先是市场部的副总裁丹·卢因，接着是销售部的副总裁里奇·佩奇，然后是硬件部的开发主管乔治·克劳等。除此之外，他们都还有着同一个身份——NeXT公司的创始人。

然而，这还不是最糟的。佳能公司投入NeXT的3000万美元很快就被消耗一空，不甘心自己投入的资金这么快就打了水漂的佳能公司，在后来又陆续为NeXT注资约7000万美元。到了1993年初，佳能对于NeXT的投资已经达到了惊人的2亿美元。可是，NeXT公司依旧是入不敷出。这不仅让佳能公司不满，就连乔布斯也意识到了事情的严重性。经过再三的考虑，他才做出了那个让他异常伤心地决定：放弃NeXT公司的硬件部门，并解雇了所有硬件部门的员工。乔布斯在关闭硬件部门后，接受媒体采访时，非常沮丧地说道：“我一直都知道，我们要么是最后一家成功的硬件公司，要么就是第一家失败的。结果很不幸，我们是第一家失败的。”

在硬件部门解体之后，NeXT电脑公司已是名不副实了，因为他只剩下一个软件部门。很快地，乔布斯就通过工商渠道，将公司的名字改成了NeXT软件公司。至此，NeXT电脑公司已随着NeXT硬件部门的解体而烟消云散了。

操作系统的余响

"Windows 赢了，它打败了 Mac，打败了 Unix，还打败了 NeXT STEP。如此多的优秀软件，竟然全都败在了如此低劣的一个产品手上。"

——在 NeXT STEP 系统软件的销售一再受挫后接受记者采访时，乔布斯如是说

自从关闭硬件部门后，NeXT 公司所面临的资金压力骤减，但也只是暂时的。不仅如此，NeXT 公司的员工纷纷离职，包括之前创业的所有"元老"，以及一大部分早期的雇员。这些人的离去给乔布斯带去了不小的打击，在这些人离去之后，在他的周围虽然又聚集起了一大批的新高管，但这一切都于事无补，因为 NeXT 软件公司自重组时就一直站悬崖边上，而现在已经到了最危急的时刻。

当时，摆在乔布斯面前的有两条路可选，一是卖掉 NeXT 软件公司，二是授权其他公司使用 NeXT STEP 操作系统。结果很显然，他在关闭硬件部门之后，是不会再卖掉 NeXT 软件公司的。因此，他就只能选择第二条路了。

当这套系统初次面市的时候，就引起了无数人的惊叹，尤其是在升级到 3.0 版本后，功能比以前的版本更强大，运行更流畅，操作也更简单了。甚至还有不少科研所对市场上的各版本的系统软件进行了测试，结果让他们瞠目结舌的是，NeXT STEP 操作系统，即便不能完胜其他所有操作系统，但与它们相比也有着绝对的优势。

1993 年 2 月，在关闭硬件部门不久，乔布斯便对外宣布，他将凭借着 NeXT STEP 东山再起，并动员公司的员工向所有生产电脑的厂商推销 NeXT STEP 操作系统。不仅如此，乔布斯还请 CKS Partners 公司（一家专门负责设计与规划服务的公司），对美国电脑产业 500 强的企业进行了调研，并令其做了一份详细的企划书。不过，这次的调研结果让乔布斯有些不高兴。根据调研报告显示，在众多的电脑公司中，竟然没有多少人知道 NeXT STEP 系统。对此，乔布斯无所谓地说道："那些人是一群什么都不懂的傻瓜，而我们接下来的目标就是将 NeXT STEP 系统打造成 20 世纪 90 年代最为便捷、创新和实用的系统。"

1992 年 6 月，NeXT 软件公司成功开发出了可以在英特尔 80486 处理器以及 Sun 公司的工作站系统（SPARC）上运行的软件系统，NeXT 公司的软件系统似乎有着无穷的潜力等待着乔布斯去开发。但现实总是残酷的，无论是电脑生产商还是用户，他们中的绝大多数人，宁愿使用乔布斯口中那"蹩脚的 Windows"系统，也不愿意使用 NeXT 公司开发的这套操作简单，而且是面向所有用户设计的操作系统。如在乔布斯满怀信心地来到惠普公司、Sun 公司以及其他 IT 业巨头那里推销自己的系统软件时，都遭到了拒绝，他们甚至连让 NeXT STEP 成为 Windows 的替补的机会都不给。再加上大部分用户对这种软件的不屑一顾，使得乔布斯所面临的情况越来越糟。可即便这样，他还是不愿放弃，依旧带着 NeXT 的员工精心改进着 NeXT STEP 系统。1993 年

的 5 月及 10 月，乔布斯又分别推出了 NeXT STEP3. 1 版和 NeXT STEP3. 2 版，结果仍以失败告终。

当时，除了 NeXT STEP 的问题以外，他名下的皮克斯动画公司也因为迪士尼突然单方面终止了《玩具总动员》这部动画片的制作，而令整个公司陷入一片恐慌之中。好在皮克斯的创始人之一约翰·拉塞特重新修改了剧本，才又得到了迪士尼的认可，继续制作下去。

在此后的一段时间内，乔布斯依然将自己工作的重心放在 NeXT STEP 系统的升级与改版上，并一再对外鼓吹这套系统软件有多么优秀。刚开始的时候，虽然也有不少公司都被乔布斯那充满蛊惑力的演讲而打动了，但是，真正购买并使用的这套系统的公司很少，他们依然觉得 Windows 系统才是他们追求的目标。

1995 年，皮克斯推出了动画片《玩具总动员》，结果引发了轰动，使得皮克斯获得了前所未有的成功。与此同时，乔布斯还抓住机会，不顾一些金融专家的反对，将皮克斯上市。事实证明，乔布斯的这一举动是明智的。因为，在开盘当天，皮克斯的股票价格就从 22 美元涨到了 49 美元，翻了一倍多。

皮克斯在动画产业方面的成功，并没有给乔布斯带去多少快乐。因为，他的心思还放在 NeXT 的系统软件上。他不明白自己明明有着世界上最好的操作系统，可为什么就是无人问津呢？后来，他在接受《红鲱鱼》杂志的记者采访时曾这样说过：“Windows 赢了，它打败了 Mac，打败了 Unix，还打败了 NeXT STEP。如此多的优秀软件，竟然全都败在了如此低劣的一个产品手上。”

乔布斯在 NeXT 公司销售软硬件一体产品方面的失败，给其一直所坚信的理念带去了巨大的冲击。当他意识到自己在 NeXT 不可能复制他在苹果时的成功时，他才决定砍掉硬件业务，将公司转型为一家软件公司。虽然 NeXT STEP 让人感到惊艳，但是真正愿意接受它的人并不多。如其在 1995 年 12 月推出的 NeXT STEP3. 3 版本，虽然能在 IBM PC x86、Sun SPARC 及 HP PA－RISC 等多个平台上运行，但是使用它的人依然少之又少。在此之后，NeXT 虽然也开发出了 NeXT STEP4. 0 版，但终究没有发布，以至于 NeXT STEP3. 3 版成为 NeXT 在被苹果收购前所推出的最后一个正式版本，成了这一操作系统系列的绝响。

捡来的宝贝

收购卢卡斯

“看到他们制作的动画，我意识到，在将艺术和技术结合方面，他们超越了其他人。”

——在谈到收购卢卡斯图形工作组的动机时，乔布斯如是说

西方有这么一句俗谚：“上帝是公平的，他在关闭一扇门的同时，也一定会为你打开一扇窗。”1985年，乔布斯在苹果被董事会抛弃，正处于失意之中。然而，乔布斯就是乔布斯，他以其惊人的商业天赋很快创立了NeXT电脑公司。更出人意料的是，他大手笔收购了卢卡斯影业的图形工作组，创立了皮克斯公司，开始在从未涉足的电影业打拼自己的一方天地。多年以后，当我们坐在电影院里，津津有味地欣赏着光炫夺目的映画镜头时，恐怕很少有人知道，在IT界引领潮流、呼风唤雨的乔帮主在电影技术的革命浪潮中，扮演着多么重要的角色。

谈起乔布斯和电影业的缘分，就不得不提起好莱坞的影视大亨乔治·卢卡斯。卢卡斯是20世纪最后30年的好莱坞电影奇才，曾被人尊称为“电影魔术师”。他在27岁的时候创立了自己的电影公司卢卡斯影业，30岁时成了百万富翁。31岁时为了制作电影《星球大战》的特效，成立了工业光魔（Industrial Light & Magic）。当时，参与工业光魔制作的人，都是一些和电影无关的人，而如今，工业光魔已经成为世界上最为著名的电影特效制作公司。

卢卡斯才华横溢，导演了许多脍炙人口的影片。他导演的《星球大战》和《夺宝奇兵》系列影片至今仍然是好莱坞电影中的经典，不但包揽了各大电影节的提名和奖项，更屡屡打破全美乃至全球票房纪录。拿1977年上映的《星球大战：新的希望》来说，就包揽7.75亿美元全球票房。这在当时可说是一个天文数字，因为在此之前，还没有哪部电影的全球票房超过3亿美元。

到20世纪80年代初，卢卡斯成为美国名副其实的电影巨头，尽管还很年轻，但他的旗下已经拥有了多家电影制作公司和上亿美元的资产。卢卡斯雄心勃勃，一心壮大自己的事业版图，广泛地搜罗人才，极具艺术天赋的埃德·卡特穆尔、阿尔维·雷·史密斯等人就在这个时候加入了卢卡斯影业公司。这些热血的年轻人，希望通过电脑制图技术给电影业带来一场革命。

人生的际遇总是变化无常。就在卢卡斯满怀信心，准备在电影界大展拳脚时，他的事业开始走下坡路了。1983年5月，卢卡斯制作的《星球大战》系列第三部《绝地归来》上映。这部被卢卡斯寄予厚望的电影尽管拿下了4.75亿美元的全球票房，但在口碑上差强人意。很多评论者认为，这是卢卡斯最让人失望的一部电影，情节烂俗而乏味，完全比不上前两部的水准。这让卢卡斯不得不考虑暂停《星球大战》前传的拍摄。更让卢卡斯烦心的事情还在后面呢，也就是在这一年，卢卡斯和结婚14年的妻子、工作中的好搭档玛西娅协议离婚了。

根据加利福尼亚州的法律，婚后财产必须二人平分。卢卡斯较有事业心，不愿意把自己耗费心血，一手打造的电影帝国分割给玛西亚，于是提出用美金偿还。据估计，卢卡斯需要为此支付玛西娅2500万～5000万美元左右。这对于正面临危机的卢卡斯而言绝对不是一个小数目。

为了保住视若珍宝的公司，他必须出卖一部分产业以得到急需的资金。卢卡斯仔细盘算自己旗下产业：电影制片厂、卢卡斯电影公司、特效制作公司工业光魔公司和拥有先进后期制作器材的天行者牧场（Skywalker Ranch）。最后经过权衡，决定将电脑部门的图形工作组卖掉。这个小组聚集了埃德·卡特穆尔、阿尔维·雷·史密斯等人才，主要业务是研发未来电脑动画技术，目标是将最先进的图形图像技术同电影艺术结合起来，彻底颠覆以往动画电影的制作方式。尽管他们有着惊人的艺术天赋，但他们超前的想象力，在旁人看来，不过是一个可望而不可即的梦想而已。卢卡斯也认为，要实现他们雄心壮志，至少需要十几年的时间和数亿元美金的投入。时间不等人，卢卡斯忍痛决定卖掉图形工作组，以履行和玛西娅的离婚协议。

世事就是这么奇妙。卢卡斯与玛西娅的“分离”，恰恰间接促成了乔布斯与图形工作组的“结合”。1985年夏天，正处于失意中的乔布斯从苹果的计算机科学家艾伦·凯那里听说卢卡斯正准备出售图形工作组。艾伦·凯和图形工作组的创始人埃德·卡特穆尔是大学同学，他清楚地知道，在这个研发小组里聚集着一大批的电脑技术天才，他们或许能够在未来发光发热，震撼世界。艾伦·凯相信，乔布斯或许会对那里的人才和技术感兴趣。事实确实如此。

乔布斯在知道这个图形工作小组后，立即赶往圣拉斐尔的天行者牧场制片场参观。在那里，图形工作组的员工们向乔布斯展示了令人眼花缭乱的电脑动画技术，栩栩如生的三维动画、前所未见的新技术让乔布斯觉得震撼极了。他相信，未来计算机将会比现在强大无数倍，而图形工作组成员现在掌握、开发的技术，将在未来给动画和逼真的3D图形带来巨大进步，引领世界潮流。

乔布斯回到公司后，就积极游说斯卡利，希望苹果公司能够把图形工作组收购下来。但斯卡利对此并不感兴趣，他比较感兴趣的是如何把乔布斯赶出去。乔布斯对苹果管理层感到失望，收购图形工作组的想法也只得暂时搁置。这年 9 月，乔布斯正式被踢出苹果，他卖出了手中持有的几乎全部股票，这让他拥有了 1.5 亿美元的现金。尽管创立 Next 公司耗费了他一部分资金，但是他仍然有大笔的资金供自己支配，于是，购买皮克斯再次被提上日程。恰在此时，一直寻求购买者无果的卡特穆尔和联合创始人阿尔维·雷·史密斯商议后决定自己将该部门买下来。但两人资金有限，只得寻求投资者。两人想到了不久前到图形工作组参观访问，并表示出极高兴趣的乔布斯。他们认为，乔布斯将是一个合适的人。于是，他们联袂去拜访了乔布斯，并表明来意。乔布斯欣然答应，并提议全资买下卢卡斯影业的电脑部门。

出乎意料地，卡特穆尔和史密斯拒绝了乔布斯的这个提议。他们希望找一个主要的投资者而不是一个全新的买家。这些年来，他们在图形工作组倾注了太多的心血，有一套属于自身的工作模式，他们不希望因为来了一个新老板而打破这种默契。经过商量后，双方很快达成了一致：由乔布斯出资购买多数股权，并担任董事长，但该部门的运营则主要由卡特穆尔和史密斯来负责。

在合作方式商定之后，双方都以为这种合作关系可以顺利推进了，然而另一个问题浮出了水面。乔布斯了解到，卢卡斯开出的价格是 3000 万美元，而这远远超出了他的心理接受能力。他决定先暂时缓一缓，静观其变。当时，另一个人也对收购图形工作组表现出了浓烈的兴趣，他就是通用汽车公司的董事——罗斯·佩罗。他通过将自己的计算机服务公司 EDS 卖给通用公司而成为通用公司的一名董事。佩罗雄心勃勃，正准备扩展业务，看到了卢卡斯影业的电脑部门中蕴藏的商机，他甚至说服了世界上最大的电子公司荷兰皇家飞利浦电子公司和自己一起购买卢卡斯，他们最后愿意出的价格已经非常接近卢卡斯要求的 3000 万美元了。然而，就在临近签约时突生变故，原本在通用公司担任董事的佩罗突然遭通用董事会解雇，丧失了代表通用汽车公司签署协议的资格。于是，机遇又一次站在了乔布斯一边。

乔布斯觉得时机到了，满怀信心地和卢卡斯进行谈判。卢卡斯很快发现，乔布斯是一个令人难以应付的谈判高手，他把自己的报价直接砍掉 2/3，仅开出了 1000 万美元的价码。这个价格远不足以偿付离婚费用，但心力交瘁的卢卡斯再也不愿意拖延下去了，最终同意成交。

在谈判和签约的具体事宜上，卢卡斯交给公司的首席财务官（CFO）负责。这名财务官发现，乔布斯傲慢自大，脾气又暴躁，为了压一压对方的气焰，在会议上掌握主动权，他决定在开会的时候晚到几分钟，以表明他才是主持会议的人。然而，让他没有想到的是，当他刻意晚到几分钟，走进会场时，发现乔布斯已经在他缺席的情况下，按时开始了这次会议，并且已经掌握了会议的控制权。1986 年初，双方达成了最终协议。按照协议约定，乔布斯以入股的方式，投资 1000 万美元持有该公司 70％的股份，其他的股份按照一定的比例分配给图形工作组创始人埃德·卡特穆尔、阿尔维·雷·史密斯及其他 38 名创始员工，包括前台接待。

二月，乔布斯正式入主公司，成了新老板。这家新公司被命名为皮克斯（Pixar）。

据说，这个名字的创意来自阿尔维·雷·史密斯。他曾给自己的电脑贴上了一个标签，称为“Pixer”。他觉得这个名字有点像英文里的“像素”（Pixel）一词。又由于他自小生长在得克萨斯州与新墨西哥州的交界处，对西班牙文很熟悉，于是把这个名字稍稍修改一下，让它带点西班牙语的发音，即皮克斯（Pixar）。新公司后来也就以皮克斯（Pixar）命名。这个名字暗含着皮克斯的技术天才们决心以最新奇的技术，最高科技的影像引领世界潮流的宏伟的梦想。

皮克斯图像电脑

“人是世界上最富有创造性的动物，同样一件工具，不同的人能发明出各种不同的使用方法。我觉得人们对于皮克斯电脑的使用也应该是这样。”

——在谈到皮克斯电脑时，乔布斯如是说

皮克斯成立初期，公司经营的业务主要有三大板块：一，研发和销售图形计算机及其软件；二，用三维电脑动画技术为电影或电视广告制作特效镜头；三，创作动画短片，宣传公司研发产品。尽管乔布斯对皮克斯寄予厚望，但遗憾的是，这三个板块的业务没有一个是赚钱的。

皮克斯研发的电脑硬件名叫皮克斯图形计算机（Pixar Image Computer），这种电脑是专门为动画制作而设计的，融合了很多的高科技、新技术，堪称独一无二。乔布斯对于这种电脑的期望值很高，认为这种机器技术先进，能够存储数量庞大的电脑图像，肯定会代替旧有电脑，成为市场上广受欢迎的畅销产品。然而，乔布斯期待的火爆局面并没有出现，皮克斯电脑销量很差。

这主要是由两方面的原因造成的：一方面，皮克斯电脑售价高得离谱。由于乔布斯和卡特穆尔非常注重皮克斯电脑的先进性，所以使用了大量昂贵的技术，这使得皮克斯不得不将电脑售价定得高于市场普通价格很多。最终，皮克斯电脑每台卖到了13.5万美元，而这还不包括6万美元的电脑软件和外围设备，比如磁盘驱动器等必备设备。这样高昂的售价，就连真正需要用电脑制作三维动画的制片公司、广告公司、电视台也买不起，更何况其他人呢。除此之外，皮克斯超前的三维技术理念也让很多人疑惑，他们无法理解，为什么三维电脑动画会成为未来的趋势。

另一方面，皮克斯电脑是专门为三维动画制作而设计的，算是比较高端的机器，并不适用于大众，所以销售对象是一些特殊的族群。皮克斯电脑的主要购买者是动画师和平面设计师，但这显然并不能带来多大的效益。于是在乔布斯的积极拓展下，这款电脑也在医疗行业和情报领域找到了特殊市场。如在医疗上，CAT扫描数据能够被转换成三维图形，更便于医疗人员直观进行观察；在情报安全领域，工作人员主要利用该款电脑来演示、观察飞行器和人造卫星的信息。

由于皮克斯电脑被运用于这些事关美国国家安全的部门，所以皮克斯必须和美国国家安全局签订保密协议。政府部门要求皮克斯公司的每一位行政人员都要认识到这是绝密的东西，尤其是在皮克斯公司里从事卫星图像处理的员工更需要做好保密工作，就算是乔布斯也需要不定时地接受 FBI（美国联邦调查局）的调查。能够近距离了解乔布斯，对于 FBI 来说，绝对是件有趣的事情。

有一次，乔布斯正和皮克斯的一位主管就公司管理进行讨论，美国国家安全部门打来了电话，询问乔布斯一些问题。很多问题都涉及了乔布斯的个人隐私，比如他是否吸毒等。在美国那样一个注重保护隐私的国家，这样的问题无疑是有些无礼的，但是乔布斯异常真诚而直率地回答了这些问题，甚至都没有让那位主管回避一下。对于乔布斯来说，只要不涉及他的底线，很多问题都是事无不可对人言。那位主管后来回忆说："我清晰地听到史蒂夫对着电话那端的人说'距离现在最近的一次吸毒，发生在……'他说的时间、地点很详细，一点都不在我面前避讳，我当时想，史蒂夫可真够相信我的。"

乔布斯对于调查人员的坦诚显示了他精明的一面。乔布斯当然明白通过政府部门安全检查对他们公司将有多么重要，因为这关系着皮克斯能否取得政府情报信息部门的信任，赢得这笔订单。所以，他没有闪烁其词，而是坦诚地回答了所有的问题。对于一个曾经有过吸毒历史的人来说，如果能够诚实地向 FBI 说明自己吸毒的情况，那就什么问题都没有了。但如果说谎，那么，FBI 就有理由认为你对他们隐藏了什么。一个吸毒的人意志薄弱，很可能会遭到别人的敲诈、勒索，这样就会泄露一些安全机密。美国的情报信息部门是绝对不会和这样的人做生意的。乔布斯的坦诚，赢得了政府部门的信任，最终他们购买了皮克斯价值达 100 万美元的制图电脑。

即便如此，皮克斯电脑的销量依旧惨淡，卡特穆尔和史密斯想方设法拓展销路，但是始终不见起色。当初，卡特穆尔和史密斯为了乔布斯不干涉皮克斯公司的事务，拒绝了乔布斯把皮克斯的办公室搬到旧金山的提议，这样，他们就需要经常去位于帕洛阿尔托的 NeXT 公司总部，向乔布斯汇报最新的研发成果。然而，随着皮克斯图形电脑的销售情况不如人意，卡特穆尔和史密斯发现，他们的汇报开始变得越来越不顺利了。因为他们不能总是在公司亏损的情况下，要求乔布斯支持他们，加大对他们的投资。到了后来，他们在史蒂夫面前说话显得语无伦次，常常显得啰唆而又抓不住重点了。这使得他们在见乔布斯之前，要精心构思一下要说的话。

乔布斯觉得史密斯和卡特穆尔非常不适合做电脑产品的销售工作，认为他们找不到产品的卖点，就好像是在森林里迷路的孩子那样。乔布斯认为，也许只有自己出马，才能够实现翻盘，打开皮克斯电脑的销路。乔布斯把目标客户定为迪士尼，在他看来，迪士尼每年都创作很多的动画电影，显然是皮克斯电脑的最佳客户。然而，每次乔布斯到迪士尼推销皮克斯电脑时，都会碰一鼻子灰。

有一次，乔布斯又去了迪士尼展示皮克斯的新电脑。他找到了迪士尼负责动画片部门的杰弗瑞·卡森伯格，希望能够打动他，从而获取订单。正当他兴致勃勃地展示公司的新产品时，迪士尼 CEO 迈克尔·埃斯纳也意外地来到了会议室，和卡森伯格一起听乔布斯的介绍。

乔布斯当然不会惧怕这样的大场面，他发挥了自己出众的口才，激情四溢地为大家介绍皮克斯的产品，把代表未来技术的三维动画说得天花乱坠，让所有的听众都几乎忍不住为他鼓掌叫好了。

但是，也有一个人例外，这就是埃斯纳。埃斯纳精明而冷静，他显然不会因为乔布斯的几句说辞就改变固有的想法。在乔布斯介绍完毕后，埃斯纳走上前去，指着乔布斯带来的一台普通的电脑说："这台电脑，代表着商业办公。迪士尼公司需要很多很多，我们也许会买 1000 台。"

当时，乔布斯为了能够更好地介绍自己的产品，带来了两台电脑，一台就是这种黑白屏幕的普通电脑，另一台是用于演示的彩色计算机。很显然，彩色计算机才是乔布斯推销的重点，而那台普通电脑不过是陪衬而已。埃斯纳的话，让乔布斯摸不着头脑，就在他愣在当间，不明所以的时候，埃斯纳又用手指向那台彩色的图形计算机，说："这台电脑，代表着动画艺术。可是，在我们迪士尼，有的是艺术家，有的是绘画器材。在我们这里，没人会需要电脑帮忙。"

很显然，埃斯纳的观念还是很传统、很保守的，他没有看见三维电脑动画技术的未来，始终把手工绘画的二维动画作为迪士尼的主营方向，而乔布斯渲染的三维技术在他看来也不过是为了推销皮克斯产品的一种手段而已。乔布斯对于迪士尼很失望，认为他们错过了一次很好的机会。

对于企业而言，如果产品没有销路，那就意味着失败。乔布斯正在经历 NeXT 销售上的失败，他不愿意在皮克斯同样面临如此窘境。他千方百计地为皮克斯图形计算机寻找客户，不遗余力地帮助皮克斯创建营销网络，很快就在全美的几大重要城市建立起营销网络，员工也超过 100 名。

但是，销售并没有因此而有多大的起色。皮克斯电脑是由专业人士设计的，当然也需要由专业人士去操作。对于很多人，甚至大学里的专业研究人员而言，这种机器操作起来实在是太复杂了。客户调侃说："这款电脑使用起来太复杂了，就像专为导弹专家设计的。"就连皮克斯自己的销售人员也戏谑道："不带上 3 个博士生，我就没法向人们介绍皮克斯电脑。"因为，如果没有专业人士，他们根本就介绍不清楚这款电脑的使用方法。

乔布斯很快又有了新主意，他要求皮克斯开发一款成本更低的图像电脑，售价在 3 万美元左右。卡特穆尔和史密斯对此表示反对。但是乔布斯固执己见，仍然坚持开发这种新型的电脑。他找来了自己的老朋友哈特穆特·艾斯林格，让他帮忙设计。哈特穆特·艾斯林格被称为"高科技设计领域的超级明星"，在电脑研究、开发方面有着独到的见解。很快，新型的电脑开发出来了，和皮克斯图像电脑很像，立方体，中间有一处圆形凹陷，带着艾斯林格招牌式的纤细纹路。

尽管这款电脑销售价格已经大大降低，但是销量仍然很一般。乔布斯认为，有创意的人很快会想到使用皮克斯电脑的各种方法，"人是世界上最富有创造性的动物，同样一件工具，不同的人能发明出各种不同的使用方法。我觉得人们对于皮克斯电脑的使用也应该是这样。"乔布斯后来说道。但是遗憾的是，并不是每个人都那么有创意，他们在购买产品的时候，只会考虑产品合不合用、顺不顺手、功能如何，而不会花费时间去琢磨如何使用。所以，皮克斯电脑最终未能完全进入普通消费者市场，只有那些有“特殊需要”的人才成了该型电脑的客户。

无论是乔布斯也好，卡特穆尔、史密斯也罢，他们无不为皮克斯电脑付出了巨大的努力，但最终也没有摆脱失败的命运。到1988年，皮克斯公司卖出去的电脑总数还不足100台。后来，乔布斯逐步放弃软硬件的研发、销售，集中精力将皮克斯打造成世界一流的动画电影制作公司。

动画激动人心

“电脑动画电影，才是皮克斯公司存在的真正意义和任务所在。”

——在谈到皮克斯公司今后的发展方向时，乔布斯如是说

时代不断地向前发展，新的技术必然会逐渐淘汰旧的技术。60年前，迪士尼制作了第一部动画长片《白雪公主》，从此开启了二维动画长片的黄金时代。60年后，乔布斯的皮克斯公司则在二维动画的基础上，用电脑为动画片增加了一个维度，制作出更为逼真、生动的三维电脑动画。以往制作二维动画，需要花费大量的人力、财力进行手工绘图制作，而三维动画则只需要在电脑上完成就可以了。自皮克斯之后，三维电脑动画就一跃成为动画电影的主流。

最初，乔布斯为皮克斯制定的发展方向是生产电脑硬件、软件方面的产品，而数字动画业务这个板块则只是副业，其主要目的是对外展示自己的硬件和软件，宣传产品的优异性能。该动画团队部门的负责人是约翰·拉塞特，他有着可爱的脸庞和气质，同乔布斯一样追求艺术的完美。

拉塞特出生在好莱坞，自小就对电视上各类的卡通节目表现出了浓厚的兴趣。九年级时，他读了《动画的艺术》一书。这本书主要介绍了迪士尼从创业到发迹的各个阶段，以及电影、卡通技术的发展历程。拉塞特如痴如醉地读完这本书后，写了一份读书报告。也就是从那时起，拉塞特暗下决心，将来要置身于动画事业，创作出令世人惊叹的动画作品。

高中毕业后，拉塞特怀揣着梦想，进入了由沃尔特·迪士尼创办的加州艺术学院，学习动画专业。他学习非常刻苦，经常利用暑假和课余时间，研究迪士尼的档案文件，并且在迪士尼乐园的丛林巡航游乐项目做导游。这段有趣的经历让他懂得了把握时间和节奏对于讲故事的重要性。这对于动画制作者来说，是极为难能可贵的。在大学三年级时，拉塞特利用课余时间拍摄了一部短片《小姐与台灯》。这部短片推出后，好评如潮，为他赢得了学生奥斯卡奖。虽然，这部片子在当时算不上完美，但拉塞特的才华在这部片子里展露无遗。这部短片借鉴了《小姐与流浪汉》等迪士尼电影，并融合了拉塞特自己的惊人创意，即赋予无生命的东西以人的个性。

毕业后，拉塞特如愿以偿进入迪士尼工作，成了迪士尼的一名专业动画师。拉塞特认为，自己大展手脚的时候到了。然而，没过多久，他就发现迪士尼在创作理念上和自己有着不小的差别。拉塞特希望开发新技术，给动画艺术带来《星球大战》的水准，但是迪士尼动画制作高层对这种创作理念根本不屑一顾，坚持用传统的创作方式，即用手工绘图的方式制作二维动画。拉塞特觉得自己的幻想破灭了。1983 年，拉塞特卷入了动画部门高层的争权夺利之中，结果被解雇了。就在这时，卢卡斯影业的埃德·卡特穆尔和阿尔维·雷·史密斯向拉塞特抛出了橄榄枝，聘请他到卢卡斯图形工作组工作。当时，拉塞特并不认为卢卡斯图形工作组是他工作的长久之地，但是当他接触到卡特穆尔、史密斯等工作伙伴后，立即被他们的创作激情、才华感染了，他改变了想法，认为在图形工作组作者或许是一个不错的选择。

拉塞特在该部门如鱼得水，很快开始了对电脑动画的实验和动画短片的摸索和制作。不久，他制作了一部名为《安德烈与沃利历险记》的动画片。这部动画片在 1984 年的一次行业大会上展出后，顿时引起了轰动，作为导演的拉塞特声名鹊起，逐渐奠定了他在电脑动画领域的地位。

尽管图形工作组积聚了一大批优秀的人才，在软硬件的研发中，该部门也一直处于领先地位，但是由于这个小组的东西在当时看来太科幻了，卢卡斯和很多人一样并没有认识到它潜在的价值，就于 1986 年以 1000 万美元的价格卖给了史蒂夫·乔布斯。乔布斯入主公司后，拉塞特和他开始分享彼此对于图形设计的激情。拉塞特惊喜地发现，乔布斯才是自己真正的伯乐。两人在创作理念上、对电脑图形的痴迷上惊人的一致。这在很多人看来，是一件不可思议的事情。拉塞特和善、讨人喜欢，喜欢吃芝士汉堡，喜欢穿一些花哨的衣服，办公室里总是堆满了古董玩具，而乔布斯脾气暴躁、易怒，是个典型的素食主义，穿着随意，经常下身穿着蓝色牛仔裤，上身穿着黑色的上衣，喜欢简朴整洁的环境。然而，就是这样两个看似风马牛不相及的人，竟然在工作上非常契合。乔布斯对拉塞特恭敬有加，真心钦佩他的才华。

乔布斯当时为了推销电脑，展示皮克斯的硬件和软件，和卡特穆尔商议后，决定让拉塞特再制作一部动画短片，参加 1986 年的 SIGGRAPH（美国计算机协会计算机绘图专业组大会）。乔布斯希望借着这个大会，让皮克斯一举扬名。拉塞特在电脑动画方面，的确有着非同凡响的造诣。在接到这个任务后，拉塞特立即开始着手创作。在他的办公桌上放着一盏 Luxo 台灯，拉塞特就以面前的这盏台灯为创意，渲染模型，把它变成了一个栩栩如生的动画角色。只有一盏台灯显然有些单调了，拉塞特又增加了一个小台灯的角色，并将它们设置成父子的关系。拉塞特还接受一名动画师的意见，力图用这两个角色讲一个故事。最终，这部名为《顽皮跳跳灯》的动画短片出炉了。尽管，最后的成片只有两分多钟，但是它讲述了一个完整的故事：台灯孩子找到了一个球，觉得很好玩，把球推来推去，后来球爆了，台灯孩子很伤心。就在台灯爸爸一颗悬着的心刚要放松一下的时候，台灯孩子又找到了一个比之前大十倍的球。

成片之后，乔布斯和皮克斯的成员们一起观看了这部短片。故事情节简单而又不失趣味性，最为重要的是，这部片子无论从技术还是从影像、创意方面在当时都是超前的。乔布斯十分激动，特意从 NeXT 公司压力重重的工作中抽身，和拉塞特一起参加当年 SIGGRAPH 大会。

时值 8 月，天气很热，但这并不能影响与会者的热情，这一年共计有 1 万多人参加了这场盛会。电影放映礼堂门口排了长长的队，乔布斯并没有和其他人一样乖乖地站在那里排队，他三言两语就说服了负责人让他们先进去。当《顽皮跳跳灯》这部电脑短片出现在大荧幕上时，参加展示会的 6000 名技术人员和动画制作者以及无数的观众，无不为这部短片展示的高技术惊呆了，看完之后他们长时间地起立鼓掌，以表达内心的敬意。乔布斯坐在他们中间，看到这种热烈的场面，内心非常愉快，他越发相信自己当初收购了图形工作组是一个英明的决定。

最终，《顽皮跳跳灯》在这届展会中被评为最佳影片。诸多的掌声和赞誉并不仅仅是因为该部短片展示了极为先进的三维动画技术，最重要的还是因为这部短片给他们留下了深刻的印象。尽管主角是两盏台灯，但拉塞特通过巧妙的设计、精湛的技术、赋予两盏台灯以生命，具有人的情感、性格。观众们在观赏这部片子时，虽然明知这不过是一部动画片，却也忍不住随着故事的情节发展去感觉、琢磨这两盏毫无生命力的台灯在想些什么，从而能够引发情感上的共鸣。

《顽皮跳跳灯》带来的荣誉并非仅仅如此。随后，这部两分半钟的电脑动画短片在美国各大城市进行巡展，每到一处都能够深深抓住观众们的心。在美国华盛顿特区的美国电影节上，这部动画片获得了美国影视金鹰奖（Golden Eagle)。此外，它还和一些优秀影片一起获得了奥斯卡金像奖的提名。乔布斯亲自飞往洛杉矶参加颁奖典礼，虽然，最终该短片没能获奖，但是乔布斯从此决心每年都制作一部新的动画短片。后来乔布斯承认，是皮克斯公司让他有了新的想法。“电脑动画电影，才是皮克斯公司存在的真正意义和任务所在。”他说，“也就是说，这部电影要完全由电脑合成，包括其中的背景、人物等所有的一切。”

又跌一跤

“我创立了这家公司，结果它不但没有为我带来利润，还不断地耗费着我的金钱。”

——在皮克斯经营陷入困境时，乔布斯如是说

当初，乔布斯花了 1000 万美元买下了皮克斯，原本是希望借助皮克斯优秀的人才技术为公司盈利，却万万没有想到，皮克斯接手之后，竟成了名副其实的“烧钱黑洞”，每一年，乔布斯都需要掏出几百万美元维持运营。皮克斯开发了很多先进产品并投放市场，却没有一样是赚钱的。

皮克斯本希望通过研发、出售硬件（电脑）来盈利的，但是由于硬件价格昂贵，操作复杂而乏人问津，连续亏损。在软件方面，皮克斯也遭到了重挫。虽然皮克斯开发出了一些强大的软件产品，但是消费者并不买账，他们更青睐于廉价、便宜、适用

的产品，而不在于其是否先进。

例如，皮克斯曾开发一款名为 Showplace 的软件，用户利用这款软件可以改变 3D 物体的阴影，这样，在不同的角度下，能以适当的阴影展现出现实物体的模样。乔布斯认为这个软件具有很多神奇的功能，很酷，肯定会得到消费者的喜欢，于是就兴致勃勃地将它推向市场。但结果令史蒂夫跌破了眼镜，并没有多少顾客愿意为这款软件掏腰包，他们很多人觉得这种功能可有可无，没有必要为了一些用不到的东西而花上一笔钱。皮克斯无法与 Adobe 公司竞争，尽管 Adobe 公司的软件不如 Showplace 那样高级，但廉价、操作简单，更适用于大众。

皮克斯在软件方面有一个渲染程序，名为雷耶斯，用于制作 3D 图形和图像。乔布斯担任董事长后，皮克斯开发了一种新语言和界面，名为 RenderMan。乔布斯对于这款软件寄予厚望，希望它能够成为 3D 图形渲染领域的标准，就像 Adobe 公司的 PostScriPt 之于激光打印那样。

乔布斯希望自己的产品能够受到大众的欢迎，而不仅仅局限于专业市场和某些特定的团体、族群。乔布斯告诉皮克斯的营销人员，要将 RenderMan 软件投放大众市场，为所有的人服务。每一次的回忆，乔布斯都会涌现出一些新点子，设想普通用户将如何用它做出惊人的 3D 图形和逼真的图像。皮克斯团队试图劝阻他，他们认为 RenderMan 并不像 Excel 或 AdobeIllustrator 那样易于使用。这时，乔布斯就会走到一块白板前，告诉他们如何把它做得更简单，更便于使用。

乔布斯的身上好像有一种令人不可思议的魔力，当他进行滔滔不绝的演讲时，众人往往会被他惊人的才华折服，即便他说的内容是多么的荒唐。帕姆·克尔温是皮克斯的营销总监，对此深有体会。在谈到乔布斯时，她说："他会沉浸在对于未来的想象中，也会试图让你沉浸其中。当他向我们描述人们使用 RenderMan 的情形时，我们会不由自主地进入他构筑的蓝图中，感叹'这样真棒'。但是等他离开之后，我们回过神来又会觉得'天啊，那些事情根本就不可能发生'，这就是他的伟大魔力，他似乎能够为你洗脑。"

虽然，乔布斯一直试图将 RenderMan 软件打入大众市场，但后来事实证明，普通消费者对于这种能让他们渲染出逼真图像的软件并无兴趣。究其原因，除了价格昂贵之外，最重要的，可能还是因为皮克斯的三维动画技术太超前了。三维动画技术在当时来说，是一项非常复杂、非常难的技术，设计师需要用计算机建立一个虚拟的三维世界，然后按照真实世界的参照物的形状、体积、质感建立模型、建立背景，最后按照一定的参数，一定运动轨迹，通过电脑表现出栩栩如生的效果。且不说，这门技术非专业人士难以掌握，就算真的掌握了这个技术，还必须为此花费一大笔的钱去购买配套的硬件（皮克斯电脑），因为一般电脑难以胜任如此高端技术。

乔布斯试图通过合作伙伴 Adobe 公司打开软件的销路。Adobe 公司虽然成立还没有几年，但发展势头迅猛，已经成为硅谷较为瞩目的新兴公司之一。Adobe 公司的 CEO 乔恩·沃诺克与乔布斯交情匪浅。Adobe 公司成立之初，主要的从事的是 PostScriPt 打印技术的研发和销售。

公司的第一个合作客户正是苹果公司。当时，乔布斯亲自打来电话寻求合作，双方签订协议，Adobe公司授权苹果使用PostScriPt技术。结果Adobe技术加苹果产品组合在市场上获得了成功，《Soft letter》杂志曾评价说：两家公司不仅在技术上，甚至在市场营销上也是默契配合的。Adobe使高品质的激光打印输出成为可能，而苹果则为这些印刷输出工作提供了优秀的平台。

也正是因为这次合作，沃诺克和乔布斯成了很好的朋友。沃诺克将乔布斯视为事业上的恩人，经常帮乔布斯说话。当乔布斯被苹果公司扫地出门后，沃诺克仍然不改初衷，继续与乔布斯保持着密切联系。尽管苹果的高层对于沃诺克已经表现出了某种不满，但沃诺克始终是乔布斯坚定的朋友。

乔布斯找到沃诺克，希望将皮克斯在计算机图形学方面的技术与Adobe公司桌面出版领域的积累结合起来，就像多年前苹果和Adobe的合作一样，再创辉煌。但是，这一次双方的会谈无果而终。因为沃诺克完全看不出皮克斯的技术在实际应用中会有什么好的前景。他是一个公私分明的人，虽然珍视和乔布斯的友谊，但是关系到公司前途时，他也绝不会因私废公。

对于放弃与乔布斯的合作机会，沃诺克解释说："我放弃这次合作是因为史蒂夫走得太快了，他超越了时代的步伐。在当时来说，三维动画技术太复杂了，不要说普通人了，就连真正的艺术家也不知道该如何使用它。三维动画属于交叉学科，要求涉足这个领域的人必须同时具备编剧、摄影、雕塑、数学等多个方面的能力。这个要求太高了。"正如沃诺克所说，三维动画技术太复杂了，所以当时并没有人真正认识到它的价值。或许只有乔布斯和皮克斯的精英们，才会明白这门技术在未来将会多么的重要。

然而，对于乔布斯来说，如何渡过眼前的难关才是最重要的。NeXT已经够让他焦头烂额了，皮克斯更像一个无底洞，要把他吸下去、陷进去。皮克斯公司的资金流出已经达到了一个让人吃惊的地步——每个月100万美元。更令乔布斯觉得不安的是，他心中完全没底，根本不知道皮克斯这条在深渊中漂泊的小舟，将会把自己带往何处，何时是尽头。史密斯和卡特穆尔虽然在技术研发方面是个天才，但在经营销售方面显然稍逊一筹了。每一次公司资金告罄的时候，他们都会去找乔布斯要钱，尽管对乔布斯的财务状况心知肚明，但没有法子，还是得向老板要钱。

乔布斯的脾气本来就很暴躁，在他花费心力经营皮克斯，却一再遭到失败后，这种暴躁的情绪就更加明显了。"我创立了这家公司，结果它不但没有为我带来利润，还不断地耗费着我的金钱。"他回忆说。尽管他经常会骂皮克斯的人，但只要皮克斯需要资金的时候，他仍然会开支票。毕竟，对于乔布斯来说，自从被苹果驱逐后，NeXT和皮克斯已经成为他全部的寄托了。他希望借助这两家公司东山再起，证明自己。

为了削减公司开支，乔布斯下令进行一轮大规模裁员。他缺乏对待他人的同情心，冷酷地要求属下立即执行这一决定，并且不给任何的遣散费。"在裁员一事上，他决绝而冷酷，一丝余地都不留。"帕姆·克尔温回忆说。她是公司的营销总监，自然不会出现在乔布斯裁员的黑名单中，但是对于乔布斯的做法，她并不认同。为了劝说乔布斯提前两周告知员工们即将被辞退的消息，克尔温选择了乔布斯最容易接受建议的时刻，散步时，提出了这个建议。乔布斯听到克尔温的建议后，点头思索了一下说："好吧，但通知也提前两周生效。"克尔温不知道乔布斯这么做会给公司带来什么，她发疯似的给身在莫斯科的卡特穆尔打电话。卡特穆尔回来后，和克尔温等人研究了一个遣散计划，给了被解雇员工微薄的补偿，这才稍微平息了事态。显然，卡特穆尔在这件事上做法更圆融一些。

乔布斯不光是对待自己的员工刻薄无情，对待工作上的客户同样暴躁冷酷。乔布斯是个性情中人，尽管他的商业天赋无人能及，但在待人接物上显然还是有瑕疵的。就在皮克斯为了公司 RenderMan 软件的销售问题而一筹莫展的时候，一家计算机产业界的大公司表示有兴趣购买这种软件。他们想把这个软件开发成个人电脑用户版本的，然后把它们卖给个人用户。这对于皮克斯来说，绝对是个好消息，公司双方的高级主管反复商讨了三个多月，最后终于达成了口头协议，准备签约。就在即将签约时，乔布斯却说他改变了主意，他已经不想签署这份协议了。乔布斯的反复无常，出尔反尔，令对方公司非常生气，但乔布斯对此并不在乎，并且他认为自己没有必要向对方解释和道歉，因为他是史蒂夫·乔布斯，世界上独一无二的乔布斯。

无心插柳

"我欣赏约翰创作的东西，那是我们都关注的东西——艺术。"

——在谈到皮克斯陷入困顿却始终保护着动画团队时，乔布斯如是说

皮克斯运营状况越来越差，硬件部门显然是经营不下去了。乔布斯表现出了自己果决的一面，果断地卖掉了皮克斯的硬件部门和所有销售网点，彻底终止了硬件业务，同时大规模裁员，公司的硬件研发和销售人员都出现在乔布斯的裁员黑名单中，皮克斯人员规模迅速缩水，从 100 多人缩减到 40 多人。皮克斯硕果仅存的唯有卡特穆尔的技术研发团队和拉塞特的动画小组了。

乔布斯每月都要和皮克斯的管理层举行会议。开会的地点，大多时候是在史蒂夫的办公室，偶尔也会在皮克斯公司召开。会议的内容多是讨论一下公司的内部事务，评说一下公司的运营情况，当然还有资金问题。虽说，皮克斯经营状况不容乐观，但每次开会后，乔布斯都会定时给皮克斯划出一部分资金用于下个月公司的开支，所拨付的资金也会在几天之内转入皮克斯的银行账户。

1988 年的初春，资金实在太紧张了，无论是 NeXT 公司还是皮克斯公司情况都让人担忧，于是乔布斯召集了公司的干将阿尔韦、埃德、拉塞特、公司财政副总裁里克·伍德，销售与市场部的副总裁比尔·亚当斯等人召开了一次痛苦的会议。在这次会议上，乔布斯宣布要全面、大幅度削减资金流出。这就意味着，皮克斯的每一个部

门还得裁掉一部分人员。这对于皮克斯的干将们来说，实在是一个坏消息。他们必须认真讨论公司的每一位员工，决定裁员的名单。

气氛太压抑了！对于皮克斯的高层来说，无论裁掉那一个人，都是一件令人难过的事情。因为他们雇佣的这些员工可以说是最优秀的。他们不光才能突出，工作勤勤恳恳，而且更能适应在皮克斯轻松、反传统、没有官僚气息的公司里做事，尤其重要的是，他们忠诚，他们早已经视皮克斯为生命的一部分，如今却要打破这种忠诚的纽带，将他们一一解雇，这种心情恐怕不是外人能知道的。但是他们没有埋怨乔布斯。因为无论在谁看来，乔布斯的做法都是合情合理的。公司陷入困境，也没有比这更好的办法了，为了公司利益，就算是不愿做也得咬牙做了。

会议持续了好几个小时，每一个人都如坐针毡，都想尽快结束这压抑的令人难以呼吸的会议。当会议快要结束时，乔布斯凝视着众人，问大家还有没有什么要说的。然后，他就准备要离开了。拉塞特心情非常紧张，他原本请求乔布斯投入一笔钱拍一部短片，但显然时机并不好。

最近这一段时间里，拉塞特和他的动画小组承受着很大的压力。公司资金紧张，乔布斯一心裁员砍项目，作为副业的动画小组，虽然只有五个人，但是因为赚不到什么钱，所以乔布斯曾经几度威胁要解散这个动画小组。当然，这只是乔布斯的伎俩而已。对他来说，三维动画简直就像是有魔力的艺术品，他愿意培养它，为它赌上一把，之所以常常威胁要解雇动画团队，是因为他相信，很多时候被敲打比被鼓励更有用。拉塞特很执着，从来没有因为公司状况差而放弃过梦想。

几乎从卢卡斯影业开始，拉塞特和他的动画团队每年都要为计算机绘图专业组展示会制作一部短片。短片的长度只有几分钟，却能够很好地展示他们所开发的最新技术，所以常常会成为年度展示会的焦点。皮克斯公司分工明确，卡特穆尔等人率领研发小组开发软件，研究新技术，而拉塞特和他的动画小组就负责把这些技术用动画短片的方式展现出来，从而更好地推销皮克斯公司的产品。客户也正是借助着年度展会上拉塞特的短片而了解皮克斯的软硬件技术的。

但现在摆在拉塞特面前的一个难题是：资金问题亟须解决。尽管拉塞特内心已经有了更宏大的计划、更奇妙的构思，但是如果没有乔布斯的资金支持，一切都不过是镜花水月而已。乔布斯已经决定削减开支，公司运营状况已经糟得不能再糟了，又如何能向乔布斯开口要求呢。毕竟，那不是一个小数目，已经焦头烂额的乔布斯会答应他的要求吗？拉塞特心中实在很没底。

最终，拉塞特还是壮着胆子向乔布斯提起了这个尴尬的资金问题，他实在无法放弃自己的梦想。所有人的眼光都盯在乔布斯的脸上，屏住呼吸等待他的答案。这个时候，就算乔布斯有多么粗暴的举动，他们都有心理准备。因为，在印象中，乔布斯一直就是以“暴君”的形象示人的，大家都对他有了习惯性的恐惧。只有他可以给别人提出要求，从来没有人敢向他提出要求。

出乎众人意料的是，乔布斯并没有发火，只是静静坐在那里，陷入了沉思。如果答应拉塞特，毫无疑问就意味着他要再拿出数十万美元投入动画制作，而如果不答应……乔布斯最后问："有故事梗概图吗?"拉塞特回答有。机会是留给有准备的人的，拉塞特事先已经做好了故事板，他深知乔布斯是出名的善变，如果不表现得主动一些，往往会错过机会。

于是，卡特穆尔和其他几名皮克斯的职员带他来到动画办公室，拉塞特立即开始了自己的表演——展示故事板，自己配音，尽情地展现对自己产品的激情。故事简单却又深入人心，主要讲述了一个单人乐队玩具小锡兵（Tinny）和一个小宝宝的故事。这个宝宝喜怒无常，难以捉摸，经常会破坏玩具，要不把他们丢到家具底下，要不把他们丢到梳妆台的后面。小锡兵对这个宝宝又爱又怕，躲在沙发下面，结果发现其他玩具也被吓坏了躲进这里。但是，当小宝宝撞到头后，小锡兵又爬出来哄他开心。因为他知道自己的责任是让自己的小主人开心地笑，而不是伤心地哭。

乔布斯深深地被这个故事感染了。他说："好吧，让我搜搜口袋，看能不能找出一点钱来。""我欣赏约翰创作的东西，"他后来说道，"那是我们都关注的东西——艺术。我选择了支持他。"最终，乔布斯拿出了30万美元，给予动画制作组，完成这部名为《锡铁小兵》的动画片。这个决定或许是乔布斯近些年来所做过的最微不足道的一个决定了，但他不知道，正是当时这个小小的决定改变了他的命运，从悬崖边上将他挽救了过来。

皮克斯市场部的副总裁比尔·亚当斯说："可以说是约翰的那个要求挽救了皮克斯。如果当初他没有提那个要求，或者尽管他提了要求但史蒂夫没有同意，那么就没有后来的《锡铁小兵》，也就不会有皮克斯和迪士尼的合作，更不会有后来光辉灿烂的皮克斯。"这句话很中肯。人生之所以精彩，正在于它充满着种种的可能性，如果乔布斯不曾答应投入资金，让拉塞特制作出这部精彩绝伦的动画短片，恐怕也不会有乔布斯的未来。

几个月后，《锡铁小兵》紧赶慢赶地制作出来，公开放映后，立即获得了业界人士的如潮好评，并最终赢得了1988年奥斯卡最佳动画短片奖，这也是首部获此殊荣的电脑制作动画短片。这可真是意外的收获，《锡铁小兵》获得奥斯卡奖多少给阴霾满天的皮克斯带来了一丝喜气。乔布斯特意为拉塞特和整个制作团队举行了庆功宴，领着他们到绿地餐厅——旧金山一家素食馆庆贺。拉塞特十分感恩乔布斯对动画制作团队的支持，拿着奖杯向乔布斯敬酒。

这部动画影片的成功，引起了动画王国迪士尼的注意。迪士尼在得知编导了《锡铁小兵》的人正是拉塞特后，立即意识到当年解雇了拉塞特是多么大的一个错误。如今，拉塞特的才华已经无须怀疑了，奥斯卡奖即是最佳证明。为了巩固传统动画制作霸主地位，也为了为电脑动画招揽人才，绸缪未来，迪士尼向拉塞特递出了橄榄枝，希望重新将拉塞特收归于迪士尼门下。

虽然迪士尼开出的条件比皮克斯要优渥的多了，公司实力对比更是天差地远，但拉塞特还是拒绝了老东家的要求，表示要继续留在皮克斯公司，与皮克斯公司共渡难关。他这么说："没有我背后团队的支持，我不会取得这项成就，所以我要和他们在一起，共渡难关。"拉塞特的拒绝，对于乔布斯来说有着重要的意义，尽管乔布斯当时并没有认识到这一点，但是他也越来越重视拉塞特和他的动画团队的潜在价值了。

忍受苛刻迪士尼

“约翰的《玩具总动员》本来是很好的，但是杰弗里把它弄得乌烟瘴气的。”

——对于迪士尼电影部门主管杰弗里·卡曾伯格，乔布斯如是说

在动画片《锡铁小兵》获得了奥斯卡金像奖之后，皮克斯在电脑动画方面的价值逐渐显现了出来。尽管乔布斯对于NeXT和皮克斯的财务状况忧心不已，但他明白皮克斯的拉塞特和他的动画团队绝对是手中最宝贵的财富。没过多久，迪士尼电影动画部门的主管杰弗里·卡曾伯格主动接触拉塞特，希望能够说服拉塞特重新回到迪士尼公司工作。他也被拉塞特出众的才华打动了，他相信如果能得到拉塞特，迪士尼将如虎添翼，所向无敌，但拉塞特拒绝了。

拉塞特不愿意背叛乔布斯，更重要的是，他认为皮克斯才是自己能够创作电脑动画的唯一地方。他告诉卡特穆尔：“在迪士尼或许我可以做个总监，但是在皮克斯，我可以创造历史。”尽管如此，拉塞特并没有完全关闭和迪士尼谈判的大门，他约见卡曾伯格，告诉对方，或许双方可以进行合作，由皮克斯制作一部长达半个小时的电视动画特别节目，由迪士尼进行投资发行。卡曾伯格听了拉塞特这个消息，很受鼓舞，但他没有马上做出承诺来，他需要和迈克尔·艾斯纳协商。

迪士尼公司总裁迈克尔·艾斯纳正在为迪士尼多年来一直没有制作出令人拍案叫绝的电脑动画电影而烦闷不已，听闻此事后，欣然答应。于是，迪士尼开始接触皮克斯，希望签署协议，合作制作几部动画电影。卡曾伯格负责整个谈判，他打电话给乔布斯，表达了合作的意愿。

这对乔布斯来说，绝对是一个好消息。自从购下皮克斯以来，一直都在亏损，无论是皮克斯图像电脑，还是Showplace、RenderMan等软件都没能实现盈利，他已经为此填进去不少钱了。乔布斯意识到，也许同迪士尼合作是皮克斯实现转型的一个好机会。当年，他在卢卡斯影业看到这些科技时就下过断语，认为将来的三维动画技术将成为一个潮流，只不过在接手皮克斯后，他一直都把开发电脑软硬件作为主业，拉塞特的动画团队反而受到了冷落。在拉塞特的动画短片《锡铁小兵》获得了奥斯卡金像奖之后，乔布斯这才明白皮克斯真正的价值所在。

乔布斯试图在谈判中表现自己强硬的一面，以便为皮克斯赢取更多的利益。但是这一点也不现实，相较于实力雄厚的迪士尼，皮克斯有两个方面劣势明显：其一，缺少资金支持，财务状况频亮红灯，皮克斯濒临破产；而迪士尼财大气粗，无论从品牌、资金、营销、发售等方面来说，无不胜过皮克斯数筹。其二，乔布斯在电影界是一个新人，没有任何的资历，而卡曾伯格是电影界呼风唤雨的大佬，极具威望，更懂得电影市场的行情。乔布斯唯一能够讨价还价的筹码就是皮克斯的技术、拉塞特和他

的动画团队。乔布斯和卡曾伯格都是精明人，懂得扬长避短，但显然卡曾伯格手上筹码更多，这使得乔布斯不得不忍受苛刻的迪士尼。

谈判的地址选在洛杉矶的迪士尼总部大厦。了解乔布斯的人都知道，乔布斯是向来反对在对方的地盘进行谈判的，因为那会让他觉得自己身在别人的屋檐下，会在谈判中处于不利位置。这一次，乔布斯没有坚持。皮克斯方面，参加谈判的有三个人：乔布斯、卡特穆尔和拉塞特。

经过一番唇枪舌剑，讨价还价，双方最终达成了皮克斯与迪士尼合作拍摄三部动画长片的协议。迪士尼负责投资、促销、发行影片，皮克斯则依靠其优秀的创作团队和技术进行剧本、电影的创作。对于史蒂夫·乔布斯来说，这则协议简直就是一根救命稻草。能够和动画王国迪士尼合作，并且拍摄三部电影长片，是多少人梦寐以求的事情。乔布斯相信，凭借着迪士尼在全世界的影响力，皮克斯制作的动画电影一定能获得成功，皮克斯也定能实现崛起。

但是，这个协议又是极其苛刻的。虽然卡曾伯格代表迪士尼，同意投资1700万美元作为皮克斯动画电影制作成本，但这笔预算显然难以支撑拍摄一部融合三维技术的优秀动画影片。当时，迪士尼一部动画片的预算少说也在3000万美元上下，就拿当时正在拍摄的动画片《美女与野兽》来说，实际花费高达3200万美元！这么低的投资额，就意味着如果皮克斯制作成本超过了预算金额，那么史蒂夫就得自掏腰包，马上从自己的账户上支付至少300万美元。

迪士尼的苛刻还不止于此，具体到利润分成上更是狠狠地宰了乔布斯一刀。虽然卡曾伯格答应给皮克斯12.5%票房利润分成，但这个比例远远少于行规。卡曾伯格正是看准了乔布斯不懂内中行情，才会如此开价。迪士尼还拥有对皮克斯公司的制作提出不同建议的权利，可以在任何时候以很少的违约金为代价无条件地停掉这部影片，有权利（而无义务）制作皮克斯接下来的两部电影，也有权（不一定跟皮克斯一起）用该影片的角色制作续集。这个条件就更苛刻了，对于拉塞特等人而言，创造的每一个角色都像自己的孩子，而这个孩子自出生后就注定不属于自己，要送给别人，这种痛苦可想而知。但是，形势比人强，也只得同意了。

另外，迪士尼公司还获得销售和动画电影有关的产品的权利，并且销售收入全部归迪士尼公司所有，这些产品包括玩具、体育用品、与快餐放在一起销售的小物品等所有的和动画电影有关的产品。这部分利润极其丰厚，往往是电影的数十倍之多，迪士尼每一年通过这项带来的收入就高达上百亿美元。乔布斯起初根本不了解此中的利润是多么的丰厚，当他意识到这一点时，就想了个办法，让皮克斯公司在以后的电影动画制作中也挤进了小商品销售的行列之中。

迪士尼还提出了一个条件，要求约翰·拉塞特必须签订一份长期的合同。根据这份合同规定，拉塞特必须一直待在动画制作组里，直到完成合同规定的制作3部动画片为止。卡曾伯格看中了拉塞特的才华，希望通过这份长期合约绑住拉塞特，让他为迪士尼献出其在动画创作方面的天赋。在这一点上，卡曾伯格态度坚决，要求拉塞特必须要保证履行合同的条款，否则的话，这份协议就要取消了。拉塞特最终同意了，答应制作三部电影贡献自己的力量。

虽然皮克斯的危机暂时缓解了，但在同迪士尼的合作中，皮克斯弱势的地位始终没有改变。拉塞特和他的团队们需要经常去迪士尼，演示剧本，力争让迪士尼对情节、进展方面满意。每一次，卡曾伯格都会推翻大部分情节，大声说出他的具体评论和意见，旁边的人要赶紧把卡曾伯格说的每个建议和奇思妙想记录下来，皮克斯再根据这些内容，进行修改、再创作。

皮克斯制作的第一部动画电影叫作《玩具总动员》，动画的两个主角，分别是牛仔胡迪和巴斯光年。卡曾伯格认为这两个角色矛盾冲突不够尖锐，一再地要求拉塞特修改情节。结果经过几轮修改，胡迪几乎被去掉了所有的魅力。剧本越来越糟糕了，迪士尼越来越表现得不耐烦。

1993 年 11 月 17 日，皮克斯公司的动画制作人员遭逢了“黑色星期五”，就是在这一天，拉塞特和他的皮克斯团队做好了电影的前半部分，到伯班克给卡曾伯格和其他迪士尼管理层看。结果卡曾伯格当场宣布，这个动画糟糕极了，命令停止制作。拉塞特在动画创作方面原本造诣非凡，然而由于卡曾伯格再三干预，令他一改再改，所以动画也就失去了应有的魅力。

拉塞特尴尬极了，他请求迪士尼给他一次机会，但是迪士尼公司还是不批准制作这部动画片。乔布斯完全支持拉塞特和他的团队们，试着帮忙协调跟迪士尼的关系。当迪士尼叫停《玩具总动员》的制作后，乔布斯用个人资金支持工作继续进行。他对卡曾伯格表示了不满，“约翰的《玩具总动员》本来是很好的，但是杰弗里把它弄得乌烟瘴气的。”乔布斯后来批评卡曾伯格说。在他看来，拉塞特的动画制作小组是无可挑剔的，正是因为迪士尼方面太多的掣肘，才会导致剧本一改再改，制作进度一拖再拖。

几个月后，皮克斯团队拿出了一个新版本，迪士尼这才重新批准了《玩具总动员》的制作。在这次合作中，乔布斯深切地感受到迪士尼的苛刻，他迫切地希望改变这种局面。后来《玩具总动员》电影取得成功，皮克斯财务状况得到改善，他重新和迪士尼签订协议，摆脱了迪士尼的控制。

两个控制狂

“我们是平等的合作人关系，我们可以给迪士尼制作电影，但皮克斯的专利技术你们休想得到。”

——在同迪士尼的谈判中，乔布斯如是说

乔布斯和卡曾伯格两个人，一个是 IT 界呼风唤雨的枭雄，一个是动画电影领域名副其实的大佬，他们在谈判中斗智斗勇，各施奇谋，都想要掌控局势，赢取主动，其结果是各擅胜场，各有收获。

此前，迪士尼大佬卡曾伯格虽然被皮克斯的《锡铁小兵》打动，有意与皮克斯的动画制作组协商制作一部三维动画，但是由于迪士尼的主业仍然是传统二维动画，所以对此表现得不是很热心。乔布斯迫切地希望和迪士尼合作，可是越来越多的迹象显示，皮克斯为迪士尼公司制作一部动画长片的希望已经相当渺小了。如果不能尽快和迪士尼合作，皮克斯将难以支撑下去了。

在这种情况下，乔布斯决定虚晃一枪，用“声东击西”之计来刺激迪士尼公司。他故意大张旗鼓地派人去派拉蒙影业以及华纳兄弟公司，摆出一副想要甩开迪士尼、另寻合作伙伴的架势。乔布斯还选准时机，故意邀上其他公司的摄制组的主管在商业人士喜欢交往的地方共进午餐。恰好，卡曾伯格也在这里用餐。所以，他也就“碰巧”地撞见了乔布斯与别的公司负责人联络的情境。

卡曾伯格早就对外界关于皮克斯要和其他公司合作的传闻惴惴不安，现在亲眼看见乔布斯和别的公司负责人共进午餐，心中更加担忧不已。派拉蒙影业、华纳兄弟这些公司都是迪士尼强劲的竞争对手，皮克斯的动画制作既然这么有市场，那么一定不能让它落在了竞争对手手中。

于是，卡曾伯格立即通知乔布斯和拉塞特，让他们去洛杉矶的迪士尼总部协商合作的事情。卡曾伯格把谈判地点选在洛杉矶的迪士尼总部是别有深意的，他是迪士尼电影业的大佬，是强硬派的铁腕人物，很懂得把握机会，营造有利条件。他选择在自己的主场谈判，就是想利用主场优势，给乔布斯一个下马威。因为，一个人在熟悉的环境下，会自然而然生出安全感，从而可以在决策的时候更大胆、更加强势。卡曾伯格希望在这次会谈中能完全赢得主动，占据上风。

乔布斯当然也明白这个道理，但是时不我与，已经容不得他讨价还价，另寻一个中立地点谈判了。他知道，这个机会是自己好不容易争取过来的。如果和卡曾伯格闹翻，失去了这最后一根救命稻草，吃亏的始终还是自己。因为，迪士尼少一个好的合作伙伴不会有什么损失，而皮克斯如果失去了和迪士尼合作的机会，很可能会继续沉沦下去，所以乔布斯不能不去。

乔布斯带着卡特穆尔、拉塞特等人如约来到了洛杉矶的迪士尼总部。他们被人领进了会议室。会议室里有一张长长的会议桌，卡曾伯格还没有到场。乔布斯看了看会议室的桌子，意识到如果自己坐在桌子长条的一侧，卡曾伯格肯定会坐在窄的那侧从而占据主导者的地位，那么皮克斯就会处在从属者的位置上。乔布斯当然不愿意这么做，他从来都只想当主导者而不是从属者，所以他坐在了会议桌的另外一头，正好和卡曾伯格的主位相对，以此表明自己不会屈于人下。尽管乔布斯手上没有什么底牌，但是绝不肯在任何细节上落于下风。这也恰是乔布斯一贯的谈判风格，他总是能巧妙地利用各种情况，从而处于有利的地位。

事实证明，乔布斯的考虑是正确的。当卡曾伯格进来后，他果然坐在了另一侧的窄边上，与乔布斯正好相对。谈判刚一开始，卡曾伯格就表现出自己咄咄逼人的一面，试图掌控全局。他盛气凌人地对乔布斯等人说：“我先声明，如果你们想与迪士尼谈判，就不能再和别人谈。”

乔布斯试图表现得和卡曾伯格一样强硬，表示自己已经为皮克斯投入了5000万美元的资金，所以就算经营再困难，他也不会放弃皮克斯的。“我们是平等的合作人关系，我们可以给迪士尼制作电影，但皮克斯的专利技术你们休想得到。”乔布斯对卡曾伯格说。最后，他狮子大开口，直截了当地告诉卡曾伯格，皮克斯愿意和迪士尼合作，制作动画电影，但迪士尼必须分给皮克斯三成的电影票房。

在旁观者看来，乔布斯这是在胡乱要价。皮克斯濒临破产，乔布斯困顿不堪，面对着唯一能施以援手的迪士尼，竟然还敢提出了这么多的条件，这简直是不可思议的事情。难道，乔布斯不知道，坐在他对面的是电影圈有名的狠角色卡曾伯格吗？其实，这只是乔布斯的一个策略。他深谙谈判之道，知道在这种环境下，就应该敢于提条件。要得越多，得到的也就可能越多。如果过于拘谨、胆怯，反而容易让卡曾伯格看出虚实，那样对于乔布斯来说可就不妙了。

对于乔布斯的漫天要价，卡曾伯格自是拒绝。他威胁乔布斯，在有关版权和票房分成方面，皮克斯没有讨价还价的余地。要么接受条件，要么放弃同迪士尼的合作。卡曾伯格这个表态，只是个试探，目的是摸清乔布斯的底牌。如果能够摸清乔布斯的底牌，那么在谈判中就能占据主动。

乔布斯当然知道卡曾伯格话里的意思，也深切地明白，自己确实没有什么筹码可以和卡曾伯格讨价还价，只得向对方服软：“那么，少一点儿也不行吗？”乔布斯这个表态，意味着卡曾伯格在这场对话中已经占据了主动。卡曾伯格心中窃喜不已，开出了自己心中的价码，表示只能给皮克斯“10%的利润分成，最多15%，这还要取决于票房成绩的好坏”。此外，卡曾伯格还提出了一个条件：迪士尼拥有皮克斯创作影片的版权。也就是说，尽管是皮克斯制作电影，但是版权归迪士尼所有。迪士尼有权终止和皮克斯的合作，与其他公司合拍续集。

这显然是极其苛刻的，但乔布斯已经别无选择，只能答应对方条件。然后双方讨论了迪士尼对电影的投资额，乔布斯全无电影投资经验，首先报出了价码：“我们想要2200万美元的制作费。”

在乔布斯看来，这应该是天价了吧。但实际上，迪士尼当时一部动画片的预算少说也在3000万美元上下，就拿当时正在拍摄的动画片《美女与野兽》来说，实际花费高达3200万美元！

卡曾伯格看穿了乔布斯在电影投资方面是个外行，决定利用皮克斯投资经验欠缺这点将价钱压得再低一些，面无表情地表示：“你抢劫去吧！我们制作动画片的预算从来没有超过1500万美元的。所以，你的报价至少要砍掉700万美元。”

“1500万美元？”乔布斯觉得，这个报价太低了。卡曾伯格最后装作勉为其难的样子，同意再加上200万美元，即每部影片投资1700万美元。乔布斯向来狂妄，这次也只能在电影大亨卡曾伯格面前低头，同意了对方苛刻的要求。最终皮克斯与迪士尼签订了合作拍摄三部动画电影的协议。

这场谈判持续了几个月之久，在关于三维技术、成本、电影角色等方面，乔布斯和卡曾伯格两人锱铢必较，都试图施加压力让对方屈服。卡曾伯格坚持要皮克斯授权迪士尼使用其专利技术制作 3D 动画。乔布斯不同意，坚决不肯转让技术，最后他胜利了。乔布斯希望，皮克斯对制作的电影及其角色拥有部分所有权，并共同控制影片版权和续集，但是卡曾伯格坚决不同意，甚至以退出合作相威胁，最后他获得了胜利，乔布斯在这个问题上作出了让步。

乔布斯和卡曾伯格两人都是极其精明的人，他们在性格方面有一些共同点。他们都喜欢施展魅力，控制全局，渴望做一个主导者，而不是一个从属者，所以在谈判的过程中剑拔弩张、针锋相对，极富攻击性。拉塞特对此留下了极为深刻的印象，他认为，乔布斯和卡曾伯格两人的谈判就好像一场击剑比赛，锵锵的剑击声不绝于耳，火花四射，所不同的是卡曾伯格拿的是重剑，而乔布斯拿的是花剑。

阿尔维·雷·史密斯也参加了谈判，他对于两人针锋相对的情形也印象深刻，他认为两个人都是讲起话来滔滔不绝的暴君。卡曾伯格对于被别人称为"暴君"，丝毫不以为忤，还非常高兴，他说："我喜欢这个称谓，我是个暴君，但是个睿智的暴君，因为我所做的决定大多是对的。"特立独行的乔布斯就更不在乎别人称他为"暴君"了，很多时候，他会用事实让所有人闭嘴！

火爆的《玩具总动员》

"60 年前，迪士尼推出了第一部动画长片《白雪公主》，现在，我们推出了《玩具总动员》，动画产业将从此改写。"

——对于火爆的《玩具总动员》，乔布斯如是说

对于乔布斯来说，1995 年绝对是不平凡的一年。在这一年里，他和鲍威尔的第二个孩子要出生了。同样在这一年，由皮克斯制作的动画电影《玩具总动员》火爆上映，掀起了空前的观影热潮。这部影片的意义不仅在于其取得了超高的票房收入，更重要的是它挽救了皮克斯，改变了乔布斯的命运。当乔布斯重新成为那个不可一世的乔帮主，一个时代的巨人正缓缓向我们走来。

就好像很多事情的成功总是充满坎坷一样，《玩具总动员》的成功也是经历了种种波折和困难的，这部具有划时代意义的巨制从筹拍到最终上映，大致用了 5 年的时间。5 年的时间，对于任何一家电影公司来说，足以制作 5 部这样的影片了。该片的导演和编剧是拉塞特，皮克斯动画部门的头号干将。在迪士尼和皮克斯展开合作后，拉塞特和他的团队在 1991 年就完成了该部影片的剧本创作。制作开始后，拉塞特一次次去见卡曾伯格，但对方对这个影片并不满意。1993 年，卡曾伯格宣布停止《玩具总动员》的制作，这对皮克斯而言绝对是一个坏消息。

好在 1994 年 4 月，卡曾伯格重新批准了《玩具总动员》的制作。拉塞特和他的团队们激动万分，暗下决心，一定要制作一部空前绝后的电影。乔布斯忙于 NeXT 公司的业务，很少待在皮克斯。没有了乔布斯的指手画脚、横加干涉，拉塞特和他的团队

们在工作上有条不紊，进展非常顺利。

1995年1月，迪士尼在曼哈顿的中央公园举行了电影《风中奇缘》的新闻发布会，顺便推介将于感恩节重磅推出的《玩具总动员》。乔布斯开始对此并不感兴趣，只是让拉塞特等人参加。拉塞特到达中央公园后，不禁为迪士尼强大的推广运作能力所震撼，其场面之盛大简直令人怀疑：这不是什么新闻发布会，而是一次隆重的节日盛会。甚至连纽约市长也受邀来参加发布会。

这样的场合，怎么可以少了乔布斯呢？拉塞特当即给乔布斯打电话，让他赶紧乘飞机赶过来。乔布斯赶到现场后，同样为合作伙伴迪士尼超强的推介能力所震撼了：高达80英尺的巨型屏幕，多达10万人的观众，这简直就是一个奇迹。乔布斯相信，只要傍紧迪士尼这个大佬，等《玩具总动员》一上映，皮克斯就能够起死回生，他自己也能够重新攀上事业的巅峰。

发布会结束后，乔布斯怀着很大的决心回到了皮克斯。他正式通知卡特穆尔，他要给卡特穆尔调换一下工作岗位。卡特穆尔仍继续负责他原先的所有工作，只是不再担任皮克斯公司的总裁了。这倒不是因为卡特穆尔犯了什么错误，而是乔布斯决定要自己掌控皮克斯，享受日后的荣耀。以前，乔布斯把精力都放在了NeXT公司，皮克斯则交给卡特穆尔等人负责，他只负责投入资金，像一个局外人。而在纽约举行的发布会上，乔布斯受到了极大的鼓舞，他已经看到了《玩具总动员》将要给皮克斯带来的辉煌。这份荣耀，乔布斯决心要独自享受！

乔布斯亲自担任总裁后，一改过去有时一个月只到皮克斯一次的做法，现在到皮克斯公司的次数达到了一个星期两三次。他还提出，每周开一次会议。原本，他想把会议安排在中午，但中午正是团队赶制影片的时间，怎能因为开会而耽误呢！最终，在拉塞特等人的反对下，改为下午4点到7点举行。但是，乔布斯仍然给拉塞特造成了麻烦，由于乔布斯在一些细节上没完没了的追究，令拉塞特疲于应对。为了完成正常进度，他每天不得不工作到夜半时分。

这年夏天，硅谷一家叫作网景通信的软件公司，成立不到一年，没赚到一分钱，竟然公开上市了。更让人诧异的是，这家不赚钱的公司在上市之后，股票价格迅速飙升，从开盘时的28美元上涨到了58美元。网景通信的创始人吉姆·克拉克也在一夜之间，就有了高达5亿美元的身家。

乔布斯此时表现出了超前的一面，当别人还在为网景通信的成就而啧啧称奇的时候，乔布斯已经敏锐地认识到，皮克斯完全可以如法炮制，一举扭转颓势，取得成功。他相信借着11月份迪士尼放映《玩具总动员》的东风，让皮克斯上市，也一定能够取得像网景通信那样的辉煌。

这个决定可谓大胆之极！因为在当时，皮克斯公司根本没有公开上市的资格。皮克斯成立近十年来，几乎每年都在亏损，至今累计亏损已经超过了5000万美元，这样的公司怎么可能上市呢？只要是稍微明智一些的投资者就断然不会把资金投入这样一家看来没有任何前途的公司的。但乔布斯向来都有着一种坚定的信念和大胆、不服输的精神，生意场上纵横捭阖，沉浮升降，本来就不是绝对的事情，如果太过小心、谨慎，很多时候反而可能错过很多机会。乔布斯早已经见识到迪士尼的魅力了，他相信，只要能好好地把握这次机会，一切皆有可能。

乔布斯开始到处寻找投资公司，希望得到支持，但他得到的是别人的冷嘲热讽。这些公司的老总们明确地告诉乔布斯，他们只想把资金投入很快就能赚钱的公司，对于皮克斯这样一家年年亏损的公司他们没有任何的兴趣。乔布斯没有和他们过多纠缠，他很快把目标放在了一些小型的投资公司身上，这些公司一直在寻找着投资机会，渴望搏一把获得成功。乔布斯主动和他们接触，最终选择了旧金山的一家投资公司。双方很快达成协议，起草文书，为公司发行股票做好准备。

乔布斯将宝全部押在《玩具总动员》上更像一场赌博，因为，在当时谁也不能肯定这部动画影片的前景是什么，是如乔布斯所想的好评如潮，还是根本就不值一提，是一部垃圾片？就算是投资方迪士尼也对这部片子的前景不抱什么希望。在拉塞特完成这部片子的制作后，很多迪士尼的高层在看了样片后，几乎鲜少人会认为这部动画电影能够盈利。迪士尼总裁迈克尔·艾斯纳认为这部影片名字太幼稚了，但其他人认为，这部片子本来就是给孩子看的，幼稚一点没关系。更为严重的是，迪士尼二把手迈克尔·奥维茨根本就不看好这部片子。由于这部影片最初是由卡曾伯格敲定的，所以在卡曾伯格背叛迪士尼公司后，所有和他有关的项目统统被贴上了“糟糕”的标签。其实，不只是奥维茨，整个迪士尼高层都在有意无意地通过贬低这部影片来嘲笑、诋毁卡曾伯格的判断。这对乔布斯而言，简直就是一个噩梦。

幸好，迪士尼的销售主管迪克·库克看好这部片子，他可算是整个迪士尼高层唯一对《玩具总动员》持正面看法的人。他相信自己的判断，认为这部片子无论从情节还是三维技术层面来说，都是无可挑剔的。最终，他以一线市场权威的身份，说服了迪士尼高官加大对这部影片的营销、宣传。

当然，乔布斯不会在这样的关头袖手旁观的。他充分地发挥自己出色的营销天分，对电影海报、电影预告片和广告牌的设计，电影的发布日期，玩具、唱片等电影周边产品的销售计划详加斟酌，与皮克斯和迪士尼的市场营销人员反复讨论，希望以最完美的姿态打赢这场翻身仗。

1995年11月22日，在洛杉矶的好莱坞大剧院中，《玩具总动员》举行了盛大的首映礼，随后引发了全美观众的热烈追捧，一时间好评如潮。《时代》杂志的资深影评家理查德·科利斯赞誉“它是当年所有电影中最具想象力的喜剧”；《纽约时报》的珍妮特·马斯林则从另一个角度评价了这部具有划时代意义的电影：“这是一部处处闪烁着智慧之光的电影，既适合孩子观看，也适合成人观看。”而《华盛顿邮报》时尚栏目对它的评价最为有趣：“这是一部你一定要看的电影，一部看了一定会谈论的电影，一部看了第一遍还想看第二遍的电影。”但更让皮克斯主创人员兴奋的是电影界报纸《综艺》也给这部影片极高的评价，《综艺》是好莱坞发行量最大，最具权威性的报纸，几乎每个人都能读到这份报纸，该报纸对于影片的评价往往会直接影响到电影的票房，因此这份报纸的观点就显得弥足珍贵。他们这样作出评价：“这部电影蕴含了高超的制作技术，但是它的故事情节丝毫也不逊色于其技术含量，两者的完美融合，一定会带来很高的票房收入，也一定会为迪士尼注入新的活力。”

这部史上第一部全部由电脑制作完成的三维动画长片，在第一周就收回了成本，全美公映的票房达到3000万美元。接下来，该片票房持续火爆，连续打败了《永远的蝙蝠侠》《阿波罗13号》等大制作电影，取得了美国国内1.92亿美元的票房收入，从而成为当年的票房冠军。在海外，《玩具总动员》也获得了极大的成功，全球票房总收入达到了惊人的3.62亿美元。

凭借着《玩具总动员》的强大声势，皮克斯公司在电影上映的第二个周正式上市。事实证明，乔布斯的判断没错，皮克斯股票发行之成功甚至超出了他的想象，一举超过网景成为当年最大的IPO。开盘半小时，股票价格就持续飙升，在短短几天之内，皮克斯股价从开盘时的22美元迅速上涨到50美元，乔布斯自己也从快要倾家荡产的境地重新变成了身价亿万的富翁。当时，乔布斯持有皮克斯公司80%的股票，据最保守的估计，他的身价达到惊人的12亿美元。

对于这部令自己咸鱼翻身的火爆影片，乔布斯是这么评价的：“60年前，迪士尼推出了第一部动画长片《白雪公主》，现在，我们推出了《玩具总动员》，动画产业将从此改写。”

乔布斯成功了。尽管这场翻身仗赢得是那么的惊险，但他毕竟是赢了。硅谷的竞争对手或者合作伙伴，不论是喜欢他的，还是厌恶他的，都能够感觉到一个狂暴的、不可一世的巨人正在苏醒。

挑战迪士尼

“我认为在皮克斯和迪士尼合作的过程中，皮克斯能够承担的越多，获得的收入就应该越多。”

——在谈到皮克斯与迪士尼重新签订合约时，乔布斯如是说

《玩具总动员》的空前成功，让乔布斯喜不自胜，但他很快发现，几乎所有的人都把这部影片看作迪士尼的又一次辉煌，鲜少人提及皮克斯的功劳，尽管这部影片从头到尾都是由皮克斯制作的。乔布斯对于这种状况当然不能容忍，开始有意识地把皮克斯和迪士尼区别开来。

事实上，早在影片上映之初，乔布斯和迪士尼在某些问题上就已经有了分歧。《玩具总动员》的首映式，前后共举行了两场，一场是由迪士尼举办的，另外一场是由乔布斯举办的。当时，迪士尼在好莱坞大剧院里举行了一场盛大的首映礼，展示这部光彩夺目的动画影片。虽然皮克斯的主创人员也有一些入场券，但是当晚的活动和邀请嘉宾的名单基本都是迪士尼决定的。乔布斯考虑到在迪士尼的首映式上，自己很可能会沦为迪士尼的“绿叶”，所以就根本没去参加。

乔布斯决心自己举办一场别开生面的首映式。于是，在第二天晚上，他在旧金山

租下了与前者不相上下的雷根西剧院，举办了他自己的首映式。乔布斯没有邀请汤姆·汉克斯和史蒂夫·马丁这些电影明星，而是给硅谷的大佬们一一送上了请柬：甲骨文的CEO拉里·埃里森、英特尔的CEO安迪·格鲁夫、Sun的CEO斯科特·麦克尼利等人全部接到了乔布斯的邀请。

乔布斯隆重出席了这次首映式，他一改平常随意的着装，穿上了一件男士无尾半正式晚礼服！他的妻子鲍威尔也来了，穿着一件优雅的黑色晚礼裙，显得光彩照人，就是和任何的电影明星相比，她也毫不逊色。乔布斯的反常是可以理解的，任何人憋屈了十年，一朝扬眉吐气，总是免不了炫耀的。这个晚上，乔布斯毫无疑问是众人瞩目的焦点。在影片放映结束后，乔布斯迫不及待地登上了舞台中央，享受荣耀的时刻，就好像影片的成功完全是他一个人的功劳似的。

作为好莱坞的新人，乔布斯之所以举办隆重的首映式，如此地凸显自己，一方面是为了提高曝光率，为皮克斯的上市打下伏笔；另一方面，也是在提醒广大的观众，《玩具总动员》是一部皮克斯电影，迪士尼不过是它的皮相而已，而它的骨肉却是皮克斯，属于他史蒂夫的皮克斯。

当《玩具总动员》获得巨大的商业成功和业界认可后，乔布斯更是急着将皮克斯和迪士尼做一次切割。他发现，美国很多著名的影评人，都将这部影片归于迪士尼的成就，而绝口不提皮克斯。乔布斯觉得，有必要改变大家的这一观念了。他在出席一些公开场合时多次强调《玩具总动员》是一部皮克斯电影，他甚至想说明这个新制片厂的诞生是具有历史意义的。他这么告诉别人，迪士尼是世界上第一家制作电影长片大获成功的公司，而皮克斯是第二家。

乔布斯还认为，皮克斯是干实事的，而迪士尼只不过是皮克斯电影的发行商而已。迪士尼上下对于乔布斯的言论非常气愤，认为这是忘恩负义。他们认为，如不是迪士尼帮着塑造了这部电影，集各部门之力，从市场部到迪士尼频道，倾力营销、宣传，这部电影又怎么会一炮而红呢？

乔布斯觉得，在这个问题上，打口水仗没有意义，必须通过合同解决。在皮克斯上市后，公司状况今非昔比，财务方面已经大大改善，不再需要寄人篱下了，协议书很显然已经过时了，乔布斯认为有必要跟迪士尼重新签合同，这样皮克斯才能在同迪士尼的合作中获得平等的地位。乔布斯之所以有此信心，主要是基于IPO的成功。皮克斯上市后，乔布斯财大气粗，有了自己的砝码。皮克斯已经不再需要依靠迪士尼的资助才能完成电影，他们自己就可以承担拍摄电影的成本了。“我认为在皮克斯和迪士尼合作的过程中，皮克斯能够承担的越多，获得的收入就应该越多。我想要让人们知道在迪士尼之外，还有一个动画公司叫皮克斯，《玩具总动员》是迪士尼的，更是皮克斯的。”

乔布斯打电话给迈克尔·艾斯纳，要求和他谈一谈。当艾斯纳了解到乔布斯的想法后，不由得被他的大胆惊呆了。迪士尼和皮克斯签订的是三部电影的合同，各项协议条例分明不容更改，而皮克斯刚刚制作了一部，乔布斯这个狂妄的电影界新手，竟然就迫不及待地要求更改协议了。皮克斯才成立几年，就像一个刚会走路的孩子，竟然狂妄到要皮克斯和老字号的迪士尼平起平坐，乔布斯是疯了吗？乔布斯当然没疯，他比所有人都精明。在《玩具总动员》取得成功后，乔布斯显然已经意识到拉塞特和他的动画小组是多么珍贵的一笔财富，多年来，拉塞特主导着这个动画小组，动画电影创作技能日臻完美，他们所蕴含的潜在能量实在是大得惊人。

乔布斯向艾斯纳提出三个方面的要求。第一点，皮克斯公司对为迪士尼公司制作的动画电影有完全自主的制作权。在之前签订的合约中，皮克斯公司的制作人员要经常到伯班克请示迪士尼公司对电影的设想、人物，故事情节、场景以及一些细节的看法。乔布斯相信，凭着拉塞特等人的才华，皮克斯的能力，完全可以做到独立制作电影，不需要迪士尼公司横加掣肘。

第二点，乔布斯希望把“皮克斯”注册成一个公众所熟知的大品牌，这样就有助于拓展皮克斯公司的商品销售渠道。迪士尼靠着品牌优势，每年光是销售一些迪士尼小商品收入就能达到100亿美元。乔布斯希望皮克斯也能这么做，坚持在所有与电影有关的产品上，比如DVD包、玩具以及其他产品，印制的皮克斯商标要和迪士尼公司的商标一样大。这看似一个微不足道的小问题，实际上是一个大问题。试想，如果当一个公司的品牌标志不断地出现在众人眼前时，大家就会将这种品牌牢牢地记在脑海里，这对于打造公司的品牌优势是大有好处的。乔布斯相信凭借这一副业，就算每年经营商品只有迪士尼的1/3，其利润也非常可观了。

第三点，也是最重要的一点，乔布斯要求对于皮克斯公司制作的动画电影收入，迪士尼公司和皮克斯公司五五分成！这简直是不可思议。在电影界里，许多顶级的动画电影制作人也仅仅是要求15%的电影票房收入，而乔布斯狮子大开口，现在竟然要求50%的票房收入。

艾斯纳非常气愤，毫不客气地拒绝了乔布斯的要求，并且威胁要将皮克斯排除在外，由迪士尼自己制作《玩具总动员》的续集，同时使用胡迪、巴斯光年以及所有拉塞特创造的角色。因为，在之前皮克斯同迪士尼签订的协议里，迪士尼是有权这么做的，艾斯纳希望以此迫使乔布斯屈服。

乔布斯同样强硬地回击，如果艾斯纳不同意跟皮克斯重签合同，一旦原定的三部影片完成，皮克斯就会去跟另一家电影公司合作，比如卡曾伯格的新公司。卡曾伯格自从跟艾斯纳决裂后，已经离开了迪士尼，并且和大导演史蒂文·斯皮尔伯格、戴维·格芬创立了梦工厂，成了迪士尼主要的竞争对手。如果皮克斯同梦工厂展开合作，梦工厂必定如虎添翼，说不定还会将迪士尼从动画电影霸主的宝座上拉下来，艾斯纳无论如何也不愿意看到这种局面出现。

最终，迈克尔·艾斯纳向乔布斯让步了，双方达成了和解方案。皮克斯公司与迪士尼公司签订的新的协议条款共涉及7部动画电影：《玩具总动员》《玩具总动员2》《虫虫特攻队》，另外还有4部没有确定下来的动画电影。在新的协议里，迪士尼公司仍旧有拍摄电影续集的权利；迪士尼则同意皮克斯为将来制作的电影注入一半资金并享有一半利润。“迈克尔看不起皮克斯，认为皮克斯不可能创造出很多大片，他认为皮克斯坚持自己投入资金，是为他省钱呢，结果我们接连推出了十部大片。”在联合品牌方面，经过多次的讨价还价，也终于尘埃落定，皮克斯赢得所有电影跟迪士尼平等共享品牌的权力，这当中还包括广告和玩具。这对于皮克斯来说，是非常重要的，当它获得和迪士尼同等的地位时，其品牌价值就得到了极大的体现和提高，这对于以后皮克斯的发展大有裨益。皮克斯的市场总监帕姆·克尔温这么评价这次谈判，她说："在史蒂夫的极力争取下，刚刚在动画产业崭露头角的我们竟然能够和动画业大亨迪士尼以平等的身份谈判了，这真是不可思议。"对于这次谈判的成功，克尔温总结经验道："史蒂夫冷静的头脑，充沛的精力和锱铢必较的精神是成功的三大法宝。"

乔布斯是个善于捕捉时机的人。当动画电影《玩具总动员》大获成功，皮克斯成功上市之后，他敏锐地意识到，皮克斯的状况已经改变，有必要和迪士尼重新进行谈判，以获得更大的利益。最终，他凭借着高超的谈判技巧，迫使迪士尼屈服，从而使皮克斯处于一个较为有利的位置上。

苹果真神归位

风雨飘摇的苹果

“斯卡利总招聘些笨蛋，同时坚持错误的价值观，毁掉了苹果。”

——当苹果危机四伏、处于风雨飘摇之中时，乔布斯如是说

就在 NeXT 公司陷入运营困境时，苹果那边也同样风雨飘摇。在乔布斯被驱逐出苹果后，斯卡利全力推动苹果转型，取得了骄人的成绩，苹果从每年几十亿美元的销售收入暴增到上百亿美元。看到公司蒸蒸日上，斯卡利开始飘飘然起来，觉得自己简直就是个天才，即便没有乔布斯，他也能实现技术改变世界的梦想，故此也更加不屑乔布斯以前的所作所为。乔布斯给苹果的目标定位是“一家出色的消费品公司”，但斯卡利完全颠覆了这个理念，他认为乔布斯的计划真是愚蠢至极，他公开宣称“不论是现在还是将来，苹果都不会成为一家消费品公司，因为高科技产品不同于一般产品，它不能像普通消费品那样去设计和销售”。

乔布斯对此感到格外震惊，早在 20 世纪 80 年代初，他就以其独到的商业眼光预测到，未来高新科技产品必将像快销品一样流行，进入普通消费者的家中。当他还在苹果的时候，一直强调创新，强调产品的更新换代，就是希望把苹果变成真正意义上的消费品公司，而如今斯卡利竟然公然地背弃了自己的经营理念。乔布斯愤怒、沮丧，关切着苹果的一举一动。到了 90 年代初，苹果的发展陷入了瓶颈，市场份额和收入持续下降，乔布斯对斯卡利的愤怒和厌恶更是与日俱增。他认为，这些年来，“斯卡利总招聘些笨蛋，同时坚持错误的价值观，毁掉了苹果”。在他看来，如今的苹果管理层早已经失去了以往的活力，只知道赚钱，却不在乎制作有特色的新产品。

其实，这话也并不准确，因为斯卡利也推出了一些新产品，可惜的是，斯卡利并不是乔布斯，他缺乏乔布斯超凡的商业眼光，也没有乔布斯与生俱来的魅惑能力，所以很难推出一款震撼世界的产品。苹果工程师史蒂夫·萨科曼曾试图研制一种只有书

本大小的电脑，斯卡利从中嗅出了商机，觉得如果能把这款书本大小的电脑推向市场，定能风靡全球，掀起新一轮的苹果“风暴”。斯卡利明白，乔布斯对苹果的影响太大了，要消除其烙印，就必须开发出一款自己的产品。苹果研发中心 ATG 的创建者拉里·特斯勒负责这个项目，新产品被称之为“牛顿”。

1992 年 1 月，斯卡利在美国拉斯维加斯的美国消费电子展上，向公众隆重介绍了牛顿的产品概念，并将其称为个人数字助理（PDA）。他激动地告诉大家，这款产品技术是如何先进，性能是如何优越。他甚至大胆预言：在不远的将来，PDA 所开拓的市场将达到 3.5 万亿美元的规模。这简直就是一个天文数字，尽管公众、媒体对此无比疑惑，但斯卡利似乎成竹在胸。

1993 年 8 月，“牛顿”正式问世。开始几天，这款新产品的确受到了众人追捧，但是人们随后发现，牛顿所带给人们的使用体验，并不像之前斯卡利所吹嘘的那样完美。同很多电脑相比，“牛顿”的缺陷是显而易见的：运行速度慢，手写识别率低，而且又大又重，根本不适于随身携带。截止到 1993 年末，“牛顿”总共卖出了 12 万台，这与之前斯卡利预期的数百万台简直是天壤之别。牛顿上市后的惨淡业绩，让苹果公司雪上加霜。随着而微软、IBM 的强势崛起，苹果电脑的市场份额被大大压缩，市场占有率由原来的 20%下降到 8%，股价更是大幅下跌，损失极其惨重。斯卡利面对这种场面，不得不大幅裁掉 2500 名员工，缩减开支，以求自保，但这些根本就是杯水车薪，无济于事。董事会开始对斯卡利不满，并于这年年底将其解雇，赶出苹果公司。

苹果董事会需要物色一位新的 CEO 了。德国人迈克尔·斯平德勒接替了斯卡利的职位，斯平德勒原本是苹果公司欧洲部总裁，因其业绩突出，被斯卡利调到了苹果公司的美国总部。当斯卡利被解职后，董事会对斯平德勒寄予了厚望，希望他能够带领苹果公司走出危机。但是，他们的选择错了。斯平德勒诚然是一个勤奋的人，但是拯救一家公司，只靠勤奋显然是不够的。斯平德勒也许懂些产品和销售，但在技术上根本就是个门外汉，而且在管理和经营上也过于笨拙，缺乏大刀阔斧进行改革的勇气。乔布斯喜欢在媒体和公众面前展示个人魅力，但是斯平德勒畏首畏尾，遇到困难就局促不安，好像世界末日了一样，他还非常不情愿上台演讲。

在这种情况下，苹果公司的状况进一步恶化，电脑销售量少得可怜，市场份额继续缩水。斯平德勒开始寻求其他公司的并购，诸如飞利浦、西门子、IBM、东芝、索尼、Sun 等公司都先后接到过苹果的售卖邀约。苹果联系的公司中，飞利浦和太阳计算机系统公司对此颇感兴趣，双方进行了几个回合的谈判，最终因为对方给出的价码太低，远低于斯平德勒的预期而被拒绝。

1995 年，苹果股票大幅下跌，销售业绩惨不忍睹，单单最后一个财季的亏损就达到 6900 万美元。这么糟糕的成绩意味着必须有人为此付出代价，这一年里全公司共计 45 位副总裁里就有 14 位离职，更多的高官开始为自己的前途而考虑了。到了 1996 年 1 月，残酷的现实令斯平德勒不得不再次裁员，1300 多名员工进入了裁员的黑名单，很多人都是流着泪离开的。

斯平德勒面对着苹果的危机，感到束手无策，身心俱疲，精神上的压力、身体上的病痛折磨得他苦不堪言。1月某天，他因为心脏病住进了医院。医生对他做了健康检查，建议他辞掉CEO的职务好好休息。斯平德勒尚没有辞职的打算，但是董事会表现出了不耐烦的态度。在1996年1月23日的股东大会上，股东们一起向斯平德勒发难，要求他立即辞职，他们似乎已经忘记了，当初是谁将他推上CEO的位置的。几周后，斯平德勒正式被董事会解除了职务。

那么，新一任苹果CEO是谁呢？公司董事会一致认为有两个最佳人选。其中一人是尤尔根·欣茨（宝洁公司的执行副总裁），但他是个德国人，经过了斯平德勒之事后，董事会似乎对德国人不太信任，最终将他从选项中剔除。另一人选是吉尔·阿梅里奥，他是一位出色的研发工程师，曾任国家半导体公司的CEO。他堪称是一位出色的“救火队员”，很有能力。当年，国家半导体公司亏损严重，阿梅里奥受命于危难之间，扛起了拯救国家半导体公司的大旗。他上任之后，就大刀阔斧地进行了改革，重组公司行政管理部门，削减了无法赢利的产品生产线，结果很快就使公司扭亏为盈，利润空前提高，阿梅里奥也由此成为华尔街的风云人物。

当阿梅里奥接到董事会的电话，邀请他出任苹果CEO后，阿梅里奥惊讶极了，但他还是很愉快地答应了。对于阿梅里奥来说，做出这个决定很不容易。当时，国家半导体公司已经步入正轨，开始盈利。如果他继续留在公司担任CEO，那么他肯定会名利双收，继续创造自己的辉煌。而一旦入主苹果公司，就需要从头开始，前途未知。是延续已有的辉煌，还是开创另一个传奇？阿梅里奥选择了后者。苹果公司声名太盛了，尽管危机重重，但要拒绝它并不容易。

阿梅里奥上任之后，发现苹果的情况要比想象的还要糟糕得多。尽管他是一名出色的商业管理人员，但是很显然他的行事风格与苹果的DNA格格不入。苹果的公司文化、管理模式是由乔布斯塑造的，因为这个原因，还没有哪一位CEO能够完全地控制整个公司，阿梅里奥也是如此。他想利用他曾在国家半导体公司使用的管理艺术来管理苹果公司，但他发现其难度远远超出了想象。比如，他发现两个项目缺乏团队意识，彼此对立，还经常互相拆台，每个人都扰乱、破坏其他人的工作。阿梅里奥决定杜绝这种不良风气，于是下令解散其中的一个项目组。几个月后，他惊讶地发现，被他下令解散的那个项目组不但仍然存在，而且从未停止过拆台、破坏、大量浪费公司资金。很明显，这群人并没有把他这位苹果公司新CEO的话放在心上。

如果做不到基本的令行禁止，还如何带领苹果公司走出困境？阿梅里奥认为是应该采取一点强硬措施的时候了。他请来自动数据处理公司（ADP）的财政主管弗雷德·安得森作为自己的助手。经过讨论，阿梅里奥和安得森制定了几条管理办法，比如对随意浪费公司资金的部门进行大额罚款，辞退不够勤勉、不负责任的员工等。在采取了一系列强硬的管理措施后，阿梅里奥通过裁减项目，削减开支，改善公司的财务状况。他毫不留情地将苹果公司乱七八糟的500多个项目砍掉了9/10，只余下50多个。这虽然对于财政状况的改善有一定的帮助，但是并不能改变苹果在计算机市场上所处的劣势地位，苹果公司的销售额依旧在持续下滑。

阿梅里奥在任期的第一年里，苹果公司的股票价格从1991年时的70美元暴跌到14美元，亏损高达10亿美元，市场份额也已经从20世纪80年代末的高达16%下降到4%。与此同时，其他的IT公司得益于互联网热潮的兴起，股票的价格正在高速增长。苹果若仍无改变，恐怕很难摆脱破产的命运了。

互补与期盼

“为了苹果，我愿意提供任何形式的帮助，不论是软件授权，还是转让整个公司，我都乐于接受。”

——苹果公司有意采用NeXT的操作系统，乔布斯在谈判中如是说

阿梅里奥上任后，用尽了各种办法填补漏洞，解决危机。那时，苹果的研发团队遇到了瓶颈，他们为麦金塔开发的操作系统一直不大稳定，不但运行缓慢，而且动不动就出现死机的状况。这些问题明显会影响产品的口碑和销量，用户的抱怨声一浪高过一浪。阿梅里奥为此忧虑不已，要求Mac OS研发团队尽快解决这个问题。但是研发团队发现，他们根本无力解决这个问题。Mac操作系统仿佛已经病入膏肓，无药可救了。于是，他们决定放弃这种系统，集中人力、资源全力开发一种新的操作系统。他们把这种新的操作系统称为Copland。然而，开发一种新的系统谈何容易。尽管工程师已经绞尽脑汁了，却仍然是茫无头绪，毫无进展。阿梅里奥这才发现，Copland系统不过是一个空中楼阁而已。还有几个月就是Macworld大会了。如果届时还没有一套优秀的操作系统，后果不堪设想，阿梅里奥觉得只能借助外购了。

那么，应该采用哪一家软件公司的操作系统呢？阿梅里奥首先想到了比尔·盖茨的微软。尽管微软多年来一直被苹果视为大敌，但双方仍然保持着磕磕碰碰、若即若离的合作关系。再加上阿梅里奥是外部空降来的，没有“麦金塔情结”，也没有苹果老员工对微软的仇视情绪，所以他没有将微软排除在名单之外。他亲自给盖茨打去了电话，询问对方能够为苹果开发一个Macintosh使用的操作系统。这个消息对于盖茨来说，简直是一个意外之喜，微软对于苹果的觊觎已经不是一天两天了。当年，微软“窃”自麦金塔的Windows操作系统经过改良，已经以绝对的优势垄断了世界市场，大大压缩了麦金塔的生存空间。盖茨相信，如果微软能够赢得这个机会，就能够利用Windows蚕食掉苹果最后的疆土，从而取得对苹果的完胜。当然，在盖茨的心中，还有另一个人的影子，那就是乔布斯，他希望彻底打败这个对手。

所以，盖茨几乎是不假思索就答应了阿梅里奥的要求，并且积极推动这桩交易。微软的工程师飞到了苹果总部，和苹果的员工探讨技术的种种细节。但是，他们很快就发现，这并不是一项简单的工作，麦金塔用户界面技术和微软的Windows系统整合起来实在是太复杂了。要实现二者的兼容，绝对不是一朝一夕的事情。时间不等人，阿梅里奥决定另寻一种适宜的操作系统。

这时，法国人让·路易·加西找到了阿梅里奥，表示愿意为麦金塔提供他们公司的Be操作系统。加西本是苹果公司的前高管，在乔布斯和斯卡利的争端中，正是这人向斯卡利告密，最终迫使乔布斯离开了苹果。可以说，乔布斯对此人的痛恨程度甚至超过了斯卡利。在乔布斯被赶出苹果后，加西接管了麦金塔团队。但好景不长，到了20世纪90年代，加西也因为种种原因被斯卡利解雇了。加西离开苹果后，创办了一家名为Be的公司，主营方向仍是电脑和操作系统。

相较于Windows系统而言，Be操作系统显然更具有优势。一方面，苹果的老员工、粉丝对于微软心存芥蒂，而Be公司就不会有些问题了。另一方面，加西曾经是麦金塔项目的负责人，具有苹果的基因，其开发出来的系统能够很好地与麦金塔兼容，Be操作系统可以直接在麦金塔电脑上运行。显然，如果选用这种系统，可以节约大量成本和时间，也不会存在Windows系统的种种问题。

阿梅里奥心中唯一的担忧是，Be操作系统刚研发出来，还没有经过应用的检验，其性能如何、稳不稳定、有没有其他隐患，这些都是未知之数。阿梅里奥经过一番权衡，决定采用Be系统。双方很快开始进行实质性的谈判。加西很有信心，自认为胜券在握。1996年8月，加西和阿梅里奥在夏威夷进行谈判。谈判的过程不大顺利。加西知道阿梅里奥很急，所以就打算狠劲宰苹果一下，他傲慢地提出，他打算以50人的团队交换苹果15%的股权。当加西把这个想法提出来的时候，阿梅里奥认为他简直是疯了，因为苹果15%的股权价值5亿美元，而苹果公司认为Be公司的价值仅为5000万美元，想用价值为5000万美元的东西交换价值为5亿美元的东西，除了傻子谁会同意啊？经过几轮讨价还价，加西最后表示不能接受低于2.75亿美元的报价。加西之所以敢如此强硬，是因为他吃准了阿梅里奥的软肋。其一，Macworld大会临近，阿梅里奥必须尽快达成协议，以兑现自己的承诺。时间上的紧迫，令他的确没有过多的选择余地。其二，Be操作系统相对于Windows来说，有很大的优势。他甚至告诉别人，他已经拿住了苹果的要害，要捏到对方疼为止。

这话传到阿梅里奥的耳朵里，自然是不大受用，他开始琢磨起另外的人选了。他脑中灵光一闪，想到了乔布斯。对，乔布斯！乔布斯这些年不是一直在研发和销售NeXT STEP操作系统吗？虽然NeXT公司这些年来发展得不怎么样，但没有人否认NeXT的NeXT STEP操作系统是一款极其精良的操作系统。想到了乔布斯，阿梅里奥脸上掠过一丝苦笑，他们曾打过一次交道。

那是在1994年，当时阿梅里奥刚刚被选入苹果的董事会。乔布斯给他打了一个电话说："吉尔，咱们聊聊吧。"阿梅里奥同意了，邀请乔布斯到国家半导体公司的办公室见面。两人见面后，先是寒暄了几句，然后乔布斯直奔主题，说明来意，他希望阿梅里奥帮助他重返苹果，担任CEO。阿梅里奥大吃一惊，完全没有想到乔布斯竟然提出这样一个要求。那个时候，皮克斯还没有一鸣惊人，NeXT公司管理得一团糟，乔布斯几乎已经被世人遗忘，在这样的情形下，他竟然还敢提出这样的要求。但是，乔布斯似乎已经把自己当成是苹果公司的救世主了。"苹果现在一团糟，只有一个人可以将它拉出泥沼"，乔布斯言谈中充满自信，"那个人就是我！"乔布斯认为，微软虽然赢了苹果，但没有任何的创新之处，麦金塔已经是历史了，现在到了苹果要进行技术创新、扭转困境的时刻了。

阿梅里奥问他该怎么做？乔布斯却仅断断续续地说出了一下想法，而没有一个系统的规划和方案，所以阿梅里奥毫不客气地请乔布斯走人了，并且深为自己没有受到乔布斯现实扭曲力场的蛊惑而自豪。

两年后的今天，阿梅里奥贵为苹果的CEO，而乔布斯也已经重新崛起，皮克斯大放异彩，乔布斯身家十几亿美元，成为影视圈内炙手可热的人物。和苹果恩怨交织的乔布斯愿意捐弃前嫌，和苹果合作吗？事实上，他的这些担忧完全没有必要，因为就在这个时候，NeXT主动伸出了橄榄枝。

NeXT公司的一位中级产品推销员加勒特·赖斯给苹果公司首席技术官艾伦·汉考克打了一个电话，询问苹果公司会否考虑使用NeXT STEP作为麦金塔的操作系统。赖斯的这个电话并没有请示乔布斯，他不想错过这个难得的业务良机，又担心乔布斯反对，所以索性先斩后奏。汉考克在接到赖斯的电话后，立即将此事汇报给了阿梅里奥。阿梅里奥认为，既然NeXT会带来这个电话，说明乔布斯已经了解苹果的内情了。双方既然都有合作意向，又何乐而不为呢？

于是，阿梅里奥指示汉考克正面回应赖斯，商讨合作事宜，赖斯随后向正要出发前往日本的乔布斯汇报了此事。乔布斯闻讯后欣喜若狂，虽然皮克斯取得了成功，但他明白那只是拉塞特等人的成功而已，和自己没有多大的关系。NeXT始终是他的一块心病，他早就想把它出售，但一直没有找到好的买主。如果这次NeXT公司能和苹果达成合作，他不但可以借机重返苹果，还能够捎带打击老对手盖茨和加西。乔布斯直接给阿梅里奥打了个电话，表示自己要去日本，一周内就会回来，在此之前，希望阿梅里奥不要做任何决定。阿梅里奥接到乔布斯的电话感到很振奋，他答应乔布斯，在他们俩见面之前，他不会跟加西、盖茨或任何人达成交易。

几天后，乔布斯从日本回来，随后百感交集地来到了苹果总部。阿梅里奥以主人的身份接待了乔布斯这个曾经的主人。乔布斯以超凡的口才滔滔不绝地向阿梅里奥和汉考克展示了NeXT STEP操作系统，他还以激烈的言辞批评Be操作系统不成熟、不稳定，并断言如果苹果采用了Be系统将是一个灾难。最后，他对阿梅里奥说："为了苹果，我愿意提供任何形式的帮助，不论是软件授权，还是转让整个公司，我都乐于接受。"

这个低姿态在乔布斯的一生里都极为罕见。乔布斯给人的印象从来是暴躁、冷酷、不近人情，这番表态着实出乎阿梅里奥的意料之外。苹果有合作意愿的这几个竞争者中，盖茨因为附加条件太多，再加上合作技术难度大而提前出局；Be公司的加西虽然是一个比较合适的合作对方，但对方漫天要价，太过自以为是，实在令人厌恶；而乔布斯此种态度，不能不让阿梅里奥动心。

比萨炉前的会谈

“瞧，拉里，即使不用收购苹果，我也找到了一种回归苹果的方式。”

——在达成苹果收购 NeXT 的协议后，乔布斯如是说

尽管阿梅里奥内心已经倾向于选择乔布斯，但他为了保险起见，还是将公司里的专业人员都召集起来，让他们对微软、太阳、NeXT 和 Be 公司的操作系统进行测评，从而确定最后合作对象。测评小组经过分析，首先淘汰了微软和太阳的系统软件。他们开发的系统虽各有妙处，但难以和苹果技术兼容，所以只能放弃了。然后，测评小组比较了 NeXT 和 Be 公司的操作系统后发现，虽然 Be 公司的操作系统能够和麦金塔电脑兼容，但是它还是具有不少的缺点：

缺点一：每次运用这个程序时，都需要进行升级。而一旦对 Be 系统进行升级，就会产生一个新的问题——第三方的研发工作人员也需要升级他们的系统软件。这对于任何人来说都是难以接受的。

缺点二：该操作系统在技术上并不够成熟，稳定性差，而且不支持一些复杂的语言系统，比如说汉语、日语、韩语等。亚洲地区人口稠密，市场潜力巨大，苹果公司的产品要做到大众化，销往全球，就不能不考虑亚洲的状况，所以这种要求是必须的，而这一点也恰是 Be 系统不具备的。

最终，测评小组综合各种参数，对两家公司进行打分，史蒂夫·乔布斯的 NeXT 公司操作系统得到了 184 分，而加西的 Be 公司操作系统仅得到了 146 分。在这一回合中，乔布斯取得了胜利。

接下来，到了做最后决定的时刻了，由于这项交易牵涉的金额庞大，阿梅里奥也不能独自作出决定。于是，他邀请了乔布斯和加西进行一次“双雄对决”，在苹果各位主管面前阐述他们公司的产品情况。1996 年 12 月 10 日，乔布斯和加西在帕罗奥图的花园庭院酒店上演了终极对决。

乔布斯首先登上讲台，做了发言。和他同去的是 NeXT 的高级技术主管阿维·特凡尼安。特凡尼安带来了一台微型电脑，娴熟地展示着软件，向苹果公司的主管们演示 NeXT STEP 系统如何可以在屏幕上同时播放四段视频、如何制作多媒体文件、如何连接互联网等。而乔布斯则尽情地施展着自己演讲的魅力，大力推销公司产品，阿梅里奥和其他 6 位主管为他精彩的演讲喝彩不已。

紧跟着发言的是加西。相较于乔布斯的有备而来，加西的表现算不上完美。他或许是以为自己胜券在握了，没有必要再做什么准备了，两手空空而来。他基本上没有做任何的演示和陈述，只是说苹果团队已经知道 Be 操作系统的性能了，问阿梅里奥还有没有其他的问题。随后，阿梅里奥和众主管进行投票，所有的人都把票投给了 NeXT 公司，这完全在阿梅里奥的意料之中。在他看来，乔布斯的个人能力太过突出

了，加西和他相比，根本不是一个处在同一水平的竞争者。

乔布斯早就笃定自己会赢。果不其然，不一会儿，乔布斯和特凡尼安在帕罗奥图街道上遇见了刚才做评委的一名主管。他告诉他们，NeXT 赢了。乔布斯不久接到了阿梅里奥的电话，阿梅里奥在电话里告诉乔布斯，他计划向苹果董事会提请授权他谈判 NeXT 的收购事宜。他问乔布斯是否愿意参加苹果董事会会议，陈述自己的意见，乔布斯欣然答应。在步入会议室的那一刻，乔布斯看见了一张熟悉的面孔，那是迈克·马库拉。马库拉是早年对于苹果的发展起过重要作用的人，堪称是乔布斯的导师。然而，自从 1985 年马库拉站在斯卡利一边后，他们就再也没讲过话。乔布斯走过去地和他礼貌性地握手，然后自己作了 NeXT 示演，并轻而易举地征服了董事会。

随后，双方正式开始谈判。乔布斯邀请阿梅里奥去他在帕罗奥图的家里谈判，这是乔布斯一贯的技巧，他喜欢在自己的主场谈判，因为这样对谈判有利。阿梅里奥同意了，他认为在家里谈判可以有个友好的环境。这天，阿梅里奥开着自己最喜欢的 1973 年款奔驰车来到了乔布斯家，乔布斯亲自出门相迎。他们将谈判的地点选在了厨房的比萨炉前。乔布斯边给阿梅里奥沏茶，边商谈苹果收购 NeXT 的价格。乔布斯希望苹果收购 NeXT 的价格定为每股 12 美元，但阿梅里奥认为这个价格太贵了，于是还价到每股 10 元，总价 4 亿美元。

这对于乔布斯来说，实在是太棒了。NeXT 公司濒临倒闭，居然能够以如此高的价格出售，真是一个好消息。阿梅里奥当然并不笨，他之所以给出这个价格，是基于之前加西的 Be 公司 5 亿美元的要价。与 Be 公司相比，NeXT 公司有实际的产品、先进的技术，以及出色的研发团队，这些都是阿梅里奥考虑的重要方面。他相信，收购 NeXT 所带来的效益远远不止于此。

谈判的焦点，是如何支付收购费用的问题。阿梅里奥希望乔布斯能够与苹果公司共存亡，坚持以股票的方式来支付收购费用，并且要求他持股至少一年。但乔布斯不同意，他要求苹果支付现金。最后，双方都做了妥协。乔布斯拿到 3.77 亿美元的现金和价值 3700 万美元的苹果股票，并承诺持有这些股票最少 6 个月。这些并非重点，重点是乔布斯经过多年之后重新回归了苹果。

一年前的圣诞节，乔布斯和他的朋友、甲骨文 CEO 拉里·埃里森在夏威夷的康娜度假村休假时，探讨过收购苹果的事情。当时，苹果销量惨淡，正处于风雨飘摇之中。埃里森向乔布斯表示，自己可以融资 30 亿美元买下苹果，然后请乔布斯回去重掌大局，重现苹果过去的辉煌。乔布斯对此表示反对，认为自己并不是那种能做恶意收购的人，他希望苹果董事会请自己回去。

这年，乔布斯和埃里森再次前往夏威夷的康娜度假村过圣诞节。在海滩散步途中，乔布斯得意地对埃里森说："瞧，拉里，即使不用收购苹果，我也找到了一种回归苹果的方式。"乔布斯侃侃而谈，解释了自己的策略：首先促成苹果公司收购 NeXT 公司，然后进入董事会，这样距离 CEO 的位置就仅有一步之遥了。虽然乔布斯后来煞有介事地解释说他当时没有计划夺回苹果，但是埃里森认为，乔布斯干掉阿梅里奥，当上 CEO 是板上钉钉的事情。

苹果公司和 NeXT 达成收购协议后，阿梅里奥需要把这个消息传达给了加西。而在此之前，他还得硬着头皮通知比尔·盖茨。果不其然，比尔·盖茨在得知这个消息后，彻底被气坏了。这个一贯以冷静、理智著称的人一反常态，歇斯底里地在电话里向阿梅里奥咆哮了足足有三分钟："你们真是疯了，竟然相信了史蒂夫·乔布斯的话。难道你们忘记了他在十几年前把苹果搞得一团糟吗？你们竟然作出了这种决定，真是疯了……"盖茨之所以这么愤怒，是因为他意识到，这次交易注定会使乔布斯重掌大权。即便沉沦多年，乔布斯依然是盖茨最为忌惮的竞争对手。

乔布斯归来

"我希望尽快回到新老同事中间，为苹果贡献自己的力量。"

——苹果收购了 NeXT，乔布斯重返苹果后，如是说

乔布斯多年来一直对苹果董事会耿耿于怀。当年，他一手创立了苹果，奠定了苹果的辉煌局面，而董事会却在他和斯卡利的争端中，站在了斯卡利的一端，毫不留情地将他排挤在苹果大门之外。如今，乔布斯借助 NeXT 重返苹果，他更希望阿梅里奥能够将自己纳入苹果董事会，以此向外界发出一个强烈的信号，证明他已经彻底战胜了当年将他逐出苹果的董事会。但是，阿梅里奥另有考虑，他深知让乔布斯重回苹果是把双刃剑，所以婉言谢绝了乔布斯。

这令乔布斯感到十分失望。尽管手中拥有了巨额的苹果股票，入主苹果董事会合情合理，但是苹果领导层显然还没有做好接受乔布斯的准备。而且阿梅里奥对于乔布斯也并非完全信任，乔布斯的魅惑力太大了，谁也搞不清楚他真正的想法是什么。阿梅里奥还记得在收购 NeXT 时，麦金塔团队的老员工拉里·特斯勒这么告诫自己："如果你选择了 NeXT，就要做好被乔布斯取代的准备。"在这种情况下，阿梅里奥又岂会引狼入室，将乔布斯招进苹果董事会呢？

苹果完成对 NeXT 的收购后，事实上乔布斯也将成为苹果的员工。阿梅里奥得意地向外界宣称："我不但买到了 NeXT，还买到了乔布斯。"他认为乔布斯身上的名人效应是一笔无形的资产，他完全可以利用这一点给苹果带来实际的效益。为了达到操控乔布斯的目的，阿梅里奥迫切地需要和乔布斯签订一份正式的雇佣合同，以确保乔布斯能够为苹果、为自己服务一段时间。

乔布斯坚决不同意。他是一个天生的控制狂，绝不愿意屈从于任何人之下，更不愿意为别人卖命。假如他签订了这样的合同，就意味着他自甘居于阿梅里奥之下，这是乔布斯无论如何都不能接受的事情。乔布斯希望加入董事会，因为那是一个具有很大自由的职位，而且这个位子离 CEO 的位置仅有一步之遥。收购的日期已经确定了，但在乔布斯的职务问题上双方陷入了僵局。有两次，卫星转播车都开进了苹果大院之中，但因为两人各不让步，只能取消。

乔布斯感到很矛盾。他明白，苹果这次大手笔收购 NeXT 可能是自己重返苹果唯一的机会了。但是，他又不愿意屈居人下，希望以一种体面的方式回归苹果。所以，当阿梅里奥多次要求乔布斯全职加入苹果，负责操作系统的开发的时候，他都尽量推诿，要求阿梅里奥不要作出任何的决定。

阿梅里奥也觉得相当为难。苹果收购 NeXT，乔布斯将以何种身份回归苹果，他必须慎重考虑，给董事会、广大的苹果粉丝一个交代。乔布斯是苹果的创始人，也曾开创了苹果的辉煌局面，即便一时的郁郁不得志，但没有人否认乔布斯在苹果的巨大影响力。阿梅里奥明白，如果将乔布斯这样一位“大神”闲置，不但不符合苹果利益，而且难以给千千万万的苹果粉丝一个交代。时间拖得越久，阿梅里奥越觉得被动。在拒绝了加西之后，他再也没有更好的合作对象了。

1996 年 12 月 20 日，是宣布收购最后日期了，阿梅里奥把乔布斯请进了办公室，他需要乔布斯给出一个明确的答复。但是乔布斯一言不发，沉默以对。阿梅里奥很无奈，只得出去找到乔布斯的律师拉里・松西尼，问他乔布斯到底想要什么。松西尼表示他也不知道乔布斯真实的想法是怎样的。阿梅里奥只得重新回到办公室，询问乔布斯在想些什么，有什么感觉，他需要马上作出一个决定。乔布斯告诉阿梅里奥，他昨天晚上辗转反侧，整夜未眠，一直在思考相关交易的事情。他觉得自己很累，不想再被问任何问题了。阿梅里奥说那不可能，他总得对外界说点什么。

乔布斯思索了一下，对阿梅里奥说：假如你必须对外界说点什么，我可以回来当董事会主席的顾问。这就表明，乔布斯愿意以董事会主席顾问的身份协助阿梅里奥工作。阿梅里奥同意了。

这天晚上，苹果总部 250 名员工云集，掌声雷动，阿梅里奥正式宣布收购 NeXT，并表示乔布斯也将会以顾问的身份重返苹果。随后，阿梅里奥隆重邀请乔布斯上台讲话。众人紧盯着舞台的侧面，希望见到十多年未见的乔布斯身影，然而出乎众人意料的是，乔布斯并没有从侧面登上舞台，而是从礼堂后面，缓步穿过走道走上了舞台，他想用这种方式告诉人们：我回来了，我还是我，出人意料的我。全场顿时欢声四起，掌声如潮，乔布斯本来很累，不准备说太多的话，但他显然被这排山倒海般的掌声振奋了。他激动地说：“我希望尽快回到新老同事中间，为苹果贡献自己的力量。”众人掌声更响了。《金融时报》的路易丝・基欧向乔布斯提问，询问他是否想重新接管苹果。乔布斯否认，他说自己现在有了家庭，还有皮克斯，时间有限，不可能回来重掌苹果，但是他可以分享一些他的想法，和苹果共度时艰。

第二天，乔布斯驱车去了皮克斯。皮克斯此时已经在动画制作业上大放异彩，引得好莱坞人人瞩目。乔布斯也正是通过皮克斯的成功而咸鱼翻身，改变了自己的命运。因此，对于皮克斯，乔布斯存有一份特殊的感情。乔布斯想让皮克斯的团队明白，他虽然去了苹果工作，但心一直与皮克斯同在。他并没有任何厚此薄彼的意思，只不过是工作需要而已。事实证明，乔布斯确实有点自作多情了，因为没有人会因为乔布斯去苹果工作而埋怨，反而他们很高兴看到他要回苹果做兼职工作。因为，乔布斯一旦去苹果工作，无论如何都会占据他一些精力，这样，他来皮克斯指手画脚的次数就会少很多。皮克斯团队对于乔布斯在电影制作上的掣肘心有余悸，他们相信，少了乔布斯帮倒忙，他们为迪士尼制作影片的效率会高很多。

到了皮克斯后，乔布斯径直去了拉塞特的办公室。拉塞特自从制作《玩具总动员》大获成功后，已经成为皮克斯当之无愧的骨干、核心。若论在皮克斯的影响力，即便是身为皮克斯 CEO 的乔布斯也颇有不及。乔布斯告诉拉塞特，他将以苹果顾问的身份去库比蒂诺工作，这将导致他有很多时间不能陪伴家人。皮克斯是他的另一个家，他也将没有更多的时间来皮克斯。最后，乔布斯这么说道："我之所以这么做是因为我相信，苹果公司会让世界更美好的。"

拉塞特发自内心地笑着说："我祝福你！"乔布斯能够减少对皮克斯的关注，去苹果上班工作，这对皮克斯团队来说实在是一个好消息。拉塞特相信，没有了乔布斯的皮克斯定能再取辉煌。

布局、观望和犹豫

"直到那时，我才知道苹果的问题比我认为的要严重得多，公司的员工们开始自暴自弃了，他们甘于被人们称为失败者，这太可怕了。他们甚至不愿意做出更多的努力改变现状。这让我的信心也部分地受到了冲击。"

——发现苹果面临的问题非常严重时，乔布斯如是说

史蒂夫·乔布斯在漂泊了 11 年之后，又回到了自己的"龙兴之地"——苹果。虽然阔别多年，但苹果的一切对乔布斯来说是再熟悉不过了。正是他一手缔造了苹果那些怪异、桀骜不驯的企业文化，也正是他培养了苹果员工顶撞上司、狂妄自大的风气。所以，乔布斯在回归苹果后，很自然地同这一切所契合，对苹果种种习以为常，反倒是请他回来的阿梅里奥更像个外人。

但是，当乔布斯重新回到苹果公司的时候，他发现了问题的严重性。他所缔造的苹果文化在时间的冲刷下变得似是而非，以前苹果独有的改变世界的自信和勇气也消失得无影无踪。公司的职员工作懈怠，玩忽职守，缺乏活力、激情，更缺乏创新意识。对于这种现象，乔布斯伤感地说："直到那时，我才知道苹果的问题比我认为的要严重得多，公司的员工们开始自暴自弃，他们甘于被人们称为失败者，这太可怕了。他们甚至不愿意做出更多的努力改变现状了。这让我的信心也部分地受到了冲击。"

同时，苹果计算机创意、设计上也与过去不可同日而语。尽管设计师们很卖力，试图生产出能够和麦金塔媲美的计算机，但是没有了乔布斯的研发团队，就好像被抽离了灵魂一样，难以设计出堪称完美的产品。他们生产的计算机不再具有乔布斯时代与众不同的风格和美观的外表，这使得苹果计算机在市场毫无优势可言，从而使得苹果在同惠普、IBM 等公司竞争中落败。

乔布斯回归苹果后，立即顶着顾问的名头开始工作了。他首先排除异己，将他信任的人安排到苹果的高层位置。苹果的首席执政官埃伦·汉考克成了乔布斯眼中的第一个目标，毫无疑问，在乔布斯眼里，汉考克在他的“天才与白痴”的二分法中是属于后者的。苹果在选购操作系统时，尽管阿梅里奥等人都属意 NeXT 的 NeXT STEP 系统，但汉考克始终支持选择 Sun 公司的 Solaris 系统。就算后来事情已成定局，她仍然想在苹果的新操作系统中加入 Solaris 的核心技术，这让乔布斯生气不已。有一次，有位好事的记者问她乔布斯将在苹果公司扮演什么角色，她淡淡地回答：“他什么角色都不会扮演。”这更加剧了乔布斯对于她的厌恶。所以，在入主苹果后，乔布斯做的第一件事就是换掉埃伦·汉考克。

他指定他的好朋友阿维·特凡尼安取代了汉考克的位置，主管软件部门。他给出的理由很充分：特凡尼安是开发 NeXT STEP 系统的第一权威，现在要将 NeXT STEP 的操作系统与苹果电脑对接，当然需要由他来挂帅了。特凡尼安也的确是个人才，他进入苹果后，主持了将 NeXT STEP 操作系统与苹果创造性的图形用户界面整合为新一代操作系统 Mac OS X 的工作。工作非常顺利，最终彻底地解决了困扰 Mac 机多年的操作系统不稳定的难题。也正是由于特凡尼安的不懈努力，使得苹果电脑重回技术巅峰，更为之后的 iPhone、iPad 使用的 iOS 操作系统奠定了基础。

乔布斯又找来了乔纳森·鲁宾斯坦担任苹果硬件部门的负责人，他是硬件研发和电气工程方面的大师，曾是 NeXT 电脑硬件部门的负责人。在乔布斯忍痛砍掉硬件项目后，鲁宾斯坦不得不另谋他职。当乔布斯打去电话时，鲁宾斯坦正在英国的斯凯岛度假。乔布斯直截了当地问他是否愿意来苹果时，他二话不说，就加入了苹果，并且及时赶回来参加了 Macworld 大会。几年后，鲁宾斯坦带领着他的设计团队，创造出来神奇的 iPod，改变了电脑世界和音乐世界。

很明显，特凡尼安和鲁宾斯坦是乔布斯从 NeXT 带来的亲信。乔布斯在苹果作出人员调整，穿插亲信，就是希望有自己信赖的团队，好为日后取代阿梅里奥而布局。特凡尼安和鲁宾斯坦希望乔布斯能够早日重掌苹果，因为他们相信能够带领苹果走出困境的人是乔布斯而不是阿梅里奥。或许是当局者迷，旁观者清，特凡尼安和鲁宾斯坦作为从 NeXT 来的“外人”对于苹果状况看得更清。在苹果年度的 Macworld 大会上，当他们亲眼看到了苹果 CEO 阿梅里奥在台上出丑，大家都仿佛神志不清地说着胡话的时候，他们就意识到能够挽救苹果的将是乔布斯。

然而，当机会真的来临的时候，乔布斯开始变得犹豫不定，心中矛盾重重。从内心深层来说，他当然希望能够接管苹果，重新带领着苹果踏上辉煌之路。虽然，在他漂泊的十几年里创立过 NeXT、皮克斯，但内心深处最为关注、最爱的仍然是苹果。苹果是他梦想照进现实的地方，是他一手创建的，每个角落都流淌着他赋予的创新的血液，这种情怀是无论如何也割舍不掉的。正如乔布斯所说：“苹果之于我，就像初恋，不论结果如何，都会在我的生命中占据着不可替代的地位。”

情感归情感，现实又是另一回事。一方面，如今的苹果已经不是当年的苹果了。如今的苹果风雨飘摇，正在走下坡路。近几年来，苹果遭遇种种挫败，产品毫无新意，营销乏力，市场低迷，股价一跌再跌，而公司内部企业文化缺失，人才流失，员工士气衰颓。如果乔布斯接掌苹果，他就必须面对这些问题。作为阔别苹果多年的“局外人”，乔布斯如何能保证自己就一定能力挽狂澜呢？已经有三任 CEO 因为业绩不佳而被董事会解雇，很难说乔布斯会不会成为第四个？

另一方面，乔布斯今非昔比，事业有成。十几年的漂泊，并非一无所得。虽然创立的 NeXT 公司销售低迷，已经戏剧性地被苹果收购，但是乔布斯的另外一家公司皮克斯却大放异彩，在动画电影制作领域取得了骄人的成就。就在两年之前，皮克斯制作的电影《玩具总动员》火爆上映，叫好又叫座，海内外狂收了数亿美元票房。而后，皮克斯成功上市，股价一路飙升，显示出较好的前景。乔布斯相信，凭借着皮克斯的人才、技术，定然会取得更为辉煌的成就。乔布斯生平的理想是用高新科技改变世界，通过皮克斯，他同样能够实现自己的梦想。而且，相较于苹果的惊涛险浪，走皮克斯这条路更显得风静波澄，只要他肯走，就一定能走得更远。

家庭是乔布斯不得不考虑的另一个因素。如果乔布斯还是当年的硅谷浪子，他大可以放手一搏，因为无论胜负成败，都是自己的事。可现在不同，他有了妻儿，有了家庭，他必须为家庭而考虑。

最让乔布斯耿耿于怀的是他与苹果的一段恩怨情仇。当年，乔布斯与时为苹果 CEO 的约翰·斯卡利公开决裂，董事会站在了斯卡利一边，乔布斯被迫离开了自己一手创建的苹果公司。当时的乔布斯，就像是一个无助的孩子，愤怒、失望、迷茫、痛心，不知道何去何从。离开苹果后，乔布斯很快创建了 NeXT 公司，希望通过新创建的 NeXT 公司证明自己的能力，让苹果的董事会意识到当初放弃自己是多么愚蠢的一件事情。然而，这次“复仇”之举并没有成功，在残酷的市场面前，NeXT 公司最终一败涂地，若不是苹果的收购，只怕早就已经关门大吉了。而如今，再度入主苹果，乔布斯不敢想象等待自己的将是什么，荣耀，抑或是又一次被出卖？

暗流涌动

“吉尔可能不适合 CEO 这个职位……”

——当埃德·伍拉德打电话询问对阿梅里奥的看法时，乔布斯如是说

乔布斯的理念和信条是：要么是天才，要么是白痴，中间没有丝毫妥协空间，这种非黑即白的思维方式是其世界观的重要方面。随着对苹果的控制的进一步深化，乔布斯越来越觉得阿梅里奥正在带领着苹果走向一条毁灭之路。显然，在乔布斯二分法世界里，阿梅里奥是个不折不扣的白痴。事实上，在 1997 年 1 月初的 Macworld 大会上，乔布斯就已经笃定阿梅里奥是个笨蛋了。

当时，在万豪酒店的大宴会厅，将近 4000 位忠实的苹果粉丝在那里参加了这场关于苹果产品的展会。阿梅里奥为了凸显出自己大会主角的身份，精心地设计了一出

"行为秀"。他的亮相并没有多么引人注目，但他的怪异的着装确实让在场的观众目瞪口呆。他在这种重要的场合，竟然穿得非常休闲，他可能是想发扬苹果一直以来的优良传统，但是显然，他弄巧成拙了，他里面穿了件领子紧贴脖子的衬衣，外面套了一件带亮片的休闲夹克，这让他看起来滑稽而笨拙。他这一身装扮，引起了媒体的炮轰，《华尔街日报》的记者吉姆·卡尔顿如此评价阿梅里奥的这身行头："他看起来就像来自拉斯维加斯的小丑。"而另一位与会的记者迈克尔·马隆则更加尖刻，他说："吉尔让人想到了离婚后第一次出来相亲的舅舅。"

然而，这不过是小问题，更大的麻烦是，阿梅里奥此前去度假了，又跟他的演讲稿作者发生了矛盾，大吵一架，加上拒绝彩排，这使得他在台上演讲的时候结结巴巴，并很快开始忘词，思路似乎也不大清晰，显得非常笨拙。观众们目瞪口呆，不明白他在讲些什么。乔布斯在台下看着阿梅里奥在讲台上笨拙地坐着没完没了地演讲，觉得很不耐烦。就这样过了两个小时，阿梅里奥这才结束了自己糟糕透顶的演讲，然后把乔布斯请上了台。乔布斯的光芒顿时盖过了阿梅里奥，人们纷纷起立，拼命地鼓掌、欢呼，震耳欲聋的掌声足足持续了一分钟有余。这些前来参加大会的人都是苹果的拥趸，多少年来，他们从来不曾像今天这样激动过。他们相信，随着乔帮主的回归，苹果定然会终结这些年来杂乱无章的局面，步入正轨，再创辉煌。

和笨手笨脚的阿梅里奥相比，乔布斯简直就像是见惯了世面的大明星，举手投足之间魅力四射，自信而有型。他挥手让大家安静下来，然后对十年来苹果的发展作出了犀利的点评："十年来，Mac 都在原地踏步，所以让 Windows 系统占了上风。现在我们将研发出一个更优越的操作系统，再创辉煌！"他的讲话短促有力，很具煽动力，人们的情绪瞬间被点燃了。

即便乔布斯在台上的表现多么惊艳，但这还是阿梅里奥的舞台。所以，在乔布斯结束了简单的演讲后，阿梅里奥再次回到了台上，又喋喋不休地说了一个多小时。然后，阿里梅奥再次将乔布斯请上台，接着又出乎意料地把苹果的另一位创始人沃兹也请上了台。现场又是一阵骚动，乔布斯和沃兹是苹果的创始人，此时的身份都是"顾问"。阿梅里奥打算站在中间，一手拉着乔布斯，一手拉着沃兹，然后共同举起手来庆祝胜利，从而营造一个完美的结局。但是，乔布斯对此很反感，他既不想被阿梅里奥利用，也不想和沃兹冰释前嫌，所以他慢慢地溜下了台。

阿梅里奥这才发现，自己根本不能掌控乔布斯。然而，更大的麻烦在等着他呢。1997 年 2 月，苹果展开了股东大会。股东代表纷纷对上一个财年苹果的经济状况进行讨论。由于 1996 年度最后一个季度，苹果的销售量比上年同期暴跌了 30%，这引起了与会股东们的极大不满。他们轮番在麦克风前发泄心中的不满，质疑阿梅里奥的能力。阿梅里奥大费唇舌向他解释个中的原因，但显然并没有打消股东们的疑虑。阿梅里奥显然不知道自己把这个会议开得有多糟糕。

虽然，后来阿梅里奥对外宣称这是他做过的最好的一次演讲，但这根本就是自欺欺人的说法，在座的董事们对此并不买账。时任苹果董事会主席、杜邦公司的前 CEO 埃德·伍拉德在现场听得大惊失色。他妻子听到一半，就在他耳边小声表示，阿梅里奥的演讲简直就是一个灾难。伍拉德也有同感，认为阿梅里奥虽然穿得很酷，但是演讲显得很愚蠢。股东们向他提出了很多问题，他根本没办法回答，就算回答别人也听不懂，他并没有鼓舞起大家的信心。

会后，伍拉德向乔布斯打了一个电话，询问他对苹果现状以及阿梅里奥的看法。乔布斯没有畅所欲言，只是谨慎地表示："吉尔可能不适合CEO这个职位……"这句话就够了。于是，阿梅里奥失去了董事会主席埃德·伍拉德的支持。伍拉德还询问了公司里一些其他同事的意见，结果，很多人都不约而同地表达了对阿梅里奥的不满，认为他无法带领苹果走出困境。苹果士气持续低落，销售业绩继续下降，董事们变得焦躁不安，有了解雇阿梅里奥的想法。

另外，媒体也纷纷唱衰阿梅里奥。乔布斯和《财富》杂志的记者布伦特·施伦德关系很好。有一次，布伦特询问乔布斯对于苹果的看法。乔布斯将自己对于苹果现状和阿梅里奥的真实想法和盘托出。布伦特随即写了一篇《库比蒂诺不对劲》的文章，大篇幅地描述了苹果的乱象，并把这一切都归咎于阿梅里奥在领导上的无能。这种说法其实并不客观。阿梅里奥接掌苹果公司时，苹果已经千疮百孔了。任何人想要在短短的时间里扭转苹果的困境，都绝不是一件容易的事情。而且，阿梅里奥在接管苹果后，也确实做了很多有用的事情。譬如说裁减项目、削减开支、改善苹果的财政状况，这些实实在在的事情对于苹果日后的崛起具有重要意义。

布伦特是很有影响力的记者，这篇文章一经发表，立即引发了唱衰阿梅里奥的跟风行动。《商业周刊》的封面标题是一行耸动的大字：《苹果一盘散沙?》《红鲱鱼》杂志直接刊登了一篇《吉尔·阿梅里奥，请辞职》的文章。而《连线》杂志的封面上，苹果的标志被异变成了一颗恐惧的心，带着荆条编成的王冠，被钉在十字架上，标题是《祈祷》。《波士顿环球报》的迈克·巴尼克尔则在杂志社抨击苹果的管理层拿着丰厚的薪水，却没有生产出让人望而生畏的电脑，嘲讽苹果的科技研发人员，在技术上只相当于波士顿红袜队替补队员的技术水准。

糟糕的是，阿梅里奥对于这此起彼伏的唱衰风潮似乎没有应对策略。《华尔街日报》记者吉米·卡尔顿采访阿梅里奥时，问他能否扭转外界认为苹果已陷入"死亡螺旋"的看法。阿梅里奥没有表现出作为一名CEO应有的自信，表示自己并不知道如何回答这个问题。

6月份，乔布斯和阿梅里奥各自带着夫人在雷德伍德的一家素食餐厅共进晚餐。阿梅里奥从他的酒窖里带来了一瓶1964年的白马庄酒和一瓶蒙哈榭，每瓶价值均为300美元左右，可算非常昂贵。而乔布斯选择的这家素食餐厅，则较为简朴，东西很廉价，四人餐费总共才花了72美元。但这并没有让乔布斯的魅力扣分，阿梅里奥的妻子后来大加称赞乔布斯很有魅力。

乔布斯也愿意施展自己的魅力，因为他很明白，魅力总会给自己带来一些好处。或许正是这些独特的魅力存在，很多和乔布斯一起共事的人都希望能得到他的尊重和认可，就连斯卡利和阿梅里奥也是如此。阿梅里奥认为，乔布斯和自己是同一路的人，并且他是真的尊重自己、信任自己，因为在很多问题上，两人都能够达成一致意见。但事实证明，这不过是他一厢情愿的想法而已。

在苹果收购NeXT时，乔布斯曾经承诺持有手中的苹果股票至少6个月。乔布斯答应了，尽管答应得不情不愿。这年6月份，6月期限到期了。苹果股票大跌，股民纷纷抛售手中的股票，乔布斯也果断卖掉了因出售NeXT而获得的全部150万股苹果股票，仅剩下象征性的1股。当阿梅里奥得知有一笔150万股的大宗交易发生时，心里陡然生出一种不祥的预感，连忙给乔布斯打电话，询问这件事情真伪。乔布斯撒了谎，没有承认自己出售了手中的股票。阿梅里奥信以为真，就发表了一个声明予以否认。可是，当证券交易委员会公布申报文件时，阿梅里奥者才发现乔布斯确实卖掉了他的股票。阿梅里奥简直要气疯了，打电话责备乔布斯为什么说谎。乔布斯解释说，他因为一时之间对于苹果的何去何从感到沮丧，这才卖掉了股票，不想承认是因为觉得“有点尴尬”。多年以后，乔布斯却称，不告诉阿梅里奥是觉得没有必要。

倒霉的阿梅里奥

“吉尔，你要相信我，那件事和我没有关系，完全是董事会的决定。”

——当阿梅里奥被苹果董事会解雇后，乔布斯打来电话，如此解释道

乔布斯重返苹果后，积极争夺苹果的领导权。他先是以顾问的身份安插人手，悄然地削弱阿梅里奥在苹果的影响力。随后，借苹果销售大跌，亏损连连之际，通过朋友和媒体散播言论，指责阿梅里奥已经不适合继续领导苹果，同时又多次暗示，唯有自己才能够拯救苹果公司。但是，乔布斯有时候显然对苹果失去信心。当苹果股票持续走低时，他就将手里的股票全部卖出。

苹果公司的形势越来越坏。尽管阿梅里奥信心满满，认为自己一定可以扭转危局，带领苹果再次腾飞，但是董事会越来越不信任他了。公司的首席财务官弗雷德·安德森觉得自己有责任将公司岌岌可危的情况告诉伍拉德以及董事会。董事会这才明白苹果的问题是多么的严重：资金短缺，员工流失，并且有迹象表明，公司很多重要骨干都有跳槽、离职的意愿。人才是苹果立业的根本，如果重要的人才都先后离开，不正说明了苹果这艘大船很快就要搁浅了吗？安德森非常坦白地告诉董事会，如果不再做一些改变挽救公司的话，连他也会考虑离开。

董事会主席埃德·伍拉德本来就在为阿梅里奥在股东大会上拙劣的表现而担心，听了安德森的话，更加忧心忡忡。他请投资银行高盛公司研究出售苹果公司的可能性，但高盛公司的战略分析家说，苹果近年来股价不断下跌，市场份额已经降得太低了，已经不可能找到战略投资者了。现实如此严酷，那么还有什么方法能够拯救苹果呢？还有谁能够代替阿梅里奥拯救苹果呢？伍拉德首先想到了乔布斯。乔布斯身上的光环太大了，即便多年来与苹果分道扬镳，但没有人能否认乔布斯对苹果的影响。而且，乔布斯通过皮克斯东山再起创造辉煌，这份成就也格外令人瞩目。这年6月的董

事会上，阿梅里奥因事缺席，伍拉德对公司状况做了一个简短的说明，最后如此表示：如果董事会继续让阿梅里奥担任CEO，可能只有10%的机会避免破产。如果解雇了阿梅里奥，让乔布斯接任CEO，苹果公司就会有60%的机会生存下去。如果解雇了阿梅里奥，而乔布斯不来，重找一个新的CEO，那么苹果将有40%的机会幸存。经过一番讨论，董事会认可伍拉德的判断，授权他去和乔布斯沟通，看他愿不愿意接任CEO。

这一切当然都是瞒着阿梅里奥进行的，阿梅里奥仍在为如何挽救苹果筹谋对策。这一段时间，阿梅里奥承受了很大的压力，内部和外部的各种指责和质疑纷至沓来，压得他几乎难以呼吸。他希望，苹果的状况能够有所改善，以打消外界的疑虑。然而，事实是相当残酷的。1997年夏天的时候，苹果公司的财务报告显示，第一季度苹果的销售规模下降到了7亿美元，相较于上一个财年下降了1亿美元，苹果公司已经连续亏损了五个季度了。阿梅里奥在执掌苹果期间，公司共计亏损了16亿美元，公司的股票价格也是一路狂跌，下降至12年来的最低。

1997年7月初，亚洲金融风暴席卷泰国，泰铢贬值。旋即，这股金融海啸迅速波及印尼、马来西亚、菲律宾、日本、韩国等地，并逐渐向美欧蔓延。美国由于是日韩重要的经济伙伴，也受到了相当的影响。美国股市动荡，很多公司股票价格大幅下跌。苹果公司的股票更是从一开盘就不断探底，收盘竟然不足14美元。这个股价可谓触目惊心，创下了苹果上市以来的最低价，苹果的市值在一夜之间蒸发殆尽。在很多人看来，苹果的倒闭只是时间的早晚而已了。

面对这种局面，苹果所有的董事会成员都急得坐立不安，眼巴巴地盼着能够有奇迹发生。而就在这生死关头，作为负责公司运营的最高领导，时任苹果公司的首席执行官阿梅里奥却优哉游哉地带着妻子、孩子跑到内华达州的太浩湖度假去了，享受独立日假期和温馨的家庭生活。他们一家人在太浩湖上驾着快艇游玩，在野外享受烧烤和葡萄酒的乐趣，实在是好不惬意。

苹果公司的首席财务官弗雷德·安德森赶紧联络苹果公司的几位董事，召开了电话会议。与会的还包括身在英国伦敦观看网球的伍拉德。吊诡的是，这个时候还不是董事会成员的乔布斯被邀请参加了这个会议，而作为董事会成员的阿梅里奥却没被邀请参加。安德森事实上主导了这场会议，他向董事们介绍了苹果面临的危险状况，直截了当地告诉大家要立即拿出方案来，如果股价再跌一点点，账面上就要资不抵债了。到那个时候，苹果公司恐怕只能接受破产的结局了。

有一位董事询问，公司CEO阿梅里奥在这么紧要的时刻哪里去了。安德森告诉了大家实情。众人都被阿梅里奥不负责任的行为气坏了，认为阿梅里奥不分轻重，实在不应该在总裁的位子继续待下去了。电话会议进行了36小时。大家在会议上各抒己见，纷纷为苹果的将来献言献策。有人询问乔布斯，苹果该何去何从。乔布斯在会上称阿梅里奥人实在不错，但对计算机行业所知甚少，因此建议董事会找一个更懂行的人来接替阿梅里奥。这点引起了与会董事们的共鸣，他们很快就达成了换掉苹果公司的CEO的共识，但让谁来接替这个烂摊子，众人仍莫衷一是。

星期天早上，当伍拉德向阿梅里奥宣布董事会解雇他的消息时，阿梅里奥正要带着家人出去野餐。在电话中，伍拉德开门见山地告诉阿梅里奥，董事会刚开了36个小时的电话会议，他有一个“坏消息”告诉他。阿梅里奥在第一时间意识到自己很有可能已经被董事会解雇了，果不其然，伍拉德接着说道：“我们经过讨论，认为虽然你已经做了很多，但苹果的销售状况始终不见起色，我们认为也许是你该辞职的时候了。”阿梅里奥回答说现在不是讨论这个的合适时间，但伍拉德坚持表明了董事会的态度。阿梅里奥意识到与伍拉德争辩是徒劳的，但他实在不甘心就这样被董事会炒掉，就反问伍拉德，当时他明明告诉董事会需要三年时间让这家公司重新站起来，为什么现在才过了一年多就让他走人？他还告诉伍拉德，苹果公司现在的经营状况要比分析家预测的好得多了，公司刚要起色就要解雇他，实在说不过去。

伍拉德没有过多解释，只是向阿梅里奥表示，市场和销售并非他的特长，董事会想找一位能在商场开拓与销售方面为苹果公司做出突出业绩的首席执行官。阿梅里奥脑海里顿时浮现出乔布斯的影子，他觉得伍拉德说的话放在乔布斯身上很合适，于是下意识地追问都有谁知道这个决定。

伍拉德犹豫了一下，实话实说：整个董事会加上乔布斯都知道。阿梅里奥觉得非常愤怒，大声质问伍拉德，乔布斯明明连董事会的成员都不是，他有什么资格参加苹果董事会讨论呢。但是，伍拉德坚持己见，并不让步。阿梅里奥明白了，就是乔布斯把他赶下了台。他知道，无论再说什么都已经无法改变这个事实了。于是，他挂上电话，继续跟家人去野餐，之后才告诉他妻子。

当天晚上，阿梅里奥惊奇地接到了乔布斯的电话。乔布斯解释说：“吉尔，你要相信我，那件事和我没有关系，完全是董事会的决定。”乔布斯在电话里表达了对阿梅里奥的敬意，称赞阿梅里奥是他“所见过的最正直的人”，他甚至以一个知心朋友的身份建议阿梅里奥好好地休6个月的假，好好放松一下、享受一下。他还拿自己当年被驱逐出苹果的事情举例，说当年被踢出苹果后，立即开始了新的工作，结果后来很后悔没有好好享受那段时间。阿梅里奥对于乔布斯打来的这个电话感到非常惊讶，但心里感觉好多了，就稀里糊涂地表示了感谢，挂了电话。但事后，阿里梅奥每次想起此事，都有一种被乔布斯欺骗了的感觉。

夺回失去的王国

“就在那一刻，我意识到，自己是在乎苹果的。”

——后来谈及重新执掌苹果时，乔布斯如是说

阿梅里奥，曾经硅谷的英雄，一度是苹果董事会眼中的“救火队员”，在执掌苹果500多天后，就以一种尴尬的方式匆匆结束了其苹果CEO的生涯。这500天的“救火”经历并没有让苹果起死回生，很多人也因此质疑阿梅里奥的能力，认为他根本是

一个本领低微且不识时务的跳梁小丑，在苹果的历史里是一个微不足道的龙套角色，这其实是不客观的。实事求是地说，阿梅里奥在执掌苹果期间，还是兢兢业业地做了自己的应该做的事。人们只要比较阿梅里奥和乔布斯成为临时CEO后所做的事就会明白，他们几乎在做同样的事情：重新制定战略计划，千方百计节省开支，砍掉冗杂的生产线，大规模裁员……有时候现实就是这样残酷，同样的事情不同的人做，会产生不同的后果。阿梅里奥的行事风格与苹果的DNA格格不入，结果导致失败。

苹果董事会在解雇了阿梅里奥之后，开始寻找下一任的CEO了。从迈克尔·斯平德勒到阿梅里奥，苹果董事会选择的这两位CEO不但没有给苹果带来转机，反而使得苹果的状况更加恶化。苹果董事会痛定思痛，决定要遴选一位真正有营销才能、能够扭转苹果局面的人才，很多人都属意乔布斯。当时，担任苹果董事会副主席的是迈克·马库拉，他是苹果公司元老级的人物。1985年，正是他坚决站在斯卡利一边，反对乔布斯，导致了董事会作出放弃乔布斯的决定。马库拉深知，乔布斯并不是那种宽宏大量、可以既往不咎的人。所以，他希望能有其他人担当起CEO的重任。在会议中，他询问其中一位董事，愿不愿意接任公司CEO的职位。

对方礼貌地拒绝了，这时，有一位董事询问马库拉："我们是不是可以请乔布斯回来出任CEO?"乱糟糟的会议室顿时安静了下来，人们都屏气凝神地注视着马库拉。他和乔布斯在一起工作很多年，很清楚乔布斯非常擅长拓宽市场和营销。如果让乔布斯回归苹果，很有可能带领苹果走出困境，重现当年辉煌。但是，马库拉也很明白，乔布斯在管理方面有着很多缺陷，个性张狂，做事情随心所欲、肆意妄为，常将各团队之间的关系搞得乌烟瘴气。马库拉不敢确定，如今的乔布斯是不是还是以前的乔布斯，是不是真的适合出任苹果的CEO?

但无论如何，苹果急需一位出色的有市场和销售才干的CEO。苹果股价眼见跌破13美元，公司即将资不抵债，如果再不设法挽救，只怕公司就要关门大吉了。苹果公司风雨飘摇，此时就像一个烫手山芋，众人唯恐避之不及，而乔布斯不同，他对于苹果有深厚感情。马库拉相信，在苹果的历任CEO里，没有一个人会比乔布斯更热爱苹果，更希望看到苹果走出困境的了。

马库拉最终下定决心，同意乔布斯回来出任CEO。但是，他也知道，十多年来，乔布斯对他一直耿耿于怀，如果他继续担任苹果董事会副主席的名头，乔布斯肯定是不愿意回来的，所以他表示，如果乔布斯真的愿意回来执掌苹果，他愿意主动辞去董事会副主席的职务，并且退出董事会。

于是，伍拉德亲自给乔布斯打去了电话，劝说他回来担任苹果公司的CEO。出乎意料的是，乔布斯在电话里拒绝了。他的理由很简单：苹果已经快完蛋了，苹果现在的产品非常糟糕，在管理上也是一团混乱。乔布斯认为，苹果此时除了长久奠定的品牌优势外，什么也没有了。乔布斯并不是傻子，他知道苹果现在是什么状况，尽管他认为阿梅里奥在管理苹果方面毫无建树，但让他来力挽狂澜，他也不知道该怎么办，事实上，恐怕也没有一个人知道该怎么办。

伍拉德并不死心，继续劝说乔布斯。乔布斯心里充满了矛盾，苹果是他一手创建的，对他来说就好像自己的孩子，看着自己的孩子流离失所，任谁心里都不好受。最后，他表示，自己需要好好地考虑一下。时间不等人，乔布斯需要在最短的时间内对苹果作出一个答复。那段日子，乔布斯陷入了彷徨。一边是蒸蒸日上的皮克斯、温馨美满的家庭，一边是越陷越深、亟须拉上一把的苹果，无论选择哪一边，都意味着要放弃某些东西。一个周六的早晨，乔布斯给英特尔的CEO安迪·格鲁夫打电话，絮絮叨叨地列举了一些自己接管苹果的好处和坏处。可是，这个电话打得太早了，格鲁夫听到一半，就不耐烦地说："史蒂夫，苹果就算破产了跟我又有什么关系？"

乔布斯后来回忆说："就在那一刻，我意识到，自己是在乎苹果的。"是的，从创建苹果第一天开始，苹果就有了他的基因。即便后来因为和斯卡利的矛盾迫不得已离开了苹果，但没有人否认乔布斯才是真正的"苹果之父"。十多年来，乔布斯一直对苹果有仇恨之心，希望通过自己创建的NeXT公司打败苹果"复仇"，但恨其实是爱的另一种表达方式。所以，乔布斯才会赞同苹果收购NeXT，并积极重返苹果。乔布斯意识到这点，一切都豁然开朗了。

不久，伍拉德再次给乔布斯打来电话，要求乔布斯作出一个决定。乔布斯仍然没有同意接受CEO的职务，但他表示愿意以"顾问"的头衔为苹果工作90天，直到为苹果找到合适的、新的CEO。伍拉德没有办法，只得同意了他的条件，任命公司的首席财务官弗雷德·安德森担任代理CEO。

对于乔布斯的回归，很多人都抱着欢迎态度，比如说乔布斯最早的合作伙伴史蒂夫·沃兹尼亚克。沃兹当时也和乔布斯一样，挂着苹果公司"非正式顾问"的名头工作。他很高兴乔布斯能够回来，他认为苹果现在危机重重，也只有乔布斯知道如何重现魔力，带领苹果走出困境。他对于乔布斯战胜阿梅里奥也不感到奇怪，因为他很明白阿梅里奥和乔布斯根本不在一个等级上。

1997年7月9日，周一。阿梅里奥召开了苹果高级雇员大会，宣布了自己的离职。阿梅里奥表现得很平静，没有一丝情绪的波动。这个消息并没有在众人心中引起多大的震撼，显然大家对这件事并不意外。在这次大会上，代理CEO弗雷德·安德森也上台作了发言，他明确表示他会在乔布斯的指导下工作。就这样，乔布斯在阔别苹果12年后，重新登上了苹果的舞台。

乔布斯回归苹果后，他并没有搬进前任CEO阿梅里奥装修豪华的办公室，而是在董事会会议室旁边找了一间小小的办公室。看得出来，乔布斯态度仍有所保留，他为自己留了一条后路，这是乔布斯最初的想法。后来，随着他为苹果做的越来越多，他就再也无法将自己置身于苹果之外了。

乔布斯开始了自己奇特的"垂帘听政"生涯后，做的第一件事情就是重塑苹果的企业文化。苹果有着乔布斯的基因，很多地方都表现出与众不同的一面，所以常规的管理方法是行不通的。斯卡利、阿梅里奥都试图改变这种状况，结果遭到了失败。乔布斯离开苹果12年之久，苹果状况今非昔比，员工之间、团队之间、管理层之间都存在着很多的问题，乔布斯认为必须做出改变。

针对苹果公司官僚主义、特权主义泛滥的情况，乔布斯重新赋予苹果自由、平等的公司氛围。他规定，公司的公务人员出差必须坐飞机的经济舱，不许坐公务舱；工作时间不允许有固定的休息时间，必须时刻心在苹果，随时为苹果效劳；对公司管理人员也不再签订特殊的违约赔偿合同，与员工一视同仁。通过这些措施，苹果从高层到底层，从主管到员工每个人都处在同等的位置，绝无例外——当然，史蒂夫自己是个例外，他从来都不是一个喜欢按照规则来做事的人。

苹果员工纪律性差，态度散漫，常常相互推诿、钩心斗角，这让历届的苹果 CEO 都感到头疼无比。乔布斯上台后，决心要改变这种不良风气，将苹果改造成为一家有纪律的公司。一旦乔布斯决定要做某事时，需要执行的人员最好服从、配合，否则乔布斯就会干脆让他走人。

乔布斯制定了很多新的规条，比如说，在工作时间不准带狗，不准吸烟等；在公司外面不得谈论一些和公司有关的事情，尤其是生意上的事情。当然，如果能从对方的口中得到一些有用的信息，则另当别论。这些新政策在全体员工的心里如同投下了一颗震撼弹，员工们都对乔布斯非常害怕，生怕一不小心，让乔布斯炒了鱿鱼，从此失去自己的工作。

新一届董事会

“那是我见过的最差劲的董事会，但也是个最可怕的董事会。”

——在谈到阿梅里奥的那一届董事会时，乔布斯如是说

乔布斯代理苹果后，要做的第一件事情就是止住苹果高层员工的流失。当时，由于苹果危机重重，前途叵测，很多高级员工纷纷离职出走，另谋出路。人才流失是公司大忌，乔布斯为了制止这种情况，决定给他们的股票期权重新定价。苹果股票暴跌后，这些股票期权已经变得毫无意义。乔布斯希望通过降低股票期权价格，并赠予员工，以达到节省现金和留住优秀员工的目的。这种做法并不违法，但会被视为公司的不良行为，很容易招致外界的非议，董事会对此犹豫不决。董事会主席伍拉德也表示反对，因为在杜邦公司，他们从来没做过这样的事。

乔布斯没有让步，蛮横地表示，如何挽留人才是问题的关键，董事会必须同意自己的这个决定。董事会让步了，建议进行一项调研来作决定，只是这项调研可能会耗时两个月左右。乔布斯顿时勃然大怒：“如果这个决定你们都不支持，那么从明天起我就不来上班了。这只是今后我要面对的千千万万个决定里面最小的，如果这个你们都不能支持，我肯定没有办法把苹果拉回正轨，那我现在干脆不用尝试了。”

面对乔布斯的逼宫，董事会显得无可奈何。乔布斯此时就算抽身离开，对他也没有什么坏的影响，而董事会却是没有退路的，假如乔布斯离开，社会舆论定然会闻风而起，大肆挞伐，到那时候，苹果随时有倒闭的可能。除此之外，董事会也不想因为乔布斯的离开而背上愚蠢的骂名。所以，董事会经过磋商、讨论，最终只能向乔布斯

妥协，同意了乔布斯的这个计划。

次日，伍拉德给乔布斯打去了电话，告诉他董事会的决定。他说："史蒂夫，我们经过讨论决定通过这个计划，但是，你的行为让我们觉得很不舒服，就好像我们正被劫匪拿枪指着脑袋。"乔布斯终于如愿以偿地降低了最高层员工手中的期权价格，重新定价为 13.25 美元，也就是阿梅里奥被解雇当天的股票价格。

乔布斯虽然逼迫董事会同意了自己的要求，但他丝毫没有因此而感谢董事会的支持，反而觉得董事会碍手碍脚，不利于自己工作的展开，于是，他毫不客气地对伍拉德说："公司已经处于破产边缘了，随时都有倒闭的可能，我没有时间来应付一个自己不敬佩的董事会，所以我要求你们全部辞职，然后我要组建一个新的董事会。如果你们接受的话我就继续干下去，否则的话，我明天就不来上班了。"乔布斯还说，只有一个人可以留下，那就是伍拉德。乔布斯后来说："那是我见过的最差劲的董事会，但也是个最可怕的董事会。"由此可见其对董事会的反感程度。

董事会的成员显然没有料到会有这个结果。乔布斯还没有当上 CEO，就已经准备将所有董事解散了。然而，当董事会作出最初的妥协后，就已经陷入了被动。此时面对乔布斯的咄咄相逼，他们唯有再度妥协。时任董事会副主席的马库拉是最了解乔布斯的，所以他第一个作出了妥协。有了第一个，从众的人就更多了。最后，他们全都辞掉了职务。对他们来说，辞掉董事的职务，未必是一件坏事。当时，苹果前景黯淡，能够从苹果中解脱出来也是一件幸事。

不过，董事会也提出了一个要求，希望除了伍拉德之外再多留一位董事，这样外界看起来至少好看一些。乔布斯同意了，伍拉德和张镇中留了下来。张镇中是美籍华人，具有丰富的管理经验，乔布斯正是看中他这点，才让他留了下来。7 月底，苹果原董事会召开了大会，全部辞掉了职务，同时投票把乔布斯选入董事会，最后授权伍拉德和乔布斯寻找新的董事会成员。

乔布斯开始重组董事会。他的好友拉里·埃里森不出意外地成了头号必选之人。当乔布斯询问埃里森是否愿意加入苹果董事会时，埃里森表示加入苹果董事会自己没有意见，但是他不喜欢参加没完没了的会议。乔布斯向他承诺道："没问题，你只需要参加一半的会议就可以了。"实际上，后来埃里森参加的会议减少到了 1/3。再后来，乔布斯索性找来一张埃里森的照片，放大到真人大小，贴在一张硬纸板上，放在埃里森的座位上，代替真人。

比尔·坎贝尔也被选入了董事会。他在 20 世纪 80 年代初曾经是苹果一员，主要负责市场部门。后来，乔布斯和斯卡利爆发冲突，他选择站在了斯卡利一边。但没过多久，他就非常讨厌斯卡利，于是毅然辞职，进了 Intuit 公司任 CEO。乔布斯对他的"幡然醒悟"很赞赏，就原谅了他，并且和他成为极好的朋友，经常在一起散步。乔布斯在帕罗奥图的家距离坎贝尔的家很近，两人见面机会很多。乔布斯重组董事会时，问坎贝尔愿不愿意加入，坎贝尔点头答应了。

杰里·约克曾经先后在克莱斯勒公司和 IBM 担任首席财务官，能力突出，是乔布斯中意的人选。伍拉德亲自出面，说服杰里·约克加入了董事会。还有一些人则被乔布斯毫不留情地拒之门外，其中包括梅格·惠特曼。惠特曼曾是孩之宝公司的部门经理，还曾担任迪士尼的战略规划师，是当时美国商界最为杰出的女性之一。乔布斯约她出去共进午餐，其实是想考察她的才能。结果，惠特曼并没有入他的法眼。乔布斯觉得惠特曼就像木头一样呆笨，不适合在苹果工作。

乔布斯后来还相继搜罗了众多他眼中的天才进入苹果的董事会，比如美国前副总统阿尔·戈尔、时任谷歌CEO的埃里克·施密特、时任美国基因泰克公司CEO的亚瑟·莱文森、素有“零售界的乔布斯”之称的J. Crew公司CEO米奇·德雷克斯勒，以及时任雅芳公司总裁和首席运营官的钟彬娴等人。这些人有的在政界呼风唤雨，有的在商界开天辟地，但无一例外的，他们都是当时美国主流社会的杰出人物。乔布斯希望他们能够对苹果绝对忠诚，能够认同他的种种主张。事实上，这些人虽然各自身居要职，但他们对于乔布斯都有一种莫名的恐惧心理，同时在乔布斯现实扭曲力场的作用下，他们又总想取悦乔布斯。

乔布斯重组董事会，并不是要让董事会发挥多大的作用，而是希望董事会能够听命于自己，受其支配，从而做到大权独揽，一手遮天。据说，乔布斯回归苹果后，曾经打算邀请美国证券交易委员会主席亚瑟·莱维特加入苹果董事会。莱维特很激动，因为他也是苹果的粉丝。自从1984年买了第一台麦金塔电脑后，莱维特立即为苹果产品的高性能、高质量所折服，成为苹果十多年来忠实的粉丝之一。莱维特得知乔布斯有意让自己加入苹果董事会后，他兴奋地造访库比蒂诺，跟乔布斯讨论他的角色。但是，后来乔布斯偶然看见莱维特在一场演讲中提出“董事会应该承担强势而独立的角色”的观点后，立即收回了成命。他打电话告诉莱维特，他觉得莱维特提出的那些观点，虽然对某些公司很适合，但是肯定不适合苹果的公司文化，所以要收回对莱维特的邀请。莱维特备受打击，认为苹果董事会只是傀儡，需要听从CEO命令行事。

经过董事会重组，乔布斯牢牢地将苹果大权握在自己手里，尽管他还没有正式接替苹果CEO的职位，但是他所做的事情已经俨然是一名CEO了。由于乔布斯的活跃，苹果公司逐渐地有了复苏的迹象。7月末，苹果的股票价格从乔布斯接替阿梅里奥时的13美元上升到20美元。

收回版权，消灭兼容机

“把苹果完美的操作系统授权给那些垃圾一样的电脑使用，不仅是对操作系统的亵渎，还侵蚀我们的销售额，这真是世界上最愚蠢的事情。”

——在谈到收回版权、消灭兼容机时，乔布斯如是说

乔布斯上任之后，通过重组董事会巩固了自己在苹果的地位，随后他立即展开了收回版权、消灭兼容机的行动。在此之前，苹果通过官方授权部分厂商生产麦金塔电脑的克隆机，获取了一定的利润，但是这么做很容易导致次货横行、商家不良竞争等

种种不正当现象，毫无疑问，这对于苹果品牌形象是一个很大的打击。乔布斯早就意识到这点，所以上任之后首先拿兼容机开刀。

苹果自从诞生之日起，凭借着电脑高技术、高性能一直在市场独领风骚。也就是从那时起，针对苹果电脑的非法克隆就一天也没有停止过。随着 Apple Ⅱ、麦金塔风靡全球，各种与此相关的克隆产品也呈现出“井喷”之势，多不胜数。最初，由于苹果技术精密，克隆难度很高，大多数克隆厂商只是简单地在原装机的基础上，改换外壳、增加配件，再高价售出。这其实算不上真正意义上的克隆，很容易被专业人士识破。但没过多久，一家名叫 Unitron 的巴西公司成功地破解了麦金塔的核心技术，首次非法克隆出完全兼容的麦金塔电脑。这种兼容机对苹果冲击很大，苹果为此不得不求助美国政府，通过制裁手段禁止该公司销售这种克隆机。

到了 20 世纪 80 年代，PC 机发展势头非常迅猛。IBM 虽然是生产 PC 机的始祖，但由于在技术上远远落后于苹果，所以销量一直差强人意。为了扭转劣势，IBM 公司的负责人决定利用克隆机或称兼容机展开狼群战术，攻占全市场。这一招果然有效，大量 PC 兼容机涌入市场，其低廉的价格和丰富的应用软件成了优势，苹果面对这种新情况，市场份额被大大压缩。

1985 年，就在乔布斯被排挤出局的时候，斯卡利召集苹果公司的高层商讨此事，认真研究合法授权克隆机生产的问题。众人就此展开了唇枪舌剑，几乎每个人都有一个意见。沃兹从一开始就赞成这种做法，他认为苹果有着最优秀的操作系统，通过授权出售这种操作系统有利于帮助苹果开拓市场。他的意见得到了艾伦·凯的支持，艾伦·凯是施乐 PARC 中心的明星，自从 1984 年加入苹果后，一直致力于实现 Mac 操作系统软件的开放授权。在他看来，苹果坚持不肯开放授权，一味地让研发人员开发出优秀的软件，是愚蠢的行为，很有可能将导致苹果一败涂地。

当时，比尔·盖茨通过授权微软的操作系统给 IBM 积累了大量的财富。在乔布斯被排挤出局后，盖茨敦促苹果也实现操作系统的对外授权。盖茨敏锐地察觉到，苹果的麦金塔电脑遥遥领先 IBM 的 PC 机，如果将所有的赌注都压在 IBM 上，未必是件好事，所以他希望能够和苹果达成合作，实现利益最大化。于是，盖茨给斯卡利和卡西发了一份秘密的备忘录，试图打动两人。在这份仅有 3 页的备忘录里，盖茨提到电脑产业发展到当前阶段，已经有了新的特点，没有谁可以在不依赖合作厂商的情况下独占市场，对苹果来说，也是如此。苹果想要拓展市场、赢取利润，就应该把麦金塔技术授权给 35 家主要的制造商，以推动 Mac 兼容机的发展。

但盖茨释放的讯息，并没有得到苹果方面的回应。于是，他又写了第二份备忘录，重新提及此事，推荐了一些适合制造 Mac 兼容机的公司，并表示愿意竭尽所能地帮助苹果推进授权工作。

盖茨的建议在苹果内部引起了轩然大波。斯卡利再次召开会议，讨论此事的可行性。斯卡利持欢迎态度，但是卡西领导的麦金塔开发团队坚决抵制，他们认为麦金塔技术是当时顶级的技术，如果开放给别人将丧失领先优势。就这样，苹果失去了和微软合作的机会。在接下来的几年里，苹果内部一直就此事争论不休，不停地开会讨论，但始终没有做出授权生产兼容机的决定。斯卡利虽然是公司的CEO，但是他缺乏乔布斯那般力排众议的勇气，结果浪费了10年光阴。

直到1995年，苹果的市场份额下降到最低谷时，苹果CEO迈克尔·斯平德勒病急乱投医，这才仓促作出决定，开始授权给两家小公司Power Computing和Radius生产麦金塔兼容机，并收取一定的授权费。1996年吉尔·阿梅里奥接管公司后，又授权给摩托罗拉公司生产兼容机，每卖出一台兼容机，苹果收取80美元的授权费。但是，一切都晚了。这些兼容机并没有让苹果扩大市场，反而挤压了苹果自己的高端计算机销售市场，差点让苹果陷入万劫不复之地。

如果苹果从1985年起就主打低端克隆机，那么也许苹果公司就不是今天的苹果公司。说不定，它已经一飞冲天，如微软公司推出的PC一样，牢牢地占据了市场霸主的地位。但是苹果在10年的吵吵闹闹中错过了最好的时机，而微软则在这些年里，通过和IBM的合作，极大地壮大了实力，成为全球首屈一指的PC公司。到了1995年左右，微软的Windows95系统已经占据了计算机领域九成以上的市场份额，PC阵营毫无争议地宣告胜出。在这个时候，苹果却企图利用兼容机去打天下，不过是拾人牙慧而已，想要取得和微软一样的成功实在是痴人说梦。

当然，假如苹果当年那么做了，也就意味着苹果将放弃优雅、高端的形象，沦落为一家成功却毫无特色的普通公司。反之，如果苹果坚定地保持自己未来技术领导者的形象，不在兼容机问题上作出任何的妥协。那么，苹果品牌上的优势将得以维护，广大的"苹果粉"也会死忠到底。

然而，斯平德勒和阿梅里奥走了最臭的一步棋：授权兼容机。苹果麦金塔电脑每部可盈利500美元，兼容机只能收取每部80美元的授权费。兼容机的授权非但没有扩大麦金塔电脑的市场份额，反而由于大量的兼容机挤压市场，让苹果公司自己的收入锐减。更为致命的是，兼容机的质量、设计参差不齐，完全达不到苹果的水准，这事实上也给苹果的品牌形象带来极大的损害。

乔布斯回归苹果后，为了重建品牌形象，维护苹果利益，果断决定终止苹果兼容机的授权。乔布斯反对兼容机项目还不仅仅是出于经济上的考虑，他打心眼儿里反感兼容机的做法，认为兼容机的生产商都是些寄生虫，他们本身没有任何的创新能力，没有任何的技术，只会一味借鉴别人的成果。乔布斯很喜欢控制产品的方方面面，他希望做到硬件和软件的完美结合。苹果正是一家这样的公司，各方面都很出色，有能力制造出出色的产品，全方面负责用户感受。

但是，苹果已经与兼容机生产商签订了协议，乔布斯如果撕毁条约，就意味着要在生意场背上背信弃义的恶名，甚至有可能会被对方一纸告上法庭。但是，乔帮主就是乔帮主，非同凡人，他很快就找到了解决的方法。他发现，苹果之前和生产商签订的合约有一条可以利用的条款，就是苹果操作系统的授权写明了是Mac OS第7版。基于这个条款，乔布斯通知各大兼容机生产商，正在进行的生产兼容机计划不变，但是苹果公司今后将不会授权新一代的操作系统。

操作系统在整个电脑系统中具有重要的作用。缺乏先进的操作系统的电脑就相当于行尸走肉，难以提起用户的兴趣。而先进的操作系统，则能让客户体验到非一般的优质享受。1997 年 7 月左右，苹果开发出了新一代的 Mac 操作系统 Mac OS 8。乔布斯正式向兼容机生产商下达通知，不允许兼容机制造商升级到新系统。8 月，乔布斯在波士顿举行 Macworld 大会。Power Computing 公司总裁斯蒂芬·“国王”·卡恩组织了几百人到现场抗议，要求乔布斯取消消灭兼容机的决定。卡恩公开警告乔布斯，如果苹果不继续授权支持兼容机，Mac OS 8 操作系统将没有出路，是死路一条，并最终影响到整个苹果公司的运转。

乔布斯对于卡恩的抗议根本不加理会，他知道自己应该做些什么。他给苹果董事会主席伍拉德打了个电话，要求董事会允许他把苹果从授权业务中解脱出来，董事会最终默许了这个决定。9 月份，乔布斯跟 Power Computing 公司谈判，并最终达成协议，付给对方 1 亿美元收回授权，Power Computing 公司则允许苹果使用其用户数据库。随后，乔布斯和摩托罗拉等其他的兼容机生产商进行谈判，收回了对其他兼容机制造商的授权。后来，乔布斯就此事说道：“把苹果完美的操作系统授权给那些垃圾一样的电脑使用，不仅是对操作系统的亵渎，还侵蚀我们的销售额，这真是世界上最愚蠢的事情。”

就这样，乔布斯终于消灭了兼容机计划，重新将苹果拉回正常的轨道。不敢想象，如果苹果坚持走兼容机的道路，现在会是怎样的一番光景，但是可以预知的是，苹果肯定不会是现在苹果。如今的苹果公司已经是全球市值第一的大公司。它的产品以高端品牌、完美设计、卓越品质而闻名于世。而在苹果内部，汇聚着一大群非同凡想的“狂人”，正在为改变世界而努力。

实行“四格战略”

“如果苹果当时的处境没有那么危险，我可能会保留这个项目。”

——回忆起解散牛顿 PDA 项目的初衷时，乔布斯如是说

乔布斯出任苹果临时 CEO 的第一个月里，举行了一系列的会议。白天，他逐一跟每个产品小组成员谈话，审核各个项目，对产品进行评估。晚上就把自己关在办公室里，为公司前途而苦苦思量。他希望能够找到一个突破口，一个能够让苹果起死回生、重新散发活力的突破口。

乔布斯希望自己尽可能多地了解关于公司现状的信息，他要求公司各个项目的负责人必须准确、详尽地解释自己负责的产品或者正在进行的项目。阿梅里奥的原助手吉姆·奥利弗也参加了这些会议，他在会议上的任务很简单，但很重要，就是在乔布斯跟苹果的几十个产品团队开会时做记录，确保每个人的发言的重点都记录在案，不会有遗漏的地方。

起初，乔布斯在大会上很少发言，但极为专注。他默默倾听，判断哪些是有价值

的东西，哪些根本就是垃圾。奥利弗对于乔布斯的这种专注深有感触：“在会议期间，乔布斯聚精会神地听取每一个人的报告，态度上他丝毫没有表现出以前的武断。只有当与会者看上去还未意识到情况危急时，乔布斯才会责备他们几句。他的目标很明确——只保留那些技术领先、盈利丰厚的产品。”

菲尔·席勒是乔布斯的好友，这时候也被乔布斯征来帮忙。每次开会时，席勒会按照乔布斯的指示，展示一些东西。乔布斯很反感员工们用Power Point展示产品，他希望自己的员工能够动动脑子，当场拿出方案，而不是放一堆的幻灯片。他认为，知道自己在说什么的人不需要幻灯片。

产品的评估显示出苹果的产品线十分不集中，各种型号、杂七杂八的产品充斥在各个生产线上。很显然，苹果最大的问题出在产品上，产品太糟了，早就失去了以往苹果的魅力。乔布斯和沃兹早年在创立苹果时，目标是制造世界上最好的个人电脑，但在乔布斯被赶出苹果后，庸俗的商业思维就占据了公司主宰位置。无论是斯卡利还是斯平德勒，都缺乏乔布斯的战略头脑，他们认为苹果尝试五花八门的产品项目，推出越来越多的产品，这样就能够赚到钱了。这种观念是对乔布斯的背叛，也是对苹果公司企业文化的一种背叛，最终只能是失败。

在这种庸俗的商业思维的驱动下，苹果公司对每个产品炮制出若干版本，试图以此占领市场。就拿麦金塔来说，就在几年里推出了很多个版本。1989年，苹果发布了5款麦金塔电脑，而到了1994年，竟然发布了43款麦金塔电脑。到了1995年，这个数字更为惊人，达到了54款。这些电脑之间彼此细微的差别就算是苹果内部的工程师也搞不清楚，更不用说普通用户了。

硬件方面，除了电脑外，苹果公司还推出了一些自己并不擅长的产品，比如说打印机、显示器乃至3D图形卡等。最令人不可思议的是苹果还涉足了游戏产业，在1996年的时候，苹果和日本万代公司合作生产了一款名为PiPpin的多媒体游戏机，结果遭到惨败，全世界范围内总共仅卖出了4.2万台。苹果公司损失近1亿美元，成为苹果当年的一段惨黑历史。而在软件方面，项目更是种类繁多，数不胜数，简直令人瞠目结舌。就拿李开复负责的互动多媒体部门来说，就又细分为了语音识别、语音合成、手写体识别、QuickTime、QuickTime VR、MediaAuthoring Tool、QuickDraw 3D、Games API、QT Conferencing、Kaleida MediaPlayer等各种项目。而在其他软件部门，这个数量就更加惊人了。

这还不算，苹果还在世界各地设立专门的研究机构，研究的内容也是五花八门。如为了给东亚的用户生产产品，苹果专门在新加坡设立了一个ATG研发机构，针对中文用户研发中文听写机。作为世界上的人口大国，中国也成了苹果公司关注的目标，1995年，苹果公司以合资的方式，在中国珠海成立了“苹果南方（珠海）科技有限公司”。高投入未必意味着高产出，数量繁多的研发机构并没有为苹果公司带来多大的创新，反而浪费了很多金钱。

席勒曾经对苹果这种现状一针见血地批评说：“实在太荒谬了。那么多的产品，大多数纯属垃圾。迷茫的研发团队生产了一大批不知所谓的产品。”这种混乱局面到了阿梅里奥时代得到了改善，他大刀阔斧地砍掉了两三百个可有可无的项目，但这根本不够，仍存有很多的鸡肋项目。更为关键的是，阿梅里奥虽然裁掉了很多项目，但在未来主打产品的方向上依旧迷茫。

乔布斯则更进一步，将剩下的几十个项目，又砍掉了七成，只保留了三成的精华部分。对于一些只花钱没贡献的机构，乔布斯也大幅裁撤。一些合资企业停止运转，新加坡的研究机构也彻底关门，办公家具也被售出一空。很多人不理解乔布斯裁撤ATG的决定，认为这样对于公司的长久发展不利，但是面临着生死存亡的乔布斯可没有时间考虑那么多，他能做的就是节省开支。

在砍掉了所有负担之后，乔布斯开始寻思苹果真正需要的产品。在一次大型的产品战略会议上，乔布斯大笔一挥，在白板上画了一横一竖两条直线，做成一个简单的两行两列的方形四格表。在行的上方分别写上“台式机”和“便携机”，在列的两侧分别写上“消费级”和“专业级”。这样两两组合就是四个产品。乔布斯告诉大家，苹果现在要做的就是做四个伟大的产品。

整个会议室里鸦雀无声，他们都被乔布斯这个大胆、充满创意的“四个战略”震撼住了。9月，当乔布斯把这个想法告诉董事会时，现场同样鸦雀无声。董事会成员对于乔布斯的这个战略计划起初并不认同，因为苹果的竞争对手们正在不断地推出越来越多的产品，挤压苹果的市场空间，如果大幅削减项目，岂不是自废武功？这样没有把握的事情在董事会眼里简直就是冒险，他们苦口婆心劝说乔布斯，希望他能够改变主意。但是，在乔布斯的眼里，董事会根本就形同虚设，他想要做的事情，谁也阻止不了，即便是苹果董事会也不能对他说半个“不”字。

于是，所有的苹果工程师和专业人员都被集中到四个领域，即为专业人士开发的功能强大的台式机、为专业人士开发的便携机、为普通消费者开发的廉价的台式机以及为普通消费者开发的便携机。有了这个较为清晰的四个方略，苹果的工程师们从迷茫中清醒过来，他们有了奋斗的方向，知道苹果需要开发怎样的产品。公司上下一心，众志成城，为了这四种产品而奋斗。乔布斯很明确地告诉董事会和管理层，在未来的几年里，苹果的大多数资源都将投入这四种主打产品中，凡是不符合这四格战略的软、硬件的产品或项目，都将被统统砍掉。

这就意味着苹果将要实行更为严格的“瘦身”计划，凡是与这四个领域无关的业务都将遭到无情清洗，比如说打印机、服务器等。1997年，苹果仿照惠普的DeskJet（墨盒）打印机，推出了自己的打印机StyleWriter。这款打印机在各方面算得上优秀，然而因为跟不上苹果计算机的运行速度而无法打印，这样的问题也给它的销量蒙上了一层阴影。惠普通过卖墨盒赚了很多钱，而苹果却一败涂地，没有赚到一分钱。乔布斯将StyleWriter打印机部门的工作人员召集起来，分析了打印机业务所面临的情况：“你们真是一群疯子！就算是销量达到了100万台又怎么样，你们连一分钱都没有赚到，销售数量就是你们唯一追求的吗？我不允许这种情况存在。”乔布斯在会议室里咆哮完后，站起身来，走出会议室，给惠普总裁打了个电话，表示苹果将退出打印机业务。然后，他回到会议上，宣布苹果要退出打印机业务。

乔布斯还砍掉了“牛顿”项目——一种手持个人电子助理设备（即PDA）。说真的，牛顿PDA的确是款革命性的产品。因为在那之前，从来没有一台电脑可以小到被装进口袋里。这种掌声电脑功能较为完备，在产品设计上也有其独到之处。苹果公司为了开发这种产品，已经为此奋斗了几年了。早在斯卡利还是CEO的时候，苹果公司就已经将该型电脑的研发纳入苹果重点研发计划之中。斯卡利对牛顿掌上电脑寄予厚望，他甚至特意把该项目研发组从苹果公司分离了出去，让其变成一个附属于苹果公司的公司。乔布斯回归苹果后，先是把牛顿掌上电脑研发组又拉回到了苹果公司，后来又强烈建议当时的苹果CEO阿梅里奥砍掉这个项目。但是，阿梅里奥没有同意，因为他仔细研究过这个项目，知道这个项目前景光明，是可以赚钱的，就佯作答应解散这个部门。等到阿梅里奥被董事会解雇，乔布斯接任代理CEO时，发现这个项目还存在，就毫不留情地将它砍掉。乔布斯给出的解释是：这种产品不够完美，在电脑容量、计算能力、电池续航性能等方面均有瑕疵，而且在他的四个战略中，也没有PDA的位置。

1998年2月，乔布斯正式宣布终止牛顿PDA产品的研发，所有的工程师、工作人员被解散，纳入苹果其他部门之中。很多PDA的粉丝们听到这个消息后，高举标语，手拿大喇叭喊着口号，来到苹果总部大楼外抗议，乔布斯对此充耳不闻。一些媒体声称，牛顿项目是乔布斯死对头斯卡利一手扶持起来的，所以乔布斯要砍掉这个项目，报复斯卡利。乔布斯对这种说法视而不见，坚持走自己的路。

乔布斯对待其他的项目，态度也是一样的，凡是不符合四个战略的，无论看起来多么迷人，都被否决了。阿梅里奥还是CEO时，曾提出了一个研发项目。该项目主要是做产品设计的，其设计风格最具极简主义。整台计算机设计为只有显示器，没有机箱，计算机的所有部件都装配在这台显示器的一个面积不大的空间里，这种描述很像乔布斯后来推出的G5 iMac电脑。可惜的是，这个项目生不逢时，乔布斯重新回到苹果公司后，这个项目也被他毙掉了。

多年以后，在谈到自己解散PDA等项目、实行“四格战略”时，乔布斯说了这么一段话：“如果苹果当时的处境没有那么危险，我可能会保留这个项目。但是，我不信任这个项目的负责人。我强烈地感觉到它有真正优秀的技术，但是因为管理不善搞砸了。停掉它，我就解放了一些优秀的工程师，他们可以去开发新的移动设备。最终我们走对了路，做出了iPhone和iPad。”

事实证明，乔布斯实行“四格战略”，大幅削减不相干的项目是卓有成效的。一方面，乔布斯通过大幅度裁员，裁撤项目，扭转了公司的财务状况；另一方面，乔布斯集中精力开发四种产品，使得苹果的产品线从混乱回归清晰，苹果的工程师和管理人员知道了自己的奋斗方向，研发出了很多优秀的产品。在随后几年，苹果的工程师和管理人员按照乔布斯的理念，不断推出新产品，令苹果公司面貌焕然一新。专业级台式电脑，他们开发出了PowerMac G3专业级便携电脑，开发出了PowerBook G3消费级台式电脑，后来开发出了时尚尖端的一体机——iMac；消费级便携电脑，也就是PowerBook的低端时尚版，后来开发出了ibook。

在此之前，苹果每一年都要推出很多种产品，但因为产品质量方面的问题，销量相当一般。乔布斯回归后，专注于开发这四种产品，每一种产品都是经过千锤百炼的，所以性能十分优异，受到了广大消费者的欢迎。苹果用户也通过这些极具特色的产品重新认识到苹果的核心价值所在。这些产品的销量也相当喜人，1997 年 11 月，苹果推出的面对高端用户的 PowerMac G3 桌面电脑以及 PowerBook G3 笔记本电脑因其强劲的性能，广受欢迎，其中的 PowerMac G3 仅在第一个季度就卖掉了 13.3 万台。1998 年 8 月，苹果推出的面对广大消费者的彩色电脑 iMac，凭借着色彩缤纷、无与伦比的外观设计，旋即风靡整个美国，半年内就售出 80 万台。

苹果公司在乔布斯大力整顿下，重新散发出活力，并最终渡过难关，扭转了亏损的状况，实现了赢利。1998 年 1 月，在旧金山的 Macworld 大会上，乔布斯在最后一刻向大家宣告说："我们这个季度盈利了！"观众席爆发出了热烈的掌声。在乔布斯接手之前，苹果已经连续巨亏了两年，而在他接手之后，苹果第一季度就获得了 4500 万美元利润，这简直是一个奇迹。但是，对于大神乔布斯来说，这一切又算不了什么。在饱经失意和困顿之后，他厚积薄发，所蕴含的巨大能量绝非仅此而已，他正准备在苹果这个璀璨的舞台上创造出新的乐章。历时三个月，将濒死的苹果重新拉入正常轨道，这是乔布斯创造奇迹的第一步，却绝不是最后一步！

非同凡“想”

1997 年 Macworld 大会

“苹果产品的消费者是拥有不同思维方式的人，他们是具有创新精神的人，他们以改变世界为己任。我们要做的就是为这样的人设计工具。”

——在 1997 年的 Macworld 大会上，面对着台下数千的观众，乔布斯如是说

乔布斯重返苹果后，通过裁员、重组董事会、降低股票的期权价格等手段宣告着自己的强势回归，这让公众对于苹果的未来多了一份期许，1997 年 7 月份，苹果的股票价格也奇迹似的从 13 美元上升到了 20 美元。但这也仅仅是暂时而已，苹果的危机警报远未解除，随时有倒闭的可能。

当时，苹果公司的资金和市场份额大大缩水，销量下滑，一贯以新潮、时尚自居的苹果电脑在市场上节节败退，基本上乏人问津。面对残酷的现实，很多媒体纷纷预测苹果公司很快就会破产。美国著名的《连线》杂志某一期用了一张正在长出尖刺的苹果公司标识作为封面，大标题写着“祈祷”两个字。而另外一本杂志更是直接宣称：“苹果已经变得可有可无了。”

难道苹果真的如外界所说已经溃烂了，注定要寿终正寝？乔布斯对此完全不认同，他认为苹果对于消费者而言，仍然是至关紧要的公司。因为他了解消费者，也很清楚苹果在他们的生命中所占据的位置。虽然苹果目前出现了小小的麻烦，但是他回来了，所有的问题将迎刃而解。8 月份，苹果公司将在波士顿举行 Macworld 大会，乔布斯决定借助这次大会重拾公众对于苹果以及他本人的信心。乔布斯非常明白，如果做不到这点，以后的路只怕会越来越难走。

12 年前，乔布斯还在苹果时，他是 Macworld 大会的主角，他极富魅力的演讲每一次都给公众震撼和惊喜。12 年后，他又一次以主角的身份出现在 Macworld 大会的舞台上，内心的期待、紧张可想而知。历经了 12 年的荒芜岁月，乔布斯的再度回归，

让忠实的苹果迷等得太久太久了。

8月7日，Macworld大会在波士顿隆重举行，场面极其火爆，大约有5000多名狂热的苹果粉丝早早地涌进公园广场酒店的城堡会议厅，等待乔布斯的回归后首次主题演讲。在苹果遭遇低潮的几年里，他们无比地怀念乔布斯当年带给苹果的辉煌。如今乔布斯重新回归苹果，他们渴望亲自见证英雄的归来，也希望乔布斯能够像当年一样，带领着苹果重现当年的荣光。

乔布斯特意找来了他在1984年发布麦金塔电脑时的照片，并在开场的大屏幕上放映出来。1984年是苹果辉煌的一年，乔布斯希望通过这张照片唤醒苹果迷的记忆，让他们重拾对他的信心。

当主持人还在喋喋不休地介绍着乔布斯时，全场观众热烈地呼唤着："史蒂夫！史蒂夫！史蒂夫！"排山倒海的欢呼声中，乔布斯穿着黑色背心、无领白衬衫、牛仔裤，脸上挂着淡淡的笑容，闪亮登台。现场观众疯狂地尖叫起来，火爆的场面就算同任何摇滚明星相比也毫不逊色。虽然阔别多年，但当乔布斯再次出现在广大的苹果迷面前时，他身上的魅力没有丝毫的减退。

乔布斯挥手示意大家安静，然后开口介绍自己："我是史蒂夫·乔布斯，皮克斯的主席和CEO。"现场的大屏幕上同时播放了一段幻灯片作为介绍。乔布斯提醒观众们他的正式职务，表明他仍有顾忌，尚未完全和苹果融为一体。然后，乔布斯解释了自己在苹果公司的角色，表示自己"暂时"接手苹果的管理工作，但他会和很多人一样，努力帮助苹果渡过难关，步入正轨。

乔布斯开始了自己的演讲，他不时地在舞台上走动，并用手中的遥控器控制屏幕上幻灯片的播放。他的演讲如行云流水，条理清晰，没有丝毫的拖沓。他告诉大家，苹果的销售额之所以在最近两年里下滑了30%，并非因为公司运转出了问题，也并非公司缺乏优秀的人才，而是因为公司没有制定一个好的发展计划。公司上下劳心劳力地执行着错误的计划，又如何会成功呢？

观众爆出狂热的掌声和欢呼声。他们是苹果的忠实粉丝，一直不明白向来走在时尚、潮流前端的苹果产品，为什么会在短短的时间里就萎靡了、一蹶不振了。乔布斯寥寥数语剖析，解开了大家心中的疑惑。发现问题是解决问题的第一步，苹果的粉丝们在欢呼中对乔布斯的期待更大了。

乔布斯在准备这次演讲之前，曾经向100位员工问了这么一个问题：谁是世界上最大的教育公司？大家的答案并不统一，只有两个人给出了正确的回答：苹果。当时，苹果公司是教育行业内最大的产品供应商，全美教师们使用的电脑中超过六成都是苹果电脑。乔布斯经过这次调研发现了苹果的问题：苹果一味地追求新型电脑的开发，却忽略了2300万名核心消费者的感受。苹果电脑最终是要放在店里销售的，迎合消费者的喜好才是王道，闭门造车必然出现种种问题。

苹果电脑的核心消费群，除了教师这个行业外，还包括出版、设计领域的创新型专业人士。乔布斯经过调查发现，尽管苹果电脑在整个计算机市场只占7%的市场份额，但在广告、图形设计、出片和印刷行业所使用的电脑中足足占据了80%的比例，另外约有64%的互联网网站也是由麦金塔电脑制作的。可见，苹果电脑的基础客户群正是这些创意产业的专业人士。乔布斯相信，如果能够集中注意力生产满足这些基础客户群的电脑，苹果一定会走出泥沼，再现辉煌。

有趣的是，在演讲的过程中，随着感情越来越强烈地奔涌而出，乔布斯开始说“我们”。而不是“我”，他没有把自己和苹果区别开来，而是视自己为苹果的一分子。他这么告诉台下的观众：“苹果产品的消费者是拥有不同思维方式的人，他们是具有创新精神的人，他们以改变世界为己任。我们要做的就是为这样的人设计工具。”接着，他谈到了苹果的任务：“为这样一群拥有不同思维方式的人们设计产品，我们也应该采用与众不同的思维方式，只有这样，我们才能更好地为他们提供支持，提供服务。很多人觉得拥有不同思维的人是疯子，但在我们眼中，他们是天才，苹果的任务就是为天才们设计工具。”

全场观众再一次沸腾起来，他们满怀敬畏地看着台上，有人甚至淌下了热泪。熟悉的乔布斯又回来了。他的演讲清楚地表明，他和苹果是一体的，他将会带领苹果生产更好的电脑重新夺回市场。紧接着，乔布斯又宣布了一个令所有人都大吃一惊的消息：苹果将会和微软合作。

与比尔·盖茨讲和

“在这个世界上，苹果不是独立存在的，它处于一个生态系统中，也需要其他伙伴的帮助。所以我宣布，从今天起，苹果将有一个新的合作伙伴，它就是微软。”

——在决定与微软合作时，乔布斯如是说

商场形势瞬息万变，昨日的竞争对手今天很可能成为合作伙伴，今天的合作伙伴也许明天就会成为竞争对手。苹果和微软彼此争斗多年，微软通过和IBM的合作取得了一个又一个辉煌，风头完全盖住了苹果，反观苹果这些年来由于经营不善几乎到了山穷水尽的地步。如果乔布斯还是以前那个桀骜不驯的乔布斯，他肯定不愿意和冤家、对手微软合作的，但正是经过了十多年的历练，乔布斯已经变得成熟了很多，他知道自己该做什么。

1997年的苹果Macworld展会上，乔布斯在演讲即将结束的时候，略略一顿，喝了口水，然后用平缓的语气宣布一个爆炸力不亚于核弹的消息：苹果将会和微软合作，交叉授权使用彼此专利与技术。面对着台下数千名观众，乔布斯解释为什么苹果要和微软公司达成合作，他说：“在这个世界上，苹果不是独立存在的，它处于一个生态系统中，也需要其他伙伴的帮助。所以我宣布，从今天起，苹果将有一个新的合作伙伴，它就是微软。”

顿时，所有的观众都惊呆了！任何了解苹果的人，都知道微软是苹果的死对头。当年乔布斯因为比尔·盖茨“剽窃”了苹果图形用户界面而将他骂得狗血淋头，并一手掀起了苹果与微软的争端。近十年来，双方在各种版权和专利问题上争斗不断。1985 年，乔布斯刚被苹果解职，约翰·斯卡利就和盖茨签订了一项合作：苹果同意微软在 Windows1.0 操作系统上使用苹果的图形用户界面技术，但同时，微软必须保证在两年内只为 Mac 研发 Excel。这对于苹果而言，其实是一个投降条约，斯卡利缺乏长远眼光被盖茨摆了一道。1988 年，和苹果解除了合作关系的微软在新推出的 Windows2.0 上继续使用了苹果的图形用户界面。这引起了苹果的不满，于是一纸状书将微软告上了法庭，认为双方 1985 年签订的合约不适用于 Windows2.0，而且微软对 Windows 所作的改进存在着抄袭等赤裸裸的侵权行为。这场官司持续了十年之久，直到 1997 年才算有了定论，苹果输掉了官司，微软赢得了这场诉讼。

但是，微软这段时期也遇到了麻烦。经过多年的发展，微软已经成为行业的龙头，垄断了美国 97%的市场。这引起了美国政府司法部门的注意，他们正在收集材料，准备对微软发起大规模的反垄断诉讼。乔布斯了解此事后，特意邀请首席检察官乔尔·克莱因到帕罗奥图做客。乔布斯告诉对方，对于微软来说，最好的解决方法就是交一笔罚款，最坏的方法就是被拖进官司的泥潭，所以为了给苹果赢得时间，司法部门最好能拖多久就拖多久。

不久，微软向苹果摊牌，表示将不再给未来的麦金塔操作系统开发 Word 和 Excel。这倒并非盖茨小心眼，而是因为苹果公司的状况太糟了，前景黯淡，没有人知道未来的麦金塔系统会是什么样子的。盖茨作为微软的总裁必须考虑种种可能，为微软的利益最大化精打细算。这对于苹果而言，可说是毁灭性的打击。因为在个人电脑时代，人们使用电脑很大一部分原因是因为办公软件的存在。当时，微软 Office 已经垄断办公软件市场，苹果一旦和微软决裂，人们只怕更没有理由购买苹果电脑了。微软的 IE 浏览器对苹果电脑来说，也是非常重要的。浏览器代表着网络应用的未来，如果缺少好的浏览器，苹果电脑就无法真正融入互联网。而 IE 浏览器正是目前最好的产品，苹果电脑如果要跟上时代潮流，就不能将 IE 浏览器拒之门外。

此外，苹果此时正处于危难之间，如果继续和微软缠斗，纠结在官司里，双方谁也讨不到好处。微软财大气粗倒也罢了，苹果资金捉襟见肘，恐怕更加难以承受如此消耗。反之，如果苹果能够和微软达成合作，吸引微软向苹果注入资金，这对于资金紧张的苹果来说不下于雪中送炭。

对于微软来说，这种合作也是有利的。苹果电脑尽管声势大不如前，但品牌上的优势一直存在。假如微软和苹果达成合作，不但可以得到苹果的授权，引进苹果公司的电脑用户界面设计方案，而且可以让微软每年从 Mac 软件市场获得大约 3 亿美元的利润。另外，这也可以淡化微软越来越负面的市场垄断形象，对当时司法部正在进行的反垄断调查起到正面作用。

乔布斯对这些情况洞若观火，所以他决定向微软妥协，同盖茨合作。不管乔布斯内心有多么的不屑、不服，他都无法否认微软此时是苹果的救星。所以，他给盖茨打了个电话，说："比尔，拜托帮个忙吧。我们都知道，如果官司继续进行下去，不论过多长时间，苹果一定会赢得 10 亿美元的专利罚金，但是不知道苹果有没有命拖到那个时候。不如我们讲和吧，苹果继续授权微软使用图形用户界面技术，微软则继续为苹果研发软件，同时再为苹果注入一笔资金。”处于绝对劣势的乔布斯此时提起条件来就好像他完全占据了上风一样，不过比尔·盖茨自然是将乔布斯的这番表态视为投降。

既然合作对双方有利，又何乐而不为呢？盖茨随即回复乔布斯，表示愿意合作，并和他的首席财务官格雷格·马菲一起到帕罗奥图的乔布斯家里，商讨合作事宜。虽然谈判进行得非常顺利，但是直到乔布斯在波士顿的 Macworld 大会做演讲前几个小时，合同的种种细节才最终敲定。当时，乔布斯正在公园广场酒店城堡会议厅彩排，盖茨打来了电话。乔布斯走到一个角落里接了电话，以免被人听到。这通电话打了一个小时，双方最终就所有问题达成协议。

于是，在 Macworld 大会的主题演讲中，乔布斯向大家介绍起了跟微软合作的一些细节。观众们很快发出了嘘声。乔布斯不管不顾地继续宣布：“苹果决定把 IE 作为麦金塔的默认浏览器。”这是精明的盖茨提出的要求。微软的 IE 浏览器那个时候已经垄断了市场，唯独苹果这一块地盘始终未能占领。盖茨一直对此耿耿于怀，希望借这次合作机会，促成 IE 攻占麦金塔。

当然，微软的 IE 浏览器并不是唯一的选择。乔布斯接着告诉大家，苹果提倡选择自由，所以也会提供其他的浏览器供大家选择，用户可以随心所欲地更改默认设置。台下的嘘声似乎小了些。当乔布斯宣布微软将向苹果投资 1.5 亿美元，换取无投票权的股份时，观众的反应开始有所改变。

然而，这种改变并没有持续多长的时间，因为乔布斯这时候犯了一个在他的舞台生涯中很少出现的错误。他向观众宣布，将会有一位的特殊客人通过卫星连线和大家见面。紧接着，比尔·盖茨的脸就出现在舞台巨幅的屏幕上。乔布斯站在屏幕的下方顿时相形见绌，就好像站在巨人身下的一个无助小孩，非常渺小。观众们全都惊得目瞪口呆，随即嘘声和喝倒彩的声音响成一片。

此时，身在西雅图的盖茨坐在办公室里通过卫星连线，开始讲话。他告诉苹果迷们，能够和乔布斯在麦金塔项目上进行合作，是他的职业生涯中最令人兴奋的一件事情。接着，他开始向观众们兜售微软为麦金塔开发的 Office 软件。现场观众们逐渐安静了下来，显然都想听听这位 IT 巨头将说些什么。盖茨告诉大家，微软为麦金塔提供的新版软件功能非常优越，在很多方面甚至比给 Windows 平台开发的版本更先进。观众们听了这话，陆陆续续地鼓起掌来。

乔布斯对于这样的舞台设计感到很尴尬，因为那让他看上去无比渺小，而比尔·盖茨则巨大无比，就好像救世主一样。乔布斯发挥自己出众的口才，希望通过一段即兴演讲来安抚观众：“如果我们想要苹果好起来，就必须抛弃成见。必须抛弃这种‘如果要苹果赢，就一定要微软输’的过时想法……”乔布斯似乎已经忘了，这个所谓的“过时想法”正是他当初自己的想法。

乔布斯的妥协没有白费，微软和苹果的高调合作向外界释放了强烈地积极信号，华尔街对苹果信心倍增。当天，苹果股票飙升 6.56 美元，涨幅 33%，收盘达到 26.31

美元，这几乎是阿梅里奥离职前的两倍，苹果公司由此市值增加了8.3亿美元。苹果起死回生，乔帮主这步棋走对了！

几年之后，当苹果站稳脚跟、羽翼渐丰的时候，就开始反过来进攻微软了。他们自主研发了iWork工作软件以及Safari浏览器，以替换微软的office工作软件和IE浏览器。反观微软，虽然他们认购了1.5亿美元苹果股份，但由于过早地抛售，从而错过了此后苹果数十倍的增长空间。而到了2010年，苹果公司的市值已经超过微软，成为地球上规模最大的科技公司。

非同凡想，给疯狂的人

"我的声音会让人们以为那是关于我的广告，会转移人们对于产品的注意力，那可不是我想要的。"

——谈及为何舍弃自己配音的"非同凡想"的广告版本时，乔布斯如是说

乔布斯回归苹果后，为了尽快恢复公司形象和产品声誉，决定拍摄一个像《1984》那样成功的广告。这其实是没有办法的办法，面对着苹果纷扰、混乱的局面，乔布斯对于未来也并不是那么笃定，拍广告是乔布斯手里仅有的几件法宝之一，他希望通过广告来重振外界对苹果的信心。

如果要在广告营销中一鸣惊人，就必须与大师级的广告精英合作。乔布斯比较倾向于Chiat/Day公司的李·克劳，当年正是他拍出了《1984》这样震撼人心的广告，给麦金塔带来了难以估计的价值。可是，克劳所在的Chiat/Day公司早已经不和苹果合作了。乔布斯离开苹果后，斯卡利就终止了和克劳的合作，而是将生意交给了斯卡利在百事时的老合作伙伴BBDO广告公司。尽管BBDO广告公司在业界也是相当的优秀，但是显然和苹果的基因不合。那段时间，他们创作的广告大都乏善可陈，内容平庸，鲜少特色，根本难以复制《1984》当年的辉煌。

人们对于过去的成功经验是很难忘掉的，乔布斯很快给克劳打去了电话，希望克劳和他的团队能够参与苹果广告方案的制作。"我们需要你的帮助，李！你能在一个星期内做出一个比《1984》更震撼人心的广告吗？而且这个广告最好有一句朗朗上口，容易让人记住的口号。"

克劳同意为苹果拍摄一个新广告，但是已经功成名就的他也提出了一个要求：不参加比稿。他告诉乔布斯，他已经十年没有参加比稿了，他和他的团队的水平毋庸置疑，如果苹果真心希望他出山帮助苹果拍摄广告的话，就不能邀请别人。乔布斯经常给别人出难题，这次克劳则丢给了一个难题给他。乔布斯可以很霸道地干掉董事会，但他不能以同样的方式干掉其他参与比稿的广告公司。无论是BBDO也好，阿诺国际传播也罢，无不是广告界赫赫有名的大角色，乔布斯如果想要得到一个绝佳的、有创意的广告，就不能拒绝这些顶级广告公司的比拼。

另外，乔布斯深深明白这次广告的重要性，不想把宝全都押在克劳身上。虽然，克劳和他的团队制作的《1984》取得了极大的成功，但是紧接着拍摄的《旅鼠》广告却遭到了极大的非议。乔布斯不敢确定克劳是否还具有当年的创意，还能创作出像《1984》那样震撼人心的广告。

于是，乔布斯开始恳求克劳，说他很难拒绝其他参与比稿的广告代理，希望对方能仗义援手，帮自己一次。乔布斯一贯给人强势、霸道的印象，一旦改用温柔的手段，往往能够取得成效。这并非乔布斯第一次运用这种招数，他驾轻就熟地说服了克劳，克劳表示愿意尽力而为。

克劳的确是个广告天才，临危受命的他居然真的在一个星期内就完成了广告方案设计。他带着脚本和创意飞到了库比蒂诺，径直向乔布斯和苹果各部门的高管们抛出了这个精彩绝伦的创意——

“非同凡想”。

这一句话用英语来解释，只有两个单词“Think Different”，如此简单、短促，却又是如此的铿锵有力。所有听了克劳介绍的人都被震撼了，他们很快地意识到，克劳想出的这句口号，虽然连英文语法都不大正确，但将要带给观者的震撼只怕要比《1984》更强烈，更具冲击性。

乔布斯在看到这个无与伦比的创意后，泪水不由自主地从眼角滑落下来。这是多么棒的一个创意啊，当初，乔布斯创立苹果，目的就是为了改变世界。在他的麾下，云集了大批优秀的人才。这些人才华横溢，有着非凡的想象力、创造力，如一个个拓荒者披荆斩棘，创造了震惊世人的产品，给这个世界带来改变。“非同凡想”这句口号对顾客，对苹果的员工都有激励作用。

泪水，同样蕴含着对克劳的感激之情。这个已经10年没有参加过比稿的广告大师怀着对苹果无限的爱，在乔布斯最困难的时刻，纡尊降贵，给予乔布斯以最大的支持。这份情怀、这份纯粹的爱，让乔布斯感动不已。乔布斯一生中哭的次数不少，但是因为感动流泪的场面并不多见。

克劳的创意可谓惊世骇俗，他们用尽了种种方法去赞扬历史上那些曾给世界带来改变的“非同凡想”的“狂人”，这些人包括爱因斯坦、鲍勃·迪伦、马丁·路德·金、约翰·列侬、爱迪生、“拳王”阿里、“圣雄”甘地、毕加索……这些人全部都是乔布斯的偶像。他们特立独行，勇于冒险，不惧失败，虽然很多时候不被世人理解，但是他们敢想敢拼，执着梦想，最终改变了这个世界。

给这个创意配上一段绝妙的广告词，也是一项艰巨的任务。乔布斯对广告词要求非常之高，曾经无数次地否决了克劳团队的方案，甚至把他们骂得狗血淋头。据说，当克劳团队飞到库比蒂诺给乔布斯看第一版的广告词时，乔布斯对着那名年轻的撰稿人咆哮：“这是狗屎，这是广告公司制造出来的垃圾，我恨它！”那名年轻人也是个热血腾腾的青年俊杰，何曾遇过这种状况，站在那儿尴尬极了。自那以后，他再也没有出现在乔布斯面前。后来，乔布斯干脆自己也加入了广告词的撰写。最终，乔布斯和克劳以及他的团队共同创作出了一段朗朗上口的广告词。这段广告词就像乔布斯所有的硬件产品一样完美无瑕，极具震撼力。这段广告词是：

谨献给那些狂人们。他们特立独行，他们桀骜不驯，他们惹是生非。他们是一群格格不入的人。他们用与众不同的眼光看待这个世界。他们讨厌循规蹈矩，他们也绝不愿意安于现状。你可以支持他们，质疑他们，颂扬他们或者诋毁他们，但你唯独不能忽视他们的存在，因为他们改变了寻常事物，他们推动人类向前迈进。或许他们在一些人的眼里是疯子，但他们在我们的眼里是天才。因为只有那些疯狂到以为自己能够改变世界的人……才能真正改变世界。

乔布斯最开始希望《死亡诗社》的主演罗宾·威廉姆斯朗读这段旁白，但是威廉姆斯的经纪人说他不做广告，于是乔布斯直接给威廉姆斯家里打电话。接电话的是威廉姆斯的妻子。她不同意威廉姆斯去拍广告，没有让乔布斯和威廉姆斯通话，因为她知道乔布斯多么擅长说服别人。乔布斯还一度希望玛雅·安吉洛和汤姆·汉克斯来配音。据说，为了请动汉克斯，乔布斯还恳请克林顿总统打电话给汉克斯，促成此事，但是总统搁置否决了这个请求。几经周折之后，乔布斯和克劳选定了奥斯卡影帝理查德·德莱福斯来配音，他是一位忠实的苹果迷。

除了电视广告外，克劳和他的团队们还为苹果创作了一系列精彩的平面广告。每则广告都有一个标志性历史人物（如爱因斯坦、卓别林、爱迪生等人）的黑白肖像，这些肖像都没有说明文字，只是在旁边附上的苹果标志和广告语“非同凡想”。这种独特的广告方式给人耳目一新的感觉。

乔布斯为了确保偶像的肖像完美无瑕，亲自参与了照片的选择。有一次，他发现“圣雄”甘地的照片不太合适，询问克劳是怎么回事。克劳告诉他，那张由摄影师玛格丽特·伯克·怀特拍摄的甘地在纺车边的著名照片，肖像版权由时代与生活图片社所有，不能被用于商业用途。乔布斯听了这话，亲自给时代与生活图片社的主编诺曼·珀尔斯坦打电话，希望能够用上这张照片。对方不同意，乔布斯就软磨硬泡，直到对方答应为止。他还给美国前总统肯尼迪的胞妹尤妮斯·施赖弗打电话，希望得到她的允许，让他使用肯尼迪和施赖弗在阿巴拉契亚山间旅行的照片。

吉姆·汉森是美国著名的提线木偶剧演员，逝世于20世纪90年代初。为了拿到这位优秀演员的最合适的照片，乔布斯亲自和他的孩子们沟通，花费了很大的功夫，这才弄到照片。乔布斯还给约翰·列侬的遗孀小野洋子打了电话，希望能够得到一张她已故丈夫的照片，她给他寄了一张。但乔布斯并不满意，他特意去了趟纽约，约小野洋子在一家日本小餐馆见面。小野洋子重新给了他一张照片，正是那张她和约翰拿着花束一起在床上的经典照片。乔布斯最终使用了这张照片。

理查德·德莱福斯给广告的配音工作做得很好，很好地诠释了旁白的内涵。但克劳突然又有了一个想法：让乔布斯本人来配音。于是，乔布斯走进录音室，试录了几条。最终，乔布斯的版本做出来了，效果非常棒。克劳对乔布斯说：“如果用你自己声音，效果会非常的强烈。这是表明你重新拥有苹果的最佳方式。”但是，乔布斯对这个建议犹豫不决，难以就二者作出取舍。

到了广告播放的前夜，广告必须提交给电视台了，乔布斯仍然没有作出决定。最后，他告诉克劳将两个版本全部送到电视台，这样他还能有一夜的考虑时间。第二天早上，乔布斯决定采用德莱福斯的版本。乔布斯告诉克劳："我的声音会让人们以为那是关于我的广告，会转移人们对于产品的注意力，那可不是我想要的。"作为一个控制狂，乔布斯能认识到"苹果"比"我"更重要，作出这种改变，可说是难能可贵。这微小的变化，正是乔布斯走向伟大的开始。

这则时长仅60秒的"非同凡想"电视广告产生了前所未有的轰动效应，评论家们对此大加褒奖，认为这是90年代最有创意的广告之一。很多忠实的苹果迷在看了这则广告之后激动不已，因为他们熟悉的——特立独行、桀骜不驯的乔帮主又回来了。在乔布斯离开苹果的12年里，苹果公司已经失去了其拓荒者的地位，而这则广告让他们看到了苹果崛起的希望。因为他们深知乔布斯的回归，就意味着苹果"创新精神"的回归，而这正是苹果引领时代潮流的根本。

"非同凡想"这则广告接连几年都是苹果的主打广告。直到2002年，苹果恢复生机，并重新创造了辉煌，此时苹果已经不需要这样大气磅礴的广告作品来扭转局面了，他们重新制作了充满生活与时尚气息的广告。即便如此，从这些广告里我们仍然能隐隐感觉到咄咄逼人的"乔式锋芒"。

唯我独尊 iCEO

"我回到苹果，原本想要帮助苹果找到一位CEO，但是我们没有合适的人选，所以我最终留了下来。"

——回忆当年从弗雷德·安德森手上接任临时CEO时，乔布斯如是说

乔布斯最初是以顾问的身份回到苹果工作的，在"非同凡想"广告制作接近尾声时，乔布斯决定正式接手公司的经营。1997年9月，乔布斯宣布他将从弗雷德·安德森手中接过临时CEO的职务，这一名称也被缩写成了iCEO（interim CEO)。他还是没有和公司签订任职合同，也不领薪水（只是象征性地收取1美元年薪)。这说明乔布斯仍有顾虑，不愿意承担失利的污名。

尽管如此，乔布斯在苹果的表现却完全不像一个有所顾忌的人。他决断大事，掌控一切，唯我独尊。在那个星期，乔布斯把所有苹果的高层管理人员和员工召集到苹果的礼堂开会。开会结束后，他准备了啤酒和素食招待大家，庆祝自己的新角色。乔布斯似乎并不那么注重自己的仪态，他经常穿着短裤、赤着脚，满脸胡茬地在苹果园区走来走去，苹果员工们对此习以为常。

就任iCEO后，乔布斯接连几个星期都在和董事会一起寻找一位正式的CEO。他们的心中有很多的人选，柯达的乔治·M·C·费希尔、萨姆·帕尔米萨诺、SUN公司的埃德·赞德都是备选的目标。但是，这些人在接到苹果的邀请后，大多犹豫不

决，不愿接手苹果。个中原因不言自明：一则，苹果亏损严重，朝不保夕，万一未能拯救苹果于水火之中，就需要为自己的失利承担污名。英明一世，毁于一时，岂不是大错特错？二则，大家都明白，只要“控制狂”乔布斯还待在苹果，别人就不要指望着能够正常地行使权力。因为，乔布斯绝对不会允许出现另外一个权力中心，他肯定会想方设法掣肘的。说白了，即便当上苹果 CEO，只怕也只是乔布斯的傀儡而已。SUN 公司的赞德就曾公开表示，他拒绝做苹果 CEO 候选人是因为“只要史蒂夫在，他就会窥探、质疑我的每一个决定，我可不喜欢那样”。当然，这当中也不乏一些胆气过人的自荐者，可惜他们大都才能平庸，难以入乔帮主的法眼。乔布斯有时还会捉弄他们，有一次，他和埃里森就捉弄了一位前来应聘该职位的计算机顾问。他们给他发去邮件，说他被选中了。这名顾问兴奋不已，还接受了报纸的采访。等他后来明白这只是一场乌龙时，场面真是尴尬。

由于一直都未有合适的人选，所以，乔布斯也就一直在“临时”的招牌下主持苹果的工作。到了 12 月，董事会悄悄搁置了 CEO 的遴选，因为他们发现乔布斯正在尽可能地拯救苹果，并且很多事已经初见成效，而且乔布斯似乎也正在适应自己临时 CEO 的身份，“我回到苹果，原本想要帮助苹果找到一位 CEO，但是我们没有合适的人选，所以我最终留了下来。”他如此说道。

那段时间，工作非常辛苦，巨大的压力无可阻挡地侵向乔布斯，令他难以呼吸。他必须规划好一分一秒，做到苹果、皮克斯、家庭的兼顾。他每天开着车穿梭于苹果和皮克斯之间，早上 7 点上班，晚上 9 点回家。回到家后，孩子们都已经睡了。乔布斯精疲力竭，累得连和妻子说话的力气都没有了。他唯一能做的事情就是看半个小时的电视，然后倒头就睡，等待第二天太阳的升起。长时间高负荷、高强度的工作令乔布斯的身体越来越糟。他的头发越来越稀疏，并且逐渐从黑色褪成了灰白。更糟糕的是，他得了肾结石，精神上的折磨、身体上的疼痛几乎要了他的命。每当工作的时候，身体疼痛难忍，他只好停下工作，从忙碌中脱身，匆匆忙忙地赶去医院，让医生给他打一针杜冷丁，然后又驾车返回去继续工作了。

尽管这样的工作安排令乔布斯饱受折磨，但是他在苹果的工作越来越投入、越来越专注，亦越来越觉得自己无法离开苹果。他不能够容忍任何人质疑他对苹果作出的努力。1997 年 10 月的某次计算机展会上，曾经有好事的记者问戴尔计算机的创办人迈克尔·戴尔：“如果你是史蒂夫·乔布斯并接管了苹果，你会怎么做？”戴尔回答说：“如果是我的话，我会尽快把苹果关闭，然后把钱还给股东。”乔布斯得知这件事后气坏了，就写了一封语气刻薄的电子邮件给戴尔：“身为企业的首席执行官应该有格调，我能看得出，你并未打算做一个有格调的执行官！”

树立明确的敌人是乔布斯经常使用的一种鼓舞团队的方法。十多年前，他还在苹果时，就曾经将 IBM 和微软视为竞争对手，现在对戴尔也是如此。有一次，乔布斯召集管理层开会。他把戴尔的照片制成标靶放大在屏幕上，然后告诉他的团队们：“现在是找戴尔麻烦的时候了。”全场掌声雷动，一片欢呼之声。

乔布斯精通演讲艺术，他出众的口才、极具魅力的演讲，成了他带领苹果走出困境的一件法宝。在iMac发布会大获成功之后，乔布斯每年都会精心设计四到五次的产品发布会或者演讲。乔布斯是舞台上无与伦比的大明星，他的魅力苹果无人能及。美国知名作者卡迈恩·加洛在《乔布斯的魔力演讲》一书中写道："乔布斯的演讲往往会让听众持续处于高度亢奋状态。"

在舞台上，乔布斯尽情地施展自己的控制欲，他很重视舞台上那戏剧性的揭幕，所以苹果的保密工作十分严格。苹果公司甚至因为此事打过官司。尼古拉斯·西亚雷利是哈佛大学的一名学生，同时也是麦金塔电脑的忠实粉丝，出于对于苹果的热爱，他经常会在个人博客上发表一些关于苹果未来产品的猜测和预想，这让乔布斯很生气。他就对西亚雷利提起诉讼，直到对方同意关闭博客才算了事。2010年的时候，苹果还起诉了一家名叫Gizmodo的网站，因为该网站提前披露iPhone4消息。

台上一分钟，台下十年功。乔布斯完美的演讲来得也是相当不易。在每次演讲前，乔布斯都会认真核对每一个细节，绝对不允许出现任何的纰漏。出于对极简主义风格的追求，乔布斯每次演讲时，都会穿着标志性的黑色套头衫和牛仔裤。他的演讲条理清晰，宛如带着魔力，听众经常深陷在乔布斯激情澎湃的演讲中不可自拔。乔布斯演讲的成功源于他事先精心的准备。在演讲前，他会亲自撰写和修改演讲内容的幻灯片和要点，并一遍遍地演示给同事和朋友看，请求他们提意见。回到家里，他会请妻子劳伦·鲍威尔当听众，看哪里还有需要修改的地方。每一页演讲内容乔布斯都做成三种不同风格的幻灯片，然后让鲍威尔从中选择较好的一个。每一页幻灯片都要改上六七次，精益求精。

发布会的展示方式并没有太多花哨的东西，但其内容精密、准确、让人过目难忘，这除了乔布斯杰出的营销才能外，还得益于苹果团队的协力合作。苹果的产品工程师迈克·埃万杰利斯特开发了iDVD软件，并帮助乔布斯准备这部分的演讲。在发布会前几周，埃万杰利斯特需要和他的团队花费数百个小时，为乔布斯找那些要刻录进DVD并要在台上展示的图片、音乐和照片。乔布斯是个完美主义者，很多地方他都不满意，要求埃万杰利斯特和他的团队改善。这让埃万杰利斯特有些抓狂，他觉得乔布斯不可理喻，但恰是不断地批评、改正才带来了更好的效果。

有一年，乔布斯让埃万杰利斯特上台演示苹果新推出的一款视频编辑软件——FinalCutPro。在彩排的过程中，乔布斯也来了，就坐在观众席中。这让埃万杰利斯特紧张万分，以至于在演讲中结结巴巴，错误不断。乔布斯明显来者不善，听了一分多钟，就不耐烦地打断了他，说："如果你继续这个样子的话，我就把你的这段演示从演讲中删掉。"好在菲尔·席勒教给了埃万杰利斯特一个让精神放松的方法，最终在正式的发布会上，他的表现非常出色。埃万杰利斯特认为，正是乔布斯苛刻的批评，才给他带来长足的进步。他回忆说："不论是自己还是别人，乔布斯都要求绝对完美，我想这是他对苹果最重要的影响之一。"

在乔布斯强有力的领导下、独断专行的整肃下，苹果逐渐摆脱了困境，并实现了盈利。1998年1月6日，在旧金山举行的Macworld展会上，乔布斯像往常一样发表了冗长而激情洋溢的演讲，在演讲快要结束的时候，他仿佛突然想起了什么似的，告诉大家："这个季度我们又盈利了。"

观众席上顿时响起了雷鸣般的掌声。尽管很多人对乔布斯独断专行的管理方法不以为然，但却无法否认恰是乔布斯在这么短的时间内拯救了苹果，创造了奇迹。此后，苹果狂飙猛进，一路高奏凯歌。2000 年 1 月 15 日，乔布斯宣布去掉自己头衔中的"临时"字样，正式成为苹果公司的 CEO。

把产品做成艺术品

"乔尼（即艾维，苹果员工对艾维的昵称）在很大程度上改变了苹果公司甚至全世界。他非常聪明，同时学习能力很强，能很快地接受新事物。他在产品设计之外，还懂得商业和营销，这非常难得。此外，他更深入地理解苹果的核心理念。"

——在谈到自己合作上的最佳拍档乔纳森·艾维时，乔布斯如是说

乔布斯回归苹果后，发现苹果最大的问题就在于没有生产出极具魅力的酷炫产品，反而让庸俗的商业思维占据了主宰地位。虽然苹果推出了很多型号的电脑，但没有一件产品能让乔布斯满意。为了设计出真正卓越的产品，乔布斯专门找了猎头公司，让他们帮忙寻找符合自己需求的设计师。

千里马常有，伯乐不常有。很多时候，人才就在那里，不增不减，关键在于是否有一双善于发现他们的眼睛。乔布斯显然正是这样的一个人，他的眼光独到、敏锐，能够轻易分辨出这个人究竟是天才，还是白痴。正当他还在为人才而苦苦寻觅的时候，他惊喜地发现，在公司的内部，就有这样杰出的大师级设计人才，这个人就是时为设计部门主管的乔纳森·艾维。

艾维是英国人，他的父亲原来是一名银匠，后来应聘到当地一家大学教授传统手工艺制作。在父亲的影响下，艾维自小就很好动，喜欢摆弄各种东西，研究其构造。家里的收音机、录音机等物品几乎成了他的玩具，他常常将它们拆得七零八落，然后重新拼装起来。尽管每次都会遭到父母的一顿痛骂，但艾维对此乐而不疲。他在十三四岁的时候，就明白自己喜欢的是设计漂亮、好用的东西。他立下志向，将来要做一名优秀的设计师，设计出震惊世人的天才作品。

中学毕业后，艾维想去伦敦的中央圣马丁艺术与设计学院学设计，但他不喜欢这所学校的氛围，就去了纽卡斯尔理工学院（即后来的诺森比亚大学）读工业设计。在这里，艾维如鱼得水，他除了在学校里学习、掌握各种技艺知识外，还利用暑假和业余时间在一家设计公司工作。他曾经设计了一支钢笔，笔帽上有一个小球，这样使用者在无聊的时候就可以拨弄笔帽上的小球自娱自乐。他还设计过一台自动取款机和一款流线型电话机，这两样作品让他获得了英国皇家艺术学院奖。和其他设计师不同，艾维不仅能画出精美的草图，还对工程学以及产品的工作原理非常感兴趣。

艾维受父亲影响，在设计上追求完美，最容不得草率、粗心的态度。他的毕业设

计是一套用白色塑料制成的麦克风和听筒，可以用来和听力不好的儿童沟通。通常情况下，毕业设计只要做五六个模型就可以了，但艾维为了追求完美，一口气做了上百个。

如果说真的存在一见钟情的话，艾维和苹果就是一见钟情。在大学阶段，艾维由于做设计的需要接触到了苹果产品。当他在使用麦金塔电脑做设计时，顿时为苹果酷炫的设计、精密的技术所着迷。他发觉理解了真正优秀的公司应该生产出怎样的产品。他甚至觉得，自己和苹果的那群设计天才们在冥冥之中有着某种联系。

毕业之后，艾维和纽卡斯尔理工学院的另一个设计奇才——克里夫·格瑞亚合伙在伦敦成立了一家名为蜜橘的设计公司。这家公司是小本经营，艾维虽然名曰设计师，但许多事情需要亲力亲为，比如说向客户推销产品、和其他公司进行商务谈判等。艾维并不擅长商业方面的事情，而只痴迷于钻研设计，发明新产品。所以，在橘子公司的三年里，艾维一直感到无所适从，郁郁不得志。他虽然满腹才华，却无人赏识。直到 1992 年，一个偶然的机会改变了他的一生。

当时，苹果公司负责人找到了橘子公司，想让他们为即将发布的苹果便携电脑做几款设计。艾维正郁郁寡欢地帮客户设计浴室用具，见到苹果的项目，顿时来了精神，当即将这个项目揽在了自己身上。几天后，艾维乘飞机到了美国加州的库比蒂诺，为苹果公司演示他设计的便携电脑。在苹果会议室里，面对着一屋子的市场经理和产品经理，艾维不禁有一些惴惴不安。他不知道自己的设计能否得到苹果的好评，因为就在不久之前，他为客户设计的马桶就被批评得一文不值。这对艾维来说是一个不小的打击，现在面对着对设计有着更严格要求的苹果，他如何能不紧张？让艾维没想到的是，演示会刚一结束，苹果所有的人都对艾维的方案赞不绝口。有一位副总裁甚至走到艾维身边，邀请他加入苹果，为苹果设计优秀的产品。

艾维愉快地答应了。他从来没有奢望过可以到苹果工作，苹果是设计师的天堂，而他是苹果忠实的粉丝。这些年来，苹果推出的 Apple Ⅱ、Macintosh 等经典产品，无不让艾维为之着迷。加入苹果，并参与到设计这些伟大产品的过程之中，这是一件多么荣耀且难以拒绝的事情啊。

艾维回到伦敦后，向格瑞亚递交了辞呈，然后漂洋过海移居到加州的库比蒂诺，在苹果公司的设计部门工作。那个时候，乔布斯还没有回归苹果。艾维很快发现，苹果并不像自己先前想象的那样美好。最初几年，艾维主要负责设计牛顿 PDA 的外壳和苹果打印机的托盘。他稀奇古怪的创意并没有得到上层的赏识，这让他感到颇为失落。1996 年，恰好是乔布斯回归前的一年，艾维升任为设计部门的主管，他却一点也不开心。因为他发现此时的苹果公司和其他的公司并没有什么两样，一切以利润为主。阿梅里奥并不看重设计，设计只是一个配合性的工作。再加上苹果内部产品线混乱、人浮于事的情况日益严重，更让艾维心灰意冷，他一度想过辞职。就在这个时候，乔布斯回归了。这让艾维又生出一线希望，暂时留了下来。

1997 年 9 月，乔布斯重回苹果，并出任苹果的 iCEO。他将所有的高管召集起来，做了一次激情洋溢的演讲。艾维至今仍然记得，乔布斯当时在大会上宣布苹果的目标不仅仅是赚钱，而是制造出伟大的产品。基于这一理念，艾维决定留了下来，他希望乔布斯能够给苹果带来改变。

起初，乔布斯打算砍掉先前的苹果设计部门，从外部另外聘请世界级的设计大师。后来，他到苹果的设计工作室走了一圈，结果意外地看到了艾维所在的团队正忙着设计一种神秘的电脑，这种电脑有着灵巧的一体化机身，透明的外壳和可变换的色彩。看到这款设计的时候，艾维手中还只有一个泡沫塑料的模型。虽然还只是一个模型，乔布斯已经如发现了宝藏似的激动万分。经过和艾维的交流，乔布斯断定，眼前这个名不见经传的年轻人，必将在设计领域傲视群雄。

乔布斯大胆起用艾维，让他负责苹果的设计团队。艾维也不负众望，在接下来的几年里，每隔一段时间就推出一件震惊世界的“神器”，从 iMac 到 iBook，再到后来的 iPod、iPhone 和 iPad，几乎每一件杰作都出自大师艾维之手。乔布斯和艾维在设计上堪称天生的绝配。可以想象，如果没有乔布斯的回归，艾维或许早已离职；没有乔布斯的赏识，艾维再怎么精妙的创意也只会是一对胡乱摆放的模型，更休提如何地震惊世人了。反之，如果没有艾维的天才创意，苹果的产品就不可能如艺术品般精美绝伦，风靡世界，而乔布斯也根本不可能如神一般为世人膜拜。

这种默契，让乔布斯和艾维的关系非同一般，非常亲密。他们经常一起共进午餐，乔布斯每天下班前都会去艾维的工作室逛一圈，了解工作的进展。艾维还经常到乔布斯家中做客。鲍威尔对此深有感触，她认为在乔布斯的生活里，很多人都能够被替代，但唯独艾维不能。

乔布斯本人也对艾维表达了自己的敬重，他说：“乔尼（即艾维，苹果员工对艾维的昵称）在很大程度上改变了苹果公司甚至全世界。他非常聪明，同时学习能力很强，能很快地接受新事物。他在产品设计之外，还懂得商业和营销，这非常难得。此外，他更深入地理解苹果的核心理念。”他认为艾维理解公司的理念，明白苹果是怎样的一家公司，是他在苹果公司里的“精神伴侣”。

乔布斯希望生产的产品是艺术品，每一件都性感、新潮、时尚、炫酷，能够体现出苹果的公司文化和价值观。在这一点上，艾维和他配合得天衣无缝。因为，将产品做成艺术品也是他一直苦苦追求的。乔布斯对于未来产品的判断更注重直觉。他会明确地指出自己喜欢的和不喜欢的模型和草图。而艾维就会根据乔布斯的思路和喜好，进一步设计和完善，生产出卓越的产品。

在大多数公司，都是工程技术决定设计，他们有着一流的工程师，但是不重视产品的设计。所以，常常是工程师们确定产品的规格和要求之后，设计师们再设计模型和外壳。在苹果公司则刚好相反，乔布斯相信决定一件产品最终价格的是产品的设计，比如产品的外观、包装等。在他执掌苹果时，设计师主导了产品从设计到生产的整个过程。在苹果创立之初，乔布斯也是先确定了 Mac 电脑的外壳之后，工程师们才根据外壳制造出适合的主板和元件。1985 年，乔布斯被踢出苹果后，在斯卡利的主导下，工程师们又主导了一切。他们首先制造出产品的主板和元件，然后让设计师据此设计出外壳，进行包装。这其实很大程度限制了设计师的发挥，最终很难生产出优秀的产品。等到乔布斯再次回归苹果，这一切又颠倒过来。乔布斯重用艾维，设计师再次主导工程师，从而生产出很多五颜六色的炫酷、时尚的产品。

乔布斯对于产品的要求极为严格，要求设计师做到极致。几乎每一位苹果设计师一进入公司，就要把“追求完美”挂在嘴边。很多人把完美主义当作是一个理想化的目标，可以追求但不必强求，但是乔布斯则将完美主义视为生命。他对每个环节都求全责备，眼里容不下一粒沙子。这一点早有例证。早年开发麦金塔时，他就不断地否定设计师的方案，不断改进产品，导致整个项目的进度一拖再拖。他的严格近乎偏执，他要求工程师们把用户根本看不见的主板电路做得漂亮、时尚，设计师们除了考虑机箱、键盘的颜色和外观外，甚至连键盘上的每个标点都要考虑到。

在产品的设计过程中，一般来说，苹果的设计师通常会设计 10 个左右的方案，然后仔细甄选，从中选出 3 个比较好的方案。从这 3 个比较好的候选方案里，设计师们需要花费很长的时间去考虑各种可能性，最终选择出最好的那一个。这种遴选机制有助于苹果上层作出更为准确的选择。

除此之外，乔布斯对于苹果的包装也相当痴迷。苹果创立之初，迈克·马库拉曾经对乔布斯说起包装的重要性，他告诉乔布斯，人们会根据书本封面的好坏来判断一本书的好坏。同样的，如果苹果产品的包装够精致、够漂亮，就能够吸引消费者，让他们相信这是一款好产品。乔布斯和艾维经常花费很长的时间去讨论产品的包装，并为此申请了多项专利，如 iPod、iPhone 的包装盒。

超前的卓越眼光

“已有的 Mac 电脑除了历史，什么都不能代表，真正能够代表苹果未来的是今后要推出的产品。”

——回归苹果后，乔布斯向所有员工发了一封邮件，如是说

1984 年，当乔布斯以“麦金塔之父”的姿态隆重推出麦金塔电脑后，这款风靡了世界的电脑就成了苹果历史上的经典产品。多年来，苹果一直以此为傲，并坚持将麦金塔作为主营业务。但是，这种执着并没有给苹果带来任何的好处，随着时代的变迁，麦金塔丧失了自身优势，已经无法和微软、IBM 竞争。尽管历任的 CEO 都设法改进麦金塔，但由于他们缺乏卓越的战略眼光，所以成效并不明显。乔布斯回归苹果后，力主破旧立新，就利用苹果周年纪念的机会给全体员工发邮件说：“已有的 Mac 电脑除了历史，什么都不能代表，真正能够代表苹果未来的是今后要推出的产品。”

乔布斯的回归，激活了苹果的创新基因。他们花费了四五个月的时间就研制出了一款全新的 iMac 电脑。虽说这款产品也是在麦金塔的基础之上研发出来的，但较之于以往有了很大的变化。变化首先体现在电脑的外观和颜色上。之前，人们电脑的发展基本上都是性能的角逐，各种指标数字的攀比。但随着社会的发展，电脑逐渐普及，

个性、新潮的产品就成了大势所趋。不要小看电脑外观、颜色的变化，因为这种变化的背后，反映的是人们的人文理念、习惯的变化。

长期以来，电脑作为一种高性能的计算工具，机箱无非黑白两色，单调且沉闷。但 iMac 的出现则打破了人们这种传统想法。1998 年的 iMac 发布会上，与会的人几乎不敢相信自己的眼睛：电脑原来还可以被设计得这么养眼。彩色、透明、像水果糖一样炫目、诱人，活脱脱一件艺术品。

iMac 的大获成功，也让乔布斯和艾维更加坚定把外形和颜色作为苹果的核心设计因素。自那以后，苹果就开始了对完美色彩的不懈追求，苹果产品在外观和颜色上的创意层出不穷。后来发布的 iBook 沿袭了 iMac 的彩色透明设计，而 iPod 系列更是拥有金色、银色、粉红、绿色、蓝色等炫目的色彩供客户选择。再到后来的 iPhone 和 iPad，虽然只有黑白两色，但炫酷的外观、性感的设计，同样令人趋之若鹜，这亦说明苹果对于色彩元素的把握已经到了炉火纯青的地步。

有趣的是，当苹果产品开始变得五颜六色的时候，乔布斯却把苹果的商标从彩色苹果变成了白色苹果。这种改变大致有两方面的原因：一则，乔布斯希望以如此方式宣示自己的强势回归，也同以前的苹果进行切割。二则，乔布斯崇信佛教，白色是最空灵清净、包容万象、清澈明亮的颜色。苹果自身的产品越炫目迷人的时候，苹果的商标却返璞归真，越发变得内敛而庄重。

当然，乔布斯给苹果带来的改变，并不仅仅是这些方面而已。乔布斯在设计、美学上超前的卓越眼光，使得苹果的产品领先于同行好几年。而正是这种领先，让苹果保持着较快的增长。就拿 1998 年苹果推出的 iMac 来说，这款电脑就领先了同行两三年左右。乔布斯当初在开发这款电脑时，提出不能有软盘的要求。结果事实证明，他的这个观点是 110%的正确。软盘已经落伍，不被需要了。乔布斯的超前眼光令 iMac 一上市就占据极大竞争优势。

这一点，还真是不服不行，乔布斯在技术领域就好像是一个神奇的魔法师，具有透视未来的能力，能够预测到几年甚至是十几年之后的技术发展趋势。从他创建苹果，再到创建 NeXT、皮克斯公司，乔布斯的这种远见卓识贯穿始终。通常而言，乔布斯的这种远见体现在三个方面：一，他了解自己所关注每一个技术领域的来龙去脉；二，他总是相信未来有无限可能，并且大致清楚未来的演进方向；三，他总是能够顺应潮流，推陈出新，生产出适合的产品。

有人说，苹果公司做得最棒的地方在于他们淘汰自己产品的速度。确实如此，乔布斯相信，苹果要为了未来而不是现在而活着，所以他不停地告诫自己的员工，苹果要做什么、不做什么。苹果的对手不是微软、IBM，而是自己，他们不断用新产品、新技术淘汰和否定旧的东西。苹果从来都不会站在已有战果上故步自封，对于苹果来说，最优秀的产品永远是下一个。刚刚完成 Apple Ⅰ的研发，沃兹立刻就开始着手研发 Apple Ⅱ了；当 Apple Ⅱ卖得风生水起之时，乔布斯就立即判断出图形用户界面才代表着未来，于是就开发出麦金塔；当麦金塔还在发光发热，乔布斯便主导研发了新一代 iMac；当 iMac 仍在持续着自己的辉煌，乔布斯又在 2001 年推出火爆产品 iPod；

iPod 刚刚上市，乔布斯就立即开始思考 iPhone 手机的研发……

这种超前思维简直令人叹为观止。科技产品向来是以技术作为支撑的，超前的技术，即便只有两三年的领先，也足以惊艳世人，这在竞争上更会让该产品占据有利的位置。试想一下，如果苹果没有这种能力，即便苹果在 1997 年没有崩溃，恐怕也会和微软、IBM 等 IT 巨人一样，虽然运转如常，却没有任何的激情、活力而言，更别说生产出伟大的产品，改变世界了。

乔布斯这种对于未来技术的追求，并非总是那么的风光如意，有些时候也会在实践中付出代价。早年，苹果开发的麦金塔电脑，虽然外形精致、小巧，运行速度快，操作系统比较先进，但是由于该款电脑的应用软件只有 6 种，而 IBM 个人电脑则有数千种软件程序可供安装，所以，麦金塔成了客户心中感兴趣但又不会购买的机器。乔布斯虽然有超前的目光，但是完全忽视了典型电脑用户的所思所想。他没有抓住用户购买电脑时最基本的考虑因素，以致受挫。后来的 NeXT 也是如此，这款电脑性能上虽然无与伦比，极具个性，但是高昂的价格让大多数客户望而却步。当时，电脑虽然逐渐普及，但还远没有到用户追求个性、讲究品位的市场阶段。人们首先想要的是一台价格合适的普通电脑，而不是一件价格高得吓人的艺术品。

乔布斯对于未来技术极为痴迷，有些时候为了尽快启用新的技术，他常常不顾一切地放弃对现有技术和既有用户的支持。当年推出麦金塔时，市面上的大多数电脑采用的都是 5 寸软驱但乔布斯预见到只有 3 寸软驱才代表未来方向，所以坚持在麦金塔电脑上应用了 3 寸软驱。等到 iMac 横空出世时，乔布斯干脆连软驱也不要了，只为 iMac 配备光盘驱动器和网络接口。到了 2005 年，乔布斯又大胆决定，新款 iPod 将全面采用代表未来的 USB2.0 数据接口，而摒弃原来一直采用的“火线”技术。而到了 2008 年，借着无线网络兴起的时机，苹果又摒弃原来的有线网络接口，在新推出的 MacBook Air 笔记本电脑上只内置了无线网络。

然而，这种激情洋溢的技术更新也带来一个新问题：苹果产品互不兼容。当年的麦金塔就和 Apple Ⅱ、丽萨不兼容，后来，苹果推出的麦金塔操作系统，各个版本之间不兼容的问题同样时常出现。在阿梅里奥执掌苹果时，甚至出现了自己的操作系统与自己的应用程序不兼容的问题，这可闹了不小的笑话。苹果公司内部程序之间都出现这类兼容问题，更别提和 IBM 私人机的兼容了。可以说，苹果在 20 世纪 90 年代输掉个人电脑大战，兼容性太差是其中一个重要原因。

不过，这一切对于战略家乔布斯来说，并不算什么。为了技术的进步，实现改变世界的梦想，付出一定的代价是完全能接受的。到了 21 世纪以后，新技术层出不穷，产品的更新换代越来越快。乔布斯在这样的大变革下，更是如鱼得水，他以自己独特的战略眼光领先了同行 3～5 年。有人会问，这种领先有什么用？其实对比一下过去几年里苹果、微软、IBM 这些 IT 巨人的股价走势就会明白，这种领先就意味着高额的利润。微软、IBM 因为基本没有推出代表未来技术的产品，所以股价四平八稳，而苹果则因不断有新产品问世，股价水涨船高，暴增了上百倍，而苹果的公司市值也逐渐地超越了微软，成为全球市值排行第一的科技公司。

当然，乔布斯在准确地洞察未来的时候，也会考虑一下这些未来技术是否适合变成商品。2002 年左右，微软公司提出了平板电脑的概念，顿时引起了业界的轰动。有人建议乔布斯研发此类电脑。但乔布斯拒绝了。他认为，当时的市场条件并不适合发展平板电脑，而且技术上的不成熟也阻碍了平板电脑进入大众市场。果不其然，这之后的六七年里，平板电脑都只是一个概念而已。直到 2010 年，万事俱备，苹果这才隆重推出 iPad，果然大获成功，成了最终的赢家。

所向披靡的 iMac

“我们造出来世界上最优良的电脑。从今以后，所有的电脑都会不一样。”

——当 iMac 横空出世之后，乔布斯如是说

乔布斯重新执掌苹果后，对内裁减员工、节省开支，对外取得与微软的和解，签订协议，得到对方支援。这些举动有效地缓解了苹果的危机，但是乔布斯明白，如果没有新潮、时尚的产品推出，重塑客户对苹果产品的信心，苹果仍然将继续沉沦。事实上，苹果新一代产品 iMac 的研发正在紧锣密鼓地进行中，乔布斯相信，只要这款产品推向市场，苹果定会重现当年辉煌。

对于这款产品，乔布斯寄予厚望，所以他几乎全程参与到产品的研发中来。在产品的设计方向上，可以说完全由乔布斯主导。在 iMac 研发之初，乔布斯就对这个产品有明确的说明。他告诉大家，要回到 1984 年第一台 Mac 电脑那个设计理念。这个产品必须是一个超炫的一体化的消费电子产品，键盘、显示器和主机被组合到一个简单的装置中，从箱子里面拿出来就能用；而且设计要独特，要能体现品牌文化；价格应该价格定在 1200 美元左右，适用于普通大众。

最初的计划是开发一款“网络计算机”，但是，当乔布斯看到 SUN、IBM 公司推广网络计算机相继失败后，就改变了计划，决定生产大众的家用台式电脑，在设计上，他仍坚持 iMac 计算机的机箱要一体成型。苹果的设计部门和工程部门按照乔布斯的理念，通力合作，生产该型电脑。

艾维和他的第一助理丹尼·柯斯特开始制作模型，设计这款机器。乔布斯毫不客气地否定了前几十种机型，直到艾维完善了其中一个机型，乔布斯这才满意。他兴奋地拿着塑料模型，充满信心地向着他信赖的部门高管和董事会成员展示。这款机器的确与众不同，它的外壳是半透明的，可以看到机器内部。乔布斯一直以来追求极致完美主义，坚持要让芯片整齐地排列在电路板上，即使它们不会被人们看到也要这么做。但现在透过这个半透明外壳，人们可以看见这些电子元件整齐地排列着，具有艺术美感，从中人们也能感受到乔布斯的良苦用心。

乔布斯对于外壳的颜色极其重视，艾维和柯斯特提出要把这台机箱和显示屏一体化的电脑外壳计成海蓝色，乔布斯同意了。之后，这种颜色被命名为“邦迪蓝”，灵

感取自于澳大利亚的邦迪海滩。为了让它看上去完美无瑕且与众不同，乔布斯甚至带领设计团队去了一家糖果工厂，向糖果公司的包装专家学习如何制作漂亮的软糖，如何把半透明色彩做得更好看。正是在乔布斯的不懈努力下，这款如同糖果一样漂亮的计算机最终才能在强敌如林的市场占据一席之地。

在 iMac 的配置设计中，乔布斯依然大胆地创新着。在他看来，计算机传送信息和数据可以通过互联网或者电子邮件，没有必要使用软盘驱动器。所以在设计 iMac 的时候，他要求设计团队放弃软盘，只在机箱里安装一个 CD 存储驱动器。难得的是，乔布斯这次并没有一意孤行，而是询问了研发组专家的意见——这可看作乔布斯回归苹果最大的改变。很多专家也认为，软盘已经落伍了，完全没有安装的必要。乔布斯这才拍案决定：iMac 计算机不安装软盘驱动器。

乔布斯还要面对制造工程部门的反对。

有一次，艾维想出了一个点子，认为可以在 iMac 的顶部安装一个内嵌的提手，从而增加其亲和力和趣味性。乔纳森·鲁宾斯坦当时是乔布斯亲自指派的硬件部门主管，他认为艾维提出的设计概念有些异想天开，同时几乎所有的工程师都支持鲁宾斯坦的看法，认为这个创意根本无法实现，他们甚至为此提出了 38 种不能这么做的理由。

乔布斯坚持道："不，这个主意很好，我们必须得完成它。"

工程师们说："为什么呢？给我们一个必须这么做的理由。"

乔布斯坚定地说："因为我是 CEO，我认为这个主意很棒，这个理由够充分吗？"工程师们显然知道乔布斯是一个不达目的誓不罢休的人，很不情愿地服从了乔布斯的命令。最终，在乔布斯的带领下，iMac 横空出世。这款新机型性感、新潮、时尚，无论从哪个角度看，它都是那么令人叹为观止。

1998 年 5 月 6 日，这是乔布斯选定的发布 iMac 电脑的日期。发布会的地点选择在库比蒂诺市迪安扎社区大学的弗林特礼堂，这也是 1984 年举行麦金塔电脑发布会的地点。乔布斯在举行发布会前，要求做到保密，整件事只有苹果几名核心人物知道。这是乔布斯一贯的把戏。

参加这次发布会的有很多苹果元老级的人物，虽然他们很多人已经离开了苹果，并且和乔布斯的关系不是那么融洽，但他们仍然出席了这次发布会，为苹果造势，他们是史蒂夫·沃兹尼亚克 、迈克·马库拉以及迈克·斯科特。除了他们外，乔布斯昔年在麦金塔团队的大部分成员也到了现场，如安迪·赫茨菲尔德等人。乔布斯做了一个感性的开场白，随后开始介绍苹果的新产品 iMac，他说："我们造出来世界上最优良的电脑。从今以后，所有的电脑都会不一样。"面对着数千人的发布会，乔布斯挥洒自如。他的演讲饱含激情，极具煽动力。新的 iMac 在灯光的映照下，熠熠生辉。他轻点着鼠标，屏幕上快速闪现着介绍计算机各种奇妙用途的图片。观众们沉浸在新产品、新技术带来的震撼之中，掌声久久不息。

一切有如乔布斯所料，iMac 复制了 14 年前第一部麦金塔电脑的辉煌。1998 年 8 月，iMac 正式发售，售价 1299 美元。这款极具个性的机器很快在市场上一炮打响，成为众人追捧的计算机，上市3个月里就得到了15万台订单。在发售后的头6个星期里，北美、日本和欧洲市场一共销售了27.8万台iMac。到1998年年底，短短半年，iMac一共发售了80万台！这个数字也令iMac成为苹果公司历史上销售速度最快的计算机。更为重要的是，在这些顾客中除了半数死忠的苹果粉丝外，大约有32%的购买者是首次购买计算机，12%的购买者曾经使用的是Windows计算机。这也就是说，iMac不但吸引了众多的新顾客，而且从微软那里抢来了不少顾客。

沉寂已久的苹果终于重放光彩，成为当年最为热门的IT话题。《新闻周刊》的记者史蒂文·列维评论道："iMac真是太棒了，它完美地融合了科学技术和奇思妙想，它不仅是一台最酷的电脑，同时更是一份宣言，它告诉人们，苹果这头睡狮终于苏醒了！"《福布斯》杂志也毫不吝惜赞美之辞："iMac代表着一个产业的华丽转身。"1998年12月，iMac荣获《时代》杂志"1998年最佳计算机"称号，并名列"1998年度全球十大工业设计"第二名。

就在iMac屡获殊荣之际，比尔·盖茨有点不开心了，他不无妒忌地对着一群拜访微软公司的财务分析师们说："这只是人们的一时热情而已，没有什么了不起的，苹果现在仅在颜色方面有所领先。"他还指着一台故意漆成红色的Windows计算机，撇撇嘴说："那没什么了不起的，我们很快就能做到。"

乔布斯听了盖茨的言论气坏了。其实，他无须生气，因为iMac在市场上的良好反响和口碑早就已经说明了一切。凭借着iMac的成功，苹果公司顺利渡过了难关，1998年就实现了3.09亿美元的盈利。1999年1月，乔布斯宣布去年第四季度赢利1.52亿美元，这个数据让所有的苹果员工都感到无比振奋，因为这是苹果近几年来的首次赢利。苹果的股价也迅速攀升，从乔布斯接手时的13美元迅速上升至46.5美元。挽救了苹果的乔帮主再度登上了《时代》周刊的封面。

随后，苹果又推出了红、黄、绿、紫4款水果颜色的iMac。这几款颜色因为极其诱人而被乔布斯描述为"可以舔的电脑"。顾客们对此趋之若鹜，越来越多的人成为忠实的苹果迷。大致用了一年多一点的时间，苹果公司就销售出去了200万台iMac电脑，而且销售势头还很强劲。这个骄人的成绩超过了苹果公司以往的任何产品，很多人都在惊叹苹果瞩目的成绩时，也不由得惊呼：乔帮主创造了奇迹！他不但在一年之内拯救了岌岌可危的苹果公司，更再次将苹果推到了计算机行业的霸主地位。乔布斯带领苹果公司重现辉煌，一个新的时代开始了！

光彩夺目的皮克斯

关于“虫子”的争斗

“他很优秀，但是在我看来，他连最基本的道德都没有。”

——在谈到杰弗里·卡曾伯格“剽窃”皮克斯的创意时，乔布斯如是说

皮克斯在《玩具总动员》取得空前成功后，没有趁热打铁推出该部影片的下集《玩具总动员2》，而是制作了一部名为《虫虫特攻队》的电影。这部电影灵感取材自伊索寓言《蚂蚁与蚱蜢》的故事，讲述一段昆虫世界的冒险之旅，新奇有趣，情节动人。皮克斯公司对这部电影寄予厚望，希望能借助这部影片的成功来证明皮克斯首部影片《玩具总动员》的成功并不是一次侥幸。

然而，就在《虫虫特攻队》上映前夕，杰弗里·卡曾伯格的梦工厂制作的一部动画电影《小蚁雄兵》抢先上映。这部影片无论从创意还是内容来看，都和《虫虫特攻队》有着很大的相似度。乔布斯愤怒了，他认为卡曾伯格剽窃了皮克斯团队这个昆虫卡通动画电影的创意。因为在过去几十年里，还没有人想到以昆虫作为动画电影的创意呢，拉塞特是第一人。乔布斯觉得，肯定是卡曾伯格还在迪士尼运营动画业务时，拉塞特给他讲过这方面的内容，所以，卡曾伯格才能在离开迪士尼成立梦工厂后，制作一部关于昆虫的动画电影。乔布斯对卡曾伯格极尽挖苦之词，认为“他是个骗子，满嘴谎话”，剽窃了皮克斯的创意却又不敢承认。

事实并非如此，真实的情况要比这有趣得多了。当年卡曾伯格在迪士尼时，确实从来没有听过关于《虫虫特攻队》的创意。后来，卡曾伯格和艾斯纳闹翻，离开迪士尼，与大导演史蒂文·斯皮尔伯格、戴维·格芬创立了梦工厂，一直努力地打造属于自己的动画电影王国。卡曾伯格雄心勃勃，发誓要让梦工厂在规模和影响上胜过迪士尼公司，以报当日被驱逐之仇。

皮克斯公司虽然与迪士尼有合作关系，与梦工厂也存在着竞争关系，但对于卡曾

伯格没有过多的想法，始终和他保持着友谊。这主要是因为卡曾伯格早先曾经不遗余力地支持皮克斯的动画电影事业，并且对动画电影《玩具总动员》给予了很大的支持。皮克斯动画小组的首脑人物拉塞特对此感触尤甚，回忆说："在与迪士尼合作期间，他就非常相信我们的能力，这让我很感动。"正是因为这层关系，即使卡曾伯格去了梦工厂，拉塞特还是与他保持着联系。

1995 年秋天，拉塞特去了一趟环球影业旗下的特艺公司，途中恰好路过梦工厂。拉塞特想到了老朋友，就打电话给卡曾伯格，约出来见一面，在场的还有拉塞特的同事，《虫虫特攻队》的编剧安德鲁·斯坦顿等人。老友见面，分外亲热，寒暄之余，卡曾伯格询问他们下一步有些什么计划，拉塞特向他描述了《虫虫特攻队》的某些情节构想：一只蚂蚁组织其他蚂蚁并在一群昆虫马戏团演员的帮助下，齐心协力打败了侵略者蚱蜢。卡曾伯格听后非常高兴，还询问拉塞特一些关于《虫虫特攻队》制作、上映的内容。他问拉塞特这部动画电影打算什么时候上映，约翰告诉他，这部电影预计还是在一个假期前上映，比如在感恩节前夕。

后来，拉塞特回忆起那时的情景，说："我应该保持警惕，杰弗里一直在问我这方面的事情。"的确，拉塞特太过大意了。他向竞争对手透露公司的机密，无论在谁看来，都不是一件明智的事情。而事实上，卡曾伯格也的确有意无意地通过和拉塞特的交谈来获取皮克斯电影《虫虫特攻队》的信息。商场如战场，如果从商业的角度来看，卡曾伯格这一手可谓精明老到至极。

在拉塞特离开后，卡曾伯格立即意识到，自己获取了一个多么重要的情报，他当即决定要赶在皮克斯、迪士尼之前制作出一部关于"蚂蚁和蚱蜢"的影片。很快，梦工厂展开了行动。他们首先购买了当时正在亏损的太平洋影像公司 40%的股权，这是一家富有开拓精神的电影制作公司，梦工厂决定向该公司注入资金，制作一部动画电影。卡曾伯格向对方提出的唯一的要求是：太平洋影像公司制作的这部动画电影需要遵循"蚂蚁和蚱蜢"的制作思路，并且得赶在皮克斯、迪士尼联合出品的《虫虫特攻队》正式上映之前公开上映。

世上没有不透风的墙。1996 年初，皮克斯听到一些传言说梦工厂正在制作一部关于蚂蚁的动画电影。拉塞特开始有些惴惴不安，他怀疑卡曾伯格剽窃了自己的创意。于是，他打电话给卡曾伯格，直截了当地质问此事。卡曾伯格十分尴尬，没有正面回答，只是闪烁其词地问拉塞特从哪里听来的消息。拉塞特没有回答他，而是又问了一遍，问他梦工厂是不是在制作一部关于蚂蚁的影片。卡曾伯格这次承认了。拉塞特气愤极了，冲着电话大喊道："你太无耻了，你怎么能这样做呢？你知道那是我的创意。"

卡曾伯格还想解释，表示这个创意很早以前就有了，并不是从拉塞特那里听来的，而是梦工厂的业务发展总监和他提起的。这个辩解显得苍白无力，拉塞特完全不相信卡曾伯格所说的话。一向温文尔雅的拉塞特，甚至在电话里向卡曾伯格骂了脏话。那之后的 13 年里，两人没说过一句话。

这件事情也彻底地激怒了乔布斯。他本来就是一个脾气暴躁的人，在发泄情绪方面可比文质彬彬的拉塞特厉害多了。他打电话给卡曾伯格，劈头盖脸就是一通臭骂。卡曾伯格等他情绪缓和下来，提出了一个条件：如果迪士尼方面不拿《虫虫特攻队》和梦工厂的《埃及王子》进行竞争的话，他可以放缓《小蚁雄兵》的制作。乔布斯拒绝了，认为卡曾伯格这么做是在敲诈。

卡曾伯格却不这么看，他认为只要乔布斯愿意，完全有能力让迪士尼改变《虫虫特攻队》的首映日期，不和梦工厂的《埃及王子》竞争。卡曾伯格埋怨乔布斯，当初是他给《玩具总动员》投了钱才拯救了濒临破产的皮克斯，而现在乔布斯却帮助迪士尼跟他作对，打压梦工厂的生存空间。卡曾伯格的抱怨是有理由的，当初卡曾伯格离开迪士尼，创立梦工厂后，迪士尼就一直将其视为心腹大患，想方设法报复对方。在梦工厂制作第一部作品《埃及王子》后，迪士尼刻意赶制《虫虫特攻队》，决定借助皮克斯的新电影来迎战梦工厂的《埃及王子》。迪士尼底蕴雄厚，有资金、有技术、有观众基础，而梦工厂运作伊始，显然难以承受和迪士尼的消耗战。

乔布斯并不退让，双方在这个问题上没有妥协。梦工厂和皮克斯的这场“蚂蚁与蚱蜢”的电影之争在媒体上也闹得沸沸扬扬。迪士尼希望乔布斯保持安静，尽早结束这场争端，免得间接炒作，反而提升了梦工厂《小蚁雄兵》的曝光率。但是，乔布斯显然没有那么容易被说服，继续抨击梦工厂。梦工厂方面也不甘示弱，营销专家特里·普莱斯则讽刺乔布斯说：“史蒂夫·乔布斯该住院了。”

卡曾伯格决心打出漂亮的一仗，他几乎把好莱坞所有知名的影星都找来为他的动画电影配音，有珍妮弗·洛佩兹、莎郎·斯通、丹尼·格洛弗等，他甚至说服了电影界最难以沟通的“天才人物”伍迪·艾伦与他合作。

1998年10月初，《小蚁雄兵》率先在各大院线上映，顿时好评如潮。《时代》杂志特别赞扬了伍迪·艾伦在电影中的表现，称：“这是伍迪·艾伦和以往风格大不相同的一部喜剧影片。”该片在票房上也获得极大的成功，在美国本土获得高达9100万美元的票房，全球票房达到1.72亿美元。

6周后，《虫虫特攻队》上映。这部动画电影明显更受观众欢迎，不但剧情、音乐等方面做得细腻动人，在特效方面更是精彩夺目，观众从大银幕上可以清楚地看到青草、树叶，甚至连昆虫的触须也清晰可见。相较之下，《小蚁雄兵》的特效就显得很粗糙了。正如媒体所评论的那样，《虫虫特攻队》做到了精彩剧情和最先进技术的完美结合，这种天马行空的想象力，加上精益求精的3D动画技术，是皮克斯电影取得成功的关键。《时代》杂志的评论家理查德·科里斯高度赞扬了这部影片，认为这部片子各方面都堪称完美，相比之下，梦工厂的电影却乏善可陈，效果各方面都有瑕疵。最终票房也统计出来了，《虫虫特攻队》取得了空前的成功，其票房收入是《小蚁雄兵》的两倍，在美国本土达到了1.63亿美元，全球票房3.63亿美元。这个瞩目的成绩让梦工厂的努力付诸流水，甚至打败了后来梦工厂重磅推出的《埃及王子》。

卡曾伯格和乔布斯也因为这件事闹翻，很长时间两人没说过一句话。几年之后，卡曾伯格碰到乔布斯，试图同乔布斯和好，并且表示自己当年在迪士尼确实没有听过皮克斯关于《虫虫特攻队》的创意，乔布斯很平静地接受了对方的说法。事后乔布斯表示，他从来没有真正原谅过卡曾伯格。他认为，卡曾伯格从拉塞特那里窃取了创意，这是完全不能够原谅的。所以，卡曾伯格尽管有各种解释，在他看来都是胡扯，“他很优秀，但是在我看来，他连最基本的道德都没有。”乔布斯说。

皮克斯通过《虫虫特攻队》的成功，证明了自己并不是昙花一现的奇迹。在之前或许有很多人对皮克斯还抱有疑虑，但接连两部片子的成功，让他们充分地认识到皮克斯潜在的品牌价值。

乔布斯很懂得抓住机会。在第二部电影大获成功后，他大力宣传皮克斯公司，提升公司的知名度，再加上他们还有两部动画电影正在制作过程中，皮克斯公司的股票在一年里出现了大幅度的上扬，一度突破了每股 60 美元。乔布斯手握着皮克斯 73% 的股票，价值也上升达到了 14 亿美元。

“偶遇”理论

“一幢能够刺激创新和合作的大楼，才是皮克斯需要的。”

——在谈到皮克斯大楼的设计理念时，乔布斯如是说

1995 年，皮克斯的第一部动画电影《玩具总动员》推出后，大获好评，取得了骄人的票房成绩。紧接着推出了一部有关昆虫的动画电影《虫虫特攻队》，也取得了不菲的票房收入。1999 年 11 月，皮克斯重磅推出《玩具总动员》的续集，即《玩具总动员 2》。这部时隔四年之久的动画续集比第一部还要轰动，在美国获得 2.46 亿美元的票房，全球票房达到惊人的 4.85 亿美元。既然皮克斯的成功已经得到了认可，乔布斯等人决定盖一栋可以展示形象的总部大楼。

乔布斯自收购皮克斯后，曾于 1990 年乔迁至加州波特里奇蒙的独层办公楼。当时正是皮克斯最艰难的时候，公司一再裁员，人数最少只有几十人。但是到了 1999 年，随着皮克斯三部动画电影的成功，公司市值的暴涨，皮克斯也得以扩充编制，员工人数达到了 500 多人。显然，之前的办公环境已经不能满足皮克斯的需要了，因此建一栋皮克斯大楼已经是水到渠成的事了。

乔布斯和皮克斯团队经过多番考察，最后选择在加州爱莫利维尔市伯克利和奥克兰之间的工业区建设新的皮克斯大楼。这里地理位置优越，就在旧金山海湾大桥的另一端，曾是德尔蒙食品公司水果罐头厂的所在地，后来因为经营不善废弃了。乔布斯以低廉的价格购下了这个废工厂，拆除一空，然后委托苹果零售店的建筑师彼得·伯林为这块 16 英里的区域设计一栋新大楼。

乔布斯对新大楼非常重视，关注着大楼每一步的进展。他希望皮克斯大楼的布局、设计是独一无二、别具一格的，所以新大楼无论是从整体设计理念还是到建筑材料和建造方式这些最细枝末节的地方，乔布斯都参与进来，发表意见，提出建议，主导一切。皮克斯的总裁埃德·卡特穆尔说；“史蒂夫相信，好的设计模式会对公司文

化起到促进作用。”拉塞特也说：“设计皮克斯大楼对于史蒂夫来说，就像在拍摄自己的电影。”因为乔布斯就像导演精心操控电影的每一个场景一样，掌控着新大楼的建造。

拉塞特是皮克斯的核心人物之一，也是实现皮克斯崛起的首要功臣。他对皮克斯大楼的建设也提出了自己的看法，毕竟这和自己息息相关。他最初的想法，是仿照好莱坞工作室的传统模式建设新的大楼，即根据研发、生产等不同的团队，划分各自的独立楼层，研发团队就在专属于自己的区域里办公。这种设计概念虽然便于管理，但是也有其弊端。迪士尼的一些同事一针见血地指出，这样的设计会让团队之间有疏离感，所以他们并不喜欢这样的新园区。乔布斯赞同他们的看法，认为团队之间彼此疏离，对公司而言没有任何的好处。他要求大楼的设计能够为员工们的“偶遇”制造机会，因为他相信员工的“偶遇”、交谈往往会带来灵感。

乔布斯十分推崇面对面的交谈，他了解数字生活带来的孤立感。每一个搞研发的技术人员就好像生活在一个孤立的城堡里，埋头工作，很少有和别人交流的机会。这种氛围对员工个人或对公司来说，都是不利的。他还驳斥了一些人认为创意可以通过邮件和网络 iChat 聊天就可以被开发出来的观点，指出创意产生于自发的谈话和随机的讨论中。他认为，偶然相遇的两个人，在交谈的过程中往往能蹦出各种奇思妙想，而这些奇思妙想对于皮克斯来说是很重要的。

于是，乔布斯决定把皮克斯的大楼设计成一个推崇“偶遇”和“计划外合作”的场所。他告诉皮克斯团队：“一幢能够刺激创新和合作的大楼，才是皮克斯需要的。”他希望皮克斯的员工们能够多活动，走出办公室，多到中庭走走，和一些陌生人聊天，并从闲谈中发掘一些好点子。基于这个理念，皮克斯大楼最终设计成整个建筑都围绕着中庭展开，所有的办公室、会议室以及休闲娱乐设施从一楼开始都是围绕着中庭的四周而建的。大楼的前门、主楼梯和走廊都能通到中庭，这样方便员工彼此的“偶遇”。在中庭还设有咖啡厅和信箱，这样员工们在取信寄信、喝咖啡的过程中，也能“偶遇”，创造彼此交流的机会。

乔布斯更进一步，决定在整栋大楼里只建造两个大的卫生间，一男一女，和中庭连接在一起，这样员工们在上厕所时“偶遇”的概率就大了很多。这个大胆而异常前卫的想法最终没变成现实，皮克斯的总经理帕姆·克尔温回忆道：“这件事引起了很大的争议，史蒂夫坚持这么做，但是我们认为这有点夸张，一名怀孕的女员工也表示反对，因为她不能为了上厕所而多走十分钟的路程。”乔布斯虽然再三坚持，但是包括拉塞特在内，很多人对于老板这个决定投了反对票。最后，双方相互妥协，各退一步：在两层中庭的四个角落各设立男女卫生间。

这样也起到了很大的作用，很多员工在上厕所时，在短短的几分钟内，就能遇到了几个平时不怎么见到的同事。拉塞特对此深有感触，回忆道：“史蒂夫的偶遇理论确实起到了效果，因为在第一天我就遇到了很多几个月都见不上一面的人。那是我见过的最能激发创新和鼓励合作的大楼。”

在建筑的一些细节方面，乔布斯也表现得很重视。根据设计，大楼的钢筋都要外露出来。为了突出其观赏性，工人们必须挑选出颜色和材质最好的钢筋。乔布斯亲自负责这件事，他检视了美国各地所有制造商提供的钢筋样本。最后，决定选用阿肯色州一家工厂生产的钢筋。他告诉他们，要给钢筋喷上纯净的颜色，并且在运输中的过程中不能因为磕碰而产生任何的刮痕。同时，他要求工人们把所有的钢筋用螺栓固定在一起，而不能用传统的焊接方式。这种独特的建筑风格，也成为皮克斯最显著的特点之一。

虽然，整栋皮克斯大楼深深地打上了乔布斯的烙印，但是具体到每一位员工的私人领域，乔布斯则无权干涉。每一位员工都可以根据自己的爱好设计有特色的私人办公场所。皮克斯的艺术家们发挥着自己超凡的想象力，自由随意地将自己的办公室进行个性改造，原本的格子间已经变成了各种各样的私人领地，有美轮美奂的花园式洋房、丛林书屋、童话故事中的小木屋等，还有一些玩具狂，则在自己的房间里堆满各种各样的玩具，看起来就像一个玩具超市。

很多拜访过皮克斯的人，都曾经被皮克斯轻松、自由的工作环境所震撼。在他们看来，这里根本就不像一个办公场所，倒更像是一个娱乐场所，员工们在上班时间有的吃零食，有的在煲电话粥，还有的人脚踏着滑板呼啸而过。有些人看见客人来了，又假装出一副工作忙碌的样子。尽管皮克斯大楼不像是一个好好工作的地方，但却没有人怀疑这里就是创造了无数辉煌的动画王国。

乔布斯很欣赏皮克斯的工作环境，他一直觉得好的创意产生在人们面对面的交谈之中，而不是古板严肃的环境之中。皮克斯的整体设计让员工每天都有很多理由彼此"偶遇"，而这些"偶遇"的机会所带来的价值是无穷无尽的，这一点上至乔布斯，下至每个员工都坚信不疑。

乔布斯这段时间已经重新入主苹果，执掌大权，但他在闲暇之余，仍然会不时地来皮克斯看看。他经常光顾的地点是"爱的酒吧"，也是整栋皮克斯大楼最稀奇古怪的地方。据说，这个地方最早是由一个动画制作人发现的。当时，这名动画制作人在搬进自己的办公室之后，在后墙发现了一个小门。他觉得很奇怪，就打开小门，发现里面是一条低矮的过道，爬过这个过道，就进入一个金属板覆盖的房间，里面是一些中央空调的阀门。这名制作人为发现了这个秘密地带兴奋不已，当即和他的同事一起"私吞"了这个秘密房间，并装饰一番，用来喝酒娱乐。房间布置得很简单，几张桌凳、几个抱枕、几瓶烈酒、一套吧台设施，是这个私人酒吧的所有内容，不过装饰得很漂亮。为了方便观察外面的动静，他们还在走廊里安装了一个摄像头。没过多久，办公室里很多人都知道了这个秘密酒吧，纷纷前来光顾。

后来，乔布斯也慕名而来，并很快喜欢上了这个地方。虽然他本身并不怎么喝酒，但他喜欢在这里思索问题，所以他有时也把它叫作"禅房"，他认为在这个地方能让他回想起他和丹尼尔·科特基在里德学院的时光。乔布斯有时候还会带来一些重要人物光顾这里，如迪士尼两大巨头迈克尔·艾斯纳、罗伊·迪士尼，喜剧电影明星蒂姆·艾伦以及奥斯卡奖作曲家兰迪·纽曼等人都曾经来这个地方做客，并且在"爱的酒吧"墙上签名留念。

不断续写票房神话

“皮克斯有望成为下一个迪士尼，但是不是代替迪士尼，而是成为另一个迪士尼。”

——在皮克斯电影大获成功时，乔布斯如是说

中国有句古话：“有心栽花花不开，无意插柳柳成荫。”乔布斯收购了皮克斯后，本来打算开发皮克斯图形电脑，并以此为主业，开拓皮克斯的软硬件市场，哪料到皮克斯计算机生意越做越差，最终落得个与 NeXT 硬件部门一样被解散、出售的下场。而原本只是皮克斯副业的动画制作团队却显示出自身不菲的价值，并在之后的十多年里为全世界观众奉献了一出出视听盛宴。

自《玩具总动员》后，皮克斯在三维动画领域的创作潜能就好像开了闸门的洪水一样宣泄出来，从此一发而不可收，以每一两年一部大片的速度，接连拍摄了十几部脍炙人口的动画。这些影片情节细腻，感人至深，不但口碑好，票房也佳。几乎每一部都在刷新票房，其火爆程度令好莱坞许多大牌电影公司都望尘莫及。就算是动画王国迪士尼，与皮克斯相比恐怕也要逊上一筹。

在《玩具总动员》《虫虫特攻队》先后大获成功后，皮克斯经过一年的制作推出了第三部影片：《玩具总动员 2》。这部影片是 1995 年《玩具总动员》的续集。虽然时间已经过去了 4 年，但皮克斯上下对这部片子依然信心十足。埃德·卡特穆尔如此吹嘘道：“其他团队需要 4 年才能完成的工作，我们皮克斯 9 个月就搞定了，我为此而骄傲。”

但是，对于这部四年之后才姗姗到来的片子，观众会否买账呢？皮克斯仅仅花了 9 个月制作出来的动画作品，能够保证品质吗？答案是：能。皮克斯就好像是一个魔法师，用自己娴熟的技巧、变化莫测的手法深深地吸引了每一位观众。他们急切地盼望着观看《玩具总动员 2》，了解可爱的巴斯光年和胡迪又会有什么爆笑的故事上演。观众们排着长队走进了电影院，座无虚席。这部影片比第一部还要轰动，在美国获得 2.46 亿美元的票房，在英国、日本等地也先后打破首映周票房纪录，最终全球票房达到 4.85 亿美元，再一次刷新了皮克斯电影的票房纪录。约翰·拉塞特也与斯皮尔伯格、詹姆斯·卡梅隆等并称为好莱坞最会赚钱的导演。

在好莱坞，很多人都认为，如果一部原创电影本来就是个经典，那么它的续集肯定比不上它的原创作品。然而，《玩具总动员 2》是个例外，成为第一部超过其原创作品的电影动画续集，不少孩子都要求看很多遍，这也说明皮克斯在动画创作方面确实有其过人的地方。

皮克斯接连制作了三部获得了巨大成功的动画电影，乔布斯也从一名电影圈的新人摇身一变成为电影圈举足轻重的人物。尽管皮克斯的所有电影都是由拉塞特主导的，但在很多人的眼中，乔布斯已经和斯皮尔伯格、卢卡斯等人一样，成为一位真正的巨人，获得了电影界大人物的威望和地位。这种优势地位，无论是对乔布斯个人，

还是对皮克斯的发展都是大有裨益的。

2000年左右，皮克斯迁往加州爱莫利维尔市，同时公司扩大编制，员工数达到了五六百人。虽然公司规模扩大是一件好事，但很多好莱坞的人怀疑，如此贸然扩大编制，改变公司旧有的运营模式，会不会转变得太快了？如果按照目前的速度膨胀下去，会不会有损皮克斯电影的质量呢？

2001年11月，皮克斯推出新片《怪物公司》，让这些持有怀疑态度的人再也说不出话来。这部影片相比起其他的几部动画片，场面更为宏大、角色也更丰富，生动程度和逼真指数也是史无前例的，票房收入更是不菲。在前9天的上映时间里，票房收入就突破了1亿美元，成为影史上最快破亿元的动画片，全球票房竟高达5.24亿美元，成为影史上票房收入仅次于《狮子王》的卖座动画片！此外，《怪物公司》的这部动画电影还获得了3项奥斯卡提名奖，包括最佳动画长片奖。

这四部动画电影奠定了皮克斯的地位。对于皮克斯公司所取得的成就，评论家们不吝溢美之词，观众也对它抱以极大的热情。杰弗里·卡曾伯格曾经宣称他才是动画电影的“拥有者”。然而，此时人们都相信，如果要把“动画拥有者”的头衔赠予某人的话，这个人可能就不是卡曾伯格了。如果不是卡曾伯格，会是谁呢？大家心里都有一个心照不宣的答案：史蒂夫·乔布斯。

乔布斯对于皮克斯的成就也非常骄傲，他曾经对人说：“皮克斯有望成为下一个迪士尼，但是不是代替迪士尼，而是成为另一个迪士尼。”如果在几年之前，乔布斯说这样的话，恐怕没有人会相信。可是，当皮克斯不断续写票房神话时，所有的人都对他的话深信不疑了。不久，媒体就报道了出来，皮克斯公司的收入已达25亿美元，一举超过迪士尼，成为好莱坞有史以来最成功的电影制作公司。这还只是前四部的作品，更多的辉煌还等着皮克斯去创造呢。

2003年夏季，皮克斯公司的第五部电脑动画长片《海底总动员》公开上映。尽管不是在黄金时段放映，但皮克斯又一次刷新了票房，短短8天的时间内票房冲破1亿美元，打破了《怪物公司》的票房神话。上映两周后，其票房已经高达1.43亿元，最终以3.4亿美元的全美票房打破了《狮子王》保持的3.285亿美元的动画片最高票房纪录，荣膺全美历史上最卖座的动画片。全球票房更是高达8.68亿美元，成为皮克斯（也是迪士尼）到当时为止最火爆的作品。

这部《海底总动员》不光在票房上取得巨大的成功，在艺术方面也成就非凡，最终斩获了奥斯卡最佳动画长片奖。乔布斯说：“我喜欢这部电影的主题——冒险，因为我一直都是一个喜欢冒险的人。”这部电影成功地为皮克斯的现金储备增加了1.83亿美元。当时，乔布斯和迪士尼CEO迈克尔·艾斯纳出现了纠纷，《海底总动员》的成功令乔布斯的优势地位进一步加强了。

到了2004年，乔布斯正式和迪士尼分道扬镳，宣布不再与迪士尼合作。在这一年里，皮克斯仍然有条不紊地推出了公司的第六部动画长片《超人特攻队》。这部影片较之于以往皮克斯的动画电影有所不同，皮克斯在此之前推出的3D动画影片的主角都不是人类，而是玩具、昆虫、怪兽或是海底生物，而这部《超人特攻队》是首次以人类为主角的“动作电影”。

这其实是有很大的风险的，此前其他几家电影公司曾经推出的模拟真人的3D动画影片，虽然效果都足以以假乱真，但是由于在技术、创作上的不成熟，都在票房上遭到了惨败。观众们认为，这实在太幼稚了，如果要表现真人，用真人拍摄不就好了吗，何必拍成动画片呢？但是，皮克斯坚持用纯熟生动的三维技术来制作这部影片，以展现角色的丰富性，他们相信自己的能力。

这部影片的导演是新近加盟皮克斯的布拉德·伯德，他曾经在华纳兄弟公司执导了第一部影片《钢铁巨人》。这是一部很优秀的影片，得到了不少好评，但票房很差。好莱坞向来以成败论英雄，一旦票房达不到要求，导演会有可能失去工作。布拉德·伯德离开华纳后，度过了一段失意的日子。约翰·拉塞特看中他的才华，邀请他加入皮克斯，并请他担当《超人特攻队》的导演。这显然是一次冒险，但拉塞特相信自己的眼光，认为布拉德一定能制作一部精彩绝伦的片子。

事实证明，他的眼光没错！皮克斯的第六部新片《超人特攻队》同样获得了巨大的成功。在上映的第一个周末，这部电影的票房收入就达到了4550万美元。最终全美票房达到了2.6亿美元，全球票房达到6.2亿美元，成为当时继《海底总动员》之后第二部票房收入最高的动画长片。除了票房收入之外，《超人特攻队》录像带与DVD的发行量也以惊人的速度增长。据统计，自发行之后短短的两个月的时间里，《超人特攻队》录像带与DVD的发行量在美国国内就已经售出了约1770万张，而世界上其他国家的销售也已经多达570万张。

同样，这部动画电影在奥斯卡奖上也有斩获，荣获了那一年度的奥斯卡最佳动画片奖。在奥斯卡颁奖晚会上，乔布斯夫第一次表现出了谦卑有礼的态度，让这部影片的编剧、导演布拉德·伯德在聚光灯下接受众人的赞美，上台接受奥斯卡的颁奖。布拉德·伯德在众人的瞩目下，这么说道：“我只想感谢皮克斯三人组合，我的好朋友约翰·拉塞特、埃德·卡特穆尔、史蒂夫·乔布斯，是他们创建了世界上最好的影片公司……”场中掌声如雷，乔布斯的声誉一时达到顶点。

在这之后，皮克斯屡有佳片推出，几乎每一部影片都取得巨大的成功，如大家耳熟能详的《汽车总动员》《料理鼠王》《机器人总动员》《飞屋环游记》和《玩具总动员3》等经典影片。

两头雄狮决战

“我讨厌艾斯纳，只要他还在迪士尼，皮克斯和迪士尼就会一直处于剑拔弩张的状态。”

——对迪士尼公司的一位主管，乔布斯如是说

虽然电影创作一帆风顺，但到了2003年前后，皮克斯和迪士尼之间的合作还是出

现了纷争。其实，与其说是两大公司之间出现了纷争，还不如说是乔布斯和艾斯纳之间出现了纷争。早在皮克斯和迪士尼合作之初，乔布斯和艾斯纳之间的矛盾冲突就出现了。当时，皮克斯实力还很弱，无法和迪士尼这样的动画王国抗衡。所以，很多时候，艾斯纳表现了自己苛刻的一面。

比如在与皮克斯签订动画电影《玩具总动员 2》的合同时，他对合同中每一个逗号、句号，甚至是“i”上面的小点都根据自己的意思解释，因为他坚持认为，制作电影续集不能仅仅指望、信任与一家小型电影公司签订的合同。这对乔布斯来说，简直就是一种羞辱，他不能容忍别人看低自己一手创造的公司。除此之外，根据当时签订的协议，迪士尼发行皮克斯的电影，并且拥有使用该角色，以及拍摄电影续集的权利。这对于乔布斯来说，尤其不能忍受，因此他对当前与迪士尼公司签订的协议相当不满，希望能够重新签订协议，收回这项权利。

艾斯纳当然不同意，近几年来，迪士尼的经营陷入困境，好在同皮克斯合作的电影票房大卖，获得丰厚的利润。如果容忍乔布斯一再地讨价还价，迪士尼的利润部分势必大大缩水。艾斯纳对于乔布斯的暴躁、傲慢、不可一世也是颇有微词，当乔布斯带领着苹果重新实现腾飞后，乔布斯成为硅谷人们心目中的“英雄”，收获了名和利，很多人甚至将他看作迪士尼董事会接替艾斯纳的最佳人选。作为现总裁的艾斯纳面对这种状况，自然会对乔布斯有很多看法。

2002 年，苹果公司推出了 iTunes 程序，用户只要用这种程序就能够将他们的音乐组成播放清单、编辑档案资讯、刻录 CD、复制档案到苹果公司的 MP3 等播放器中。乔布斯还为此花费重金做了广告。艾斯纳和其他娱乐产业的主管们都对作品的电子复制和互联网文件共享非常担心，认为这会损害到迪士尼的利益。所以，在这一年的美国参议院商业委员大会上，艾斯纳向参议院委员会递交了一份声明，严厉批评了乔布斯为苹果 iTunes 系统制作的广告，认为苹果公司的宣传口号是一种允许、鼓励用户进行盗版的不正当竞争行为，应该予以制止甚或制裁。

当时，苹果为 iTunes 系统制作的宣传广告是：扒歌（RiP）、混制（Mix）、刻录（Burn）。但是，“RiP”这个英文词语有两个意思：1，复制；2，盗取。乔布斯的原意是“复制”的意思，指把 CD 盘上的音乐作品选取出来，然后存储到硬盘上。但是，艾斯纳狡诈地运用了这个歧义，指斥苹果公司公然鼓励用户进行盗版，进行不正当竞争。艾斯纳的行为让乔布斯大为光火，作为合作伙伴，艾斯纳在电影产业界和自己作对也就罢了，为什么在其他产业界也要攻击他呢？乔布斯对此迅速作出回击，驳斥艾斯纳的谬论。他非常愤怒，简直不敢相信艾斯纳会这么做，他在给迪士尼的一位高管打电话时说：“你看看，迈克尔都对我做了什么。”

经过这件事后，乔布斯和艾斯纳的关系急转直下。两人经常互放冷箭，抬高自己，贬低对方。到了 2003 年，两人之间的这种分歧更加明显。乔布斯认为迪士尼公司从来没有给皮克斯公司的电影创作贡献过力量。“事实上，这些年，迪士尼公司和皮克斯很少有在电影方面的合作，”他说，“我们仅有的合作是在电影发行方面，而不是电影的制作方面。”他还大肆挖苦迪士尼，说：“我们对迪士尼制作的电影续集毫无兴趣，因为简直是糟透了。你只要看一下他们拍摄的续集质量，比如《狮子王》和《彼得·潘》的续集，你就知道他们的水平有多么差了。”

艾斯纳自然不肯服软，继续隔空放炮，大肆贬低乔布斯和皮克斯。这一年，皮克斯制作的动画电影《海底总动员》将在暑假公开上映。《海底总动员》讲述的是一对可爱的小丑鱼父子的故事。小丑鱼嫌弃父亲胆小怕事，离家出走，结果却被一位潜水员抓走了，小丑鱼的父亲非常焦急，为了能让全家团聚，他战胜内心恐惧去寻找他的儿子。最终父子团聚，过上了幸福的生活。对于这部动画电影，艾斯纳同样极力贬低，他说：“这部小丑鱼的电影实在差劲极了，《海底总动员》和以前的《玩具总动员》《怪物公司》等影片简直没办法比，票房收入也肯定不会高。”

艾斯纳故意夸大皮克斯公司的失败之处，其实是他的策略。因为，他很快要与史蒂夫·乔布斯进行两家公司重新修订协议的谈判了，宣扬皮克斯公司走下坡路的状况可以增加他讨价还价的砝码。如果最终《海底总动员》的票房收入很低，那么他在谈判中就会获得一个有利的地位。尽管电影票房低会给迪士尼带来一定的损失，但从长期看，仍然是对迪士尼有利的。艾斯纳曾经很明确地对迪士尼的员工说：“我们留住皮克斯的最后一根稻草就是《海底总动员》不会取得较大的成功，我相信如果皮克斯这部影片业绩很差，他们就会回到谈判桌前接受我们的条件。”

最近几年来，迪士尼正在走下坡路，在2003年第一季度，迪士尼公司的利润更是下滑了41%。由于这种状况，迪士尼内部如罗伊·迪士尼等人都对艾斯纳心生不满，大有将其赶下总裁职位的意思。艾斯纳明白，如果要保住自己的位子，就必须尽可能地为迪士尼创造更多的利益。

这一年夏季，《海底总动员》公开上映，尽管不是在黄金时间上映的，但也获得了巨大成功。在电影上映的首个周末，就在美国本土狂收了7000万美元，在年底的时候，票房总收入差不多有3.7亿美元。此外，皮克斯公司还创造了几项新纪录：《海底总动员》成为票房收入最高的动画电影长片，也是好莱坞历史上第9部总收入最高的电影。它还获得了多个奥斯卡提名奖，其中包括最佳剧本提名奖、最佳音效剪辑提名奖、最佳原作配乐提名奖和2003年度的最佳动画片奖。

艾斯纳又一次失算了，他不看好的《海底总动员》不但获得极大的反响，而且带动皮克斯公司的股票价格上升了4个百分点。皮克斯成了众人争抢的对象，很多电影公司都想同皮克斯展开合作，比如华纳兄弟娱乐公司、索尼公司等。正如索尼公司的女发言人所说：“谁能拒绝与皮克斯那样前途一片光明的公司合作呢?”乔布斯的优势地位又加强了。

尽管如此，艾斯纳还不忘讥讽乔布斯一番：“皮克斯公司的成功全部都应归功于约翰·拉塞特。我们之所有败给皮克斯，是因为皮克斯有约翰，而我们没有。”言下之意，皮克斯公司之所以能有今日的辉煌，完全是拉塞特的功劳，和乔布斯可没有半点关系。

乔布斯对此不屑一顾，他明白自己手里有了更多的砝码，于是对迪士尼公司发出了最后一次攻击，说：“现在人们普遍认为，动画产业最值得信任也最有影响力的品牌是皮克斯。影迷们更相信皮克斯的电影，而不是迪士尼的电影。我们想要的就是能够反映这种情况的协议。”

迪士尼公司对史蒂夫的自负态度非常生气，认为乔布斯现在“就好像一只骄傲的公鸡”，迪士尼的一些高层人员也对乔布斯进行了抨击，认为他的表态是“不合时宜”“令人遗憾”的，希望乔布斯能够好自为之。艾斯纳也继续放炮，嘲笑皮克斯电脑制作的动画人物“很可怜”。

乔布斯对艾斯纳越来越不耐烦了，打算将对方赶下总裁位子。他多次对迪士尼公司各个阶层的主管表态说：“我讨厌艾斯纳，只要他还在迪士尼，皮克斯和迪士尼就会一直处于剑拔弩张的状态。”沃尔特·迪士尼的侄子罗伊·迪士尼长期以来和艾斯纳在公司管理方向和风格方面存在严重的意见分歧，也认为艾斯纳应该离开迪士尼公司了。有一次，罗伊去位于帕罗奥图的乔布斯家里与乔布斯共进晚餐，乔布斯借这次机会，给了罗伊一些暗示性的警告，大概的意思好像是说，在艾斯纳任职CEO期间，皮克斯不会和迪士尼续约。乔布斯如果真的这么做了，毫无疑问将会给迪士尼公司带来巨大的损失。

罗伊感到问题的严重，就开始提醒其他董事关于皮克斯有可能拒绝续约的事情，企图以此施压董事会，让艾斯纳下台。艾斯纳当然不肯就范，向董事会所有成员发了一封措辞激烈的邮件，他坚信皮克斯最终会和迪士尼续约，因为迪士尼手里还拥有着一张王牌，即迪士尼拥有皮克斯迄今为止制作的电影和动画人物的版权。艾斯纳坚信皮克斯不会放弃自己辛苦创造的这些东西。

这一招果然有效，董事会成员情绪得到了安抚，也就没有进行杯葛艾斯纳的行动。这年年底，艾斯纳迫使罗伊离开了董事会。在离开迪士尼之前，罗伊给迪士尼的董事会发布了一封措辞激烈的公开信，在信中，他表达了对于艾斯纳的不满：“在他的领导下，公司已经失去了明确的前进方向，失去了创新的动力，也正在丢失迪士尼的传统。”罗伊还批评艾斯纳急功近利，在投资方面畏首畏尾，未能与创造性伙伴皮克斯建立一种积极的关系。在公开信的最后，罗伊如此写道：“我再次要求您辞职或引退。在沃尔特迪士尼公司成立以来充满挑战的这个时刻，公司理应拥有新鲜的、富于活力的领导层。”

当然，这封信除了发发牢骚外，并不能真的让艾斯纳辞职或引退。所以，在2004年1月，乔布斯公开宣布与迪士尼停止谈判时，这个消息引起皮克斯员工们极大震惊。约翰·拉塞特在皮克斯的会议室把这一消息告知其他高层人员时流下了眼泪，多年来，他耗尽心血创造出来的动画人物，简直就像自己的孩子一样。现在却要将自己的孩子送人，心情之难受可想而知。乔布斯走上讲台，向大家解释了不再和迪士尼合作的原因，并保证作为一家从默默无闻到大放异彩的公司，皮克斯一定会继续前行，不断取得成功。乔布斯的讲话仿佛有着某种魔力感染了众人，大家又都信心百倍了。皮克斯的老员工之一奥伦·雅各布亲身经历了那一幕，他在事后不可思议地感叹道：“史蒂夫就像具有某种魔力，能让你瞬间走出沮丧，立即相信他。前一分钟还处于情绪低谷的我们，一下子就又对皮克斯的未来充满了信心，认为皮克斯一定会成功的！”

这个消息同样在迪士尼引起了轩然大波，董事会成员不敢想象没有了皮克斯，迪士尼会是怎样的光景。尽管艾斯纳还试图着掌控一切，但是越来越多的迹象显示，董事会将有一场风暴来临。

艾格伸出橄榄枝

“谁是美国电视剧产业的大亨？美国广播公司！谁拥有美国广播公司？迪士尼！幸运的是，我认识他！”

——在艾格接替了艾斯纳出任迪士尼总裁后，乔布斯如是说

罗伊·迪士尼是沃尔特·迪士尼的侄子，是迪士尼公司最大的个人股东，也是迪士尼公司唯一的创始人家族人员。他的辞职标志着艾斯纳刚愎自用的管理风格走到了极致，同时也给迪士尼带来新一轮的动荡。尽管艾斯纳不肯承认自己清除异己，甚至暗示罗伊的辞职有助于公司的发展，但实际上，最后一名创始人家族成员的离开使艾斯纳备受舆论压力，没有人相信迪士尼会在艾斯纳带领下走出困境，迪士尼的董事会甚至被一家咨询机构评为美国上市公司的最差董事会之一。

罗伊在辞职后号召迪士尼公司的股民、影迷起来驱逐艾斯纳，拯救迪士尼。他对外界表示，多年以来，迪士尼公司就一直在艾斯纳的“独裁体制”统治之下，管理模式僵化。“没有人能够做自己想做的事，”他说，“所有的事情都是由艾斯纳自己做主，就算是花一点小钱也要艾斯纳点头。”

罗伊甚至引用了美国证券交易委员会（SEC）的一些文件对艾斯纳提出批判，宣称迪士尼公司对主管人员的工作补偿数额巨大，虽然在近3年里，迪士尼公司的股票价格下跌了50%，公司主管们带回家的补偿金额总数却达6800万美元之多，这对于任何一家正在亏损的公司来说，简直是难以想象的事情。罗伊还批评艾斯纳过于专制，抑制了一些有能力、有管理经验的人才。

迪士尼的股民们也对艾斯纳逐渐不满，因为他们发现，自乔布斯宣布皮克斯和迪士尼谈判破裂，终止合作之后，迪士尼的股票价格出现了大幅下降，而皮克斯的股票价格却不断地在上涨。股民们觉得，或许是时候好好考虑一下罗伊的建议了。乔布斯也在此时展开了行动，他要给这个“迪士尼王国”来一次“原子弹袭击”。他要求皮克斯的团队们赶紧行动起来，靠自己的力量制作一部上佳的动画片。结果，2004年11月，皮克斯的动画电影《超人特攻队》上映。这部影片再次刷新票房纪录。在上映的第一个周末，电影的票房收入就达到了4550万美元。

皮克斯公司的成功向公众表明，皮克斯绝非只是一家拥有一两名优秀的动画电影制作天才的小公司，它英才荟萃，已成为世界上顶级的动画制作公司之一。《超人特攻队》打破了所有的三维动画电影制作模式，完全以人为角色，这标志着皮克斯在技术创新方面的杰出能力。

对乔布斯来说，这部电影的成功意义更加重大。在这之前，皮克斯公司的电影基本上都是由迪士尼投资、发行，而如今乔布斯可以堂而皇之地宣布：皮克斯公司不依靠迪士尼公司的投资也能制作动画电影了。乔布斯展望未来，认为只要下两部动画电影的票房收入也如预计的一样好，皮克斯完全有可能在两年之内将 8 亿～10 亿美元存在银行里，作为皮克斯公司的资本。

同年，迪士尼特隆重推出了自己的影片《星银岛》。这部电影被艾斯纳寄予厚望，制作成本高达 1.4 亿美元，但是最终的票房遭到惨败，甚至没有达到收支平衡。皮克斯和迪士尼谁更会制作动画电影，似乎一目了然了。迪士尼的董事、股民相信，如果和皮克斯分道扬镳，迪士尼将失去巨额收入，他们不能坐视艾斯纳因为和乔布斯的恩怨而置大局于不顾。

罗伊发起了“拯救迪士尼”活动，弹劾艾斯纳，股东们纷纷站在罗伊这边。乔布斯得知迪士尼内部正处于动荡时期，艾斯纳正遭逢空前危机，趁机打出重拳，公开表示，一旦艾斯纳离开总裁的位置，他就重新开始与迪士尼公司的谈判。结果，不可思议的事情发生了。在 3 月份的例行股东大会上，迪士尼公司的股民对艾斯纳进行信任性投票，其中反对艾斯纳的不信任投票占到了令人吃惊的 43%。董事会成员一致表决，把董事会主席和首席执行官两个职位分离开来，这样就逼迫艾斯纳辞去了公司董事会主席的职务，但给他保留了首席执行官的职位。

迪士尼的前途变得更加难以预料了，没有人知道迪士尼接下来会怎么样，没有人知道艾斯纳在首席执行官的职位上能坚持多久，也没有人知道，皮克斯会不会继续和迪士尼展开合作？就在迪士尼的股民和董事们彷徨不安的时候，一个名叫鲍勃·艾格的人闯入了他们的眼帘。

鲍勃·艾格来自电视行业，曾任美国广播公司的主席，1996 年该公司被迪士尼收购，艾格也因而成了迪士尼董事会的成员。经过多年的奋斗，此时艾格已经是迪士尼的首席运营官了。和艾斯纳不同，他幽默大方，举止合宜，善于灵活处理事件；同时也懂得慧眼识人，善解人意。当所有的人都在为艾斯纳和乔布斯的纷争而喋喋不休时，他始终保持着理智和冷静，为迪士尼的前途而劳碌着。董事会的人相信，艾格将会是接替艾斯纳的最佳人选。

2005 年 3 月的一个周六晚上，艾格接到了前参议员乔治·米切尔和迪士尼其他董事会成员的电话。他们告诉艾格，再过几个月，他将取代艾斯纳成为迪士尼的 CEO。艾格深感身上责任重大，如果连艾斯纳都无法扭转迪士尼亏损的现状，自己又有什么办法可以实现盈利呢？艾格思虑良久，最终觉得和乔布斯合作，重新携手皮克斯，是比较恰当的一个选择。第二天艾格起床之后，立刻给乔布斯打了电话，告诉他，自己很欣赏皮克斯，希望双方能够继续合作。乔布斯非常兴奋，他不满的是艾斯纳，不是迪士尼，又有谁愿意失去像迪士尼这样一个最好的合作伙伴呢？他很喜欢艾格坦诚的态度，表示愿意和对方合作。乔布斯觉得自己和艾格契合极了，甚至惊异于他们之间在冥冥之中的联系：他的前女友珍妮弗·伊根和艾格的妻子威罗·贝曾是宾夕法尼亚大学时期的室友。

这年夏天，在正式接棒艾斯纳之前，艾格与乔布斯尝试着进行了一次合作。这次合作对于艾格而言，是非常重要的。他需要表现自己的能力，让乔布斯看到他是怎么做事的，同时也要让迪士尼的人们看到，迪士尼其实是能够与乔布斯合作的。当时，苹果有一款既能播放音乐又能播放视频的 iPod 即将面世，时任美国广播公司主席的艾格就想，如果能在 iPod 上播放电视剧该多好啊。于是就这一想法，艾格和乔布斯开始协商，最终双方达成协议，用户在购买过 iPod 的第二天，可以通过 iTunes 下载当时热播的电视剧《绝望的主妇》和《迷失》等。

但是在谈判中，乔布斯告诉艾格，他不想做得太公开，因为和往常一样，他希望在产品被正式发布之前保留神秘感。这年 7 月，苹果正式推出这款带有视频功能的 iPod。乔布斯特意在圣何塞租了一座剧院，举行了 iPod 的发布会，艾格作为"神秘嘉宾"也在乔布斯的贵客名单之中。"我之前从来没有到过苹果发布会的现场，不知道会面临怎样的情况。不过，我很高兴，我们有了第一次合作。"艾格回忆说。

乔布斯和往常一样，进行了一次精彩绝伦的演说。接下来是产品展示，一切都无懈可击，最后，他标志性地顿了一下说："是的，我差点忘了，新款的 iPod 可以下载电视剧了。谁是美国电视剧产业的大亨？美国广播公司！谁拥有美国广播公司？迪士尼！幸运的是，我认识他！"接着，他把艾格请上了讲台。

艾格表情轻松，说："精彩内容和高新科技相结合是我孜孜以求的事情，也是史蒂夫最感兴趣的地方……我很高兴今天能在这里宣布我们可以和苹果达成合作，我们的关系又进了一步。"略一停顿，他接着说："不是和皮克斯，而是和苹果。"

全场掌声雷动。所有与会的人都自发地为乔布斯鼓掌，感谢他为苹果所做的一切。自 20 世纪 90 年代开始，苹果的发展陷入困境，连年亏损，还好自乔布斯重新入主苹果董事会，坐上总裁位子后，采取措施，推出新产品，终于扭亏为盈，并且逐年发展，重新攀上辉煌之巅。人们相信，乔布斯推出的这一款 iPod 肯定会再次风靡全球的。

乔布斯和艾格在台上友好地拥抱，这一象征性的动作无疑宣告了皮克斯和迪士尼再次踏上合作之路。艾格后来回忆道："那是我对公司运营方式的集中体现，我希望和其他的公司共同发展，友好合作，而不是彼此争斗不休。"

2005 年 9 月，尽管艾斯纳否认承受着巨大的压力，但他还是辞掉了首席执行官(CEO)的职位。鲍勃·艾格接替了他的职位，成为新一任迪士尼的总裁。艾格上任后，马上展开了和皮克斯的合作。迪士尼的股票也止跌，开始上涨，在艾格上任的两年里，迪士尼营收、净利润大幅提高。

迪士尼并购皮克斯

"没过多久，我们就明确了这场合作将以收购的方式进行。"

——在谈到迪士尼收购皮克斯时，乔布斯如是说

2005 年 9 月，就在艾斯纳离职的前几日，鲍勃·艾格陪同艾斯纳等迪士尼高层飞

赴香港，参加香港迪士尼的开幕仪式。庆祝活动多姿多彩，其中就包括迪士尼经典形象在主街上的游行。艾格惊讶地发现，在游行队伍中，近十年来，几乎所有的卡通形象都是由皮克斯打造出来的。艾格心中极为震撼，他明白什么地方出了问题，但他什么也没有说，因为艾斯纳就站在自己的身边。

艾格回到伯班克后，马上做了一些财务分析。他发现，近十年来除了和皮克斯合作的几部影片大获成功外，迪士尼之森在动画制作方面一直在亏损，其附属产品的营销推广也踏步不前。不久，艾格接替艾斯纳当上了CEO。在这一年的董事大会里，艾格向全体董事通报了迪士尼的财务状况。很多人对此感到生气，因为艾斯纳在位时从来没有告诉过他们这些事情。艾格告诉董事会，近十年来，迪士尼公司每个分支都处于衰落之中，音乐、卡通角色、主题公园、电子游戏、电视节目、互联网、消费产品这些项目也基本上都处于负增长的态势。而迪士尼以动画立业，一部热卖的动画片对于拉动公司增长有明显的作用。所以，如果迪士尼不能制作出畅销的动画片，公司是难以成功的。之后，他又给董事会提供了三个可供选择的方案：其一，按照公司旧有动画制作模式运作；其二，重组董事会；其三，收购皮克斯。

艾格认为，前两种方案都存在着一定的问题，只有第三种才是切实可行，且符合迪士尼利益的方案。这些年来，皮克斯在动画制作方面创造了一个又一个的辉煌，如果能够将其收购，成为旗下的子公司，对于迪士尼的发展显然是大有裨益的。但是艾格也有疑虑：皮克斯和迪士尼纷争刚止，乔布斯会同意让迪士尼收购如日中天的皮克斯吗？艾格拿不准，但是他愿意尝试。他最终说服董事会，让他们同意了自己收购皮克斯的方案，董事会让艾格去考察收购皮克斯的可能性。

与卡曾伯格不同，艾格是个很率真的人。在见到乔布斯后，他就径直谈起了自己去香港的感受，告诉乔布斯，皮克斯对迪士尼太重要了。乔布斯认为艾格是个心直口快的人，不会在谈判中玩弄计谋、耍小聪明，更坚定了和他合作的想法。起初，艾格和乔布斯商议了一个新的合作计划：皮克斯收回之前所有皮克斯创造的电影和卡通人物的版权，迪士尼掌握皮克斯一定的股权。在未来的合作中，仍然由迪士尼投资、发行电影，皮克斯支付一定的发行费用。但是，艾格对于这个合作计划有些担心，认为这对迪士尼不利。皮克斯现在已经很强大了，如果允许对方收回电影的版权，将会对迪士尼造成更大的威胁。就算迪士尼掌握皮克斯一定股份，仍属于从属地位，同样会造成不好的后果。所以，艾格向乔布斯暗示，或许他们可以做得更大。

艾格的言下之意，乔布斯当然明白，他对此也很感兴趣。在艾格离开后，乔布斯权衡了一番，觉得艾格的提议可行。乔布斯后来回忆此事时说：“很快，我们就决定双方用收购的方式进行合作。”但是，皮克斯并不是乔布斯一个人的，他必须首先征询约翰·拉塞特和埃德·卡特穆尔的意见。乔布斯邀请他们来自己的家里做客，在闲谈中，乔布斯说起了并购的事情，卡特穆尔和拉塞特非常震惊。乔布斯告诉他们，艾格与艾斯纳不同，是一个值得信赖的人，他向他们讲述了当时他们初次合作在iPod上植入美国广播公司的电视剧时是多么的轻松愉快。

乔布斯的意思很明显了，是希望他们同意艾格的并购计划。拉塞特和卡特穆尔并没有立即答应，他们觉得有必要见一见艾格，看对方有多少的诚意。艾格立即展开了行动，特意从洛杉矶飞到拉塞特的家里，同他共进晚餐，双方相见甚欢，聊至深夜。接着，他又去见了卡特穆尔。随后，艾格独自拜访了皮克斯工作室，并与每一位导演见面、聊天。导演们竞相向这位迪士尼的CEO推销自己的电影，他们对工作的热情、执着，令艾格印象深刻，更重要的是，他们的作品确实非常不错。艾格打定主意，一定要谈成这笔生意，将这么优秀的团队招致麾下。

拉塞特与卡特穆尔也逐渐认可了艾格，认为他将是一个不错的合作伙伴，他是真的重视皮克斯。经过几轮谈判，双方初步达成共识：迪士尼将用74亿美元收购全部的皮克斯股份。这就是说，如果最终双方成交，迪士尼完成收购皮克斯，乔布斯因为拥有皮克斯近乎50.1%的股份，也就摇身一变成为迪士尼最大的股东，拥有近7%的股份，相较之下，艾格所拥有的股份仅为1.7%，罗伊·迪士尼的股份为1%。至于拉塞特、卡特穆尔等人，迪士尼也做了妥善的安置：他们将分任迪士尼动画制作部门的创意总监和主管，全权负责迪士尼动画部门的运营。皮克斯保持独立，工作人员仍然可以继续在总部工作，原有的电子邮件域名也可以继续使用。

尽管皮克斯方面基本尘埃落定，但是艾格还必须说服迪士尼董事会，让他们明白皮克斯是多么优秀的一支团队，大手笔收购皮克斯是多么物有所值。于是，艾格特意邀请乔布斯、拉塞特、卡特穆尔三人去参加迪士尼董事会的会议。整个会议上，拉塞特做了发言，详细向董事会介绍了皮克斯是如何制作电影的，理念是什么，以及他们是怎样培养人才的。董事会还问了许多问题，拉塞特一一作了回答，他的回答堪称完美。董事会的人完全被拉塞特动人热情洋溢的演讲打动了。乔布斯也做了发言，主要谈到了艺术与科技的结合及其给时代带来的重大意义。

但是，在董事会通过收购决议前，一个人突然跳出来表示反对，这个人就是迈克尔·艾斯纳，前任迪士尼CEO。他打电话给艾格，表示74亿美元的收购价格太贵了，并且表示艾格可以通过自己的努力解决迪士尼的问题。艾格反问他："怎么解决？"艾斯纳也没有一个明确的办法，只是表示相信艾格的能力。艾格生气地回击他说："己所不欲勿施于人，你都完不成的事情，怎么可以要求我完成呢？"

艾斯纳告诉艾格，他打算召开一次董事会来反对这次收购，艾格拒绝了。但是，艾斯纳给公司的两位大股东沃伦·巴菲特和董事会主席乔治·米切尔打了电话。他们说服了艾格，召开了一次董事会，讨论收购皮克斯的事宜。艾斯纳在会议上主要提出了三个方面来反对收购皮克斯：其一，艾斯纳认为迪士尼已经拥有了85%的皮克斯的动画电影。为了剩下的15%就花费74亿美元，显然并不划算。艾斯纳的这个结论是基于有权制作所有电影的续集，并拥有所有卡通人物的版权等优势方面提出的。其二，虽然皮克斯现阶段运营得很好，但是必定好景不长，艾斯纳举了很多在历史上屡获殊荣，却又走向失败的制片人和导演名单。其三，艾斯纳算了一笔账，如果要让这笔生意做得划算，那么皮克斯的每一部新片的收入必须达到13亿美元。这显然并不现实，皮克斯虽然票房不错，却远不及此数。

艾格对于艾斯纳的这些观点，逐条进行了批驳。艾格用一些数字、事实证明了自己收购皮克斯的正确。最后，董事会经过讨论，通过了艾格的提案。艾格随后飞往爱莫利维尔市去见乔布斯，并和他一起向所有皮克斯员工宣布了收购的决定。在宣布前，乔布斯和拉塞特、卡特穆尔进行了简单的谈话。乔布斯告诉他们，只要他们有一个人反对这项并购，他马上就可以回绝艾格。但这并不是乔布斯的心里话，因为在当时的形势下，根本不可能取消这个交易。拉塞特、卡特穆尔都同意了这项交易，乔布斯兴奋极了，紧紧地和他们拥抱在一起，流下了激动的泪水。

皮克斯所有的员工都被聚集到了中庭，乔布斯亲自向大家宣布："皮克斯被迪士尼收购了。"一直以来的老对手和合作伙伴突然变成了上司，这让很多员工心里很难受，还有人流下了泪水，但是乔布斯用自己那极富感染力的演讲说让众人明白，虽然名义上是迪士尼收购了皮克斯，但从某种程度上来说，这其实有一些反向收购的意味。因为，从此以后迪士尼动画部门简直就是皮克斯的天下了，这在之前是想都不敢想的事情。大家紧绷的心弦放松了，热烈地鼓掌喝彩。乔布斯最后邀请艾格上台讲话，艾格对皮克斯不吝溢美之词，夸奖皮克斯特立独行的文化，并表示迪士尼在很多方面需要向皮克斯学习。他的这种谦逊的态度赢得了众人的好感，人群中爆发出热烈的掌声来欢迎这位未来的新老板。

迪士尼在收购皮克斯后，凭借着拉塞特等人接下来制作的《料理鼠王》《机器人总动员》《飞屋环游记》和《玩具总动员 3》等几部优秀的三维动画电影重新缔造了动画王国的辉煌。而对于皮克斯来说，迪士尼拥有丰富的发行渠道和发行经验，站在巨人的肩膀上，对未来发展大有裨益。

植入乔布斯 DNA

苹果的库克周期

“蒂姆·库克是我迄今招来的最好的员工……”

——在谈到运营苹果公司不可或缺的幕后搭档蒂姆·库克时，乔布斯如是说

乔布斯回归苹果后，推出了“非同凡想”广告和 iMac，再一次向世人展现了他的创意和远见。但是，他是否有能力运营好一家公司，并带领苹果走出困境，包括埃德·伍拉德在内的很多人对此仍然不能肯定。因为在此之前，乔布斯并没有在这方面表现出特别杰出的能力，无论是早期的苹果，还是后来的 NeXT，乔布斯永远给人是暴君的印象，听不进任何意见，肆意妄为，将公司置于险境。虽然皮克斯取得了成功，但明眼人都明白，那完全是约翰·拉塞特的功劳，和乔布斯没有半点关系。让乔布斯重新执掌苹果本就是一步险棋，这步棋他们走对了吗？

事实证明，这是一次正确的选择。因为乔布斯已经不是当年的乔布斯了。在经过了十多年的困顿之后，乔布斯变得成熟了，也更适应一个经理人的身份。他开始投入一些以细节为导向的很现实的工作里，并且能够听见他人的意见，这让很多曾经和他一起共事过的人很惊讶。因为，之前的他是那么的桀骜不驯，恍若世间一切的规则对他都起不到任何的约束作用。苹果董事会主席对乔布斯的改变非常高兴，因为当初正是他力主邀请乔布斯回归苹果的。

乔布斯在管理方面最大的特点就是“专注”。“决定不做什么跟决定做什么同样重要，”他说，“对公司来说是这样，对产品来说也是这样。”苹果产品的生产线混乱，他就大刀阔斧地取消了多余的生产线，并将正在开发的操作系统中无关紧要的功能全部去掉。乔布斯还放松了对产品制造的控制，把苹果产品的制造外包给其他厂商。在业务的管理上，乔布斯依旧霸道，不能容忍有丝毫的不足。有一次，他发现安邦快运下属的一家分公司运送零件的速度不够快，马上让苹果公司的一个经理去和对方终止合

约。这位经理说，这么做很有可能导致法律诉讼。乔布斯对此不以为然，坚持让那个经理去终止合约。那个经理在乔布斯的逼迫下，最后无奈辞职了。最后，果然如同那位经理所料，这件事情闹上了法庭，用了一年的时间才解决。

又有一次，苹果公司的供应商VSLI公司因为出现了一些意料之外的问题，没能够按时将足够的芯片送到苹果公司。这件事情让乔布斯气炸了，他在会议上勃然大怒，怒骂对方是“死太监”。别说，乔布斯这通咆哮还真是管用，VSLI随后就将芯片准时送到了苹果公司。

对于很多人来说，要和乔布斯在一起工作需要一颗大心脏。苹果公司的运营主管在和乔布斯工作了3个月之后，因为不堪压力而辞职。乔布斯想继续找一个新的运营主管，但来面试的人没有一个让乔布斯满意。他认为这些来面试的人都是一些只知道陈词滥调的家伙，所以在之后差不多一年的时间里，乔布斯自己上任，负责公司运营工作。乔布斯希望能发现一个迈克尔·戴尔（戴尔公司的创办人，董事长兼首席执行官）那样的杰出人才，但这样的天才人物实在太少了。直到1998年，乔布斯遇到了一个他心目中的天才，他就是蒂姆·库克。

蒂姆·库克自小在亚拉巴马州罗伯茨代尔的一个小镇长大，这里距离墨西哥湾大约半小时的路程。他的父亲是一家造船厂的工人。库克毕业后，进入了奥本大学学习工业工程，后来转学去了杜克大学，并取得了管理学学位。大学毕业后，库克到了北卡罗来纳州的三角研究园为IBM工作，并负责IBM的PC部门在北美和拉美的制造和分销运作。库克在IBM待了12年，后来，他觉得自己的工作与心中的期望值相差太远，就毅然辞职，另外换了一份工作，出任批发商Intelligent Electronics公司电脑分销部门的首席运营官。几年后，库克又进入康柏公司工作，担任康柏计算机公司的采购和供应链经理。不久，苹果招聘运营主管，库克欣然前往应聘。

库克是一个理性的工程师，从不会因为个人的憎恶而影响理性的判断，但是，在这次面试中，乔布斯仅用五分钟就打动了库克。乔布斯散发的强大的个人魅力让他折服，库克打定主意，一定要加入苹果。他相信，在乔布斯这样一位创意天才的手下工作，人生一定会精彩很多。

同样，乔布斯见了库克也大有一种相见恨晚的感觉，他很快把蒂姆·库克从康柏公司招入苹果，担任资深副总裁，主管苹果的运营、电脑制造业务。乔布斯对蒂姆·库克评价很高：“库克是我迄今为止招来的最好的员工。”乔布斯经常有很多的奇思妙想，却又很少能得到别人的认可，但蒂姆·库克常常能够响应乔布斯，并且在很多的方面，他的观点和乔布斯出奇地一致。

库克进入苹果后，首先要面对的是苹果的库存问题。当时，苹果库存问题十分严重。由于产品卖不出去，导致库存臃肿，大量积压，库存周期一再延长。这给苹果带来了极大的损失。迈克尔·斯平德勒管理苹果时，库存累积的产品达到了20亿美元，数字相当惊人。吉尔·阿梅里奥接掌苹果后，通过有力的手段，把苹果的库存量削减到了5亿美元左右，库存周期控制在两个月左右，但这个期限仍然太长。乔布斯上台后，在这方面做过一些努力，但成效不大。直到库克加入苹果，这个问题才得以解决。

库克发现，苹果在库存管理方面有着极大的弊端，一个典型的例子是：苹果把亚洲的电脑不仅运到欧洲的工厂里进行组装、生产出笔记本，然后将其中的很大一部分又运回亚洲市场销售。这种毫无必要的循环，给苹果增加了很多的生产成本，也加大了库存管理的难度。库克上任后做的第一件事，就是对电脑制造业务进行大笔的账面减记。但仅仅账面减记是不够的，库克明白若要减少诸如“从亚洲到欧洲再回到亚洲”的此类循环，就必须改变思维，跳出旧有管理模式，为此，库克大力推动苹果的部件供应商在地理上贴近制造商的产品组装厂。这么做的好处是，使得供应商把部件保留在自己的库存里而不是苹果公司。库克减少了苹果主要供应商的数量，让厂家从原来的100多家减少到了2家，库克最伟大的地方是说服许多供应商将工厂迁到了苹果公司附近，这既减少了运输费用，也减少了库存周期。此外，库克还关闭了苹果在世界各地的工厂和仓库，把19个库房关闭了10个，只保留了9个。库克给他们下达了严令：必须在规定的时间内把库存减少75%。库克雷厉风行的作风让大家丝毫不敢怠慢，最终都战战兢兢地完成了任务。

这样，没过几个月，苹果的库存周期就从两个月缩短到一个月。到了同年9月底，库存周期更是减少到了6天，相当于7800万美元的商品价值，这比乔布斯接手时的5亿美元库存量可谓大大降低了。而到了1999年底，库存周期竟然达到了惊人的2天(有些时候，甚至是15个小时)，库存商品价值约为2000万美元。苹果库存情况大大好转，公司财政也逐渐实现了正增长。

这种出色的运营天赋得到了乔布斯的赏识，也让库克在苹果的地位稳步上升。2000年的时候，乔布斯又把苹果的全球电脑销售和客户支持部门交由库克负责，库克成为苹果的炙手可热的人物。

尽管库克与乔布斯在很多方面都迥然不同，如库克性格方面比较沉稳，说话温和，而乔布斯脾气暴躁、咄咄逼人，但两人对工作都非常执着，要求苛刻，堪称工作狂。在性格上也形成某种互补关系，两人合作天衣无缝。在苹果公司，库克成了贯彻乔布斯直觉的角色，在工作中几乎从来没有与乔布斯产生过分歧。大多数日子里，库克都在默默耕耘，他一般早上4点多就起床了，6点刚过就达到了办公室。每周日的晚上，他都会安排电话会议，敬业态度令人敬佩。

库克在管理上和乔布斯如出一辙，非常严格，命令一旦下达，就必须立即执行。在任职初期的一次会议上，库克听说苹果公司在中国的一家供应商出现了问题，马上表示应该有人立即去中国处理这件事情。30分钟后，他看着坐在面前的一位部门经理询问：“你怎么还没走?”那位经理二话没说，没带任何行李，就直接开车去了机场，买了机票飞往中国。后来，他成了库克的第一副手。

卓越战斗团队

“我发现，一流选手都喜欢和一流选手一起共事……我一直把罗伯特·奥本海默视为榜样，我知道他在建立原子弹项目小组时的招聘要求。我没有他那么优秀，但这是我渴望达到的目标。”

——在谈到自己招聘人才加入苹果团队时，乔布斯如是说

盛田昭夫是日本索尼公司的创始人，被世人尊称为“经营之圣”，与被誉为“经营之神”的松下幸之助齐名。20 世纪 80 年代初，乔布斯曾经去日本拜访了这位大名鼎鼎的商界传奇人物。当时，乔布斯看到索尼的员工都穿着制服工作，觉得非常惊讶，后来就这一问题询问了对方。盛田昭夫告诉他，战后，因为人们没有衣服穿，所以公司就给每个人发了一件制服。后来，制服也就成为索尼的标志性穿着，也成为一种凝聚员工的方式。乔布斯打算也这么做，于是就邀请索尼御用设计师三宅一生设计了一件背心，然后他带着这件样品回到了美国。

回到苹果后，乔布斯将这件制服展示给大家看，并表达了希望所有员工都穿上制服工作的想法。但是，让乔布斯没有想到的是，在场所有的人都不赞成这个建议，他们更喜欢穿着自己喜欢的衣服工作。虽然，换装制服的构想没有实现，但是乔布斯将索尼凝聚员工的思想继承了下来，他一直希望在公司内部营造出一种合作的文化。为此，他经常召开会议，将员工们聚合在一起。会议可谓频繁：每周一是高管会议、每周三下午要开营销战略会议，除此之外，还有无数的产品评论会。乔布斯坚持让与会者坐在一起讨论问题，认为这有利于凝聚员工。

乔布斯希望公司的各个部门都能够并行合作，因为他坚信，苹果公司的优势在于各类资源的整合，从设计、硬件、软件，各部门并行不悖，有序运转，这也是苹果得以屡创辉煌的关键。乔布斯很清楚，苹果的方针就是开发高度整合的产品，这也就意味着在生产过程中必须是协作完成的。

这种观念也贯彻到了重要职位的应聘上。他会安排应聘者直接去见各部门的主要负责人，如库克、特凡尼安、席勒、鲁宾斯坦、艾维等人。然后，乔布斯就会和他们一起讨论应聘者能不能入选。乔布斯细细筛选人才，希望自己的员工都是精英，而不是一群“二流人才”，他说：“我发现，一流选手都喜欢和一流选手一起共事……我一直把罗伯特·奥本海默视为榜样，我知道他在建立原子弹项目小组时的招聘要求。我没有他那么优秀，但这是我渴望达到的目标。”

招聘的过程是严苛的。乔布斯在面试每一位应聘者的时候，通常不会有什么预备方案，一般都是现场发挥，聊些什么、问些什么问题基本都是兴之所至。很多时候，他还会邀请应聘者一起出去散步。乔布斯喜欢问应聘者一些他们并不熟悉的问题，还经常会在面试中与应聘者展开针锋相对的辩论。他只想雇佣那些对于产品有着完美的

理解，与自己合拍，符合自己理念的人才。

乔布斯把人才分为“A级”“B级”“C级”三个档次，“A级”是那些最想雇佣的杰出的人物，也就是比“B级”和“C级”都出色的那种人。乔布斯只准备雇佣“A级”的精英，因为他认为一旦雇用了一个B级的人，他就会带来更多B级，甚至是C级的人，整个公司档次就下降了。只要是符合“A级”的人才，无论你的资历、文凭如何，他都会想方设法将你招进公司。

乔布斯在人才的选择上，可以说是独具慧眼。当年，乔布斯刚刚创立苹果时，就曾雇用了一位叫兰迪·威金顿的年轻人。让人吃惊的是，这个年轻人当时还是一个高中生。很多人都对乔布斯的这个决定感到不可思议。但事实证明，乔布斯的选择是正确的。威金顿加入苹果后成了苹果的第6号员工，后来，威金顿主持开发了著名的MacWrite软件，在软件界名震一时。

在研发Mac OSX系统的过程中，乔布斯准备设计新的苹果操作系统的图形界面，于是就公开向社会寻求人才。乔布斯每天都会收到很多的邮件，不少年轻人毛遂自荐，希望进入苹果工作，乔布斯从中邀请一些人来过公司面试。其中有一个年轻人很有能力，也幸运地得到了面试的机会。可惜的是，面试进展得并不顺利，这名年轻人面对着乔布斯明显表现得太过紧张了。这天晚些的时候，乔布斯在外面碰见了他。沮丧的年轻人问乔布斯，可不可以向他展示一个作品。乔布斯有些不以为然，但最后还是同意了。年轻人打开电脑，播放了一段自己用AdobeDirector制作的视频。所有图标都在屏幕的下方排成一排，当年轻人把鼠标停在某一个图标上时，那个图标就突然膨胀变大，好像在放大镜的照射下一样。乔布斯感到非常震撼，当场雇了他。后来，这一技术被运用到了Mac OSX中，成为广受人们喜爱的一个部分。这个年轻的设计师后来还设计出了多点触控屏幕的惯性翻页功能，这同样是一项了不起的成就。

也有些人进入苹果依靠的是自己的执着。后来成为Palm公司CEO和Handspring公司创始人的唐娜·杜宾斯基就是其中之一。当时刚从哈佛大学商学院毕业的杜宾斯基是个忠实的苹果迷，她迫切地想在苹果谋得一份工作。可是，她被拒绝了。原因是苹果要招聘的是有技术背景的人，而她却是毕业于哈佛大学商学院。杜宾斯基十分好强，干脆赖在苹果不走，每当有人走过时，就主动上前攀谈。后来，苹果的人被她的执着感动了，就批准她进入后续的面试，并得到了第一份的工作。

“求贤若饥”堪称乔布斯的对待人才的态度。1998年，曾经在苹果担任副总裁的李开复离开苹果，回到中国为微软创立中国研究院。乔布斯了解这件事后，亲自给李开复家里打去电话，邀请李开复重返苹果。但是，由于李开复已经在微软工作了，就婉言谢绝了乔布斯的好意。

2007年的时候，乔布斯无意中看了一则《纽约时报》的报道：一位华裔女学生从斯坦福大学毕业后，加入了谷歌公司。这本来是一件很普通的事情，但是乔布斯却亲自拨通了这位女学生的电话，询问她为什么选择了谷歌，却没有选择苹果，并且让她谈了谈自己选择雇主的原因。

从以上这些事例可以看出乔布斯对于人才的重视。在苹果公司，为了尽可能地发挥卓越人才的优势，乔布斯还专门组建了所谓的Top100团队，这个团队顾名思义是由100多位公司各部门的顶尖精英人士组成。乔布斯会不定期地举行Top100会议，会议地址相当的神秘，大多数的时候会选在海边的度假村举行，乔布斯还要求会议场所必须满足两个条件：有美味的素食餐馆；没有高尔夫球场。乔布斯还制定了极为严格的规定：禁止内部人员讨论参与会议的人的名单以及会议的内容，禁止参加会议的人自己驾车前去，必须坐统一安排的大巴参会。

乔布斯通常会在Top100会议上，向公司的100人核心团队揭秘公司正在研发的新产品。例如，当年iPod开发出来后，乔布斯也是首先在Top100会议上向大家展示了这件新产品的。当然，会议的内容并不会这么轻松，乔布斯每次还会在会议上评审和规划每个部门的工作。一些在工作上稍有差池、没有完成目标的人在这一天压力会很大，因为乔布斯在大会上点他们的名，将他们批得一文不值，骂得狗血淋头，而其他的人则会度过生命中最美好的几天。

在管理上，乔布斯要求各部门职权分明，分工明确，不可有模糊、重叠的地方。比如说，负责苹果零售店销售的人就只能负责销售这一块，无权决定生产和库存计划。这种泾渭分明的制度便于管理，哪个环节出了问题，应由哪个部门负责一目了然，不容易出现相互推诿、扯皮的现象。

但是，乔布斯性格方面的强势、霸道，有时候会给员工带来伤害。如果他觉得工作进展得太慢了，他会命令员工们加快速度，让这个项目以“非人”的速度向前推动，倘若你不这么做，那么你就得做好被解雇的心理准备。而一旦工作没有做好，乔布斯会直接质问该项目的负责人。例如，当年苹果的MobileMe数据同步服务发布后，用户发现有很多的质量问题，怨声载道。乔布斯对此大为光火，几乎在第一时间撤换掉了MobileMe团队的经理和相关责任人。

无独有偶，2005年苹果中国也发生了类似的事情。当时，苹果中国的销售队伍里，存在着一些违规操作的问题。例如，一些销售人员滥用折扣、特价等权力，这和苹果的理念背道而驰，事实上给苹果造成了极大的伤害。乔布斯对此完全不能容忍，派遣专员进行了严查，并且作出了极为严厉的惩罚。结果，刚刚走马上任的苹果中国区总经理，中国区渠道总监，华东、华南及西南三个区域的总经理，以及一大批销售负责人被集体开除。

Mac OSX系统

“Mac OSX操作系统是自1984年推出Mac OS操作系统之后，苹果公司推出的最为重要一款软件。消费者将对Mac OSX操作系统的简洁欣喜不已，并对它的专业感到吃惊。”

——在2000年发布新一代操作系统时，乔布斯如是说

在乔布斯的带领下，苹果公司逐渐走出泥潭，重现昔年风光。苹果除了在计算机

硬件市场隆重推出 iMac 大获成功外，在软件方面也不甘人后。乔布斯入主苹果后，在1998 年第三季度推出了 Mac OS8.5，同年又推出了 Mac OS9。这两种软件虽然各有千秋，但面对微软的 windows98 毫无任何的优势可言。苹果公司经过短暂的沉寂后，于2000 年隆重推出了 Mac OSX 操作系统。这款系统是苹果公司的重量级产品，它的研发可以说经历了重重波折。

这款操作系统是依靠着 NeXT STEP 的成功而开发出来的，是 1000 多名电脑人才花费了两年多的时间才开发出来的。乔布斯在离开苹果后，创建了 NeXT 公司。为了研发出先进的电脑和软件，乔布斯招兵买马，麾下云集了一大批的人才。李开复所在的卡内基·梅隆大学是计算机科学领域的圣殿，乔布斯特意来到了这所学校挖掘到了一个名叫阿维·特凡尼安的编程天才。

特凡尼安加入 NeXT 后，研发出了新一代的 NeXT STEP 操作系统。这款系统拥有着非凡的操作性能，具有无可比拟的稳定性，可说超越了同时代很多系统。后来，NeXT 公司因为经营不善，濒临倒闭的边缘，也幸好有 NeXT STEP 这款系统被阿梅里奥看中，乔布斯这才得以重返苹果。乔布斯回到苹果后，也将 NeXT STEP 研发团队一并带了过来。等到乔布斯当上 iCEO，执掌苹果时，特凡尼安已成为苹果软件研发部门的首脑人物，他与苹果设计部门的乔纳森·艾维、硬件部门的乔纳森·鲁宾斯坦堪称是帮助乔布斯力挽狂澜并再创辉煌的“三杰”。

操作系统一直以来是苹果公司的软肋。虽然，苹果在 1984 年曾推出了 Mac OS 操作系统，辉煌一时，但随着时代的发展、科技的进步，老版的 Mac OS 操作系统由于冗繁、不稳定等弊病，已经逐渐不能顺应时代发展潮流。对于很多用户来说，老版的操作系统简直就是一场噩梦：系统不时地崩溃、死机、重启、再死机、再重启……这简直能让任何一个好脾气的人抓狂。

苹果公司为了解决这个问题，花费了好几年的时间，但始终不曾取得多大的成效。这也迫使当时苹果的 CEO 阿梅里奥采取了非常措施——向外界购买优秀的操作系统。乔布斯返回苹果后，一直希望将 NeXT STEP 转化为苹果公司的操作系统。因为它具备着苹果老版的 Mac OS 系统所不具备的优势，它速度快、稳定，而且几乎不会出现死机的情况。此外，它还拥有着模式化的结构，这样就很容易进行修改和升级，众多出色的程序工具亦是其优势。

然而，由于技术上的困难，这些工作一开始进展得并不顺利。当时，苹果公司的程序员认为，应该使用 Mac OS8 的老界面，并努力将它努力嫁接在 NeXT STEP 代码库上。但是苹果 Mac OS 人机界面设计小组主管柯戴尔·瑞茨拉夫反对这么做，认为将丑陋、落后的旧界面装在优雅的新系统上简直就是一个耻辱，于是他很快和手下的设计师们重新做了一套新的设计方案，充分地体现 NeXT STEP 的优越性。问题是新的设计方案在很多工程师看来根本就难以完成。

数月后，苹果所有参与研发 Mac OSX（X 是罗马数字 10 的意思，因为此前已经发布了 Mac OS 9 的操作系统，所以新系统作为对上一版系统的承继，就顺理成章地称为“Mac OSX”）的人在一起召开了两天的会议。大会上，瑞茨拉夫展示了自己的新设计方案。几乎所有的工程师都对此表示了质疑，认为如此庞大的新系统根本不可能完成。这让瑞茨拉夫觉得非常沮丧。

两周后，乔布斯给瑞茨拉夫打去了电话，要求看一下这个新的设计方案。他本人因为一些原因错过了这个会议，在得知瑞茨拉夫和他的团队们有了新的创意后，他迫不及待地想要一窥究竟。乔布斯见了瑞茨拉夫和他的团队后，开口第一句话就是："是你们设计的Mac OS吗？你们这些笨蛋！"他毫不客气地指出老版Mac OS的弊端和缺陷，要求设计师们进行改进，力争完美。

瑞茨拉夫就把早已设计好的新方案拿给乔布斯看，并作了说明。乔布斯看过这个新方案后，下了命令："把这个做出来让我看看。"于是，瑞茨拉夫率领他的设计小组夜以继日地工作了三个礼拜，这才做出了软件原型。这个软件原型的优越性能带给了乔布斯极大的震撼，他兴奋地对瑞茨拉夫说："这是我目前在苹果所看到的第一例智商超过三位数的成果。"对于乔布斯而言，他的眼里只有天才与白痴两种人，他要是说你的智商超过了100，这便是莫大的认可了。

乔布斯是一个完美主义者，他对追求产品完美细节的激情是比尔·盖茨、迈克尔·戴尔等人都无法比拟的。在Mac OSX的研发过程中，乔布斯将他的这种风格展现无遗。他对于正在研发中的Mac OSX的每个要素，包括菜单、对话框、按钮等，都要求有几种不同的方案以供选择。乔布斯还要求瑞茨拉夫团队每周向他展示最新的设计方案，要求十分严苛的乔布斯会对新方案中的每一个细节反复仔细斟酌，提出修改意见，直到完美，这样才最终决定下来。

界面滚动条一直是计算机操作系统中较为重要的部分，但从来不是用户界面中最显眼的要素。尽管如此，乔布斯仍然坚持要求做到完美，无懈可击。瑞茨拉夫不得不带领团队反复修改了一个又一个的版本。对于工程师来说，乔布斯简直是悬在他们心头的一个噩梦。因为他会因为一个小小的细节而将工程师骂得狗血淋头，直到他们拿出更好的作品。就拿瑞茨拉夫的团队来说，他们仅仅在细化滚动条上，就花了6个多月的时间，才达到了令乔布斯满意的程度。

乔布斯在软件的开发过程中也曾提出了一些不错的建议。一次会议上，他看到新界面窗口左上角的按钮（指关闭、缩小、放大三个按钮）被设计师设计成了暗灰色，顿时觉得有些不满意。因为暗灰色很难让用户明白各个按钮的功能。有人建议当鼠标放在这些按钮上的时候，出现一个动画说明。乔布斯却给出了一个古怪的建议，要求用颜色来区别按钮，用红色代表关闭窗口，黄色代表缩小窗口，而绿色则代表放大窗口。这个建议并没有得到众人的附和，包括瑞茨拉夫在内都认为，将颜色与电脑联系起来，简直有点莫名其妙。但是，乔布斯的话就是命令，苹果团队只能按照乔布斯的意愿进行了设计。事实证明，乔布斯是对的。按钮的颜色明显起到了提醒的效果。尤其是红色，它通常意味着"危险"，用户在看到红色时会格外注意。

2000年1月，在旧金山的苹果世界博览大会上，Mac OSX的神秘面纱被揭开了。乔布斯在大会上隆重发布了新的操作系统，并做了演示，在演示间隙他说："Mac OSX操作系统是自1984年推出Mac OS操作系统之后，苹果公司推出的最为重要一款软件。消费者将对Mac OSX操作系统的简洁欣喜不已，并对它的专业感到吃惊。”毫无疑问，Mac OSX绝对是一款更为先进的产品，它至今仍是最为优秀的电脑用户界面，拥有着透明化、阴影和动态效果等实时图形效果。当乔布斯展示系统桌面时，鼠标滑过使用图标，图标依次变大，观众们爆发出阵阵欢呼声。

演讲结束的时候，乔布斯又以一贯的风格说道：“哦，还有一件事……”

“今天我很高兴地向你们宣布，我要放弃‘临时’首席执行官的头衔了。”人们欢呼起来，疯狂地喊叫着他的名字，“史蒂夫！史蒂夫！史蒂夫！”欢呼声越来越大，整个会场都沸腾了。人们激动地起立尖叫，排山倒海般的欢呼声几乎把所有的一切都给淹没了。这样的场面，丝毫不逊于任何一位摇滚明星。这种狂热的气氛感染了乔布斯，他突然明白，苹果粉丝们对他的爱。

乔布斯真的被感动了。回顾乔布斯在苹果的这十几年里，他霸道傲慢、蛮横无理，就像一个任性小孩，予取予夺，不受约束，但是苹果迷们并没有因此而排斥他，仍将他视为苹果的救世主。乔布斯抑制着内心的激动之情，脸上挂着淡淡的笑容，他能感觉到自己正被温暖和热爱所包容。

他扶了扶眼镜，温文尔雅地说：“你们让我觉得有点不好意思了。苹果和皮克斯有世界上最聪明的人，我每天都和他们一起工作。苹果和皮克斯的每一项成果都是团队努力的结晶。我要代表苹果公司的每一个员工，接受你们的掌声。”

这一次乔布斯没有抢功，而是提到了团队。经历过十多年的困顿，经历过创业的失败，乔布斯变得成熟了。虽然有些时候乔布斯依然刚愎自用，表现得像个斗士，但更为重要的是，乔布斯已经充分地意识到苹果公司就是一支团队。

人群再一次惊呼尖叫。在会场的一边上，还坐着另外一个人，他已经好久没有出现在苹果了。他就是苹果的另一位创始人，苹果Ⅱ电脑幕后的天才人物史蒂夫·沃兹尼亚克。他曾经因为乔布斯的蛮横霸道而离开了苹果，现在他看见自己以前的合作伙伴如此文雅甚至是谦卑地接受观众们的掌声和赞美之声，不禁泪流满面。现在，他的心也随着乔布斯的改变又回来了。

获奖飞机的CEO

“相比于那些来说，我更想要一架私人飞机。”

——当伍拉德表示董事会愿意给他巨额股份作为奖励时，乔布斯如是说

如果将乔布斯看成一个资本家显然不太合适，因为他自从NeXT公司成立后就一直不从公司里领取薪水，这种状况一直延续了很多年。在皮克斯公司，乔布斯常只领取50美元，有些时候甚至一分不取。重返苹果后，乔布斯仍然坚持不领取薪酬。对于他来说，好像接受薪水是一种索然无味的事情。他的兴趣是做一名公司的领导者，带领苹果走出困境，继而改变世界。

那个时候，苹果正处于风雨飘摇之中，境况堪忧，乔布斯虽然有心重新夺回苹果，但是对于能否挽救苹果心里没底。为了避免因为经营失败而给个人名声带来的损害，乔布斯放低姿态，以临时CEO的身份执掌了苹果，并且不领取薪水，只是象征性地领取1美元作为个人酬金。对此，乔布斯开玩笑说："50美分是出勤，另外50美分要看工作表现。"当伍拉德劝他多拿一些期权时，乔布斯拒绝了，他说他不希望公司里的同事认为他是为了钱才回归苹果的。

2000年，乔布斯回归苹果已经有两年有余，苹果也走出了困境，开始盈利，股价也从接手时的13美元涨到了102美元以上。此时，无论从哪个方面来看，苹果很明显已经东山再起了。乔布斯成为挽救苹果的大功臣，董事会主席埃德·伍拉德再次劝乔布斯正式就任苹果CEO的职位，并接受董事会赠予的期权。乔布斯这次没有完全拒绝，他说他需要考虑一下。乔布斯和妻子鲍威尔一起散步时讨论了这件事，鲍威尔认为，他应该得到这一荣耀。乔布斯也觉得如果去掉了"临时"一词，正式出任苹果的CEO，他就能实现他所有的梦想。他一直希望苹果公司能够凭借着自身的优势，扩展产业，进军计算机产业以外的市场，比如说电子音乐市场等。

经过慎重考虑，乔布斯终于作出了决定：接受伍拉德好意。于是，在2000年举行的苹果世界博览大会上，乔布斯宣布摘掉头上"临时"的头衔，正式出任苹果CEO。这对于全世界的苹果粉丝而言，绝对是一个好消息。因为也只有乔布斯才会给他们带来如此多的感动。苹果董事会更是欣喜不已。虽然当初他们对于乔布斯的回归尚存几分疑虑，但是事实证明，恰是乔布斯的回归，挽救了苹果，重新带领苹果走上了飞速发展的大路。这份荣耀是乔布斯应得的。他们相信，只要乔布斯还愿意留在苹果，执掌苹果，苹果公司将会继续保持这种惊人的增长势头。

若说最乐见乔布斯执掌苹果之人，则非伍拉德莫属。伍拉德堪称乔布斯重新返回苹果的导师。当初，正是伍拉德坚持己见，乔布斯这才顺利重返苹果的管理层，并带领着苹果走出了困境。伍拉德认为有必要对乔布斯进行奖励，因为在过去的几年里，他总共领取了不到3美元的薪酬，这和乔布斯做出的巨大贡献是不相符的。董事会也同意他的看法，认为应该对乔布斯慷慨一点。

伍拉德亲自去找乔布斯，表示董事会愿意给他巨额股份。乔布斯告诉他："相对于那些来说，我更想要一架私人飞机，因为我刚有了第三个孩子，我想带家人去度假，但是又不想坐商业航班。另外，相对于陌生人来说，我更希望为我开飞机的是一个我信赖的人。"乔布斯是一个对商业航班毫无耐心的人。航班延迟，甚至安检等琐事都足以让他抓狂。如果有一架私人飞机那就不同了，他不用受这些约束，可以自驾飞机带着家人度过一个美好的周末。

董事会成员对乔布斯这个要求基本上没有异议。苹果董事会成员拉里·埃里森也拥有自己的私人飞机，他认为，乔布斯拯救了苹果，却不求回报，凭他所作出的巨大贡献，苹果就是奖赏他5架飞机都不为过，所以答应他的要求，奖给他一架飞机堪称苹果给他的完美的致谢礼物。

伍拉德很爽快地答应了乔布斯的要求，给他买一架湾流V型喷气式飞机，此外赠予他 1400 万份期权。伍拉德认为乔布斯会非常满意，但是，在常人意料之中的乔布斯还是乔布斯吗？乔布斯听到伍拉德的建议后，说："你说过我最多可以得到公司 5%的期权是吗？"伍拉德茫然地点了点头说："是的。""好，那么我要 2000 万份期权。"乔布斯说道。伍拉德睁大了眼睛："可是你原来说不要的。"乔布斯面不改色地说："我从来没有坚持说不要啊！"伍拉德呆住了。

乔布斯为什么前后的态度如此大相径庭呢？有分析认为，这正体现了乔布斯一贯的作风。既然他已经接任了 CEO，接受期权也会颠覆其"不求回报"的印象，那么又为什么要更多的 2000 万份期权而不是 1400 万份期权呢？乔布斯可从来都没打算做一个只讲奉献不求收获的人呐！

可是，董事会只有从股东处分出 1400 万份期权的权力。为了满足乔布斯的胃口，他们最终研究出了一个复杂的解决方案，先以现价授予乔布斯 1000 万股股票，但是视同已在 1997 年授予；另外的 1000 万份期权则安排在下一年（即 2001 年）授予。这种操作手法在法律上是不允许的，后来也确实引起了美国证券管理委员会的注意，这给乔布斯和苹果公司带来不少的麻烦。

经过了这件事，伍拉德有些心灰意冷。他终于明白，乔布斯是一个可以共患难，却不能共得意的人。在苹果处于困境的时候，乔布斯尚且能多少表现出对他人的谦卑和敬重；在苹果辉煌之时，他却不愿意与别人共享成果，他本性中的狂妄霸道、肆无忌惮就会占据上风。身心俱疲的伍拉德再也无法忍受这种令人窒息的氛围了，他辞掉了苹果董事会主席的职位，离开了库比蒂诺。

然而，现实和乔布斯开了一个大玩笑。让乔布斯没有想到的是，刚刚 2000 万份期权到手，整个互联网的泡沫突然破灭了，几乎所有的 IT 公司的股价全都大幅下降，好多公司随之倒闭。苹果公司根深枝茂自然是没有倒闭之虞，但是股价同样大幅下落，乔布斯手中的股票期权成了一堆废纸。

虽然没有从期权中获利，但是乔布斯对于飞机还是非常满意的。这架湾流 V 型商用喷气式飞机通常情况下能乘坐 8 位乘客，最多可以搭载 20 多名乘客。飞机的航行速度大约每小时 500 英里，不用中途加油就可以从旧金山飞到伦敦。这架飞机的所有权并不归于苹果所有，而是作为一件礼物赠送给乔布斯的。乔布斯沉迷于设计，为这架飞机的内部重新进行了设计。他花钱雇佣了一个设计师，前后花了大约一年多的时间，差点逼疯了设计师，最终还是按照他的心愿完成了设计。乔布斯的好友埃里森将自己的飞机与乔布斯的飞机相比，认为乔布斯的飞机改装得更好。

乔布斯从自己以前选择的狭小的办公室搬到了豪华的总裁办公套房。讽刺的是，当初正是乔布斯猛烈抨击阿梅里奥花费巨款为自己装修办公室，可现在，他自己却毫无愧色地搬了进去。在待人接物上，乔布斯又恢复了傲慢粗鲁、目中无人，无论是媒体还是苹果员工都体会到了这一点。

顾客体验设想

“如果不能在商店里把我们的理念传达给顾客，我们就完蛋了。”

——在设计苹果零售店时，乔布斯如是说。

乔布斯是一个天生的控制狂，他不愿意失去对任何事情的控制。在苹果公司，从产品的研发、生产到销售，他总是参与进来，提出一些疯狂的点子，对任何的一个细节都不放过。但是，凡事有例外，乔布斯在此过程中也有控制不到的部分，那就是在商店里购买苹果产品的体验。当时，计算机行业的销售已经从本地的计算机专卖店过渡到了大型连锁商店和量贩店。在这里，苹果产品和 IBM、惠普、康柏的产品摆放在一起供顾客选择，乔布斯对此并不乐意。

人们都有一种观念：自己的东西是最好的。作为苹果公司的总裁，乔布斯始终认为苹果的产品是最完美、最先进的产品，其他公司的产品不值一提。所以，他从来都不希望 iMac 被放在戴尔和康柏的旁边，供顾客购买，因为那样有损于苹果的身价。还有另外一件让乔布斯不能容忍的事情：店员的专业素质太差了。在大型连锁商店里，大部分的店员对苹果这种高端产品完全是一知半解，不具备苹果产品的基本知识，有些时候甚至懒得向顾客解释产品的独特性能。乔布斯曾批评这些店员，认为他们只关心自己的销售提成，根本没有意愿为顾客苹果讲解产品的独特性能。苹果由于高配置，销售价格也明显更高，其他的产品配置较低，所以价钱也就低些。如果销售员没有专业的职业素养，没有向顾客介绍苹果的独特功能，苹果在竞争中处境之难可想而知。乔布斯对此深有感触：“如果不能在商店里把我们的理念传达给顾客，我们就完蛋了。”

到了 20 世纪 90 年代后期，随着零售店经营模式的兴起，乔布斯立即意识到这种模式和苹果有着某种契合之处，于是就有了开设苹果零售店的想法。从 1999 年中后期开始，乔布斯开始秘密地面试了一些在零售店方面具有独到管理经验的人才。罗恩·约翰逊是乔布斯发现的一个精英，他原本是塔吉特公司负责销售规划的副总裁，主要工作是发布有特色的新产品，比如迈克尔·格雷夫斯设计的茶壶等。他热爱设计，在销售管理方面很有一套，也很有意愿加入苹果。那天，乔布斯穿着高领衫和破旧的牛仔裤约见约翰逊，显得平易近人。见面后，没有太多的寒暄，乔布斯直截了当地告诉约翰逊，他为什么要开零售店，以及他需要什么样的人才。他说，苹果想要成功，一定是靠创新取胜。如果无法把这种创新理念传达给顾客，就不能成功。

初次的见面，双方给彼此留下了一个好印象。不久之后，约翰逊来苹果参加了第二轮的面试。乔布斯建议约翰逊一起出去走走。他们一起去了斯坦福购物中心，这里店铺林立，是库比蒂诺最有名的商业街之一。由于此时是早上 8 点半，街上店铺都还没有开门。乔布斯就和约翰逊在空旷的购物中心走来走去，讨论着这里的布局、扮演的角色，以及某些专卖店取得成功的原因。

过了一会儿，店铺纷纷开门了，街上恢复了往日的繁华。他们去了艾迪堡，这家店铺很气派，呈狭长状，有两个入口，一个直接面对着购物中心内部，另一个连着停车场。乔布斯很显然并不喜欢这种设计，他认为苹果零售店只能有一个入口，这样就能更好地控制顾客的体验，而且艾迪堡的商铺设计过于狭长，不利于凸显设计，让顾客一进来就能了解店铺的整体布局。

约翰逊也同意这点。对于购物中心为什么没有科技类的店铺这个问题上，约翰逊和乔布斯产生了分歧。约翰逊认为，繁荣的商业街因为租金很贵，所以让很多的顾客望而却步，而在一些僻远地区，租金较低，所以顾客在买电脑这种大件的、平时不经常购买的产品时往往更愿意去偏远的地方购买。乔布斯则不同意这个看法。他认为苹果的零售店一定要开在繁华的购物中心，无论那里的租金有多贵。他希望顾客随时随地都能看到苹果的产品，而不是开车到10里之外。他相信，如果苹果把专卖店设计得足够吸引人，就能够招揽顾客，从微软那里抢夺客源。

约翰逊还认为，店铺的面积能够体现品牌的重要性。店铺越大，越能体现这个品牌的大牌，也更能吸引顾客。他问乔布斯："苹果的品牌有GAP（美国最为著名的一家服装公司）那么大吗？"乔布斯回答说大多了。于是约翰逊说："那么苹果的零售店也要比GAP的大才行，否则你就无法说明自己比GAP大牌。"乔布斯引用了迈克·马库拉的名言，畅谈了公司的经营理念：一家好的公司必须竭尽所能传递它的价值和重要性，从包装到营销，都应该展示其新颖、独特的一面。约翰逊很喜欢这个概念，并且认为这可运用到零售店中，而零售店的设计也将成为品牌最强有力的实体表达，只有当顾客想到苹果时，马上就能想到苹果零售店，这样才算得上成功。

结束了考察之后，两人开车回到了公司，坐在会议室里讨论零售店的未来。苹果的产品并不多，自从乔布斯砍掉一些繁赘多余的项目，苹果开发的产品一直维持在一个合适的数目上。苹果公司的产品并不足以装满一个传统意义上的商店。但乔布斯认为，这反而是一个优势。他向来追求简约的风格，这样他就可以建立一个以"少"为特色的商店，给顾客提供更多试用的位置。约翰逊认为，要改变顾客对于苹果固定的"另类"的印象，提供一个试用空间让试用者完全爱上苹果，这是十分重要的。商店的风格应该炫酷、时尚、有创意。

在这一年的董事会上，乔布斯提出了开苹果零售店的设想。但是，董事会对于乔布斯的这个决定并没有积极附和，甚至提出了反对意见，认为苹果从来没有这方面的经验，风险太大了。乔布斯则加以反驳，分析了苹果面临的问题以及这样做的好处。他还告诉董事会，他打算将苹果零售店开在地段更昂贵的购物中心里，吸引往来的顾客。不过乔布斯的分析并没有让董事会放心，他们觉得乔布斯的这个想法实在太疯狂了。他们告诫乔布斯：捷威计算机在开了郊区的零售店之后就走向了衰落，而戴尔并没开零售店，通过直销也取得了巨大的成功。乔布斯对此不以为然，认为捷威是捷威，苹果是苹果，二者不可相提并论。苹果只有按照他的思路发展，才能继续创造辉煌。很显然，董事会的阻挠对于乔布斯来说，根本不用放在心上。他很快换掉了董事会中的大部分成员，迫使董事会同意了他的要求，开设4家零售店，进行试运营。

米勒德·米基·德雷克斯勒可能是董事会中唯一支持乔布斯的人。他原本是美国

GAP的前任CEO，是零售界的翘楚，他曾经把死气沉沉的GAP连锁店变成了美国休闲文化的标志。在很多方面，德雷克斯勒和乔布斯很相像，他们都在设计、形象和消费者需求方面有着独到的见解。乔布斯很喜欢控制一切，德雷克斯勒也强调极端的控制模式。在他管理GAP的几年里，GAP商店只出售GAP品牌的产品，而且GAP产品从不在百货商店出售，几乎只能够在GAP商店里独家销售。1999年，乔布斯产生了开设零售店的想法后，就把德雷克斯勒招进了苹果董事会。

德雷克斯勒的确是一个在零售店方面很有想法的人，他给了乔布斯一个非常棒的建议：先在公司附近建一间模拟商店，但是按照正式店面的样子进行装修，边装修边思考，直到有了完美的方案。大家就可以在这个模拟商店里一边讨论，一边进行设计，直到有完整的想法。乔布斯表示赞同，于是就和约翰逊一起在库比蒂诺租下了一间空置的库房。很快，库房就开始动工了，从最初空荡荡的房间，慢慢到初具雏形，一切改变都按照乔布斯心目中的样子进行设计。不论多忙，乔布斯都会在每周二的上午，和约翰逊、德雷克斯勒等人在那里开会，完善他们的零售理念。这个地方成了艾维的工作室之外，乔布斯的另外一个避风港。他很喜欢一个人来到这儿，随便走走看看，不断地想出新的点子。

乔布斯对美学和服务体验的每一个细节都力求完美，经常对设计师们提出这样那样的条件。他还经常把德雷克斯勒、拉里·埃里森以及其他可以信赖的伙伴拉到这里，展示自己的创意。

在模拟商店即将完工时，德雷克斯勒提出了一些批评，认为空间太琐碎了，不够干净。还有很多怪异的建筑结构和色彩容易让顾客分心。他强调必须考虑顾客的感受，要让顾客一进入这个零售区域，就有一目了然的感觉。乔布斯完全同意他的观点，认为简约、减少分心的因素，是一家商店成功的关键。于是，就对某些方面做了反复的修改，一直到符合他心目中的样子。

经过了6个多月的设计、改建，苹果模拟零售店终于即将大功告成，乔布斯等人心中都非常高兴。就在周二例会前的一个夜里，约翰逊的脑海里突然冒出了一些可怕的想法，他认为他们犯了一些基础性的错误。他们一开始就围绕着苹果的主要产品线，把商店大致分成了PowerMac、iMac、iBook和PowerBook几大板块，但这未必符合消费者的消费习惯。消费者往往看重的是功能性，而不在于这款机子是什么配置。就拿电脑来说，有人买电脑是为了看电影娱乐，有的人是为了做设计，而不同的机子在这两方面的功能强弱又各不相同。所以，约翰逊觉得必须重新设计，尽可能地虑到顾客想做什么。他举了个例子，可以设置一个“电影区”，在那里可以用几台Mac电脑和PowerBook，运行iMovie软件，向顾客展示苹果强大的电影编辑功能。

第二天一大早，约翰逊就去了乔布斯的办公室，硬着头皮，告诉了他自己那临时闪现的想法。乔布斯顿时爆发了，怒气冲冲地道：“我真是要疯了。在我们辛辛苦苦地干了6个月之后，你一句话就把之前的工作全部否定了，你知道这意味着什么吗？你知道这样一来我们要做多大的改变吗？”最后，他表示自己累了，想休息一下再考虑未来的事情。

约翰逊没有再说话，乔布斯也没有再让他开口。他们一起乘车去模拟商店开会，路上，乔布斯告诉约翰逊，一会儿不要同他说话，也不要跟团队的任何人说话。于是，两个人路上谁也没有开口说一句话。抵达终点时，乔布斯经过这几分钟的思索，已经意识到约翰逊是对的。所以，在会议中，乔布斯做了一个让约翰逊惊讶的开场白："罗恩认为我们不应该按照产品，而应该按照顾客的体验来划分区域，我认为他是对的。"接着，乔布斯宣布他们要重新设计布局，争取一次成功。这样展示的时间也就从原来确定的时间向后拖延了三四个月。

2001 年 1 月，苹果样板店终于完成了改装工作，乔布斯邀请董事们前往参观。他首先在董事会上，向大家介绍了他的设计理念，然后带领大家乘坐面包车前往样板店参观。董事们在听了乔布斯和约翰逊的介绍后，又看到了极具风格的样板店，大家一致同意批准该项计划继续推行。董事会分析认为，苹果零售店将提升苹果的影响力，更能确保苹果继续巩固扩大自身的优势。

然而，尽管包括乔布斯在内的苹果高层对零售店信心满满，但是外界对此似乎并不看好。《商业周刊》发表了一篇文章，引用苹果公司的前任 CFO 约瑟夫·格拉齐亚诺看衰苹果的话，大胆预测苹果零售店将会以失败而告终。零售顾问戴维·格斯丁甚至断言："不出两年，苹果就会关门歇业，他们将为此付出沉重的代价。"但是，真的会如此吗？答案很快就见分晓。

风格独特样板间

"有些时候，'做到最好'是'做得很好'的敌人。"

——在谈到追求完美时，乔布斯如是说。

当苹果的模拟店铺得到董事会的认可后，乔布斯就开始紧锣密鼓地为苹果第一家旗舰店张罗。新店铺按照乔布斯的要求，选在弗吉尼亚州的高端购物中心泰森角，这里正是商业街的繁华地段。店里的设计严格按照乔布斯的设计方案来执行，每一个环节，大到整体布局，小到楼梯、柜台，甚至是每张海报，都苛求完美。这是苹果第一家零售店，乔布斯只许成功，不许失败。

2001 年 5 月 19 日，苹果第一家零售店正式开业了。很多顾客初次踏进店里，就被店里独特的设计震撼了：柜台是亮白色，木地板是浅色的，雅致而不失格调，色彩的选择和搭配温和适宜，不会让顾客有不适之感。店铺内还挂着一张印着"非同凡想"的巨幅海报。海报上面是约翰·列侬和小野洋子躺在床上。当顾客们看见这张经典照片时，心里不禁会淡淡勾起对列侬的回忆。还记得戴维·格斯丁的预言吗？他当初预言，苹果零售店不出两年，就会关门歇业。但是，现实狠狠地打了他一记耳光。苹果开业当天人潮如流，远远超过了外界的估计。截至 2004 年，苹果零售店每周的客流量已经达到了 5400 人，而同期的捷威计算机商店每周的客流量只有 250 人左右，这种差别如果从收入上看就更明显了。相较于其他零售店年均几百万、几千万美元的收入，苹果零售店高歌猛进，大举突破了10亿美元，创下了零售业的新纪录。2004年，光是苹果零售店的收入就达到12亿美元。这个数字简直可以称得上奇迹了！

在第一家零售店面世的时候，我们可以想象乔布斯的忧虑。但是，当苹果零售店越来越受欢迎，营业额越来越大时，乔布斯就开始涉入方方面面，试图控制一切了。虽然在他麾下聚集了大批的人才，如在广告方面极具创意的李·克劳等人，在零售店方面有独到见解的罗恩·约翰逊等人，但是乔布斯希望所有的苹果零售店能够打上自己的印记。零售店刚开业时，在一次营销会议上，乔布斯对店内厕所标志的颜色不太满意，就让李·克劳和他的团队们花了半个小时的时间决定该使用哪一种灰色。这种小事乔布斯都要过问，更何况是整体设计布局等大事了。

波林·赛温斯基·杰克逊建筑事务所是世界上杰出的建筑设计机构，为苹果在全球设计了众多的零售店。尽管他们的能力毋庸置疑，但是乔布斯经常会决定整个设计方案的主要方面。乔布斯很关注楼梯的设计，他似乎有或多或少的"楼梯情结"。以前，他曾经为NeXT办公楼设计了半透明的玻璃楼梯，他希望零售店的楼梯能够和NeXT的楼梯一样，有着特殊的设计。每次，乔布斯去查看正在兴建的店铺时，都会对零售店里楼梯的设计提出建议。乔布斯一生中总共有313项专利，其中就有两项与他发明的玻璃楼梯有关：一个专利是采用了透明玻璃踏板和玻璃混合金属钛的支架；一个专利是采用含有多层玻璃压制而成的整块承重玻璃系统。

苹果零售店的地板也是乔布斯关注的一个方面。最初采用的是浅灰色木板，但没过多久，乔布斯就弃之不用，决定改用石头做地面，这种改变与乔布斯多年前去意大利旅行有关。1985年，乔布斯被驱逐出苹果后，女友克里斯蒂娜·莱德斯陪伴他去欧洲旅行。在意大利的佛罗伦萨人行道上，那些灰蓝色石头给他留下了深刻印象。多年之后，当乔布斯看见零售店的浅色木板时，不由得想起了佛罗伦萨的那些灰蓝色石头。这样的比较顿时让他觉得浅色的木地板有些平庸，于是他决定改用那种石头做地面，而且必须是佛罗伦萨的石头。这样的话，成本就会增加数倍。一些同事建议他，可以用混凝土，不但成本很低，而且可以模仿出石头的颜色和纹路。但是乔布斯坚决不同意，坚持用真正的石头。最终，他们在佛罗伦萨外围费伦佐拉的一个家庭自营采石场找到了这些石头。这些灰蓝色的锡耶纳沙石有着清晰的纹理感，非常完美，正和乔布斯在佛罗伦萨看到的一样。乔布斯对石头的选择非常严格，颜色、纹路和纯度、完整度都有着一定的标准，这也导致采集的石头里只有3%能用。佛罗伦萨的设计师从这些石头里千挑万选，选择合适的石块按照一定的尺寸切割，并在每一个石块上面做好标记，以确定哪一块石头和哪一块相邻。然后，再空运过去，铺设在零售店里。

当地板按照乔布斯的心意铺上了石头以后，乔布斯还是会不时地对于地板的一些细节提出批评。这一点，零售店的员工印象深刻。加州帕萨迪纳苹果零售店有一位员工名叫伊恩·麦多克斯。他刚进这家店工作时，这家专卖店正按照乔布斯的意思重新装修地板。每天等到最后一名顾客离开后，装修队就将一块块地砖掀起来，换上新的地砖。毫无疑问，新的地砖全都是清一色的深灰色花岗岩，都是从意大利佛罗伦萨空运过来的，全部都是乔布斯亲自挑选的样式。

新地板铺好之后，非常漂亮，员工们都非常高兴。几天之后的一个早晨，专卖店还没有开门，麦多克斯发现专卖店所有经理都神情紧张地在店里集合，一直以来甚少露面的区域经理也来了。很明显，专卖店将会有一位大人物光临。不久，乔布斯带着四五个人来到了这家店里。麦多克斯有点诧异，不明白什么事情竟要让乔布斯大驾亲临。后来，他知道乔布斯是来检查新地砖的效果的。

乔布斯仔细检验着新地砖的效果，很快脸上流露出不满的神色。这些新地砖刚铺上时确实非常漂亮，但由于使用的接缝剂不够好，导致顾客一踩上去就会留下难看的污迹，而且不容易清理。污秽、脏乱的地板影响了整个专卖店的美感。很明显，这样的效果完全不能让乔布斯满意。

麦多克斯早就听说过苹果的老板乔布斯脾气暴躁，经常会口不择言，痛骂手下，这次他才算是真正领教了。乔布斯大发雷霆，火冒三丈，将专卖店经理骂了个狗血喷头，他命令专卖店经理，地砖必须全部换掉。就这样，施工队被重新叫了回来，掀开每一块地砖，认真清洗，然后使用新的接缝剂重新铺设了整个地板。追求完美是乔布斯毕生的目标，他曾经不无自嘲地对记者说，自己追求完美可能也是一个弱点："有些时候，'做到最好'是'做得很好'的敌人。"

苹果零售店除了店面设计上极具创意外，还提供一些独特的服务。比如说，被命名为"天才吧"的技术维修部。这个创意来自于约翰逊最新的经营理念，一次，约翰逊为了聚合自己的团队，让来自不同行业的成员打破内部因为不熟悉而产生的尴尬，故意挑起一个话题："说说你们曾经体验过的最好的服务。"结果 18 个人里头有 16 个人回答说是酒店服务，他们提到了一些住在四季酒店和丽兹卡尔顿酒店的一些经历。这个答案有些出乎约翰逊的意料，也让他大受启发：为什么不能开设一家像四季酒店那样轻松随意氛围的商店呢？于是，他派出了几名零售店经理去参加丽兹卡尔顿酒店的培训项目，让他们从中学习经验。约翰逊将这个想法告诉了乔布斯，问："如果我们在吧台都配上些最聪明的 Mac 专家，你看怎么样？我们可以叫它'天才吧'。"

乔布斯却觉得这个想法太离谱了，而且"天才吧"这个名字也不好。他说："你不能叫他们'天才'，他们是极客（自于美国俚语 geek 的音译，一般理解为智力超群对计算机技术极度狂热的人，但他们大都性格古怪，缺乏交际能力），他们没有那种交际能力来贯彻天才吧的宗旨。"

听到乔布斯这么说，约翰逊有些不知所措了。他知道乔布斯是一个固执的人，一旦做了某项决定是很难改变的，所以他什么话也没有说。但是第二天早上，约翰逊碰巧遇到了苹果公司的法律总顾问，对方告诉他，乔布斯让他去为"天才吧"这个名字注册商标。"天才吧"最终按照约翰逊的设想建立起来，并很快风靡一时，现在全球大约每天有 5 万名消费者接受"天才吧"的服务。

2006 年，苹果位于曼哈顿第五大道上的零售店正式开业。很多光顾过这家店的顾客都会有一个明显的感受：这是一家真正的"乔布斯"店。这家新开张的店面融合了乔布斯生平很多创意元素。无论是乔布斯痴迷的立方体，还是标志性的玻璃楼梯都在这里得到体现。乔布斯追求的简约主义也在这里发挥到了极致。这家店每天24小时营业，全年无休，顾客日日爆满。据说，开业的第一年客流量就达到了每周5万人，简直是其他公司零售店的数倍之多。乔布斯很爱这家店，每次谈到这家店自豪之情溢于言表："这家店是真正的寸土寸金，它是世界上每平方米收入最高的店铺，总收入也超过了纽约的任何一家店（包括萨克斯百货和布鲁明戴尔百货）。"

乔布斯对苹果零售店的开业典礼非常重视。这其实不难理解，一个好的开业典礼能够让顾客们印象深刻，这比发多少传单、拍摄多少广告都有用得多了。乔布斯将每一次的开业典礼视同为产品发布会，这一招大受好评。很多想持续了解苹果最新产品的顾客，就开始奔波于各个开业典礼，并且整夜排队，希望能够成为首批进店的人，了解苹果最新情况。这也带动了苹果的购买热潮。

到了2010年左右，罹患癌症的乔布斯一边同死神抗争，一边仍在花时间设想未来的店铺规划。他打算将以往零售店两边各18块玻璃的外墙改成4大块巨大的玻璃。但这在当时面临的一个难题是技术上达不到，必须造出现新一代的玻璃脱泡机才能实现这个梦想。尽管如此，乔布斯仍然信心满满，他希望将来某一天能用4块玻璃代替18块玻璃，因为这样的设计不但更加简约，而且完美地将美学和技术结合在一起了。对他而言，"少"永远意味着"多"，越简单越好。

遍地开花的苹果店

"我们拒绝创作平庸的东西。我们要突破思维，需要创新。"

——在谈到苹果的零售战略时，乔布斯如是说。

说起乔布斯，人们在头脑中第一印象就是：创新。不错，创新！在执掌苹果公司的几十年里，乔布斯几乎每隔两三年就会推出一件震惊世人的"神器"。从iPod到iPhone、MacBook Air、iPad，每一次都是惊喜，每一次都是创新。其实，乔帮主的创新不仅体现在产品的更新换代上，在销售上也能够推陈出新，不拘一格。例如苹果零售店发展战略就是乔布斯在销售方面的重大创新。

自从2001年5月19日，最早的两家苹果零售店在弗吉尼亚州的泰森角和加州的格伦代尔开张以后，连锁店如雨后春笋一般纷纷涌现，其惊人的增长速度令业内人士感叹不已。两年之后，苹果公司就已经有了60多家连锁的苹果零售店，并且取得了相当不错的销售业绩，接待了超过1500万名消费者，这个人数比很多世界著名的旅游景点还多。而到了2006年春天，这个数字更是翻了一倍之多，苹果连锁店达到了百余家，其高速增长的速度甚至远远打破了当年GAP连锁店创下的纪录。而苹果零售店每个季度的平均销售额已经达到了10亿美元。

随着苹果公司的日益壮大，这一纪录仍在不停地刷新。到了2010年，苹果零售店在全球已经有300家。而到了2011年，第一批苹果零售店开业10年之际，苹果零售店更是遍地开花，全球的苹果零售店数量达到了惊人的 317 家。在所有的店铺中，最大的位于纽约中央车站，占地面积达到了 23000 平方英尺（约合 2136.7 平方米）；最高的店在东京的银座，被称为“苹果的橱窗展示店”。在数量众多的同时，苹果零售店的收益也相当可观，每家店每周的平均客流量是 17600 人，每家店的平均收入是 3400 万美元，2010 财年的净销售总额是 98 亿美元，占苹果公司总营业收入的 15%。乔布斯曾在谈到苹果的零售战略时说：“我们拒绝创作平庸的东西，我们要突破思维，不断创新。”无疑，乔布斯用自己的行动证明苹果做到了。

苹果的繁荣让很多当初并不看好的专业人士傻了眼。于是，他们开始反思自己的错误之处，并且积极研究苹果的营销策略，试图从中找出苹果的成功之道。前任苹果法国分公司的总裁，也是乔布斯的朋友加西这么说道：“苹果开设专卖店的时候，我和很多人一样，认为这是错误的，因为这将直接对经销商们构成威胁。但是结果表明，一家苹果店铺的销售相当于两间奢侈品店。人们排着长队竞相以产品列表上的原价来购买苹果产品，因为他们将在苹果店内体验到最棒的服务。”

不错，苹果的最大的优势在于其品牌服务的质量。每一家店的销售人员都经过精挑细选，并且接受过专业的培训。他们知道怎样来推销苹果的产品，怎样来取悦顾客。如果你需要了解苹果的讯息，可以通过电话进行询问，也可以直接到店里进行咨询。在苹果零售店里，他们设置了一个叫作“天才吧”的技术维修区。这个吧台，会为顾客提供专业的技术服务。不要担心工作人员的专业素养，他们是被描述为“天才”的专业人员，他们都在 Apple 总部接受过专业培训，对 Apple 的全线产品了如指掌。他们负责从查找故障到着手维修的一切事务。所有关于苹果产品的问题，无论是 iPhone、iPod、iPad 还是 MacBook，都可以在这里得到解答。

店里还有着各种严格的规定，最终的目的是希望消费者能够笑着离开。加西对此深有体会：“我的 Mac 机子星期天早上出现了问题，我发了一个短信后立即收到了回复：您的 Mac 机已经修好，您可以随时来取您的机器。可以说，苹果电脑的服务质量让整个零售网络上升到了一个新的层次。”

在苹果店里，顾客们不仅可以享受购买一台电脑所带来的全球最为优质的服务，更能在这儿领略独特的苹果文化，感受苹果的魅力。此外，世界各大城市的每一处苹果零售店前都既有统一的风格，也有各自独特的建筑特点，无一例外都是所在城市的地标性景观。比如，位于纽约曼哈顿第五大道上苹果店的透明立方体玻璃入口，就已经成为世界上被留影最多的景点之一了。

世界上恐怕没有一家公司的专卖店会像苹果一样这么受人欢迎。苹果零售店从某种意义上来说，并不仅仅是商品买卖的场所，而是全世界苹果迷们朝圣的地方。每次苹果的新产品发布，几乎会引起世界各地专卖店的排队抢购热潮。他们彻夜不眠地排着长队，希望能够成为首批进店的人。

2010 年 6 月 24 日，万众瞩目 iPhone 4 终于如约正式上市，虽然首批上市的只有日本、英国、法国、德国和美国这五个国家，但依旧牵动着全世界各国苹果迷的心。当时，正值夏天，热浪逼人，但这完全没有影响苹果迷们的狂热。他们早早就到苹果零售店排起了队。在美国位于纽约第五大道苹果旗舰店的门口，人们带着折叠椅和消暑工具，早早地到专卖店前排起了队。其中有一个叫沃克的人甚至因为抢排第一的位置，被各路媒体采访了100多次，成为网络上的“红人”。在英国，人们也早早来到苹果零售店前等候iPhone 4的正式发售。在伦敦的苹果旗舰店前，很多粉丝早在正式发售的24小时前就排起了购机长龙。有人专程从迪拜坐飞机前来排队，还有一位叫阿历克斯·理的小伙子足足在店外等候32个小时之后，才得到自己的心爱之物。日本民众一向给人冷静、矜持的印象，但面对着苹果同样表现出了狂热的一面。尽管当天大雨滂沱，但这依然没有浇灭他们的热情，很多苹果迷在雨中撑着伞耐心守候。

无从计算全世界的苹果迷究竟有多少，但是可以肯定的是，乔布斯的个人魅力、苹果的时尚产品、独特的苹果文化，以及遍布全球的苹果零售店，构成了一个巨大的磁场，正吸引着越来越多的人成为苹果的粉丝。

在全世界，苹果粉丝跨越了阶层，不仅普通人对苹果的产品情有独钟，连各界名流里也不乏苹果的忠实拥趸。乔布斯在推销苹果电脑的早期，很重视借助名人效应推销苹果。他经常利用个人的魅力结识一些商界、政界、演艺界的名人，交上朋友，让他们成为苹果的形象代言人。他甚至会把苹果的产品亲自送到对方的家里，安装好供对方免费使用。凡是对科技产品稍有兴趣的人，只要接触了苹果的高新产品，就会沉湎其中，成为苹果忠实的粉丝。在欧美，苹果的粉丝里不乏名人，可谓通吃娱乐、政界、商界和时尚界。如摇滚歌手米克·贾格尔、披头士乐队主唱约翰·列侬的遗孀小野洋子、波普艺术家安迪·沃霍尔、香奈儿首席设计师、时尚大师卡尔，甚至连俄罗斯前总统梅德韦杰夫都是苹果的粉丝。

在中国，大批一线明星都是狂热的“苹果控”。在iPhone手机问世后，各路明星通过各种渠道购买这款神器，迫不及待地进行iPhone初体验。微博，也成为了这些明星们讨论苹果最活跃的地方。很多人都在微博上大晒自己的iPhone手机，喜爱之情溢于言表。

苹果对人们生活的影响不仅如此，甚至在电影电视里，苹果也成了一种符号。2001年，美剧《反恐24小时》风靡一时，一位忠实的苹果迷从这部电视剧中看出了“趣味”，他发现在这部电视剧里，使用苹果电脑的，通常都是好人，使用Windows电脑或者其他的，通常都是坏人。这位名叫布劳威尔的苹果迷说：“刚播第一集的时候我就注意到了，那个杀手用的是PC，鲍尔和他的特工小组用的全是Mac。”他还详细地指出了主人公鲍尔用的是AppleCube和一款PowerBook笔记本，而他的很多同事用的是PowerBook、iBook或者PowerMac。但是几集之后，布劳威尔发现一名看上去非常值得信赖的CIA特工法莱尔换掉了Mac，开始使用一台Dell牌的PC。这让布劳威尔觉得非常意外，他以为自己的理论不准确了。但不久他就发现，剧情到了后面发生了急剧转折，原来这名叫法莱尔的CIA特工真实身份是内奸。

这种有趣的现象可不仅仅发生在这部剧里，眼尖的苹果粉丝发现很多的电影电视都遵循这一理论。例如，在电影《碟中谍》里，汤姆·克鲁斯扮演一名身手敏捷的特工，他和同事们用的就是苹果PowerBook笔记本，而坏蛋用的全是Windows笔记本。

在电影《真实的谎言》里，阿诺德·施瓦辛格扮演的特工哈里在打开坏人的电脑盗取情报时，那台电脑的操作系统是Windows。

在21世纪的头十年里，苹果公司不断推出酷炫、时尚的高新产品，创造了电子科技行业的奇迹。在未来，苹果还将会有多少奇迹上演？没有人知道，人们唯一可以肯定的是苹果仍会不断地推出震惊世人的新产品，给无数的苹果迷们带来感动。苹果零售店也将在全球遍地开花。苹果公司目前在中国的专卖店并不多，但据苹果公司零售业务全球高级副总裁罗恩·约翰逊说，将于未来两年内在中国开设数十家专卖店。2012年，俄罗斯第一家专卖店也正式营业。

Cube满身创意

“这是苹果有史以来最漂亮的电脑。”

——2000年，在推出苹果新一代产品Power Mac G4 Cube时，乔布斯如是说

苹果电脑在20世纪80年代曾风靡世界，成为仅次于IBM的非凡产品。然而，自从乔布斯被驱逐出苹果以后，苹果公司就好像失去了灵魂似的每况愈下，再也不能生产出像麦金塔这样震撼人心的产品了。再加上苹果的历任CEO在产品、管理和市场营销上跟不上时代，更令苹果几乎走到了濒临死亡的绝境。直到1997年，乔布斯重回公司，进行改革，这才使得苹果公司起死回生。

乔布斯重新担任首席执行官后，进行了一系列的改革，重塑苹果文化。在他的强力改造下，苹果最激动人心、最为重要的核心价值观——创新，又回归了。这对苹果而言，是极为重要的。因为在之后，苹果正是通过不断地创新，不断地开发高新科技，才创造了一个又一个的辉煌。乔布斯重掌帅印后，重新明确和定义了苹果设计部门和生产部门的功能，要求苹果的设计师在保证质量的前提下，要生产出更为花哨、好看的产品，获取年轻顾客的青睐。

毫无疑问，乔布斯的创新意识为苹果注入了新的活力。乔布斯回归苹果不久，就推出了第一批拳头产品——iMac台式电脑。这款新产品很快以优秀的性能，性感、时尚的外观获得顾客青睐，引发了消费者的购买狂潮，并被美国《时代》杂志评为“1998年最佳电脑”。1999年，苹果又顺势推出了色彩鲜艳、像玩具一样精美的笔记本电脑iBook。这款产品在颜色、外观上更进一步，亮丽的蓝色和橘黄色使iBook半透明塑料外壳显示出便携电脑前所未有的时尚风格，而且在设计上，iBook完全贯彻了乔布斯一贯要求的极简主义，方便又舒适。同iMac一样，iBook刚一问世，就引起了消费者的极大反响，掀起了一股强劲的销售旋风。媒体也是好评如潮，《时代》杂志在“1999年度世界之最”的评选中，iBook荣获“年度最佳设计”奖。

虽然，这些在颜色、外观方面新颖的设计，令苹果脱颖而出，获得了在电子科技行业生存的名气。但是，无论是iMac还是iBook，虽说在短时期内风靡一时，让成千

上万的顾客走进商店，可时间一久，顾客的热情就会冷却下来，渐渐淡忘这件产品。这主要是因为苹果产品虽然在外观上极为出色，但在性能方面仍然有一些弊端，而顾客往往追求的是性能更为强大的产品。

2000年7月，苹果公司又推出了新一代产品Power Mac G4 Cube。在纽约展览中心举行的苹果世界博览会上，当乔布斯把Power Mac G4 Cube放到桌面上时，所有麦金塔迷的热情都被点燃。乔布斯在大会上不无得意地宣称："这是苹果有史以来最漂亮的电脑。"他甚至骄傲地预言，G4 Cube将像两年前苹果电脑推出的轰动世界的iMac电脑一样，对电脑设计产生革命性的影响。有人曾这么形容这款电脑："好似情人的眼波，美丽温柔而又蕴藏着无穷的力量。"

公道地讲，这款产品的确令人惊艳。很多人见过这部电脑后，更宁愿相信它是一件艺术品而不是一台功能强大的电脑。它是一台只有8英寸的完美立方体，外型小巧玲珑，只有普通电脑1/4大。该机器从外部看不到按钮；没有CD托盘，只有一个微小的插槽。同早期的麦金塔一样，该款产品也没有风扇，而这一切均源于乔布斯的极简主义风格，对纯粹禅意的追求。

虽然在整体上趋于极简，但其性能空前强大，超过了同期的很多产品。它采用的PowerPC G4处理器，运算速度远远超过Intel处理器，每秒钟的运算速度达到了惊人的30亿次！而它卓越的绘图能力，堪称完美的扬声器，更是将这款产品推向了一个新的高度。当它接通电源后，整个G4 Cube晶莹闪亮，就好像一个来自于外太空的精灵，将力量与柔美、科技与艺术完美地结合在一起，将苹果的魅力展现得淋漓尽致。它的艺术美感令其最终进入纽约现代艺术博物馆。

但是，G4 Cube的市场接受程度远不如想象的那样美妙。乔布斯原本想要将其推向大众市场，但在设计上走上了高端台式机的道路。事实上，Cube在专业人士和大众消费者两个市场的表现都不好。它的价格太高了，不适合一般用户使用，普通的大众市场消费者宁可购买一款平淡无奇的台式机，也不愿花两倍的价钱去买奢侈品。而且，专业人士也不见得会追求一件艺术品。

乔布斯曾经预计，Power Mac G4 Cube面世之后，定会掀起新一轮的购买热潮，苹果公司每季度将卖出20万台。但现实是残酷的，Cube销售的第一季度，只卖出了预计销量的一半。第二季度，销量更是低于3万台。而到了2001年7月，苹果电脑发表了简短的新闻稿，宣布这款电脑停止发售。乔布斯后来承认，Cube在品质上过于追求完美而定价上又过高，这是导致Cube的销售业绩太差的原因。乔布斯吸取了这次的教训，之后在制造iPod、iPhone这类设备时，他学会控制成本，让产品能够在合理的预算范围之内面世。Cube的失败很快就反映到股价上，2001年3月左右，苹果的股价达到了历史性的150美元，但是到了9月份左右，就好像跳水般地跌到了28美元。而到了同年12月初，苹果股价已经触底，低至于14.31美元。

但这些并没有阻止乔布斯继续推出充满创意、独具特色的新产品。在iMac销售陷入停滞之后，乔布斯开始启动新一代iMac的研制计划，新一代的iMac被称为"iMac G4"或者"The New iMac"。艾维起初想法比较保守，打算将电脑主机和纯平显示器合而为一。但是，当新 iMac 的设计图纸被送到乔布斯的手中时，乔布斯对此非常不满意，立即找来艾维重新思考新的方案。

他们置身在乔布斯家中的花园里，乔布斯的妻子劳伦·鲍威尔在花园里种了许多向日葵。他们一边在花园里散布，一边思考产品的设计问题。乔布斯慢慢理清了自己的思路，觉得艾维的设计方案缺少纯粹性。他对艾维说："每件东西都必须有它存在的理由，我们应该让每个元素都忠于它本身。既然你要把所有东西都塞到显示器后面，那干吗要有一个纯平的显示器呢？"

艾维看着花园里的向日葵，突然灵光一闪："把屏幕像向日葵那样和底座分离开来怎样？"他非常兴奋，马上拿起画笔画起了草图。乔布斯对于这个新设想非常满意，当即让艾维着手设计。两年之后，艾维领导的设计团队终于完成了 iMacG4 的设计，将梦想中的"向日葵"绽放进现实。

2002 年 1 月，乔布斯在 Macworld Keynote 主题演讲上，正式推出了 iMac G4。当这款新产品出现在舞台上时，所有的苹果迷们的热情再一次被点燃。iMac G4 在设计方面别出心裁，用乔布斯的话说，这是一款"看起来不像电脑的电脑！（What's not a computer!）"在艾维的新设计中，薄薄的 Mac 的屏幕悬浮在一个可活动的金属臂上，这让整个显示器不仅看上去像向日葵，也容易让人联想起约翰·拉塞特导演的动画短片《顽皮跳跳灯》中小台灯的俏皮个性。这个新颖设计获得了媒体很高的评价，但他们担心的是，悬浮的屏幕很可能使整个机身失去平衡，从而使 iMac G4 倾倒。其实，他们完全不用为此而担心，因为苹果的设计团队早就已经考虑了这个问题，他们通过增加屏幕底下的底座的重量，来避免这种尴尬局面的发生。

其实，iMac G4 的底座并不仅仅是底座而已，而是另有乾坤。在这个直径约为 10.6 英寸的半圆底座之中，苹果的设计师们将整台计算机的驱动器、电源供应等都整合其间，以达到苹果一贯追求的极简风格。这款极具特色的个人电脑在很多方面具有开创性的意义。苹果公司为这一设计申请了许多专利，艾维占据了大多数，乔布斯则占了其中一项——"平板显示器和底座之间由一个活动组件连接"。这一年，苹果公司凭借着 iMac G4 又一次站在了市场的制高点上。

换"芯"英特尔

"展望未来，英特尔公司毫无疑问拥有着最强的处理器蓝图。苹果公司转到 PowerPC 架构已经有十年的时间了，我相信未来十年里，英特尔技术将帮助我们打造最好的个人计算机。"

——在宣布苹果将换"芯"英特尔之后，乔布斯如是说

在乔布斯的管理下，苹果公司回归正轨，取得了骄人的成就。苹果产品在市场上所占份额的比例也越来越大，种种迹象表明，苹果公司正在以不可思议的速度向计算

机霸主的地位迈进。随着公司规模的扩大，苹果公司对于芯片的需求也急剧膨胀。芯片是计算机设备的重要元件，如果把CPU（中央处理器）比喻为整个电脑系统的心脏的话，那么主板上的芯片组就是整个身体的躯干。对于主板而言，芯片组几乎决定了这块主板的功能，进而影响到整个电脑系统性能的发挥。所以，从某种意义上说，芯片相当于一部电脑的灵魂，意义极为重大。

苹果公司自从1994年起，就一直使用摩托罗拉和IBM联合生产的PowerPC芯片。那个时候，摩托罗拉和IBM是当时首屈一指的电子科技公司。拿IBM来说，整个20世纪90年代正是其大放异彩的时候，IBM不断地推出专利产品，更新新一代的技术。自1993年起，IBM这个蓝色巨人更是连续13年出现在全美专利注册排行榜的榜首位置。到2002年，IBM注册的专利项目达到了22358项，这个史无前例记录，也远远超过了美国IT界排名前十的公司的总和。

摩托罗拉那时也远不是后来的样子，作为一家成立超过半个世纪的老牌公司，摩托罗拉创造了无数的辉煌。70年代，美国在月球上的漫游车，就是使用摩托罗拉生产的调频无线接收机。这种接收机重量只有0.681公斤，灵敏度却比普通汽车收音机高100倍，这也帮助美国宇航局顺利地实现了从月球到地球之间的话音联络。但这仅是冰山一角而已，摩托罗拉所创造的辉煌远不止于此。紧接着，摩托罗拉又相继推出了计算机控制的无线通信系统和相关产品，这些产品的技术都是无与伦比的。后来，摩托罗拉在微处理器和芯片的发明和生产上也不断取得成就，成为业界的佼佼者。当时，世界上很多的公司都以能够和摩托罗拉公司合作为荣。

到了90年代，科技产业发展迅猛，新兴公司如雨后春笋纷纷涌现。虽然此时摩托罗拉公司的声势已经大不如前，但在当时仍然独当一面，闻名遐迩，尤其是芯片研发方面，更是走在了其他公司的前头。那个时候的微软和英特尔，和摩托罗拉公司相比，充其量就是顽童而已。在当时，摩托罗拉生产的芯片极为先进，远比英特尔等公司生产的芯片速度更快，苹果公司当然要和最好的芯片公司合作。然而，这种情况并没有持续很久。当乔布斯重新回归苹果后，摩托罗拉在生产新版本芯片方面已开始落后，而后起之秀英特尔公司则慢慢从后面赶了上来。

乔布斯是个在技术方面有着严格要求的人，事事追求完美，他容不得自己的产品使用比较低级、落后的芯片。因此，很多时候乔布斯对摩托罗拉的芯片表现出了不屑的态度。这种态度让摩托罗拉很受伤，也从而引发了两位掌门人之间的争吵。1997年，乔布斯回归苹果以后，立即展开了收回版权、消灭兼容机的活动，禁止其他同类电脑制造商使用麦金塔操作系统。这给摩托罗拉造成了实质性的伤害，引起了摩托罗拉的抗议。乔布斯直接打电话给摩托罗拉CEO克里斯·高尔文，告诉他，如果摩托罗拉能够加速研发可供苹果笔记本电脑使用的新版威力芯片，那么苹果公司可能会考虑为摩托罗拉破例，授权其Star Max Mac兼容机使用麦金塔操作系统。

摩托罗拉此时在新型芯片的研发上陷入停滞，乔布斯这话在高尔文听来，简直就是一种嘲讽，两人在电话里对话越来越激烈。乔布斯讥讽摩托罗拉生产的芯片烂透了，高尔文大声反驳，针锋相对地加以回击，乔布斯索性直接挂断了高尔文的电话。

高尔文也是一个有脾气的人，喝令摩托罗拉停止生产Star Max电脑，以示对乔布斯的抗议。乔布斯则暗中开始谋划抛弃摩托罗拉生产的计算机芯片，转用其他公司生产的芯片。但是换芯片并不容易，这相当于要重新编写整个操作系统。在这种情况之下，乔布斯只能硬着头皮，继续和摩托罗拉进行合作。

好在摩托罗拉争气，在经过了两年多的不懈努力后，他们开发出了新一代芯片。这款在摩托罗拉代号为PowerPC 7400的处理器可以说真正改变了个人电脑的概念。它的设计速度为每秒14亿次，最高为30亿次。如此强大的运算速度让普通用户感受到“超级计算机”的威力。1999年9月，苹果正式推出PowerPC G4处理器，获得成功。随后几年，摩托罗拉却没有及时推出可超越目前处理器的新产品，只是想在G4基础上继续改良以G4＋来应付苹果。这导致G4处理器落后的性能严重影响了苹果在市场上的扩展。显然，如果不解决这个问题，苹果要想吸引更多的PC用户绝非易事。有鉴于此，乔布斯当即决定在摩托罗拉之外寻求其他选择。

当时，AMD风头正劲，准备推出K8系列，这是一款拳头产品，性能非常强大。乔布斯原本属意选择AMD K8系列作为新一代产品的CPU，但是考虑到同AMD合作，很可能会让苹果产品丧失自己的特性而沦为大路货，这才作罢。就在这个时候，IBM低调地推出了PowerPC 970处理器。这和摩托罗拉的PowerPC G4属于一个体系，只是PowerPC 970是64位CPU，而PowerPC G4则是32位CPU。PowerPC 970性能极为出色，完全能够满足苹果产品的需求。更让人兴奋的是，PowerPC 970可以完全兼容于PowerPC G4，也就是说，如果选择PowerPC 970作为苹果电脑的新处理器，那么现有软件无须任何修改便可以直接运行！对苹果而言，这简直就是一件梦幻产品。乔布斯当即敲定PowerPC 970作为苹果的下一代CPU。

2002年，苹果正式同IBM达成协议，开始在高端台式机中采用IBM供应的芯片。次年，乔布斯向外界隆重推出了PowerPC G5。在发布会上，乔布斯这样评价苹果和IBM的这次合作：“PowerPC G5改变了游戏规则，这台64位赛车是全球最快台式机——采用我们新款Power Mac G5的心脏，IBM提供全世界最先进的处理器设计和制造专业，而这只是长期、建设性合作关系的开始。”

摩托罗拉仍然是苹果的合作伙伴之一。由于苹果公司在PowerPC市场一家独大，乔布斯于是向提供PowerPC芯片的摩托罗拉和IBM施加压力，告诉他们苹果将只和他们中的一家继续合作。这其实只是乔布斯的手段而已，他希望能够从两家公司的竞争中渔利，得到最好的产品和最优惠的价格。

不久，摩托罗拉在PowerPC芯片中的作用逐渐淡化。2004年，摩托罗拉将包含芯片业务在内的半导体部门分立出去，成为飞思卡尔半导体公司，继续在背后默默地为苹果提供芯片。虽然英特尔公司此时的技术已经日趋成熟，但仍是苹果公司嘲讽的对象，苹果曾推出了《蜗牛》广告片。片中，蜗牛驮着英特尔处理器缓缓爬过，以表示英特尔处理器比苹果使用的PowerPC慢。

苹果与IBM的合作并不长久，仅仅三年就分道扬镳了。事实上，二者的合作几乎从一开始就存在不和谐的声音。乔布斯此前表示，希望在年底Mac计算机的主频就可以达到 3GHz，但 IBM 并没有帮助他实现承诺。此外，IBM 生产的 Power Mac G5 处理器一直存在供货不足的问题，而且由于散热和功耗的问题而无法用于笔记本电脑。这些当然都是拿上台面的问题。

业内人士分析，苹果和 IBM 最大的矛盾仍然是“钱”的问题。苹果要求 IBM 提供更多型号 PowerPC 芯片。而对 IBM 而言，供应芯片给苹果，就必须投入巨资研发芯片组、编译器及其他支持技术，但是由于苹果当时是小众市场，IBM 获得的市场份额仅有 5%，赚不到什么钱，这就极大地挫伤了 IBM 的积极性。再加上乔布斯在合作中的种种无理要求，更是让 IBM 疲于应付。

乔布斯决定放弃摩托罗拉和 IBM，重新寻找一家公司合作。当时，英特尔公司的技术已经相当成熟了，可说已经超越了 IBM、摩托罗拉等传统老牌公司，而且其在全球 PC 处理器市场占据着极大的市场份额。英特尔成了硅谷的“香饽饽”，苹果要找新的合作伙伴，无疑英特尔最为合适。

但是，自从 1977 年开始，苹果就和英特尔不合。那时，乔布斯刚刚创立了苹果，还只是一个初出茅庐的毛头小子。在一次和英特尔的会谈中，乔布斯向英特尔的 CEO 安迪·格鲁夫提出，要求与英特尔的最大客户享受同样的待遇。格鲁夫对于乔布斯的提议根本不屑一顾，因为那个时候，苹果仅与英特尔合作了一年，还只是一个名不见经传的小公司。格鲁夫的做法可说是无可厚非的，但是在乔布斯眼中，是一种羞辱。自那以后，在乔布斯眼里，英特尔就一文不值，不管英特尔做了什么，取得了多大的成就，都不能改变乔布斯的想法。英特尔也频频成了苹果嘲讽的对象，比如那则嘲讽英特尔的处理器的速度像蜗牛的广告就是一例。

后来，乔布斯遭遇人生低潮，加上结婚生子后，性格不再偏执，和很多人化敌为友。当保罗·欧德宁代替安迪·格鲁夫成了英特尔公司 CEO 后，乔布斯就开始积极和欧德宁接触，寻求同英特尔的合作。生意场上没有永远的敌人，只有永远的利益。乔布斯很快就决定采用英特尔的芯片。

谈判进行得很顺利，乔布斯很喜欢一边散步，一边谈生意。据欧德宁说，英特尔和苹果大多数的谈判内容都是在散步时完成，有时候，他们会沿着斯坦福校园内的小径，一路漫步到山丘上。当他们散步结束时，已经在就具体数字讨价还价了。欧德宁非常看重同苹果的合作，就派出一支精干团队与苹果公司合作，仅用了 6 个月就成功完成了芯片转换。在苹果的 TOP100 会议上，乔布斯邀请欧德宁前来参加。欧德宁穿着英特尔的实验服出现在会议上，并拥抱了乔布斯。

2005 年 6 月，乔布斯正式宣布终止与 IBM 和摩托罗拉的长期合作关系，同时表示今后苹果将采用英特尔公司生产的芯片。乔布斯在大会上向公众展示了一款不可思议的 Mac 电脑，这款电脑所使用的正是英特尔制作的芯片。乔布斯表示：“我们的目标是为客户提供全世界最好的个人计算机。展望未来，英特尔公司毫无疑问拥有最强的处理器蓝图。苹果公司转到 PowerPC 架构已经有十年的时间了，我相信未来十年里，英特尔技术将帮助我们打造最好的个人计算机。”

后来，乔布斯在一个软件开发者大会上公开表示，苹果公司将从 2006 年 6 月开始销售基于英特尔处理器的 Mac 计算机，到 2007 年底，所有的苹果计算机产品都将转向英特尔处理器。

“薪酬大盗 CEO”

“每一个人都希望得到其他人的认可，对于我来说，就是要获得董事会的认可。我花很多时间去维护苹果员工的利益，让他们愿意继续留在苹果工作，但是，我觉得董事会并没有真正地善待我。”

——在接受美国 SEC 调查时，乔布斯如是说

乔布斯回归苹果的最初几年，始终不愿意接替苹果 CEO 的职位，原因就是担心无法挽救苹果而给自己的名声带来不利的影响。到 2000 年初，苹果终于步入正轨，连续数个季度盈利，股价也大幅飙升，给人以前途无限光明的印象。在这种情况下，乔布斯甩掉了头衔中的“临时”二字，正式出任了苹果 CEO。作为奖励，董事会还奖给他一架湾流 V 型商用喷气式飞机以及大约 2000 万份的期权。乔布斯成了硅谷最贵的 CEO。然而，好景不长，就在乔布斯将这些期权收入囊中后没多久，互联网泡沫破灭，加上 iMac、iCube 销量停滞，苹果股价一泻千里，重新跌落到十几美元，一切都回到了原点。乔布斯手中的所有期权变成了废纸，一文不值。

更让乔布斯郁闷的是，美国著名的《财富》杂志在 2001 年 6 月刊登了一篇题为《薪酬大盗 CEO》的封面报道，文章矛头直指硅谷 CEO 薪酬过高的问题。那一期杂志的封面用的正是乔布斯的头像。虽然乔布斯手上的期权毫无价值，但是这些期权在被授予的当时，根据“布莱克·斯科尔斯估值法”估算，总价值大约为 8.72 亿美元。根据这点，《财富》杂志言之凿凿地称这“绝对是”有史以来给予 CEO 的最丰厚的一笔报酬。乔布斯非常生气。他为苹果辛苦工作了四年，几乎没有拿到一分钱，现在还要背负典型的贪婪 CEO 的形象，这实在是颠倒黑白、是非不分。气急败坏的乔布斯给《财富》的编辑写了一封信，声称自己的手中所有期权总价值为零。他还表示，既然《财富》如此报道，他愿意打个五折把手中所有期权卖给《财富》。

由于手中的期权一文不值，乔布斯希望董事会能够授予他另外一大笔期权。他对董事会坚称，自己这么做不是为了发大财，而是为了让自己获得应有的认可。事实上，董事会也确实没有亏待他，只要是他提出的要求，基本上都能够满足。2001 年 8 月，董事会经过协商，一致决定授予乔布斯 710 万份期权。但是，由于财务行政上的一些问题，谈判也一拖再拖。直到 12 月中旬，乔布斯这才接受了新的期权。但此时，苹果的股票又有所上升，从 8 月初的 18 美元上升到 12 月中旬的 21 美元。如果行权价定在这个新的水平，那么每一份期权的价值便会下降 3 美元。于是苹果董事会的法律顾问南希·海宁经过期权分析，将这些期权倒签了一个月，让乔布斯在账面上多收入了 2000 万美元。为了做到天衣无缝，海宁还篡改了一批会议记录。这种做法事实上违

反了美国的证券交易法，后来也的确给南希·海宁带来了麻烦。

虽然，乔布斯获得了新的期权，但是幸运之神似乎离他很远。苹果股价持续下跌，到了2003年3月左右，乔布斯手里的新的期权同样变成一堆废纸，一文不值。在这种情况之下，乔布斯不得不用手中期权兑换成1000万股的收益有限的股票，这些股票总价值大约在7500万美元左右。

原本，这些事情无人知晓。但2006年，《华尔街日报》曝光了存在期权倒签现象的几家硅谷大公司，这顿时在业内掀起了惊涛骇浪。美国政府证券交易委员会（SEC）随即介入调查。这使得各大公司风声鹤唳，苹果公司也是人心惶惶。本来，《华尔街日报》的报道中没有提及苹果公司的名字，但当时的苹果董事会委派了一个三人小组对公司内部展开了调查。这三个人是美国前副总统阿尔·戈尔、谷歌的CEO埃里克·施密特，以及曾在IBM和克莱斯勒任职的杰里·约克。他们自调查伊始，就下定决心，只要发现了违规行为，就绝不会姑息，即便那个人是乔布斯。结果，他们发现了当年苹果公司存在的倒签期权的违规行为，而乔布斯虽然最终并没有从中获得经济利益，但明显牵涉其中。于是，他们立即将此事报告给了证券交易委员会。

美国证券交易委员会随即传唤了乔布斯和苹果的一些高管，就此事进行了询问。SEC调查人员询问得非常详细，从1997年乔布斯以顾问的身份回归苹果，到就任临时CEO，到正式出任CEO都巨细靡遗。随后，SEC问到2000年10月，苹果公司将480万份股份派发给公司一些高管的事。这是问题的重点！乔布斯的回答得很小心，用他的原话解释，他是希望通过这种手段，来留住苹果的人才。他这么说道："那时候，苹果的状况很不稳定，接着又爆发了互联网危机。我觉得公司的领导团队及这个团队的稳定性是苹果再次崛起的有力保证。然而，戴尔的CEO迈克尔·戴尔却私下将苹果公司的财务主管弗瑞德·安德森和他的夫人邀请到得克萨斯州，怂恿他跳槽，而公司另外的两名技术人员也遭到其他公司的觊觎。我担心这些人才会流失，会使苹果失去它的领导团队，所以才和董事会商量以分配股份的方式笼络人心。"

SEC还询问乔布斯，他口中所谓的"人才"指的是那些人。乔布斯的答案有四个人：苹果运营副总裁蒂姆·库克、财务主管弗瑞德·安德森、硬件主管约翰·鲁宾斯坦、软件主管阿维·特凡尼安。

紧接着，SEC将问题引导最关键的问题上——关于苹果期权倒签，以及乔布斯是否有从中渔利的行为。乔布斯坚决否认，力证自己并没有在这个事件中牟取暴利。他辩解说："每一个人都希望得到其他人的认可，对于我来说，就是要获得董事会的认可。我花很多时间去维护苹果员工的利益，让他们愿意继续留在苹果工作，但是，我觉得董事会并没有真正地善待我。"

乔布斯还对调查人员说，他"感觉很受伤"。由于他的期权已经没有价值，他认为董事会应该主动向他提出新的股权激励，而不是等他开口索要。"我为公司付出了四五年的心血，忽略了家庭，但是在公司里却没有任何人真正地关心我。我希望他们能够考虑一下我的感受，为我争取一些利益……我多么渴望他们之中有人主动和我说：'乔布斯，我们为你提供了一个新的薪酬方案。'而不用我去找他们谈判。如果他们这么做的话，我想我会感觉好得多！”

这些都是乔布斯的辩词，调查人员自然不会轻易相信，但是经过8个多月的调查，确实没有发现乔布斯从中谋取暴利的证据。于是，2007年4月，美国证券委员会宣布不会对苹果采取行动。在这份报告中，美国证券委员会指出：“虽然乔布斯对日期倒签行为确实知情，或者说他建议了这些日期，但是他对董事会最终如何操作、对会计上的影响概不知情，因此免于对乔布斯的指控。”而苹果公司甚至因为“对委员会调查工作迅捷、全面、出色的配合”而受到了褒奖。

虽然乔布斯侥幸躲过一劫、安然脱身，但是苹果的前首席财务官弗雷德·安德森以及公司法律顾问南希·海宁就没有这么好运了。他们双双受到了指控，并被处以巨额罚款。安德森被判定需要返还360万美元的非法收入，而海宁则必须向美国证券委员会缴纳220万美元的罚款。

安德森对此不满，认为自己成了替罪羊。但他没有抗拒，在支付了罚款并退还期权收益后，他被免于诉讼。在他与美国证券委员会达成和解后，他的律师发布了一份声明，将罪责推到了乔布斯的头上，声称是CEO乔布斯一意孤行，才发生了此种问题。乔布斯当然对此进行了否认。

美国证券委员会指控海宁在向自己以及向苹果CEO史蒂夫·乔布斯授予期权的过程中涉嫌人为操纵。海宁坚决否认自己存在过错，并计划就这一指控提起抗辩。最后，经过深思熟虑，海宁最终放弃抗辩，同意和解，交了一笔罚金了事。苹果公司同时向股东进行了赔偿。

这件丑闻当时差点让乔布斯下不来台，幸好最终得到美国证券委员会的谅解，事情圆满解决。在2007年末的苹果年度会议中，乔布斯在问答环节中被记者问及此次股权倒签事件时，说道：“看来我有必要把SEC的决定再读一遍。”于是，乔布斯大声地把SEC不起诉苹果的决定读了一遍。他目光炯炯地注视着众人，说：“除非你认为我们与SEC串通，否则我真的无话可说。”

音乐数字革命

数字中枢创想与战略

“也就是在那一刻，我突然觉得也许个人计算机正化身为其他东西。”

——当数字中枢的创意越发变得清晰时，乔布斯如是说

每一年，乔布斯都会召开 Top100 会议，集思广益，讨论公司的发展战略。这 100 个人是苹果公司精英中的精英，他们能给公司提出一些有建设性的意见。每次大会将要结束时，乔布斯都会站在一块白板前，询问大家，苹果公司下一步应该做的 10 件事。大家各抒己见，相互讨论。乔布斯会把这些建议都写下来，删去那些他认为愚蠢的想法。再经过几轮辩论，最后只保留 10 个建议。然后，乔布斯会把后边 7 条建议一一划去，告诉大家：“我们只能做前三件。”

很难说，乔布斯有多少的创意是在 TOP100 上产生的，但 TOP100 成了苹果最重要的会议之一是不争的事实。苹果每隔一段时间就会有一些别出心裁的产品出现，这和公司上下的创意文化是分不开的。到了 2001 年，苹果公司已经走出困境，乔布斯决心带领苹果计算机开启新的辉煌。

然而，天有不测风云。就在乔布斯准备大干一场的时候，数字领域笼罩在了一片愁云惨雾当中，互联网泡沫破裂了，纳斯达克指数的最大跌幅超过了 50%，在这场灾难中，没有一家 IT 公司能够幸免，甚至有的企业面临破产的威胁。这从 IT 企业广告数量的锐减上体现得最为明显。2000 年的“超级碗”大赛上，有 17 家 IT 公司投放了广告，而到 2001 年时，投放广告的 IT 公司数量锐减到了 3 家。这次灾难让人们不由自主地产生了一个疑问：“过去几十年来一直在数字革命中占据核心地位的个人计算机，是不是该失权了？”在人们惊疑不定的同时，很多媒体和专家也煽风点火，唯恐天下不乱。其中美国发行量最大的《华尔街日报》就写道：“个人计算机已经变成了可有可无的东西。”捷威的 CEO 杰夫·韦特泽恩同样不看好个人计算机的未来，公开

宣称："我们捷威决定，以后将不再以计算机作为公司的核心产品。"

个人计算机是不是真的走到穷途末路了呢？人们迷茫着。就在此时，有人发出了不同的声音，他就是具有卓越超前眼光的乔布斯。和众人的观点相反，乔布斯认为个人计算机不但不会成为无足轻重的产品，还会成为一个整合各种数字设备的中心枢纽，也就是他口中的"数字中枢"。这就是说，个人计算机的功能将被放大很多倍。你可以用个人计算机连接、管理你的音乐、图片、视频、信息以及其他的方方面面。这个设想不仅改变了苹果公司的定位，更影响到整个技术产业的发展方向。在之后的十多年里，苹果推出的一系列产品无一不是这一理念的体现。

乔布斯曾经认为30岁对于人们来说是一个界限，人在30岁之前思维会非常活跃，创新能力很强，而30岁之后，思维就会模式化，缺少创新能力，他认为世界上只有很少人在30岁之后，还能保持"禅者的初心"，富有很高的创新能力，乔布斯自己无疑就是这少数人中的一个。乔布斯在45岁的时候，思维仍然很活跃，仍能比其他任何人更清楚地预见到未来的数字革命。曾有人对此进行分析，认为乔布斯之所以能够做到这点，有以下几个原因：其一，乔布斯一直都在追求科技与艺术的融合。他热爱设计，也热爱音乐、图片和视频，正是这种执着，才让他先人一步，有了对数字中枢的设想。其二，乔布斯是一个完美主义者，简约、时尚是他的毕生追求，他希望用最简单的设计取代复杂的设计，而在功能上更为完备。此外，非常之时要用非常手段。当时，由于互联网泡沫的破裂导致其他科技公司减少了对新产品的投入。苹果要脱颖而出，必须有孤注一掷的勇气。乔布斯希望在研发领域发明一些新东西，这样等互联网低潮过去，情况好转，苹果公司就能够有备而战，领先对手了。

事实上，乔布斯这个关于"计算机将成为数字中枢"的设想，早在20世纪90年代初就已经萌发。当时，苹果公司开发了"火线"（FireWire）技术。火线是一条高速的网络连接串口，能够快速地将视频、图片和音乐等数字文件从一台设备转移到另一台设备上。这种新颖的技术得到了日本摄像机制造商的青睐，他们专程飞到加州库比蒂诺苹果总部协商合作事宜。乔布斯回归苹果后，决定把火线用在即将上市的新版iMac上。他已经预见到，火线将成为苹果系统的一部分，用来把视频文件从摄像机中转移到计算机上，然后再进行编辑和发布。

要完成这个伟大的愿景，iMac首先必须具有一款优秀的视频编辑软件。没有这方面经验的乔布斯，想到了在自己帮助下成立的Adobe公司。Adobe公司自成立之后，在数字图像软件方面取得了长足的发展，它研发的Adobe Photoshop、Adobe Premiere等软件深受市场欢迎。如果他们能够为iMac研发一款Adobe Premiere，一切问题就解决了。然而，乔布斯有点一厢情愿了。Adobe公司尽管对乔布斯充满了感激，却还保持着理智，Adobe公司管理层认为，当时苹果公司的市场份额太小，根本不值得Adobe公司花费巨大的心力和资源专门为其研发一款Adobe Premiere。知道这一消息的乔布斯既生气又伤心，"我帮助过这家公司成名，他们却这样对待我。"乔布斯埋怨道。

随后，Adobe公司又拒绝为MacOSX系统定制其他的流行软件，比如Photoshop

等。这更加让乔布斯火冒三丈，他发誓他永远也不会原谅 Adobe。多年后，当苹果的两款神器——iPhone、iPad 惊艳出世后，所有人都发现了 Phone、iPad 与 Adobe Flash 的播放器不兼容。当时 Flash 已经得到成功推广，几乎全球所有主要手机厂商、PC 厂商都从 Adobe 获得授权，将其用于普通手机、智能手机和个人计算机等。Adobe 很希望乔布斯的 iPhone、iPad 也能用上 Flash 播放器，但是乔布斯坚决反对苹果产品导入 Flash，并一再贬低 Flash，这可看成乔布斯对 Adobe 的报复。

这件事深深地刺激了乔布斯，也让他得到了一个宝贵的教训：如果你不能同时控制硬件和软件，迟早会受制于人。乔布斯告诉自己的员工："如果没有人想帮我们忙的话，我们只好自己动手来做了。"于是，在乔布斯的鞭策下，苹果公司最终开发出自己的视频处理软件 Final Cut Pro，还有为入门级用户开发的 iMovie，除此之外，为了报复 Adobe 公司，苹果还研发出了用于制作视频或音乐光碟的 iDVD，和用于照片的 iPhoto 等，后来的 iTunes 商店也是在此基础上开发出来的。

当思想的闸门被打开的那一刹那，创意就如同洪流一样源源不绝地流泻出来。当 iMovie 软件开发出来后，在乔布斯的脑海里，数字中枢的创意变得越来越清晰。他已经越来越强烈地感到，数字中枢将给人们的生活带来的改变。他举了个例子：如果你在电脑上使用 iMovie 软件剪辑影片，就能让你的摄像机增加 10 倍的价值。过去，在剪辑一部片子前，你可能需要首先看数百个小时的原片，而现在你只需要在自己的计算机里进行剪辑就可以了。你可以像制作人一样坐在电脑前，使用专门的影片编辑软件制作影片特效、添加字幕、添加背景音乐等。乔布斯认为数字中枢的实现能激发人们的创意，乔布斯后来回忆说："也就是在那一刻，我突然觉得也许个人计算机正化身为其他东西。"

乔布斯向来崇尚极简主义。很多数码产品虽然都附带着各种功能，如图片修剪、影片剪辑等功能，但由于屏幕太小，功能太多，反而不太好用。而一旦整合到电脑上，这些问题就不会存在了，电脑能够让这些功能得到更好的发挥，从某种程度上来说，也能够让个人电脑扩大影响面。

这个方案的绝妙之处在于，苹果公司是唯一提供这种整合服务的公司。在当时，微软的专长在软件，戴尔和康柏的专长在硬件，索尼专注于生产数字设备，Adobe 专注于开发应用程序，而苹果什么都能做，从软件、硬件到开发各种软件、程序，这是苹果独有的优势。正如乔布斯所说："我们能够对用户体验全权负责，能为别人所不能为。"

经过各部门不懈的努力，苹果公司逐渐地将"数字中枢"的创意变成现实。首先取得突破的是对视频的整合。在 Adobe 的强烈刺激下，苹果很快就靠着自己的努力开发出了视频剪辑软件，完成了数字中枢战略的第一步。在新的电脑界面下，用户可以用火线把视频传到苹果机上，然后通过 iMovie 编辑成一个作品。然后，客户还可以把作品刻录到 DVD 里，这样就可以在电视上欣赏了。在整个开发的过程中，乔布斯的极简思想得到了贯彻。乔布斯希望用户能够对电脑上的种种功能一目了然，而不是对着一大堆软件却不知如何下手。在这种思想下，苹果开发的 iMovie、iDVD、iPhoto 无不简单适用，这也是苹果后来取得巨大成功的关键。

用来扒歌的 iTunes

“和 iTunes 一起加入音乐革命吧！”

——在 2001 年初举行的苹果世界展示会上，乔布斯如是说

2000 年，对乔布斯而言，是一个永远难忘的时刻。当时，乔布斯已经正式执掌了苹果，但随之而来的全球 IT 业大萧条，又令苹果公司站到了悬崖边上。如何带领苹果公司再次走出困境、重振雄风，成了摆在乔布斯面前最迫切的一个问题。乔布斯一方面加大了对新一代电子技术的研发力度，另一方面在积极地寻找其他能够支撑起苹果，取得突破性进展的研发项目。

最终，乔布斯将目光落在了音乐领域上。进入 2000 年以后，随着互联网的普及，在线音乐得到了蓬勃发展。原本的录音带和录像带也很快就被激光唱盘和 CD 所代替，随着声音和图像压缩技术的出现，这些数字化了的音乐和录像也更容易在互联网上传播。因为互联网上充斥着各种盗版音乐和电影，这些免费电影、音乐，吸引了成千上万名用户，互联网也成了音乐、电影爱好者的集结地。

如果要说到网上音乐下载，就不得不提起著名的 Napster 音乐共享软件。该软件是由圣迭哥大学的一名学生肖恩·范宁开发出来的。范宁是一个技术天才，大学阶段，他和他的室友都是音乐发烧友，但在网上很难找到喜欢的音乐。室友经常在他面前抱怨互联网上低效的 MP3 音乐链接。这一下子触动了范宁，他在朦胧之中突然有了一个绝妙的想法：“既然人们的电脑硬盘里有很多的音乐资料，为什么不利用网络让喜欢音乐的人实现资源共享呢？”

于是，范宁通过自学编程语言，经过两年的努力，终于开发出了 Napster 音乐共享软件。这个程序的好处在于，连网的用户能够在同一时间交换储存在硬盘上的音乐文件，所有的音乐文件地址被集中存放在一个服务器中，这样使用者能够方便地找到自己需要的 MP3 文件。网站运营后，立即受到了广大网友的欢迎。1999 年 1 月，Napster 网站刚一开张，就吸引了成千上万名用户，范宁也没想到 Napster 的商业前景竟然如此广阔。正在这时，波士顿的风险投资商艾林·理查德找上门来，游说他将 Napster 商业化。于是，范宁在他的支持下，成立了一家小公司。

公司成立之后，Napster 网站发展非常迅猛，截止到第二年 10 月份，就已经有 3200 万名用户了，而且在以每周 100 万名的速度增加。范宁开发的软件明显要比其他的商业网站好用得多了，这也是为什么广大网友选择 Napster 的原因。范宁作为一个勤奋的 IT 天才也被媒体挖掘了出来，包装成数码时代的“音乐先锋”。他成了美国著名的《财富》《商业周刊》《福布斯》和《行业标准》等商业刊物的封面人物，也成为美国青少年创业的偶像。

音乐共享让Napster和范宁出了名，但是也让他们陷入了麻烦之中。由于Napster网站能够随便下载音乐，这毫无疑问会触及了传统音乐制作行业的利益。以前人们必须花钱购买音乐作品，而现在可以在网上免费下载，这就等于剥夺了唱片公司、音乐作品出版行业的利润来源。于是，唱片公司的老总们不干了。1999年12月，包括华纳、BMG、百代、索尼、环宇五大唱片公司在内的唱片行业共同起诉Napster，称其对违法的音乐市场有推波助澜的作用，导致音乐产业蒙受巨大的损失。很多人还危言耸听地声称，如果不采取有效的措施制止，终有一天他们的公司也会成为多余，甚至会完全消失。为了保护音乐产业，他们要求严惩Napster公司。

由于涉及网络服务这个新生事物，案件审理一拖再拖。直到2001年的2月12日，法院这才做了最后判决，认定Napster侵权。这场官司让Napster公司元气大伤，为了规避版权，网站不得不修改程序框架和服务流程，并将大量涉及版权争论的共享音乐文件删除。这样一来，Napster就对网民失去了吸引力，用户急剧减少，自此步履艰难，后来被美国电器连锁零售商Best Buy收购。

乔布斯一直对数字音乐领域非常关注，Napster事件给了他极大的触发。他分析这个现象，得出了两点结论：其一，网络共享这种便捷方式极受广大网民的欢迎，网友可以轻松随意地收听自己喜欢的歌曲；其二，网民不会因为版权问题而拒绝使用网络共享方式下载音乐的。如果网络下载是获取音乐最快捷的方法，他们必然会选择这种方式，而不是花上很长的时间去唱片店淘碟。想清楚了这两点，乔布斯就敏锐地意识到线上音乐将会是未来最具商业潜力的领域之一。

但是，苹果眼下最紧缺的就是一个软件载体，一个可以让每个人都拥有音乐梦想的平台。由于受人力、物力所限，苹果公司没有足够的时间开发一款具有相当竞争力的软件产品。于是，乔布斯把目光放在了外界流行的各类音乐软件上。最终，他选择了Casady and Greene公司（简称C&G公司）的SoundJam软件。性能优越，极具竞争力，是乔布斯看中这款软件的原因。

杰夫·罗宾是一位优秀的程序员，开发了许多优秀的软件。他早年在C&G公司进行研发方面的工作，并开发出来一种名叫ConflictCatcber的应用软件。虽然这一软件在C&G公司并没有引起多大的重视，但这款软件非常适合用在苹果公司的电脑上，所以就在Mac用户中流行开来，而且一连3年获得了“最受欢迎的应用软件奖”。罗宾的才华让苹果公司高层非常佩服，于是他被挖到了苹果公司，但是后来罗宾又离开了，因为他希望能够从事软件研发项目，但是在苹果公司，他的愿望看来很难实现。他又一次去了C&G公司，表达了希望开发MP3软件的想法。C&G公司支持罗宾这个计划，并且组织人力、财力提供一切可能的帮助。

在罗宾的不懈努力下，最终开发出SoundJam音乐播放软件。这款集转换、编码和播放MP3音频文件于一体的软件很快就成为市场上最受欢迎的MP3播放软件，它后来被用到了苹果机上，其市场销售额也迅速占到了苹果公司电脑销售额的90%，而且将为C&G公司带来巨大的利润。C&G公司原本只是一家名不见经传的小公司，此时也因为这款软件得以翻身，规模迅速扩大，人数增加到40人，每年的利润额也达到了550万美元，其中绝大部分的利润都是来自SoundJam软件。罗宾在C&G公司，每隔一段时间就推出SoundJam软件的升级版本。

苹果公司向来和C&G公司关系密切。在乔布斯决定购买一款音乐播放软件后，C&G公司成了首选。于是，苹果公司与C&G公司展开谈判，要求购买对方SoundJam软件的专利权。对于C&G公司来说，SoundJam软件是他们的摇钱树，如今要转手让人实在是一件痛苦的事情。然而，在巨人苹果公司面前，C&G公司弱小得就像是一只蚂蚁。苹果公司很坦率地告诉C&G公司，要么把专利权卖给他们，要么他们会开发出一种与SoundJam软件竞争的产品，然后把C&G公司挤垮。在苹果的咄咄相逼下，C&G公司也只能向苹果屈服了。

然而，苹果公司看中的并非仅仅SoundJam软件而已，他们还看中了人——杰夫·罗宾及其他优秀的人才。苹果公司高薪聘用了杰夫·罗宾，把他变成了苹果公司软件开发小组的主要成员，主要负责苹果音乐软件产品研发工作。除了罗宾外，苹果公司还把C&G公司两名最优秀的产品质量测评人员给“挖”了过去，而且还挖走了C&G公司的产品开发负责人。对于C&G公司来说，这真是一个难以下咽的“苦果”，然而他们也唯有替自己的弱小买单了。

比尔·金凯德、杰夫·罗宾、戴夫·海勒组建成三人团队，齐心协力把SoundJam变成苹果产品。SoundJam软件由于功能太多，导致屏幕显示非常复杂。乔布斯向来追求简约风格，重视产品外形的美观大方，因此他要求罗宾等人必须把软件改得简单有趣。在之前的界面上，用户可以按照歌手、歌曲名或是专辑名进行搜索，但是乔布斯坚持把它改成了一个简单的输入框，你只要在这个输入框中输入你想查询的信息，立马就会跳转到你想查询的页面上。此外，还增加了CD刻录功能，删除了录音功能，取消了皮肤支持，软件界面改成了统一的拉丝金属风格的外框，看起来非常时尚、独特。不久，苹果终于成功开发出了自己的音乐管理软件iTunes。

2001年1月9日举行的苹果世界展示会对苹果公司的发展来说具有转折性的意义。在这次的大会上，乔布斯隆重推出了“数字化中枢”的概念。之前，对于苹果来说，经营电脑是主业，乔布斯推出这个概念其实表明了苹果的一种变化，即苹果公司将会把产品从个人计算机领域扩展到其他数字领域，比如音乐领域和数码摄影领域。乔布斯在大会上发布了iTunes。他宣布，所有苹果机用户都可以免费使用该软件。这款软件的推出，也意味苹果在乔布斯的带领下涉足音乐领域。

在大会上，史蒂夫在屏幕上不断地展示着iTunes的优异性能，他告诉台下满怀激情的观众：“我们竭尽所能地让这个软件使用起来更简单，而且以后还会继续这种改进。iTunes的功能远超任何一台自动唱片点唱机，它简便的使用方法和强大的功能一定能够带领更多的音乐爱好者走进数字化变革的新时代中。”在演讲的最后，乔布斯用充满煽动性的话语大声呼吁：“和iTunes一起加入音乐革命吧，它可以把你的音乐设备的价值增加十倍!”掌声如雷鸣般响起，观众们又一次为乔布斯的神奇魅力折服。

紧接着，iTunes的广告语也推出了：“扒歌，混制，刻录（RiP，Mix，Bum）。”这个广告语还引发了乔布斯与迪士尼CEO迈克尔·艾斯纳的冲突。艾斯纳认为，这个广告有鼓励盗版之嫌疑，但这明显属于一种误读。乔布斯就像一头雄狮，愤怒地向艾斯纳展开反击，中止了皮克斯与迪士尼的合作。

这个小插曲并不影响iTunes成为全球最受欢迎的音乐管理软件，它优秀的性能令很多同类产品望尘莫及。所有苹果用户在使用iTunes时，可以轻易地将CD盘上的音轨复制到自己的电脑上，然后可以根据自己的喜好随便选择播放任何一首作品。用户也可以根据需要从互联网上下载MP3音乐。此外，广大的音乐爱好者也可以通过iTunes音乐商店下载自己喜欢的音乐到MP3播放器里。由于iTunes音乐商店存放了海量歌曲，所以能够满足任何一位音乐发烧友的需求。

乔布斯终于凭借着iTunes在线音乐带领苹果走入了音乐变革的时代。但这只是踏入该领域的第一步，接下来，乔布斯就要发挥他的创意，推出数字音乐领域的一件神器——白色音乐魔盒iPod。

能装1000首歌的小东西

"iPod的广告创意无与伦比，当我听到有人质疑'这样的一则广告如何能够起到真正的宣传效果，卖出iPod'时，我就决定站出来，发挥苹果CEO的作用，促成这个创意！"

——在谈到当年iPod的广告时，乔布斯如是说

2000年，尽管业内很多人都认为数字播放器的发展前景并不乐观，但乔布斯看到了这场音乐领域的变革的可能性。在iTunes引爆音乐领域之后，乔布斯就在考虑设计一个和iTunes配套的设备，让收听音乐变得简单。乔布斯坚信，人们一定会爱上这种便携式数字音乐播放器。

但是，苹果公司该从何处着手呢？乔布斯也没有一个清晰的概念。巧的是，有一天一位在高科技领域作巡回咨询的咨询师来到了苹果公司，他向苹果公司展示了一款还处于研发阶段的"手拿"式播放器。这绝对是一块尚未雕琢的宝玉，可惜的是，当时很多人都没有看到他的价值，乔布斯当然不是这样的人。他一眼就看出了其存在的价值，更认识到它对苹果公司未来的重要性。

乔布斯将这个项目交给了苹果公司的硬件部门最高主管乔纳森·鲁宾斯坦，他是一位极其精明强干的负责人，是当初乔布斯从NeXT带过来的人才。鲁宾斯坦明白，这是一个他自己无法应付得了的产品研发项目。于是，他组建了一个30多人的研发团队，这当中包括托尼·法德尔、菲尔·席勒等人，都是后来声名显赫的苹果精英。乔布斯对这个项目非常热心，因为他喜欢音乐。他经常和鲁宾斯坦的团队们一起讨论新产品，他们比较了市场上充斥的音乐播放器，一致认为它们太差劲儿了，质量低劣，让用户厌烦。在研发的过程中，他们试用了Rio和其他音乐播放器，然后将它们丢在一边讨论这些产品究竟有多差劲。不断地比较，不断地改进，苹果新款的音乐播放器

逐渐从理想变成了现实。

乔布斯既然肯定了想法，确定了目标，看见了苹果未来这款神器的光明前景，自然要全力配合。他甚至取消了苹果公司的一些与此并不相符的研发项目，大力支持新产品的研发生产。对于鲁宾斯坦等人来说，这并不是一件让大家高兴的事。虽说，乔布斯的重视能够协调各部门快速推进，争取在最短的时间里研发出产品，但是乔布斯经常性的指手画脚、各种苛刻的要求则让团队苦不堪言。为了按照乔布斯的想法设计出其心目中完美的产品，苹果的工程师们加班加点，常常熬夜到凌晨1点左右，每一个部件、每一个细节都必须不停地修改，直到完美得没有瑕疵。

鲁宾斯坦和法德尔在设计苹果公司的音乐播放器时，并没有孤立地自己蛮干，而是借助了外部的力量。当时，靠近圣克拉拉市有一家名叫 Portal Player 的公司，虽然从事商业生产不足两年，但在音乐播放器的开发上有其独到之处，不管是产品的硬件还是软件，设计都相当超前，性能也非常优秀。除此之外，该公司还得到了风险投资专家戈登·坎贝尔的支持。鲁宾斯坦看中 Portal Player 公司的能力，积极游说乔布斯同意与 Portal Player 公司进行合作。乔布斯考虑到那个时候的 Portal Player 公司已经被公认为业界的“领军先锋”，就同意了。

乔布斯虽然同意与 Portal Player 公司合作，但他非常重视产品的知识产权。他向 Portal Player 公司提出了一个近似于苛刻的条约：Portal Player 公司和苹果合作以后，产权完全归苹果所有，Portal Player 公司不可以自行销售自己的音乐播放器。Portal Player 公司对此表示难以接受，后来经过几轮谈判，双方达成了合约。合约大致内容基本上是按照乔布斯的要求签下的。

除此之外，苹果这款音乐播放器的很多配件也是从别的生产商那里采购而来的。比如说，微型硬盘驱动器，使用的就是日本东芝公司的标准硬件产品。东芝公司开发的这种微型硬盘，内存 5G 大小，可以存放 1000 首歌曲，正好成了苹果 MP3 播放器的关键零件。当时，东芝公司开发出这种产品后，并未看到这种产品的价值，幸运的是乔布斯看到了。他马上从东芝手中买下这种产品的版权，并将它安装在苹果最新型的音乐播放器上，最终成就了 iPod 的辉煌。

一切都在有条不紊地进行着，经过几个月的努力，新型音乐播放器的各大部件都成功地开发出来了：超大的微型硬盘（可以存放 1000 首歌）、火线（能在 10 分钟之内下载 1000 首歌）、电池（能够连续播放 1000 首歌）以及那可以操控 1000 首歌曲的界面和滚动式转盘一一摆放在乔布斯面前。乔布斯心里莫名地激动，他知道苹果的这款产品多么酷，将会给消费者带来多大的震撼。关于这款音乐播放器的命名也很快定了下来。有一个广告人建议将它命名为“Pod”，乔布斯沿袭了 iMac 和 iTunes 的命名方式，在“Pod”前面加了一个“i”把它改为 iPod。

iPod 的外形设计自然毫无疑问地落在了设计师乔纳森·艾维身上。他原本是苹果 Mac 部门的主要负责人，现在也被拉到了新产品设计的战场上。他每天都在办公室里摆弄 iPod 的泡沫模型，反复对比，希望能够有新的灵感。一天早上，艾维开车在上班的路上，突然一个想法子脑海里闪现出来。他赶紧打电话给自己的同事，告诉他们

iPod 的正面要用纯白色外壳，然后与背面光滑的不锈钢壳进行无缝连接。白色，是艾维和乔布斯都非常喜爱的颜色，他们认为，白色是纯净的颜色，安静、醒目、内敛、不张扬。在他们的要求下，iPod 不光是机身，耳机、连接线，甚至是电源适配器也都一律采用白色。很多人都认为耳机应该和其他耳机一样，使用黑色的。但是，乔布斯决定用白色，因为他觉得白色的耳机线能给产品增加纯度。

当这一切都准备就绪了，就轮到李·克劳出马了。作为乔布斯最信赖的合作伙伴，他必须为苹果新产品策划一个广告。李·克劳和他的团队们一致认为，iPod 的广告不应该落入俗套——单单做介绍产品功能的广告，而是应该凸显 iPod 的独特内涵和白色外壳。在克劳的团队里，有一个名叫詹姆斯·文森特的英国人，他曾经在一个乐队里担任乐手，还做过 DJ，最近刚刚加入 TBWA/Chiat/Day 广告公司。他也参与到苹果新广告的设计之中，他在音乐方面很有见地，这给了克劳很大的帮助。最终，他们在艺术总监苏珊·艾琳珊甘的协助下，设计出了一系列 iPod 的广告牌和海报，然后带着广告创意到乔布斯办公室供他审阅。

克劳提供给乔布斯的广告提案有两个，一左一右分两边摆放。放在右边的是苹果常用的传统方案：白色背景中一张 iPod 的特写照片；而位于左边的则是克劳最看好的，最有设计感，也最具创意的广告设计——一个人边听 iPod 边跳舞的剪影，白色的耳机线也随之舞动。文森特觉得，这幅海报生动地表达了人与音乐之间的联系，因此他建议大家统一战线，力挺这款广告。乔布斯进来后，看了几眼，就马上走到了最右边，看得出来，他更希望用右边的这幅广告。但是，文森特、米尔纳和克劳都没有附和他，乔布斯这才注意到左边那张。但他显然对左边那张符号化的图片没有好感，因为他觉得这张图片里面没有展示产品。文森特坚持使用这张图片，并附上一句广告词："把 1000 首歌装进口袋。"这样就会不言自明了。乔布斯又考虑了一会儿，最终同意了他们的想法。只不过，很快，乔布斯就将这个广告创意据为己有了。他声称自己要推出更多符号化的广告，所以才有此创意。后来，乔布斯回忆此事时，说道："iPod 的广告创意无与伦比，当我听到有人质疑'这样的一则广告如何能够起到真正的宣传效果，卖出 iPod'时，我就决定站出来，发挥苹果 CEO 的作用，促成这个创意!"

选定好舞者的剪影后，克劳等人需要为背景音乐而费心劳神了。每一周苹果的营销会议，他们都会播放一些很前卫的歌曲，供乔布斯选择。乔布斯一如既往地挑剔，对很多精选歌曲都不满意。文森特会尽量去说服他。乔布斯有时候会坚持己见，有时候也会妥协，听从文森特的建议。乔布斯对于 iPod 广告的投入可说是惊人的，是其他公司的广告投入的数百倍之多。这是因为他认识到，iPod 还有一个优势，就是苹果品牌是一个可以把计算机、软件和设备整合起来的系统。这就意味着能够通过宣传 iPod 来销售更多的苹果计算机，让一个广告获得双倍的成效。

iPod 的开发历程

“我们之所以这么卖命，就是因为我们都需要一个这样的产品。”

——2008 年，在接受《财富》杂志高级编辑贝齐·莫里斯访问时，乔布斯如是说

20 世纪 90 年代，欧美音乐市场极为繁荣，一大批有着好嗓音的歌星成为全民偶像，风靡全球。在那个时候，索尼公司的随身听（Walkman）是在年轻人中较为流行的标准音乐播放装备。这种播放装备在八九十年代极受欢迎，全球热销高达数亿部，可谓创造了业界的神话。但是，到了 90 年代末期，随着一些便携式音乐播放器的出现，Walkman 相应地受到极大冲击。众多消费者开始以挑剔的眼光，重新审视着这一款音乐播放器。对于音乐发烧友来说，它的优势一目了然，但其缺陷同样明显。由于它采用的是 CD 驱动，所以它的体积并不算小，携带并不是很便利，而且每一张 CD 顶多能够存储十首歌左右，这个储存量也显得太小了。

后来，随着电脑多媒体功能的普及，一种叫 MP3 的音乐格式在互联网上蔓延开来。1999 年，随着 Napster 软件的悄然流行，广大网民通过互联网，能够自由地实现歌曲下载，音乐资源共享。但是，Napster 能随便下载免费的音乐，威胁到了唱片公司的利益。于是，美国几大唱片公司联手将 Napster 告上了法庭，迫使 Napster 关闭了音乐共享服务。就这样，互联网上第一波 MP3 浪潮戛然而止。不过，广大用户却已习惯了戴着耳机从播放器中听歌而不是用 CD 听歌。

苹果公司在开发出 iTunes 后，乔布斯决定开发一种小巧的音乐播放器，随身携带，实现音乐与互联网的整合。当时，市场上已经有很多种 MP3 播放器了，如美国 Diamond 公司于 1998 年底推出了 Rio PMP300，创新于 2000 年初推出了 NOMAD Jukebox 等，尽管这些 MP3 播放器在音乐变革的时代具有重大意义，但是其质量实在让人不敢恭维。乔布斯就直言不讳地批评说：“大量的事实和证据表明，市场上很多 MP3 播放器的生产商根本就不懂得软件产品。”

乔布斯把这个重任交给了苹果硬件和工程部门的主管乔纳森·鲁宾斯坦。过了一段时间，他开始询问鲁宾斯坦便携式音乐播放器的设计进展情况。鲁宾斯坦告诉他，还缺少一些重要的部件，让乔布斯再等上一阵子。几个月后，鲁宾斯坦选择了合适的液晶屏幕和超大能量的锂电池。但最困难的是要找到一个尺寸很小，但存储空间较大的硬盘，这对于苹果新产品的研制非常重要。

2001 年 1 月，乔纳森·鲁宾斯坦到日本的东芝公司进行参观访问。在这次的访问中，鲁宾斯坦得知东芝公司刚刚研发了一个仅有 1.8 英寸见方的硬盘，带有 5G 的内存（大约能存放 1000 首歌曲），但他们不知道可以用它来做什么。鲁宾斯坦立刻就想到这正是他所需要的，他不动声色地将此事报告给了乔布斯。乔布斯当即批准鲁宾斯坦开始和东芝谈判，最终买下了小硬盘的所有权。

回到苹果后，鲁宾斯坦正式展开了新产品的研制工作。他请来了电脑硬件方面的专家托尼·法德尔协助设计。法戴尔曾经在通用魔力公司工作，后来他又去了飞利浦公司。在飞利浦工作了一段时间后，他打算自己创业——研发一种可以从网上下载、有硬盘驱动器的MP3，他尝试着向里尔网络、索尼、飞利浦等几家公司推销自己的创意，但都无功而返。上帝在为他关上一扇门的同时，也为他打开了一扇窗，他的这个理念恰好与苹果公司不谋而合，于是鲁宾斯坦就打电话聘请他来库比蒂诺工作。

法德尔对进入苹果公司工作很兴奋。起初，法戴尔认为苹果邀请自己，是要研制如掌上电脑一类的东西。当得知苹果是要研制一款便携式音乐播放器时，法戴尔十分激动，因为这正是他自己的梦想所在。他自信地说："我认为这个项目将会改写苹果的历史。未来的10年里，苹果公司将是一家音乐公司而不是一家电脑公司。"

法戴尔同意加入苹果团队，但不愿意成为苹果的员工。乔布斯坚决要求法戴尔终止与其他客户的合作，保证只为苹果服务。鲁宾斯坦为了让法戴尔屈服，召集整个团队的人"威胁"法戴尔说，如果法戴尔不签约成为苹果的全职员工，他就解散整个团队，不再做这个项目了。法戴尔只得同意了，2001年4月，法戴尔正式和苹果签约，成为苹果旗下的一名得力干将。

乔布斯给新产品定了严格的标准：外观必须独特、方便易用，能支持各种不同的压缩格式，播放器的音质完美无瑕。为了使产品能够按照严格的要求制作出来，乔布斯还给法戴尔等人制订了一个时间表：产品应该在2001年圣诞节销售旺季上市，也就是说必须在10月份研发出来。这简直是一个不可能完成的任务。法戴尔等人决定对外寻求合作，寻找能够为苹果公司的播放器研发提供基础服务的公司。最终，他们锁定了靠近圣克拉拉市的一家叫PortalPlayer的小公司。这家公司虽然成立没多久，但公司的负责人是一流的，他们开发的MP3播放器设备一流，设计相当超前。法戴尔觉得苹果公司完全可以借鉴他们的设计，就和对方签了约，得到了版权。随后，他们开始修正PortalPlayer的一些缺陷，包括复杂的界面、较短的待机时间，以及只能容纳十首歌曲的小播放列表……最终设计出一款新型的音乐播放器。

硬件方案成型后，法戴尔团队需要给乔布斯展示iPod的原型。法戴尔早就从鲁宾斯坦那里得知乔布斯是多么挑剔的一个人，所以他特意准备了3个不同的硬件方案，有一个是他和鲁宾斯坦看好的方案，另外两个是故意选出来的陪衬。乔布斯在看了第一个模型后，明确表示不喜欢，理由是需要插音乐存储卡太复杂了。第二个模型相对好一些，它带有动态存储器，成本也很低，但它有一个不可忽视的缺陷，那就是断电后所有数据都会消失，乔布斯也立刻否定，认为这种东西根本卖不出去。法戴尔这时展示了自己寄予厚望的第三个模型。有了前两个作为陪衬，乔布斯明显对第三个方案有了兴趣，于是法戴尔开始对该方案进行讲解。

一个小小的音乐播放器可以存放1000首歌，固然是个好事情，但是它也带来了一个麻烦，用户怎么才能方便地浏览所有的歌曲呢？这在很长的一段时间里都是困扰苹果设计人员的大问题。直到菲尔·席勒想出了著名的"中央控制旋轮"。在一次会议上，他向乔布斯阐述了自己的创意：通过大拇指旋转转盘，就可以滚动所有的歌曲。

旋轮拨动得越快，那么菜单列表下拉的速度就越快，这样就能轻易地浏览几百首歌。乔布斯听完后，激动地击掌道："对，就是它了!"

在鲁宾斯坦团队积极地研发硬件的同时，艾维的设计团队也没有闲着，他们正忙于为 iPod 设计炫酷的外观。为了做到保密，艾维和他的团队在独立于苹果总部的一间工作室里工作。每一天，工作时房门紧闭，除了屈指可数的苹果高管和艾维团队的成员外，任何人都严禁在这里出没。艾维的设计团队原本想要利用传统的模型技术来设计，但是乔布斯要求的是一件绝对简洁、极具设计美感，甚至超出所有人想象的产品。而传统技术设计的东西看上去都显得笨重呆板，完全不符合乔布斯的要求。于是，艾维放弃传统，最终设计出了著名的纯白色音乐魔盒。

乔布斯十分重视 iPod 的开发，每天都投入其中。为了及时了解 iPod 的进展情况，更是每隔两三个星期就召开会议。每天晚上，乔布斯都会给法戴尔、鲁宾斯坦等人打电话，陈述自己的想法，尽管有些想法完全就是异想天开，但他总是乐此不疲。鲁宾斯坦和法戴尔等人往往联合起来，共同应对乔布斯抛给他们的难题。有时候，他们会将乔布斯往自己希望的方向上引导，而这种方法也常能见效。

乔布斯对于整个产品最主要的要求就是简化，他希望这个产品能够有最少的按钮和最简易的操作。比如说，在搜索歌曲时，他希望按键不要超过三次，如果超过三次，他就会非常生气。关于 iPod 的中央控制转轮，乔布斯认为，转轮上的控制按键只需要有"前一首""后一首""播放/暂停"这三个键就足够了。这虽然符合乔布斯一贯坚持的简洁的原则，但明显不符合消费者的消费习惯，因为他们没有办法从列表中选出自己想听的歌。最后，艾维等人费了好大力气，这才让乔布斯改变想法，增加了 iPod 的"菜单"键。乔布斯还要求播放器取消开关键，设计师都觉得不可思议，但是乔布斯坚持己见。最终，设计师还是按照乔布斯的要求设计出来了。事实证明，这一次，乔布斯的坚持是对的。这是一个出色的设计，当用户不用它时，它会自动进入省电模式；当用户开始用时，就自动醒来，宛如一个机灵古怪的精灵。

到研发的后期，iPod 遇到了一个大麻烦。当时，iPod 的电子系统的设计参数已经敲定了，但是在对播放器进行常规测试时，研发人员意外地发现播放器在关闭电源后，机器仍然在消耗电池能量。如果在睡觉前把电源关闭，第二天早上机器就没电了。实际上，更为糟糕的是，在关闭电源的三个小时之内，机器的电量就会被消耗干净。也就是说，iPod 播放器只能播放三个小时，这根本就达不到乔布斯要求的十个小时的连续播放时间。法戴尔临危受命，寻找解决方案。为了节省耗电量，法戴尔决定为 iPod 配备一个可以提前储存歌曲的庞大内存以避免硬盘的占有和消耗。经过不断测试、改进，最终将耗费电池量这个问题彻底解决了。

福无双至，祸不单行。研发人员解决了这个问题，又出了另外一个问题。他们发现当耳机插入 iPod 插槽后，会发出"嚓嚓"的噪声。乔布斯容不得有一丁点的瑕疵，要求立即解决这个问题。工程师们只得把插口改良，重新测试，后来经过众人努力，终于按照乔布斯的要求完成任务。

由于乔布斯要求 iPod 在圣诞旺季上市，这使得苹果的 iPod 团队必须为了按期完成任务而加班加点。那是一段令所有参与者都难以忘记的炼狱之旅，他们每天晚上都需要和乔布斯一起从9点工作到深夜1点。在一遍遍地测试和简化中，不断地改进产品，直到不可能再有任何的改进为止。虽然工作很辛苦，但所有人都对研发这种产品充满激情，没有人为工作的艰辛而叫屈叫苦，因为他们知道自己在进行着的是多么伟大的一件事情。2008年，美国著名的《财富》杂志高级编辑贝齐·莫里斯访问了乔布斯，乔布斯说了这么一段话："我们在iTunes的基础上做出了最好的音乐播放器。我们都希望随身携带全部的音乐数据库，为此，产品团队展开了非常艰辛的工作。我们之所以这么卖命，就是因为我们都需要一个这样的产品。"

在苹果研发团队的不懈努力下，不到9个月这款播放器就宣布完成了。乔布斯原本想给新产品取名叫"数字心脏"（Digital Hub）。但是，旧金山一名独立文案的策划人温尼·奇科给出了更好的方案"Pod"。"pod"原本意思是宇宙飞船的分离舱，奇科说，当他看见艾维设计的那白色的原型机时，顿时想起了科幻电影《2001：太空环游》中的分离舱，同时分离舱（pod）和飞船主体之间的关系，又与这款播放器和中枢电脑的关系类似。乔布斯开始不同意，但最后同意了这个方案，并在"Pod"前面加了一个"i"，把它改为"iPod"。

无可挑剔的完美艺术品

"这是一件非常美妙的事情。我们正是以自己这种微小的方式努力让世界变得更加美好。"

——在谈到iPod对音乐领域带来的巨大变革时，乔布斯如是说

正所谓"天有不测风云"，就在离iPod播放器的发布会仅有一个月的时候，美国发生了震惊世界的"9·11"事件。美国的一些电视台上反复播放着世界贸易中心双子大厦被摧毁的恐怖镜头。世界贸易中心是20世纪70年代初建起来的摩天大楼，是世界商业力量的会聚之地，来自世界各地的企业共计1200家之多。由于受到该事件的影响，全球许多股票市场随之出现动荡。道琼斯工业平均指数开盘第一天下跌14.26%，旅游、保险、航空等股跌幅非常严重。美国经济本已放缓，如今更是几乎濒临瘫痪状态，这对一些产业造成了直接经济损失和影响。

美国经济萎靡，民众仍旧处于浑浑噩噩的状态之中，他们还没有从恐怖分子对他们本土袭击的惊恐状态中清醒过来。在这种情况下，苹果发布iPod能吸引多少人的目光值得怀疑。

到了10月份，距离iPod播放器的发布会越来越近的时候，在美国每天的商业新闻播报中，又播发了一则不好的消息：位于美国圣克拉拉市邻近苹果公司的芯片生产巨头英特尔公司最近宣布，它将关闭消费电子产品生产部门。英特尔公司拥有大量优秀的电子工程师和市场开发人员，该公司负责人却认为，他们始终不能确定生产消费

电子产品能给公司带来多大的利益，所以他们决定关闭消费电子产品生产部门，以节省开支。这个消息让苹果公司里很多参与这一项目研发的人更为郁闷。要知道，英特尔这个生产部门所研发的产品之一就是便携式 MP3 播放器。英特尔在业界享有盛誉，他们的放弃是不是意味着这一产业根本就是鸡肋，无关紧要？

乔布斯可不管这些，他只相信自己的直觉。他看好 MP3 播放器给音乐领域带来的巨大变革，更看好 iPod 的市场前景。所以，在这种极为不利的背景下，乔布斯依然决定按时举行 iPod 播放器的发布会。2001 年 10 月 23 日，乔布斯正式召开新闻发布会，隆重推出了 iPod。为了给 iPod 造势，乔布斯还邀请了众多硅谷大佬参加发布会。在给他们的邀请函上，乔布斯开玩笑般地写着："注意：这不是一台 Mac。"这场发布会像以往一样，吸引了众多消费者的关注，他们都想看看，在 iMac 之后，乔布斯又会推出什么令人惊艳的产品。乔布斯在大会上自豪地说："我们推出的这款数字化音乐播放器，将让你可以把 1000 首歌都装进口袋，随时欣赏。"

人们对于这款产品的胃口被乔布斯吊得足足的，他们迫切地想要看看到底是怎样的一款机器可以伟大到这个地步。终于到了揭晓产品的时刻，可是乔布斯没有像往常那样走向摆设产品的桌子，而是顽皮地笑说："哦，我口袋里刚好有一个。"于是，他从牛仔裤口袋中拿出了那个震惊世界的白色魔盒。"这就是苹果将要隆重推出的 iPod，不要觉得不可思议，这个里面装着 1000 首歌曲，但是它小巧到可以放进我的口袋。"说完，他又把 iPod 放回口袋了，欢呼声，鼓掌声不绝于耳。

随后，乔布斯大谈 iPod 的优点：它体积很小，但是有强大的内存，它的硬盘可以存储 1000 首歌曲。所以，客户可以将它放在口袋里去骑自行车、爬山、跑步……而且音乐的获取也是非常迅速。乔布斯举了个例子：如果采用其他的播放器，要把整张 CD 的歌曲放进去，至少需要 5 分钟，而用 iPod 仅需要 10 秒钟。乔布斯还告诉大家，人们可以用 iPod 连续听 10 个小时的歌曲。

当有人问起 iPod 和 iTunes 之间的兼容性时，乔布斯说："它们是你中有我，我中有你的关系。"客户在使用 iPod 时会感到非常方便，因为它软件和硬件的兼容度非常好，用户只要把 iPod 播放器和电脑连接就可以自动地从电脑上下载音乐文件，而音乐库也会自动加以更新。iPod 操作的便捷性是乔布斯向大家介绍的重点之一。在 iPod 诞生之前，市场上也存在几款 MP3 音乐播放器，但操作起来极为烦琐，这使得顾客在购买了播放器后，需要花很长的时间来阅读厚厚的产品使用说明书。而苹果的 iPod 没有这些问题，操作简单，一学就会。

正如乔布斯在演讲结束时说的那样："谁能说使用这样的播放器欣赏音乐不酷呢？"虽然 iPod 的神秘面纱刚刚被揭开，但这个带有精密转轮的白色魔盒立即凭借自身的完美的设计、灵活的操作赢得了消费者的喜爱。对于广大消费者而言，iPod 无论是从其外观上还是功能上都是一款令人惊艳的神器。所有的竞争者在它的面前，都黯然失色，不值一提。

就拿它的外观来说，机身是纯白色的，但又不是那种普通的白色，整个机身是那种光亮的、鲜明的、让人炫目的、能够吸引人眼球的白色。在白色的外壳上，还增加了一层透明的塑料。这种设计，为产品带来了纵深感，极具艺术气息。这些细节上的优势是 iPod 最终大获成功的原因。

在硬件设计上，iPod 在很多方面都贯彻着极简原则。譬如说，通常大多数的电子产品上都会有螺丝孔，但 iPod 没有，甚至连能够看见的螺丝也没有。再比如，大多数的科技产品在塑料或金属接口处有很大的缝隙，但 iPod 则完全没有缝隙，它的分界线是真正的线条而非缝隙。

除了设计方面的完美外，iPod 的功能也非常强大，堪称完美。它的播放器有 32MB 的内存，这要比掌上电脑 PDA 系列产品的存储量大得多。iPod 播放器内置了一个容量达 5GB 的硬盘，替代了其他产品广泛使用的闪存，强大的硬盘足以让 iPod 储存 1000 首歌曲。

乔布斯给 iPod 的定价为 399 美元，这个价格要比其他富有竞争性的同类产品的价格高出很多。一些业界的评论人士因此质疑 iPod 的销售前景，嘲讽 iPod 是短语“Idiots Pricc Our Devices”（傻瓜定的产品价格）的缩写。乔布斯对此不加理会，坚持己见。刚开始时，iPod 播放器的销售量还是鼓舞人心的，但并没有取得很大的突破。这和乔布斯的预期是有一定的差距，于是和其他研发人员加紧研发新版本的 iPod 播放器，2002 年 3 月，苹果研发出了可以储存 2000 首歌曲的 iPod。紧接着，改变以往苹果产品与 Windows 不兼容的特性，研发出“大众”版本的 iPod 播放器，让 PC 用户也可以直接使用 iPod。iPod 终于成功打入了大众市场。

在这之后，苹果 iPod 播放器的销售量急剧增长。光是 2002 年的秋季，就销售出去 14 万台，在圣诞节期间又销售出去 20 万台。在随后的两年里，iPod 风靡全球，销量超过了 1000 万台。在 iPod 播放器的销售额远远超过了苹果公司主打产品麦金塔的销售量后，乔布斯对苹果公司的部门做一些适当的调整，将公司的重心转移到 iPod 播放器和其他音乐产品的研发和生产上。这个转变后来被证明是极为正确的。乔布斯或许也不会想到，他会在音乐产业领域闯出一片天。

其实，无论是早期的 Mac 也好，如今的 iPod 也好，乔布斯始终在坚持用技术实现改变世界的梦想。正如他所说：“我们是非常幸运的一代人。因为在我们成长的年代，音乐是我们那一代人生活的一个重要部分。在当时这个电子时代的背景下，音乐真的得到了新生，技术将音乐重新带回到我们的生活之中。这是一件非常美妙的事情。我们正是以自己这种微小的方式努力让世界变得更加美好。”iPod 的横空出世，就如一道阳光，引导着乔布斯将梦想照进现实。

库比蒂诺会议

“如果没有了对知识产权的保护，那么很多创意公司就会消失，或者根本不会出现。其实说到底，道理很简单：偷窃是不道德的。这样做会伤害其他人，也有损自己的名誉。”

——在谈到 iTunes 音乐商店出现前音乐产业遭受的盗版侵害时，乔布斯如是说

苹果公司开发出的 iPod，很快成为一种潮流、时尚，越来越多的人选择使用 iPod

播放器收听音乐，而不是传统的录像带或者 CD 点唱机。这种火爆局面也让苹果从持续的低迷中走了出来，成为音乐行业的“领头羊”。但是，没过多长时间，苹果公司就遭遇了一个挑战。尽管 iPod、iTunes 软件和计算机之间的无缝连接能够让客户自由地管理音乐，可是更新 iPod 的音乐仍然是一个难题。客户在向 iPod 放入歌曲时，需要去外面购买 CD，或者从网上下载歌曲。而如果从网上下载歌曲，就意味着用户很可能要涉足文件分享和盗版服务的灰色地带。

盗版，是一种不道德的行为。因为任何一名创作者想要创造出一首作品就必须付出心血、汗水甚至眼泪。这种付出值得每个人尊敬，而盗版者却轻轻地用鼠标一点，就将他们的成果据为已有了。没有人愿意背负骂名，做一名“盗取者”，但是网络下载便捷、且不需花费任何费用，让很多人抵挡不住诱惑，最终放弃传统方式，而选择采用盗版这种方式获取好听的音乐。乔布斯很重视版权，对于盗版不能容忍，所以他希望给客户提供一种简单合法的获取音乐途径。

音乐产业正因为盗版泛滥而深受其害。自从 Napster 软件爆红网络后，成千上万的网民利用该软件在互联网上分享、下载音乐，这给唱片产业造成了极大的伤害。虽然，唱片公司联手将 Napster 告上法庭并打赢了官司，但是网络盗版之风并没有就此刹住，反而有愈演愈烈之势。随后，Grokster、Gnutella、Kazza 等软件大行其道，人们又可以从这些新渠道下载免费歌曲，这给唱片业带来极大的冲击。在这种情况之下，2002 年，正版 CD 的销量下降了 9%。

音乐公司的高层对这种现象极为忧心，认为如果不立即采取行动，打击盗版，制定保护数字音乐版权的通用标准，唱片业将会遭受毁灭性的打击。如同 1999 年对付 Napster 一样，华纳、索尼等几大唱片联合起来，协同制定规则，希望以此保护唱片公司利益。华纳音乐的保罗・维迪奇和同属 AOL 时代华纳集团的比尔・拉杜切尔，以及索尼音乐公司的安迪・拉克经过讨论，决定也把苹果公司拉进来。原因是苹果推出的 iPod 改变了人们收听音乐的方式，间接鼓励了网络盗版。事实上，很多人在买了 iPod 后，的确是选择了网络下载的方式来获取歌曲。

于是，一行人在 2002 年 1 月飞到库比蒂诺去见乔布斯。会议进行得并不顺利，这其实是可以预知的事情。当时，苹果的 iPod 卖得正热，苹果公司也因此而攀上又一高峰，如果制定更为严格的版权保护准则，客户不能够像以前那样轻易地从网上下载音乐，他们会否继续购买 iPod，其实是一件存疑的事情。好在乔布斯非常自信，他相信苹果的产品是最好的，就算少了从网上下载音乐的渠道，iPod 的客户也会按照正常的渠道下载音乐，以体验 iPod 带来的非同一般的感受。放任盗版、免费音乐诚然能够卖掉更多的 iPod，但是版权显然更为重要。

会议在沉闷的氛围中进行。会议当天，保罗・维迪奇恰好感冒了，所以他就让自己的助理凯文・凯奇代替自己发言。凯奇利用幻灯片向乔布斯讲述了市场上盗版之风的猖獗，以及对唱片公司造成的危害。乔布斯心不在焉地听着凯奇的讲解，时不时地会在座位上扭动几下，显得极为不耐烦。果然，凯奇刚讲了 4 页幻灯片，乔布斯就打断他说：“这是你们自己的问题，应该自己解决！”

会议室里一片安静，所有的目光都注视在维迪奇身上。他是唱片公司的首脑人物，也是这次会议的代表，众人都想知道他怎么说。“你说得没错。”维迪奇努力地清了清嗓子，停顿良久，他才接着说，“我们是应该自己解决问题，我们也想这样，但是我们需要你的指导，我们需要你告诉我们前进的方向。”

维迪奇的坦诚让乔布斯有点吃惊，他同意与华纳及索尼合作。但是，没过多久，索尼公司就退出了该计划，不再与苹果合作。作为唱片行业的佼佼者，索尼向来自恃甚高，对于乔布斯在合约中提出的咄咄逼人的条件，感到很不满意，决定靠自己的力量来解决版权的问题。

索尼公司的CEO出井伸之在接受《红绯鱼》杂志的编辑安东尼·帕金斯采访时说：“你知道的，史蒂夫做什么事情都有自己的打算。虽然他是一个天才，但是他不愿意和别人分享一切。大公司和他合作，简直就像是一场噩梦！”索尼公司北美区总裁霍华德·斯金格对乔布斯的评价更为糟糕，他认为乔布斯根本是一个无法合作的人，和乔布斯寻求合作简直就是在浪费时间。

后来，索尼和环球音乐集团合作，建立了一个叫作Pressplay的音乐商店。同时，美国在线时代华纳、贝塔斯曼及百代唱片（EMI）和里尔网络（RealNetworks）联手打造了MusicNet网站，一样提供在线音乐服务。但是，这两家音乐商店都失败了，上线一年多的时间用户总数仅为22万人。其失利的原因并非消费者不愿意在网络上购买正版音乐，而是因为这两个平台都不把自己的歌曲授权给对方，仅仅提供订阅服务，不提供下载，一旦订阅期限过了，就无法再访问，除非你继续付费。这样做或许可以保护CD的销售量，却伤害了消费者的利益，他们可没有意愿每月都付上一笔钱去订阅一首随时可能消失的音乐。此外，其笨拙的界面也让人完全提不起兴趣。在这一年，美国著名的《计算机世界》杂志评选出来的“历史上最差的25款科技产品”中，这两款产品“光荣”入榜，并列第九名。杂志上还写了这么一段评语：“这些产品惊人的愚蠢功能说明唱片公司仍然没有理解用户需求。”

乔布斯对于索尼的这种举动，感到气愤不已。虽然放任盗版意味着能够卖出更多的iPod，但乔布斯一贯反对盗版行为，反对这种把别人的创意据为己有的想法。后来，他回忆此事时说：“从苹果公司创立之初，我就意识到，苹果的成功来自知识产权。如果人们可以任意盗用软件，我们早就破产了。如果知识产权不受到保护，我们也没有动力再去制作新软件或设计新产品了。如果没有对知识产权的保护，那么很多创意公司就会消失，或者根本不会出现。其实说到底，道理很简单：偷窃是不道德的。这样做会伤害其他人，也有损自己的名誉。”

于是，乔布斯决定自己创立“iTunes音乐商店”，提供一个比索尼、华纳提供的服务更好的选择。2003年4月，苹果iTunes音乐商店正式上线。所有的iTunes用户可以直接在网上商店购买歌曲。每首歌曲价格是99美分。客户只需要支付99美分，就能够完全拥有这首歌曲，把它放进自己心爱的iPod里。苹果的音乐商店大获成功，不到三年，iTunes音乐商店就有了200多万首正版音乐，而下载量更是惊人，不断地刷新纪录，截止到2010年2月，iTunes音乐的下载量就达到了惊人的100亿次。

iTunes 音乐商店的问世，不但直接带动了苹果 iPod 的销量，也为唱片公司开辟了全新的销售渠道。欧美主流的唱片公司都把 iTunes 音乐商店作为新专辑发布的第一选择，从中获取版权受益，而传统的 CD 唱片则渐渐淡出人们的视线。

iTunes 双赢模式

“我们设计 iPod 是为了自己和家人，而他们则不是。”

——多年后，在谈到微软 Zune 设计缺乏灵感、市场疲弱的原因时，乔布斯如是说

苹果的 iTunes 音乐商店推出后，大受好评，音乐库的歌曲销售量也节节攀升，创造了业界销售的奇迹。但是，iTunes 音乐商店并不赚钱。用户在 iTunes 音乐商店每下载一首歌曲，苹果只赚 1 美分，苹果公司的副总裁席勒曾经说：“iPod 赚钱，而 iTunes 音乐商店不赚钱。”乔布斯开设 iTunes 音乐商店，原本也没打算以此获利，真实的动机其实是为了销售更多的 iPod。事实上，音乐商店的确带动了 iPod 的销售增长。2001 年，iPod 的销量仅为 10 万台，而到了 2002 年，iPod 的销量就飙升到 160 万台，增长率超过了 100%，此后 iPod 播放器开始席卷全球。

iTunes 音乐商店作为苹果销售 iPod 的管道，自发布伊始，就吸引了各方面的注意。微软公司向来把苹果视为最大的对手。微软公司负责 Windows 系统开发的主管吉姆·阿尔钦在看完苹果 iTunes 音乐商店的发布会后，给公司的 4 个同事发了一封简短的邮件。他在邮件里直言不讳地写道：“我们被苹果打败了。我不知道他们是怎么把音乐公司给拉进来的?”

当天晚上，微软在线业务的负责人戴维·科尔给阿尔钦回复了一封邮件，内容是：“我担心一切才刚刚开始，如果他们把 iTunes 引入 Windows 操作系统，那我们就真的玩完了。可是，聪明如史蒂夫，怎么可能会不进军 Windows 操作系统呢?”他认为，Windows 现在就必须开始仔细地思考这个问题，为微软在市场上反击苹果做出准备。他还分析了苹果提供的在线服务，补充说：“从端到端的服务是我们一直在关注但是还没有做到的，苹果却已经做到了，它走在了我们前面。”

比尔·盖茨也在当天晚上 10 点左右发表了题目为《还是苹果的乔布斯》的评论。在评论中，盖茨的沮丧情绪表露无遗，他说：“尽管不想说，但我不得不承认，史蒂夫有种非同凡响的能力，他总能一眼看到最有价值的东西，比如图形用户界面技术以及苹果零售店策略等。”对于乔布斯能够说服索尼、华纳等唱片公司加入他的音乐商店，盖茨也觉得奇怪，他不明白为什么这些音乐公司会和乔布斯签订合同，达成合作。

iTunes 音乐商店推出的歌曲购买服务，也让盖茨颇为感慨：他不明白为什么其他公司能够想到的都是阅读订阅的方式，而苹果则别出心裁地想出了购买服务？唯一的解释，就是乔布斯太厉害了，他的前瞻性眼光是旁人远远无法企及的。苹果的进步，不断地缩短着与微软的距离，这让盖茨感到忧心忡忡。他私下里向身边的人吐露了自

己的肺腑之言："既然乔布斯已经走出了一条通往成功的道路，那么我们就应该循着他的脚步，赶紧做出一些好东西来。我们需要立刻制定一些计划、措施证明自己。这样的话，即使我们这次被打得措手不及，至少下一次可以快速行动起来，积极应对。"多么沉重的打击，才会让与乔布斯并称为"电脑双雄"的盖茨发出这样无奈的感叹啊，这无异于承认微软被苹果打败了，微软将再次走上"抄袭"苹果之路。

在苹果内部，围绕着是否把 iTunes 软件和商店引入到 Windows 系统，乔布斯和苹果的高管们——鲁宾斯坦、法德尔、杰夫·罗宾等人展开了激烈的争论。鲁宾斯坦、法德尔等人强烈要求让 iPod 和 Windows 计算机兼容，这样能够将 iPod 打入微软市场，从而使 iPod 成为真正的大众产品。但乔布斯坚决表示反对，甚至放出这样的狠话："只有我死了，Windows 用户才能用 iPod。"尽管如此，苹果的高管们依旧没有放弃，继续劝说乔布斯。

这场拉锯战持续了几个月，最后乔布斯做了妥协。他同意让 iPod 和 Windows 计算机兼容，但前提是让他看到这当中的商业价值。这其实是很容易证明的。鲁宾斯坦等人请来了专家，分析了多种销售的情况，结果每一种都证明了苹果将会盈利。最终，乔布斯改变了心意，做了他此生最大也最伟大的一次妥协。在一次会议上，他咆哮道："去他的！我真是受够了你们在我耳边啰唆个不停，你们随便吧！"没有比这更让人激动的了，鲁宾斯坦、法德尔等人个个笑逐颜开。

苹果 iPod 之所以畅销，关键在于苹果做到了 iPod 和 iTunes 的完美结合。用户在使用 iPod 时，亦可以体验 iPod 和计算机上的 iTunes 软件的完全同步所带来的快感。如果苹果允许 iPod 和 Windows 计算机兼容，那么苹果是否也要为 Windows 用户开发一个新版本的 iTunes 音乐管理软件呢？乔布斯认为，硬件和软件应该一体化，苹果当然应该为对方开发出与之匹配的 iTunes 软件。但是，席勒表示反对。他觉得这样做太荒谬了，苹果公司又不是做 Windows 软件，为什么要专门为 Windows 制作软件？不过乔布斯坚持认为，既然苹果同意 iPod 和 Windows 计算机兼容，就应该做到完美。起初，席勒的意见占了上风。于是，苹果和一家制作播放器软件的公司合作，让他们开发出一款软件来实现 iPod 和 Windows 系统兼容。但是，这个软件做得实在太差了。乔布斯忍无可忍，决定由苹果来做。6 个月后，苹果终于写出了 Windows 版的 iTunes 软件。

乔布斯在开发出 Windows 版的 iTunes 软件后，和所有的音乐公司重新谈判。因为此前双方合约中明确规定，iTunes 软件仅仅是为苹果麦金塔用户服务。如今苹果进军微软，当然需要重新签约。索尼公司反对重新签订合约，其他公司却对苹果这个改变非常欢迎，索尼最终也唯有屈服。

2003 年 10 月，乔布斯正式发布了 Windows 版本的 iTunes。在大会上，乔布斯对着欢呼雀跃的人群，还不忘贬低微软，他说："苹果为 Windows 研发的 iTunes 很可能是 Windows 配置的所有程序中最棒的！"他的这个说法，比尔·盖茨可能会抗议。但是，乔布斯从来就不是谦虚保守的人，他自视甚高，经常对其他公司的产品不屑一顾。一些明星也助阵这次发布会。滚石主唱米克·贾格尔、饶舌歌手德瑞博士和 U2

乐队的主唱波诺分别通过视频连线表达了对苹果产品的祝福，他们都是苹果忠实的粉丝。波诺说："苹果的 iPod 和 iTunes，对于音乐人和音乐来说都是个很新潮的玩意儿。所以，我才会出现在这里拍苹果的马屁，要知道我可不是到处拍马屁的人。"

微软对苹果的做法多少不乐意了。iPod 和 iTunes 侵入微软的私人领地，这还是以前从来没有的事情。此前盖茨预测按照乔布斯一贯的作风，他是绝对不会让 iPod 和 Windows 兼容的，哪料到，乔布斯后来态度居然来了个 180 度大转弯，不但允许 iPod 和 Windows 兼容，甚至还专门开发出 Windows 版的 iTunes，进一步蚕食 Windows 市场。比尔·盖茨在接受《商业周刊》采访时醋意十足地说："苹果总是这样，他们妄图控制从硬件到软件的全部设备，当时在进军电脑市场时是这样，现在进军音乐界还是这样。他们总想完全控制客户体验，但我们微软不同，我们会为用户提供更多的选择。"

2006 年 10 月，微软终于正式向苹果宣战，推出了和苹果 iPod 外观类似的 Zune 播放器，试图以这款播放器抗衡苹果的 iPod。但是，iPod 早就已经巩固了数字音乐领域的王者地位。Zune 根本难以与 iPod 抗衡，销售惨淡，其年销售量还不如 iPod 的月销售量多，后来微软索性关闭了 Zune 生产线。多年后，在谈到微软 Zune 为什么会败给 iPod 时，乔布斯给出了如下的答案："随着生活阅历的增长，我越来越意识到了'动机'的重要性。Zune 之所以失败，是因为它只是微软报复苹果的工具，设计这款产品的人并不是真的热爱音乐和艺术。我们设计 iPod 是为了自己和家人，而他们则不是。热爱这件事，让我们乐于比别人多走一步，从而研发出更棒的产品。"

搞定音乐界

"这是一个值得彪炳史册的伟大的时刻，音乐界将从此转折。"

——在谈到 iTunes 音乐商店所带来的巨大反响时，乔布斯如是说

iPod 上市之初，尽管其精美的外观、完美的设计赢得了众人一致的喝彩，第一款 iPod 的销售情况却并不理想。并非这款产品不给力，而是因为往 iPod 里面填充歌曲实在是太麻烦了。如果客户从网上免费下载，很可能会引起版权纠纷，而仅靠从正版 CD 翻录 MP3，不仅需要浪费大量的时间，而且根本填不满整个 iPod。因为 iPod 有 1000 首歌的容量，而普通的 CD 往往只能存储十多首歌曲。所以，苹果要想解决 iPod 的问题，就必须先满足顾客自由下载的需求。

乔布斯开始构思建立一种新型的音乐分享的商务模式，让客户可以自由自在地获取歌曲而不用担心版权。当时，市面上已经出现了一些音乐共享、下载的网站，但这些网站提供的歌曲大多没有得到唱片公司的授权，所以难登大雅之堂。乔布斯决定利用苹果的软硬件平台，创立在线音乐商店，用户通过互联网付费下载正版歌曲。于是乎，乔布斯开始创建 iTunes 音乐商店。

iTunes线上音乐商店有很多歌曲可供用户选择。但是，由于这些音乐的版权并不归苹果所有，乔布斯必须设法从各大唱片公司取得这些歌曲的销售权。当时欧美音乐市场基本上由华纳、环球、索尼、百代和BMG五大唱片公司瓜分，它们控制了全球70%以上的音乐发行。苹果公司只要搞定了这几家公司，就能够在iTunes音乐商店提供数百万首的歌曲服务。

然而，当乔布斯登门要求得到在互联网上合法发布音乐的权利时，这些公司态度极为谨慎，他们担心自己的音乐作品会遭到非法拷贝，从而影响公司的效益，所以他们告诉乔布斯，美国唱片业协会RIAA已经就打击盗版制订了方案，他们也已经有了计划去解决合法下载的问题。乔布斯认为，唱片公司所期望的前景是不会出现的。因为电子信息的内容是无法保护的，任何人只要有一张正版的CD，就能够把CD上的歌曲发到网上去。"你不可能完全制止盗版行为，只能学会与之竞争。"乔布斯说。可惜乔布斯的话没有人听进去，各大唱片公司一听到线上音乐就感到心惊肉跳，他们并不认可通过互联网传播音乐，认为这伤害了音乐产业。

乔布斯秉承不达目的誓不罢休的精神，仍孜孜不倦地游说业内主要的唱片公司负责人。乔布斯决定逐个击破，首先从全球最大的唱片公司华纳、环球和索尼谈起。乔布斯相信只要能够攻破最大的两三家公司，之后，多米诺骨牌自然会倒塌，其他的唱片公司也会纷纷效仿，倒向苹果的阵营。

此时，音乐市场又有了新的变化。由于在线音乐发展迅猛，互联网上各种盗版、侵权事件层出不穷。虽然此前唱片公司口口声声会采取措施打击盗版、保护版权，维护唱片公司的权益，但面对着越来越猖獗的盗版音乐也显得有心无力。这种变化对乔布斯展开新一轮的谈判大有益处。

乔布斯和华纳旗下的AOL的CEO巴里·舒勒是好朋友，于是就首先做起了好朋友的工作。舒勒对乔布斯的iTunes音乐商店计划表示赞同，认为如果真能够把iTunes音乐商店做成一种端到端的一体化服务，就能够更好地保护音乐。2002年3月的某天，乔布斯打电话给舒勒和保罗·维迪奇，邀请他们来库比蒂诺开会，并请他们带上华纳音乐的总裁罗杰·艾姆斯。几天后，维迪奇、艾姆斯等人飞到了库比蒂诺参加会议。

艾姆斯来自英国，是个很有幽默感的人，这一点让乔布斯很喜欢。所以，乔布斯在这次会议上难得地表现出了自己好脾气的一面，会议在轻松愉快的氛围中进行。艾姆斯一开始要求乔布斯支持一种新的带有防复制功能的CD格式，乔布斯答应了，随后把话题转到他想讨论的内容。他告诉艾姆斯，苹果正在开发iTunes音乐商店，希望华纳音乐能够在这方面提供帮助。紧接着，乔布斯向艾姆斯展示了尚未开发完成的iTunes音乐商店。虽然只是雏形，但已经让艾姆斯感到非常震撼，他激动地说："对，对，这正是我们一直期待的模式。"他当即表示愿意加入这一计划中来，并且表示愿意帮助乔布斯联系其他的几大唱片公司。

乔布斯在成功拉拢艾姆斯后，亲自飞往华纳总部，向其他的华纳高层展示了iTunes服务，所有的人都为iTunes音乐商店的性能征服了。于是，双方很快就达成了一致，确立了合作关系。

环球音乐集团的CEO道格·莫里斯是乔布斯下一个打算拉拢的对象。在他的旗下，有很多著名的歌星，如U2乐队、艾米纳姆，以及玛利亚·凯莉等人。莫里斯打心眼里希望能够合作，因为他受够了层出不穷的盗版问题，也受够了唱片公司里那些二流技术人员的水平。无论从哪一方面看，iTunes音乐商店都是一个好的选择。

乔布斯在前往莫里斯百老汇的办公室途中，艾姆斯事先提示了一下乔布斯稍后要谈的内容。这的确很有帮助，乔布斯在会谈中显得更从容了。莫里斯对于iTunes商店提供多种服务感到振奋，也相信这是目下最为优秀的在线音乐商店。莫里斯还大赞苹果公司技术的先进，批评环球音乐集团里没有一个人了解技术方面的知识。但是，双方的合作遇到了麻烦，环球音乐集团的技术人员反对与乔布斯合作。莫里斯只能压制住他们的反对意见，尽快促成这项合作。

莫里斯还给自己的好朋友、环球音乐集团旗下公司IGA的董事长吉米·约维内打了电话，让他去见见乔布斯。于是，约维内飞到库比蒂诺拜访乔布斯。两人相见甚欢。约维内随后给莫里斯打了个电话，认为乔布斯是一个值得合作的人。在电话里，两人还埋怨了与索尼公司合作的种种不顺。最后，他们两人达成一致，放弃索尼，转而与苹果合作。

索尼公司见到华纳、环球先后倒入苹果阵营，不由得乱了阵脚，急忙同苹果公司展开谈判。索尼音乐的新总裁安迪·拉克具有战略性的眼光。当华纳、环球先后接受了苹果公司的iTunes后，他意识到，索尼终将无法置身事外，在iTunes商店出售音乐亦将成为索尼一个必要的选择。谈判并不顺利，拉克认为，既然是唱片公司促成了iPod的成功，那么他们就应该可以从iPod的销售中获得收益，所以在合约中要求苹果每出售一台iPod就要给唱片公司一些好处。

乔布斯表示答应拉克的条件，但是之后他就会到莫里斯和艾姆斯那里告状，说拉克根本没有莫里斯和艾姆斯聪明，还说他是个音乐界的门外汉，什么都不懂，这些甜言蜜语往往能够让莫里斯和艾姆斯站在他这边，共同给拉克施加压力。拉克很郁闷，本来他的计划对整个唱片界有利，因为这会给大家带来另外一笔收入，但业内没有人支持他，他成了最后的抵抗者。最后，拉克同意了在iTunes商店出售音乐，双方订立了合约。但是，在一些细节上，双方锱铢必较，互不相让，每一轮合同续签和条款更改都要经历一场分外激烈的唇枪舌剑。乔布斯后来总结说："安迪总是会自我过度膨胀，这让我很不能接受。作为索尼的总裁，他真的是个门外汉，几乎从来都没有真正理解过音乐产业，更不要说贡献了。"后来，有人把这话复述给拉克听。拉克回应说："我是为索尼公司和整个音乐产业争取利益，所以他说我像个侦探我也能够理解。"

乔布斯在搞定了华纳、环球、索尼等几大唱片公司后，其他的唱片公司也只得放弃原来立场，纷纷跟进，授权在iTunes使用其旗下歌手的歌曲。乔布斯在积极说服唱片公司的同时，他本人亲自约见了许多著名的音乐人，争取得到他们的作品授权。他们有很多优秀的作品拥有着独立版权，即便是唱片公司也无权决定其归属。乔布斯很快发现，和音乐人谈判并不是一件轻松的事情。

在iTunes音乐商店正式发布之前，乔布斯至少约见了20多位主流歌手，包括麦当娜、波诺、米克·贾格尔，以及雪儿·克罗等人。有些歌手比较反感网上音乐，所以态度很坚决，不愿意授权把自己的歌曲放入iTunes音乐商店。乔布斯从不轻易放弃，软磨硬泡，直到对方答应为止。对这些事，乔布斯常在深夜十一二点时给艾姆斯打电话，发牢骚。

德瑞博士（Dr. Dre）是美国说唱音乐界“教父”级的人物，也是乔布斯积极争取的对象。乔布斯本来喜欢披头士乐队和鲍勃·迪伦的歌曲，但随着说唱音乐的火红，他准备将艾米纳姆和其他说唱歌手的歌曲加入iTunes商店里出售。乔布斯首先邀请德瑞博士到库比蒂诺见面，因为他是艾米纳姆的导师。乔布斯相信只要能说服他，其他说唱界的歌手肯定也会加入的。当乔布斯向德瑞博士展示iTunes商店和iPod之间的完美结合时，德瑞博士瞬间就被征服了。

小号演奏家温顿·马萨里斯是乔布斯感兴趣的人，乔布斯邀请他到了帕罗奥图的家里，然后给他展示了iTunes。乔布斯问他：“你喜欢听谁的音乐?”马萨里斯回答说：“贝多芬。”乔布斯说：“看看iTunes能做到什么吧!”他用手指轻轻地按了一下键，页面上瞬间就滚动出贝多芬不同时期的钢琴曲。马萨里斯惊呆了，虽然他对计算机方面的东西不怎么感兴趣，但就在这一瞬间，他立即成为苹果iTunes音乐商店的“俘虏”，痛快地达成了合作。

当然，并不是所有人都这么容易谈拢的。披头士曾经是全球最富传奇色彩的乐队，也是乔布斯心中的偶像。他一直希望能够和披头士合作，得到对方音乐的授权，但是始终未能如愿。直到2007年11月，终于得到披头士音乐授权，开始在iTunes上线销售。乔布斯多年的夙愿总算得偿所望了。

苹果iTunes音乐商店正式上线的那一天，乔布斯隆重召开了发布会。几大唱片公司的老板全都坐在前排捧场。乔布斯做了重要的演讲，负责iTunes商店的埃迪·库埃也上台做了讲解。他预计，苹果将在未来6个月销售100万首歌曲，而实际上，iTunes商店仅6天就卖掉了100万首歌曲。乔布斯谈到此处，兴奋宣称：“这是一个值得彪炳史册的伟大的时刻，音乐界将从此转折。”

微软阻击iPod

“他们没有任何创新，也没有赋予产品以文化。”

——当微软宣布将推出Zune展开对苹果iPod的阻击后，乔布斯如是说

iPod风靡全球，带动了苹果电脑销售量的增长，很多业内人士也据此评价说：“iPod挽救了苹果。”这句话其实是有一定的道理的。2003年10月，当乔布斯发布了Windows版本的iTunes之后，iPod更为火爆，并迅速地切入了微软的Windows领地。很多微软用户在使用了iPod后，也逐渐迷上了苹果产品。微软公司原本对此并不理会，认为乔布斯在小众市场可以呼风唤雨，但是在大众市场里，仍然是由微软掌握着

游戏规则。但是，事实显然并非如此。iPod就好像带着某种魔力似的越来越受到欢迎，成为大众市场的潮流品，并且增长势头仍然迅猛。

苹果向来被视为微软的最主要的竞争对手。iPod的持续火爆，给微软带来了极大的冲击，很多微软用户先后倒向了苹果阵营。比尔·盖茨这下子可急了，希望能有其他的数码音乐播放器厂商崛起，从而可以遏制苹果iPod疯狂蔓延的势头。其实，在苹果成功推出iPod后，在音乐市场，挑战苹果的对手可谓前赴后继，一浪高过一浪。三星、戴尔、索尼、爱可视都先后向苹果iPod发动过轮番攻势，他们都希望能够在音乐市场分一杯羹，而不让苹果公司吃独食。

2003年10月，三星公司与重出江湖的Naspter公司合作，联手发布了一款MP3播放器——Samsung Napster YP－910GS，以此来冲击完全由苹果iPod系列主宰的音乐市场。这款产品价格高达400美元，与iPod相仿，但是其样式呆板，操作烦琐，所以很快就被iPod斩落马下。

11月，戴尔公司决定生产、销售自己的数码音乐随身听Dell DJ。美国《财富》杂志对此并不看好，还不客气地评价说："Dell DJ缺少苹果的创作理念与形象美感。"但是，戴尔的CEO迈克尔·戴尔对这款产品很有信心。因为Dell DJ的容量和iPod相同，但价格比iPod低，电池寿命比iPod长，而且可以和Windows系统兼容。当年，戴尔正是通过这种低价促销的手段在个人计算机领域取得了极大的成功，他希望在音乐领域也能够击败iPod取得成功。戴尔公司的发言人意有所指地说："我们认为，广大的消费者定然会放弃华而不实的外表，而选择经久耐用的内在品质。一种产品的风格固然重要，但消费者更在意的是产品的功能和价值。"

与此同时，戴尔公司还推出了一项专门针对iPod用户的返还活动。任何iPod的用户只要将手中的iPod卖给戴尔公司，就能够额外获得100美元的抵用券（该抵用券只能在购买Dell DJ时使用）。

尽管如此，Dell DJ的销售成绩却不能让戴尔满意。和iPod的风靡程度相比，戴尔的销售量根本不值一提。2006年8月，戴尔公司悄然将Dell DJ的后续产品DJ Ditty音乐播放器撤下货架，宣布未来将停止DJ Ditty音乐播放器的销售活动。戴尔公司的发言人表示，戴尔公司未来将集中关注包括PC、打印机以及平板电视在内的核心业务。苹果又赢得了这一回合的胜利。

到了2004年，索尼公司发布自己的数码播放器产品SonyConnect。只可惜这件产品在苹果的升级版产品iPod mini面前毫无出彩之处，反响平平，没过多久索尼就关闭了这项服务。紧接着，爱可视、创新工场、Reigncom等公司也持续向乔布斯的iPod发起挑战，但几乎铩羽而归。

在这种情况下，一直退居幕后的微软也不得不跳到前台来，扛起阻击苹果iPod疯狂蔓延的盟主大旗。微软公司开始备战，高层人物公开宣称，微软是一家开放的公司，随时欢迎其他公司加入合作，而苹果则是一家完全封闭的公司，不接受任何的伙伴。比尔·盖茨也暗示乔布斯："我们要反击了，不要看不起我们。"这一系列的动作，被业内人士视为微软给苹果下达的挑战书。

乔布斯留意着微软的一举一动，在得知微软将在2006年9月15日首次正式公布可携式媒体播放器细节后，决心打乱对手的节奏，于是，2006年9月12日，售价仅为249美元的5.5代iPod Video发布，事情的发展果然如乔布斯所料，三天后的发布会上，微软丝毫也没有提及可携式媒体播放器。

到了11月份，微软才终于推出了自己的可携式媒体播放器Zune。盖茨亲自走上西雅图街头，向公众展示这款产品。与其他想要挑战iPod的公司一样，微软在硬件开发中也投入了巨大的精力，打算通过最先进的硬件设备打败iPod。确实，Zune在硬件设备上可以说胜过了iPod。它采用了480×272分辨率，宽高比为16∶9的OLED功能，在续航方面Zune可以提供连续8.5小时的视频播放。支持微软的人为此欢欣鼓舞，他们相信Zune一定能够打败iPod。

Zune体系很像苹果的iPod加iTunes模式，这让很多人想到了20多年前微软Windows操作系统抄袭苹果麦金塔图形界面一事。美国《经济学人》杂志给出辛辣的点评，称其为“无耻的抄袭”。乔布斯也对微软的新产品不屑一顾：“他们没有任何创新，也没有赋予产品以文化。”

但是，微软似乎铁定了心要和苹果一较长短。微软高层声称，“我们已经做好了充分的准备，甚至到不得已之时，我们不介意用钱打市场”。微软设备部门的总裁罗比·巴赫也认为，Zune在短期内不可能收回成本，要取得成功可能需要3～4年，甚至更长的时间。微软CEO史蒂夫·鲍尔默更是表现出和苹果产品势不两立的态度，他曾告诫过自己的孩子，不要使用谷歌搜索，不要使用苹果的iPod和iPhone等产品。2007年5月，还设置过“iPod垃圾桶”，号召员工抛弃iPod使用Zune。

尽管微软倾尽全力推行新产品，意图挑战苹果的iPod，但现实仍然极为残酷。在Zune发布最初的几个月内，Zune的销量惨不忍睹。虽然一些忠实的微软用户都很捧场，但其销量根本不足以和苹果相提并论。截止到2007年5月，Zune的总销量仅有100多万部。而苹果iPod系列累计卖出了超过1亿部。微软娱乐和设备事业部总裁罗比·巴赫表示，Zune的表现相当不错，尽管没有一鸣惊人，但在苹果的打压下，也没有抬不起头来，是一个良好的开端。

苹果面对着微软的紧逼，果断地采取了反击措施。他们不断推出iPod的升级产品，巩固市场，同时还陆续推出了一系列名为“购买苹果产品”的电视广告。其中一个广告很有意思，画面上是Mac和PC两人的对话场景。代表的Mac的形象光鲜亮丽、帅气、时尚，而代表PC的形象则扮相老气、穿着老土。广告虽然没有明言，但聪明的消费者每每看到这个广告时，内心不言自明。

也就是这一年，乔布斯和盖茨共同出席了一个公共论坛。虽然在生意场上斗得死去活来，但是在公开场合，两人一反往日对对方公司的抨击，尽量保持低调。

盖茨首先对苹果表示了恭维，声称苹果是一个值得尊敬的强大对手，它开辟了数字音乐市场，微软打算进入这个领域。

盖茨还开玩笑似的说：“Zune的研发人员喜欢苹果产品，因为它开辟了一个广阔的市场；苹果喜欢Zune的研发人员，因为他们购买了iPod。”面对着盖茨释放的善意，乔布斯也刻意压低了炮口，不再继续炮轰或者挖苦微软了。当有人问到不久之前苹果拍摄的广告时，乔布斯回答说："'购买苹果产品'广告并没有想贬低任何人的意思，它是为那些彼此喜欢的人拍摄的。"

但下了台，双方仍然炮声隆隆，彼此攻击、嘲讽不断。2008 年初，罗比·巴赫在为新版本的 Zune 打气时宣称，新版 Zune 播放器功能超级强大，绝对可以代替 iPod，希望用户仔细考虑过后再选择。乔布斯一贯瞧不起微软的产品，认为苹果的产品是最完美的产品。听了巴赫这话，立即针锋相对地予以回应："请帮我确认一下，巴赫在说这些话的时候喝了多少酒？他见过自己周围的朋友使用 Zune 播放器吗？"

乔布斯这话虽然略显夸大，但也充分地说明了一个事实：微软的 Zune 远远没有苹果的 iPod 卖得好。事实上，也的确如此。2008 年 5 月，微软方面表示，Zune 的销量突破 200 万部，而苹果早已经在全球卖出了超过了 1 亿部。根据《华尔街日报》的报道，2008 年圣诞购物季期间，Zune 播放器的销售收入为 8500 万美元（2007 年同期则为 1.85 亿美元），而苹果 iPod 系列在 2008 年第四季度的销售收入则高达 33.7 亿美元，苹果 iPod 的销量是 Zune 的几十倍。

后来，微软又推出了几款 Zune 的升级版本，但销量都不太理想，与 iPod 的差距也是越来越大。在这种情况下，微软决定中止对 Zune 数据音乐播放器的开发。2011 年 3 月 15 日，微软正式宣布不再推出 Zune 的新版本，因为它不再流行。微软中止了开发 Zune 播放器，代表微软向苹果 iPod 发起的挑战失败。在这场为时四年的 iPod 阻击战中，微软最终以失败告终。

数字音乐的王者

"苹果电脑的市场占有率始终徘徊在 4%～5%左右，而 iPod 在便携式音乐播放器市场的市场占有率高达 70%，你不知道这对于苹果来说是多么伟大的一个数字。"

——在接受《财富》杂志访问，谈到 iPod 的销售火爆时，乔布斯如是说

2001 年，苹果推出 iPod 后，立即引爆市场，众多的音乐发烧友为之疯狂，认为这是一款集科技、艺术、音乐与时尚于一身、具有划时代意义的音乐产品。乔布斯也不无得意地声称这是"21 世纪的随身听"。在随后几年里，这款产品堪称是支撑起苹果并且让苹果飞速向前发展的拳头产品。但它的意义不仅于此，它给数字音乐领域带来巨大的变革，让音乐得到了新生，成为人们日常生活的一部分，也真正实现了乔布斯毕生都为之奋斗的"改变世界"的理想。

那么，既然数字音乐有如此大的发展空间，为什么只有苹果一家独占了 70%的市场，而其他的公司却只能瓜分剩下的不大的音乐市场？而且论实力，苹果未必就是最强的公司，微软、日本企业巨头索尼都是市面上首屈一指的大公司，但它们无一能够撼动苹果公司在数字音乐领域的王者之位。其实，这也和领导者有关，乔布斯总是一

个能化腐朽为神奇的人。

当苹果 iPod 大获成功后，很多知名的大企业闻风而动，希望也能够在数字领域分一杯羹，这当中就包括了日本的企业巨头索尼公司。索尼公司成立超过半个世纪，在其辉煌的岁月里，苹果还只是一个处在童年期的小公司。进入 21 世纪后，苹果公司在乔布斯的带领下，飞速向前发展，而索尼却由盛转衰，声势大不如前，尤其在电子业务上更是呈现出衰退的迹象。饶是如此，索尼仍是老骥伏枥，志在千里，希望有朝一日能够再次创造出过去神话般的辉煌历史。在 iPod 席卷全球后，索尼公司也嗅出了商机，大力开发属于自己的产品，企图同 iPod 一较高下。

索尼音乐公司的新总裁安迪・拉克是一个不服输的人，他曾是哥伦比亚广播公司的制片人、全国广播公司的总裁，2003 年初进入索尼公司工作，旋即被任命索尼音乐公司的新总裁，他身上肩负着同苹果抗争的使命。索尼的 CEO 出井伸之希望借助安迪・拉克的才华，开发出一款能够同苹果的 iPod 竞争的产品。在进入索尼不久，他就被派到库比蒂诺同乔布斯进行谈判，争取把索尼的音乐放进 iTunes 商店里出售。虽然谈判过程充满了波折，但拉克并非一无所获。他拿到了苹果最新版本 iPod 和关于 iTunes 商店的介绍。回到东京后，他在索尼的年度会议上，在 200 位经理面前，展示了苹果的产品。当精巧的 iPod 从他的口袋里拿出来时，所有人都震惊了：这是一款令人惊艳的产品。几乎所有在场的人都在沉思：索尼有没有能力也开发出一款这样的产品？拉克很有信心，表示索尼将做出这样的产品，并且会做得更好。

但是，索尼并没有做到。2003 年 7 月，索尼特地聘请了一位唱片业资深人士杰伊・萨米特来制作一款和 iTunes 类似的服务软件。杰伊・萨米特来不负众望，在短短几个月之内就开发出一款名为 SonyConnect 的软件。这款软件在功能上和 iTunes 有异曲同工之妙，能够在线销售音乐，并能够在索尼的便携式音乐设备上加以播放。很多人都预测索尼的这个动作将会给苹果构成挑战，但事实并非如此。SonyConnect 发布后，反响平平，没过多久索尼就关闭了这项服务。

索尼公司未能撼动苹果的地位。虽然索尼公司有着得天独厚的条件，如拥有前卫的便携式随身听系列，有一家很棒的唱片公司，公司旗下艺人荟萃，大牌如云，还有多年制造电子产品的经验，但是索尼就是索尼，它成不了苹果，所以也无法取得苹果一样的成功。索尼的失败并非资本不够，也并非硬件、软件上同苹果有差距，而是在于公司的发展战略上有其缺陷。索尼是一家大公司，旗下有很多的分支，横跨电子数码产品、生活用品、娱乐等多个领域，各领域、各部门彼此分立。在这样的公司里，如果想要各个部门为了同一个目标协同运作，显然是不现实的。

而苹果公司则不同。乔布斯可没有这么多的分支，充其量只是分为软件部门、硬件部门、设计部门、研发部门而已，各大部门之间彼此独立，却又紧密联系。因为苹果公司是一家提供整合服务的公司，几乎每一件产品都需要各个团队，各个部门协同作战，为了同一目标而奋斗。乔布斯作为苹果公司的掌门人，紧紧地控制着所有的部门、团队。乔布斯很看重公司各部门的协同工作能力，希望能够充分发挥各部门所长，生产出最完美、无可挑剔的产品。集体的力量始终大于分散的力量，苹果公司上下齐心协力，共同工作，这种效率是索尼远远比不来的。

另外一个原因是，索尼公司和其他很多公司一样，担心会出现自己的产品“对打”的情况。索尼公司是唱片界的巨擘，每年利润有很大一部分就是靠唱片市场获得的。假如索尼推出一个音乐播放器，以及一个方便人们分享数字音乐的服务，那么唱片市场的销售毫无疑问会受到影响。内部相残这种局面是索尼不想看到的，因为他们不知道自己将会为此付出多大的代价。而乔布斯则从来就不担心“内部相残”，他认为苹果公司最大的敌人是自己，只有不断地超越自己，才能永远站在时代的前端。他曾说过这么一句话：“与其被别人取代，不如自己取代自己。”正是在这种理念下，苹果才能不断取得进步，推出一款款震惊世人的神器。

微软公司向来被视为苹果公司的最大竞争对手。20 世纪 90 年代，比尔·盖茨开启了微软的黄金时代，而苹果则在微软的步步紧逼之下苟延残喘，狼狈至极。进入 2000 年后，微软锋芒依旧一时无二，而苹果也逐渐走出泥潭，渐有后来居上之势。微软深知，要巩固自身的霸主位置，就必须紧抓市场，不断推出新产品，引领潮流。在苹果推出 iPod 之后，比尔·盖茨和他的首席执行官史蒂夫·巴尔默也把目光转移到了音乐娱乐产业，想从这中间获得一份丰厚的利润。

比尔·盖茨采用的手段虽不新鲜，但非常有效，他把微软开发的 WindowsMedia 等软件授权给其他公司。他相信，即便其他公司用微软的软件开发的播放器没有苹果公司的 iPod 播放器那样时髦，有那样精美的外形设计，但只要价格便宜，就一定会受到欢迎。而且从另一方面来说，iPod 播放器只能播放苹果公司音乐商店里的音乐，而其他公司可供选择的音乐资源就大得多了。

微软公司的产品是用户所喜欢的，微软的规模也远比苹果更大。盖茨相信，他们能够像 20 世纪 80 年代授权操作系统一样，再次赶超苹果公司。“这样的事情在个人电脑领域曾经发生过，它证明了我的策略是正确的。”比尔·盖茨如此自信满满地说道。哈佛大学商学院的著名教授克莱顿·克里斯坦森与盖茨英雄所见略同，在接受《连线》杂志采访时，他如此说道：“苹果如果继续坚持从端到端的绝对控制，其产品很可能沦为小众产品。”

如果乔布斯还是以前的乔布斯，或许正如盖茨预测的那样，苹果会再一次败在微软面前，但历经沧桑的乔布斯变得更加成熟了。他明白，很多时候妥协并非都代表着软弱和无能，坚持也未必是明智的举动，只有那些能够顺应时势、能屈能伸的人，才会成为时代的最强者。

虽然一开始乔布斯仍很坚持，但是在苹果众多高管的劝说、分析下，乔布斯最终做出了妥协，他同意让 iPod 和 Windows 电脑兼容。2003 年 10 月，乔布斯发布了 Windows 版本的 iTunes，这就意味着占据整个电脑市场 95%份额的 Windows 用户也可以使用 iPod 了。乔布斯的妥协第一次打破了 Mac 和 Windows 之间森严的壁垒，iPod 随即以一日千里的姿态横扫大众市场。很多 Windows 电脑用户在使用了 iPod 后，立即背弃了原来的立场，转投到苹果的阵营之中。

2004 年，向苹果发起挑战的还有著名的 RealNetworks 公司。该公司的创始人罗伯·格拉瑟希望能够绕开苹果的限制，推出了一项名为Harmony的服务。他原本希望乔布斯能够将苹果的FakPlay格式授权给Harmony，但是未能如愿。于是，他就对FakPlay格式做了逆向工程，推导出FakPlay软件的源代码、设计结构、原理等，然后制作出功能相近的产品，并运用在Harmony上。乔布斯对此非常愤怒，认为RealNetworks公司简直就像个黑客那样，利用不道德的手段侵入了iPod。格拉瑟则发起了一次网络请愿活动，广为呼吁，尊重消费者"选择自由"。在随后的几个月里，乔布斯都没有再作回应，一直保持沉默。到了10月，乔布斯推出了新版的iPod软件，不再支持从Harmony购买的任何歌曲。面对着苹果如此反击，格拉瑟只能是一声叹息。

与此同时，乔布斯和他的团队也在不断地推出新版本的iPod，以此巩固苹果在数字音乐领域的王者地位。2004年1月，苹果宣布推出了iPodmini，这比当初推出的iPod要小上很多，仅有一张名片大小，价格不变。这种小型iPod虽然容量变小了，但携带起来更方便了，更适用于一些跑步或者运动的人使用它。iPodmini一经推出，立即受到了广大消费者的欢迎，也真正使iPod站稳了市场。18个月后，苹果在便携式音乐播放器市场中的份额从31%增加到了74%。

2005年1月，乔布斯在苹果世界展示会上推出又一个革命性的产品——iPodShuffle。这件产品体积更小，重量只有22克，价格也更低，没有屏幕，所以用户无法从音乐库里选择歌曲，只能在iTunes中设定播放顺序或使用随机的顺序播放。当用户每次连接iTunes时，把音乐库随机填充到iPod shuffle里，然后随机播放。当初乔布斯提出这个创意时，几乎遭到了所有人的反对。但是，乔布斯坚持己见，他认为用户根本不需要找歌曲，歌曲只要随机播放就可以了。毕竟，这些歌曲都是用户自己选择的。如果真的遇到了不想听的歌曲，他们按"下一首"跳过去就可以了。iPodShuffle的广告词同样贴切且极具创意，仅有几个字："拥抱不确定性。"

iPodShuffle推出后，立即风靡整个美国。后来，苹果在此基础上又推出了其第二代、第三代、第四代产品，在全球范围内广受欢迎。苹果后来推出的iPod touch、iPod nano等产品同样取得了极大的成功。

随着时间的流逝，苹果公司在数字音乐领域硕果累累，销售业绩稳步上升。截止到2006年春，苹果每个季度的销售额到了10亿美元。而到了2007年春末，上市才5年半的iPod已经在全球卖出了1亿多台，其销售收入占到了苹果总收入的一半，同时也为苹果品牌增加了价值。但是，更大的成功则是来自于苹果的iTunes商店。2003年4月，iTunes商店上线，随后就缔造了一系列让人瞠目结舌的成绩：6天之内卖出100万首歌曲、1年之内卖出7000万首歌曲。到了2004年12月15日，iTunes商店售出2亿首歌；2006年2月，iTunes商店卖出了第10亿首歌曲；到了2007年春末，整个成绩更是被刷新为30亿曲目。而到了2010年2月，这个数字更是达到了惊人的100亿首。苹果还给下载第100亿首歌曲的用户丰厚的奖励。

说起iPod火爆的销售情况，乔布斯曾这样总结："苹果电脑的市场占有率始终徘徊在4%～5%，而iPod在便携式音乐播放器市场的市场占有率高达70%，你不知道这对于苹果来说是多么伟大的一个数字。"

对音乐的迷恋与推广

乔布斯 iPod 里的歌

"有些人能够模仿滚石，但是没有人能模仿迪伦或披头士，他们是独一无二的。"

——在谈到对滚石、披头士、鲍勃·迪伦的评价时，乔布斯如是说

2003 年以后，iPod 和 iTunes 席卷全球，《新闻周刊》曾称美国已经成为一个"iPod 国度"。iPod 也逐渐超越了电子产品的范畴，成为一种符号、一种身份甚至一种文化，使用 iPod 已经被认为是"酷"、时尚的象征，越来越多的人成为 iPod 的粉丝。无论是普通的平民百姓，还是明星大腕，都视 iPod 为音乐生活的一部分。嘻哈歌手威尔·史密斯、U2 乐队的主唱波诺、大导演史蒂夫·斯皮尔伯格等人，他们每人都有几个 iPod。在电影《哈利·波特》中饰演狼人教授卢平的饰演者戴维·休利斯也是一个不折不扣的 iPod 迷。他在接受访问时甚至表示，他现在对于音乐的狂热和 16 岁时相比有过之而无不及，认为 iPod 是 21 世纪最伟大的发明。

美国前总统布什和前副总统切尼也都在用 iPod。2004 年 7 月，布什过生日时，他的双胞胎女儿詹娜和芭芭拉将 iPod 音乐播放器当作礼物送给了老爸。自那以后，iPod 成了布什须臾不离的宝贝。很多人都好奇布什总统的 iPod 里面有什么歌。据了解，在布什的 iPod 里，传统乡村歌手的作品占了大部分，像阿兰·杰克逊、乔治·琼斯、肯尼·切斯尼、约翰·福格蒂等的作品都占据了一席之地，范·莫里森的《棕色眼睛的女孩》则是布什的最爱。此外，其他风格的曲目也在布什的播放器中占有一席之地，比如说约尼·米切尔的《宝贝，我不在意》以及克纳克家族 1979 年创作的名曲《我的莎伦娜》，这首歌比较有争议，不为一些保守人士所喜爱。《纽约时报》记者伊丽莎白·布米勒曾经找来《滚石》杂志的副总编史蒂文·列维分析布什的歌单，列维惊奇地发现，所有布什喜欢的歌手对于布什本人并不感冒。

列维认为，通过浏览一个人 iPod 里面存放的歌曲，就可以了解这个人的个性、喜

好等，所以，就有人希望得知乔布斯的 iPod 的歌曲名录，以了解乔布斯是一个怎样的人，还真有记者这么做了。在一次拜访中，这名记者要求看看乔布斯的 iPod，从而将乔布斯的音乐喜好曝光于天下。

众所周知，乔布斯是鲍勃·迪伦的铁杆粉丝。在他年轻的时候，他就视迪伦为心目中的英雄、偶像，几乎迪伦的每一首歌乔布斯都会唱。乔布斯认为，他对迪伦的欣赏并不是那种歌迷对偶像的肤浅崇拜，而在于他能够从迪伦身上得到精神上的共鸣。迪伦独特的个人魅力令他超越了音乐本身，乔布斯喜欢迪伦也超越了音乐本身，从迪伦的音乐中亦更能体会迪伦的伟大。

在乔布斯的 iPod 里，有迪伦的所有 6 张系列合辑，包括很多年前，乔布斯和沃兹尼亚克用磁带录下来的迪伦那几首还没有发行歌曲。这些歌曲尽管很老，乔布斯仍然放在 iPod 里。此外，还有 15 张迪伦不同时代的专辑。迪伦自从 1962 年的第一张《鲍勃·迪伦》开始，每隔一段时间就会推出一首新专辑。乔布斯经常会和好友和安迪·赫茨菲尔德以及其他人讨论迪伦的新专辑情况，分析哪些歌好听、哪些歌难听。乔布斯对歌曲的选择很严苛，他认为好听的歌曲，他才会放进 iPod 里。

披头士的经典歌曲也是乔布斯的 iPod 里必存曲目。这当中包括披头士的 7 张专辑：《一夜狂欢》（A HardDay－sNight）、《艾比路》（Abbey Road）、《救我!》（Help!）、《顺其自然》（Let It Be）、《魔法神秘之旅》（Magical Mystery Tour）、《遇见披头士》（Meet the Beatles!），以及《佩拍中士孤心俱乐部乐队》（Sgt. Pepper－sLonelyHeartsClubBand）。披头士的独唱系列专辑却没有收录其中。

滚石乐队的歌曲也是乔布斯的最爱。在他的 iPod 里，总共收录了滚石乐队的 6 张经典专辑：《情感救援》（Emotional Rescue）、《闪光点》（Flash Point）、《"跳回去"的精选大碟》（Jump Back）、《一些女孩》（Some Girls）、《手指冒汗》（Sticky Fingers），以及《为你文身》（TattooYou）。

在乔布斯的 iPod 里，专辑的分类也是很有意思。对于最喜爱的迪伦和披头士的专辑来说，乔布斯放进去的几乎都是整张专辑，而其他的大多数歌手如滚石乐队等，乔布斯基本上都是精选歌曲，每张专辑收录了三四首歌。此外，他的播放列表里还有曾经的女友琼·贝兹的歌，这几首歌是从贝兹的四张专辑精选出来的，都是乔布斯喜欢的歌曲，其中还有两首不同版本的歌。

有人曾经问了乔布斯这么一个问题："假如披头士和滚石乐队只能二选一，你会选哪个?"乔布斯想了想，最后回答说，他会选择披头士的音乐。但他同时表示，其实最难的选择是在披头士和迪伦之间。虽然有些人能够复制滚石，但是没有人能复制迪伦或披头士。他们都是独一无二的。这一点，乔布斯完全用到了他的苹果公司上。正是苹果产品的独一无二，不同俗流，无法复制，才让苹果在电子科技领域取得一个又一个的辉煌，并成长为世界上最伟大的公司之一。

乔布斯虽然成长在 20 世纪 70 年代，但他的心似乎在 60 年代。在他的 iPod 中，流行音乐占的比重很少，还不到 1/4，歌手包括黑眼豆豆、酷玩乐队、蒂呆（Dido）、绿日乐队（GreenDay）、阿丽西·吉丝（AlidaKeys）、U2 乐队等。约翰·梅尔（John-

Mayer）和莫比（Moby）是乔布斯的朋友，他们的歌曲乔布斯偶尔也会听听。在古典音乐方面，德国音乐家巴赫的一些曲目是必听的，包括《勃兰登堡协奏曲》《哥德堡变奏曲》等。此外还有大提琴演奏家马友友的3张专辑。

对于歌手们来说，能够进入乔布斯心爱的iPod，成为其必听的曲目，绝对是一件相当荣耀的事情。但是，乔布斯在歌曲选择方面一如他工作时那么苛刻，他只下载他真正喜欢的歌曲。2003年5月，乔布斯告诉美国著名的摇滚女歌手雪儿·克罗，他正在下载说唱歌手艾米纳姆的歌曲，还说“他已经开始进入我的生活了”。詹姆斯·文森特特意带他去看了艾米纳姆的演唱会。即便如此，他也没有把艾米纳姆的歌曲放进他的iPod播放列表里。他承认，艾米纳姆是他欣赏的艺术家，但是他不喜欢听他的歌曲。因为他的歌曲无法产生同迪伦那样的共鸣。

与很多人喜新厌旧不同，乔布斯对于经典有一种敬畏。他的iPod自从填满歌曲后，之后很多年基本上都没有变动过。2011年3月，iPad2面市时，乔布斯把自己喜欢的音乐从iPod转存到了iPad里，用手指轻轻在全新的iPad上滑动，点击他想听的歌曲，屋子里顿时弥漫着怀旧的情绪。

在乔布斯生命的最后岁月里，这种怀旧情绪越发明显。他经常会听一些经典老歌思考人生，回忆自己的成长。如鲍勃·迪伦的反战歌曲《答案在风中飘》，琼尼·米雪儿写给自己被别人收养的女儿的《小小格林》以及琼尼·米雪儿探讨成长和智慧的著名歌曲《正反两面》等。这一时期，古典音乐也是乔布斯经常听的类型。

格伦·古尔德曾经弹奏录制的两个版本的《哥德堡变奏曲》。第一次录制是在1955年，当时他刚22岁，还是个没什么名气的小钢琴师；第二次录制是在1981年，古尔德去世前的一年，此时的古尔德已经名满天下，是国际著名的小提琴师。就像所有古尔德的粉丝那样，乔布斯热衷于分析比较古尔德这两个版本的《哥德堡变奏曲》。他并没有明确地表明自己更喜欢哪一个版本，他只是说自己以前喜欢早期的版本，但是现在他能感受到他在两次演奏之间所经历的一切。生活能够让人变得深沉，经历过岁月的磨砺，人们对于某些事情的看法就会不一样。无论是古尔德，还是乔布斯，他们在人生不同阶段对生活感悟也会不尽相同。

马友友也是乔布斯非常喜欢的一位音乐人，他是华裔美国人，毕业于哈佛大学人类学专业，后来成为一名多才多艺的大提琴家。乔布斯很尊敬他的为人，又欣赏他的艺术造诣。他们相识于1981年，当时乔布斯在参加阿斯本国际设计大会，而马友友正在参加阿斯本音乐节。乔布斯被同样追求“纯粹”的艺术精神的马友友打动了，并成为他的乐迷。后来，乔布斯结婚时，本来准备邀请马友友在他的婚礼上演奏大提琴，但不巧的是那次马友友因有演出任务而未能如愿。几年之后，马友友来到他的家中，坐在客厅里，拿出了他那把有名的1733斯特拉迪瓦里大提琴，演奏了巴赫的曲目，这也正是他准备在乔布斯婚礼上要演奏的曲目。乔布斯泪流满面，告诉马友友，这是他听过最棒的演奏。在乔布斯癌症晚期，他恳求马友友在他葬礼上演奏一曲。

永远的鲍勃·迪伦

“我真的非常紧张，因为他是我心目中的英雄之一。”

——谈到与心中永远的偶像鲍勃·迪伦见面的情形时，乔布斯如是说

鲍勃·迪伦是20世纪著名的摇滚歌手，也是乔布斯心中永远的偶像。乔布斯在青少年时期，度过了一段叛逆的时光，他吸毒、逃学、反叛世俗，拒绝受各种规则的约束，做出许多让人瞠目结舌的事情。那个时候，同样反叛、孤僻的迪伦成为乔布斯精神上的导师。在他绝望、迷茫的时候，他会把自己关在小黑屋里，一遍遍地听迪伦的歌曲，从中得到精神上的解脱和慰藉。

多年以后，乔布斯重返苹果，带领苹果再度腾飞，可谓已是功成名就，但是对鲍勃·迪伦的痴迷，依然如旧，不曾减了一分。当面对着这位偶像时，即便是被奉之为“神”的乔帮主仍不免惴惴，紧张得和普通的小粉丝没有什么两样。2004年10月，迪伦在帕罗奥图附近演出，当时乔布斯正处在手术后的恢复期。此前几个月，乔布斯在一次例行检查中被检查出患了胰腺癌，随后，他在斯坦福大学接受了手术。手术很成功，只要再静养一段时间就可以出院了。在得知迪伦将在帕罗奥图附近演出时，乔布斯非常激动，表达了希望与心中偶像见上一面的愿望。迪伦和波诺等人不同，不是一个爱社交的人。在他心中，乔布斯甚至算不上是他的朋友，而且他也不在乎是或不是。但是，他还是在自己演唱会前邀请乔布斯到他住的酒店见面。

乔布斯怀着忐忑不安的心情和迪伦见了面。在迪伦房间外面的露台上，两人谈了两个多小时。“我真的非常紧张，因为他是我心目中的英雄之一。”乔布斯后来说。原本乔布斯还担心迪伦本人和自己想象有落差，但是他发现迪伦说话精辟，句句在理，很多想法和他不谋而合。乔布斯和他谈了彼此的生活，询问了他的写歌过程。迪伦告诉他，很多旋律都是在不经意间写出来的。灵感的迸发只在一刹那，如果你能在一瞬间抓住，就有可能会创作出伟大的作品。

临近演出时，迪伦邀请乔布斯在演出前到他的旅行车里坐坐。他问乔布斯喜欢哪一首歌曲。乔布斯提到了迪伦那首有名的《多余的清晨》（One To Many Mornings）。在当天晚上的演唱会上，迪伦特意演唱了这首歌曲。演出结束后，乔布斯走在回家的路上，迪伦开车从他身边经过，询问他：“你听到我为你唱的歌了吗？”话刚说完，迪伦就开车离开了。几年之后，乔布斯在谈起这段往事时，仍然对那天的事情记得很清楚。他表示对迪伦富有磁性的嗓音非常欣赏。后来，谈到和迪伦的往事，乔布斯感慨地说：“他是我一辈子的偶像。我对他的喜爱，随着年龄的增长渐渐变得成熟了。我非常佩服他在年纪轻轻的时候就能够取得如此大的成就。”

在演唱会和迪伦见面后的几个月，乔布斯一直寻思着和迪伦合作的机会。不久，他的脑海里涌现了一个绝妙的计划：将迪伦的专辑打包在iTunes音乐商店里出售。整

套专辑包含迪伦每个时期的每一首歌曲，共计700多首，售价为199美元。这样乔布斯就成为迪伦进军数字时代的监护人。当时，迪伦是索尼旗下的歌手。乔布斯给索尼音乐总裁安迪·拉克打了个电话，说了此事。但是，拉克表示对这个生意不感兴趣，除非苹果在iTunes商店上作出一些让步。拉克还质疑，迪伦是国宝级艺人，乔布斯只定了199美元的价格，太低了，贬低了迪伦的价值。

见到拉克没有合作的意愿，乔布斯挂断了电话，直接给迪伦打去。迪伦并没有处理这方面事情的经验，所以就把此事交给了助理杰夫·罗森来处理。罗森向索尼老总拉克征求意见，拉克告诉罗森，不要答应乔布斯的要求，鲍勃是乔布斯的偶像，乔布斯肯定会开出更好的价钱。为了拉拢罗森，拉克甚至私下表示："只要你能够暂时地拖住乔布斯，我明天会付给你100万美金。(后来，拉克解释说，这笔钱只不过是抵扣后续版税的预付金而已，并非真的给罗森100万美金)"罗森同意了，就会电话给乔布斯，婉言回绝了乔布斯的建议。

但是，乔布斯并不死心，一直希望能够说服索尼高层，同意自己的建议。一直到2006年，拉克卸任索尼音乐部门的CEO，乔布斯立即展开了新一轮的谈判计划。他寄给迪伦一个新的iPod，里面存有迪伦所有的歌曲，然后乔布斯和罗森进行谈判，介绍了自己的营销计划。此时，苹果的iPod取得了惊人的销售成绩，iTunes商店也已经卖出了十几亿首歌曲，iTunes商店成为众多歌手的选择。在这种情况下，罗森再也找不到反对的理由了，于是就答应了乔布斯的要求。

这年8月，乔布斯正式对外宣布了这项交易。迪伦授权苹果以199美元的价格在iTunes商店打包出售他所有歌曲，并额外提供他的最新专辑《摩登时代》（Modern Times）的抢先预定。对于能够同鲍勃·迪伦合作，乔布斯极为高兴，在发布会上对迪伦不乏溢美之词。他称赞鲍勃·迪伦是这个时代最值得人们尊敬的诗人和音乐家之一，也是他这一辈子都崇拜的偶像。迪伦的专辑里共有773首歌，其中还包括有42首已经在市面上很难见到的迪伦早期的作品。比如说，迪伦1961年录制的《涉水而行》(Wade in the Water)；1962年的《英俊的莫利》（Handsome Molly)；1964年的《铃鼓先生》(Mr. Tambourine Man)，以及1965年的《歹徒布鲁斯》(Outlaw Blues) 清唱版本。

为了推广自己的新专辑《摩登时代》，迪伦还答应了为苹果拍摄一部关于iPod的电视广告。在过去，请名人为公司产品拍摄广告需要支付一大笔钱，但是到了2006年，由于iPod的畅销，这一情况完全发生了变化。很多艺人希望能够出现在iPod的广告里，因为这样能够增加自身的曝光率，更容易走红。詹姆斯·文森特似乎在这方面更为老到。几年前，当iPod刚刚问世时，乔布斯还在为联络音乐人拍摄广告，并支付其广告费用而发愁，文森特已经预感到，未来随着iPod的畅销，情况会有所变化，相信即便不支付音乐人费用，他们也会抢着拍摄广告的。果不其然，没过几年，iPod成为全民追捧的神器，影响范围无远弗届，甚至比很多艺人明星更让人痴迷。在此情形下，许多艺人不再看重拍摄iPod广告能够让他们得到多少费用，而是看重iPod能为他们创造多少的机会，所以大都表示愿意免费为苹果的iPod拍摄广告。

迪伦同意为iPod拍摄广告，并没有引起太多人的欢呼。苹果和Chiat/Day广告公司里很多年轻员工甚至表示不愿意让迪伦出面做广告，原因是担心迪伦今非昔比，没有当年那么受到欢迎了。毕竟，迪伦是20世纪的超级歌星，但时过境迁，现在欧美流行音乐界好手辈出，迪伦是否还具有当年的人气不得而知。但是，乔布斯对此完全不加理会，能够和偶像合作，已经让他激动万分了。

乔布斯对迪伦广告的每个细节都非常关注，从广告的歌曲，到背景、台词，乔布斯都表现出精益求精的态度。罗森首先飞到了库比蒂诺，和乔布斯讨论迪伦在广告中使用的歌曲，经过反复的讨论、比较，最终乔布斯选中了《有一天，宝贝》（Someday Baby）。克劳担心乔布斯会和以前一样反复无常，建议乔布斯先用替身制作一个样片。乔布斯同意了。克劳拍摄完成后，将样片递交给乔布斯审阅。乔布斯表示满意。然后，克劳派人到纳什维尔让迪伦本人出镜拍摄。等到正式的片子送回苹果总部后，乔布斯又不满意了。他说这个版本不够特别，他需要一个新的风格。克劳只好另请了一名导演，罗森说服迪伦重新拍摄一个广告。这次的广告完全按照乔布斯要求的来做，沿用了以往iPod平面广告使用过的剪影风格。在一个镜头中，迪伦带着牛仔帽，坐在一张凳子上，漫不经心地抱着吉他边弹边唱；另一个镜头中，一个嘻哈风格的女生戴着报童帽、拿着白色的iPod翩翩起舞。乔布斯看过这个广告，表示相当喜欢。

这则广告播出后，引起了极大的反响。iPod的持续火爆，也让鲍勃·迪伦再次攀上事业的巅峰。很多人通过iPod了解到迪伦，并成为他的歌迷。在这则广告的推动下，迪伦新专辑在发行后第一周就跃居“公告牌”（Billboard）排行榜的榜首的位置。这个耀眼的成绩甚至超过了当时红得发紫的克里斯蒂娜·阿奎莱拉和说唱组合Outkast等人。迪伦上一次荣登冠军宝座，还是1976年发行《渴望》专辑之时。30年后，迪伦再次问鼎王者之位，不得不说这是一个奇迹，一个由苹果的iPod创造的奇迹。美国著名的《广告时代》（AdAge）杂志就此事做了报道。文章标题为《苹果对迪伦的推动作用》，文中分析认为，这次苹果和迪伦合作并不是普通意义上的合作，不是大品牌花巨资请一个明星代言那么简单。而是，大品牌借助着自身的实力，帮助明星开拓了市场，品牌和明星之间形成一种良性的互补关系。

与披头士的纠葛

“我们非常喜欢披头士，苹果和披头士之间有商标权的纠纷实在是一件很糟糕的事情。现在，苹果和披头士能够用一种积极的方式彻底解决这个问题，我真的觉得非常非常高兴。”

——2007年，苹果和披头士纠葛了30年的恩怨得到和解，乔布斯如是说

2010年11月15日，苹果公司的官方网站上出现了一则简单的预告广告，广告词很简单，让人有些摸不着头脑：“明天又是新的一天，将会是一个你永远无法忘记的一天。”没有其他的线索了，唯一能够确定的是这则令人激动的消息是关于iTunes，因为它邀请大家明天到iTunes页面了解究竟。

苹果到底在预告什么？苹果迷们兴奋地玩起了猜谜游戏。有人猜测也许是iTunes软件重要更新，但这个观点很快就被其他的网友否定了，因为就在一周之前，iTunes 10.1刚刚发布，显然，这个让苹果整版预告的大事件绝对不是软件升级这么简单。还有人猜测会不会是iTunes即将支持非iOS系统的移动设备，但这个观点也被大家否定了，因为众人都不认为乔帮主会作出妥协。那么，究竟是什么呢？是90秒试听？是流媒体音乐服务，还是无线同步、云储存？

其实，无须猜测了，因为答案在11月16日凌晨左右就揭晓了：披头士乐队的大幅海报占据苹果官网首页，他们的所有音乐共17张专辑，全部曲目开始在iTunes上线销售。很多苹果迷难免有些失望，虽然披头士乐队是20世纪极负盛名的传奇乐队，但那已经是几十年前的事情了。当年追逐披头士的歌迷都已经步入中年，甚至白发满头了，年轻人会有多少人买披头士的账呢？不得而知。但是乔布斯显然不这么认为，披头士曾经风靡了一代人，是他心目中的偶像。他一直希望披头士的音乐能够在iTunes音乐商店上线，如今得偿夙愿，怎不让他激动万分！更何况，这更意味着苹果与披头士之间长达30年的恩怨，终于有了一个大团圆的结局。

苹果和披头士的纠纷始于1976年。当时，还是一个毛头小子的乔布斯准备将自己的公司命名为“苹果”时，沃兹警告他，这名字和披头士乐队的唱片公司重名了。原来早在1968年，披头士乐队就成立了一家名为“苹果”唱片公司，专门发行披头士的音乐，公司的标志是一个完整的英国产苹果。但是，乔布斯并没有听从沃兹的话，固执地使用“苹果”注册了公司，无独有偶，其公司的标志也是一只苹果，稍有不同的是，这是一只被人咬了一口的苹果。

那个时候，乔布斯绝不会料到，就因为他的固执，竟然引爆了苹果和披头士之间长达30年的纠纷。就在乔布斯的苹果公司刚刚火起来时，披头士成员乔治·哈里森在某天翻看杂志的时候看见了一则苹果电脑的广告。看到本公司著名的“苹果”商标竟然这样堂而皇之被人盗用，哈里森气坏了，当即联络了其他几位披头士成员，一纸诉讼，将苹果公司告上了法庭。官司在3年后了结，法院裁定苹果侵权，苹果计算机公司赔苹果唱片公司8万美元，并且承诺不进入音乐产业，不得推销任何与音乐有关的产品，而披头士则相应地不进入计算机产业。

之后，披头士乐队遵守了约定，没有一个人参与计算机行业，但是苹果计算机公司违背诺言，进军了音乐领域。1986年，披头士发现苹果在电脑中增加了音乐合成和录音功能，于是再次把苹果计算机公司告上了法庭，声称对方违反了1981年达成的协定。这场官司持续了5年之久，漫长的诉讼过程也导致了苹果正在研发的多个音乐和多媒体项目终止或推迟。1991年，法院判定苹果计算机败诉，赔偿披头士2650万美元。同时法庭界定，苹果计算机公司可以在“复制、运行、演示以及其他形式传播音乐的产品以及服务上”使用该商标，但不可以是包含音乐内容的物理介质，比如说CD光盘、磁带、软盘等。而披头士的苹果音乐公司则获得了“所有在音乐相关的领域使用Apple商标”的权利，可以提供原创音乐内容及实物媒介。

原本以为双方纠葛会告一段落，没想到2003年时再次波澜。当时，苹果公司推出的 iTunes 音乐商店大受欢迎，引起了世人的关注。披头士认为苹果的 iTunes 音乐商店违反了 1991 年双方达成的协议，于是在这年的 9 月再次起诉乔布斯的苹果公司。官司打打停停，一连三四年都没有一个结果。2006 年，此案终于有了结果，披头士意外败诉。尽管披头士的代理律师言之凿凿，理由充分，但该案主审法官可不管这一套，因为他本身就是一个 iPod 迷。可以想象的是，最终的判决结果明显有利于乔布斯的苹果公司。法庭宣称，苹果计算机公司是将苹果商标用于与 iTunes 音乐商店有关的业务，而不是用于与音乐有关的业务，因此不存在违反协议的情况。这种说法有些牵强，披头士拒绝了苹果计算机和解请求，表示会继续上诉。

到了 2007 年，整个事情突然出现了大转折。在 1 月的 Macworld 苹果公司大会上，乔布斯发布了新一款神器 iPhone。在这次演讲的开头，乔布斯意外地引用了披头士的歌曲《我们两个》(The Beatles－Two Of Us)，这似乎暗示苹果公司和披头士之间坚冰在缓慢融化，二者关系在逐步改善。果不其然，2 月 5 日，两家公司就对外宣布，双方达成了和解协议，苹果公司（此前，苹果计算机公司已经被乔布斯正式改名为“苹果公司”）以总计 5 亿美元的代价获得全球范围内对“苹果”名称的使用权，从而彻底地解决了这一场旷日持久的商标使用权纠纷。

两家公司得以和解，最高兴的当属于乔布斯。他一直是披头士的粉丝，同披头士之间长达 30 年的纠葛真让他觉得痛苦。所以，当这种纠纷消弭了后，乔布斯难以抑制心中的激动之情：“我们非常喜欢披头士，苹果和披头士之间有商标权的纠纷实在是一件很糟糕的事情。现在，苹果和披头士能够用一种积极的方式彻底解决这个问题，我真的觉得非常非常高兴。”

尽管两家公司冰封消融，粉丝们翘首以待，但是披头士的音乐还是没能出现在 iTunes 音乐商店上，主要原因在于苹果唱片公司和百代唱片尚未就如何处理数字版权达成一致。百代唱片公司自从 1962 年签下披头士的唱片合约后，一直拥有着披头士大部分歌曲的版权。但是，苹果唱片公司对于母带的使用拥有否决权，这意味着百代要怎么利用这些母带赚钱，都必须得到苹果唱片公司的同意。早年双方合作无间，是最佳的拍档，可是最近一段时间因为版税矛盾而对簿公堂。在这样的情形下，让两家公司同意披头士音乐入驻 iTunes 音乐商店，无异于痴人说梦。后来，两家公司虽然戏剧性地得到了和解，但在入驻 iTunes 的问题上未能达成一致。

乔布斯对此非常失望。能够让用户在 iTunes 在线商店上自由地点播、下载披头士的音乐是他的夙愿。作为披头士的资深歌迷，从青年时代，乔布斯就一直将披头士视为榜样。在乔布斯珍藏的 CD 中，其中有一张是自制专辑，里面存有十几个版本的约翰·列侬和披头士的《永远的草莓地》(Strawberry Fields Forever) 这首歌曲。乔布斯很喜欢这张专辑。倒并不是因为这首歌曲旋律优美，而是因为这张专辑体现了披头士成员对艺术精益求精，追求完美的态度。十几首歌曲是他们不同阶段的录音歌曲。第一个版本非常粗糙，演奏方面不达标，以至于听起来也就是普通人的水平。披头士当然不愿就此罢休，他们又录了第二版，但是还是不满意。于是，就逐渐有了第三版、第四版、第五版……他们反复地修改，直到几个月后才创作出最满意的作品。这种精益求精的精神给乔布斯很大的影响，乔布斯创立苹果后，也经常用这种方法对待苹果的产品。即使已经做出了一些新的笔记本电脑或 iPod 的样机，乔布斯也会不断地提出意见，改进再改进，从大的设计到小的按键功能，一直到各方面改无可改，臻至完美。

除了乔布斯的主观因素外，披头士乐队的所有成员也都希望把歌曲放进 iTunes。他们也充分地认识到苹果 iTunes 音乐商店所具有的巨大能量，他们都希望能够像鲍勃·迪伦一样借助 iTunes 再次攀登事业的高峰。但是，百代唱片公司有自己的考量，始终阻碍着披头士进入 iTunes。为了促成合作，乔布斯想方设法说服百代唱片公司和苹果唱片公司就数字版权方面达成一致。

2010 年夏，事情再度出现了转机。百代新任 CEO 罗杰·法克森为了缓解公司资金的紧张，决定尽快实现披头士登陆 iTunes。7 月，法克森上任才一个月的时间，就与苹果唱片公司和苹果公司磋商合作会议。随后，三方代表在苹果举行了四人峰会。参加会议的四个人是苹果 CEO 乔布斯、负责 iTunes 商店的副总裁埃迪·库埃、代表披头士的利益的杰夫·琼斯以及百代唱片公司的总裁罗杰·法克森。乔布斯和库埃在会议上向琼斯、法克森介绍了对披头士乐队的包装、营销计划，包括重新设计 iTunes 商店主页、拍摄一系列带有经典的苹果风格的电视广告等。其中一个方案是在 iTunes 上将披头士乐队全部音乐打包出售，总价值为 149 美元。包括 13 张专辑，“红”“蓝”两张精选和《昔日大师》（Past Masters）双碟精选，以及披头士早年在华盛顿体育馆举行演唱会的怀旧视频等。

在大体达成一致以后，乔布斯亲自挑选了广告需要的照片。和之前所拍摄的“非同凡想”的广告一样。每个广告结尾都是一张披头士成员的黑白静照。约翰·列侬已经去世很久了，乔布斯选了一张他和保罗·麦卡特尼一起在录音棚里低头看一首乐曲的照片。

在一切就绪后，乔布斯摆出强大的宣传攻势。除了在苹果官网故弄玄虚地作出预告之外，更连续两天的在官网首页刊登了整页广告，还开通了披头士专栏，iTunes 音乐商店主页面几乎全都是披头士的专辑和介绍。披头士所拍摄的 5 条电视广告，也在全美各大电视网循环投放。在苹果强力的宣传下，披头士在 iTunes 上线不到 24 小时，就在销量排行榜中占据了主要位置。而作为 iTunes 主要竞争对手的亚马逊，也立即把披头士唱片全集的售价从 150 美元降价到 129 美元，以此来和 iTunes 竞争。后来，谷歌也参与对披头士线上音乐的争夺，但都输给了苹果。

与 U2 乐队的合作

“他们在此之前从来没有拍过广告，但是各种层出不穷的盗版问题让他们身心俱疲，受到极大的伤害。很显然，苹果 iTunes 在线音乐商店的运作模式能够让他们满意。而且，他们觉得，借助 iTunes 能够让他们拥有更多的年轻歌迷。”

——回忆起 U2 乐队愿意免费为苹果的 iPod 拍摄系列广告时，乔布斯如是说

U2 乐队是一支来自爱尔兰都柏林的摇滚乐队，成立距今已经有 30 多年。1976

年，当波诺·沃尔斯、戴维·埃文斯（后来改名为“刀刃”）、亚当·克莱顿、拉里·马伦四人决定成立U2乐队时，谁也不会想到这群平均年龄只有16岁的毛头小子竟会成为世界上最著名摇滚乐团之一。自20世纪80年代U2乐团窜起走红之后，一直到21世纪的今天，他们在全球共计售出1.2亿张专辑，前后共14次加冕象征世界乐坛最高荣誉的格莱美大奖，几乎地球的每一个角落里都可以听到U2震撼的乐声，在欧美地区，乃至于整个世界都有着巨大的影响力和号召力。

2004年，U2乐队已经成立将近30年之久，面对着竞争激烈的音乐市场，U2乐队的主唱波诺等人开始感觉到有些力不从心。为了重整旗鼓，再现辉煌，他们精心打造了一张非常之棒的专辑，其中有一首歌曲叫《眩晕》(Vertigo)，堪称是U2近些年来推出的呕心沥血之作，近乎完美，更被主音吉他手“刀刃”(Hie Edge) 赞誉为“摇滚乐之母”。波诺也对这首歌寄予厚望，他认为这首歌里，有一段吉他的即兴片段非常有感染力，但是这种感染力需要人们听很多很多遍之后才能体现出来。波诺意识到需要用一种全新的方式来宣传这首歌曲，于是他给乔布斯打了一个电话，寻求与苹果公司的合作。乔布斯颇感兴趣，就约波诺到他帕罗奥图的家中商谈。

两人见面后，乔布斯邀请波诺去他的花园里散步。这是乔布斯一贯的谈判方式，他喜欢在轻松、随意的氛围下达成目的。波诺趁着这个机会向乔布斯进行了一次非同寻常的推销，他告诉乔布斯，U2乐队希望能够和苹果进行一次双赢的合作。近些年来，他们饱受盗版下载的危害，所以希望将歌曲放在iTunes音乐商店上销售，而他们也愿意为苹果iPod免费拍摄广告。这番话让乔布斯不禁有些吃惊，要知道，U2乐队很少为别人拍摄广告的，近年来，光是他们拒绝的广告邀请就超过了的2300万美元。后来，乔布斯回忆此事时说：“他们在此之前从来没有拍过广告，但是各种层出不穷的盗版问题让他们身心俱疲，受到极大的伤害。很显然，苹果iTunes在线音乐商店的运作模式能够让他们满意。而且，他们也觉得，借助iTunes能够让他们拥有更多的年轻歌迷。”

听了波诺的话，乔布斯内心窃喜，表面上不动声色，追问波诺合作的条件。波诺表示希望除了在广告里出现U2乐队的歌曲外，也能够让乐队的成员出现在广告里。这个要求并不过分，而且借着U2乐队的超强人气也更能很好地开拓iPod的市场。如果是其他的CEO恐怕早就答应了，并且会在广告里尽可能多地展示U2乐队，但是乔布斯就是乔布斯，他对此持保留态度。因为，苹果公司自第一个iPod广告开始，就从来没有在iPod广告里清晰地展现人物的脸孔，只有一幅幅人物的剪影。最后，波诺想了一个折中的办法：U2乐队成员以剪影的方式出现在广告里，这样既满足了U2乐队出镜、宣传的要求，又没有破坏苹果iPod广告使用剪影的传统。乔布斯认为这个建议不错，值得一试。波诺随后赠送了乔布斯一张他们尚未发行的专辑《如何拆除原子弹》(How to Dismantle an Atomic Bomb) 给乔布斯听。后来，根据波诺的说法，乔布斯是除了U2乐团成员之外，唯一有幸获得这一张专辑的人。

在和波诺敲定合作后，一系列正式的会谈就此展开了。乔布斯亲自和负责发行U2乐队作品的环球音乐集团旗下公司IGA的董事长吉米·约维内进行商谈。约维内邀请乔布斯到他位于洛杉矶荷尔贝山的家中谈判。乔布斯去了后，发现U2乐队的主备吉他手刀刃和经纪人保罗·麦吉尼斯也在场。还有一次会谈在乔布斯的厨房里，他们坐在比萨炉前商谈了很多细节，麦吉尼斯是个很谨慎的人，在其日记本背面将这些合作细节一一记下。双方经过几轮谈判，大致达成了协议。U2乐队将会为苹果拍摄几个关于iPod的电视广告，苹果将会通过“公告牌”排行榜、iTunes主页等多个渠道宣传U2的新专辑。乐队拍摄广告不会获得直接的报酬，但是可以从苹果推出的iPod特别版——U2iPod的销售中分得版税。

波诺认为，艺人们应该从每一台iPod的销售中分成，因为他觉得U2乐团不仅是为苹果赞助了广告，而且推动了iPod的销售。这个理由和索尼音乐总裁拉克一模一样，但上一次乔布斯拒绝了。波诺希望能够推出属于U2品牌的特殊版iPod，即黑色的iPod，和苹果以往普通的白色版本不同。但是，乔布斯告诉他，苹果已经尝试过白色以外的其他颜色了，但是行不通。言下之意，不赞同生产黑色的iPod。但是当他们下一次见面时，乔布斯给波诺看一款黑色的iPod。

广告在商定后，就在伦敦开拍了。U2乐队成员以剪影的形象出现，但面貌、标志性的动作清晰可辨，让人看上一眼就忘不了。除了U2乐团外，也保留了以往边跳舞、边听iPod的动感人物剪影。广告开拍不久，乔布斯又发难了。他还是不喜欢黑色版本的iPod，而且在版税以及推广资金方面还没有谈拢。他打电话给监管广告公司的詹姆斯·文森特，要求他暂缓U2乐队的广告拍摄工作。乔布斯在电话里抱怨，U2乐队没有意识到苹果给他们创造了多少价值，要求U2乐队能够让步。文森特是U2乐队的铁杆粉丝，他知道这则广告无论是对乐队还是对苹果来说，影响力都会很大。他恳求乔布斯给他一次机会，他会打电话给波诺，处理好这件事情，乔布斯就把波诺的电话号码给了他。然后，文森特拨通了波诺的电话，表达了乔布斯的意思。

波诺不愿意妥协，他告诉文森特，U2乐队很热爱自己的歌迷，不会为了钱而做出伤害歌迷的垃圾事情。假如苹果不能按照U2的要求来做这件事情，U2只有很遗憾地放弃和苹果的合作。文森特当然不愿意丧失这次机会，询问波诺，苹果还需要做些什么才能够达成这次合作。波诺表示，他们把最重要的东西奉献给了苹果，那就是他们的音乐，但是苹果没有为他们做什么，所以他们需要更多。文森特似乎还有点搞不清状况，就在版税、iPodU2特别版等问题上作出让步，希望以此留住U2乐队。这正是波诺一直向乔布斯争取的，他当即表示同意。

文森特赶紧打电话给公司设计部门主管，同时也是U2特别版iPod的负责人乔纳森·艾维，向他说明了情况。无独有偶，艾维也是U2乐团的歌迷，他早在1983年就在纽卡斯尔看过U2的演唱会。他对这次的合作非常重视，在乔布斯和波诺商定条件后，就早早地设计出了U2iPod特别版。那是一款黑色外壳配红色转盘的iPod，配合着U2乐队《如何拆除原子弹》专辑封面的颜色，更显得精美绝伦。文森特在了解到艾维已经按照波诺的要求做了一款黑色的iPod，就给乔布斯打了个电话，建议艾维带着那款黑色的iPod去都柏林，和波诺见上一面。乔布斯内心深处还是很希望能够和U2乐队顺利合作的，于是同意了，让艾维飞往都柏林。

文森特又打电话给波诺，问他和艾维是否认识。没想到，波诺和艾维不但认识，还彼此欣赏。艾维是苹果设计总监，对产品要求严格，追求完美，波诺是 U2 乐队的主唱对自己要求同样严格，不允许自己丝毫的瑕疵。或许正是这种对艺术追求完美的态度，让两个人格外惺惺相惜。波诺对艾维的到来充满期盼，表示会开着自己的玛莎拉蒂去接他，让他住在自己家里，然后一起去喝酒。

第二天，就在艾维飞往都柏林途中，文森特回到库比蒂诺，继续劝说乔布斯，希望他能够做出让步，达成此次合作。乔布斯这次的态度没之前那么强硬了，但仍然对本次合作表示忧心。他害怕一旦为某位艺人在每台 iPod 中抽版税的问题上开了先河，以后苹果同其他艺人合作，对方也会有样学样，给苹果带来无穷后患。文森特保证，只此一家，其他艺人另当别论，乔布斯这才勉强同意。

艾维到了都柏林后，受到了波诺的热情招待。波诺安排艾维住在自己的家里，房间很漂亮，远眺可以看见大海和铁轨。艾维将自己设计的黑色 iPod 给波诺看，波诺对这款精美的作品非常满意。他们随后去了当地的一家酒吧，一边喝酒，一边讨论了一些细节。然后，波诺给身在库比蒂诺的乔布斯打了个电话，询问他对双方合作的看法。乔布斯一如既往地严苛，几乎对合作的每一项细节和设计都讨价还了一番。这让波诺印象非常深刻，因为他还从来没有见到哪位 CEO 会对这些细节如此重视呢。当一切敲定后，波诺和艾维都很高兴，痛快地喝了几杯。几杯酒下肚，波诺和艾维都有了几分醉意，他们决定给在人在加州的文森特打电话，他也是促成此次合作的功臣之一。但是文森特不在家，于是，波诺就给文森特家中的电话答录机留了言。

在发布会那天，乔布斯特意在圣何塞租下了一座古典剧场，作为发布 iPod 电视广告和 iPod 特别版的场地。U2 乐队的波诺和刀刃也参加了这次发布会，并且被乔布斯邀请到舞台上作了发言。U2 和苹果的这次合作是极为成功的。U2 乐队的新专辑在发行第一周就售出了 84 万张，而且长居“公告牌”排行榜的第一名，更为重要的是，借助 iPod 的影响力，U2 争取到很多年轻的歌迷。波诺本人对于这次和苹果的合作评价也很高，他告诉《芝加哥论坛报》的乐评人格雷格·科特，乐队和企业合作并非总是“与魔鬼做交易”，如果是和一群创意人才合作，将是一种幸事。而苹果恰是这样的公司，他们甚至比很多摇滚乐队都有创意。波诺还做了一个形象的比喻：如果苹果公司是一个乐队，那么乔布斯就是这支乐队的主唱。

经过这次合作后，双方对彼此都有了进一步的了解。但合作并没有结束，此后，波诺和乔布斯又进行了一次合作。U2 乐队向来热衷于慈善、公益事业，被称作“有良知的摇滚乐队”，而波诺甚至把慈善当作自己的事业。2006 年，波诺和著名慈善团体 DATA 主席博比在世界经济论坛上共同提出了“红色商品（Product Red）”概念。根据其构想，他们将成立一个全新的品牌“RED”，这个品牌不属于任何一个企业，而是邀请美国著名企业参与进来。每家合作公司会制作包含 Product Red 商标的产品，在全球范围内销售。销售收入除了大部分归为本公司所有外，还要按照一定的百分比将一部分营业收入捐赠给予艾滋病、肺结核及疟疾斗争的“全球基金”，用来资助非洲的患病妇女和儿童购买抵抗艾滋病的药物。

波诺邀请乔布斯也参与到这个计划中来。乔布斯从来对慈善事业没有什么兴趣，但这次乔布斯慨然允诺，并表示拯救生命是最大的善事，承诺为波诺的活动特别生产一款红色的iPod。在合作的过程中，乔布斯仍然在各方面表现得非常苛刻。比如说，他就很不喜欢这次活动的商标设计——用括号把公司名括起来，再把“RED”（红色）一词放在括号的后面，拿苹果公司来举例：（APPLE）RED。乔布斯坚决反对把“APPLE”放在括号里。波诺回应说，这是这个活动的统一标准。但是，乔布斯丝毫不做让步。他们就这个问题唇枪舌剑展开争论，甚至飙出脏话。最后双方各作了一些让步，乔布斯同意波诺按照自己的意思设计产品，但是苹果的任何的一款产品、零售店都不能出现把“APPLE”放进括号里情况。最后，新款iPod被标示为（PRODUCT）RED。

2011年，《纽约时报》专栏作家安德鲁·罗斯·索尔金发表文章，表示乔布斯持有的苹果和迪士尼股票市值高达83亿美元，但他在慈善方面并无突出表现，批评乔布斯不是一位慷慨的慈善家。波诺看见这则报道后，随即致信该报为乔布斯作出辩护，称乔布斯2006年参加慈善组织（PRODUCT）RED，成为当时最大捐赠者，向“全球基金”捐出了数千万美元。

波诺和乔布斯之后又尝试进行一次合作。波诺希望苹果能够为他们的最新专辑《穿上你的靴子》做广告和特别发行。但是，这一次由于双方在某些问题上分歧较大，最终没能达成共识。

尽管如此，这并不影响两人成为好朋友。波诺在法国南部有一套房子，温柔的妻子艾丽和4个子女就住在那里。波诺虽然是摇滚明星，在世界到处飞，但家庭关系非常融洽，一家人生活其乐融融。乔布斯有时会带着家人去波诺家里做客，聊天、散心。2008年一个假期，乔布斯租了一条游船，划着船去了波诺家。他们一起吃了饭，波诺还为乔布斯播放了U2乐队还未发行新专辑《消失的地平线》（No Line on the Horizon）中的歌曲。2010年，波诺在德国慕尼黑360度巡演彩排时背部受伤，被迫取消了巡回演唱会和音乐节的演出，情绪非常低落。乔布斯得知这件事后，和妻子鲍威尔给波诺寄去了一个礼品篮表示慰问。礼品包括一张《弦乐航班》（Flight of the Conchords）搞笑系列剧的DVD、一本书《莫扎特的大脑与战斗机飞行员》（Mozarfs Brainand the Fighter Pilot）、自家花园采集的蜂蜜，以及一盒乔布斯爱用的止痛膏。

死神的初访

死神造访乔布斯

“我相信，8 月份的时候我就会跟你们中的一些人经常联系，9 月份的时候，就可以见到大家了。”

——手术后第二天，在给员工们的信件中，乔布斯如是说

乔布斯是一个以自我为中心的人，很少有人能够走进他的内心，但是日本禅师乙川弘文例外。

乔布斯自 1973 年从印度朝圣回来后，就开始在乙川弘文主持的位于洛斯阿尔托斯的禅宗中心修习，他从乙川弘文那里寻找着内心的平静。他们这种亦师亦友的关系一直维持了很多年。在被赶出苹果，创立 NeXT 公司的时候，乔布斯邀请乙川弘文担任公司的精神导师，1991 年结婚时，乔布斯让乙川弘文担任了主婚人。1997 年，犹豫着要不要重回苹果的乔布斯，也是在乙川弘文的鼓励和陪伴下度过了艰难的抉择期。

然而，就在苹果凭借 iMac 电脑和零售店模式横扫世界的时候，噩耗传来，2002 年 7 月 26 日，乙川弘文禅师在瑞士湖滨度假时，为救不慎落水的女儿溺水身亡。消息传来，乔布斯伤心欲绝。他在自己精神导师的葬礼上一遍遍地回忆着相处中的点点滴滴，泪如雨下。

在此后的一段时间里，乔布斯情绪一直都很消沉。然而，老天似乎一点也不怜惜这个失去了精神导师的孩子，更大的打击接踵而来。

2003 年 10 月的一天，忙里偷闲的乔布斯终于应自己泌尿科医生的要求来到了医院，进行肾脏和输尿管的 CAT 扫描。他上一次做这样的检查是在 5 年前，当时刚回归苹果的他，由于在苹果和皮克斯之间来回奔波，患上了肾结石和其他疾病。做完检查后，乔布斯放松下来，他向医生抱怨这样的检查是多么无聊而浪费时间：“这个检查真是糟糕透顶！这简直就是在浪费我的时间，我本可以用这些时间做点更有意义的事

的，你知道，我最近正和乔尼商讨着下一代的iPod应该是什么样子的……”如果是一般的医生可能早就把这样的病人赶出去了，但是这位医生没有。她早在5年前就见识了乔布斯是多么热爱自己的工作，他宁愿在疼得受不了的时候打一针杜冷丁，也不愿意住院治疗。同时，她也很佩服乔布斯改变世界的勇气，所以她边耐心地听乔布斯的唠叨，边研究着扫描结果，她发现乔布斯的肾脏没有问题，但是胰脏上面蒙着一层阴影。她打断乔布斯的话说：“史蒂夫，我认为你有必要做一个胰脏方面的检查。”被打断了畅想的乔布斯愣了一下：“你说什么，医生？为什么我要做胰脏方面的检查，那又该浪费我宝贵的时间了。你知道我的时间是有限的，我不能都浪费在做这些无聊的检查上。”“是的，史蒂夫，我知道你很忙，但是我坚持认为有这个必要。”医生坚持着。察觉到医生急切的口吻，乔布斯脸色暗了一下，说：“好吧，既然你坚持，那我就同意了。”

几天后，乔布斯一大早就来到了医院进行胰脏方面的检查。和几天前的轻松心情比起来，乔布斯明显有点阴郁，他隐隐地觉得不妙。做完检查后，他沉默地坐在医院一间办公室里，等待结果。隔壁不时传来医生们的讨论声，乔布斯觉得很烦躁。经过漫长的等待，医生们鱼贯进入了乔布斯所在的办公室，他们带来了一个坏消息：乔布斯的胰脏上有个肿瘤。甚至有位医生建议乔布斯尽快回家安排后事去，这让乔布斯愣在了原地：这怎么可能呢？我还有很多想法没有付诸实施，还有很多产品尚待完善，改变世界的梦想才刚刚起步，命运怎么能这么对待我呢？缓过神来的乔布斯听到了另外一个医生的建议：进行活组织切片检查，看肿瘤是良性的还是恶性的。乔布斯同意了。当晚，医生就利用内窥镜从乔布斯的胰脏上获取了一些肿瘤细胞，进行研究。结果出来后，医生们激动得哭了，因为乔布斯胰脏上的肿瘤细胞是很少见的品种，它生长速度比较慢，再加上发现得比较早，没有扩散，很容易成功治愈。医生们对于成功治愈乔布斯充满了信心。

但是，乔布斯接下来的举动却让人们大跌眼镜，他拒绝接受医生们的建议进行手术治疗，而那是当时最好的治疗方法。

没有了乙川弘文做自己的精神导师，乔布斯在面对这样的变故时，显得有点不知所措。他给自己在印度朝圣时结识的好朋友、流行病学家——拉里·布里连特打电话，希望他可以帮助自己疏导内心的苦闷。面对死亡威胁的乔布斯，再次考虑起了自13岁之后就再也没有想过的关于上帝的问题，他问：“拉里，你还相信上帝吗？”布里连特觉得乔布斯怪怪的，不过他怪也不是一天两天了，所以仍然回答道：“当然相信了！”然后，他们就讨论起了印度大师尼姆·卡罗里·巴巴阐述的通向上帝的几个方法，乔布斯对于这个话题显得兴致勃勃，这让布里连特再次产生了疑问，他问道：“史蒂夫，你还好吧？是不是发生了什么事？”乔布斯看了看布里连特，平静地说：“拉里，我得了癌症。”

除了从布里连特那里寻找精神支柱外，乔布斯还将自己罹患癌症的消息告知了另外两个人，一个是基因泰克公司的首席执行官亚瑟·莱文森，另一个是英特尔公司的董事长安迪·格鲁夫。乔布斯挑选这两个人不是没有原因的。前者的公司正在研发对抗癌症的药物，后者则亲身成功对抗了前列腺癌。

莱文森后来曾这样回忆乔布斯打来电话的情形：“当时，我既是基因泰克公司的首席执行官，又是苹果公司的董事会成员。电话响起的时候，我正在参加基因泰克公司的董事会议。我看了一眼来电显示，是史蒂夫，心想，这家伙不会又有什么新点子了吧？于是，挂断了电话，一直等到会议休息的时间，才给他回了电话。我问道：‘史蒂夫怎么了？你又有什么奇思妙想了？’史蒂夫在电话那端沉默了一会儿说：‘亚瑟，我得癌症了。’我当时听后，第一反应是，算了吧，史蒂夫怎么可能会得癌症呢？他每次吵人的时候都那么生机勃勃、精力充沛，大嗓门甚至整层楼都听得到，他怎么可能会得癌症呢？直到他再三保证这是事实的时候，我才意识到，这不是开玩笑，于是立刻驱车去了他们家，并在后来的一段时间里给他各种治疗上的建议。但是，其实，他并不是一个听话的病人。”

格鲁夫在接到乔布斯的电话后，也迅速赶到了他家，以自己的亲身经历和乔布斯进行了促膝长谈。

然而，正如莱文森所说，乔布斯真的不是一个听话的病人。家人和朋友都希望他接受手术治疗，而他则坚决反对。就像致力于掌控电脑从硬件到软件的各个方面那样，就像致力于打造从端到端的产业王国一样，乔布斯不能容忍别人把他完整的身体切开。他后来在回忆起自己的举动时，语气中不无遗憾，但是，这样的举动不是不可以理解的，毕竟那是一种充满了风险的尝试，更何况，乔布斯一直都活在自己构筑的现实扭曲力场之中。他认为，如果自己的意志力足够坚定，这些他不愿意面对的事情就会像从来没有发生过一样消失。为了让癌症凭空消失，乔布斯尝试了各种各样稀奇古怪的治疗方法。就像他认为坚持吃素食就不会有体味一样，他这次又认为只摄取新鲜的胡萝卜汁和果汁就可以赶走癌症。他还尝试了针刺疗法、草药疗法，以及从网上搜寻到的其他偏方，甚至最后连灵媒都用上了。当然，这些都没有让癌症消失。

在乔布斯固执己见的同时，家人和朋友们仍在竭力地说服他接受手术治疗。格鲁夫后来回忆说：“史蒂夫曾经妄图通过吃些乱七八糟的草药就治好癌症，我跟他说‘史蒂夫，你简直是疯了，我以一个过来人的身份告诉你，这些草药没用，一点用处都没有，你还是接受手术治疗吧’，但是他不为所动。”同样感到挫败的还有莱文森，关于该怎么治疗癌症的争论，甚至差点让这对老朋友闹崩。即使是四处宣扬替代疗法和营养疗法的饮食医生迪恩·奥尼什，有时也会加入劝说乔布斯接受手术治疗的队伍中。最终，鲍威尔还发动了乔布斯的妹妹莫娜·辛普森来劝说乔布斯接受手术治疗。

这样的情形一直持续到了 9 个月后的 2004 年 7 月，这时，CAT 扫描结果显示肿瘤已经扩大并可能扩散，再也不能拖延下去了。无奈之下，乔布斯同意做手术。手术安排在了当月的最后一天，地点是美国斯坦福大学医学中心，这次手术切除了乔布斯的部分胰脏。

乔布斯对于苹果公司有多热爱从他术后的表现就可见一斑。他在刚做完手术后的第二天，就利用病房里的 Power Book 笔记本电脑给公司员工们发了一封安慰信，在信中，他告诉员工们，自己患的确实是胰腺癌，但是是那种在胰腺癌中只占1%的可以治愈的类型，现在，自己的病已经通过手术治愈了，甚至连放疗和化疗都不需要，很快就会回到公司去。他在信中自信地写道："我相信，8月份的时候我就会跟你们中的一些人经常联系，9月份的时候，就可以见到大家了。"

尽管手术很成功，乔布斯自己也很乐观，但是，康复过程仍然是痛苦而漫长的。乔布斯后来这样回忆当初的情形："两周后，刚从医院回来时，我根本就没有力气走路，一直到一个星期之后，才能走到街上，然后我就开始强迫自己逐渐地走到更远的地方去。一直用了差不多6个月的时间，我的精力才完全恢复。"

乔布斯在康复过程中面临的最大问题来自饮食。鉴于切除部分胰脏影响了蛋白质的吸收，医生建议乔布斯多餐少食，多吃鱼类蛋白质以及全脂牛奶。然而，乔布斯却对这些建议置若罔闻，仍然坚持原来的饮食习惯。这让乔布斯的家人和朋友再次眉头紧皱，他们只得变着花样做出各种可以激起乔布斯食欲的食物，以求他吃上两口。

尽管饮食确实是个问题，但和另一个问题比起来，简直是小巫见大巫，那就是癌细胞扩散了。这个问题早在医生们为乔布斯做手术的时候，就已经发现了。这让乔布斯在积极康复之余，却也始终笼罩在复发的阴影中。

就在这样的氛围中，2005年2月24日，乔布斯迎来了自己的50岁生日。尽管才50岁，但乔布斯经历了跌宕起伏的人生，他曾经一无所有，曾经名利双收，曾经是世界上最年轻的百万富翁，曾经处在破产边缘，曾经被背叛，也曾经那么接近死亡，这些经历，让乔布斯对于生命有了新的体悟，这体现在了他的50岁生日派对上。

和30岁及40岁生日派对邀请各界名流不同，这次的生日派对只邀请了乔布斯的至交好友和同事，比如拉塞特、库克、席勒、鲁宾斯坦等。鉴于乔布斯挑剔的饮食习惯，他们让著名大厨爱丽丝·沃特斯负责了当晚的饮食。那对于乔布斯来说是一个难忘的派对，朋友们温馨地围坐在一起，欢声笑语充溢着房子的每个角落。

到斯坦福大学演讲

"后来的事实证明，被苹果驱逐是我这一生经历的最有意义的一件事。"

——回忆起被苹果公司驱逐，在斯坦福大学的毕业典礼上，乔布斯如是说

在50岁生日前夕，乔布斯收到了一份特别的生日礼物——来自世界杰出大学斯坦福的演讲邀请。斯坦福大学希望这位科技界的传奇人物，可以以自己的亲身经历为即将走出校门步入社会的学生们上一课，上课的时间定在了2005年6月14日的毕业典礼上。

乔布斯刚收到这份邀请的时候，惊愕不已，暗想："我？一个大学都没有毕业的人去给斯坦福大学的高才生做演讲？没有搞错吧？"然而，在惊愕过后，乔布斯很快决定接受这项象征着荣誉的邀请。其实，除了这是一项荣誉外，乔布斯接受这份邀请

还有另外一个方面的考虑。刚刚经历过生死考验的他，清醒地意识到了生命是多么的脆弱，这让他有种强烈的欲望想要将自己从跌宕起伏的人生经历中悟出的“禅机”告诉给其他人，而斯坦福那些即将展开人生新篇章的学生无疑是最好的听众。

在还只有三台苹果二代的时候，乔布斯就敢站在首届西海岸电脑展览会的舞台上向人们鼓吹苹果公司将怎样改变世界；即使在被赶出苹果，新创立的 NeXT 和皮克斯都在赔钱的时候，他仍然可以镇定自若地告诉人们：“我们领先了时代 5 年！”可以说，乔布斯早就通过一次次的产品发布会练就了独特的台风，甚至有很多人参加苹果的产品发布会就是为了聆听乔布斯充满了神奇魔力的演讲。这样一位身经百战在演讲界首屈一指的人物，面对着斯坦福大学的演讲却紧张了起来。

他害怕自己写的演讲稿不好，所以就联系上了电影《好人寥寥》和《白宫风云》的编剧艾伦·索金，希望他可以代笔。索金爽快地答应了，乔布斯就将自己的一些想法整理了一下通过 E-Mail 发了过去。当时才刚 2 月，乔布斯认为时间还早，于是就安心地等待着索金的好消息。然而，两个月过去了，索金没有任何消息，这让乔布斯有点着急了，而且他又有了些新想法，于是他再次给索金发了封邮件，这次索金有了反应，他回复道：“嗯，好的，我明白你的意思了。”为了确认索金是否真正明白了自己的意思，乔布斯专门打了电话过去，进行沟通，索金一再表示自己明白了之后，乔布斯才挂断电话。然后又是漫长的等待。他知道艺术家的创作需要时间，所以尽管焦急，但他没有催促索金。这样的等待一直持续到了 6 月初，索金仍然没有任何东西传来，这让乔布斯坐不住了。

求人不如求己，乔布斯决定亲自操刀撰写这次演讲稿，其实苹果公司之前的很多展示脚本都是他写的，他在这方面可谓经验丰富，只是这次过于紧张和重视了，所以才会有请别人代笔的想法。索金没有替乔布斯撰写演讲稿，对于乔布斯来说可能是一次遗憾，然而对于我们和斯坦福大学的学生来说，则是一种幸运，因为我们可以通过这则著名的演讲，更深入地了解乔布斯其人其志。

关于演讲，乔布斯曾经听到过这样一句话：“演讲最好的开头是：我给你讲个故事吧！”乔布斯决定运用这样的开头。一天晚上，采用冥想姿势在地毯上坐了很久的乔布斯，拿起放在一边的纸和笔，就着右腿写下了这样的开头：“斯坦福大学是世界上最好的大学之一，能够在这里参加你们的毕业典礼并演讲，我感到万分荣幸。你们都知道我是个大学肄业生，所以这可能是我毕生最接近大学的时刻。在这里，我无意向大家传授什么，而只是想跟大家分享三个我亲身经历的故事。”

没有华丽的辞藻，没有慷慨激昂的激情，有的只是一份推心置腹的真诚与激情岁月的积淀。在初稿完成后，乔布斯多次征求妻子的意见，字斟句酌，大有不达到多一字则繁、删一字则残的程度誓不罢休的架势，事实上他也确实做到了，一直到今天，他的这篇演讲仍然被誉为经典，供人们阅读、膜拜。

终于，2005 年 6 月 14 日，这一天来临了。乔布斯拿着自己千锤百炼的演讲稿走上了演讲台。讲台下面黑压压的人群和一双双充满着好奇与敬佩的眼睛让他忽然想到自己和妻子也是这样认识的，不禁莞尔一笑。学生们对于乔布斯的上台报以雷鸣般的掌声，在这样的掌声中，乔布斯稍稍地平复了一下自己的心情，然后开始了这场注定为世人所铭记的演讲。

在演讲中，乔布斯讲到的第一个故事是关于自己退学的，他说：“我曾经就读于里德学院，但是仅仅 6 个月后我就决定退学……退学让我得以选修自己喜欢的课程，跟着感觉走，跟着兴趣走，这让我获益匪浅。比如，我当时选修的美术字课程，就让苹果电脑上配置了漂亮的印刷字体……”

在演讲的过程中，紧张的乔布斯仍然会时不时地低头看一下讲稿，这更拉近了他与学生们的距离，原来，这样伟大的人物也只是个会紧张的普通人而已。

接着，乔布斯讲起了第二个故事，关于爱与失去。他谈到了自己被苹果抛弃的经历，说：“30 岁的我，在众目睽睽之下被赶出了自己一手创办的苹果公司，这对我而言打击是毁灭性的。刚开始的时候，我确实非常茫然，不知道未来的路该怎么走……后来有一天，我想通了，我仍然热爱那些自己曾经为之奋斗的东西，于是，我决定重新开始。后来的事实证明，被苹果驱逐是我这一生最有意义的一件事。因为，在这之前，我总背负着成功的压力，而这之后，这些压力完全消失了，取而代之的是重新创业的轻松……”乔布斯淡淡地讲述着这段曾经让他痛苦和难堪的经历，好像在讲述别人的故事，在经历过风雨的洗礼之后，乔布斯终于放开了过去。

乔布斯的第三个故事是关于死亡的。在这群年轻的学生面前，乔布斯想起了自己的青年时期，想起了好朋友沃兹，想起了那段荒唐而不羁的岁月，他说：“17 岁的时候，我曾经读到过一句话：‘把每一天都当作生命中的最后一天，总有一天你会发现自己是对的。’这句话成了我的座右铭，我每天早上起床后都会对着镜子中的自己问这句话，然后就知道自己应该怎么做，做什么了。”他还谈到了自己的病况：“一年前，我被诊断出患了癌症……知道这个消息的当天我是抱着诊断书度过的……那是我离死亡最近的一次……记住自己很快就要死了，会让我忘记外界的期望，个人的骄傲，失败的困窘和恐惧，因为它们在死亡面前不值一提。记住自己即将死去，会让人留下真正重要的东西，避免担心会失去什么。已经一无所有，也就没有理由不追随内心了……记住，你的时间是非常有限的，所以不要浪费在重复他人的生活上，不要被教条束缚，不要失去思考的自由，不要被他人的喧嚣遮蔽了自己内心的声音，要勇敢地面对自己的直觉和思想，因为它最清楚你想成为什么样的人。”

在乔布斯演讲的过程中，尽管有架飞机，悬挂着“回收所有电子废物”的条幅不停地盘旋，但是学生们仍然为乔布斯的演讲所深深地吸引。乔布斯再次以大师级的风范征服了现场所有人。

最后，乔布斯以自己最喜欢的《全球概览》杂志的停刊语“求知若渴，虚怀若谷”结束了演讲。

对于许多人来说，历史上可能会有意义更加重大的演讲，但是再也没有哪个演讲可以比乔布斯的更有魅力了。

再造核心团队

“我认为蒂姆不适合搞产品。”

——曾在谈到蒂姆·库克的时候，乔布斯如是说

乔布斯对于苹果有着深沉的爱，他在知道自己患有癌症后，宁愿尝试各种稀奇古怪的方法，也不愿意接受手术治疗，原因之一是因为他不想离开苹果哪怕是一天，一星期。在被逼无奈接受手术的时候他仍然记挂着苹果，术后恢复是需要时间的，在自己不在的这段时间，苹果公司怎么办呢？于是，他开始在脑海中飞快地搜索着可以暂时代替自己行使公司管理权的人。

第一个进入乔布斯脑海的是他回归苹果后发现的天才设计师——乔纳森·艾维。他负责了苹果大部分产品的外观设计，也比任何人都理解苹果公司的核心理念，可是他似乎只对产品的设计有兴趣，而且只擅长这个。他对于运营整个公司来说，能力稍显不足。

乔布斯想到的第二个人选是乔纳森·鲁宾斯坦。他曾在是自己在 NeXT 时的老部下，可以说是自己的嫡系部队。他在苹果研发 iPod 的过程中立下了汗马功劳，而且也有运营公司的野心，可是乔布斯很快就否决了他。因为正如蒂姆·库克后来分析的那样：“乔布斯喜欢强势的人，但他从未真正希望有人代替他的工作，分享他的舞台。”

接下来，阿维·特凡尼安等人也都被乔布斯一一否决。这时一个一直非常低调而优秀的人才进入了乔布斯的脑海中，他就是蒂姆·库克。库克无疑是低调的，尽管他曾经让苹果的库存期从漫长的 2 个月缩短到了 2 天，最短的时候甚至只有 15 个小时，但是他乐于做一位幕后的功臣，很少进入公众的视野，甚至刻意地收敛了自己的光芒，同时他又是一个优秀的管理运营人才，这些都符合了乔布斯的要求，于是一切顺理成章。

乔布斯在手术后第二天给员工的信中表示，在自己离开苹果的这段时间，将由库克负责公司的日常运营。

乔布斯的这一决定无疑是明智的。在乔布斯养病期间，库克将公司打理得非常好。尽管没有乔布斯那样强烈的个性，但是他冷静而果断，有效地整合公司内那些个性十足的员工，这让人们刮目相看。他从来都不在乎名利，他说：“有些人不喜欢史蒂夫占尽所有的风头，但是我对那些一点也不在乎，我巴不得自己的名字永远不出现在报纸上。”但是，事与愿违，现在他的名字经常出现在报纸上，因为乔布斯辞世后，将接力棒交给了他。

乔布斯病假结束后，库克安静地重返了自己以前的工作岗位，依旧那么低调，也依旧那么冷静。作为乔布斯的同伴，他这样评价乔布斯那令人生畏的脾气：“我也经常遭受乔布斯的炮轰，但是我认为那是他独特的表达激情的方式而已。我从来不觉得

他是在针对我。”正是这份理解，维持他们之间长久的稳定关系。而乔布斯这样评价库克：“如果有人说我是个谈判高手，那我希望他可以去看看蒂姆的谈判，因为他更大胆而冷静。”但是乔布斯接着说：“但我认为蒂姆不适合搞产品。”

乔布斯做事从来都是没有轨迹可循的。就在他从斯坦福大学演讲完回来后的那个秋天，一天，正准备和库克飞往日本洽谈业务的他，突然扭头对库克说：“我决定让你担任首席运营官。”库克看了看一脸平静的乔布斯，用他极富特色的镇静口音说：“好的，我知道了。”

尽管两位当事人都异常平静，但是在苹果公司引起了轩然大波，它间接地导致了苹果公司硬件部门负责人乔纳森·鲁宾斯坦的离去。

鲁宾斯坦自应乔布斯之邀进入苹果公司之后，在其复苏过程中发挥了重要作用，是拉动苹果前进的三驾马车之一，主要负责着硬件和工程部门。作为一名硬件工程师，他不允许产品的观赏性超越于功能性之上，而在苹果公司，与之相对的另外一种观念却广受欢迎，那就是追求产品的绝对完美，这种观念的代表人物就是拉动苹果前进的另外两驾马车之一——乔纳森·艾维。

鲁宾斯坦和艾维的矛盾由来已久。乔布斯刚回归苹果的时候，鲁宾斯坦负责整个硬件部门，当时艾维是鲁宾斯坦手下的一名员工。后来乔布斯慧眼识珠，认定艾维是世界级的设计大师后，开始让艾维越过鲁宾斯坦直接和自己联系，这让鲁宾斯坦心里有了个小小的疙瘩。后来，两人一个负责设计外观，一个负责设计硬件，共同完成了风靡世界的 iPod 的研发，但是人们将“iPod 之父”的美誉给了艾维，这让鲁宾斯坦心里窝火。

他们的争论几乎随处可见。有一次，苹果的 Power Mac G4 电脑上需要一个螺丝来固定提手。艾维从美学的角度出发，希望可以为螺丝进行抛光和塑性，但鲁宾斯坦认为，这样的费用太高了，而且会延误工期，于是否定了这个想法。艾维认为鲁宾斯坦的这种做法纯粹是消极怠工，于是越过他直接找到了乔布斯，寻求支持。毫无疑问，同样是完美主义者的乔布斯选择了支持艾维。面对这样的选择，乔布斯很多次都选择了支持艾维，这让鲁宾斯坦伤透了心。乔布斯选择库克担任公司的首席运营官，无疑斩断了鲁宾斯坦对于苹果的最后一丝留恋，他决定离开苹果公司。

至此，鲁宾斯坦已经跟着乔布斯打拼了 9 年，这是极度消耗体力和脑力的 9 年，鲁宾斯坦决定给自己放个长假，休息一下。他和妻子在墨西哥购买了一处房产，在那里度过了一段闲适的时光。后来，他加入奔迈公司，想要生产与 iPhone 竞争的产品，但以失败而告终。乔布斯对于鲁宾斯坦的这种做法非常不满，四处向人们抱怨，一直到奔迈公司的产品失败后，他才稍微平衡了一点。

在库克的任命发布之后离去的另外一位重要员工是阿维·特凡尼安。这位研发出 NeXT STEP 操作系统的伟大工程师，随着乔布斯来到苹果后，主要负责软件部门，和鲁宾斯坦组成了乔布斯的左膀右臂。鲁宾斯坦的离开，尽管让乔布斯很不舍，但还不至于难受，而特凡尼安的离开就让乔布斯很难过了。他这样评价特凡尼安：“（特凡尼安）真的是个人才，他人很好，又很踏实。他的离开是苹果公司的一大损失。”和鲁宾斯坦不同的是，特凡尼安的离开和库克的任命没有任何关系，他只是觉得自己已经赚到足够多的钱了，要退休颐养天年去了。

两员大将的离开让乔布斯一下子有了手中无良将的感觉。于是，他开始重新打造管理团队，他让斯科特·福斯托负责 iPhone 软件的运营；让菲尔·席勒负责市场营销；让鲍勃·曼斯菲尔德负责 Mac 硬件的制作；让埃迪·库埃负责处理网络服务；让彼得·奥本海默担任首席财务官，再加上首席运营官蒂姆·库克和首席设计师乔纳森·艾维，乔布斯重新组建了一个以自己为核心的管理团队。

这个团队里充满争论，也充满了合作。每周一的上午，这个团队就会召开管理团队会议。通常，会议的第一项议程是库克做 10 分钟的图表展示，向大家介绍公司的运营状况。然后大家开始各抒己见，讨论各款产品的研发进程，市场反应和未来规划。乔布斯很喜欢团队成员之间的这种争论，也喜欢听到不同的意见，当然了，能不能接受就是另外一回事了。库克早早地就意识到了这一点，他说："你必须说出自己的意见，否则的话就会被史蒂夫赶走。他经常会通过反对激发更多的讨论，从而得出更好的结果。如果你没有胆量反对他，那么就无法长时间地待在苹果公司。"

乔布斯以这个会议为载体，经常向人们灌输使命意识，他最经常的一句话就是："我们要改变世界。"正是这种强烈的使命感，让苹果公司的管理层和员工紧紧地团结在一起，避免了很多公司会出现的部门争斗，为苹果的长远健康发展奠定了基础。

坏脾气有所改观

"我就是这个样子，你不能要求我成为别人。"

——在提到自己暴躁的脾气时，乔布斯如是说

据说经常伴随着丈夫鼾声入眠的妻子，一旦没有了鼾声反倒会失眠。而苹果的员工们就像那个妻子一样，在没有乔布斯的日子里，觉得公司特别安静，甚至冷清。暂代乔布斯执掌公司帅印的库克确实做得很好，公司所有事情也都在按部就班地进行，但是人们总觉得少了些许激情和动力。每个想念乔布斯吼叫声的员工，都会在心里暗骂自己真是有受虐症倾向，但是仍然不可抑制地思念那个咆哮声响彻全楼的暴君乔布斯。

经过艰难的术后恢复，正如乔布斯在给员工的邮件中说的那样，8 月份的时候他就开始和公司的某些人员联系了，而 9 月的时候就开始全面地参与到了苹果的运营中。在乔布斯休养期间，苹果公司的员工们普遍都在猜测，癌症的生死考验会不会磨去乔布斯性格中粗暴无礼的成分，让他变得谦逊有礼？然而，事实再次证明了一句话："江山易改，本性难移。"

乔布斯刚回到苹果，就因一个小细节对着员工们大大地发了一通脾气，这让人们在他的训斥声中，轻轻地松了一口气："史蒂夫还是史蒂夫！"库克这样评价经历了生

死大关脾气仍然那么火爆的乔布斯："他的归来是带有一个使命的。他在掌管一家大企业，很多人此时会故步自封，但是史蒂夫没有，他仍会采取一些看似大胆的举动，我想史蒂夫是唯一一个敢这样做的人。"

特凡尼安则认为病魔尽管没有让乔布斯完全改掉暴躁的脾气，但还是有了一点点的改变。他说："术后归来的史蒂夫仍然一点耐心也没有。他在对别人不满的时候，仍然会大喊大叫，或者直接咒骂对方，但是他很少会直接彻底摧毁对方了，而只是会刺激对方做得更好。当然，如果觉得某人确实非常差劲，史蒂夫仍会毫不犹豫地彻底否定他，让他走人。这种戏码每过一段时间都会上演一次。"

乔布斯的归来对于苹果公司的人来说，除了风险，更多的是安心与动力，然而，对于其他公司的人来说就未必如此了。

有一次，艾维和乔布斯一起去一家全食超市吃沙冰。做沙冰的是一位年纪稍大的女人，速度比较慢，乔布斯就开始抱怨，这让那个女人一直都没有给他们好脸色。让人迷惑的是，前一分钟还在抱怨的乔布斯，后一分钟，又开始同情她，说："她可真可怜，这么大年纪了，还要做这么辛苦的工作。"他怜悯的语气好像从来没有说过前面那一段抱怨的话，这让艾维愕然不已。

乔布斯的挑剔让和他一起出差成了一件苦差事。艾维作为苹果的首席设计师，曾多次遭遇这样的苦差事。他曾回忆过这样一件事，有一次，和乔布斯一起出差去伦敦时，为了迎合其喜好，艾维特意挑选了一家环境优美、安谧的五星级精品酒店作为住所。结果，乔布斯刚进入房间一分钟，艾维的电话就响了，毫无疑问是乔布斯。"这哪里是什么房间啊，简直就是一坨狗屎！我讨厌它，我不要住在这里，我们走。"乔布斯的咆哮声从话筒那端像连珠炮似的传来。艾维早就习惯了这样的情况，于是，拿起行李就来到了前台。他听到乔布斯正在用自己的"狗屎或完美论"对服务员抱怨房间有多么糟糕，这让艾维有些不好意思。大多数情况下，当人们对某些东西不满的时候，只会暗暗地抱怨几句，不会直接说出来以免对方尴尬。而乔布斯则刚好相反，他会直截了当地当面表达出自己的看法，而毫不顾忌对方的感受。

艾维对于乔布斯这样的性格很矛盾，一方面，他认为这充分说明乔布斯是一个诚实的人，不屑于掩饰太平；另一方面，又认为这种性格会伤害别人，是不足取的。他说："他（乔布斯）本身是个敏感的人，但是他又会去伤害别人，这让我觉得迷惑不解。他在沮丧的时候会利用伤害别人的方法来纾解，尽管不经常这样，但却是让我不能接受。"

为了避免乔布斯的这种性格产生太大的副作用，苹果公司的管理层商定，每当乔布斯的这种负面情绪出现时，就让一个聪明的同事转移他的注意力。而苹果长期的合作伙伴李·克劳无疑是个中高手，当乔布斯出现公开贬损别人的情况时，他会适时地站出来说："史蒂夫，能和你单独谈谈吗？"此时，他们大多会到乔布斯的办公室里，或者是走出办公室沿着办公楼溜达一圈，在乔布斯的情绪平静后，再重新刚才的谈论。有时，对于朋友们的规劝，乔布斯也会诚挚地说："对不起，我错了，我知道了。"但是很快，他就又会故态复萌："我就是这个样子，你不能要求我成为别人。"是的，这就是真实的乔布斯，是不为谁改变的乔布斯。

尽管暴躁的脾气没有什么改观，但是在对待科技界另一位奇才比尔·盖茨的态度上，乔布斯确实成熟了。

2007年，苹果公司发布了一个名为《Mac对决PC》的系列广告，该广告再次将PC的用户塑造成了呆板、无趣的人，而将苹果产品的用户塑造成了时尚、有思想、有创意的弄潮儿，这让苹果公司和微软的关系趋于紧张。10年前，这对宿敌一度关系缓和，微软曾同意为麦金塔电脑开发优秀的软件，还注资苹果，将它拉出了破产的阴影，而苹果也同意了微软使用自己的图形用户界面技术。但后来微软曾试图复制苹果公司的数字中枢战略，而苹果也曾试图开发自己的浏览器，这让双方关系再次趋于紧张，但双方的尝试都以市场反应的平淡而告终，这让双方关系再次趋于缓和。

然而，这个系列的广告让双方关系再次趋于紧张。恰在此时，由《华尔街日报》举办的一年一度的科技界盛事数字大会（All Things Digital）开幕了。该报的专栏作家沃尔特·莫斯伯格和卡拉·斯威舍想以此为契机，对乔布斯和盖茨这对老对手和老朋友进行一次联合采访。莫斯伯格首先跟乔布斯沟通了想法，乔布斯表示，只要盖茨愿意他就没意见。莫斯伯格听闻后立刻开始跟盖茨联系，盖茨最终也同意了接受采访。然而，就在莫斯伯格以为万事大吉的时候，《新闻周刊》的一次采访让他放下的心再次揪了起来。

在采访中，该周刊的记者斯蒂芬·列维问到了当时正播的火热的广告《Mac对决PC》，这让盖茨当场就大发雷霆，他说："我不明白为什么他们要通过贬低别人抬高自己呢？难道真实不是广告应该秉承的原则吗？就算他们真的很酷，那就可以不顾事实地任意撒谎吗？"在这样的情况下，列维又提了一个更为尖锐的问题："微软在今年年初的时候发布了历史上间隔时间最久的操作系统Windows Vista，它是否抄袭了Mac的特性呢？"相较于刚才的激动，此时的盖茨已经逐渐平静了下来，对于这个尖锐的问题，他干脆连辩白都懒得说，而只是淡淡地道："如果你真的关注事实，可以自己去调查看看，到底是谁最早展示了这些东西。"他接着说："如果你非得说是史蒂夫·乔布斯创造了这个世界，我们都只是跟在他屁股后面模仿，那我也无话可说。"

乔布斯在看到这篇采访后，立刻打电话给莫斯伯格说，盖茨在《新闻周刊》上的谈话已经让联合采访没有任何意义了。莫斯伯格再三向乔布斯表示，自己策划的这次采访是一个亲切而友好的讨论，而非辩论会，乔布斯才勉强同意继续这次采访。但是，乔布斯从来都不是一个大度的人，在接受联合采访前，乔布斯曾单独接受了莫斯伯格的采访，他在采访中激烈地抨击了微软。当莫斯伯格提到苹果为Windows电脑研发的iTunes软件非常受欢迎时，乔布斯毫不客气地戏谑道："那是Windows电脑配置的所有软件中最好的。它就像给身处地狱的人提供了一杯冰水。"这让莫斯伯格有些担心现场会失控。

在联合采访前几分钟，盖茨和乔布斯先后来到了嘉宾休息室。盖茨在到达休息室时，脸色有些难看，因为他已经从自己的助手那里听到了乔布斯的评论。乔布斯走进休息室后，看了看臭着一张脸的盖茨，什么话也没说，只是从冰桶里拿了一瓶水，然后坐了下来。沉默在两个人中间蔓延开来。最终盖茨横了一眼乔布斯，打破了这份压抑的沉默：“我猜我就是那个身处地狱的人。”乔布斯愣了一下，露出小孩子奸计得逞时的顽皮笑容，同时把手中的冰水递向了盖茨。盖茨接过水，拧开喝了几口，脸色渐趋缓和。

采访开始后，也时常会有针锋相对的情况出现，但似乎那一瓶冰水真的将两人的矛盾冰冻了，他们都保持了相对的冷静，这让这次联合采访成为两人一生中为数不多的几次和平交锋，处处闪现着智慧的光芒。在采访中，一位名叫丽丝·拜尔的技术战略家问道：“你们两人从对方身上学到了什么？”两人对视一眼，都给出了诚实的答案。盖茨说：“好吧，我承认，我愿意用很多东西来交换史蒂夫的品位。”现场发出了一片笑声，因为十年前，乔布斯曾经嘲讽盖茨没有品位。人们以为这会是新一轮交锋的开始，然而，盖茨接下来的解释，让人们逐渐意识到了他是认真的，而不是为了和乔布斯较劲，他说：“不论是对于人还是产品，史蒂夫天生就有一种直觉和品位，这是我不能理解，也不具备的。你们知道，他通常根据对人和产品的感觉作出决定，而这些决定通常都是对的，这让我很难理解。他有着奇特的做事方式，这很神奇，对于这些，我只能感叹一句‘哇’。”

盖茨这样真诚的态度显然出乎乔布斯的意料，他盯着地板发了会儿呆，似乎在思索苹果与微软的恩恩怨怨，也似乎在思索盖茨刚才的溢美之词。接着，他说出了心里想对微软说的话，他首先指出了苹果和微软拥有两种不同的发展理念，苹果致力于打造从端到端的一体化产品，而微软则坚持开放化的道路，将自己研发的软件授权给其他硬件厂商使用。他认为，苹果用 iTunes 音乐商店和 iPod 的绑定表明，在音乐界从端到端的理念更好；而微软在个人市场的占有率则表明开放化的道路也很不错。至于在手机领域哪种方法更好，还有待验证。在最后，乔布斯还难得谦逊地指出，苹果公司在与其他公司的合作方面确实存在缺陷，这是因为自公司创立之初，不论是硬件还是软件，苹果都是在自给自足，他说：“我认为，如果苹果再增加一点合作精神会更好。”

采访最终在一种和平而友好的氛围中结束，乔布斯和盖茨都没有料到，这成了两人生命中倒数第二次谈话，而最后一次的谈话时，两人的心境和身份都已经发生了彻底的改变。

改写历史的 iPhone

辉煌之巅的忧虑

“我受够了跟摩托罗拉那样笨的公司合作，我们自己来。”

——当发现与摩托罗拉合作研发的手机前景黯淡时，乔布斯如是说

古人云：“生于忧患，死于安乐。”乔布斯始终保持着高度的忧患意识。iPod 自发布以来，在世界上迅速刮起了一股音乐旋风，街上随处都可以看到戴着白色耳机沉浸在音乐世界中的人，可以说 iPod 独占了音乐世界的半壁江山。

然而，即使已经拥有了这样畅销的产品，乔布斯仍然不能安睡，他总隐隐地觉得自己遗漏了什么重要的信息，而这个信息是足以致命的。被乔布斯拉入苹果董事会的亚瑟·莱文森回忆当时的情形说：“他总觉得有什么东西会让我们陷入困境。”

这时，好友埃德·赞德的一句话点醒了他。

赞德在 2004 年的时候，获得了一个新身份，摩托罗拉公司 CEO。然而，这个新官不是那么好当的，当时刚从互联网和电信业泡沫破裂中走出来的摩托罗拉，处境困难，股价暴跌，而此时同类其他公司的股票却暴涨，这让赞德眼红不已，因此，他急于研发出一款受市场欢迎的手机稳定军心，可是一直没有灵感。这时，得知好友履新的乔布斯打来了恭喜电话，并客套地说了一些以后双方要加强合作之类的话。说者无心，听者有意，赞德眼前一亮，是啊，乔布斯不正是一座取之不尽的灵感宝库嘛，他推出的每款产品都那么受市场欢迎，如果能够和他合作一起生产手机，一定会大获成功。可是，赞德深知乔布斯个性固执，如果想要打动他，必须像他说服斯卡利的那句“你想卖一辈子糖水还是想改变世界”那样，直指人心，于是，他说道：“当人们出门的时候，他会确认自己有没有带钥匙、钱包和手机，而不会确认自己有没有带 iPod。所以，史蒂夫，我们一起制作一部手机吧。”

赞德的这句话如醍醐灌顶，一下子揭开了蒙在乔布斯眼前的细纱，他终于明白自

己一直以来隐隐担忧的是什么了，那就是手机，尤其是具备音乐播放功能的手机，它会给iPod带来极大的冲击。尽管现在iPod仍然销售火爆，但以后情况堪忧。于是，乔布斯告诉赞德说："我考虑考虑吧。"

乔布斯让人做了一组市场调查，结果发现，2004年全球手机销售量至少将在2003年5.2亿部的基础上增长19%，达到6.2亿部，而且消费人群涵盖了从小学生到老年人的几乎所有年龄阶段，这个市场可比音乐市场大多了。

于是，他给赞德打电话说："让我们试试吧。"也许有人会问，乔布斯为什么不自己研发手机，而要和别人合作呢？他不是一直都标榜要坚持从端到端的一体化操作吗？其实，乔布斯不是不想，而是不能。所谓隔行如隔山，苹果公司从未涉及过手机领域，如果自己干的话，难免遇到各种难题，还不如和真正的手机生产商合作研发，既积累经验，又省时省力。

2004年6月初，双方达成初步协议：将苹果的畅销商品iPod整合到摩托罗拉手机中，摩托罗拉负责制造硬件，苹果负责研发音乐软件。7月26日，双方联合召开新闻发布会，向外界宣布了这一消息，并宣称，这将让音乐爱好者可以将他们从iTunes上下载的歌曲，利用USB或者蓝牙传送到摩托罗拉下一代的"Always with you"系列手机上，苹果将为这款手机研发专门的iTunes播放软件，而摩托罗拉则会把这一软件作为手机的标准播放器。消息发布后，苹果的股价立刻上升，这更坚定了乔布斯进军手机界的信念。

然而，很多事情都是这样，以美好的宏愿开始，却以凄惨的结果结束。

在双方召开过新闻发布后没多久，摩托罗拉公司发布了Razr型号的手机，在市场上大获成功，这让赞德非常得意，因为是他发现了这款手机的价值，并力排众议将它推向了市场。乔布斯听到这个消息后也很高兴，因为他觉得如果双方的合作如果以这款手机为载体一定会取得不错的销售业绩。可是，乔布斯的计划很快破产。赞德决定以另外一款型号为E398的手机为载体和苹果公司的iPod合作，这让乔布斯很不高兴。他觉得搭配那样的手机简直就是对iPod的侮辱，但是，人在屋檐下，不能不低头，乔布斯默默地接受了。除此之外，双方在合作方式上，也出现了激烈的争执。摩托罗拉希望苹果公司先研发出一个iTunes播放软件，然后他们再决定把它放在什么地方。而苹果公司则希望摩托罗拉可以提供完整的产品规划，从而决定研发什么样的iTunes播放器。这个争端一度让双方的合作陷入了僵局，此时，乔布斯又作出了让步，同意按照摩托罗拉的计划走。但是，为了避免这款音乐手机对iPod产生过多的冲击，苹果公司限制了iTunes的功能。

有人很迷惑，乔布斯此时怎么会像温顺的小绵羊一样，任人摆布呢？其实，想想乔布斯和摩托罗拉合作的初衷就会发现，这次合作的目的，乔布斯与其说是为了研发出一款功能强大的手机，不如说是为了积累手机生产的经验，为今后单独进军手机市场做准备，这样一来，乔布斯的这种妥协举动就不难理解了。

经过一年的磨合，2005年9月7日，苹果和摩托罗拉联合推出的Rokr E1手机终于面世。在新闻发布会上，赞德毫不吝惜溢美之词，他说："这款手机是通信与音乐的最完美融合，我们彻底改变了手机的发展方向。”乔布斯也说道：“为了让消费者享受到顶级的音乐，我们和摩托罗拉进行了紧密的合作，一起打造了这部领先潮流的手机，我们感到很兴奋。”为了增加这款手机的人气，他们甚至让巨星麦当娜通过视频电话出现在了发布会上。

但是，显而易见，乔布斯对于这款手机不是那么喜欢。就在这款手机发布20分钟后，苹果就发布了最新款的播放器——iPod nano，一时之间，iPod nano的风头远远地盖住了Rokr E1手机。这让赞德非常生气，他在接受采访时毫不避讳地说：“去他的iPod nano！人们根本就不需要那么大的内存，谁会真的听1000首歌呢？人们需要的只是一个音乐播放器罢了。”

Rokr E1失败的命运是注定的，它既没有摩托罗拉Rokr系列手机便携的超薄造型，也没有优美的外观，同时下载困难，还只能容纳约百首歌曲。所有这些让它在2008年福布斯网站举办的评选苹果十大失败产品中榜上有名。就在它发布的当年，就“荣登”了11月份的《连线》杂志封面，并“赢”得了这样一句充满嘲讽的话：“你们说这玩意儿就是未来的手机？”

乔布斯尽管对这款手机没有抱什么希望，但是看到报道仍然很生气。他走到研发团队中间，将杂志狠狠地摔在桌面上说：“我受够了跟摩托罗拉那样笨的公司合作，我们自己来。”

乔布斯这样说是有底气的。在此之前，乔布斯不敢涉足手机行业最大的原因是因为他不认识电信运营商，而此时，经过和摩托罗拉的合作，苹果公司已经和美国第二大无线运营商Cingular建立了紧密联系。

事情是这样的：在与摩托罗拉合作的过程中，苹果希望电信运营商参与到项目的测试中，于是，摩托罗拉就让美国第二大无线运营商Cingular参与了合作。刚开始的时候，苹果还通过摩托罗拉和Cingular公司联系，但渐渐地苹果开始越过摩托罗拉直接和Cingular公司接洽，而摩托罗拉则没有任何戒心。乔布斯当时就跟Cingular表示，苹果公司正在研发一种触控屏幕技术，如果应用在手机上的话，可以制造出世界上最先进的手机，Cingular当时就表现得很有兴趣。当时，所有电信运营商都加入了激烈的语音通信价格战，Cingular也不例外，它急于在语音服务之外找到更多的盈利点，如果能够用手机上网、下载音乐或影片，那赢利就轻而易举了，而乔布斯所说的触控屏幕技术无疑为这些提供了可能。于是，双方关系越来越紧密。

另外，乔布斯想要进入手机市场还有两个原因。据调查发现，2005年，全球手机销量超过8.25亿部，比2004年增长了33%，比2003年增长了58%，这充分说明了手机市场有巨大的潜力可挖。此外，乔布斯还发现，尽管人们普遍离不开手机，但大家都对自己的手机有各种各样的不满，或者是操作太复杂，或者是设计太难看，这让乔布斯看到了商机。

苹果公司当时的律师乔治·莱利回忆说，有一天，他正在会议室里审核文件，乔布斯和他的研发团队走进来坐在一起讨论他们有多讨厌自己的手机。他们甚至拿起莱利的手机，边摆弄边说缺陷，最后得出的结论是“简直就是一坨狗屎”，这让莱利简直都有点不好意思拿回那坨狗屎了。莱利说："他们在讨论在这个问题的时候，非常兴奋，一个个眼睛里都放着光。他们讨论着自己想要什么样的手机，而这些后来都在iPhone上得到了实现。"正如乔布斯所说："为自己和亲人设计手机，这才是最好的动力。"

刚开始的时候，乔布斯将研发手机的重任交给了Air Port无线基站团队，因为他认为这是一款无线电产品。但是，很快他就改变想法，将这项重任交给了iPod的设计团队，因为他意识到，手机说到底还是一款消费类电子产品。

于是，一项新的传奇开始书写……

滚轮+多点触控

"这就是我们想要做的东西，让我们实现它吧。"

——在决定研发采用多点触控技术的手机时，乔布斯如是说

在与Cingular交流的过程中，乔布斯曾声称，自己拥有一项触控屏幕技术，可以开创手机业的未来，而这项技术的诞生充满了戏剧色彩。

当时，乔布斯夫妇正在参加一位朋友丈夫的生日宴会。寿星公是微软的工程师，他在自己的50岁生日宴会上既邀请了乔布斯夫妇，也邀请了盖茨夫妇。乔布斯本来不愿去的，但是在妻子鲍威尔的说服下才不情愿地去了。

在宴会上，喝了不少酒的寿星公不停地向乔布斯炫耀说，微软正在研发一种平板电脑，还时不时地会涉及细节。这既惹恼了乔布斯，也惹恼了比尔·盖茨。盖茨后来回忆说："他掌握着我们公司的知识产权，这很危险。"而乔布斯则实在是受够了他那种自播自吹的行为，他后来回忆说："他（寿星公）不停地跟我说，微软将制造出多么了不起的平板电脑，将怎么改变世界，引领未来潮流，苹果应该采用他开发的微软系统。这让我不胜其烦。"就像盖茨后来在回忆当时情形时说的那样："那晚史蒂夫对我还算友好，但对寿星不怎么友好。"

受到刺激的乔布斯，第二天一到公司就告诉团队们说："伙计们，昨天晚上微软的一个家伙说他们正在研发一款带有手写笔的平板电脑，那可真够恶心的。现在让我们来告诉他们真正的平板电脑应该是什么样子吧。"

乔布斯设想的平板电脑应该是这样的：没有键盘，没有手写笔，只有一个光滑的屏幕，在这个屏幕上通过手指你可以同时进行多个输入，乔布斯还为这项技术起了一个名字："多点触控技术。"

任务下达后，苹果公司的研发团队开始了紧张的研发工作。6个月后，一个粗糙的样机诞生了。乔布斯把样机交给了一位负责用户界面的设计师，让他进行美化，这位设计师开创性地增加了卷页功能，这让用户可以像翻书那样，通过轻扫屏幕，达到翻页的效果。乔布斯见到这项技术时，激动地说："我喜欢它。"

技术问题解决了，下面摆在乔布斯面前的就是生产出一种支持多点触动技术的触控板。这时候特拉华州一家小企业闯入了乔布斯的视野。这是一家名为 Finger Works 的小公司，公司创始人是美国特拉华大学的学者约翰·埃利亚斯和韦恩·韦斯特曼。当乔布斯将眼光投向这家公司的时候，它已经研发出了具有多点触控功能的平板电脑，并为这项将手指动作转化为有用功能的技术申请了专利。乔布斯发现这家企业后，很快就通过收购获得了该公司及其全部专利，这其中就包括触控缩放和滑动浏览两项专利，两位创始人也转为苹果公司员工，开始为苹果公司的发展出谋划策。

一切都准备好了，平板电脑似乎呼之欲出了，然而，苹果与摩托罗拉合作研发的 Rokr E1 的失败，让乔布斯将视线从平板电脑转向了手机，于是，手机成了苹果公司第一款采用多点触控技术的产品。正如乔布斯后来总结的那样："如果我们能把这项技术应用在手机上，那么也就可以应用在平板电脑上。"

有了想法之后，乔布斯将自己的团队召集到会议室，展示了一下多点触控技术，想看看大家的反应。iPod 的设计师法德尔在看过演示之后，不禁尖叫起来："哇，我想每个人都会喜欢这项技术的。"法德尔的反应让乔布斯坚定了制作一款采用多点触控技术的手机的想法。但是毕竟这是一项全新的技术，能否在手机设备上使用还是一个未知数，而且公司员工们很希望可以制造出一款使用转轮技术的手机，于是，乔布斯决定兵分两路，一组研发采用转轮技术的手机，另一组研发采用多点触控技术的手机。为了便于区分，这两组分别以 P1 和 P2 为代号，并决定在 6 个月后根据两组的进展情况确定去留。

6 个月后，P1 和 P2 的研发人员重新聚集在了会议室内，等待着乔布斯做出最后的决定。乔布斯首先询问了双方的进展情况。负责 P1 的法德尔表示，尽管他们一直都在研究转轮技术，但是仍然没有找到简单的拨号方法。他后来回忆说："使用转轮技术会让浏览通讯簿非常方便，但是想输入东西就会很麻烦。我试图说服自己人们只会给已经存储在通讯簿里的人联系，但是那是行不通的。"相比之下，P2 尽管也充满了风险，但是更充满着机遇。于是，乔布斯有了决定，他指着触摸屏说："这就是我们想要做的东西，让我们实现它吧。"这与其说是一次抉择，不如说是一次赌博，高风险却也高回报。

当然了，乔布斯最终决定研发的这款手机不仅采用了触摸屏，还融合了转轮技术，可以说是 P1 与 P2 的完美融合。苹果公司对于这款手机的研发可以说是投入了大量的人力物力，自 2005 年秋天开始，先后有 200 多名工程师效力于这个项目，项目的经费达到了惊人的 1.5 亿美元。同时这个项目的保密工作也达到了一定的程度，即使是这一项目不同部门之间也不能任意沟通，部分研究室还安装了摄像头进行监控。当时是苹果公司员工的伯特兰·居赫纳福说："苹果公司对于 iPhone 的保密简直到了最高级。人们都在不同的厂区工作，并且都和外界隔绝，只有被授予特权的人才有资格进入。"

在研发过程中，几位设计师借鉴当时最为流行的黑莓手机，想给手机配上键盘，这遭到了乔布斯的坚决反对，他说："键盘确实可以解决一部分问题，但是它会阻止我们创新的脚步。让我们试试吧，一定可以找到不用键盘的方法的。”正是这种对于传统解决问题方法的摒弃，让苹果公司研发出了iPhone。在这部手机上，如果你想拨号，屏幕上就会显示数字键盘；如果你想写东西，就会出现打字键盘；当你想看视频的时候，这些键盘都会隐藏不见，总之，它的人性化设计可以满足你的各种需求。

为了让自己研发的第一款手机达到完美，乔布斯和他的团队对于手机的细节展开了全面的完善。乔布斯觉得开关按钮不够优雅，于是有了滑动开锁，人们可以通过屏幕上简单有趣的滑块，打开处于休眠中的机器；乔布斯担心人们在接打电话时，耳朵不小心的碰触会启动某些操作，于是研发了手机传感器；乔布斯担心设计不够美观，于是亲自监督所有图标都采用了圆角矩形……

为了方便用户使用，研发人员在iPhone上进行了多项创新。他们在手机屏幕上添加了一个大指示条，用户可以选择保持通话或者进行电话会议；研发出了一种可以简便地浏览电子邮件的方法；研发出了一种能够横向移动的图标，让用户可以根据需要启动不同的应用程序……

在积极研发多点触控技术的同时，乔布斯也积极与美国第二大运营商Cingular沟通合作事宜。

尽管早在苹果公司还在与摩托罗拉合作时，乔布斯已经向Cingular炫耀自己有触摸屏技术，而Cingular也表示很有兴趣，但毕竟没有见到真品。直到2006年，当外界都在猜测苹果正在研发自己的智能手机时，苹果公司才开始加紧与Cingular公司的沟通。

在与Cingular公司谈判的过程中，乔布斯再次利用自己的现实扭曲力场，为苹果争取到了很多权益。Cingular公司作为美国第二大电信运营商，有自己的营销手段，也形成了自己的传统：每月都收取低廉的手机费，从而拴住客户。然而，在与苹果公司的合作过程中，乔布斯坚持推翻Cingular公司原来的运作模式，要求每月从Cingular公司手机用户账单中划走10美元归苹果公司所有，这是史无前例的。当然，作为交换，苹果开出了让Cingular公司独家运营iPhone5年的优厚条件。乔布斯一次次地给Cingular公司描绘恢宏的蓝图，让Cingular同意一些苛刻的条款，引导Cingular公司逐渐地将其品牌以及网络变成了单纯提供内容的渠道。后来《时代》周刊这样总结道：“很多手机之所以会存在这样或那样的缺陷，很重要的一个原因就是电信运营商会给手机研发商提各种各样的苛刻条件，限制他们的行为，然而到了苹果公司这里，变成了苹果公司给Cingular公司提各种苛刻的条件，最后苹果公司几乎达到了为所欲为的地步，想干什么就可以干什么。这让其他生产商羡慕不已，也纷纷提出这样的要求，然而却均未得逞。”

在谈判的过程中，Cingular也多次询问自己是否作出了太多的让步，然而苹果许给他的未来太美好了，这让他们宁愿为了未来而舍弃现在。当然了，苹果要获得这些权益也不是那么容易的，在谈判的最后一段时间里，乔布斯压力非常大，很多苹果公司的员工都看到他在走廊里大声地背演讲稿。

经过一轮讨价还价，苹果和Cingular在2006年7月正式签订了合作协议。

对于这份协议，媒体这样评价："Cingular公司简直就是把自己昂贵的网络变成了下水道。"由此看见，这桩买卖对于Cingular是多么不利，而对于苹果公司是多么有利。

在合约签订过程中，苹果公司再次展示出了在这场合作中的主动权。Cingular公司的董事会希望乔布斯在签约的时候可以穿上西装以示尊重，然而签约现场，乔布斯仍然是黑色套头衫、蓝色牛仔裤，以及一双穿旧了的运动鞋，他说："我们苹果公司从来都不穿西装，甚至从来都没有西装。"这让Cingular的人员惊愕不已。

完美的材质与外观

"我知道大家在过去9个月为了这款设计可谓呕心沥血，殚精竭虑，有时甚至恨不得杀了自己。但是，我们必须改掉它。"

——在提出要修改iPhone的外观设计时，乔布斯如是说

乔布斯曾说："领导者和追随者的区别在于创新。"乔布斯身上强烈的创新精神，让他在研发产品的过程中总想着尝试新材料。

细心的人会发现，掀起颜色革命的iMac外壳是用塑料做成的；在行业中具有领先优势的Power Book G3便携式电脑弃用塑料外壳，尝试了光滑的钛板，两年后，又用铝制材料代替钛板；iPod nano采用了阳极电镀铝……可以说，苹果每前进一步都伴随着对于不同材料的尝试。

乔布斯对于新材料的尝试是疯狂的。曾经，为了制作出符合要求的阳极电镀铝，他专门在中国兴建了一家工厂。当时是2003年，中国正值"非典"肆虐之时，很多人都选择了闭门不出，然而为了保证产品质量，乔布斯的得力助手艾维仍然来到中国监督流程。艾维后来回忆说："在那样的环境下，我在工厂的宿舍里住了3个月，帮助他们改进流程。鲁宾斯坦和其他人都觉得我们疯了，但是我和史蒂夫认为阳极电镀铝可以让产品变得完美，所以我们豁出去了。结果功夫不负有心人，成功了。"

阳极电镀铝的成功使用让乔布斯对于新材料的尝试更加狂热，现在苹果即将进军手机市场，作为第一部投放市场的手机，使用什么材质才能显得与众不同呢？乔布斯在办公室里苦苦思索着。一缕夕阳透过办公室巨大的玻璃窗暖暖地照在了办公桌上，乔布斯不禁抬头望向了那似血的残阳，忽然，一个念头蹦了出来：对，玻璃。我们可以用玻璃做巨大的玻璃窗，做美观的楼梯，为什么不能用它来做手机屏幕呢？玻璃可比塑料看上去优雅多了，也更有质感了。

只有想不到，没有做不到。乔布斯立刻就把自己的想法告诉了团队，并让他们开始寻找符合要求的玻璃。也许有人会说，一块玻璃而已，随便一个玻璃店里都有很多种，这有什么难找的啊？其实，乔布斯要找的不是一块普通的玻璃，而是一种既结实又耐划的玻璃。因为别忘了，这款手机要采用多点触控技术，手指和屏幕必然会经常

接触，如果不耐划，屏幕很快就会变成大花脸，这是乔布斯绝对不能忍受的。

自2001年开始，苹果为了建造零售店，曾多次从亚洲的一家工厂里定制玻璃，于是，这次一提到玻璃，人们首先想到了这家工厂，并打算尽快赶到那里进行沟通。这时，乔布斯的朋友约翰·西利·布朗听说了苹果公司寻找特殊玻璃的事情，他给乔布斯建议道："我是康宁公司的董事会成员之一，我知道他们曾经生产过一种玻璃，可能符合你的要求。你可以和他们联系看看。"乔布斯按照布朗的建议给康宁公司打了个电话。电话打到了康宁公司的总机那里，乔布斯以自己惯有的态度说："我是史蒂夫·乔布斯，我要同温德尔·威克斯通话。"总机接线员觉得这位先生奇怪极了，怎么会打来总机找公司CEO呢，但还是把电话转给了威克斯的助理，助理告诉乔布斯，自己会把电话内容转告给威克斯的，乔布斯说："不，我不要你转达，你告诉他我是史蒂夫·乔布斯，让他接电话。"助理觉得这人脑子真是有问题，CEO怎么会随便地接你的电话呢，于是拒绝了他，并挂断了电话。这让乔布斯异常生气，他立刻打电话给布朗说，自己遇到了典型的东海岸那一套。

事情后面的发展非常具有戏剧性。得知此事的威克斯也打电话到了苹果公司的总机，要求与乔布斯通话，结果，总机连转接都没有，直接让他把自己的要求传真过来。尽管总机接线员是无心之举，却不经意间为乔布斯出了气。

经过这番波折，乔布斯和威克斯终于取得联系，并相约在库比蒂诺商谈相关事宜。乔布斯向威克斯描述了自己对于玻璃的要求，威克斯说，康宁公司在20世纪60年代时生产过一种被称为"金刚玻璃"的产品，可能符合乔布斯的要求，但是因为没有市场，这种产品早就停产了。乔布斯对于这种玻璃是否符合自己的要求充满疑虑，于是开始解释玻璃的制作过程。这简直就是在关公面前耍大刀，于是，威克斯毫不客气地打断他说："你闭嘴，听我讲。"于是，威克斯开始讲解金刚玻璃的化学原理。这打消了乔布斯的疑虑，乔布斯希望康宁公司在6个月内生产出尽可能多的金刚玻璃。

这让威克斯大吃一惊，这样生意就算谈成了吗？就两个公司的CEO见见面，探讨一下玻璃的制作方法，生意就谈成了，这样太快了吧？不过，他很快镇定下来，告诉乔布斯说："尽管很高兴和苹果公司合作，但是我们已经很久不生产这种玻璃了，暂时恐怕没有这种能力。"乔布斯说："别担心，伙计，我相信你们一定可以的。"初次见识乔布斯现实扭曲力场的威克斯仍试图解释这一目标是不可能实现的，但是乔布斯仍坚持说："我相信你们一定可以的，动动脑子，一定行的。"在乔布斯现实扭曲力场的作用下，威克斯最后竟然真的相信自己可以制作出金刚玻璃了。尽管最后确实成功了，但他仍然不敢置信："史蒂夫一再鼓励我'你一定可以'，我最后竟然真的做到了，太神奇了。"

为了履行与乔布斯的合约，威克斯将公司位于肯塔基州哈里斯堡一家原来生产液晶显示器的工厂全部用来生产金刚玻璃，并将公司最优秀的科学家和工程师都投入到了金刚玻璃的研发上，威克斯此后经常会感叹乔布斯神奇的魔力："他能让你做到平时做不到的事情。"

如果你现在有机会走进威克斯的办公室，会发现他的办公室里只放着一个纪念品，那是 iPhone 推出后，乔布斯发来的短信："如果没有你，我们做不到。"可能这对于威克斯来说，就是最大的赞美了吧。

与苹果的合作，让威克斯和乔纳森·艾维成为了好朋友。威克斯这样评价艾维和乔布斯的不同："乔尼（乔纳森昵称）对于相似的玻璃有很高的辨识度，他仅凭感觉就能区分出不同的玻璃，这在我们公司也只有研究负责人才能做到。他会摆弄这些材料，认真地思考它的用途。而史蒂夫更多的时候，只会表示出喜欢或讨厌。"艾维有时甚至会带领自己的团队来康宁公司一起制作玻璃。

威克斯说："乔布斯和苹果促使我们更优秀。"确实如此，如果没有苹果公司，或许康宁公司现在仍在生产着普通玻璃和液晶显示器，而不会成为特殊玻璃和陶瓷材料的全球领导厂商。

在苹果，员工们最怕听到的一个词是"重启"。它在苹果有着特殊的含义，指的是在某项产品的设计接近尾声时，突然需要重新开始。人们逐渐地忘记了是谁最早使用这个词，但是所有的人都记得谁创造了这个词，他就是乔布斯。

乔布斯有着苛刻的完美主义精神。在产品研发的过程中，只要出现一点儿的不足，他就会让团队重新来过，这样的情况曾发生在苹果零售店的布局中，也曾发生在《玩具总动员》的制作过程中，这次发生在了 iPhone 的研发过程中。

在 iPhone 的手机外壳方面，设计团队曾做出了数百个不同的模型，有的采用不同的材质，有的采用不同的搭配，有的方案之间差别很大，有的则差别很小。乔布斯从众多的模型中挑选了一个比较满意的，让团队开始改进。整个设计团队松了一口气，以为这一关终于过去了。然而，突然有一天，乔布斯一到公司就冲到艾维的办公室说："我昨天半夜惊醒，发现自己还是不喜欢这个外壳。这是自 iMac 后苹果推出的最重要的产品，我们不能搞砸。"艾维后来回忆起当时的感觉说："我觉得很尴尬，作为设计师，竟然需要史蒂夫来发现这个问题。"

乔布斯和艾维开始审视这款设计存在的问题，金属外壳和屏幕并重，让它过于男性化了，不够柔美，同时太注重功能性了，不够性感。于是，乔布斯来到设计团队，看着忙碌的员工说："伙计们，我知道大家在过去 9 个月为了这款设计可谓呕心沥血，殚精竭虑，有时甚至恨不得杀了自己。但是，我们必须改掉它，这意味着你们在今后相当长一段时间里必须没日没夜没周末地工作。如果你们想的话，我现在就给你们几把枪毙了我们。"员工们没有毙掉乔布斯，而是选择了立刻投入紧张的修改工作中，乔布斯后来回忆说："那是我一生自认最值得骄傲的时刻之一。你知道，不是所有的员工都能像他们那样的。"

为了让手机更简洁，乔布斯坚持上面只能有一个按键。设计师们为此绞尽脑汁，多次冲到乔布斯的办公室说："史蒂夫，仅有一个按钮是没有办法实现所有功能的。"但是，乔布斯充耳不闻："我相信你，一定可以的，去设计吧。"事实证明，乔布斯最擅长的事情就是让不可能变成可能，我们现在见到的 iPhone 上都只有一个按钮。不仅如此，后来的 iPad 上也只有一个按钮，这都要归功于乔布斯"以简为美"的理念。

经过紧张的修改，iPhone 重新呈现在了众人面前：正面是整块的金刚玻璃，侧面是薄薄的不锈钢，两者紧密地结合在一起，所有的部件都为屏幕服务。这款设计亲切而优雅，功能性与艺术性并存，受到了乔布斯的肯定。外观的改动，就意味着内部电路板、电线和处理器的需要重新设计，不过，乔布斯毫不犹豫地决定了：“我们就用这个设计。”参与整个设计过程的法德尔说：“如果在其他公司，估计这款产品早就上市了，但是我们决定重新开始。这就是苹果与其他公司不一样的地方，我们不能容忍任何的不完美。”

一款产品真正的完美，在于贴心。有人会问苹果的粉丝：“你为什么喜欢苹果的产品?”苹果的粉丝会告诉你：“好用。”是的，苹果的产品好用，但这个好用是由无数的细节堆积起来的。据说，iPhone的试用人员为了检验玻璃与不锈钢处的接缝是否会挂头发，曾一次次地拿着iPhone的样机在脸部摩擦。

有些爱好鼓捣东西的朋友，面对苹果的机器有时会忍不住地在心里咒骂：“你为什么要把产品做的这么封闭呢?”是的，乔布斯从来都不想让除苹果维修人员之外的人打开产品，看到产品的内部，这并不是因为其产品的内部太杂乱，而是因为乔布斯认为自己的产品都是艺术品，是不容亵渎的。这种心理在iPhone上体现得最为明显。最初iPhone上使用的是普通的小螺丝，其他的修理人员也可以打开，这让乔布斯不爽。于是自iPhone4开始，苹果产品上使用的螺丝都是特制的五角形防撬螺丝，除非利用苹果特制的工具，否则根本没法打开。

可能有人会问了：“没有办法打开，那怎么更换电池呢?”答案是，iPhone根本就不用更换电池。它优质的电池，让消费者可以持续3G通话8个小时，2G通话14个小时，最高40个小时音乐播放，10个小时影片播放。不用更换电池，也让iPhone比同类产品更薄，这也是苹果产品的特征之一——“薄，更薄。”正如当时蒂姆·库克所说：“他（乔布斯）始终以薄为美，所以我们有最薄的笔记本电脑Mac Book Air，最薄的智能手机iPhone，最薄的平板电脑iPad。我们以后还会更薄。”

iPhone发布

“我们重新发明了手机。”

——在iPhone的发布会上，乔布斯如是说

iPhone对外公布的推出时间是2007年1月。然而，就在2006年夏天，苹果却遭遇了一场信任危机。

当时“绿色和平”环保组织通过调查发布了一份IT公司“环保责任心排行榜”，苹果公司多项均排在了榜尾。为了证明榜单的权威性，该组织还在官网上发布了一封致苹果公司的公开信，信中写道：“我们喜欢苹果公司，因为它制造了与众不同的电脑。但是，不容我们忽视的一个问题是，苹果公司所有的产品，如Mac、iPod、iBook等，都包含了化学原料，例如钛酸盐、铅、水银等。其他很多公司都在逐渐放弃使用

这些原料，为什么呢？因为这些东西有毒，这些电子产品废弃后，就会被运到发展中国家，那里的垃圾工人在拆卸、重装的过程中，就会中毒。为什么其他公司可以用环保型的材料代替有毒材料，而苹果公司却不能呢？苹果有毒……"

同时一封给乔布斯的请愿信也被放在了网上，这在消费者中间造成了极其恶劣的影响。苹果公司立刻采取行动，先在网站上为自己正名，又更换材料，消除不良影响，这件事才平息下去。

除此之外，iPhone 的研发也困难重重。尽管外观和技术支持问题已经解决，但是 iPhone 在测试过程中问题仍然层出不穷。2006 年秋天，乔布斯主持召开了一次由 12 位 iPhone 项目的核心高管参与的会议。在会议上，乔布斯拿着手中的 iPhone 测试机说："这个东西简直就不能被称为产品。它在通话过程中会突然中断，电池还没有充满会自动停止充电，有些程序遇到故障后就无法正常使用……"乔布斯花费了约半个小时的时间历数了这款机器目前还存在的问题。这次他没有大吼大叫，声音很低沉，这有点像暴风雨前的宁静，让与会的高管们心里七上八下的。后来有位与会人员说："我在苹果待了那么多年，第一次有了阴风阵阵的感觉。"最后，乔布斯再次督促大家必须立刻行动起来，尽快解决这些问题。

又是几个月的不眠不休，终于，2006 年 12 月中旬，解决了所有问题的 iPhone 被交到了乔布斯手中。他在尝试着进行了几项操作后，露出了笑脸。他带着这款手机来到了拉斯维加斯，向合作伙伴 Cingular 电信公司的总裁斯坦·西格曼进行了展示。西格曼看后，不禁感叹道："哇，它是我见过的最完美的手机。"西格曼的感叹让乔布斯吃了定心丸。

2007 年 1 月 7 日，星期二，乔布斯终于迎来了他生命中最重要的时刻之一——iPhone 的发布会。

在会议现场，人们见到了已经从苹果消失了很久的安迪·赫茨菲尔德、比尔·阿特金森、史蒂夫·沃兹尼亚克，以及 1984 年打造麦金塔电脑的部分海盗成员，无疑这是乔布斯的刻意安排，他想要让这些朋友们再次见证苹果的辉煌。

发布会在乔布斯的主持下正式开始。当身着黑色高领套头衫、蓝色牛仔裤、白色运动鞋的他走上舞台时，来宾们报以热烈的掌声，乔布斯的声音略显激动，他说："这一天，我足足等了两年半，这一天终于来了。每隔一段时间，世界就会因为某些东西的诞生而发生改变。比如，1984 年苹果发布的麦金塔电脑改变了计算机产业；2001 年苹果发布的 iPod 改变了整个音乐产业；今天我们将同时发布三件这一份量的产品，第一件是触摸式宽屏的 iPod，第二件是一款具有革命意义的手机，第三件是一款史无前例的互联网通信工具，但是，我要告诉大家的是，这不是三件产品，而是一件产品，我们称它为'iPhone'。今天，苹果重新发明了手机。"

台下的人们完全沉浸在乔布斯的演讲中，他的每一个动作、每一个眼神、每一句话都引起了人们细细地品味。这对于苹果爱好者来说已经不仅仅是一场新闻发布会，而且是一场乔布斯的个人秀，他独特的魅力，让每个人都深陷其中不能自拔。

有人曾这样总结乔布斯独特的演讲技巧：一，注重目光的交流，乔布斯通常都做非常充分的演讲准备，这样，在演讲的时候就可以脱稿进行，同时加强与台下观众的目光交流，及时得到反馈信息；二，开放的姿势，乔布斯在演讲的时候，通常会避免双臂抱在胸前或把手背在后面，而是会采用一种开放式姿势；三，用手势进行强调，乔布斯在演讲的时候经常是手舞足蹈的，但这些手势绝不是杂乱无章的，而是清晰而明确的，他会通过手势加强自己语言的感染力。此外，语音、语调、语速等乔布斯都会做精心的设计和安排，如此，也难怪他的演讲就像一场明星表演了。

如果说产品发布会是一场乔布斯的个人秀，那么这个秀的压轴好戏一定是对于产品的展示。在 iPhone 的发布会上，这样的展示开始于上午的 9 点 40 分，也就是发布会开始后的第 40 分钟。细心的人会发现，苹果公司的很多新产品都发布于发布会开始后的约第 40 分钟，这无疑也是乔布斯刻意的安排，他认为此时人们的胃口被调得最高，对于产品的期待度最高，因此最易成功。

乔布斯拿出 iPhone 开始演示。他熟练地用手指点开音乐图标，通过滑动浏览起了目录，然后他选择了披头士的歌曲，音乐声开始在发布会上飘荡。乔布斯像个爱耍宝的小孩子一样，将手机稍微倾斜了一下，神奇的事情发生了，手机上的图片自动从竖版变成了横版，这让现场人们惊奇不已。这是 iPhone 的另外一项创举——重力感应技术。乔布斯利用手指的收拢和扩开展示了如何缩小或扩大图片，还展示了任意收听留言功能，这让人们可以根据需要自主选择先收听谁的留言……人们发现，苹果展示的创新都是很细小的，但是很贴心，让人难以抵抗。正如一位在现场的人员说的那样："这些细节看似理所当然，却很少有人想到。"

和精心设计发布会的每个场景一样，乔布斯也精心地安排着媒体的采访。他对于每家媒体都精挑细选，他不打算让《时代》杂志参与这次报道，于是给时代集团总编约翰·休伊打电话说："这是我们做过的最好的产品，我可不想搞砸了。但是你们的记者似乎都不够聪明，不配写这个稿子，所以我打算给别人。"休伊说："史蒂夫，别这样，我这次一定给你找个聪明人，保证写出的稿子让你满意。"乔布斯这才同意《时代》参与报道。休伊口中的这个聪明人是列夫·格罗斯曼，他是一位悟性极高而精通文字的作家。最后，他的报道是这样的："苹果发布的这款名为'iPhone'的手机没有发明很多新东西，而只是让手机的很多功能更好用了。但是，这很重要，当一件工具使用起来不方便时，人们往往会怀疑是不是自己太笨了，而当一件工具好用时，人们会觉得自己也变得完美了。"

参与那次发布会的《商业》杂志编辑这样写道："昨晚，我一夜未眠。这真是个诡异的星期二，我好像身处一种甘愿被催眠的幻觉之中……"

2007 年 6 月，人们期待已久的 iPhone 终于开始上市销售。人们早早地就开始在苹果零售店前排队，以期早点见识这款被重新发明的手机。乔布斯和妻子在当天来到了位于帕罗奥图的苹果零售店，查看销售情况。当看到门口排起的长龙时，乔布斯彻底地放下心来。排队的人们见到乔布斯，兴奋地跟他打招呼，要知道很多人就是猜测乔布斯会来现场才早早地来排队的。在长长的队伍中，乔布斯见到了两个老朋友——赫茨菲尔德和阿特金森，这让他有些错愕："他们不是已经一人获赠一部了吗，怎么还会在这里排队?”赫茨菲尔德的话解了乔布斯的疑问：“我已经有1部了，但是我想要6部。比尔也是这样，我们从昨晚就开始在这里排队了。”

iPhone的热销引起了竞争对手的注意，他们认为，一款手机500美元太贵了，等人们的这股热情过去，销量就会下降。微软公司的史蒂夫·鲍尔默就这样认为，他在接受美国全国广播公司（CNBC）财经频道的采访时说：“它可能是世界上最贵的手机，但它对商务人士真的没有吸引力，因为没有键盘。”然而事实是，截止到2010年底，苹果已经售出了9000万部iPhone，利润占到了全球手机市场利润的一半以上。

当2011年4月底，iPhone4在中国发售时，更是引起了有史以来最严重的黄牛问题。苹果公司不得不将总部负责零售业务的高管派到北京专程处理此事。三里屯专卖店也派了大量保安维持秩序，结果仍因购机而发生多起斗殴事件，由此可见这款手机让人们多么疯狂。正如施乐研究中心的预言家艾伦·凯说的那样：“史蒂夫了解人的欲望。”

2007年11月，美国《时代》周刊评选出了当年的最佳发明，仅上市5个月的iPhone跻身其中，《时代》给出的获选理由是：“它从外观、手感和功能等多个方面，改变了我们对于移动媒体的看法。苹果没有发明触摸屏，但是它用这种技术改变了过去的图形用户界面，创造了一个全新的界面。”

与死神抗争

癌细胞在扩散

“每个人都会很快死去。所有外部的期望、骄傲，以及对尴尬或失败的恐惧，都会在死亡之后消失殆尽，只留下真正重要的东西。”

——在面对死亡的威胁时，乔布斯如是说

2006年8月，当人们出席WWDC（苹果电脑全球研发者大会）时，在场的观众都很吃惊地发现，乔布斯突然消瘦了许多。一年前那个体格健硕、精神奕奕的乔布斯不见了，现在站在他们眼前的只是一个形体消瘦、面容憔悴的乔布斯，这种形象上的反差，很快就引起了人们的热议。很多人都猜测乔布斯是因为得了病才这样的，至于什么病，就没人能够猜得出了。他们根本就不知道乔布斯是不是胰腺癌复发了，抑或是其他病症。

在接下来的两年时间里，乔布斯的身体虽然存在着健康问题，可他还坚持出席公司产品的发布会和一些公开活动。不过，每当媒体将聚光灯照在乔布斯那消瘦的身体上时，人们都会忍不住浮想联翩。在这段时间内，苹果公司的股票也随着人们对于乔布斯身体状况的猜测而起伏不定。

到了2008年初，乔布斯再次接到了死神的邀请，在9个月前被确诊为胰腺癌复发后，由于乔布斯的坚持而耽误了最佳的治疗时间，以致癌细胞扩散。其实，早在2004年做切除胰脏的手术时，乔布斯曾建议肿瘤专家对其体内的癌症基因进行部分的排序，以便于他们迅速发现致癌位置，并及时采取最为有效的治疗措施。但不幸的是，乔布斯体内的癌细胞还是在治疗过后，有一部分苟延残喘了下来，并直接导致了其病情的反复。

在最初被检查出是胰腺癌复发的时候，乔布斯并不想接受医院的治疗。因此，他为了在病发时给自己止痛，便服用了大量含有吗啡成分的镇痛药。说实话，没有这方面经历的人，根本就无法想象乔布斯当时的痛楚。据鲍威尔的好友凯瑟琳·史密斯回忆道："当我到史蒂夫家做客时，他曾告诉我说他浑身疼得难受。可即便那样，他仍在坚持与疼痛做斗争。"

除了癌症之外，在乔布斯身上还有一个很重要的健康问题需要解决，即饮食问题。乔布斯在癌症复发之初，他在饮食上的问题一直都未有人的注意，但是随着他的体重迅速下降，才引起鲍威尔等人的注意。

胰脏是人体内重要的消化器官，可以分泌淀粉酶、蛋白酶和肽酶等，消化人体摄入的蛋白质和其他营养素。可是，乔布斯由于胰腺癌的关系，被切除了大部分的胰脏，这就直接导致其消化功能骤降，造成其食欲不振。不仅如此，他用来止痛的含有吗啡的镇痛剂也让他食欲大减。再加上乔布斯一直以来的节食和禁食的习惯，其所摄入的营养物质就更少了。

鲍威尔在与乔布斯结婚的时候，还是一个严格的素食主义者，但是在乔布斯于2004年接受过胰腺切除手术后，她就开始改变原先的饮食习惯，在家里的餐桌上增加了鱼和其他富含蛋白质的食物，并一直坚持到现在。还有就是他们的儿子里德，在此之前也是一个不折不扣的素食主义者，但是经过一段时间的适应之后，也成了一个杂食主义者。其实，他们这样做，只是想让乔布斯改变一下饮食习惯，哪怕是一点点，他也能从这些食物中摄取到不少的蛋白质及其他营养物质。

但乔布斯对此则无动于衷，很少对这类饭菜动筷。有的时候，他会在开饭后一直盯着地板或是某处，好像满桌的美食都不存在一般。有时他还会在家人刚吃到一半的时候，突然站起来，一声不吭地离开餐桌。他的这种举动，让他的家人很是担心，可他们毫无办法，只能眼睁睁地看着他在短短的两个月内"减掉"18公斤的体重。

在此期间，为了迎合乔布斯，鲍威尔又专门从潘尼斯餐厅请来了一位家庭厨师，即布里亚·布朗。每天下午的时候，他都会来到乔布斯的家中，用鲍威尔种植在花园里的香草和蔬菜做上一桌丰盛素食晚餐。即便是乔布斯哪天突发奇想，想吃胡萝卜沙拉，抑或是意大利面等，布里亚·布朗都能按照他的想法做出来。可即便如此，乔布斯的食欲依旧没有多大改善。不仅如此，他对食物也越来越挑剔了，无论是素食还是肉食，甚至连他一向钟爱的水果餐，有时他也觉得难以下咽。

癌细胞的不断扩散，不仅严重影响到了乔布斯的健康，对其工作也造成了不小的影响。鉴于此，在苹果董事会的强烈建议下，乔布斯只得暂时离开自己心爱的工作岗位，安心接受治疗，并于2009年1月，在给苹果员工的一封公开信中宣布了这个消息。

在这封公开信中，他将自己的这个决定归咎于媒体的爆料。如他在信中所言："媒体的持续报道，可能是出于对我个人健康的好奇，但很不幸的是，他们的关注干扰到了我和我的家人，同时也影响到了苹果的每一位员工。"不过，他在这封信中，还是对自己的病情透露了一点，称其身体的治疗状况并没有那么简单，而病症也比他之前想象的要更加复杂一些。随后，他又对外公布，自己仍然担任公司CEO一职，但只参与重大决策，至于日常的运营工作则由蒂姆·库克全权负责，并称到了6月份他就会回来上班，让大家稍安勿躁。

健康问题冲击波

“关于我死亡的报道被严重夸大了。”

——在彭博社误发了他的讣告后，乔布斯如是说

2008 年 3 月，美国《财富》杂志刊登了一篇题为《史蒂夫·乔布斯的麻烦》的文章，在这篇文章中，作者透露乔布斯已经尝试着通过饮食治疗的方法，与复发的癌症进行了长达 9 个月的抗争了。在这篇文章发布后，乔布斯的病情再次成了人们眼中关注的焦点。

其实，早在这篇文章未发布之前，乔布斯就已经获知了这件事情。当时，他就将《财富》杂志的总编安迪·瑟沃请到了苹果公司的总部，希望他能压下这篇文章。不仅如此，他还给他们的老板约翰·休伊打去了电话，并向他施压，让他命令安迪·瑟沃撤掉那篇文章。结果，《财富》还是在当期刊登了这篇有关乔布斯健康问题的文章。

2008 年 6 月，当乔布斯现身于 iPhone3G 的发布现场时，他的消瘦竟然掩盖掉了 iPhone3G 的风头，抢占了更多媒体的镜头。对于媒体铺天盖地的报道，乔布斯只得利用手中的职权，通过苹果公司对外发表声明称，他的体重之所以减轻，是因为偶感风寒所致。很显然，像这种蹩脚的谎言根本就没人相信，外界媒体的质疑声依然不断。无奈之下，乔布斯只得通过公司对外声明道，他的健康只是“私事”，不应成为大家关注的焦点。

对于这份声明，许多媒体再次对乔布斯展开了攻势。如《纽约时报》的记者乔·诺切拉还曾开设了专栏，对乔布斯此举作了多次评价。他先是从乔布斯在处理自身健康的问题出发，称苹果公司根本就不值得信赖。同年 7 月，他又在自己的专栏内写道：“苹果公司在乔布斯的领导下，开创了一套严整的保密制度，这种制度在很多方面都取得了不错的效果，比方说我们在每年 Macworld 大会开始前，都会猜测苹果将推出什么样的产品，而这似乎也成了苹果公司的一种营销手段之一。不过，也正是有了这种制度，才破坏了苹果公司原本正常的管理秩序。”苹果公司的新闻发言人看到这篇报道后，只以这是“私事”为由，表达了对他的不满。不过，让他没有想到的是，乔布斯竟然还因此而给他打了个电话。

电话接通后，乔布斯便开门见山地说道：“我是史蒂夫·乔布斯，你知不知道你就是个把大部分事实都搞错了的浑蛋。”在发泄完后，乔布斯又立刻转变了自己的语气，称其可以提供一些有关他健康的信息，但前提条件是乔·诺切拉不能将这个消息公布出去。乔·诺切拉当然愿意接受这个条件，不过，他还是在随后的报道中称：“乔布斯的癌症并没有复发，虽然病情较重，但还不至于危及生命。”

他的这篇报道被刊载之后，依然没有消除众人心中的忧虑。当时 iPhone3G 的销售

状况虽然很好，但是，由于乔布斯病况不明，苹果的股票还从2008年6月初的188美元每股，下降到了7月底的156美元每股。

2008年8月底，彭博社居然将其提前准备好的乔布斯的讣告给误发了出去，结果又引起了众人的一阵恐慌。几天后，乔布斯在发布新的iPod产品时，对之前的那次“乌龙”事件调侃道：“关于我死亡的报道被严重夸大了。”不过，乔布斯当时那消瘦的外形，确实无法让人安心。以至于到了10月初的时候，苹果的股价再次下滑并跌至了97美元每股，在短短的4个月内，苹果的股价就缩水了一半，而这一切都是由乔布斯的健康问题引起的。

同年12月，《财富》杂志的一位资深科技记者布伦特·施伦德就要退休了。但在退休前，他想请来乔布斯、比尔·盖茨、迈克尔·戴尔和安迪·格鲁夫等四位IT界的巨头同时接受他的采访。虽说组织一次这样的采访很难，但他还是成功了。不过，他并没有高兴多久，乔布斯就告诉他自己将会退出这次访谈。不仅如此，他还对布伦特·施伦德言道：“假如他们问我为什么不参加的话，你就告诉他们我是个浑蛋好了。”比尔·盖茨在知道这个消息时很不高兴，他以为乔布斯是因之前的事情而记恨自己才不肯参加的，但当他得知乔布斯的健康状况后，他才原谅了乔布斯这一无理的举动。

同一月，苹果公司还对外宣布了乔布斯将会缺席2009年1月份Macworld大会的决定，这一消息再次引起了人们对于乔布斯健康状况的猜测。在很多网站上都充斥着对此事的猜测，并有不少猜测都很接近事实。乔布斯是固执的，别人越是希望知道自己的健康状况，他就越加以否认，同时他还亲自辟谣称，自己之所以不参加Macworld大会，只是想抽出更多时间陪陪家人。不仅如此，他还误导众人道：“我的体重之所以会在今年下降许多，是因为荷尔蒙失调引起的蛋白质流失所致，根本就不是什么重病，我很快就会痊愈的。”

乔布斯此言只有一部分是正确的，他确实有着荷尔蒙失调的症状，但那是由于他体内的癌细胞扩散到肝脏所造成的，他这样说既说明了他不想承认这一事实，也表明了他不想让公众知道他自身健康的真实情况。

2008年底，乔布斯又遇到了一件麻烦事，而且还是与他的健康问题有关的事情。比尔·坎贝尔和亚瑟·莱文森二人，他们既是苹果公司的联合独立董事，同时也是乔布斯的个人健康顾问。无论是在乔布斯接受治疗前，还是在接受治疗后，他们所知道的有关乔布斯健康的信息都要比其他人多很多，包括苹果的其他董事在内，至于外界公众所知道的就更少了。不过，也正因此，才牵扯出了一些法律问题，如证券交易委员会就以苹果公司涉嫌向股东隐瞒了“重大信息”为由，对苹果公司进行立案调查。假如情况属实的话，那么苹果公司将会构成证券欺诈，那可是一项重罪。

但是，这个所谓的“重大信息”让乔布斯很生气，因为这个“重大信息”指的就是乔布斯的健康问题。其实，证券交易委员会的调查人员这样认为是有原因的，他们觉得苹果公司的再度崛起与乔布斯有着紧密的关系，因此，当他故意隐瞒自己的健康问题时，好像就有些符合向股东隐瞒“重大信息”的情况了。

在这个时候，与乔布斯的私交很深的比尔·坎贝尔站了出来。早在1997年乔布斯回归苹果的时候，坎贝尔作为苹果董事会的成员，为乔布斯的回归做了不少的努力。后来，在乔布斯生病的这段时间，又是他在对外解释乔布斯的身体状况。现在，为了保护乔布斯的个人隐私，他甚至决定退出苹果董事会。对此，他回忆道："保护史蒂夫的隐私对我而言非常重要，因为他是我的老朋友。"最后，经研究决定，坎贝尔继续留在董事会，只是不能再担任总经理一职，至于证券交易委员会的调查也因此而无果而终。不仅如此，在此事过后，苹果董事会成员大多联合起来，保护乔布斯的隐私不再受到侵犯。

如苹果董事、美国前副总统阿尔·戈尔曾对此回忆道："许多媒体都希望我们能够多透露一些有关史蒂夫的事情，但我们觉得，这应该由史蒂夫自己决定，他既然不想让自己的隐私受到侵犯，我们就应当对他这一决定表示尊重。"不过，并不是所有人都愿意替乔布斯保守这个秘密，如苹果的另一位董事会成员杰里·约克，他虽然没有对乔布斯的健康信息公开发表评论，但在私下里接受《华尔街日报》的记者采访时吐露道："当我得知公司董事会成员在2008年底集体隐瞒了乔布斯的健康信息时，我总觉得很'恶心'。当时，我还差点儿因此而辞职。"这条消息直到2010年约克去世时，《华尔街日报》才将此评论发表出来。除此之外，杰里·约克还向《财富》杂志提供了一些有关乔布斯健康的非公开信息，并在2011年于乔布斯第三次因病休假时刊登了出来。

对于杰里·约克的话，有很多人都不相信是他说的，尤其是苹果的一些员工，他们都没有在苹果公司听到过他对此事的评价。但是，比尔·坎贝尔知道那些报道都是真的。因为，杰里·约克曾就此事向他抱怨过。不过，他对此事的解释则是"那是约克在醉酒后对那些记者说出来的"。

经历过这场风波后，苹果董事会大致上都知道了乔布斯的状况，便纷纷劝他赶快接受治疗，顺便再休息一段时间。迫于董事会的压力，乔布斯只得于2009年初将公司的日常管理工作交给副总裁蒂姆·库克处理，暂时离开了自己心爱的工作岗位，转入与病魔的大战中去了。

接受手术治疗

"我可不希望自己被开膛破肚，更不愿意遭受那份罪。"

——在最初拒绝接受手术治疗时，乔布斯如是说

为了让乔布斯接受手术治疗，乔布斯的亲友可谓下了不少的功夫。刚开始的时候，他的妻子鲍威尔每次劝他进行手术治疗的时候，他都会直接拒绝道："我可不希望自己被开膛破肚，更不愿意遭受那份罪。"后来，乔布斯的其他亲友也都纷纷上阵，劝说他接受手术治疗，再加上公司董事会的坚持，他最终在病情被诊断出9个月后同

意了手术治疗。

对此，颇有感触的美国传记作家艾萨克森回忆道："史蒂夫的处事作风很独特，只要是他不喜欢的，或是不希望某些东西出现的话，他总能想出一些神奇的想法解决掉它们，他在过去一直都是这样做的。但是，在接受手术治疗这一方面，他的坚持为他的健康造成了极大的威胁。"

2009年1月，乔布斯暂时离开苹果公司，接受了一系列的化疗。此时的乔布斯虽然答应接受了治疗，但他对于手术治疗仍存在着一些抵触，他想通过一些偏方来治疗自己的疾病，尽量避免被开膛破肚。所以，他在接受治疗之初，先是接受了化疗，但效果不是很明显，而且对乔布斯本身的影响也不小。据知情者透露，化疗时的副作用很大，乔布斯体表的皮肤出现多处干裂。除了化疗之外，乔布斯又飞到瑞士，将希望寄予一种正处在试验阶段的放射线疗法。在未取得明显效果的情况下，他又前往荷兰的鹿特丹，接受一种也是处在试验阶段的疗法，即肽感受器放射性核素疗法，但这种疗法的效果依然不明显。

在寻求偏方未果的情况下，乔布斯只得返回美国接受治疗。当时，负责乔布斯肿瘤治疗的是胃肠癌和结直肠癌领域的知名专家乔治·费希尔，他在乔布斯动身前往欧洲前，就曾告诫他，由于癌细胞的扩散，他的肝脏也受到了部分的感染，如有可能的话，他必须得考虑下肝脏移植手术，乔布斯当时就拒绝了这一建议，并直接飞到了欧洲寻求治疗方法。不过，乔治·费希尔并没有因此而放弃，而是多次警告乔布斯必须这样做，才有可能痊愈。结果，在家人及朋友的劝告下，乔布斯终于被说服了，同意接受肝脏移植手术。

不过，乔布斯在接受了乔治·费希尔的建议后，新的问题又来了。他在加利福尼亚登记等待肝移植的时候，被告知没有合适的肝脏来源，即便是有也要等上很长一段时间。美国西海岸是美国人口最稠密的地区之一，仅加州人口就超过了4000万，约占美国总人口的1/8。而这一现实，也变相地突出了需要移植器官的病人为数甚众。仅以加州大学旧金山分校的医学中心为例，在乔布斯登记等待肝移植之时，排在乔布斯之前的病人就有500多个，若是乔布斯真想在这里做肝脏移植手术的手术的话，恐怕要到几年后才能实现。可是，乔布斯等得了那么久吗？

好在美国政府器官移植政策的机构——器官共享联合网络（United Network for Organ Sharing，简称UNOS）采用了一套较为合理的机制，即根据器官接受者的终末期肝病模型评分结果排位。这个评分主要是根据检测患者的荷尔蒙水平决定移植需求的迫切性，以及病人已经等待的时间长短做出的。只要是登记过的患者，都能在其公开的网站上查到自己的排位情况。而且，评分越高就说明病情越重，排名就越靠前。

在乔布斯等待合适肝源的时候，鲍威尔每天晚上都会上网查看乔布斯MELD分数是多少。在关注了一段时间后，鲍威尔发现，乔布斯最快要到6月以后才能排到。可是，医生在此之前就警告过乔布斯，他的肝脏可能在4月的时候就会出现问题。鲍威尔得知这一消息后非常焦急，后听人说可以在两个州同时排位等待。

事有凑巧，当时担任苹果公司外部法律顾问的乔治·莱利，他跟乔布斯的关系很好。他在听说了UNOS机构的那套机制后，就建议鲍威尔带着乔布斯到人口稀少的田纳西州孟菲斯市登记排队。随后，他又安排自己的好友詹姆斯·伊森（James Eason，运营着一家器官移植机构）飞到帕罗奥图，对乔布斯进行所需的检查评估，接着就是在孟菲斯市登记排位的事情。

很显然，乔布斯在田纳西州的排位要比在加州的排位高了许多。他们在2009年2月下旬开始排队的时候，排名就十分靠前。到了3月中旬的时候，乔布斯的排名就已经升到了第三位。可是，乔布斯的身体状况在急速地恶化，每天他都是在痛苦的折磨中度过的。鲍威尔后来回忆道："当时我们都觉得来不及了。"几天后，乔布斯终于排到了第一名，不仅如此，他们很快就得到了一个合适的肝源。2009年3月21日，一位20多岁的年轻人在一场车祸中丧生后，他的家人同意将其器官移植，经检测他的血型正好与乔布斯匹配。鲍威尔在得到消息后，就立即陪乔布斯飞到了孟菲斯市的卫理公会大学医院。在达到地方后，双方便快速签完了一系列的许可文件，并立即着手为乔布斯进行手术。

移植手术非常成功，但是医生们对于乔布斯的术后结果很不乐观。因为，他们在取出乔布斯的肝脏时，发现其体内包在肝脏周围的腹膜上有不少小的斑点。不仅如此，他的肝脏内外也全都是大小不等的肿瘤块。专家们据此分析，癌细胞很有可能已经扩散到了体内的其他部位上。这种情况是这些医生所没有预料到的，他们没有想到乔布斯体内的癌细胞的变异和生长的速度如此之快。随后，他们又从乔布斯的肝脏上取了切片样本进行基因定位，以便更好地监测乔布斯的病情。

几天之后，该医院在为乔布斯检查的时候，需要乔布斯将胃部排空，但他拒绝合作。在没有办法的情况下，医生们只得使用镇静剂让他冷静下来。但是，倔强的乔布斯却在挣扎的过程中，误将一些镇静剂给吸到了肺里，并引发了肺炎，他还差点因此而回到上帝的怀抱中。

后来，乔布斯还对此回忆道："在那个例行的检查中他们搞得一塌糊涂，当时差点儿就把我给害死了。那天晚上，鲍威尔因为我的事情而非常担心，她以为我挺不过去了，就把孩子们都接了过来，但我挺了过来。"

艰难的术后恢复

"这个氧气罩的设计太难看了，我是不会戴它的。"

——在医生为他戴氧气罩时，乔布斯如是说

在手术之后，鲍威尔就一直守在乔布斯的病床前，细心地照料着他，不让他受到一点伤害。乔纳森·艾维是在乔布斯刚能见客时第一个来访的，据他回忆道："劳伦整天都待在乔布斯病房里，仔细地盯着每一台仪器的变化，小心地保护着他。"

再后来，鲍威尔的妈妈和她的几个兄弟也时常来陪他，乔布斯的妹妹莫娜·辛普森也经常待在病房里照看他。而且，据乔纳森·艾维所言，当时鲍威尔只允许莫娜·辛普森和乔治·莱利两人替换自己看护乔布斯。后来，乔布斯也对此回忆道："当时我很虚弱，还经常不配合治疗，鲍威尔为了全身心地照顾我，就将孩子们都交给她的妈妈和兄弟们了，我们的孩子被他们照顾得很好。"

正如之前所说的那样，乔布斯在术后的状况并不是很好，为了能让乔布斯早日恢复健康，鲍威尔就负责起了对乔布斯全部治疗活动的监控。每天早上 7 点钟左右，她都会将与乔布斯有关的各项监测数据收集起来，整理到一个电子表格中。等到詹姆斯·伊森和他的医生团队来为乔布斯做检查时，她会先跟他们开个小会，提供一些有助于乔布斯恢复治疗的建议。每天晚上 9 点左右，她还会再做一份报告，上面记录着乔布斯身体各部功能的指标及当时的监测结果。

詹姆斯·伊森作为这家机构的经营者，他对乔布斯所做的一切可以说是史无前例的。在对乔布斯进行恢复治疗的过程中，他几乎做了所有能做的事情。尤其是在乔布斯不配合治疗的时候，除了鲍威尔外，就只有他才能让乔布斯乖乖地接受治疗了。对此，苹果公司的现任 CEO 对此回忆道："若想管住史蒂夫，首先你得有坚持下去的毅力。伊森在这方面就做得很好，他不但能管住史蒂夫，还能强迫他做些别人无法让他做的事情，虽然有时会让史蒂夫不高兴，但他知道那样做是为了他好。"

不过，在大家的细心呵护下，乔布斯却没有安心享受，他时常会对自己不能控制眼前的局面而大发雷霆。有一次，一位医生刚帮乔布斯戴上氧气罩，结果就被他给撤掉了，而且嘴里还抱怨道："这个氧气罩的设计太难看了，我是不会戴它的。"随后，那名医生又去取来五副不同形状的氧气罩，让他从中选一个自己喜欢的，可他竟然连看都不看。无奈之下，那名医生只得向鲍威尔求助，最终在她的协助下，医生才为乔布斯戴上了一个难看的氧气罩。除了对氧气罩的设计不满外，夹在他手指上的氧含量检测仪的造型在他眼中也很难看，一点也不美观。为此，他还提出了自己的建议，称自己可以将其设计得非常简洁等。鲍威尔对此回忆道："他对周围的环境和事物都很关注，哪怕是一个细节，他都不会放过，而这也让他精疲力竭。"

即便是在半清醒的状态下，乔布斯依然觉得自己公司的产品才是世界上最棒的。有一天，鲍威尔的好友凯瑟琳·史密斯来探望他。虽然她和乔布斯的关系并不是很融洽，但她还是坐到了乔布斯的床边安慰了他几句。结果，乔布斯却示意她靠近一些，然后采用虚弱的语气说道："把我的 iPhone 拿过来。"当凯瑟琳·史密斯将他的 iPhone 拿过来时，乔布斯则开始教她如何滑动解锁，以及 iPhone 所具有的强大功能等，把她搞得有些哭笑不得。

乔布斯此次住院之前，他与女儿丽萨的关系因为之前的一些事情而变得紧张了起来。自 2000 年从哈佛毕业后，丽萨成了一名自由作家，自从搬到纽约后，她就很少再与乔布斯联系了。但在乔布斯住院后，她几次放下手头的工作飞到孟菲斯市看望乔布斯。对此，乔布斯非常感动，并在出院后回忆道："对我来说，丽萨所做的一切意味着很多。"丽萨与乔布斯差不多，都喜欢以领导者的姿态命令别人该怎么做，但却没人排斥她。不仅如此，鲍威尔还非常欢迎她，并尽量让她多照顾乔布斯，以便她和乔布斯恢复到之前的和睦关系。

乔布斯在手术之后虽然不怎么配合治疗，但他在鲍威尔及众人的照料下，身体还是慢慢地恢复了。与此同时，他那易怒、善变的性格也随着身体的恢复而回来了。凯瑟琳·史密斯对此回忆道：“在史蒂夫的病情稳定下来后，我们曾猜想，他与死神再次擦肩而过后，对待我们的态度会不会变得好一些，结果很令我们失望。因为，在他的身体刚有所好转时，他就从感激众人对他的照顾状态直接返回到了之前的暴躁和控制狂的状态。”

如在饮食方面，他还是那么挑剔，甚至还有些变本加厉。他在恢复期间，虽然需要多进食一些高营养的食物，但他只吃水果沙拉，而且还要求护理人员提供多种不同口味供他挑选。若是没有令他满意的口味，他就不会再尝第二口。在这种情况下，詹姆斯·伊森最先忍不住了，他非常生气地对乔布斯说道：“这根本就不是口味的问题，而是你的心理问题，以后你只需把它们当成难吃的药物而不是食物给吃掉就成了。”

不过，乔布斯最放心不下的还是苹果公司，他这么努力地活下来，似乎就是为了能够重返公司。因此，在他住院期间，每当有苹果的员工过来探望他时，乔布斯就显得异常亢奋。蒂姆·库克作为苹果的代理CEO更是频繁来到医院，向他汇报新产品的进展。对于乔布斯的表现，他深有体会道：“我去医院看他的时候，每当我说到与苹果有关的话题时，我都能看到他的眼睛像在瞬间被点亮的灯笼一般，闪烁着异样的神采。”比方说，当蒂姆·库克向他描述新一代的iPhone时，乔布斯就花了一个多小时的时间和他讨论它的名字，并最终将其命名为“iPhone3GS”。不仅如此，他还为“GS”这两个字母的字号和字体、大小写等问题和蒂姆·库克探讨了很长时间。在他的眼中，苹果的所有产品都应该是最完美的，包括软件、硬件、外观设计以及名字，等等。

总之，本该安心养病的乔布斯，却因其种种“癖好”（挑食、不配合治疗、暴躁、控制狂等），而大大影响了其身体的恢复速度。

强势归来

“现在我又重新站了起来，回到了苹果，我将会珍惜在这里的每一天，因为我爱苹果。”

——在2009年的秋季音乐会上演讲时，乔布斯如是说

2009年5月底，在住了两个多月的院后，乔布斯终于可以出院了。在出了医院之后，他就迫不及待地带着妻子鲍威尔和妹妹莫娜·辛普森乘坐其私人飞机飞回了库比蒂诺。蒂姆·库克和乔纳森·艾维等人也在收到消息后，早早赶到机场迎接乔布斯的回归。据蒂姆·库克回忆道：“当时飞机刚停下，史蒂夫就从机舱内走了出来。我从

他的眼中看到了归来的兴奋，在病愈之后，他还是那个充满了斗志的科技先锋。”

出了机场后，乔纳森·艾维看上去虽然很憔悴，但他还是自告奋勇驾车送乔布斯回家。在回去的路上，他对乔布斯抱怨道：“你不在公司的时候，我们想让一切正常运转下去真的是太难了。而且，你也看到了，在你住院的时候，那些媒体纷纷发表文章称你如果不回归公司的话，那么公司就不会再有创新。看到这些报道我很伤心，自信心更是备受打击。”对此，乔布斯只是一笑了之。

乔布斯虽然出院了，但他的身体还很虚弱，并不能适应高强度的工作，还得先在家中休养一段时间才行。不过，在家中休养的时候，乔布斯突然意识到一个很重要的问题，即苹果公司并非没有他不行。其中，最明显的例子就是他在2009年1月开始接受治疗的时候，苹果的每股股票只有82美元，而到了5月底他出院的时候，竟然涨到了140多美元，这如何不让他担忧？

此外，还有一件事让乔布斯有些不自在。他在病休后不久，参加了一次电话会议，在那次大会上，蒂姆·库克一改之前的淡定，在大会上发表了一篇极具煽动性的演讲。更重要的是，他在演讲中还提到了即使乔布斯不在，苹果公司也会继续高歌猛进。在他的口中，苹果公司内的每一个团队，都在对完美进行着不懈的追求，而这种观念也早已深深地扎根于苹果公司。

这些话如果是乔布斯说的，肯定会没人感到新奇，但这话确实出自蒂姆·库克之口，这就让他有些不自在了。尤其是媒体更是对此事夸大报道，称其为“库克教义”。他虽然觉得蒂姆·库克说的都是事实，但他不知道是该为这种言论感到骄傲还是伤心。不过，自有传言称其可能因病不再担任苹果的CEO的事情出来后，他就有些待不住了，并坚持离开了休养的病床，忍着病痛，开始了艰难的恢复体力活动。

在从孟菲斯回来3天后，恰逢苹果召开董事会。在大会开始前，众人还和乔布斯在住院时一样，都不认为乔布斯会出现在会场上。不过，这一次他们都失算了。在会议即将开始的时候，乔布斯却出人意料地走进了会议室。6月初的时候，他则主持了苹果的几次例会。随着他的不断努力，他的身体的状况也逐渐好转，到了6月底的时候，他已能回到苹果公司正常工作了。

乔布斯在病休期间，许多员工都在猜测他在与死神来了个亲密接触后，会变得更加成熟和稳重吗？结果，在乔布斯回到公司上班的第一天，这些人都找到了答案。他还是他，一点都没有改变。因为，他在回去上班的第一天就对着公司的一些高管大发脾气，批评他们的工作质量和效率低下，并撕毁了一些苹果产品的营销方案。然而更让人心碎的是，他在发完脾气后，竟然又对着身边的人说：“今天我很开心，我从未有过如此棒的感觉!”对于乔布斯所做的一切，蒂姆·库克发表评论道：“我从来没有见过史蒂夫能够很好地控制住自己观点或情感，但这未尝不是件好事。”

乔布斯在与死神擦肩而过后，虽然将其易怒的特点保留了下来，但是他的朋友发现，在经历过这件事后，他的性格还是发生了些改变。如安迪·赫茨菲尔德就曾注意观察过，乔布斯在回来后虽然还是那么粗鲁，但他待人待事变得更加真诚了。安迪还曾就此回忆道：“在此之前，如果有人找史蒂夫帮忙，在叛逆本性的带动下，他可能会直接拒绝，甚至还会帮倒忙。但是现在，他虽然不会直接答应，却会尽量去帮对方。”

自2009年6月初开始，乔布斯回到了苹果工作的信息一直都没有对外界公开，因为他需要一个强势回归的契机。直到2009年9月，他终于等到了这样一个机会。9月10日，在苹果公司一年一度的秋季音乐会上，乔布斯登上了中央舞台，而迎接他的则是近1分钟的掌声。在掌声渐渐平息之后，他没有像之前那般以新产品的强大功能为开场，而是公开说明了其接受肝脏移植的事情。当时他就说道："若是没有当初那个年轻人的慷慨捐赠，我可能就无法再出现在这里了。现在我又重新站了起来，回到了苹果，我将会珍惜在这里的每一天，因为我爱苹果。”随后，他才向与会者隆重推出了新的产品，即第五代iPod——Nano，这是一款支持摄像和收音机功能的iPod产品，与此同时，他还推出了iTunes 9，以及Snow Leopard系统，并对iPod的其他产品（iTouch、Classic和Nano）进行了在线更新。在这场大会过后，几乎所有的人都将目光转回到了乔布斯的身上，因为他们印象中的那个无所不能的乔布斯又回来了。

在这次大会之后，除了他带给人们的那些意想不到的产品外，他的健康问题也成为人们关注的焦点。因为没人知道，上帝将会如何对待乔布斯这位还没有归位的真神。所以，自从2009年9月起，乔布斯的每一次露面，都会牵动全世界亿万计粉丝的关注。尤其是随着他的日渐清瘦和憔悴，人们对他的崇拜也变得愈加疯狂了。

经过这次与死神的搏斗之后，乔布斯似乎看到了什么。在接下来的日子里，他已经准备好再次为改变这个世界而出击了。到了2010年初，基本上已经恢复了昔日活力的乔布斯，将大部分精力投入工作中。在这一年中，可以说是苹果公司最多产的一年。其中，iPad更是热卖，在短期内的销量便一举打破了苹果之前所有产品的销售记录，一跃成为有史以来最为成功的消费电子产品，为乔布斯病愈后的强势归来奏响了最强音。

iPad 平板狂潮

iPad 创意的酝酿

“微软的平板电脑最终将会以失败而结束。”

——在微软大力宣传平板电脑时，乔布斯如是说

早在20世纪的80年代，苹果还在以AppleⅡ为主要产品进行销售的时候，他们就曾尝试过触摸板技术，并尝试着制造过有简单的办公功能集成的电话机，那可以说是苹果最早研发出来的一款电话。不仅如此，他们还在那个时候设计过平板电脑原型。

到了20世纪90年代初，斯卡利还未离开苹果之前，就曾命人成功研发出了Newton PDA这款手持移动设备。他在这个项目上倾注了大量的心血，同时也成为后来的iPhone和iPad的先驱者。不过，Newton PDA虽然是一款集手写识别、个人组织功能、通信功能以及全新的操作系统的手持移动设备，但由于当时的电脑技术和移动通信终端未能很好地整合在一起，所以，Newton PDA自问世开始，就注定了其悲剧的命运。到了后来，它甚至连后来推出的Palm PDA和黑莓手机都不如。

1997年，乔布斯在回归苹果后虽然立刻终止了Newton PDA的研发工作，创造一款袖珍型的电脑或是一部智能手机的想法却在他大脑中扎了根。2001年时候，微软公司开始对外宣传平板电脑（Tablet PC），并极力吹嘘道：“你只要拿起手写笔，就能在屏幕上输入信息。”一时间，参与到这一研发项目中的PC厂商数不胜数。对此，乔布斯则预言道：“微软的平板电脑最终将会以失败而结束。”结果，正如乔布斯所料，在接下来的几年时间里，有不少带键盘和不带键盘的平板电脑相继问世，但却没有一款具有革命性的产品可以在市场上站稳脚跟。

乔布斯在说这些话的时候，Mac硬件团队就已经开始对平板电脑进行构思了。不仅如此，在之后的几年中，苹果公司每次召开top100集思会时，平板电脑的研发项目

都会被乔布斯纳入未来预定的项目之一。不过，他在2003年5月接受记者采访时却对外宣称，他们并没有研发平板电脑的计划。其实，乔布斯在当初没有立即决定研发平板电脑的做法相当正确的，因为，当时的平板电脑在功能和速度上要比带键盘的电脑差很多，真正对平板电脑感兴趣的人并不多，这就直接导致了众多生产平板电脑的厂商纷纷败北。

2004年，当苹果的工程师们成功研发出多点触摸技术后，乔布斯决定行动了，准备开始研发他在很久之前就开始构思的不用手写笔就能进行输入的手持移动设备。不过，乔布斯当时还不想进行平板电脑的研发，他觉得时机并不成熟。因此，他便将此技术率先应用在了手机之上，也正因此才有了后来的iPhone。

三年后，乔布斯准备着手研发成本较低的上网本，但在一次头脑风暴会议上，乔纳森·艾维提议道："我们为什么非要生产那种带键盘的电脑呢？它们不仅贵而且还很笨重。假如我们利用多点触摸技术去研发平板电脑的话，那样岂不更好？"结果，乔布斯对这一提议十分赞同。之前，他虽然一直在想着这个计划，却一直找不到合适的机会，现在好了，乔纳森·艾维刚一提出来，他就理解同意了，并立即着手展开平板电脑的研发工作。

在平板电脑的研发项目展开伊始，乔布斯最先做的还是这款产品的外观设计，尤其显示屏更是其中的重点。在设计的时候，乔布斯依然主张简洁设计。在他看来，这款新产品的所有功能和设计都应以显示屏的尺寸为基础。为了研究出哪种尺寸最合适，乔布斯还专门命令负责该项目的设计团队，设计了20多个大小和长宽比皆不相同的模型供他选择。

很显然，这些模型果然都被挑剔的乔布斯给毙掉了，而其理由则是这些设计没有一个表现得足够自然和友好，假如真做出来的话，也很难让人随意地将它给拿起来。当时，一直跟乔布斯奋战在这一项目上的乔纳森·艾维听了乔布斯的抱怨后，他突然灵机一动道："若想让这款产品的形状让人有种想拿的冲动，还要保证它们可以被随意地拿起来，只需将其边缘的底部设计得再圆润一点儿就行，那样不仅在拿的时候会方便许多，而且拿在手中的感觉也会非常舒服。"乔布斯听到他的建议后十分兴奋，在敲定了这款平板电脑的屏幕尺寸后，立即带着他跑到了专利局，对这一外观设计申请了专利，并为其命名为iPad。

在解决了外观设计之后，接下来需要解决的就是iPad的芯片。当时，Mac电脑上已经开始采用英特尔研发的芯片了。因此，乔布斯还准备选用他们生产的芯片，并准备采用其在当时正在研发的一款低电压芯片——凌动芯片（Atom）。对此，英特尔的CEO保罗·欧德宁也为促成两家的合作而做了不少的努力，而乔布斯也有意与他合作。

不过，苹果工程师托尼·法德尔的建议让乔布斯改变了主意。根据他所言，英特尔的处理器虽然速度很快，但是他们的芯片大多适用于由外接电源供电的电脑，而从不考虑便携式电脑电池的续航能力。在摆出来这个理由后，他又力劝乔布斯采用基于ARM架构开发出来的芯片，这种芯片不仅能耗低，而且还整合了除了处理器外的其他功能，与英特尔只生产含有CPU的芯片大有不同，如iPhone产品使用的就是在该架构下开发出来的芯片。虽然这种技术很不错，但乔布斯还是有些倾向于英特尔。可是，就在乔布斯犹豫的时候，托尼·法德尔又给乔布斯来了剂猛药，并出言威胁道："假如你不同意我的提议，我就马上辞职。"经过一番比较后，乔布斯最终同意道："好吧，这次我听你的，我相信我最优秀的员工。"

在此之前，苹果公司就与ARM公司合作过。因此，苹果公司很快就获得了ARM构架授权。之后，苹果又出资收购了一家微处理器研发公司——P. A. Semi，并要求他们以最快的速度研发出一款基于ARM架构的系统单芯片（System-on-a-Chip），即后来的A4芯片。

在A4芯片开发出来后，乔布斯便对它赞不绝口。后来，他还对此回忆道："英特尔的芯片虽然速度很快、性能也很好，却从不考虑功耗和成本。而且，他们的芯片上只有处理器，不像我们的A4芯片那样，不仅速度快，还集处理器、显卡、移动操作系统以及内存控制等于一身。"不仅如此，一向"口无遮拦"的乔布斯还爆料道："我们之所以没和英特尔继续合作下去，主要有两方面的原因：一方面是因为他们的芯片真的很慢，而且十分笨拙，根本就跟不上我们的快节奏；另一方面，我们也不想将所有的技术都透漏给他们，以免他们倒向我们的竞争对手。"

对于乔布斯的这番言论，英特尔的CEO保罗·欧德宁则对外宣称："iPad本来可以采用英特尔芯片的，但是苹果公司在价格方面斤斤计较，双方最终才不欢而散的。"不仅如此，他还一再宣称这是乔布斯控制欲的表现，因为他想要控制住每一件产品的每一个环节，其中也包括芯片和材料。

当然了，在iPad上市的时候，最过震撼的就要数比尔·盖茨了。早在20多年前，苹果本想借Mac电脑炒作图形用户界面，一举获得图形用户界面的统治地位，结果却让微软得逞。但在20多年后，微软只能眼睁睁地看着自己在十几年前就开始炒作的平板概念，就在人们逐渐淡忘的时候，却被乔布斯拿来，使得苹果的iPad大放异彩。

其实，这不并能算是乔布斯对比尔·盖茨的一场翻身仗。早在十多年前，乔布斯也看到了平板电脑的未来。他之所以忍住内心的冲动，没有立即着手实施这一计划，就是因为他知道把握住最佳的时机要比有眼光更加重要。所以，在平板电脑这一领域内，只有他才是最成功的。

乔布斯受伤了

"上网本与我们的这款产品相比，无论从哪个角度来看都是乏善可陈的！因为，我们的这个东西叫作iPad，它是一款极具革命性的平板电脑。"

——乔布斯在iPad发布会上如是说

2010年1月底，乔布斯在旧金山为iPad举行了一场隆重的发布会，在这场发布会后，不仅激起了无数“果粉”们的狂热追捧，各大媒体对此也是争相报道。如《经济学人》杂志在当期的期刊上，所用的封面就是乔布斯。不仅如此，他们还将乔布斯塑造成了一个头顶光环笼罩、身着灰色长袍、手持 iPad 的形象。乍看之下，就像是耶稣临世一般。与此同时，他们还在杂志中对其赞美道：“人类上一次对一个平板如此狂热是因为上面记载着十诫（《圣经》中有关上帝借由以色列的先知摩西向以色列民族颁布的十条规定）。”

在发布会的当天，乔布斯邀请了很多人，其中就有詹姆斯·伊森和杰弗里·诺顿，这两人都曾为挽救乔布斯的生命而做出过贡献，一个为他做了胰腺切除手术，一个帮他做了肝脏移植手术。此外，乔布斯的许多老友，还有他的妻子、儿女以及妹妹等人，都被他带到了会场，他想让他们陪着自己一起见证这个奇迹的时刻。

大会开始后，乔布斯和以往一样，开始用他那独特的风格为 iPad 的登场做铺垫。去过现场的人可能还记得，乔布斯在说完开场白后，他身后的大屏幕上就出现了一部 iPhone 和一台苹果笔记本，而在它们的中间则是一个大大的问号。接着，众人便听到乔布斯问道：“你们觉得它们中间还会有别的东西存在吗？”当时很多人都猜测乔布斯要推出的很有可能是集浏览网页、发送电子邮件、影音游戏和电子书于一体的上网本。但是，乔布斯接下来的话告知了他们真相。他说：“你们也许觉得我们将要推出的是款上网本，但我要告诉你们的是，上网本与我们的这款产品相比，无论从哪个角度来看都是乏善可陈！因为，我们的这个东西叫作 iPad，它是一款极具革命性的平板电脑。”

说完后，为了展示 iPad 的亲和性，他从容地走到一张边桌前，很随意地拿起了桌子上的 iPad。接着，他便热情洋溢地向大家介绍道：“你们瞧，它要比你们所用过的笔记本亲和得多。”随后，他又向观众们展示了 iPad 浏览网页、电子邮件、影音、图片、游戏等功能。如在展示其电子邮件功能时，他还特意给苹果副总裁斯科特·福斯托和菲尔·席勒每人发去了一封邮件。紧接着，他又在上面展示了 iPad 的地图、日历、翻阅相册、影音播放、iBook 书架等功能。在演示的最后，当乔布斯将鲍勃·迪伦的《像一块滚石》（Like a Rolling Stone）通过 iPad 播放出来的时候，他紧盯着下面的众人，问了一句他在 iPhone 发布时曾问过的一句话：“难道你们还没有发觉它真的很棒吗？”

在发布会的最后，乔布斯再次强调了 iPad 所体现的“科技”与“人文”两条理念，这种理念在苹果的其他产品也都有所体现。对此，他总结道：“我们之所以能够创造出 iPad 这种具有革命性的产品，就是因为我们一直致力于科技和人文艺术完美融合。”

iPad 的发布会异常成功，“果粉”们在发布会后也都显得异常狂热。不过，这种热情并没有持续多久。因为，iPad 自发布之日起至同年 4 月上市的这段时间，除了刚开始的时候收到一些赞美之词，但很快地，iPad 就遭到了人们质疑。很多人都表示，他们根本无法通过乔布斯的演示而彻底了解它到底是款什么样的产品，甚至还有不少人将其视为加强型的 iPhone。

对此，《新闻周刊》的记者丹尼尔·莱昂斯曾在自己博客中公开写道：“自从Snooki和The Situation（他们是美国一档真人秀节目中两个演员的外号）好上之后，我还没有这样失望过。”还有一些网站也发表了同样的言论，如Gizmodo网站就发表了一篇题为《iPad的八大缺点》的文章，并在文中列举出了其不支持多任务模式、不带摄像头，也不支持Flash等缺点。更有甚者，还拿iPad的名字进行恶搞，将其比喻成了女性卫生用品，以致当时以“#iTampon（pad有女性卫生护垫的意思，而Tampon指的则是女性月经棉球）”为开头的话题，一路飙升到了各类话题榜的第三名。

在这种时候，乔布斯的老对手比尔·盖茨自然不会放过这个大好的机会，在接受《财富》杂志的记者布伦特·施伦德采访时说道：“无论到什么时候，我都觉得拥有手写笔和真正的键盘的上网本，才会是这一领域内的主流。”接着，他又说道：“当初，苹果公司在发布iPhone的时候，我非常惊叹，但是iPad在发布的时候，我没有这种感觉。在我看来，iPad只是一款不错的阅读器，并没有什么可以吸引我眼球的地方。”在采访的最后，他还坚持认为微软的手写笔方案会成为这一行业的标准，并对此言道：“早在十多年前，我就曾说过，以后肯定会是配有手写笔的平板电脑的天下。现在看来，我可能是对的。”

社会上的种种质疑之声，让乔布斯变得非常恼火和沮丧。他不明白iPad明明是一款非常棒的产品，人们为什么就是不相信呢？不仅如此，在短短的几天内，他还收到了几百封的电邮。其中，绝大多数都是在向他抱怨，iPad的功能不够健全，它所缺失的东西太多了；还有人说iPad这个名字很难听，甚至还有人在给他的邮件中公然写道：“Fuck，你怎么能这样设计iPad呢？”看到这些邮件后，乔布斯更加郁闷了。尤其是一些铁杆“果粉”也对iPad表示了质疑，这真的让他很受伤！

不过，乔布斯还是收到了一些令他高兴的邮件。比方说，总统办公厅主任拉姆·伊曼纽尔就对乔布斯发来了贺电，称iPad定能改变人们对于平板电脑的认识，成为这一行业的全新领跑者。

1个月售出100万台

“看看其他那些消费类产品的设计吧，它们真的是纷繁复杂，而我们在做的是尽量让产品看上去更加简单。”

——在接受《新闻周刊》的记者采访时，乔布斯如是说

2010年4月初，iPad终于在万千人的翘首企盼中上市了。当人们真正将iPad拿到手中的时候，他们之前对它的挑剔情绪就逐渐消失了，取而代之的则是狂热。

在iPad正式上市的当天，乔布斯出现在了帕罗奥图的苹果零售店内。此次应邀前来的还有丹尼尔·科特基，他们曾是很好的朋友，只因当年苹果公司上市的时候，乔

布斯没有分给他发起人的期权愤而离开了苹果公司。现在，他早已对此事释怀。正如他后来回忆的那样："我们当时已经有15年没见过面了，我来这里只是想再见见他。当我告诉他我想用iPad写歌词的时候，他很高兴。可以说，那次是我们认识这么多年以来，唯一一次较为愉快的聊天了。"

丹尼尔·科特基是幸运的，他被乔布斯邀请到了店内畅谈，不用在外边排长队等候。不过，沃兹就没有那么好运了。这位苹果的缔造者之一，他虽然离开了苹果，但每当有苹果产品上市的时候，他都会到当地的零售店去排队购买。在iPad上市当天，他也和之前一样，和其他"果粉"们一起排起了长队。当有记者在人群中发现他，并问他为什么不直接到店内时，他告诉记者道："史蒂夫不想看到我，而我也不想惹他生气，所以我觉得还是在这里排队比较合适。"

在消费者为iPad而疯狂的时候，各大主流媒体也没有闲着。如《时代》杂志就将其设计为封面，并对其进行了报道，称："我们在撰写有关苹果公司产品的文章时有两大难题，一是他们的产品在面市时经常伴随着雾里看花般的宣传，第二则是他们的炒作在很多时候都是真的。"当然，除了这些赞美之词外，《时代》杂志的记者也提出了自己的意见，iPad不同于Mac电脑，它们缺乏了一点儿创造能力，人们在拿到iPad后，只能吸收和使用别人的东西，成为被动的消费者，而不能成为创造者。乔布斯在看到这篇文章后，便将此记在了心上，并准备在下一代iPad中解决这方面的问题。

除了《时代》杂志外，《新闻周刊》也对iPad进行了详细的报道，而文章的撰写者就是此前对iPad提出刻薄评论的丹尼尔·莱昂斯，此时的他已经改变了自己的观点，并以《iPad好在哪儿？哪儿都好》为标题，对iPad大唱赞歌。他在文章中这样写道："当初我在观看乔布斯在台上演示的时候，我只是觉得它只是一台大点的iPod Touch而已，并没有什么大不了的。但是当我有机会体验了一下iPad后，我一下子就爱上了它，并立即决定买下一台。"和莱昂斯有着同样想法的人也有很多，当他们意识到这是乔布斯的一款得意之作后，他们对iPad全都表现出了前所未有的狂热。

在iPad推出之前，很多年轻人在见面的时候，都会询问对方道："你的iPod里面都存了些什么?"而现在则都变成了"你的iPad里面都存了些什么?"当然了，对于iPad的狂热并不局限于一些年轻人，还有不少政府官员也都对iPad表现出了极度的喜爱之情。如奥巴马总统的经济顾问拉里·萨默斯用的就是iPad，他觉得通过下载彭博财经资讯的应用，可以让他非常方便了解实时的财经动态。此外，还有白宫沟通顾问比尔·伯顿、政治顾问戴维·阿克塞尔罗德、白宫办公厅主任拉姆·伊曼纽尔等，用的都是iPad，而且还都下载了大量自己喜爱的应用。

还有一件事情，可以很好地反映出iPad为什么会这么受欢迎。有一天，正在波哥大（哥伦比亚首都）北部的一个奶牛场附近度假的《福布斯》总编迈克尔·内尔，在无聊的时候他便拿出了自己iPad看新闻。此时，一个约6岁的小男孩走到了他的跟前，并非常好奇地看着他手中的iPad。于是，迈克尔·内尔就把自己的iPad递给了他。接下来的事情，让迈克尔·内尔有些吃惊了。那个在此之前从未用过电脑，也没见过iPad的小男孩，竟然在没有人指导的情况下，仅凭着自己的直觉开始用手指在屏幕上滑动，然后启动了应用程序，并在一旁开心地玩起了弹球游戏。这件事对迈克尔·内尔的触动很大，随即他便写了一篇文章发表到了福布斯的网站上，并在文中对乔布斯和 iPad 充满了溢美之词。如他在其中一段如此写道："乔布斯设计出了一款既强大又简单的电脑，即便是一个从未见过电脑的小男孩也能在没有任何指导的情况下使用它。如果这都不算神奇的话，我真不知道还有什么东西可以称得上神奇了。"

此外，中国著名钢琴家郎朗于 2010 年 4 月在旧金山举行的一次音乐演出中，也为 iPad 做足了广告。在其演出进行到高潮部分的时候，他出人意料地拿出了刚上市没几天的 iPad，并在一款软件的辅助下，在触摸屏上弹起了里姆斯基·科萨科夫的《大黄蜂的飞行》(速度最快的钢琴曲之一)，立刻在会场内引起一片欢笑声和惊呼声。

总之，在多种形式的宣传下，以及最为真实的客户体验反馈指导下，这一切都证明了 iPad 有着无比强大的功能。因此，iPad 在上市不到一个月的时间内，就售出了 100 万台。想当初，iPhone 可是花了两个多月才达到这一目标的。正因如此，iPad 一跃成为苹果公司有史以来最为成功的消费电子产品。

除了在国内市场上连战告捷外，iPad 在海外市场上也同样大获全胜，几乎每家苹果专营店前都有不少人排队购买 iPad。其实，无论是 iPhone 还是 iPad，人们一旦为了得到它们而到了如此疯狂地地步，那么它们就已经不再是单纯意义上的手机或电脑了，而是一种引导人们消费的符号，是现代人必备的时尚用品。

据不完全统计，截至 2011 年 6 月，在 iPad 发布 14 个月后，其销量就已经达到了惊人的 2500 万台，与 iPhone 和 iPod touch 一起构成了苹果公司的主要盈利产品。不仅如此，苹果公司还凭借着 iPhone 和 iPad 的强势表现，使得苹果公司的市值在 2011 年就超过了 3000 亿美元，稳稳地坐在了世界第一大科技公司的宝座之上。

iPad 冲击波

"他们生产的平板电脑在推出的时候就已经被淘汰了。更重要的是，他们的屏幕太小了，与 iPad 相比，一点儿竞争力都没有。"

——在评价其他公司的平板电脑时，乔布斯如是说

iPad 上市后，很快就刮起了一场席卷全球的购机热潮，而在这一领域率先受到冲击的就是微软。其实，早在 iPad 问世之前，微软就已经开始着手研发并推出了一些产品，但在 iPad 发布时，微软感到了威胁。因此，比尔·盖茨才会在 iPad 上市前后，不止一次对外宣称："iPad 只不过是一款漂亮点的阅读器，用户根本就不能通过它输入文字、做笔记或是编辑文档，而带有一支触控笔和键盘的 Tablet PC（微软此前推出的一款平板电脑），才是一款真正具有革命性的产品。"

比尔·盖茨此言，和乔布斯在微软刚推出 Windows1.0 时的语气极为相像。若是真的追溯起来，在微软成立之初，比尔·盖茨就曾想过要制作出一台便携的平板电

脑，为此，他还专门从施乐的帕罗奥图研究中心挖角。只是由于技术的限制，他的这个愿望才一直没能实现。直到1999年，认为时机已经成熟的比尔·盖茨就曾在公司内部表示："属于 Tablet PC 时代已经来临了……" 不久之后，Tablet PC 就正式上市了，并为此而做了大量的宣传，结果却令比尔·盖茨非常不满。Tablet PC 在上市的时候，虽然也受到了多方面的关注，但其销量让人不敢恭维。反观苹果公司甫一推出 iPad，便引起了人们的购机热，比尔·盖茨怎能不为此着恼呢？

2007年，乔布斯仍然像之前一样，对微软推出的平板电脑很不看好，结果却因此而与比尔·盖茨打了一次口水仗。以至于在苹果推出 iPad 时，就立刻遭到了比尔·盖茨的口水攻击。按照客观、公平的原则来说，比尔·盖茨就像是个探路者，为 iPad 的发布清除了道路上的荆棘。也是在这一年，乔布斯开始准备研发 iPad 了。

2010年1月27日，在乔布斯揭开 iPad 的神秘面纱后，虽然众说纷纭，但是所有人很快就意识到了，iPad 就是一款革命性的产品。正如 iPad 的设计师乔纳森·艾维所说的那样，"iPad 不仅是一款可以获取媒体内容的酷炫工具，同时它还是人们在一个全新的计算机领域内探索的结晶。"

我们此前就曾说过，乔布斯对于 iPad 十分看重。2009年6月他在刚刚病愈后，就带着还有些虚弱的身体返回了苹果，并亲自主管与 iPad 有关的，包括营销策划在内的所有项目。Chiat/Day 创意总监肯·舍加尔对此深有感触道："他除了对 iPad 的外观及软硬件感兴趣外，就连广告中的每一个词和或句子，他都会仔细斟酌，然后才让我们公开发表。" Enderle Group 公司总裁罗波·安德鲁也对此表示道："苹果的产品在最初开始设计的时候，就在想着销售的问题。因此，他们才能设计出让消费者心甘情愿排起长队购买的产品，至于其他公司根本就做不到这一点。"

像这类的评价还有很多，当然也有不少坏的。如日本著名的动漫导演宫崎骏就曾抱怨过，称 iPad 根本就不能让他获得真正想要的东西。不仅如此，他还曾公开说道："每当我坐上新干线的时候，我都能发现那些轻轻地触摸着 iPad、恍如自慰的人们正在逐渐增多。" 另外还有不少媒体也发布了一些类似的文章，称 iPad 毫无创意，甚至有人为 iPad 列出了十大缺陷，如无 USB 接口、不支持 Flash 等。也许是多家媒体的负面评价造成的影响，iPad 在发布后，苹果公司的股价就受到了极大波动。但是，来自消费者的反应则与此正好相反，他们为了尽早买到 iPad，不惜彻夜排队等候。

在 iPad 推出之后不久，许多电脑制造厂商本来也想开发平板电脑，但是由于之前微软在这方面给他们带去过痛苦的回忆。所以，他们全都放弃了这一念头，改而采取了观望或是坐等苹果惨败的态势。如麦克·马哈普罗（时任联想全球高级产品营销经理）就曾说过："用户对于平板电脑的反馈很不好，所以我们（即联想）在短时间内不会推出平板电脑产品。毕竟大多数的用户都很需要物理键盘。" 但是，没过多久，这些厂商全都为自己没能及时跟进这一领域而后悔了。

苹果在推出 iPad 之后没多久，这些厂商的计划表就全都被打乱了，他们没有想到 iPad 竟能势如破竹般击败一个又一个的竞争对手，给他们在计算机界的产业带去了如此大的冲击。在这一领域内，iPad 简直就是无敌的存在。

早在两千多年前，阿基米德曾说过：“给我一个支点，我可以撬起整个地球。”2010年乔布斯就找到了一个足以撬动整个IT界的支点，那就是iPad。结果，随着这个支点的出现，多家IT界的巨头都被撬了起来，并被苹果狠狠地甩在了身后。在这些巨头中，最先醒悟并发力回追的是以手机制造为主的黑莓公司（RIM），他们对外宣布，将在9月份的时候，推出他们自己的Play Book平板电脑。随后，三星也加入这个队伍之中。对于这些公司的举动，乔布斯又直言道：“他们生产的平板电脑在推出的时候就已经被淘汰了。更重要的是，他们的屏幕太小了，与iPad相比，一点儿竞争力都没有。”

似乎是为了验证乔布斯的话，继黑莓和三星之后，IT界的另一巨头惠普公司，于同年10月推出了一款平板电脑，即Slate 500，它的功能虽然很强大，但在与iPad的比拼中全面落入下风。11月，优派也在美国市场推出了其最新力作View Pad系列的平板电脑，并想借此推翻乔布斯之前说过的小屏幕的平板电脑没有市场的说法。但事实证明，它们同样不是iPad的对手。

2010年12月，宏碁公司也加入阻击iPad的行列，并赶在感恩节前夕，同时发布了三款平板电脑。在发布会上，宏碁公司当时的CEO蒋凡可·兰奇就对外宣称道：“平板电脑才刚刚起步，我们现在加入还不算晚，而且，我们也有信心改变苹果一家独大的局面。”很显然，宏碁高估了自己，他们的这三款产品，同样未能对iPad的市场地位构成任何的威胁。

直到2011年1月，摩托罗拉在与谷歌、Verizon电信进行深度合作的情况下，推出了一款名为XOOM的平板电脑。作为世界上首款搭载了Android 3.0操作系统的平板电脑，它有着强大硬件设施和软件系统，它在与iPad的比拼中，虽然对iPad的霸主地位造成了一定的冲击，但总的来说它还是没能成功阻击iPad。

2011年2月，联想集团在发布乐Pad对iPad发起冲击未果后，柳传志在接受采访时表示：“失败总是难免的。在平板电脑这一领域，苹果公司带领我们走出了一条路。刚开始的时候，我们在这条路上也许会慢上半拍，但这并不代表我们没有机会赶上甚至超越苹果。”

2011年3月，苹果再次强势出击，推出了更为强大的下一代平板电脑，即iPad2。在发布会结束后，当记者采访乔布斯，问他：“您觉得苹果公司在2011年会有什么样的收获?”对此，乔布斯则非常直接地回答道：“2011年将是属于iPad2的一年。”

在此次采访中，乔布斯还就个人PC和iPad2的前景作了形象的比喻道：“在有了iPad之后，PC将会变得同卡车一样。它们虽然还有着自己的价值，且随处可见。但是，开卡车的人毕竟只有少数。”随后，各大媒体上就出现了内容大致相似的报道，称“iPad2正在展开‘血腥收割’，平板电脑将会在不久的将来取代家用电脑。”

事实也正如这些报道中所说的那般，大多数的平板电脑都没办法与iPad2相比较。至于那些科技巨头，他们的产品虽然不错，但若面对iPad2的话，依然没有任何胜算可言。在这种情况下，微软公司最先于2011年5月放弃了对苹果的围堵，并随之解散了研发平板电脑的Pioneer Studios部门，专心做起了平板电脑的系统开发工作。除了微软外，其他公司也有退出这块市场的。至此，在平板电脑这一领域内，苹果公司在乔布斯的带领下，已经成了无可匹敌的霸主了。

广告风波

“你设计的广告真是烂透了，iPad正在改变世界，可你看看你做的都是什么东西，一点冲击力都没有!”

——在向詹姆斯·文森特抱怨其广告文案不够新颖时，乔布斯如是说

在iPad正式上市之前，还发生了一段小插曲，起因则是广告的创意与设计。关于iPad的广告，早在iPad的研发工作未完之时，乔布斯就已经命人着手准备广告的事宜了。不过，在第一个广告出来的时候，他很不满意，便决定亲自操刀，主持广告的设计工作。

在之后的一段日子内，他和詹姆斯·文森特以及邓肯·米尔纳一起合作，先是将其广告公司更名为TBWA/Media Arts Lab，然后便投身于iPad的广告设计上，在此期间，已经处于半退休状态的李·克劳，也给乔布斯提了不少的建议。

很快，他们就出了第一个广告样板。在这则广告中，从一开始就只有一名男子，他穿着运动衫和褪了色的牛仔裤，斜靠在椅子上，正在用iPad收发邮件、浏览相册、阅读电子报纸、观看视频等。在这则广告完成后，乔布斯很快就同意了这个方案，但没过多久，他就开始讨厌这个创意了，并抱怨道：“这部广告片简直就像在为一家家居店做广告一样，你们都不知道自己在做什么。”结果，乔布斯很快就将这个广告给毙了。

随后，他们又尝试过多种广告创意，但没有一种能让乔布斯满意的。在乔布斯看来，若想解释iPod的话很简单，只需告诉人们能将1000首歌曲装进自己口袋的那个东西就是iPod。但若有人让他说说iPad是个什么东西时，他可就犯难了。他可不想将iPad当成一台普通的电脑那般进行演示，但又不想将它弱化成一台便携式的电视机，否则的话，将很难吸引到消费者的眼球。

因此，在为iPad设计这则广告的时候，詹姆斯·文森特在那几个月里一直都在夜以继日地工作，从都没有好好休息过。好在他们终于赶在iPad上市之前完成了，并在iPad发布的当天，在各大主流媒体中进行了同步播出。刚开始的时候，詹姆斯·文森特也知道乔布斯对这个广告有些不满，但是现在广告已经做出来了，且随着iPad的发售也在同时播出了。于是，他便安心地带着妻子儿女们一同驾车前往棕榈泉，观赏他所喜欢的明星在柯契拉音乐节上的演出。结果，他刚到目的地，就接到了乔布斯的电话。在电话里，乔布斯朝他怒吼道：“你设计的广告真是烂透了，iPad正在改变世界，可你看看你做的都是什么东西，一点冲击力都没有!”

詹姆斯·文森特听后便反问道：“好吧，那你告诉我你想要什么样的广告。要知

道，我在为 iPad 设计广告之前，你可一直都没有告诉过我你想要什么样的广告。”他刚说完，就听到乔布斯在电话那头回道：“我也不知道我想要什么。不过，你得想办法给我整出点新东西才成，你现在做好的这个广告真是烂透了。”很快地，两人就因此而争吵了起来。

在争吵的过程中，当詹姆斯·文森特再次强调乔布斯得给他点儿提示的时候，乔布斯也没有那么生气了，他只是对詹姆斯·文森特说道：“你再给我展示一些东西，说不定等我看到的时候，我就能知道我想要什么东西了。”乔布斯刚说完，詹姆斯·文森特有些激动又略带讽刺地对乔布斯说道：“我明白了，我会把你刚才说过的话告诉我手下的创意人员，告诉他们：‘你们只管负责设计，当我看到我想要的东西时，我就知道我想要什么了。’”说完之后，詹姆斯·文森特就将电话给挂断了，之前的好心情也随之烟消云散。

在回到库比蒂诺后，文森特就带着他的设计团队对 iPad 的广告重新进行了构思，并在两周内就构思出了好几套方案供乔布斯选择。随后，他便带着这几套方案来到乔布斯的家中，他希望能在这种较为宽松的环境中演示，而不是在气氛严谨的办公室内。在这些方案中，既有采用幽默手法的，也有采用鼓舞人心手法的，还有以名人做代言的策略，更有直接对产品进行演示的方案等。结果，在看完这些方案后，乔布斯知道自己想要什么了。于是，他再一次对詹姆斯·文森特说道：“这里没有我想要的东西。”还未等对方表达自己的伤心，乔布斯就又对他说道：“iPad 既不需要名人做代言，也不要向别人过多演示它的功能。我们需要的是一份声明，准确地说，应当是一个宣言，一个告诉所有人 iPad 很了不起的宣言。”

在 iPad 发布的时候，他就曾宣称 iPad 将会改变世界，现在，他还希望通过 iPad 的广告再次强化自己当初的宣言，让所有的人都能记住，只有 iPad 才是真正的平板电脑，向所有的人宣告他们的成就。在说完自己的观点后，乔布斯便离开了自己的座位，略显虚弱地说道：“好了，你们都去干活吧，我要去做按摩了。”

在离开乔布斯的家后，詹姆斯·文森特便召集来邓肯·米尔纳和文案埃里克·格伦鲍姆，准备按照乔布斯的要求而做，并很快就做出了样片。詹姆斯·文森特将这部广告片命名为“宣言”（The Manifesto），在这则短片中，他以女歌星凯伦·欧的《金狮》（Gold Lion）为背景音乐，显得这个广告片的节奏很快，很有冲击力。不仅如此，伴随着音乐声，短片中还缓缓传出了一段旁白：“iPad 很薄、很完美……它的功能非常强大，甚至可以用神奇来形容它……你可以通过它看视频、浏览照片，它还能装下你一辈子都读不完的书籍。可以说，iPad 就是一场革命，而这一切才刚刚开始而已。”

在完成“宣言”这个广告片后，詹姆斯·文森特又带着他的团队设计了一个方案，并由年轻导演杰西卡·桑德斯拍摄了一段生活纪录片。在这两个广告都做好的时候，乔布斯都挺喜欢。但没过多长时间，他又开始挑刺儿，称这两则广告依然没有任何新意，并指它们就和维萨卡（Visa，信用卡品牌）的广告一样，一看就知道是广告公司的作品。

他很想让詹姆斯·文森特为他做出一个新颖的广告，他想在新颖的广告中听到那种简单、干净，且带有宣告式的声音。对此，李·克劳回忆道："当初我们在探讨一些较为生活化的广告方案时，史蒂夫好像很感兴趣。但不知什么时候，他突然变得很讨厌这种方案了，称它没有苹果的感觉。然后，他就告诉我们，苹果的声音非常简单、诚实，并要我们将此加入新的广告之中。"最后，詹姆斯·文森特等人不得不重新设计这个方案，才有了我们最终看到的那个，在干净的白色背景下，一系列特写镜头快速闪过，同时还伴有"iPad是……"的短语介绍着你可以用它做什么，向人们一一展示了其所具有的强大功能。

应用程序商店

"苹果公司可以授权外人为iPhone编写应用程序，但前提是，他们必须按照一定的标准进行开发，并在编写完成后接受苹果公司的测试与批准，而且只能通过苹果公司的iTunes商店出售自己的应用。"

——在决定推出iTunes商店时，乔布斯如是说

iPad的成功是多方面的，除了外观和硬件外，应用软件也是其成功的一个关键。人们可以在iTunes商店（App Store）下载数千种应用程序，并利用下载的程序轻松地掌控股票的实时信息、浏览新闻、看电影、阅读杂志或是电子书、玩游戏等。在这么多的应用程序中，你几乎可以找到任何你想要的东西。不过，在最初的时候，苹果只推出了几百种可下载的应用程序，直到苹果授权外部开发者后，这个数字才激增到了成千上万种。

其实，iPad应用程序的开发与应用热潮始于iPhone。早在2007年，苹果刚刚推出iPhone时，能够在iPhone上运行的游戏都是由苹果的工程师发明的。至于后来这一数字的激增，主要是与乔布斯同意了向外部开发人员开放授权的界定有关。

在最初的时候，乔布斯非常抵触也拒绝对外开放应用程序的开发权。在他看来，若是允许外人为iPhone开发应用程序的话，那样就有可能会将iPhone搞得面目全非，抑或是让iPhone被病毒侵入，破坏其对完美的追求，而这些都是乔布斯所不能容忍的事情。

除了乔布斯外，苹果公司内则有很多人建议对外开放这些应用程序的开发权。如苹果的董事会成员亚瑟·莱文森，他就曾因此而劝过乔布斯，后来他还对此回忆道："当时我给他打了很多个电话，希望他能同意开放应用程序。要知道，苹果若是不允许开发者制作应用程序，而其他公司允许的话，我们就会将原有的竞争优势拱手让给对方。"苹果公司的营销总监菲尔·席勒也曾劝过乔布斯，他的观点和亚瑟·莱文森的大同小异。对此，他回忆道："我们既然创造出了iPhone如此强大的产品，就应当授权开发者制作应用程序，因为消费者喜欢。"

在开始的时候，乔布斯一直回避对此问题的讨论。除了上述的原因外，他还觉得

自己的团队应当专注于工作，一旦授权第三方，应用程序开发者出现了一些问题，那么他们就得分出一部分精力去解决，而这也是他所不愿看到的。不过，在 iPhone 推出不久后，他就改变了主意，并愿意听听大家关于此问题的看法。亚瑟·莱文森对此回忆道："我们每说一项开放的好处时，史蒂夫好像都会改变一点儿。"

在接下来的一段时间内，他们又召开了三次董事会，而每次讨论的重点都一样，即授权开发者为 iPhone 制作应用程序。经过四次会议讨论之后，乔布斯终于被说动了。不仅如此，他还想到了一个两全其美的办法，即"苹果公司可以授权外人为 iPhone 编写应用程序，但前提是，他们必须按照一定的标准进行开发，并在编写完成后接受苹果公司的测试与批准，而且只能通过苹果公司的 iTunes 商店出售自己的应用"。

乔布斯想出来的这个办法，不仅可以有效地控制众多获得授权的软件开发者，还能充分利用这些人为 iPhone 带来的优势。这一方法很快就得到了苹果董事会的认可，尤其是亚瑟·莱文森更是对此赞不绝口道："史蒂夫找到了一个绝佳的平衡点，这不仅能给我们带来莫大的好处，还保留下了对端到端的绝对控制。"

2008 年 7 月，针对 iPhone 手机开发的应用程序商店——iTunes 商店正式发布。在这个虚拟的商店内，很多应用程序的价格都较为低廉，极少有超过 1 欧元的，再加上用户可以直接通过 iPhone 直接下载，以至于在 iTunes 商店投放市场的 1 个月内，其下载量就达到了惊人的 6000 万次。9 个月后，其应用程序的下载量更是达到了惊人的 10 亿次，着实让苹果公司狠狠地赚了一笔。

到了 2010 年 4 月 iPad 上市销售时，开始只有几百款应用程序的 iTunes 商店内，已有近 20 万个应用程序。而且，其中还有不少应用程序也可以在 iPad 上使用。不仅如此，在 5 个月后，iTunes 商店内就多出了 2 万多个专门为 iPad 量身编写的应用程序。

iTunes 商店的发布，可以说是完全颠覆了传统的软件销售模式。开发者在为 iPhone 和 iPad 开发的软件的同时，还可以实现额外的盈利。即用户每下载安装一款软件所支付的款项，都会由苹果公司和开发者分账，这种利润分配方式命不但大幅提高了中小开发者的积极性，同时也促进了 iPhone 和 iPad 的销售业务。据统计，截止到 2011 年 6 月，iTunes 商店中有关 iPhone 和 iPad 应用程序突破了 40 万个大关，下载次数更是高达 140 多亿次，而苹果公司向应用程序开发者支付的资金也有 25 亿美元之巨。

正如美国风险投资家约翰·杜尔之前所说的那样："苹果假如开放应用程序平台的话，极有可能会催生出一批新型的创业者，并能创造出一种全新的服务。"结果，他的话应验了。苹果的 iTunes 商店可以说是在它投放运营的那一刻起，就创造出了一个全新的产业模式，造就了一大批以应用程序开发为主的创业者。为此，约翰·多尔在苹果的 iTunes 商店投放运营后，便拿出 2 亿美元的资金，成立了 iFund 基金会，专门为那些好的创意进行股权融资，而这也让他赚了不少。

另一方面，苹果还不断地将 iTunes 商店的成功运营模式扩展到其他领域。尤其是随着 iPhone 系列和 iPad 的相继推出，苹果 iTunes 商店也开始了电子图书的销售。为此，还有不少出版商专门为 iPad 创造出了一批新的杂志、书刊和学习材料等。比方说，卡拉威（Callaway）出版社在行业前景不是很景气的情况下，竟然完全放弃了印刷业，准备破釜沉舟，将全部的精力都转移到了利用交互式应用程序进行书籍出版，结果他们成功了。在他们转型的两年内，他们在苹果 iTunes 商店卖出去的图书有 2000 多万册。要知道，截止到 2011 年 6 月时，iTunes 商店内的图书累计销量也才只有 1.3 亿册！

2010 年，苹果公司又将 iTunes 商店成功扩展到了台式机和笔记本领域。也就是说，使用 Mac OS X 系统的用户也可以通过互联网，自由、方便地购买 iTunes 商店内的软件。2011 年，苹果又大张旗鼓地推出了名为 iCloud 的“苹果云计算”服务。此一举动，更是大大地方便了苹果用户在桌面电脑、iPhone 以及 iPad 之间的数据与应用程序的同步更新。可以毫不夸张地说，iPhone、iPad 以及它们所代表的商业模式，已经成为这个世界的流行趋势。

iPad2：人文科技交点

“平板电脑不能只靠技术，还要把科技与艺术和人文结合起来，而我们现在正站在这个交叉点上，也只有我们所走的路才是正确的。”

——在 iPad2 发布会后接受记者采访时，乔布斯如是说

iPad2 作为苹果的第二代平板电脑，其实早在 iPad 开始销售之前，乔布斯就已经在酝酿了。而且，他也广泛听取了各方的意见，并采纳了其中不少好的提议。比方说，为 iPad2 安装上摄像头，让它变得比 iPad 更加轻薄等。

和之前苹果的所有产品一样，乔布斯在酝酿 iPad2 的时候，他最先考虑到的便是其外观设计。iPad2 除了要比 iPad 更轻、更薄外，最重要的一点就是 iPad 将会多出一个外设装置，这可能是大多数人没有想到的。苹果公司在设计 iPad 的时候，为了保护它而为它量身定制了一个保护套，然而就是这个保护套遮盖住了线条美丽的 iPad。不仅如此，为了更好地保护屏幕，他们不得不降低屏幕的灵敏度，把本应该更轻薄的东西做得太厚了，这可不是喜欢追求完美的乔布斯所想要的。

正当乔布斯为 iPad2 的屏幕保护设施而发愁的时候，他看到一篇有关磁铁的报道。这篇文章指出，磁铁的吸引力可以被精确地聚焦在一个锥形区域里，在离开这个区域后，它的作用力就会减弱或是消失。看到这里后，乔布斯非常兴奋，他好像看到了什么。于是，他便将那段文章给剪了下来，并交给了乔纳森·艾维，让他根据磁铁的这个原理为 iPad2 设计一款可分离的保护盖。那样一来，只需将 iPad 的正面给遮挡起来，就能有效地保护 iPad2 的屏幕了。

没过多久，就有人按照乔布斯的研究出了一个较为可行的外界设备，即用带有磁性的合页做了一个可被分离的保护盖。也就是说，当你打开 iPad2 的时候，其屏幕就

会被唤醒。不仅如此，这个保护盖还可以折叠起来，在用 iPad2 的时候，你可以将其折叠成一个支架，支撑起 iPad。这只是一项纯粹的机械应用，而不是什么高科技，但是这项设计非常棒。这项改进虽然只是 iPad2 众多改进项目中无足轻重的一个，但正是这么一个微不足道的细节上的创新，为 iPad2 赢得了更多的赞许与掌声。

2011 年初，iPad2 的研发工作也接近了尾声。同年 3 月，苹果准备在旧金山为其召开发布会。此前，乔布斯由于胰腺癌复发而第三次病休。因此，很多人都以为乔布斯不会出场了，但结果并非如此。在发布会当天，苹果的高管除了乔布斯外，全都早早赶到了会场。正在众人猜测乔布斯会不会放自己的鸽子时，乔布斯那纤瘦的身影终于出现了，而此时距离发布会开始仅剩下一分钟了。

乔布斯出现后，他一边缓缓地走上舞台，一边面带着欢快的笑容对着台下的众人说道："这个产品我们做了那么久，我又怎么舍得错过呢！"在听到乔布斯的声音后，台下所有人竟然全都站了起来，为他的出现而欢呼、鼓掌。

乔布斯在向人们展示 iPad2 的时候，是从那款新的保护盖开始的。接下来，他对众人说道："之前的 iPad 较为擅长消费内容而不是创造内容，但是，iPad2 将会变得与众不同，你可以通过软件（Gamge Band 和 iMovie,）在 iPad2 上轻松地作曲和编曲，或者是给你的家人的录像添加一些背景音乐以及特效等。"很明显，iPad2 在这方面的改进，是他在听取了人们对 iPad 的评价后而总结出来的。

在这次发布会的最后，乔布斯再次强调了 iPad2 所体现的"人文"与"科技"的两大理念，并总结道："真正完美的创意，主要来自产品的一体化，如硬件、软件、内容、保护盖等，只要能够将它们紧密地契合在一起，就是一款真正伟大的产品。而不像其他电脑生产厂商那样各自为政，最后连一点儿竞争力都没有。"

乔布斯为苹果注入了其特有的基因，这使得苹果的产品不仅只有技术，还有对人文的考虑。对此，乔布斯也说过："只有科技与人文的联姻，才能让我们的产品更加感人至深。"尤其是在后 PC 时代，很多电脑厂商纷纷涌入平板电脑这一市场，并将其视为下一代个人 PC。他们虽然都很注重科技的发展，但有很多人都忽略了对人文的考虑。比方说，他们会将自己产品的硬件和软件分别交给不同的公司制作，仅此一点，就已经大大影响到了其对产品的控制权，更不说其他方面了。也就是说，他们若是想像苹果那样制造出一款又一款的完美产品，根本就是不可能的。

在发布会结束后，乔布斯看上去虽然非常虚弱，但他的精神很好，并接受了一些记者简短的提问。其中，有位记者向乔布斯问道："您觉得苹果公司在 2011 年会有什么样的收获？"对此，乔布斯非常直接地回答道："2011 年将是属于 iPad2 的一年。"当记者提及平板电脑市场的未来时，乔布斯则诙谐地说道："请允许我提醒一下我们的竞争对手，他们觉得平板电脑将会是下一个 PC 市场，这种想法是不正确的。因为，平板电脑是属于后 PC 时代的产物，它们要比 PC 更容易使用，用户体验的感觉也将变得更加重要。"随后，他又进一步表示，"平板电脑不能只靠技术，还要把科技与艺术和人文结合起来，而我们现在正站在这个交叉点上，也只有我们所走的路才是正确的。"

之后，他又带着自己的妻子鲍威尔、儿子里德与沃尔特·艾萨克森一同吃了顿午餐。好的心情似乎也令乔布斯胃口大开，那次他吃了一份多的蟹肉沙拉，一份冰激凌，还喝了一大杯果汁，这可以说是乔布斯自再次生病以来，吃得最多的一次了。

到了第二天的时候，仍旧沉浸在兴奋之中的乔布斯决定在第三天到夏威夷的康娜度假村度假，并早早地收拾好了行李。在他的行李中，除了两件换洗的衣服外只有一部 iPad2，而里面他只下载了三部电影和一本他每年都会读上一遍的《一个瑜伽行者的自传》。

iPad 2 可以说再一次改变了平板电脑市场的格局，它不仅拥有更薄、更精湛的工艺设计，同时其硬件性能也有了长足的提升。一周后，当 iPad2 正式发售的日子来临的时候，苹果的专卖店前，依旧像之前几款产品发布时的情况一样，排起了长长的队伍。

外交与内政

iBook 代理商模式

“亚马逊把电子图书市场给搞砸了。”

——在评价亚马逊有关电子图书的销售模式时，乔布斯如是说

iPod 的问世改变了整个音乐产业，而 iPad 及 iTunes 商店的出现，则改变了所有形式的媒介产业。不过，乔布斯并没有就此满足，因为他想改变的是整个科技世界，而不是一城一池之地。尤其是 iTunes 商店的成功，更是坚定了乔布斯的信心，比方说，苹果进军电子书产业，就是出于这一目的。

刚开始的时候，最先对电子书市场产生兴趣的是亚马逊，他们率先推出了 Kindle 阅读器，并扬言道：“Kindle 将会改变人们的阅读方式，就像苹果的 iPod 改变了人们听音乐的方式一样。”

在亚马逊推出 Kindle 后没有多久，苹果公司便着手创建了一个专门出售电子图书的虚拟网络商店——iBook 商店，它和苹果之前推出的 iTunes 商店差不多，只不过是以出售电子图书为主。但若仔细比较一下，两者之间的运营模式还是有所不同的。

如在 iTunes 商店，在乔布斯的坚持下，所有歌曲的售价都不得过高，一般都在 99 美分以下。亚马逊的创始人杰夫·贝佐斯在推出 Kindle 后，也曾想以 iTunes 商店的经营模式进行代理销售。不同的是，在 iTunes 商店内一首歌是 0.99 美元，而在 Kindle 中，一本书的售价则是 9.99 美元，而且取得了不错的业绩。不过，这种情况在苹果进军这一领域后，又有了新的变化。

苹果在进入电子图书领域后，乔布斯并没有按照 iTunes 商店的运营模式向出版商提出相同的条件，而是对他们提出了更为优厚的条件，即允许他们在 iBook 商店中任意设置其出售图书的价格，而苹果只从销售额中提取 30%的作为代理费。不过，在乔布斯提出这一条件后，很多人都觉得假如苹果真能与那些出版商达成合作的话，那么

iBook 商店里的电子图书将会比亚马逊的贵出许多。真到那个时候，还会有人花更多钱在苹果的 iBook 商店买书吗？对此，乔布斯则回答道："这根本就不是问题，因为价格是不会变的。"

在 iPad 发布之后，乔布斯似乎加快了这一步伐，而且他不止一次抱怨道："亚马逊把电子图书市场给搞砸了。"他这样说是有根据的，亚马逊在出售这些电子书籍时，都是以批发价从出版商那里购得，然后又以低于成本价的 9.99 美元销售，这让很多出版商都很不满。因为，他们这样做的后果就是直接影响到了那些出版商们纸质图书的销售。所以，在苹果宣布将要进入电子图书市场的时候，就有不少出版商终止了继续向亚马逊供书的合同，转而开始与苹果合作。

此时，乔布斯便向他们开出了之前他所提出的条件，即由出版商自己定价，苹果公司只从中抽取三成的利润。后来，乔布斯在回忆这件事的时候说道："我知道当时那样做会让消费者会多出一些钱，但那是出版商们想要的结果。"当然了，乔布斯在向他们开出优厚条件的同时，对他们也有别的要求。比方说，假如有地方所卖的图书比 iBook 商店里的更便宜，那么苹果有权调整该图书的价格，以更低的价格出售。很快，苹果公司就与不少出版商签订了合约。没过多久，就连一些正在与亚马逊合作的出版商们也都坐不住了，纷纷要求亚马逊与他们签订代理合同，否则的话，他们就会转投其他公司，比方说苹果公司。

在苹果的 iBook 商店及其运营模式推出后，很多出版商都找到乔布斯，希望能与苹果达成合作。除了他们，还有不少音乐公司也纷纷要求乔布斯为他们开通这种自主定价的服务，结果却遭到了乔布斯的严拒。但是，这些音乐公司不像之前那些要求亚马逊提高价码的出版商一样，对于乔布斯的拒绝，他们只能接受，因为他们的反抗完全没有任何意义。

其实，乔布斯出这一招也是迫于无奈。苹果展开电子图书这一业务的时间要比亚马逊晚很多，为了能够快速抢占市场，他才使出了这么个借力打力的手段，与出版商建立起了代理销售的模式。结果证明，他提出的这种代理模式是成功的。因为，自 iBook 商店开始运营至 2011 年 6 月，在短短的三年时间内，iBook 商店内累计售出的电子书就达到了惊人的 1.3 亿本，稳稳地成为这块市场上的一方霸主。

颠覆传统传媒

"我要让他们明白，如何对数字版的杂志进行收费，将会对这个产业有着多么大的影响。"

——在谈及 iPad 对于传统传媒的影响时，乔布斯如是说

苹果公司的理念之一就是创新，打破人们对于旧传统的认识。从 Apple Ⅰ 开始到目前的全新 iPad（即 iPad3），他的每一款产品都是在创新，都是在颠覆传统。如 iPod

的问世，颠覆了传统的音乐产业模式，而 iPhone 则改变了人们的生活方式，至于 iPad 则改变了传统的传媒产业模式。

2010 年 2 月，乔布斯在主持完 iPad 的发布活动后不久，便飞往纽约，与新闻界的一些巨头们进行了会面。他来这里的目的很简单，即与他们合作创办新的传媒模式。在乔布斯看来，他的手上有着强大的载体（iPad），而这些新闻界的巨头们则掌握着巨大的媒体资源，他们一旦合作的话，极有可能会颠覆传统的传媒产业。

在到达纽约后，乔布斯率先会见了世界报业大亨、新闻集团的董事长兼 CEO 鲁伯特·默多克、詹姆斯·默多克（鲁伯特·默多克的儿子），以及新闻集团旗下的《华尔街日报》的高管，紧接着他又与《时代》杂志、《财富》杂志、《纽约时报》等传媒企业的高管进行了接触。他后来对此回忆道："现在的人们大多通过博客发布新闻，这样一来就使得新闻的报道缺少了必要的编辑和监督。我找到他们，就是想帮助他们创作出更有质量的数字版传媒产品，减少或杜绝这一现象，并保证让他们赚到钱。"

在此之前，iTunes 商店的成功运营，让乔布斯觉得将这种模式投放在新闻界也同样适用。但是，这些巨头们对于他所递出的橄榄枝带着极强的戒备之意。在他们看来，自己若是苹果合作的话，那就意味着自己将要损失三成的收入。除此之外，他们还非常担心，一旦与苹果合作的话，他们将无法再与订阅他们报刊的用户取得直接的联系，更无法直接向他们收钱和推销新的产品，一切只能看苹果公司的运作。反观苹果，则能利用 iPad 与他们的用户直接联系，能轻松地获取他们的信息。除非用户同意，他们才有可能从苹果那里看到他们的信息。

其实，在这次纽约之行中，乔布斯最想签约的是《纽约时报》，在他眼中，《纽约时报》是一份非常不错的报纸。最近几年，因其免费提供数字版的报刊而让他们流失了大量的订阅客户，而其收入也随之日趋减少，并逐渐陷入资金运转困难的境地。在来纽约之前，乔布斯就曾对沃尔特·艾萨克森说道："我已经决定了，不管《纽约时报》的高管同不同意，我都要帮助他们渡过眼前的难关。我要让他们明白，如何对数字版的杂志进行收费，将会对这个产业有着多么大的影响。"

因此，在与默多克父子见过面之后，乔布斯便在一家餐厅内宴请了 50 多位时报集团旗下杂志的高管，其中自然也包括《纽约时报》的一众高管。在包间内，乔布斯先是向众人展示了 iPad，然后向他们讲解将数字新闻以多少的价格出售而不会让消费者反感。紧接着，他又以《纽约时报》为例，并列出了翔实的数据说道："你们在网站上免费发布的电子版新闻，至今约有 2000 万定期访问者，而印刷版的订阅者约有 100 万人，他们每年都要为此付出 300 美元的费用。假如你们肯从中找到一个平衡点，比方说以极低的价格提供数字版的新闻，也许你们的付费订阅者很快就能超过 1000 万人。"

乔布斯的话音刚落，《纽约时报》的一位高管便站了起来称："假如与苹果合作的话，我们需要拿到所有订阅者的电子邮箱和信用卡信息。"对于他的要求，乔布斯想都没想便拒绝了。当时那位高管也被乔布斯的态度激怒了，并出言威胁道："假如我们拿不到这些信息，我们是不会与你合作的。"乔布斯则耸耸肩道："这些信息你们尽可以找订阅用户去要，但前提是他们愿意将那些信息提供给你们。还有就是，让你们陷入这种困境的又不是我们公司，而是你们在过去的几年中因免费发行电子版本的新闻而造成的，你们若是不想和我们合作也没关系，我无所谓。”

在这次宴会过后，乔布斯又在私下里见了《纽约时报》的高管小亚瑟·苏兹伯格，并和他聊了很多，结果还是一样。直到一年后，《纽约时报》才开始与苹果合作，在iTunes商店发布了收费版的数字报纸。不过，他们所定的售价不是乔布斯建议的5美元/月，而是20美元/月。可即便如此，他们的订阅量也要比之前多了不少。

除了《纽约时报》外，时代集团也提出了同样问题，他们不希望苹果掌握其订阅用户的所有信息，并想直接向用户收费。为此，时代集团向乔布斯建议，希望苹果的iTunes商店能够开发出让读者直接跳转到自己的网站上完成订阅的功能。很显然，希望将一切都掌控在自己手中的乔布斯，是不会同意这种要求的。不甘心的《时代》杂志高管又联合其他杂志一同向乔布斯施压，但同样被他给拒绝了。

后来，乔布斯又找到时代华纳的CEO杰夫·比克斯，提出时代集团旗下的杂志与iPad合作的事宜。其实，早在此之前，两人就曾因iPod Touch的视频授权问题而打过交道，在乔布斯的记忆中，杰夫·比克斯是个精明的实用主义者。因此，他在见到杰夫·比克斯的时候便先对他说道：“你们的情况真是糟糕透了，你仔细看看吧，还有多少人愿意购买你们的杂志?”接着，乔布斯又向他抱怨道：“为了改变你们的这种状况，我们给你们提供了一个绝佳的电子平台，可你们拒绝了，真不知道你们是怎么想的!”

杰夫·比克斯虽然不赞同乔布斯的话，但他还是表示，自己愿意与苹果合作，并同意乔布斯有关利益分成的条件。不过，当谈及订阅客户的信息时，双方又发生了分歧。杰夫·比克斯要求乔布斯向其公开订阅用户的信息，鉴于时代集团旗下的其他杂志曾多次就此事而与自己纠缠，乔布斯已经失去了他那仅有的耐性，回答道：“苹果公司有保护用户隐私的权利，因此，除非用户同意，否则我们不会提供给你任何与订阅者相关的信息。”最后，双方就此事而争执不下，合作也就不了了之。

乔布斯本以为凭借着强大的iPad颠覆传统的传媒产业，所以才会兴冲冲地来到纽约这个传媒的“国度”。但是，当他来到纽约时一再碰壁，这让他的自信产生了动摇。在这种情况下，他是会继续努力下去，还是会就此放弃呢?

与默克多的合作

“我们的合作很难走上正轨，因为真正懂得技术的人员都在硅谷。”

——在评价报纸产业所采用的技术应用时，乔布斯如是说

在与时代集团谈判未果后，乔布斯并没有气馁。不仅如此，他对此好像早就习惯了。因为，苹果在此之前的每一项创新，几乎都会受到人们的质疑，所以乔布斯并没有感到意外和不妥，反而以更饱满的精神与其他杂志商进行商谈。比方说，他与另一

个大目标——新闻集团的合作，就要顺利得多了。

鲁伯特·默多克掌管的新闻集团，作为一家综合性传媒公司，旗下拥有多家报纸杂志，如《华尔街日报》《纽约邮报》《泰晤士报》等遍布全球的报纸，还掌握着20世纪福克斯电影公司及福克斯网和35家电视台等传统媒体资源。

乔布斯在和鲁伯特·默多克谈判的时候，对方也向乔布斯提出了和杰夫·比克斯同样的要求，结果同样在乔布斯那里吃到了闭门羹。鲁伯特·默多克作为一个传媒帝国的缔造者，他并非那么容易被说服，但他在乔布斯那里碰了钉子之后，他就知道乔布斯是个很难搞定的人物，再加上自己在这方面确实并无多少筹码，于是，他便说服自己，同意了乔布斯的条件，与苹果展开了合作。后来，他还对此回忆道："当初我也希望能够获得这些订阅用户的信息，而且也向苹果公司奋力争取了。但史蒂夫就是不肯放宽条件，而且，我们再耗下去也没有什么意义，所以我只有让步，按他说的办了。"

在与苹果展开合作后，鲁伯特·默多克还专门为iPad开创了一份新的报纸——《日报》，而且，这份报纸只有电子版的，在iTunes商店内仅以99美分/周的价格出售。不过，当他带着自己的团队向乔布斯展示这个应用程序的时候，乔布斯告诉他："这个程序很烂，你不介意让我们的工程师帮忙做吧？"鲁伯特·默多克还是了解一些乔布斯的，所以，他并没有多说什么就同意了乔布斯的提议。不仅如此，他还下令让自己的团队对这一应用重新设计。十天之后，当苹果的工程师们设计出的方案和鲁伯特·默多克的团队设计出的新方案进行比较时，乔布斯竟然选中了后者，这着实让鲁伯特·默多克大吃一惊。为此，他还与乔布斯和建立起了亲密的伙伴关系。

比方说2010年6月，鲁伯特·默多克准备召集新闻集团的高管们举行一次集思会，并向乔布斯发出了邀请。一般来说，乔布斯是不会参加这种活动的，但那次却出现了例外，乔布斯不但参加了那次集思会，还在会上做了时间不短的演讲。

在集思会后，乔布斯还接受了詹姆斯·默多克的采访，在采访的过程中，他对新闻集团在报纸行业的技术应用进行批评道："我们的合作很难走上正轨，因为真正懂得技术的人员都在硅谷。"当时，《华尔街日报》数字网络部门总裁的戈登·麦克劳德也在现场，他在听了乔布斯的话后，觉得他是在危言耸听，并自嘲道："照你这么说，我的工作很有可能要保不住了。"不过，令戈登·麦克劳德没有想到的是，自己当初的一句戏言竟一语成真，3个月后，他果然因此而离职了。

在晚宴上，鲁伯特·默多克想听听乔布斯对于福克斯新闻网的看法。对此，乔布斯直言不讳道："现在的新闻焦点已经不再是自由派和保守派的斗争了，而是谁更具有破坏性或建设性。很遗憾的是，你们现在正与一群极具破坏性的人为伍。这群人借助于福克斯新闻网的平台，已经形成了一股极具破坏性的力量。你们本来可以做得更好的，但是由于他们的介入，这一切都发生了改变。如果你再不注意的话，不仅福克斯新闻会因此而完蛋，就连你也会遗臭万年。"后来，鲁伯特·默多克对此表示道："我已经习惯了乔布斯的这种抱怨，更何况他在这个问题上还有点儿左翼的倾向，这就更值得理解了。"

总的来说，乔布斯与鲁伯特·默多克相处得还算融洽。而且，鲁伯特·默多克还曾多次到乔布斯的家中做客。对于这位常客，乔布斯也曾对他开玩笑道："每次你来的时候，最好先给我发个短信，我得先把餐刀藏起来，以免我妻子会因为福克斯新闻网的报道而将你开膛破肚。"

2011年2月24日，鲁伯特·默多克在经过帕罗奥图时，他想到了自己的老朋友乔布斯，便给他发了条短信，告诉他自己想来家中坐坐。细心的人可能发现了，这天正好是乔布斯56岁的生日，可是鲁伯特·默多克并不知道。乔布斯看到短信后，也没有告诉他这件事，只是邀请他到家中共进晚餐。

在到了乔布斯的家后，这位新闻大亨才知道当天是乔布斯的生日。好在他进门的时候还带了一点儿小礼物，就当作生日礼物送给乔布斯了。在晚餐开始前，乔布斯向他展示了自己新设计的游艇。鲁伯特·默多克虽然也是个喜欢追求完美的人，但他追求的是事业上的完美而非设计上的。因此，当乔布斯问他自己的设计如何时，他只是做了句很简单的点评："内部很漂亮，外部设计也很简约风格，很完美的作品。"

晚餐开始后，他们的话题也由之前的游艇设计转入企业的文化与创新精神，接着他们又转入到了教育方面，并都相信数字学习材料最终将会完全替代纸质教科书，而这也是乔布斯的下一个变革目标。一直以来，乔布斯都很关注教育问题，尤其是在iPad研发成功后，他就曾想聘请一些优秀的教科书编写者来制作电子版教科书，让广大的学生扔掉沉重的书包。

不过，直到2012年3月，在全新iPad（即iPad3）以及电子教科书应用iBook 2发布后，乔布斯的这一愿望才得以初步实现。但可惜的是，他并没有等到这一天就已经回到神的国度了。

与谷歌的冲突和争端

"如果有必要的话，即便是花完苹果账户上的400多亿美元，拼到最后一口气，我也要毁掉Android，毁掉这个偷来的产品，即便是发动核战争，我也在所不惜。"

——在谷歌推出第一款Android手机时，乔布斯如是说

苹果的产品，无论是硬件还是软件技术，一直以来采用的都是封闭策略，从不对外公开。一旦有人剽窃了它的技术，或是有人进行了模仿，都会惹恼乔布斯。如在计算机产业，当年的微软在发布Windows1.0时，就遭到了乔布斯的炮轰。几十年后，乔布斯又遭到了另一家公司的挑衅，即谷歌公司。与多年前不同，苹果公司这一次遭剽窃的技术是关于手机的而非计算机。

最初，谷歌和苹果有着共同的敌人——微软，这也促使他们走到了一起，并随之展开了亲密的合作。如双方在合作之初所发布的一款面向Windows操作系统的Safari浏览器，就是一款很不错的作品。不仅如此，谷歌的CEO埃里克·施密特还在2006

年成功当选了苹果公司董事会的董事，并有机会协助乔布斯发布 iPhone 这款具有划时代意义的产品。

同时，埃里克·施密特和乔布斯还在发布会上同时对外宣布，谷歌将与苹果展开深度合作。对此，埃里克·施密特还打趣道："我和史蒂夫的合作是如此的紧密，若是我想把两家公司合并起来，恐怕也不是什么难事。"事实证明，这也只能是一句玩笑话而已，因为两家公司的营销模式不同。

谷歌走的是开放路线，它的程序、软件、网络推广等都是如此。这种模式虽然能让他们从中获取不小的利益，但对外部资源的依赖性越来越大。反观苹果虽然一直在努力地打造一个专属的封闭环境，将软件的开发和售卖严格控制在自己的手中。这在让他们获得不少的利润的同时，还能降低对外界资源的需求和依赖性，从而形成一个自给自足的苹果王国。

2010 年 1 月，在 iPad 发布之后没多久，乔布斯就在苹果总部召开了一次员工大会。在这次大会上，他不是在为 iPad 开庆功宴，而是向全体员工抱怨谷歌的"剽窃"行为。因为，谷歌开发出了安卓（Android）操作系统（一款手机操作系统），这表明谷歌将要进军手机产业了。气急败坏的乔布斯在大会开始后，就在那儿语无伦次地痛斥道："我们没有打算涉足搜索领域，他们却进入手机业务，他们想干什么？难道他们想要终结 iPhone？若是那样的话，我绝不会让他们得逞。"

在这件事情上，乔布斯觉得谷歌公司的 CEO 埃里克·施密特背叛了自己。因为，苹果公司在研发 iPhone 和 iPad 的时候，埃里克·施密特正是苹果董事会的一员，而谷歌公司的两位创始人谢尔盖·布林和拉里·佩奇则和埃里克·施密特有着极好的关系。因此，当谷歌推出 Android 系统，并采用了一系列苹果首创的多点触摸、滑动操作、应用程序图标网格等功能时，乔布斯真是有些出离愤怒了。

双方关系的破裂始自 2007 年 11 月，当时谷歌正式推出了 Android 手机操作系统，并准备全面进军智能手机领域。结果，乔布斯在得知这一消息后顿时大怒，嘴里还一直不停地斥责谷歌的"剽窃"行为。2008 年初的时候，他还因此事而专门来到谷歌总部，与拉里·佩奇、谢尔盖·布林以及 Android 研发团队的负责人安迪·鲁宾等人大吵了一架。当时，埃里克·施密特还是苹果董事会的成员，面对这种事情他只能选择回避，两不相帮。在离开谷歌总部前，乔布斯还出言威胁道："假如你们停止研发 Android 系统，我们之间的关系还会像以前那样好，我也会向你们保证在 iPhone 的主屏幕上为谷歌放置一两个图标。假如你们一意孤行的话，那咱们就法庭上见。"

刚开始的时候，谷歌确实在努力地规避某些与苹果的 iOS 系统相同或相似的功能。但是，双方的关系还是在急剧恶化。2009 年 8 月，由于苹果和谷歌之间的冲突涉及苹果的核心业务，兼有苹果公司的董事及谷歌 CEO 的埃里克·施密特只得辞去苹果公司董事的职务，以回避苹果公司高层商谈与双方冲突有关的问题。对此，乔布斯表示道："埃里克作为苹果公司最杰出的董事之一，为苹果发展做了不小的贡献。但是现在他已经不适合这个位置了，所以他不得不辞去苹果董事的职务。"

2010 年 1 月，苹果和谷歌的斗争升级，而事件的起因是一款名为"Nexus One"

的手机。这是谷歌开发，由宏达电子（HTC）代工生产的一款安装了Android系统的3G智能手机。不仅如此，谷歌还大张旗鼓地宣扬这款手机所拥有的多点触控及其他功能的体验上均与iPhone相差无几，这一下可真惹怒了乔布斯。

很快地，乔布斯就将谷歌告到了法庭上，并称谷歌的Android系统侵犯了苹果的近20项专利，另将HTC视为连带侵权对象一并起诉。在刚发起诉讼的时候，乔布斯的情绪非常激动。据沃尔特·艾萨克森回忆道："史蒂夫当时非常生气，他曾对我说：'谷歌无耻地抄袭了iPhone，而且是一点儿不留。如果有必要的话，即便是花完苹果账户上的400多亿美元，拼到最后一口气，我也要毁掉Android，毁掉这个偷来的产品，即便是发动核战争，我也在所不惜。'他不但对谷歌的Android系统非常不满，就连谷歌的其他产品，如其搜索引擎、Google Docs等产品，也都让史蒂夫很不爽。"

几天之后，乔布斯接到了埃里克·施密特的电话。这位苹果董事会的前董事为了苹果起诉谷歌一事而打电话给乔布斯，想和他好好地聊聊有关和解的事情。结果，在见面之后，乔布斯就一直陈述着谷歌的"偷窃"行为，说埃里克·施密特等人利用自己的信任而欺骗了他。到了最后，他还强调道："你回去告诉拉里·佩奇和谢尔盖·布林，我对和解不感兴趣，也不想要你们赔钱，我只要你们立即停止在Android系统中使用我们的创意和技术。"很显然，埃里克·施密特并不打算放弃Android系统。最后，两人只得在争执中不欢而散。

同年5月，谷歌工程部的副总裁在I/O大会上公开宣称道："如果谷歌不行动起来，那在不久的将来，我们都只能选择一家公司的设备，这可不是我们愿意看到的结果!"到了7月份，推出没多久的Nexus One手机就获得了不小的成功，这让埃里克·施密特十分高兴。不过，他随后便决定主动退出手机的生产销售，如他在接受记者采访时就曾表示道："我们只是想借助Nexus One手机表明我们有能力开发出优秀的手机硬件，很显然它没有辜负我们的期望。我觉得，我们接下来就没有必要再做第二款了，关于此事我会向董事会提出来的。"

对于谷歌主动退出手机生产这一举动，乔布斯并不买账。因为，在他看来，谷歌开发的Android系统就像被打开了的潘多拉的盒子一般，很多人都在利用这套系统，而且其功能也在不断地完善，甚至还有不少手机厂商都借此而起死回生了。如日显颓势的摩托罗拉就是靠着Android系统，才在手机市场上打了个漂亮的翻身仗，并屡屡向iPhone发起挑战。

对于这种结果，乔布斯将所有的账都记在了始作俑者——谷歌的头上。对于苹果和谷歌的竞争，哈佛商学院教授大卫·约菲这样评价道："正所谓一山不容二虎，谷歌和苹果的厮杀注定是惨烈的。"硅谷的另一位知名投资者也对此说道："我对他们两家公司的仇视程度感到震惊，他们之间的'战争'简直就是发生在科技领域内的'第二次世界大战'。"

随着双方的缠斗进入白热化，他们竞争的对象也从原来的智能手机领域扩展到了平板电脑和数字电视领域，而这也代表着苹果与谷歌全面开战了。如在2010年1月，乔布斯在召开完iPad平板电脑的发布会后，埃里克·施密特就在接受《卫报》采访时对此回应道："你能告诉我外形大一些的智能手机和平板电脑之间有什么关系吗？"

同年6月，乔布斯在苹果iPhone 4发布会上介绍iPad业绩时，乔布斯趁机公布了一款游戏开发者写给自己的感谢信，其中有一段是这样写的："这款游戏在iPad上市的头一天，其下载量就超过了过去5年我们在谷歌网上发布的广告流量！"像这种赤裸裸的挑战，还有很多。如在2010年9月，在埃里克·施密特公开表示谷歌每月激活20万部设备没多久，乔布斯就在一场演示会上称，苹果每天激活23万部设备，而且此数量还在增长。不仅如此，他还公开宣称道："我们认为某些公司在统计激活设备的数字时，好像把升级的设备也计算在内了。"在他看来，谷歌提供的数字存在着不小的水分。

后来在谈到平板电脑时，乔布斯更是毫不谦虚地说道："在平板电脑市场上，苹果占有90%以上的份额，别的竞争对手对上我们，就只有落荒而逃的份儿。"2011年3月，在推出iPad 2时，他依旧嚣张地说道："当某些公司还在效仿我们的第一代iPad时，我们的iPad 2就已经问世了，我们不仅在技术上遥遥领先于某些对手，而且还极有可能会令他们重新来过。"

在数字电视领域，他们的竞争也同样激烈。如苹果在发布Apple TV2时，乔布斯也忍不住影射了一下谷歌电视（Google TV）。在他看来，用户最想看的是好莱坞大片和高端的电视节目，而这正是Google TV所不能提供的。在他眼中，Google TV只能提供一些业余爱好者的作品，而无法让人体验到真正的视觉享受。

除了谷歌之外，还有一些与谷歌合作的公司也都受到了波及，如三星、惠普、摩托罗拉等，都因为使用谷歌的Android系统而遭到了乔布斯的攻击。而且，在大多数时候，局面对于苹果都非常有利。

其实，大家仔细想想就能明白其中的关节了。Android系统并不是谷歌的主要业务，这也就意味着谷歌对于Android系统的升级和改进并不会像苹果对待自己的产品那样用心。更何况，这是事关苹果生死的大事，乔布斯自然不敢懈怠。对此，Market Watch的专栏作家做了一个很形象的比喻："关于谷歌和苹果的冲突，大家只需想想火腿煎蛋就会知道了，鸡只是涉足，而猪却把自己全都交出去了。"鉴于此，苹果与谷歌除非有一方主动退出，否则，双方冲突就会持续下去。

与Adobe的战斗

"Adobe公司开发的Flash，完全就是一款残缺的产品，不但漏洞多、能耗高，性能也很差劲。"

——在评价Adobe Flash时，乔布斯如是说

苹果从成立之初就像个不屈的战士一样，从未停止过战斗。从最初的个人电脑、用户界面，到后来的数字音乐、智能手机、平板电脑等，他们一直都冲锋在科技与时

代的最前沿。当然了，他们在攻城拔寨的同时，也会分出不少精力守护自己已得的“领土”。所以，才有了苹果与谷歌的“战争”，而且那也只是他们众多战场中的一个。

比方说苹果与Adobe之间的矛盾可谓是由来已久，但在这十余年间，他们并没有真正的撕破过脸皮。不过，就在苹果向谷歌全面开战的时候，乔布斯突然间向Adobe发难，将矛头指向了Adobe，并对外宣称道：“Adobe公司开发的Flash，完全就是一款残缺的产品，不但漏洞多、能耗高，性能也很差劲。在很多时候，Mac电脑的崩溃都是因为Flash造成的。因此，我永远都不会在iPod和iPhone上安装并运行Flash。”

不仅如此，乔布斯还封杀掉了由Adobe官方提供的可以适用于苹果iOS系统的Flash代码编译软件，禁止这种软件出现在App Store商店中。这种编译软件确实如乔布斯评价的那样，这是一款专为“懒人”开发的软件。因为，凡是下载应用这款软件的用户，只需通过这个编译器，就能将Flash的代码成功移植到其他操作系统中去，而无须另外再去开发新的Flash软件。在乔布斯看来，一款可以兼容所有平台的软件，将不会有任何特色，而开发者也得不到什么好处。所以，他拒绝在苹果的产品上使用这种大众化的软件，更不想让苹果的产品变成和惠普、戴尔那样的平庸之作。

对于乔布斯的“炮轰”，Adobe公司很快就做出了反击，称没有Flash的iPad将令用户的上网体验大打折扣。与此同时，他们还表示自己已经开发出了可用于iPad的Flash，只要苹果同意，他们随时都能将该版本的Flash安装到iPad上使用。结果，他们的示好却遭到了苹果无情的拒绝，因为苹果已经准备支持HTML5标准了。

此外，乔布斯不想在iPhone和iPad上安装Flash，还有一些个人的原因。早在1985年的时候，苹果公司曾对资金周转困难的Adobe公司进行投资，并共同发起了桌面出版的革命。随后，两家公司便进行了长期的合作。

但好景不长，随着Windows系统的推出，更倾向于开放的Adobe公司，对苹果的态度逐渐变得冷淡起来，并将大部分研发精力放在了Windows平台上。到了1996年，Adobe眼见苹果即将彻底失败的时候，它不但没有给予苹果任何帮助，还立即倒戈，决定全面转向Windows平台。1997年，乔布斯在回归苹果后，曾让Adobe公司为iMac及其新的操作系统制作一套视频编辑软件，结果却遭到了拒绝，这让乔布斯很生气。后来，他还对此回忆道：“当时，我请他们为苹果电脑开发程序，他们却以为我们开发软件是对自身资源的一种严重浪费为由拒绝了我。他们难道就没有想过，假如当时没有我的帮助，他们能有今天的成就吗?”

也许有人觉得Adobe有些势利，但是在苹果重新站起来后，Adobe公司对待苹果的态度依然冷淡。如在2001年时，Adobe公司针对Windows系统推出了全功能的视频编辑软件套装，却没有推出Mac版的；2002年时，其所推出的Acrobat 4.x和5.0、After Effects 5.0等一系列产品中，依然只有Windows版本而没有Mac OS X版本的。当乔布斯对Adobe仅存的那一点希望消失殆尽后，Adobe公司留给乔布斯的恐怕只有恨了。所以，他一直都在伺机报复Adobe公司，而这个机会很快就来了。

2006年，苹果公司强势复苏。此时的Adobe虽然仍在坚持将开发Windows平台的产品放在首位，但也开始涉足Mac平台的研发工作。不过，乔布斯对此则无动于衷。2007年6月，iPhone正式发布。不过，大家很快就发现，iPhone与Adobe Flash播放器不兼容。

当时Flash已经在全球得到了推广，几乎所有品牌的手机厂商都从Adobe那里获得了授权，将其用于普通手机、智能手机和其他手持设备上。但是，iPhone却不支持，尤其是在iPhone掀起了一轮新的购机热潮后，Adobe公司真的有些急了。他们曾多次找到乔布斯，希望iPhone能够放开对Flash播放器的限制，可乔布斯迟迟不肯表态。对此，Adobe公司的一位高管曾说道："除了乔布斯以外，没有人知道iPhone会在什么时候兼容Flash播放器。"双方就这样坚持了近9个月，直到2008年3月，乔布斯才公开表态道："我觉得Adobe公司开发的Flash播放器不太适合iPhone。"

此后两年间，随着iPhone的影响力日渐扩大，乔布斯对Adobe时的底气也越来越足。Adobe虽然也看到了iPhone的潜力，很想早点进入这个日渐扩大的市场，但是他们一直都未能得到苹果的许可，这让他们一点儿办法都没有。

2010年1月初，万般无奈的情况下，Adobe公司打算主动出击，并对外宣称，不管苹果是否愿意，他们都将组织一批研发人员投入对iPhone平台的开发工作中。对于Adobe这种一厢情愿的做法，乔布斯并未加以理会。不仅如此，他还在当月底对外发布了iPad，并明确表示："iPad将不支持Flash。"

不仅如此，在iPad发布会后，乔布斯还高调发表了一封公开信，并在该公开信中列举了Flash技术的多项缺陷。此外，乔布斯还指出："Adobe公司真的很懒，他们虽然有潜力去做一些很有意义的事情，但是他们拒绝那样做（指升级Flash软件），他们的行事方法跟我们完全不同。所以，iPhone和iPad才不会支持Flash技术。"

后来，Adobe公司还是推出了一款能够应用在苹果iOS系统上的Flash软件。但是，苹果公司又提高了对跨平台编译器的一些限制，再度拒绝了Adobe公司递来的橄榄枝。在这次遭拒后，连连受挫的Adobe公司准备主动出击一次，而其所用的武器则是媒体。

2010年5月，Adobe公司在经过一番酝酿后，一篇署名为Adobe的两名联合创始人的文章，出现在了《华尔街日报》《纽约时报》等20多家报纸和网站上。在这篇文章中，他们对苹果公司指责道："我们觉得现在的问题在于是谁控制着互联网？答案也许是没有人，也有可能是所有人，但绝不会是某一家公司。"随后，他们还做了一个小广告，其内容则是"爱苹果，更爱自由"，公然对苹果发起了挑战。

对此，乔布斯在接受记者采访时称："我们并不想和Adobe开战，因为没有必要如此。再者，我并不觉得Flash有多好，所以在设计iPhone和iPad的时候，我们才没有选择它，而是选择了那些优势技术。结果，我们成功了。否则，人们也不会争相购买我们的产品了。"2011年11月初，就在乔布斯回归众神怀抱的两个多月后，已经与苹果公司周旋了多年的Adobe公司，无奈地对外宣布，他们在与苹果的交锋中已经完全落败了。

审查控制是把双刃剑

“从道德的角度去讲，我们的应用商店内决不会上线成人内容……我们只是在努力地为用户做出最正确的选择。”

——在回复用户有关限制内容的问题时，乔布斯如是说

当苹果在手机与平板电脑上和谷歌展开大战的时候，还不忘控制哪些应用程序可以下载到iPhone或是iPad上。刚开始的时候，苹果只是出于程序应用的安全，以及是否愿意与其合作等方面考虑，对一些应用做了开放或限制。如一些含有病毒或是存在侵犯用户隐私威胁的应用程序，都会被其屏蔽掉；另外还有一些要求跳转至其他网站进行订阅的程序，也在其禁止下载的行列。后来，在乔布斯的运作下，他们又将一切带有诋毁他人内容的，带有政治争议性言论的，或是含有淫秽内容的应用程序，全都列入下载的黑名单中。

不过，乔布斯在当时可能并没有意识到，对于一些应用程序的审查控制可以说是一把双刃剑，有人为此叫好，也有人认为不好。在刚开始的时候，苹果对于一些应用的限制，并没有多少用户对此产生过激的抵触情绪。但是，随着苹果公司对于审查内容的不断扩充，对苹果这种做法不满的人也就逐渐多了起来。而且，这些人对于乔布斯的积怨也越来越深。正所谓，不在沉默中爆发，就在沉默中消亡。很显然，现代人都具有很强的战斗精神。因此，当人们的怨念积累到一定程度的时候，他们就会爆发。

最初，引起这场审查控制与反控制大战的是一款以马克·菲奥里创作的政治漫画为蓝本的应用程序。由于该应用对布什政府的虐囚政策有所影射，被苹果认定为违反了其不许诋毁他人的禁令，所以不允许这款应用上线。为此，很多人都给乔布斯发去了邮件，对他这种极端的控制欲表达了不满。其中有一位在邮件中这样写道：“苹果公司对于消费者能够接触到的东西已经管得越来越多了。刚开始的时候，还只是限制一些含有成人内容的应用程序上线，现在竟然连马克·菲奥里的漫画应用也被限制了。我不相信一个获得了普利策社论漫画奖的画家的作品中含有什么不良信息，难道就因为他影射了布什政府的虐囚政策？还是因为他违反了苹果不许诋毁他人的规定?”

对此，苹果很快就对其作出了回复道：“我们对自己的错误感到愧疚，我们曾以为这条规定是有道理的，所以就想尽可能地做到最好。不过，请你放心，马克·菲奥里的这款应用很快就会在应用商店上线。”

除了上述的麻烦外，苹果有关色情作品方面的禁令也给其带来了麻烦。如有一位iPad用户在给乔布斯的邮件中这样写道：“苹果对于含有成人内容的限制虽然是好事，但有的时候我还是希望能够接触一点。因此，我觉得这类应用应该上线。更何况，苹果又不是卫道士，你们只要设计出最酷的产品并把它带到消费者面前就行了。”乔布斯对此则坚决回应道：“从道德的角度去讲，我们的应用商店内决不会上线成人内容。

如果你真的想要的话，你可以去买一部 Android 系统的手机。”

让乔布斯没有想到的是，那位消费者竟然将其邮件给公布了出来，很快就有不少人对这个问题发表了自己的看法。其中，科技八卦网站硅谷闲话（Valleywag）的编辑瑞安·泰特成了这些人中有幸与乔布斯直接“对话”的一人。一天晚上，瑞安·泰特看到那个人发布的邮件后，他便给乔布斯发了一封电子邮件，先是对苹果公司严格控制用户所能下载的应用程序进行了谴责，然后又话锋一转道：“如果鲍勃·迪伦现在只有 20 岁的话，他会怎么评价你的公司？他会觉得 iPad 和‘革命’有关系吗？你知道革命的核心是什么吗？是自由，不是处处受限！”

瑞安·泰特在发完邮件后，本以为乔布斯不会回他的信息，可是他错了。当天稍晚的时候，乔布斯便对他的邮件进行回复道：“你说得没错，我们并没有处处限制，我们只是限制了那些窃取用户私人数据的程序的自由，限制了那些无限榨取手机电池电量的程序的自由，限制了那些传播色情的程序的自由。你要明白，时代在改变，也许你会觉得 iPad 与一些传统的个人电脑大相径庭，觉得这与你之前对这个世界的认识有所不同，请不要对此怀疑，因为这是这个时代发展的需求。”

在看到乔布斯的回信后，瑞安·泰特又拿苹果的审查问题质问道：“你知道吗？带有色情内容的程序有什么不好的？我想要那种程序，而且，我觉得我妻子也想要。”乔布斯对此则回复道：“也许等你有了孩子之后，你就会关心这方面的问题了，我们只是在努力地为用户做出最正确的选择。”在回信的最后，乔布斯还对其反问道：“你都干过什么了不起的事情？创造过什么东西？或者说你只会对他人的成果提出批评，又或是妄自揣测他人的动机？”

乔布斯的回信给瑞安·泰特留下了深刻的印象，他觉得很少有人会像乔布斯那样，愿意与一名用户一对一的交流。后来，他还对此回忆道：“乔布斯应当受到更多的赞誉，他按照自己的意志创建并重建了自己的公司，做出了一个又一个卓越的产品。一旦有人对其观点提出质疑，他还会大力且直言不讳地为自己辩护，直到别人心服口服。”

瑞安·泰特虽然在后来倒向了支持乔布斯的阵营，但是对于苹果公司禁止用户下载那些具有色情内容的应用，还是让不少人感到不满。如 eSarcasm 网站就曾因此而发起过一项名为“史蒂夫，我们想要色情作品”的网络运动。而且，他们在公然在网站上宣称：“我们是一群肮脏的、沉迷于色情的浑蛋，我们一刻也离不开那些淫秽内容。请你还给我们一个没有审查的开放平台，不要私自决定我们只能看到什么！”

类似于这样的行为还有很多，而这也让乔布斯意识到，苹果对于一些应用程序的审查需要重新划定标准了。后来，他找到《纽约时报》的专栏作家汤姆·弗里德曼，希望他能给自己出个两全其美的主意，既能很好地划定界线却又不会落下审查者的臭名。但是，汤姆·弗里德曼以这样做会与他人发生利益上的冲突为由，拒绝了乔布斯的请求。最后，这件事也就不了了之，苹果对于 App Store 商店内的应用程序依然保持着严格的审查与控制。

“天线门”事件

“在这个世界上并没有哪个人是完美的，也没有绝对完美的产品，即便是我们的产品也不例外，但我们尽力让每一位用户高兴。”

——就“天线门”事件在苹果召开的新闻发布会开场时，乔布斯如是说

在对细节的苛求上，iPhone 4 差不多到了登峰造极的地步，机身的每一条曲线、每一个凹槽，甚至是每一个边角，都有着 iPhone 设计团队对美感的不懈追求。

1997 年，乔布斯和设计总监乔纳森·艾维一同为苹果的产品进行设计。每当有工程师觉得他们的创意无法实现时，他们就会逼迫对方努力尝试，最后才有了 iMac 和 iPod 的成功。在他们获得成功的同时，也使他们更加坚定了自己的信念，只要他们有着了不起的设计，工程师们就能做出让人意想不到的产品。

不过，他的这一信念却在设计 iPhone4 的时候有些行不通了。在设计 iPhone4 的时候，有人提出在 iPhone 的底部使用塑料壳，但乔纳森·艾维认为那样做会破坏设计的完整性，于是他便以钢圈作为机身的支撑结构，那样不仅看上去比较圆滑，而且部分钢圈还能充当手机的天线。这一设计不可谓不完美，但他忽略了一个物理学上的基本法则，即设置在天线附近的金属圈，会在很大程度上影响到手机的信号。

苹果的工程师曾就此问题向乔布斯报告过，希望他能让乔纳森·艾维改变主意，但乔布斯告诉他们照着乔纳森·艾维说的做就行了。结果，他们还真找到了解决的方案，即在钢圈外留下一个微小的缝隙，这样就能让手机正常接收信号了。但是，这个方案并不太完美，因为当用户用手指或手掌遮住这个缝隙的时候，就会造成手机信号减弱或消失。为此，就有工程师建议在钢圈的外部喷上涂层，以免出现这种问题，但是乔纳森·艾维再一次固执地认为，完全没有必要那样做，否则就会影响到拉丝金属的外观。结果，他再次胜出。

在 2010 年 6 月 24 日，iPhone4 在发布时看起来真的很完美。无数果粉彻夜排队、疯狂的抢购，使得苹果的存货顷刻告罄。据统计，截至 26 日，在短短的三天内，iPhone4 的销量就超过了 170 万台。在 iPhone4 发布一周后，苹果也正式对外宣布其首周销量突破了 200 万。对此，乔布斯非常骄傲地说道：“iPhone4 是苹果历史上发售最成功的产品。”

不过，随着 iPhone4 销量的剧增，其质量问题也随之浮出了水面。其实，最先发现这一问题的是一位网友。2010 年 6 月 24 日，也就是在 iPhone4 开始发售的几个小时后，他就在论坛上发帖称：“当我用左手紧握 iPhone4 的边缘时，手机上的移动网络信号就会逐渐变弱，直至消失。”在其之后，又有不少人遇到了同样的问题。

假如说一款普通牌子的手机出现了信号丢失的问题，根本就没有多少人去关注，更不会成为新闻的焦点，但 iPhone4 不同。因为，它是一款受人追捧的完美产品，所

以，当有关iPhone4的信号问题一出现，就有网友将此调侃为“天线门”事件，并随着展开了网络调查。之后，还有几家媒体对此报道称：“鉴于iPhone4的天线问题，大家最好先考虑清楚再买。”此举无异于火上浇油，使得“天线门”事件愈演愈烈。

在“天线门”事件初发的时候，乔布斯正带着家人在夏威夷度假。当亚瑟·莱文森第一次告诉他这件事的时候，他不相信iPhone4存在这方面的问题，并将此看作谷歌和摩托罗拉的故意诋毁。但是当亚瑟·莱文森接二连三地给他打电话报告此事，以及AT&T收集到的信号丢失的统计数据，他终于意识到了iPhone4确实存在问题，不过却没有个别媒体所说的那般夸张。

在愈演愈烈的媒体报道面前，他也只得承认，在用手紧握住iPhone4手机的底部时，手机的网络信号确实会减弱。不过，他通过电邮回复一位网友对此的疑问时却这样写道：“你只要别那样拿手机不就行了？”当这封邮件被曝光后，立刻引起了一场轩然大波，尤其是对乔布斯那种傲慢态度的指责声更是铺天盖地而来。

之后的几天内，美国地方法院也收到了多起用户针对苹果以及iPhone无线运营商AT&T的起诉，而起诉的内容都是有关iPhone4的信号丢失问题。截止到2010年7月2日，各地法院受理的针对这一问题的投诉已多达数千起，其中还不包括多起集体诉讼。

眼见“天线门”事件愈演愈烈，苹果公司只得再次对外作出回应，称iPhone4只是在信号强度的显示上有误，并非接收信号的问题，只需对部分软件进行升级就能改善这一情况。但是，没人相信这是软件的问题，事件仍在继续扩大。

很快地，乔布斯就决定提前结束度假，赶回苹果总部解决这个问题。但他在动身回程之前，还是率先通知了几个老伙计为他压阵。如里吉斯·麦肯纳、李·克劳以及詹姆斯·文森特等人。此外，乔布斯还特意带上了自己的儿子里德·乔布斯，并在回去的路上告诉他：“在接下来的两天内，我们可能会整天待在会议室内开会，我希望你能参加。因为在这两天内，你将会和世界上最优秀的人才待在一起，而你所学到的东西，也要比你在商学院待两年学到的还多。”

在回到库比蒂诺后，乔布斯便立即找来苹果公司的另外几名高管就此事召开了一次紧急会议。会议一开始，他就拿出了自己收集到的数据，并对众人说道：“事实都摆在这儿，大家都说说该怎么办吧！”里吉斯·麦肯纳率先开口道：“我们只需要摆出事实和数据，表现得坚定和自信一些，不要流露出过多的傲慢和狂妄就行。”其他人则都劝乔布斯应当表现得谦卑一些，那样更容易让人感觉到你的歉意。但里吉斯·麦肯纳对此反驳道：“我们大可不必这样，你可以直接跟他们说：‘我们都是凡人，我们制造的手机并不是完美的，可是我们在尽最大的努力做好此事，而事实就摆在这里。’”乔布斯也觉得表现得谦卑一些并不一定能够解决问题，因此，在经过一个下午的讨论后，他最终采用了里吉斯·麦肯纳的提议。

2010年7月16日，苹果公司为澄清有关iPhone4的信号问题而举行了一场新闻发布会。当天，乔布斯亲自到出席，并在出场时说道：“在这个世界上并没有哪个人是完美的，也没有绝对完美的产品，即便是我们的产品也不例外，但我们尽力让每一位用户高兴。”随后，他又说道：“在过去的22天内，我们一直都在研究这个问题。事实正如你们看到的那样，当你以某种方式紧握iPhone 4时，就会发现手机的信号正在变弱，我也知道你们对此不满。但是，我想告诉你们的是，这个问题并非iPhone4所特有的问题。”

紧接着，乔布斯便以黑莓9700和HTC Droid Eris两款手机为例，在握紧手机的某个部位时，这些的手机的信号也有减弱的现象。在演示结束后，乔布斯再次强调道：“世界上没有一部手机是完美无缺的，这是整个手机行业都存在的问题。”此言一出，就连三星、诺基亚、摩托罗拉等品牌的智能手机也都被其影射在内，有效地转移了一部分人对iPhone4信号问题的关注，在一定程度上减少了“天线门”时间给苹果公司带来的负面影响。可即便如此，苹果的股票还是下跌了4.2%。

在新闻发布会的最后，乔布斯郑重地对iPhone4用户做出承诺：“若是有人对于iPhone4不满意，我们可以为iPhone4用户免费提供一个手机保护套，而之前出钱购买了这种保护套的用户还可以得到全额退款。若是购买者仍不满意的话，只要是在购买后的30天内且手机没有人为损伤的痕迹，都可以获得全额退款。”

在整个新闻发布会上，乔布斯都表现得非常自信，他既没表现出卑躬屈膝的一面，也没有责令召回全部产品。对此，很多人都不感到吃惊，甚至有不少人都觉得乔布斯才是对的。结果，令人想不到的一幕出现了。在新闻发布会后的三个月内，iPhone4的退货率居然只有1.7%，连iPhone3GS的1/3都不到，而投诉iPhone4有信号问题的用户，也不足0.55%，“天线门”事件似乎从来都没有出现过一般，这可让三星、摩托罗拉、诺基亚等手机厂商们跌碎了眼镜。

其实，这与苹果公司实施的一系列策略有关。在举行过新闻发布会后，苹果公司就再也没人提及任何有关“天线”的字眼。不仅如此，乔布斯还在不久后就推出了苹果公司的新产品—新款iPod和苹果电视，以转移大家对iPhone 4信号问题的注意力。最终，苹果公司才得以平安化解这次危机。

进入倒计时

乔布斯的游艇计划

“当时我还认为我的设计只能这样了，恐怕连活着等到它造好都不太可能了，这显然很让我伤心。”

——在 2009 年病重时，乔布斯如是说

尽管乔布斯已经去世了，但是他的设计思想依旧无处不在。而且，他的思想并不仅仅体现在苹果的产品上，还有其他不少行业的产品也都从其设计中受益过。比方说荷兰的游艇定制公司 Feadship，就因为乔布斯的设计而受益良多。

人们最早知悉乔布斯建造豪华游艇的消息，源自法国著名设计师菲利普·斯达克的一起爆料。当时他称正在为苹果开发一款“革命性的产品”，而且很快就会推出。但是，很快他又改口称，此次项目的合作方其实只涉及乔布斯本人，而非整个苹果公司。随后，苹果公司也对此作出回应，这件事真的与苹果公司无关。广大媒体出于猎奇的心理，便立即对此事展开了搜索，很快他们就发现菲利普·斯达克所提的那款“革命性”的产品，其实是乔布斯亲自设计并交付建造的一艘私人游艇。对此，沃尔特·艾萨克森在其有关乔布斯的传记中也曾提到过，而这也可以说是乔布斯的一个遗作。因为，直到乔布斯去世，这艘豪华游艇还未交付使用，最快也要到 2012 年底才能交付。

其实，乔布斯之所以产生这样的想法是有原因的。他在接受肝脏移植手术之前，曾和家人多次租用游艇到墨西哥、南太平洋或地中海等地度假。虽然他和家人每次玩得都很尽兴，但是那些游艇让他很难受，因为它们的造型在他的眼中都很难看。有好几次，乔布斯都是因为游艇的设计太难看而中途下的船，然后又转乘飞机飞到目的地的。

不过，有一次航行还是令他较为满意的。那一次，他和家人沿着意大利的海岸线

航行到了雅典，不过在那里除了帕特农神殿给他带去了些许震撼外，就没有什么再能吸引他的眼球了。接着，他又和家人乘坐游艇到了土耳其的以弗所，接着又到了伊斯坦布尔，并在那里游玩了许多天。

也正是在这次经历之后，他才突然发觉乘坐游艇出行也是件很妙的事情，除了那些游艇的设计较为难看之外，一切都还算完美。不过，这难不倒乔布斯，因为他天生就是个完美主义者，无论是电子产品还是其他东西，只要是他感兴趣的，他都力求完美。因此，自从土耳其归来后，乔布斯就冒出了一个亲自设计一艘豪华游艇的想法。不得不说这是一个疯狂的想法，因为他对这一产业并无多少理解。不过这难不倒他，他只需设计出完美的模型就行，至于怎么制造，那就是造船厂的事情了。于是，我们才在后来看到了媒体上对此事的爆料。

乔布斯的设计并非一蹴而就，其间他曾设计了很多造型，并对这些造型进行了多次的修改，但又都被他给抛弃了。到了2009年他再次病重时，他差点儿就想放弃这个计划了，但他还是坚持了下来。后来，他还对此回忆道："当时我还认为我的设计只能这样了，恐怕连活着等到它造好都不太可能了，这显然很让我伤心。不过，我并没有因此而放弃，因为当时我也在想，如果我停止设计的话，结果我又多活了两年，那样我会被气疯的，所以我就坚持了下去。或许，我在做出完美的设计后，还能侥幸活到它被造好的时候。"

2009年2月初，沃尔特·艾萨克森才知道乔布斯一直在家中忙于一艘豪华游艇的设计，而那时他也是第一次见到乔布斯设计出的模型。据他回忆道："那天我们从咖啡厅回到他家后，他让我看了所有的游艇模型和设计图。在这些设计中，所有的游艇都是极为简约的流线型。甲板平直完美，不加任何装饰物。最主要的是在游艇的生活区，他竟然在那里设计了一面长40英尺、高10英尺的玻璃墙（一种可以支撑船体结构的特殊玻璃），而这也让整艘游艇看上去极为抽象。"

和做苹果的产品一样，当乔布斯将这艘游艇交给荷兰的Feadship公司建造时，他依然不忘对自己的设计改来改去，搞得那些造船的工程师和造船工们苦不堪言。后来有人问乔布斯，明知自己身体不好，为什么还要坚持那样做时，他回答道："我知道自己随时都有可能死掉，那样就只能给鲍威尔留下一艘造了一半的游艇了。但我还是继续做了下去，因为，我不想承认自己快要死了，我想看到它被造好的样子。"但事与愿违，乔布斯最终也没能等到它被造好，就回到了诸神的怀抱。

结婚20周年纪念

"娶到她是我的幸运，她不但聪明、漂亮，而且是个非常善良的人。"

——在评价自己的妻子时，乔布斯如是说

一直以来，乔布斯留给大众的印象就是自私、骄傲、不近人情，甚至还拒绝接受自己的亲生女儿，因为他不想让任何一个女人主宰他的情感。所以，20世纪80年代的时候，他在感情生活方面可谓是一片狼藉，直到年轻美丽的劳伦·鲍威尔出现后，这一切才有所改变。

2011年1月初，乔布斯第三次因病休假了。在这段时间里，他都是在痛苦的煎熬中度过的，每天只能靠静脉注射营养液保证身体对能量的需求，而这样的后果则令他连爬楼梯的力气都没有，只能蜷缩在一楼的一个小房间里。

在他极端痛苦的时候，乔布斯忽然记起了一件事，那就是他和鲍威尔的20周年结婚纪念日就要到了。在此之前，他几乎从来没有想起过这件事，要么是因为太忙，要么就是完全忘记了，这一次他却记起来了，这是件多么不容易的事情啊！对此，乔布斯也承认道："我也知道自己没能给她所应得的感谢。我们在结婚的时候，都是凭直觉结合在一起的，根本就不知道未来会怎样。但事实证明，娶到她是我的幸运，她不但聪明、漂亮，而且是个非常善良的人。我承认我有时会很自私、苛刻，但她都忍了下来，而且还会分心照顾我，而我却没有让她好好地享受过生活，这让我觉得很对不起她。"

像乔布斯这样的人，虽然经常忘事，可他一旦记挂起某事来，就会将它做好，而且还会给别人带去一些意想不到的惊喜。于是，他便偷偷地预订了他们当年在优山美地举行婚礼时在阿瓦尼酒店住过的那套房子，准备到了他和鲍威尔的结婚纪念日那天带着她一同过去。在此期间，还有一段小插曲。当乔布斯打电话去预订房间时，酒店的服务员告诉他那个房间已经预订出去了。不甘心的乔布斯则通过酒店联系上了那个预订房间的人，并告诉他们自己准备带着妻子在故地纪念他们结婚20周年，希望对方能够将房间让给自己，同时他也对他们作出承诺道："假如你肯让给我的话，你们下一周的住房费用就由我来付好了。"结果对方还算不错，尤其是在听到乔布斯是为与妻子到这里度过结婚20周年纪念日时，便非常爽快地让出了房间。

不仅如此，乔布斯还偷偷地给鲍威尔写了一封深情款款的情书：

20年前，我们对彼此的了解并不是很深，很多时候我们都是在跟着自己的感觉走，我对你却是一见倾心。我还记得，我们在阿瓦尼举行婚礼的当天，天上还下起了片片白雪。一晃眼，这么多年都已经过去了。在此期间，我们有了自己的孩子，既有过幸福的生活，也有过痛苦的回忆，但我们对彼此的心从未改变过。我们对彼此的爱与尊重，也随着时间的流逝而与日俱增。在经历了那么多的事情之后，我们现在又回到了20年前的那个老地方，好像一切都未改变，只是脸上和内心留下的痕迹，说明我们已经老了，但这也让我们变得更加睿智了。现在的我们虽然对生活中的欢乐、痛苦、秘密以及奇迹等都有了新的认识，但我们对彼此的感觉从未改变，因为我们还生活在一起，而你也让我觉得自己一直都生活在云端一般幸福。

在这即将生离死别的时候，乔布斯终于明白了自己遇到鲍威尔是多么幸运。乔布斯自己也知道自己的脾性，明白鲍威尔决定陪伴自己一生可能是她所做过的最难的决定。但是，在他们婚后的20年中，无论自己怎样，她都无怨无悔地站在自己的身后，无言地奉献着一切，这怎能不让他感动？据乔布斯回忆道，他在写完这封情书的时候，已是泪流满面。

正如乔布斯在那封情书中所写的那样，鲍威尔是个善解人意、富有同情心的人。例如他们刚结婚的时候，鲍威尔就和别人一起创办了一个名为“直通大学”（College Track）的全国性校外项目，主要是为了帮助那些家境困难的孩子能够进入大学继续深造。也正因如此，才使她成为推动美国教育改革的中坚力量。乔布斯虽然不怎么从事慈善活动，也从未去过她举办的那个活动中心，但他对于她的工作还是十分欣赏的，并给了她最大的帮助。

他们在结婚之前都是素食主义者，有着共同的爱好。直到乔布斯生病后，需要补充营养时，为了改变乔布斯的饮食习惯，她才放弃了多年只吃素食的习惯。他们婚后的关系虽然总是阴晴不定，但有一点可以肯定，那就是他们对彼此都很忠诚。尤其是在乔布斯生病的时候，她几乎将所有的心思都放在了照顾好乔布斯的身体上了。

2010 年 2 月，刚从病痛中恢复过来的乔布斯迎来了自己 55 岁的生日。当时的鲍威尔很希望他能对自己的家庭多一些关心，但他在恢复过来之后，又将主要精力放在了工作之上，直到再次病休。后来，鲍威尔对此回忆道：“对于他的做法，孩子们都很难接受。他们本以为他在病好之后，可以有更多的时间陪陪他们，他却没有那样做。”接着，鲍威尔又说道：“他和许多有非凡天分的人一样，并不是在所有方面都很优秀，他也有缺点，但他懂得如何使人类变得更加进步，并给人们创造出正确的工具帮助他们追求进步。”

乔布斯有着传奇的一生，全世界的人好像都知道他是谁以及他那充满曲折的经历一般。可是，当我们习惯于他走在前台的样子时，请不要忽略了他背后那个一直支撑着他的女人——劳伦·鲍威尔·乔布斯。作为乔布斯的妻子，她一直都是一个沉默的陪伴者，给他提供了源源不断的动力和无微不至的照料，让他有了更多的精力放在自己喜欢的事业上去打拼。

“每一个成功男人的背后都有一个伟大的女人”，而鲍威尔就是乔布斯背后那个伟大的女人。

超迈的“云端”战略

“这个我们称为‘iCloud’的东西，将要比之前的 Mobile Me 好上不知多少倍，它将成为最棒的‘云端’。”

——在 WWDC 上介绍 iCloud 时，乔布斯如是说

早在 2001 年的时候，乔布斯就曾预见到，个人电脑将成为音乐播放器、移动电话、摄像机等电子产品的“数字中枢”。所以，在之后的几年内，他都在努力地打造以个人电脑为终端的电子产品。结果，他成功了，并使苹果快速成长为全球最有价值

的科技公司之一。

2008年之后，乔布斯再次清晰地意识到，以个人电脑为数字中枢的时代将被“云端”技术所取代，进而造就一个新的数字时代。所谓“云端”指的就是集合了软件搜索、下载、使用、管理、备份等多种功能为一体的平台。也就是说，你可以将自己的信息存储在你所信任的那家公司的远程服务器上，这样就能保证用户无论是在何时何地，使用何种设备，都能利用这些信息。对于这一计划，乔布斯用了三年时间，才初步实现了这一梦想。

不过，在刚开始的时候，他却下了一招不是很好的棋，甚至可以称之为臭棋。2008年夏，苹果公司发布了一款叫作Mobile Me的产品。苹果用户只需交付一定的使用费（每年99美元），就能将自己的图片、视频、邮件、通讯录及其他文件存储在“云端”，而后你就能在任何一款苹果的设备上同步这些信息。

刚开始的时候，这一平台确实备受追捧，但是随着用户的增多，其中所隐藏的一些问题很快就暴露了出来。客观地说，这项服务真的很烂，不仅使用起来复杂，而且用户在同步时还经常出错。更让人恼火的是，客户存储在“云端”中的文件等信息还经常出现丢失的现象，这下可犯了众怒。如《华尔街日报》的记者沃尔特·莫斯伯格就曾公开评论道：“苹果的Mobile Me漏洞百出，实在是难以令人信赖。”

乔布斯在看到这篇报道以及公众的评论后非常生气，并立即将Mobile Me的研发团队召集了起来。当天，乔布斯对着一干人咆哮道：“谁能告诉我Mobile Me是用来做什么的?”有一位职员小声地说出了它的功能。结果，乔布斯听后更加生气地吼道：“既然你们都知道它是干什么的，可它为什么实现不了这些功能呢？你们知不知道，苹果的声誉都因为你们设计的这款产品而被玷污了……”在对这些人斥责了近半个小时后，乔布斯又将Mobile Me团队的负责人给炒了，任命埃迪·库埃担任这一项目的新负责人，同时还要求他尽快拿出一个可行的方案。

2010年，谷歌、微软、亚马逊等公司也都在此方面展开血拼，他们都希望自己能够成为这一领域内的霸主，至于乔布斯和他的苹果，似乎被人遗忘了一般。事实却非如此，自从2008年的Mobile Me事件出来后，苹果就一直在“闭关修炼”，潜心于“云端”的研究。尤其是乔布斯，他一直都在设想着能有这么一个平台：用户可以从“云端”中流畅地播放自己存储的音乐、视频，欣赏或同步设备中的图片及其他数据和信息。为了实现这一目的，他还专门让自己的软件开发组开发出了iPhoto、iMovie、iTunes等应用，并将它们完美地整合到每一台苹果的设备中，让他们可以在苹果的任何一款移动产品中，都能轻松地访问到“云端”中的内容，如iPod、iPhone、iPad等，都能轻松地实现这一操作。

后来，在与沃尔特·艾萨克森聊天的时候，乔布斯也说到了这个计划。不仅如此，他还告诉对方：“我们正在北卡罗来纳州建造一个服务器群，在那里我们可以为个人提供其所需要的一切同步服务。此外，Mobile Me将会免费发布，让所有用户将自己设备上的内容同步到‘云端’上变得更加简单。”

为了实现这一设想，乔布斯几乎在每周的集体例会上都会对此进行讨论。在刚开始的时候，并不是所有的董事会成员都赞成他让 Mobile Me 免费的想法。不过，在经过几次讨论之后，他们还是同意了乔布斯的提议。后来，乔布斯对此回忆道：“当时，我们对此做了很多次讨论。虽然也有人不赞同，但当我告诉他们这不仅是一项工作，而且是一项有关我们公司存亡的大工程时，所有人都同意了。”

2011 年，苹果在云计算这方面终于取得了突破，而新的“云端”服务也不再叫“Mobile Me”，而是更名为“iCloud”。同年 6 月，乔布斯不顾病痛的折磨，毅然登上了苹果全球开发者大会（Apple Worldwide Developer Conference，简称 WWDC）的舞台，发布了 iCloud 这一应用平台。

在发布会之前，乔布斯一直都处在病休状态。在 5 月份的时候，他还因为感染而住进过医院，在病痛的不断折磨下，他也变得异常消瘦。但是，当他听说 iCloud 的研发工作已经接近了尾声，并将再次引起数字时代的一次革命时，他浑身都充满了力量，并不顾家人和朋友的劝阻，拖着瘦弱的身体出现在了发布大会上。

在发布会当天，乔布斯虽然在极力掩饰自己的虚弱，但是台下的观众还是一眼就看了出来，因为他太消瘦了。不仅如此，在他登台之后，台下的观众也都全部起立，将最热烈而持久的掌声送给了他，这让乔布斯激动不已。在说完开场白之后，他就将舞台交给了菲尔·席勒和斯科特·福斯托，并在他们演示完 Mac 和移动设备的新操作系统后，才再次登台向人们展示 iCloud。

和之前一样，他还是先缓缓地向众人说道：“约在十年前，我们就曾预见，个人 PC 将会成为你们数字生活的中枢，无论是你们照片、视频，还是音乐等，你都可以将它们存储到 PC 上面。但是，在这几年里，这个预见已经破灭了。”随后，他便举例称，假如有人用 iPhone 拍了一张照片，你只有用 USB 线连接在 iPad 或是 PC 上插来拔去多次才能全部实现共享，操作极其烦琐。对此，他笑称道：“我不知道你们有什么感觉，但我觉得为了实现这些设备的同步而进行的操作都快把我给逼疯了。”他的话音刚落，下面就响起了一片笑声。接着他话锋一转道：“不过，我们针对这个问题找到一个不错的解决方案，而且它也将是我们的下一个预见，我们要将数字中枢转移到‘云端’，将 Mac 和个人 PC 还原成设备。”

随后，他又拿几年前的那次尝试开玩笑道：“你们中的大多数人此时可能在想，为什么要相信我？因为我上次给了你们一个 Mobile Me。但是，现在我要告诉你们，这个我们称为‘iCloud’的东西，将要比之前的 Mobile Me 好上不知多少倍，它将成为最棒的‘云端’。”然后，他就在全体观众猜疑的目光之下演示了 iCloud。很快人们就发现，无论是邮件、联系人还是照片、音乐、视频、应用等，几乎都是在瞬间完成同步的。不仅如此，乔布斯还当场公布了一个好消息，即苹果与多家音乐公司达成了协议，使得苹果的云端服务器的歌曲存储量达到了 1800 万首。只要你的任何一款电子设备中有这些歌曲中的一首，你都可以在你所有的电子设备共享这些歌曲，而无须另外付费，也不需要费时费力地将它上传到“云端”。在演示的最后，乔布斯习惯性地总结道：“‘云端’让这一切都变得这么简单。”

按照乔布斯的说法，人们在使用了 iCloud 服务之后，所有电子设备都将实现无缝连接。当然，这一切都需要使用苹果的产品，并待在苹果的封闭空间里才能实现。也许你在真正开始使用 iCloud 之后，你就不会再用 Kindle 或 Android 设备了，因为那些设备之间的照片、音乐、视频等，根本就无法通过云端同步到其他设备上，但苹果却可以。

早在 2010 年的时候，微软就曾推出过一项云计算服务，即“Cloud Power”，并大肆宣传了一年多。可是，微软的云计算从未实现过真正的同步。亚马逊和谷歌也都在 2011 年推出了云服务，结果，他们同微软一样，均无法与苹果的 iCloud 相抗衡。后来，乔布斯还对此调侃道：“我在想要不要为 Android 做一个音乐应用，或是将我们的 iTunes 装到 Windows 上，那样我们就能卖掉更多的 iPod。可我仔细想了想，我若是将我们音乐应用安装到 Android 设备上，除了让 Android 的用户高兴之外，对我们一点好处都没有，而我恰恰不想看到 Android 用户高兴的样子。”

苹果总部大楼

“我想留下一个标志性的园区，只有那样才能体现出苹果的价值观，并让它永远流传下去。”

——在谈及苹果新的总部大楼时，乔布斯如是说

苹果当今的总部位于加州库比蒂诺无限环岛路，在那里由六幢排列方式别具一格的办公楼组成。这个园区建成于 1993 年，刚开始的时候，由于那里只租售给一些研发型的公司，所以那六幢大楼也因此而被命名为“研发 1 号”到“研发 6 号”。

苹果公司从原先总部搬来这里，是从乔布斯主管 Mac 团队时开始的，到乔布斯正式回归苹果后，苹果公司已经完全将总部搬到了这里。之后，又有一些非研发性质的公司搬到了这里，因此，那六幢大楼也随之被改成了“无限环岛 1 号”到“无限环岛 6 号”。

在那里，乔布斯工作了 14 年，而这 14 年也是他最高产的一个阶段，一个接一个的新产品、一次又一次的技术革新，都给人们的认知带去强烈的冲击。他这样努力的原因只有一个，那就是他想超越惠普的创始人比尔·休利特和戴维·帕卡德，创建一家充满创造力和革命性的公司，让它比惠普公司更能经受得住岁月的涤荡。事实上他做到了，但他还不满足，因为苹果还没有一块完全属于自己的地方。上帝也许是听到了乔布斯的心声，很快就给了他一个很不错的机会。

2010 年，惠普决定放弃在库比蒂诺园区的办公地，那里离苹果在无限环岛路 1 号的总部大楼仅有 1 英里。在得知这个消息后，乔布斯便悄悄派人买下了那个园区以及相毗邻的物业，准备打造一个前所未有的，且能完全展示苹果形象的总部。当他在那个园区附近积聚了 150 多英亩的土地后，他便充满激情地投入对新园区的建设规划中去了。对此，乔布斯还曾兴奋地回忆道：“我想留下一个标志性的园区，只有那样才

能体现出苹果的价值观，并让它永远流传下去。”

不仅如此，他还专门找到了曾复原柏林国会大厦的诺曼·福斯特爵士的建筑公司，让他们负责主要的设计建造工作。和以往一样，只要是他自己感兴趣的东西，他都会参与其中，并决定着别人的想法。更何况，他还想将此打造成一个能令苹果公司永垂不朽的完美之作。因此，事无巨细他都会过问，以至于在很长的一段时间内都没能拿出一个令乔布斯满意的方案。

诺曼·福斯特的公司派出近50名建筑设计师，每隔三周都会给乔布斯一些改进过或是重新设计的图纸和模型。但是，苛刻的他会一次又一次地提出新的毛病或概念，有时还会让这些建筑师从头再来，当真让那些建筑设计师们伤透了脑筋。

好在乔布斯并不是油盐不进，慢慢地终于有一些设计师的设计让他看上眼了。比方说，一个由三个半圆状的主体建筑相连而成的设计，就得到了他的认可。在这个设计中，三座主体建筑间是一个巨大的中心庭院，建筑中的墙壁由封闭的落地窗构成，在不拉下窗帘的情况下，阳光可以直射到办公室的过道上。不过，当他在与那些设计师讨论的时候，有位建筑师希望将那些落地窗设计成可以打开的，但是偏执的乔布斯坚持道：“我不想让别人打开我的东西，否则他们会将这一切都给搞砸的。”结果，他赢了。

当天晚上，当他兴冲冲向家人展示这个设计图时，里德则开玩笑道：“这个建筑从空中看上去怎么那么像男性的生殖器啊！”对于这样的评价，乔布斯当时虽然只是把它当作是里德在青春期的一种心理反应，但是一旦有人这样跟他说了，那个形象就再也无法从他的脑海中抹去了。因此，当他第二天向那些建筑设计师们提起这个说法的时候，他有些很不高兴。于是，那些设计师只得重新设计。

又是三周后，乔布斯拿到一个新的设计方案。这一次，主体建筑的形状已经被改成了一个简单的环形。在这个新的设计中，主体建筑是一座共有4层，办公区域面积达到了26万平方米，可以同时容纳13000名员工办公。另外就是这座建筑的所有墙面都将按照乔布斯的要求，采用弧形的玻璃。他对于玻璃似乎独有情种，无论是苹果零售店的巨型落地窗，还是他所设计的那艘豪华游艇上，你都能从它们那里看到这种弧形的身影。

不仅如此，若是按照这个设计图所规划的那样，被整个主体建筑所包裹着的中心庭院的直径也将达到惊人的240米。在这么巨大的中心区域，乔布斯准备将其八成的区域都栽上树木。为此，他还专门从斯坦福请来一位资深的园艺家，请他帮助设计园区内的布局。他不但在现有景观的基础上增加了植物面积，还将大部分的停车场都转移到了地下，在节省出的空间内种植了近6000棵树木。与此同时，他还将室外的自然元素引入室内，为员工们创造一个亲切舒适的工作环境。

2011年6月，这个方案终于被乔布斯定为了最终的方案，并准备公布于众。不过，他最终没有那么做，只是在WWDC之后的第二天，非常低调地向库比蒂诺市议会报告了这件事。不过，当他穿着那件黑色圆领毛衣，手里拿着遥控器，向库比蒂诺市的议员们展示了新的苹果园区设计的幻灯片时，所有人都惊呆了。看着众人的表现，乔布斯相当满意。最后，他还微笑着对众人说道："它就像一艘降落在地的飞船，随时都有可能起飞。待它被建好之后，也许它还会成为世界上最棒的写字楼。"

在之后的一段时间里，乔布斯的身体虽然越来越糟，但是每当有人在他面前提起那个建筑时，他都显得兴奋异常。一天晚上，他还因此而给之前的一位同事艾米·鲍尔斯发了封邮件。她在20世纪80年代初曾担任过苹果公司的人力资源总监，是当时敢于反抗乔布斯暴政的为数不多的人之一。在邮件中，乔布斯问她能否在第二天过来看看他时，虽然当时的她还在纽约，可她还是在第二天出现在了乔布斯的家中。她在见到乔布斯的时候，他已经很虚弱了，根本就没多少精神，可他在她来到后，还是迫不及待地向她展示了苹果新的总部大楼的透视图，并对她说道："你应该为苹果而骄傲，更应该为我们所创造的东西而骄傲。"

乔布斯尽管对这个计划充满了热情，但是这一次，他在与死神的博弈中输掉了，永远也看不到这座新总部大楼的落成了。

与奥巴马的会谈

"如果他真的想见我，那他就该亲自打电话过来邀请我。"

——在听到妻子为自己安排了与奥巴马总统的会面时，乔布斯如是说

众所周知，乔布斯是奥巴马的支持者，但奥巴马政府所奉行的一系列经济政策则让乔布斯颇为失望。为此，乔布斯还曾指责："美国总统奥巴马是个非常聪明的人，可他一直在向我们解释有些事情为什么做不到，这让我非常恼火。"在他看来，硅谷的一些高科技公司，当然也包括他自己的公司在内，都是美国经济增长的驱动者。但是，美国联邦政府非但没有给予他们充分的支持，还总是拖后腿，这怎能不让他生气呢？为此，他还差点错过了2010年10月与奥巴马会面的机会。

2010年9月初，乔布斯陪同家人一起到华盛顿旅行时，他的妻子鲍威尔见到了几位在白宫工作的朋友，并从他们那里得知了奥巴马总统将于下个月到硅谷进行访问。鲍威尔听后觉得这是个不错的机会，应当让自己的丈夫与总统见上一面。于是，他便向众人说了这个想法，这些人听后也都很乐意帮忙。另外，风险投资家，同时也是乔布斯好友的约翰·多尔也在谈及就业问题时向奥巴马提议过，建议他在访问硅谷时与乔布斯见上一面。结果，在总统的行程上就预留出了半个小时的时间，这是专门为见乔布斯而留出来的。

可是让鲍威尔没有想到的是，当她将这个安排告诉乔布斯的时候，他对她背着他安排了这件事非常不满道："我不想去见他，在这个象征性的会谈之后，他就能在自己的行程上记下'我见了一个CEO'。"鲍威尔则坚持称："总统真的很想见见你。"乔布斯则针锋相对道："如果他真的想见我，那他就该亲自打电话过来邀请我。"

五天之后，他们两人依然在为此事而僵持不下。在无计可施的情况下，鲍威尔只

得将正在学校上课的里德叫回了家中，让他帮自己一同劝说乔布斯。这一招果然有效，乔布斯很快就在他们的劝说下改变了态度，准备见一见奥巴马总统。

会面刚开始的时候，乔布斯就开门见山道："你再这样下去，就只能当一届总统了。"然后他又向奥巴马提议，政府对待商界应当更加友好一些。为此，他还以中国为例称，在中国办家工厂十分容易，但在美国没有那么容易，因为国家的法令太多，收费的项目也太多了。

不仅如此，他还对美国当时的教育制度进行批评道："关于教师工会的制度使得我们的教育体制成了一个瘸子，除非将教师工会解散，否则我们的教育改革就没有希望。"同时，他还提出作为一校之长，应当有权利根据教师的表现和能力雇佣或解雇他们，并建议学校将每天的上课时间延长至下午6点，学生们在一年中应当有11个月的时间都待在校园里学习。

在双方的会面即将结束时，乔布斯还建议奥巴马，最好组织六七名能够真正阐述美国所面临的创新经济挑战的CEO们进行一次会晤。令乔布斯没有想到的是，奥巴马竟然很爽快地就同意了这一提议。乔布斯当即便起草了一份名单，并计划于12月份在华盛顿进行会晤。然而，当白宫的工作人员着手策划此事，并在这个名单上又增加了几个人时，乔布斯就给奥巴马的助理发去一封邮件，称名单上的人太多了，他不想参加这次会晤了。不过，他在最后还是妥协了，准备继续参加这次会晤。

2011年2月初，当约翰·多尔开始为这次会晤筹备晚宴时，乔布斯又展示出了其注重细节的个性。他告诉约翰·多尔，菜单上的虾、鳕鱼和小扁豆沙拉"太过花哨"，并对巧克力松露这款甜点极不喜欢。可是，当他要求撤换时，却被告知总统喜欢它，对此他只得忍了下来。

2011年2月17日这天，乔布斯和被选中的十几位硅谷巨头，如谷歌的CEO埃里克·施密特、思科的CEO约翰·钱伯斯、Facebook的创始人兼CEO马克·扎克伯格、雅虎的CEO卡罗尔·巴茨、甲骨文的CEO拉里·埃里森等人，一同与美国总统奥巴马共进晚餐，为美国当前的教育和创新领域的发展出谋划策。

在晚餐开始前，坐在奥巴马旁边的乔布斯率先说道："无论我们大家的政治理念是什么，但在今天，我只想你们理解，我们今天聚集在这里是为了让你们提出一些对国家有所帮助的提议。"不过，乔布斯尽管在事前率先打了预防针，可是这些巨头们还是在宴会开始不久后就惹恼了奥巴马。因为，那些出席了此次宴会的多位科技巨头，他们只关注如何促进自家公司发展的话题，而不是乔布斯之前所提的如何促进美国的经济发展等议题。

好在约翰·多尔及时将话题拉了回来，让每人都对美国当前的经济现状提些切实可行的方案。在轮到乔布斯时，他则提出美国需要更多拥有熟练技能和经验的工程师，并向奥巴马建议，任何一个在美国获得工程学位的外国留学生，都应该给他们发放一份工作签证，将他们留在美国。但是，奥巴马以《梦想法案》（该法案规定，只有小时候非法移民到美国的外国人才能在高中毕业之后成为美国的合法居民）为由，没有同意这一提议。后来，乔布斯还对此发牢骚道："总统明明是个聪明人，可他一直在向我们解释有些事情为什么做不成，也没有发表任何具体的意见，当时我可真被他给气坏了。”

不过，生气归生气，会晤还在进行，乔布斯则继续指出，苹果公司之所以要在中国部署70万个工作岗位，其目的只是为了雇佣那里适合这些岗位的3万名工程师，而这正是美国所匮乏的人力资源。接着，乔布斯又说道：“这些人不必是博士或是天才，他们只需要掌握一些基本的制造业的工程技术就行。假如政府能够培养出这么多的工程师的话，我们可以将更多的工厂搬回来，为美国制造更多的就业机会。”对于这一提议，奥巴马终于动心了。在这次会晤之后，他还多次和自己的助手们提到了：“我们得尽快找到一些方法，把乔布斯所说的那3万名制造业的工程师给培养出来。”

乔布斯对于奥巴马对自己的提议如此上心非常高兴，为此，在那次会晤之后，他还一直与奥巴马保持着联系，并通过好几次电话。不仅如此，他还主动提出，愿意帮助奥巴马设计其在2012年竞选连任的广告。在此之前，乔布斯曾在2008年也提出过相同的要求，但是，奥巴马当时的竞选策略顾问大卫·阿克塞罗德根本就不愿意配合他，他才在一怒之下放弃了那个计划。

乔布斯虽然不怎么喜欢政治广告，但这难不倒他，因为他还可以请来李·克劳为他出谋划策，做出非常棒的广告。后来，他还告诉沃尔特·艾萨克森道：“我一直都想为奥巴马制作一个像《美国的早晨》（I t’ s Morning in America，这是哈尔·赖尼在1984年为罗纳德·里根在竞选连任所制作的一款政治广告）那样经典的政治广告。”

重回上帝怀抱

病魔再次袭来

“不，我知道，它（癌症）很快就会来了。”

——当全身疼痛，但是医生没有检查出癌症复发时，乔布斯如是说

中国有句古语“久病成良医”，自2003年发现癌症到2011年，乔布斯已经与癌症抗争了7个年头。在这7年中，癌症就像一柄悬在头顶的剑，时刻督促着乔布斯前进。在它的督促下，乔布斯创造了人生中最辉煌的战绩，iTunes商店、iPod mini、iPod shufflé、iPod nano、iPhone、iPad等苹果公司最畅销的商品，几乎都是在此期间诞生并上市的。

在与癌症抗争的过程中，乔布斯已经逐渐地摸到了规律。他发现在癌症复发之前，总会有一些信号，比如自己会失去食欲，并全身疼痛。

2010年11月初，乔布斯再次收到了来自癌症的信号。他浑身疼痛且吃不下东西，医生给他做了一个检查，结果没有发现新的肿瘤，就认为是一次周期性的对抗感染和消化不良的反应，并安慰他说，没事，一切正常。然而，乔布斯说道：“不，我知道，它（癌症）很快就会来了。”

吃不下东西的乔布斯只能依靠静脉注射补充营养。鲍威尔记得乔布斯喜欢康娜度假村的食物，于是决定感恩节在那里度过。然而，那里的美食也没能引起乔布斯的兴趣。他吃饭时表现得坐立不安，不停地抱怨厨师水平太差，对于面前的食物连动都没动一下。那里所有的客人都在同一个房间里进餐，他们见到狂躁的乔布斯时，都尽量表现得若无其事，以期给他一个宽松的环境。更值得一提的是，乔布斯在这家餐厅里发脾气的情形最后竟然没有一个客人泄露给媒体，这可比苹果公司的某些董事会成员强多了，他们中曾有人向媒体暴露乔布斯的身体状况，这引起了苹果股价的震荡。

自康娜度假村回家后，乔布斯变得更加情绪化和难以相处。和前两次信心百倍地

应战癌症相比，这次乔布斯明显悲观了，他已经被癌症折磨得筋疲力尽。他经常会告诉孩子们，他觉得自己快死了，一想到以后他不能再给孩子们过生日了，他就会伤心得落泪。这让孩子们也很难过。

由于不能正常进食，乔布斯的体重下降得非常快。仅仅两个多月的时间，乔布斯的体重就降到了 115 磅（52.16 千克），这让他看上去更虚弱了。

圣诞节时，莫娜·辛普森来帕罗奥图度假，同行的有她的前夫、美国电视喜剧作家理查德·阿佩尔和他们的孩子。他们一起来到家中看望乔布斯，这让乔布斯的精神稍微好了些。他和他们一起玩了一个被称为“Novel”的游戏，这个游戏要求人们编制出一本书最让人信服的一句话，以相互愚弄。乔布斯玩得兴致勃勃，身体情况也似乎有了好转。圣诞节后，他甚至还跟鲍威尔一起出去吃了晚饭。在新年假期期间，他让孩子们去滑雪度假，而仅留下了鲍威尔和莫娜·辛普森轮流照顾自己。

一切似乎都在向好的方向发展，殊不知，癌症已经扼住了乔布斯的咽喉……

医生与死神角力

“在面对癌症或者困境时，如果你有了某种感受，却试图掩饰，那么就是在虚伪地过日子。”

——在别人问为什么他从不像个英雄那样掩饰身体上的疼痛时，乔布斯如是说

事实证明，乔布斯在 2010 年底的身体好转，完全就是回光返照，当到 2011 年初的时候，他的身体状况再次变坏。这次不仅仅是乔布斯的预感，因为医生们也在乔布斯体内发现了新的肿瘤。

尽管不愿，但无奈之下，乔布斯还是于当年的 1 月份给公司的董事会成员打电话，表示希望可以病休。乔布斯身体的状况，早已让董事会成员们有了心理准备。在董事会议上，只用了 3 分钟，所有问题都解决了，因为在此之前，乔布斯早已和董事会讨论过，如果自己出了不测，应该怎么办。蒂姆·库克再次接管了苹果的日常管理工作。

接着，当月 17 日，乔布斯再次给员工们发信，表明自己因病需要离职治疗。同样是给员工的邮件，这封邮件与前两封的区别之处在于，在这封邮件中，乔布斯没有说明自己归来的日期，而在前两封邮件中，乔布斯都明确地表明了自己的回归日期。这一细节，让员工们的心里隐隐觉得不妙。

乔布斯离职治疗的消息传来，苹果股价一开盘就跌了 4.95%，还从来没有那个领导人的身体状况可以如此深刻地影响到公司的股票价格，这充分说明了乔布斯对于苹果的重要性。创新工场董事长兼首席执行官李开复在听闻乔布斯离职治疗的消息后，在微博上感叹道：“乔布斯太爱苹果公司了，一直等到季度财报公布后才宣布自己病休的消息，让正负面消息互抵。这么做虽然阻止了巨大的跌幅，但还是身体重要啊！”

病休后的乔布斯重新回到了与癌症抗争的大战中。

在病休的第一个周六，也就是1月22日当天，乔布斯让妻子召集了自己所有的医生开会。他发现，因为自己目前疾病比较多，比如肿瘤、肝脏、疼痛等，所以出现了“头疼医头脚疼医脚”的现象，每个医生只负责某一方面的问题，却没有一个完整的方案，将所有医生整合起来，进行协调治疗，这让乔布斯很不满。鲍威尔也发现了这个问题，她说：“史蒂夫的事情让我明白，医疗行业，尤其是斯坦福癌症中心的主要问题之一就是没有个案服务专员或协调员。但他们应该是非常重要的，就像是橄榄球队里的四分卫一样。”

意识到这种情况后，鲍威尔很快就担任起了协调员的职务，她会把斯坦福的各种专家请到家里开会，有时也会请来一些治疗理念非常前卫或全面的其他医院的医生，共同讨论对付疼痛及各种疾病的治疗方案，南加州大学的戴维·阿古斯就曾经受邀参加此类讨论。

乔布斯有强烈的掌控欲，病休的他虽然不能掌控苹果了，但却可以掌控对于自己疾病的治疗。因此，虽然鲍威尔负责协调各种治疗方案，但乔布斯才是最终拍板的人。2011年5月发生的一件事充分地说明了这一点。当时，鲍威尔因事不在，乔布斯就跟乔治·费希尔和其他斯坦福的医生、博德研究所的基因排序分析师，以及他的外部顾问戴维·阿古斯商讨起了治疗方案。在研讨的3个小时中，乔布斯的情绪非常不稳定，他因为博德研究所那位分析师使用了PowerPoint幻灯片而没有使用苹果公司的Keynote大发雷霆，甚至还现场教导起那位分析师Keynote该怎么使用。尽管研讨的过程中出现了这个小插曲，但在结束时，乔布斯和他的团队已经基本了解了所有的分子数据，明白了每种潜在治疗方案的原理，还列出了要确定每种治疗方案优先级需要做的测试。

其实，此时虚弱的乔布斯让医生们觉得很棘手，因为医生们在用药的时候不得不费心神确定他身体的承受能力。

癌症让乔布斯形成了一个恶性循环。癌症引起疼痛，疼痛让乔布斯不得不服用止痛药，止痛药让乔布斯没有食欲，吃不下东西让乔布斯更加瘦弱，身体瘦弱用药量就必须减少，这又减慢了身体康复的速度。同时身体瘦弱让疼痛感觉神经周围的油脂层变薄，疼痛感更加强烈，从而让食欲减退。有时候，乔布斯会疼得直不起腰来，他会用手捂着疼痛的部位，呻吟着告诉身边的人，自己就好像浑身上下都挨了打一样。

乔布斯每次发病的时候，医生都会告诉他要多吃不同种类的食物，然而乔布斯从未听从。饮食问题成了乔布斯在与病魔抗争的过程中一道逾越不过的障碍。

即使已经切除了部分胰脏，消化功能已经被削弱，乔布斯仍然不愿意改变自己长久以来的饮食习惯，坚持只吃素食，有时甚至会禁食。这会让好脾气的鲍威尔异常愤怒，她最怕见到的情形就是乔布斯坐在饭桌前对着一桌子的饭菜发呆。她说：“史蒂夫坐在餐桌旁边，却一点也不吃，这让孩子们和厨师都非常紧张，于是我就让他逼迫自己吃东西。”

他们的厨师布里亚·布朗肩负着为乔布斯准备食物的重任，他每天下午都会来家里为乔布斯准备一桌子的健康美食。每当乔布斯连尝也不尝，或者仅用舌尖尝一两种就否定一桌子的菜时，他总会无奈地耸耸肩，然后第二天下午继续。他总会想尽办法满足乔布斯的奇思妙想，有一天，乔布斯突然想吃南瓜派，他竟然真的在一个小时内做了漂亮的南瓜派出来，虽然乔布斯仅吃了一小口，就不再吃了，布朗仍然为此兴奋不已。

为了解决乔布斯的饮食问题，鲍威尔向很多研究进食失调问题的专家和精神病专家进行了咨询，但乔布斯拒绝接受任何建议或治疗。

乔布斯曾说："在面对癌症或者困境时，如果你有了某种感受，却试图掩饰，那么就是在虚伪地过日子。"他是这么说的，也是这么做的。在第三次面对癌症的时候，他变得更加敏感、爱哭而喜怒无常，他会向周围的人一遍遍地哀叹自己快死了……

在乔布斯哀叹着自己快死了的同时，医生们正在和癌症进行着生死赛跑。尖端科技的发展，让乔布斯始终比癌症快了一步。当时世界上治疗癌症最先进的技术是分子靶向治疗法，它由斯坦福、约翰·霍普金斯和哈佛－麻省理工博德研究所联合研发。治疗原理是通过了解病人体内的肿瘤特殊基因和分子特征，挑选特定的药品，直接针对癌细胞异常生长和有缺陷的分子位点进行治疗。它针对性强，比传统的治疗方法更为有效。因为传统的化疗不仅会破坏肿瘤细胞的分裂过程，也会破坏健康细胞的正常分裂，有点类似于"杀敌一千，自伤七百"的战术。尽管这种治疗方法并非立竿见影，但通常效果显著，乔布斯就是最早接受这种治疗的 20 个人之一，耗费达到了 10 万美元。

为了鼓励乔布斯，曾有位医生告诉他说："你要相信，不久的将来，你患的这类癌症和其他类似的癌症都会被归为可有效控制的慢性疾病，可以通过药物控制病情的发展，直到病人死于其他原因。"乔布斯听后说："所以，我要么是第一个通过这种疗法跑赢癌症的，要么是最后一个死于这种癌症的。不是最先上岸的，就是最后被淹死的。"

在乔布斯宣布病休的日子里，他仍然是媒体关注的焦点。2011 年 2 月 17 日，美国八卦报纸《国家询问者》发表了一张偷拍于当月 8 号的乔布斯照片，并危言耸听说，乔布斯的生命可能只剩 6 周了。这在社会上引起了极大关注。照片上，乔布斯依然是黑色上衣，蓝色牛仔裤，白色运动鞋，只是他显得瘦弱极了，原本合身的衣服显得异常宽大。报纸还根据他稀疏的头发推断，他目前正在接受化疗。

这篇报道尽管有危言耸听的成分，却也道出了部分实情。当时，乔布斯确实正准备和妻子共进早餐后，到斯坦福癌症中心进行治疗。

尽管苹果公司明确表示，这份报纸内容纯属胡编乱造，但仍未能阻止人们进行各种各样的猜测。然而，乔布斯始终都没有站出来对这些猜测进行反驳，只是在众人惊疑的目光中接受了美国总统奥巴马的宴请。

当然，也并不是所有人都紧抓着乔布斯的隐私不放。《福布斯》杂志资深编辑丹尼尔·莱恩就是众多反对人们打探乔布斯隐私的人之一，他开通了一个名为"乔布斯的秘密日记"的博客，并以乔布斯的身份撰写文章，文风诙谐、幽默，吸引了众多读者，这些博文最终还以书籍的形式进行了出版，据说乔布斯和盖茨都曾看过。2011

年，在乔布斯休病假的第二天，莱恩就在博客中发文训斥那些试图打探乔布斯隐私的人。他说："我在网上扮演着乔布斯，自2008年乔布斯健康情况明显恶化之后，我就停止了博客的更新。今天早上，当传来乔布斯再次病休的消息时，我以假乔布斯的名义更新这最后一篇文章，然后就会注销。"

他还在博文中写道："如果你真想了解癌症和肝脏移植，可以去图书馆查资料；如果你是一个握有苹果股票的投资者，正因乔布斯身体的状况而坐立不安，那么干脆卖掉，并感谢乔布斯让你赚了那么多钱。如果你打算留着股票，那么请不要以手中的股票为由，八卦某个病人的私生活。"

在外界的纷扰与身体的病痛中，乔布斯挣扎着……

最后几位访客

"我会竭尽所能地帮助下一代企业家记住伟大企业的血统，并让他们把这些传统发扬光大。"

——在接待生命中最后几位访客之一的拉里·佩奇时，乔布斯如是说

没有回归日期的病休信，让人们意识到了问题的严重性，于是纷纷前来拜会乔布斯。

这些访客中，让乔布斯最安慰的是大女儿丽萨·布伦南·乔布斯的来访。一直以来，她跟乔布斯的关系都是复杂的。丽萨遗传了乔布斯的偏执和固执，这样的两个人相处起来难免炮火隆隆。然而，对于丽萨，乔布斯始终是心存愧疚的，这从他曾以"丽萨"的名字命名世界上第一款采用图形用户界面技术的电脑就可见一斑。2011年病休期间，面对授权撰写《乔布斯传》的沃尔特·艾萨克森，乔布斯再次道出了自己的歉疚之情："我曾多次跟她（丽萨）说，如果时间可以回到她5岁的时候，我一定会尽力做个好爸爸的。我希望她现在可以放弃过去，着眼未来，而不是恨我一辈子。"

丽萨的这次来访让乔布斯的愿望部分地实现了。他们的这次相处总体上来说，相当愉快，当然了，这有赖于乔布斯身体状况的暂时好转。丽萨告诉父亲，32岁的自己最近正在第一次认真地谈恋爱，恋爱对象是一个年轻的电影制作人，他来自加利福尼亚，目前正在纽约打拼自己的事业。这种类似于朋友间交换小秘密的举动，无疑让亲情苏醒的乔布斯觉得很贴心，于是，他竟然建议丽萨，婚后搬到自己所在的帕罗奥图住，以方便双方联系，他说："我的身体状况你也看到了，谁都不知道我可以活多久，说不定哪天就死了。所以如果你想多看我几眼的话，就搬来帕罗奥图吧。"尽管最后丽萨没有接受这个建议，但是父女关系的缓和还是让乔布斯的心情大好，他说："在这之前，我并不确定自己是否想见到她，因为我病了，需要静养，而她总能引起我情绪上的波动。但是，她的到来仍然让我很高兴，这让一直压在我心上的大石头放了下来。"

曾经乔布斯与谷歌的创始人拉里·佩奇和谢尔盖·布林关系密切，他们也一直将乔布斯视为导师级的人物，从他身上汲取前进的动力和营养；曾经乔布斯和谷歌的CEO埃里克·施密特是要好的朋友，施密特还曾经是苹果的董事会成员之一，他们密切合作，将谷歌的搜索和地图功能移植到了iPhone手机上，然而，这些美好都在谷歌决定进军智能手机市场并研发了安卓系统后烟消云散。乔布斯曾经对着施密特破口大骂，并叫嚣着要花光苹果账户上的最后一分钱和谷歌耗到底。

现在，一年过去了，得知乔布斯病休消息的拉里·佩奇在犹豫着要不要去看看这位曾经的引路人。佩奇之所以想去看望乔布斯还有一个原因，那就是自己刚从施密特手中接过CEO的权杖，急需乔布斯的指导。佩奇怀着忐忑的心情给乔布斯拨了电话，并道出了自己的想法："我可以去你那里请教一下如何做一个好CEO吗?"乔布斯犹豫了一下，然后说："我考虑一下吧。"一会儿，佩奇的电话响了起来，是乔布斯，他直截了当地说："没问题。"然后，佩奇有了这次膜拜之旅。乔布斯后来回忆说："拉里刚给我打电话说想要来拜访我时，我的第一反应是'去他妈的，我才没兴趣和一个小偷聊天呢'！但是随后，我想到了自己年轻遇到的前辈，像比尔·休利特和住在我周围的惠普的邻居等，他们都热心地帮助了我，所以，后来我就告诉他，你过来吧。"

在客厅中，乔布斯给佩奇上了一课，他讲述了如何才能创造出伟大的产品及如何保持公司持久的生命力。

在与佩奇的交谈中，乔布斯热心而真诚，对于自己的经验可谓倾囊相授，简直到了"知无不言，言无不尽"的地步。乔布斯围绕专注和选人告诉佩奇，一个公司必须做到专注，同时选用值得信任的人，打造可以依赖的团队。他告诉佩奇，必须避免团队中充斥二流选手，否则情况就危险了。他一再强调，谷歌必须搞清楚自己以后想成为什么样的公司，公司最重要的5个产品是什么，如果一直像现在这样生产线繁多，摊子铺得到处都是，就会成为和微软一样的公司，产品达标但不伟大。乔布斯还承担起了作为一个成功企业家的社会责任感，他说："我会竭尽所能地帮助下一代企业家记住伟大企业的血统，并让他们把这些传统发扬光大。我会继续与像马克·扎克伯格一样的人做这件事。硅谷一直非常支持我，我应该做出自己的贡献，回报社会。"

有人说，世界上最了解你的人是自己的竞争对手。而对于乔布斯来说，这个世界上最了解他的人恐怕要数比尔·盖茨了。乔布斯的一生尽管有很多的竞争对手，但最重要也最长久的始终是盖茨。他们联手定义了个人电脑时代，却又开创了两种完全相反的商业模式。他们对于对方的成功都既赞叹又有所保留。盖茨对于乔布斯的成功，有时会觉得不能理解，但他显然不讨厌这样的竞争。乔布斯病休后，有一次，盖茨在和艾萨克森一起吃饭时，略显遗憾地说："我现在做的事情只是将尽可能多的人从疟疾的泥沼中拉出来，而史蒂夫则仍然在创造新产品。有时候，我想也许我留在那个游戏里贡献更大一些。"他会不时地感叹乔布斯对于完美产品的追求："生病了，还不忘努力寻找改进iPad的方法，这真让人吃惊。"

乔布斯与盖茨之所以会有最后一次会面，有一个人功不可没，他就是星波公司的迈克·斯莱德。斯莱德既是乔布斯的朋友，又是盖茨的朋友，这让他主动承担起了搭桥牵线的任务，最终两人的会面时间定在了5月份。然而，乔布斯虚弱的身体差点让这次会面泡汤。就在约定日期的前一天，盖茨接到了乔布斯助理的电话，说乔布斯状况转差，会面时间需要另订。于是，他们重新约定了一个日期。这才有了电脑界两个传奇人物的最后会晤。

那天，盖茨一人开车来到了乔布斯家门口，然后自后门进入了乔布斯家中。屋子里很安静，他从敞开的厨房门口看到伊芙正在学习，于是，问道："史蒂夫在吗?"伊芙用手势告诉盖茨，乔布斯在客厅。

于是，盖茨走向客厅，然后看到了这样一个情形：和上一次相比瘦了好多的乔布斯，正窝在沙发的一个角落里，少见的安静，和原来在苹果公司时暴躁而骇人的架势形成了鲜明的对比。

见到盖茨，史蒂夫坐直身子，恢复成了原来的样子，锐利而充满力量。盖茨惊异于乔布斯的改变。他们开始像两个老头子一样回忆过去的种种，失去了健康的乔布斯在心里暗叹道："哇，比尔看起来真健康啊!"盖茨则暗叹："尽管被病痛折磨得瘦骨嶙峋，但这家伙还是那么精力充沛。"

乔布斯对于自己的身体状况丝毫没有避讳，他告诉盖茨，自己目前正在接受一种靶向药物治疗，就好像从一片荷叶跳到另一片荷叶，是在和癌症赛跑，希望总比癌症快一步。盖茨为乔布斯的乐观精神所感动。

一向矛盾重重的两人，这次在两件事情上达成了一致。他们都认为，科技应该更深入地影响学校，比如学生们应该用观看讲座和视频来代替目前的老师讲解，同时，课堂时间应该用来讨论和解决问题，而不是讲解知识。盖茨认为，以后的计算机和移动设备应该致力于提供个性化的课程和启发性的反馈。

同时他们都表达了对于自己另一半的感激。他们都认为是妻子让自己保持了心智的完整。他们还一致认为生为自己的孩子压力很大，两人甚至讨论起了如何帮助孩子们减压。正如盖茨后来回忆的那样："那次谈话是我们所有谈话中最私密的一次。"

在两人3个小时的交谈中，伊芙曾经晃了过来，盖茨就询问了她马术训练的情况，因为盖茨的女儿也参加了这个训练。

在谈话中，两个人再次肯定了对方所取得的成绩，盖茨称赞乔布斯创造了那些不可思议的东西，同时挽救了濒于破产的苹果。他甚至认可了乔布斯创造的商业模式，他说："我一直认为，一个企业只有像微软那样，坚持开放、横向的模式才能取得成功，但是你用苹果的发展告诉我，一体化的、垂直的模式也可以成功。"盖茨的坦诚让乔布斯感动，他说："你的模式也成功了。"

两人的会面在友好的氛围中结束，然而，两个人和两种商业模式毕竟是存在矛盾的，盖茨在后来接受艾萨克森采访时，为一体化模式的成功添加了条件："之所以目前一体化能够取得成功是因为有史蒂夫在，在未来能否取得成功还是未知数。"而另一边，乔布斯也在接受艾萨克森采访时说："比尔的模式可行，但是它有一个大问题，那就是不能制造出伟大的产品。至少在一段时间内，这个问题都将存在。"

乔布斯病休期间，除了科技界人士，其他人偶尔也会踏上朝圣之旅。比如美国前总统比尔·克林顿就曾经来看望乔布斯，两个人从中东问题说到美国政治，相谈甚欢。

在被病痛折磨的时间里，正是这些访客暂时地转移了乔布斯的注意力，让他获得了片刻的宁静。

优雅的权力交接

“我曾说过，如果某天我无法继续履行CEO的职务了，如果某天我无法满足大家对于这一职务的期待了，会第一个告诉你们。不幸的是，这一天来了。”

——面对董事会成员，即将移交权力时，乔布斯如是说

尽管申请了病休，但是到重要产品发布的日子，乔布斯仍会拖着虚弱的身体，勉强参加。

2011年3月2日，乔布斯拿着iPad走上舞台，人们给这位命途多舛的斗士以热烈的掌声，他脸上露出了浅浅的笑容，说：“这个产品做了那么久，我可不想错过今天。”

2011年6月6日，苹果全球开发者大会召开，酝酿已久的iCloud要在此次会议上亮相，尽管身体状况一直不好，但乔布斯坚持亲自发布这款苹果未来战略中的中枢产品。他知道依照目前的身体状况，这可能是自己最后一次参加苹果的产品发布会了。为了避免自己看上去过于瘦弱，乔布斯在常穿的黑色套头衫外面又加了一件黑色羊绒衫，还在蓝色牛仔裤里面套了一条保暖裤。然而，这些都遮不住他瘦削的事实。人们再次给这位极富悲剧色彩的英雄以热烈的掌声。

在iPad和iCloud的双重作用下，苹果不断有好消息传来。6月25日，苹果的现金及有价证券总价值达到了761亿美元，而美国财政部同一时期拥有的总现金余额却只有737.7亿美元，这意味着苹果真的成了富可敌国的公司。一个多月后的8月10日，好消息再次传来，苹果的市值超越美国石油巨头埃克森美孚，成为全球市值第一的公司。这些消息让病休中的乔布斯既高兴又失落。高兴的是，苹果没有他照样运转正常，失落的是，原来苹果没有了他照样可以运转正常。

然而，这样的好消息对于乔布斯的病情没有任何帮助，7月的时候，癌细胞已经扩散到了骨骼和身体的其他部分，更糟糕的是，医生们已经找不到合适的药物进行治疗，换句话说，乔布斯已经病入膏肓，无药可治了。

世界上最悲惨的事情莫过于英雄迟暮。乔布斯还有许多伟大的理想没有来得及实现，他想为iPad开发电子教材和课程资料，以让学生们彻底摆脱厚重的书本；他想和比尔·阿特金森一起研发一款像素更好的iPhone，让消费者在光线不足的情况下也可以拍出清晰的照片；他还打算将苹果公司的一些创新应用到电视上，发明一款非常简单易用的一体化电视……然而，时间已经不允许了。

他浑身上下都疼，大部分时间什么也不能做，只能窝在床上看电视，甚至连固体

食物也已经吃不下去了。他自知时日不多，便让为自己写传记的艾萨克森来到家里，挑选要用的照片。

艾萨克森这样形容当时的乔布斯："他穿着卡其色的短裤和白色套头衫，在床上蜷缩成了小小的一团。病痛把他折磨得只剩皮包骨头，但是他笑得很开心，思维也依旧敏捷。"见到艾萨克森，乔布斯挣扎着坐了起来说："咱们得快点，我的力气不多了。"他已经没有力气自己来回走动了，只有指挥着艾萨克森，从房间的抽屉里找出了几本相册，然后让艾萨克森翻动着，他看。偶尔看到某张照片的时候，他会讲出一个小故事，也有时候会小声地嘟囔几句，或者仅仅露出缅怀的笑容。薄薄的几本相册却浓缩了一个人的一生，这是多么让人感慨的一件事啊！

当翻看到其中一张照片的时候，乔布斯停了下来，那是年轻的保罗·乔布斯抱着年幼的他的照片，他很久没有说话，好像陷进了回忆里。过了一会儿才说："你可以选用这张照片。"然后，他示意艾萨克森找出另外一张，他婚礼上父亲慈爱地望着他的照片，说："这张也可以。"艾萨克森说："他应该为你感到骄傲。"乔布斯立刻说道："他的确以我为荣。"

这些照片好像唤起了乔布斯的记忆，他的精神比刚才好了一些，他们讨论起了出现在乔布斯生命中的那些人，迈克·马库拉、约翰·斯卡利、比尔·盖茨等。他们还谈到了当前美国的时局，这让乔布斯有些激动，他毫不客气地说："我对奥巴马很失望，他在领导方面的问题在于，他怕得罪人，不敢让某些人卷铺盖走人。我从来都不会让这种情况发生在苹果。"

艾萨克森和乔布斯的这次谈话持续了约两个小时，就在艾萨克森准备离开时，乔布斯叫住了他说："你稍等。"他缓了一两分钟才说道："不瞒你说，我对于让你为我写传记充满了恐惧。"艾萨克森问："那你为什么还同意呢?"乔布斯回答说："我想让我的孩子们了解我，让他们知道为什么我总是没有时间陪他们，也想让他们明白我所做的是什么样的事情以及对这个世界的影响。我知道，在我死了之后，肯定会有人写关于我的书，可他们并不了解我，与其那样，倒不如让你写，至少让大家听到我真正想说的话，了解我到底是个什么样的人。"

在2011年的夏天，乔布斯的身体状况不断恶化，他清醒地意识到，自己再也不能回苹果当CEO了。于是，辞职被提上日程。他不想离开苹果，这是个不争的事实，他多次和妻子、艾维等就辞职进行讨论，最后决定为苹果贡献自己的最后一份力量，那就是以身作则为如何进行权力移交做一个榜样，他说："苹果在过去35年中的权力移交都是惊天动地的，好像在第三世界国家一样。这不是我希望的。我的目标是打造一家全球最好的公司，而有序的过渡对于这种公司的打造尤其重要。"

经过一番思量，乔布斯最终将过渡时机选在了2011年8月24日的董事会例会上。乔布斯非常重视这次交接仪式，他坚持要亲自宣布这个消息，而不是通过邮件或电话。这让他在几天前就开始强迫自己吃东西，以增加体力。

8月24日上午10点多，乔布斯坐着轮椅秘密地来到了董事会的会议室。当时，董事会成员对于乔布斯的来意都已经心照不宣，但是没有任何一个人愿意直奔主题，他们像往常一样，首先听取了蒂姆·库克和首席财务官彼得·奥本海默关于本季度业绩和未来一年情况的报告，然后，乔布斯平静地说：“我有一点私人的事情需要宣布。”会议室里安静下来，所有人都直直地盯着乔布斯，暗想着“这一刻终于要来了”！蒂姆·库克感受到了现场气氛的压抑，问道：“需要我和其他高管出去吗?”乔布斯略微停顿了一会儿，点了点头。于是，会议室内只剩下了6位外部董事。乔布斯开始展示自己对于苹果最后的爱：“我曾说过，如果某天我无法继续履行CEO的职务了，如果某天我无法满足大家对于这一职务的期待了，会第一个告诉你们。不幸的是，这一天来了。”这是一封绝对称得上简短的信，里面只有8个句子而已，然而，就这8个句子，乔布斯却反反复复修改了好几个星期。在信中，乔布斯建议由库克接替自己，并希望自己可以继续担任董事会主席。最后，乔布斯动情地说道：“我相信苹果在未来会更加灿烂，更有创造力。我期待着以一个全新的身份关注它的成功，并为之贡献自己的力量。”

随着乔布斯最后一句话的结束，会议室里陷入了长久的安静。最后阿尔·戈尔打破了僵局，他总结了乔布斯自1997年回归苹果后的各种成就。接着米基·德雷克斯勒补充说：“史蒂夫在苹果做的变革是我在商界看到过的最不可思议的事情。”亚瑟·莱文森也高度赞扬了乔布斯为平稳过渡而做的努力。坎贝尔在会议上没有发表任何言论，但是在董事会正式同意了乔布斯的移交申请后，他的眼圈红了。

中午的时候，菲尔·席勒和另一位设计师向乔布斯展示了一些正在研发中的产品，这引起了乔布斯的极大兴趣，他不断地提出各种问题和想法来打击他们。乔布斯对于一款语音识别软件的兴趣特别浓厚。他像个好奇宝宝一样问那个软件：“帕罗奥图现在是什么天气?”软件给出了正确答案，乔布斯又尝试了一些其他问题，软件都回答正确，这激起了乔布斯的恶作剧心理，他问道：“你是男的女的?”软件机械的声音响了起来：“他们没有给我确定性别。”乔布斯被逗乐了，离开苹果的忧郁也被暂时的冲淡。

当聊到平板电脑时，有位苹果的员工兴奋地告诉乔布斯：“惠普突然决定退出这个领域，因为他们发现自己根本就没法跟iPad竞争。”出乎众人意料，这一好消息不仅没有让乔布斯兴奋不已，反倒让他难过起来，他说：“这其实应该是一个悲伤的时刻。休利特和帕卡德花费毕生心血创立了一家优秀的公司，然后把它传给了一个他们认为可以信赖的人，现在这家公司却随时可能分崩离析，这难道不悲哀吗?”他沉默了一会儿，又低声说：“我真希望自己可以留下更强大的遗产，这样惠普的惨剧就不会在苹果重演了。”现场再度陷入沉默，众人都在思考着这番意味深长的话。是啊，没有了乔布斯，苹果将何去何从?乔布斯离开时，董事会的每个成员都过来和他拥抱告别。

在苹果办完相关事宜的乔布斯回到家后，鲍威尔和孩子们为他举行了一个小小的庆祝仪式，这抚慰了他因失权而冰冷的心。当天晚上，艾萨克森来访，乔布斯谈到了此时的感觉：“我曾经有过很伟大的事业，有过很幸运的人生，我已经做了自己能做的一切。”

有时，他会坐在屋后的花园里，思考死亡。他说："我有时相信上帝，有时又不信。大部分的时候，我都相信有我们看不见的存在。我宁愿相信一个人死后，还会有其他东西存在，比如由生命经历积淀的智慧。如果这些东西都随着人的死亡而不见了，会感觉怪怪的。所以我宁愿相信，会有些东西留下来。当然了，也有可能，就好像开关一样，人一死什么都没了。这可能也是我不喜欢给产品加开关的原因吧。"

2011 年 10 月 4 日，苹果发布 iPhone4s，乔布斯蜷在床上观看了整个发布会。第二天，在家人的陪伴下，乔布斯平静地离开了这个世界，享年 56 岁。苹果官网第一时间公布了这个消息，并在首页贴出了乔布斯的遗像。

一代科技巨星陨落，但正如臧克家所说："有的人活着，他已经死了；有了人死了，他还活着……"

亲情、爱情与婚姻

秘寻生母和胞妹

“我盼望见到我的母亲，因为我想知道她这些年来过得如何。我想对她说声谢谢，感谢她当时没有选择堕胎，而是坚强地把我生了下来。要知道，那个时候，她才23岁，非常年轻，这会让她背负相当大的压力。”

——在谈到寻找生母时，乔布斯如是说

20世纪80年代初，乔布斯在事业上获得了极大的成功，苹果公司在他的带领下蒸蒸日上，散发着无穷的活力。虽然事业有成，但乔布斯内心始终存有一丝遗憾：他不知道自己的亲生母亲是谁。于是，乔布斯聘用了一个侦探，开始悄悄地寻找自己的生母。由于线索太少了，这名侦探调查很久，也没有丝毫的进展。后来，乔布斯在自己的出生证上发现了一个旧金山医生的名字。他想，这名医生或许会知道些什么。根据这唯一的线索，乔布斯查到了他的号码，并且和他取得了联系。但让乔布斯失望的是，这名医生并没有帮上什么忙。他告诉乔布斯，医院的记录在一场火灾中化为灰烬了。事实并非如此，医生说了谎。在他接到乔布斯的电话后，他写了一封信，信中介绍到乔布斯生母的一些情况。他把信装在信封里，信封上写着“我死后交给史蒂夫·乔布斯”的话。不久，医生死去，他的遗孀就把这封信寄给了乔布斯。乔布斯从这封信里，了解到自己的生母是来自威斯康星州一个未婚的研究生，名字叫乔安妮·席贝尔。

乔布斯随后又聘请了一位侦探，继续寻找生母的下落。有了生母的名字这个线索，一切都简单多了。果然，几个月后，侦探就给乔布斯带来了一个振奋的消息：他已经找到乔安妮的下落，乔安妮现在名字是乔安妮·辛普森。原来，当年乔安妮未婚先孕，迫于压力将孩子送走，后还是嫁给了乔布斯的生父阿卜杜勒法塔赫·约翰·钱德里，并且又生了一个孩子，名叫莫娜。五年之后，钱德里抛弃了乔安妮母女。乔安妮又嫁给了一个滑冰教练乔治·辛普森。不幸的是，这场婚姻也没能持续多久。从

1970年开始，乔安妮带着莫娜四处流浪，后到了洛杉矶。

乔布斯在知道了生母的下落后，并没有急着和生母取得联络。他担心自己寻找生母的事情会让养父母保罗和克拉拉感到不快。多年来，保罗和克拉拉对于乔布斯的辛勤培育，谆谆教诲，令乔布斯感恩于心，他慢慢懂得了，保罗和克拉拉才是这个世界上最爱他的人。在他的眼里，保罗和克拉拉虽然不是亲生父母，却胜似亲生父母，他不愿意做出任何伤害到他们的事情。

1986年，正是乔布斯事业低谷期，从被苹果公司驱逐，到创立NeXT公司，看似是一个华丽的转变，实际上不过是一场无奈的抗争，NeXT STEP电脑的失败，令乔布斯内心受到了煎熬。同是这一年，养母克拉拉因病去世，这对乔布斯是更为沉重的打击。事业上的不利，亲人的离世，双重的折磨压得乔布斯透不过气来，孤独无依的乔布斯心中更加渴望能够见到自己的亲生母亲。

克拉拉去世后，乔布斯想了很久，最后把这件事告诉了养父保罗·乔布斯。保罗是一个慈父，支持儿子的决定，觉得完全可以接受，一点儿不介意乔布斯和自己的亲生父母取得联系。于是，乔布斯给乔安妮·辛普森打了个电话，告诉她自己是谁，然后约定了个时间去洛杉矶见她。乔布斯后来回忆此事时，说："我盼望见到我的母亲，因为我想知道她这些年来过得如何。我想对她说声谢谢，感谢她当时没有选择堕胎，而是坚强地把我生了下来。要知道，那个时候，她才23岁，非常年轻，这会让她背负相当大的压力。"

乔布斯去洛杉矶见到了自己的母亲乔安妮。乔安妮激动不已，她知道自己的这个被遗弃的儿子已经功成名就了。她知道他很富有，但不知道他做的是什么行业。乔安妮对自己的儿子感到很愧疚。她告诉乔布斯，当时自己有多么的不舍，承受了多么大的压力才在他的领养文件上签字的，而且是在被告知孩子将会在新家庭里多么的幸福时才签字的。她为自己的所作所为感到痛苦，请求乔布斯原谅。乔布斯安慰她说，自己能够理解当时她的决定，而且他童年时过得很好。

平静下来之后，乔安妮告诉乔布斯，他还有一个同父同母的亲妹妹，是个作家，现在居住在曼哈顿。乔布斯对此非常兴奋，在当时作家这个标签也是一种成功的象征。乔布斯认为，正因为妹妹身上流着同样的血液，具有同自己一样优良的基因，所以才能够取得成功。乔布斯这么认为显然有失偏颇，忽视了妹妹自身的努力，这也恰能说明乔布斯自己与生俱来的优越感。

同样，乔安妮也从来没有告诉莫娜·辛普森她有个哥哥。就在乔布斯拜访的当天，乔安妮给女儿莫娜打了一个电话，公布了这个消息："你还有一个亲哥哥，他很优秀，很出名，我打算带他来纽约见你。"在电话里，乔安妮卖个关子，并没有直接告诉莫娜，他的哥哥是硅谷的传奇，苹果的创始人史蒂夫·乔布斯。但是，她还是告诉了莫娜，一些关于她哥哥的零星的线索：他曾经很穷，现在有钱了，人长得英俊，也很有名。他有着长长的深色头发，住在加利福尼亚。

莫娜对于这个消息，颇感意外，也感到振奋和好奇。她也想知道，自己的哥哥到底是什么人。当时，莫娜正在《巴黎评论》工作。《巴黎评论》是乔治·普林顿在曼哈顿东河附近主办的文学期刊，莫娜是这家杂志社的编辑。在得知莫娜还有一个名人哥哥后，同事们开始帮莫娜猜她哥哥是谁。他们列出了一大堆可能是莫娜兄长的名人名单，位于该名单之首的人，是美国著名男演员约翰·特拉沃塔，他们认为这个人是最有可能的一个人。他们还猜到了其他的演艺界、IT界名人，其间某人说了句“说不定是苹果公司那几个创始人之一呢”，但是，没有人想到会是乔布斯。莫娜私下里希望，自己的兄长是知名作家亨利·詹姆斯的某个后人，一位才华横溢的天才作家。因为她是作家的身份，所以也希望自己的哥哥也是名作家。

不久，乔安妮带着乔布斯来到了纽约，和莫娜见面。他们的会面安排在瑞吉酒店的大堂，当乔安妮将乔布斯介绍给莫娜时，莫娜这才知道，自己的哥哥居然真的就是苹果的创始人。兄妹两人相见甚欢，他们谈了很多，主要谈了一些兴趣爱好方面的事情。乔布斯告诉莫娜，自己从事电脑方面的工作。莫娜对于电脑方面并不是很懂，但是她还在使用打字机来撰写文章。她告诉乔布斯，她正考虑买一台名为“Cromemco”的电脑。乔布斯就对她说，不妨再等一等，因为他正制造一种非常非常漂亮的产品。后来，他们一起出去散步，并彼此交换了电话号码。

乔布斯很开心自己有这么一个妹妹，初次见面妹妹给他留下了深刻的印象。他从她的身上找到了很多与自己相似的地方。他们的艺术品位很高，对艺术非常执着，追求完美，对周围环境的细节观察入微。在性格方面也非常相近，同样的敏感而且倔强。在共进晚餐的时候，他们会注意到周围建筑上的一些小细节或者有趣的事情，然后兴奋地讨论、交谈。乔布斯为自己有一个当作家的妹妹自豪，回到苹果公司后，乔布斯迫不及待地告诉大家，他有一个当作家的妹妹！

莫娜·辛普森

“我妹妹是我这个世界上最好的朋友。她是我的家人。我会经常打电话给她，说些这样那样的事情。”

——谈起妹妹莫娜·辛普森时，乔布斯如是说

1955年，乔安妮·席贝尔未婚先孕，当时她年仅23岁。在那个年代，美国社会仍然很保守。乔安妮顿时成为舆论批判的焦点，更为糟糕的是，孩子的父亲名叫阿卜杜勒法塔赫·约翰·钱德里，是叙利亚移民，他是乔安妮在威斯康星大学的政治老师。这段恋情遭到了乔安妮家人强烈的反对，乔安妮父亲甚至威胁女儿，如果不堕胎、和钱德里断绝关系便要取消她的继承权。

乔安妮是个坚强的女子，决定将孩子生下来。她独自一个人去了加州分娩。但是，由于自己是未婚妈妈，加上生活比较拮据，所以她决定让别人领养自己的孩子，最终加州一对不育夫妇保罗和克拉拉领养了这个孩子。这个孩子就是乔布斯。就在乔安妮放弃乔布斯几个月之后，她与乔布斯生父钱德里结婚，并于1957年6月在威斯康星州产下女儿莫娜。但是好景不长，四年后这段来之不易的婚姻走到尽头。钱德里抛

下了自己的妻子和年幼的女儿飘然而去。乔安妮含辛茹苦照顾小莫娜。在莫娜 10 岁的时候，乔安妮和钱德里离婚，带着年幼的女儿搬到了洛杉矶生活，并改嫁第二任丈夫乔治·辛普森，于是莫娜也随继父的姓，改名莫娜·辛普森。

如果对比这两个孩子童年，不难发现，虽然乔布斯是个“弃儿”，但他的童年生活要幸福很多，因为养父母保罗和克拉拉给了他想要的一切，努力让他过上幸福的生活。而莫娜虽属婚生儿，但童年生活充满艰辛，年纪小小就跟随着母亲四处漂泊、流浪，直到定居洛杉矶，这才有一个完整的家。

莫娜青少年时期进入了贝弗利山高级中学学习，这所学校是一所公立学校，学生几乎全是白种人。对于自己的中学生涯，莫娜记忆不深，她只记得那是一个有“很多富人、吸毒者和精神病患者”的地方。随着年龄渐长，莫娜也逐渐知道了自己身世，每当问及这些事情时，母亲乔安妮都讳莫如深，很少告诉她当年之事，当然也没有告诉她，她还有一个被别人收养的哥哥。

莫娜毕业于加州伯克利大学以及哥伦比亚大学。由于对文学感兴趣，所以毕业后，成为一位自由撰稿人。到了 20 世纪 80 年代，莫娜的事业开始上升，她开始为纽约的《巴黎评论》担当编辑工作。虽然杂志社的办公地点在纽约，但是杂志实际上是在法国首都巴黎创刊发行的。

也就是莫娜当编辑的这几年里，乔布斯寻到她和她相认，两人关系越来越亲密。莫娜很珍视和兄长的友谊，也为乔布斯取得的成就感到骄傲。乔布斯也对妹妹的睿智、机敏印象深刻。“我妹妹是我这个世界上最好的朋友。她是我的家人。我会经常打电话给她，说些这样那样的事情。”他说。

1986 年底，莫娜出版了她的第一本小说《在别处》（Anywhere bru Here）。美国社会的名流、文学界的杰出人物乔治·普林顿在纽约专门为莫娜的小说举办了一次发行晚会，乔布斯专程飞到纽约陪同莫娜出席。在当天的晚会上，当莫娜将自己的哥哥乔布斯介绍给参加晚会的嘉宾时，众人都惊呆了，这才知道史蒂夫·乔布斯是莫娜的哥哥。乔治·普林顿以及很多莫娜的同事心中都十分震撼，他们虽然知道莫娜有一个哥哥在 IT 界工作，但又怎会想到那就是大名鼎鼎的史蒂夫·乔布斯呢。

其实，众人感到吃惊，这并不令人意外。因为，自从乔布斯和莫娜兄妹相见后，他们都把这件事当作秘密，没有告诉任何人。他们虽然经常打电话聊天，但是真正见面的机会并不多，他们都太爱自己的事业了。莫娜忙于写作，乔布斯忙于 NeXT 新技术的开发，所以除了重大节日外，很难见面。

莫娜的这部小说一经推出，立即引起读者强烈反响，取得了相当不错的销售成绩。很多小说评论家也对这部小说赞誉有加，其中有一位评论家就称赞莫娜的这部小说“是一部神级作品，场面宏大，情节跌宕起伏，创作技巧专业而且熟练”。对于年轻的作者莫娜·辛普森，这位评论家也是不吝溢美之词，他认为莫娜凭借这部杰出小说已经跻身美国最杰出的小说家行列之中了。

对于任何一位小说作者来说，把现实生活中的人物写进小说里是稀松平常的事情。莫娜也是如此，她承认她的小说里有很多情节都是参照了生活中一些人、一些事情，比如说乔布斯。莫娜的小说《在别处》中，有这么一个重要人物，名叫阿黛尔，莫娜是这样描述阿黛尔的："无论你多么恨她，多么得不能容忍她，无论她有没有破坏了你的生活，你也没办法说出一句怨言。因为这就是她，独一无二的她，你迷恋她，被她的魅力所折服。不管你付出了多大的努力，想要跟住她的舞步，都是不可能的。"莫娜最后在这部小说里写道："世界上有很多人就像阿黛尔一样，总是制造不和谐的噪声，让你烦心，让你感到苦恼不已，但正是这样的人才会让你付出你的爱。"

细心的读者想必也已经发现，从这个"阿黛尔"的角色身上，我们依稀可以看见乔布斯的影子。乔布斯是个备受争议的人，他一方面他的魅力无人能挡，但另一方面他性格暴躁乖戾，又令很多人敬而远之。

1993 年，莫娜出版了第二部小说名叫《消失的父亲》（The Lost Father），主要讲述了她父亲的一些事情。文中的主人公一直在寻找她不了解的父亲。后来，钱德里看见这部小说后，认为文中描写的父亲就是自己。乔布斯说服 NeXT 标识的设计师保罗·兰德为这本书设计封面，可是最终没有被采纳，莫娜·辛普森的说法是："那简直糟透了，我们根本没有办法用它。"

1996 年，莫娜的第三部小说《一个凡人》（Aregular Guy）出版。这部小说和第二部小说类似，也是讲述了一个女儿寻找生父的故事。但是，这个父亲的原型却并非莫娜的父亲钱德里，而更像是乔布斯。书中的主人公汤姆·欧文斯是硅谷从事生物科技的大亨，身价百万。在书中，欧文斯最初被描述为一个古怪的利己主义者，是个工作狂，是个"忙得连马桶都不冲的人"。他专制、自我，自视甚高，有很多让人难以忍受的怪癖，很多事情上不仅无法与别人苟同，就算是别人的想法他也不会加以考虑，待人冷漠无情。故事结尾，主人公选择重新开始，结婚并且拥抱家庭生活。很多读者在读过这部小说后，都感觉到，文中的主人公欧文斯就是乔布斯。

这部小说出版后，有传言说，由于乔布斯不满意其中某些部分，兄妹俩的关系一度紧张。但几个月后，乔布斯在接受《纽约时报》采访时，坦诚自己读了这本书，并在主角身上看到了自己的影子。记者开始询问欧文斯与乔布斯到底有多相像，乔布斯说："这个角色在描写我的怪癖方面，大概有 25％的相似度。但是，我不会告诉你这 25％到底指的是哪个部分。"

乔布斯有时候会在着装方面和莫娜起争执。莫娜虽然是个优秀的作家，但是在着装方面显然并不在行，经常穿得很邋遢。乔布斯怪她衣着不够亮丽、不够迷人，经常对此冷嘲热讽。有一次，乔布斯又对莫娜的着装说三道四，莫娜生气了，就写了一封信给乔布斯，信中说："我只是一个年轻的作家，这就是我的生活，我没想当模特。"乔布斯见信后，并没有回信。没过多久，他就给她寄去了一箱子的衣服，尺码、颜色都很适合，这让莫娜对乔布斯的眼光刮目相看。

虽然在很多事情上两人会发生一些小矛盾，甚至可能会因此而长时间不说话，但是总体说来，兄妹两人感情很好，关系非常亲密。每年的圣诞节，乔布斯都会邀请莫娜和生母乔安妮去家中做客。乔布斯曾经这样夸奖自己的妹妹莫娜·辛普森："她是我这个世界上最好的朋友。我不知道没有她我该怎么办。我也想象不到世上会不会有比她更好的妹妹。拿我那个同样是领养的妹妹帕蒂来说，她跟我从不亲密。”莫娜同样非常珍视与乔布斯的兄妹之情，常常护着他。

对生父毫无兴趣

“他没有善待我，这点我并不介意。最让我不满的是，他抛弃了莫娜！”

——在谈到自己的生父钱德里时，乔布斯如是说。

乔布斯和乔安妮、莫娜母女关系越来越融洽。从莫娜那里，乔布斯还得到了生父阿卜杜勒法塔赫·约翰·钱德里的消息。当年，钱德里和乔安妮的恋情一直受到了乔安妮父亲的阻挠，直到父亲死去，乔安妮这才和钱德里终成眷属，这时候乔布斯已经出生，并且被保罗·乔布斯夫妇收养了。结婚之后，他们搬到了叙利亚，但当时叙利亚政局混乱，乔安妮在这里过得很不开心。后来，她只身回到了美国威斯康星州，并生下了第二个孩子莫娜。

莫娜出生后，钱德里也回到了美国，开始在威斯康星大学麦迪逊分校任教，并发表过一些文章。随后几年，乔安妮和钱德里婚姻出现了问题，两人在生活上的矛盾越来越大，最终以离婚收场。后来，乔安妮带着年幼的莫娜去了洛杉矶定居，并再婚改嫁给第二任丈夫乔治·辛普森。自那以后，钱德里和乔安妮母女就再也不曾见过面。钱德里对莫娜的成长漠不关心，他另有了自己的新生活，做过教师，开过餐馆，还有过几次婚姻，但遗憾的是，一直没有孩子。

莫娜·辛普森长大后，一直在努力寻找自己的父亲。当年钱德里抛弃她们母女时，莫娜年仅5岁，记忆还很模糊，根据模糊的记忆寻找一个人，真可说是大海捞针。莫娜成为作家后，获得了一定的知名度，认识很多交际圈的名人。她通过曼哈顿的两位知名作家肯·奥莱塔和尼克·派勒吉，找到了一位侦探帮忙。这人原本是纽约警察，退休后开了一家私人侦探社。莫娜希望从他那里得到生父的消息，将所有的积蓄都给他了，可是最终并没有找到她的父亲钱德里。

后来，她在加利福尼亚结识了另一位私家侦探。这名侦探挺靠谱的，他请求美国机动车管理局协助，最终查到了阿卜杜勒法塔赫·约翰·钱德里的具体地址。巧合的是，也在加利福尼亚州，不过是在另一座大城市萨克拉门托。莫娜通知了哥哥乔布斯，并且从纽约飞去找他。

但是，乔布斯显然没有见自己生父钱德里的兴趣。后来，回忆到此事时，乔布斯如此解释说：“他没有善待我，这点我并不介意。最让我不满的，是他抛弃了莫娜!”他很愤慨钱德里不负责任的行为，在莫娜还只是一个小孩子的时候，就抛弃了她。但事实上乔布斯自己也抛弃了自己的私生女丽萨，他这么指责钱德里的时候，似乎已经忘记了自己不负责任的事情了。

其实，乔布斯这种心理也可以理解。人在有了过错的时候，总是很习惯地给自己找借口，认为自己的过错要归咎于客观环境的制约，而如果别人有了错误，则往往会被认为是本性不良。既然乔布斯觉得钱德里人品有问题，他就很担心钱德里会觊觎自己的财富，敲诈自己，或者对媒体说一些乱七八糟的话。所以，他要求莫娜见到钱德里后，千万不要在他面前提到自己。

于是，莫娜一个人去了萨克拉门托。此时，钱德里在一家小餐馆工作。莫娜怀着忐忑的心情见到自己的父亲，并做了自我介绍。钱德里对女儿的到来非常高兴，但是显得有些慌乱，不知所措。他们在一起聊了好几个小时。钱德里询问了他她们母女状况，莫娜告诉他一切都好。莫娜也问一些他的情况，钱德里似乎不愿意对女儿隐瞒什么，告诉了她这十几年来发生在自己身上的事情，当然也包括那几段失败的婚姻。父女两人虽还有些不自然，但氛围无疑是极好的。

由于乔布斯提前告诉过莫娜不要提到自己，所以莫娜只字未提兄长。但是，钱德里还是无意间提及了被遗弃的长子："你还有一个哥哥。我记得，当年你母亲还怀有一个男孩!"钱德里这么对莫娜说。

莫娜装出一无所知的样子，问："他怎么样了?"钱德里目光有些黯然："我们再也没见过那个孩子。他不在了。"莫娜想告诉他关于乔布斯的事情，犹豫了一下，最后什么也没有说。

后来，钱德里又提到了自己经营餐厅的一段经历。他告诉莫娜，他曾经在加州圣何塞北部经营一个地中海餐厅，那个地方很不错，比现在萨克拉门托的这个餐厅要漂亮，因为那里是硅谷的中心地带，所以常能看见一些科技界的成功人士。说到此处，钱德里有些自豪地说："那个地方真是棒极了。所有科技界的成功人士都会去那儿，我还记得史蒂夫·乔布斯去过那儿呢。"钱德里之所以会记得乔布斯，是因为乔布斯当时在硅谷实在是太有名了。乔布斯相貌英俊，事业有成，关于他的种种传奇、传说更是广为流传，可以说他头上的光环不亚于任何一位好莱坞的明星。虽然硅谷的高人很多，但是像乔布斯这样让人见过一眼就难忘记的人并不多。

莫娜惊呆了！这真是造化弄人，这对分别了几十年的父子，竟然近在咫尺，却形同陌路。茫茫人海中，分别数十载的父子彼此相遇，这是多么奇妙的缘分，相见却不相识，又是多么的悲哀。

钱德里见她震惊模样，以为她不相信，接着说道："我没骗你，他真的来过，而且给了我很多小费。"莫娜很想告诉他："史蒂夫·乔布斯就是你的亲生儿子。"但是她记得乔布斯的告诫，忍住没说出来。

莫娜告别自己的父亲后，立即用餐馆的付费电话悄悄给哥哥乔布斯打了一个电话，约定在伯克利的罗马咖啡厅见面。见面后，莫娜将与钱德里见面的详情全部说了出来。她还告诉了乔布斯，钱德里曾经在圣何塞北部经营地中海餐厅见过乔布斯的事情。乔布斯听后，大吃一惊，他对钱德里还有些模糊的印象。"这真是不可思议。"后来，乔布斯谈到此事时，如此感慨说。他还记得他去过那家餐厅几次，对于那家店的老板也很有印象，还和他握过手，但如何能够想到那人就是自己的父亲呢！当然，从乔布斯的叙述里，也能看出乔布斯至少在那个时候对于钱德里的整体印象还不坏。因为按照乔布斯的个性，是绝对不会同没有好感的人握手的。

尽管如此，乔布斯仍然不愿意去见自己的父亲。这个秘密一直埋藏了十几年，莫娜·辛普森虽然不时地去看望自己的父亲，但始终没有表明乔布斯是自己哥哥的事实。直到多年以后，2005年左右，钱德里从网上看见有人谈论他与乔布斯的关系。在当时，乔布斯与妹妹莫娜·辛普森的兄妹关系已经公开了。莫娜·辛普森在一本书里表示自己的父亲是阿卜杜勒法塔赫·约翰·钱德里，所以有人据此推断，乔布斯一定是钱德里的另一个孩子。钱德里对这个消息非常震惊，将信将疑。次年，钱德里带着新任太太去纽约看女儿莫娜·辛普森。在闲谈之余，钱德里问起这个话题。莫娜证实了传闻，告诉他，乔布斯是他的另一个儿子，但同时又补充说，她觉得乔布斯没有兴趣见他。钱德里似乎接受了这一切，再也没有提起此事，也没有联络乔布斯。

自那以后，钱德里对于乔布斯的消息就很关注，经常在网上查看乔布斯的新闻或者视频。在得知乔布斯身体的健康状况恶化后，他给乔布斯发了几封邮件。乔布斯只回了两封，内容也很简单，有一封回信只有短短两个字："谢谢!"钱德里一直对外隐瞒乔布斯是他儿子的消息，也没有主动给乔布斯打过电话。因为他不希望让乔布斯认为他只是看上儿子的钱。但是，钱德里还是很希望能在有生之年和儿子见上一面，哪怕只是在一起喝一杯咖啡，他也会很高兴的。

莫娜·辛普森原本以为乔布斯迟早会和钱德里联系的，但是随着时间的推移，莫娜发现乔布斯对于和生父的见面越来越没了兴趣。2010年6月，乔布斯带着自己的儿子里德去参加莫娜的生日晚宴。里德花了很长时间去翻阅祖父的照片，但乔布斯对此视若无睹，根本不愿意了解钱德里的事情。钱德里是叙利亚人，乔布斯的身体里也流着叙利亚人的血液。但乔布斯对于自己的血统毫不在乎，每次谈到叙利亚问题时，乔布斯也总是一副无所谓的态度。

乔布斯一直到死都再也没有见过钱德里一面，这实在是一件挺遗憾的事情。2011年10月，在得知乔布斯死亡的消息后，钱德里情绪低落，一遍遍翻看着电脑上乔布斯的照片，久久说不出话来。

与克里斯安的爱恨情仇

"我们当时一起制作一部动画片，然后好上了，她也就成了我第一任正式女友。"

——乔布斯回忆第一任女友克里斯安·布伦南时，如是说

20世纪60年代，美国社会兴起了"嬉皮士"运动，这些反传统、反主流的青年们用自己惊世骇俗的出格行为，一次次冲击着普通民众的道德底线。70年代初，乔布斯在加州霍姆斯特德中学念高中，此时的乔布斯已经知道了自己的身世，内心的痛苦、不安全感交织在一起，让他变得桀骜不驯，叛逆十足。他加入了"嬉皮士"运动，自暴自弃，用自己的堕落来报复社会。

1972年春天，乔布斯即将从高中毕业。他生平有了第一位女朋友，开始同比他低一年级的克里斯安·布伦南交往。这个女孩有着一头浅褐色的秀发，绿眼睛，高颧骨，看上去弱不禁风，惹人怜爱，但个性狂放不羁。这正是乔布斯喜欢的类型。当时，克里斯安的父母正在闹离婚，没有人管她，这让她内心变得非常脆弱。乔布斯清楚地记得他是如何与克里斯安好上的，“我们当时一起制作一部动画片。然后好上了，她也就成了我第一任正式女友。”乔布斯说。两个同样怀着“被遗弃”感觉的年轻人，就这样走到了一起，如胶似漆。他们经常逃课，躲到一个没有人发现的角落，一边喝酒，一边聊天，有些时候还一起吸食迷幻药、大麻等毒品。

有一次，乔布斯带着克里斯安逃学来到了圣克拉拉城郊的一处麦田里。在那里，乔布斯第一次吸食了LSD，这种学名为麦角酸二乙基酰胺的致幻剂，毒性很大，即使服食少量，会让人的神经处于亢奋状态，从而对周围世界的感知发生变化。“那种感觉棒极了，”乔布斯回忆说，“就好像从寂静的麦田里传来了巴赫的音乐。而我自己就是乐团的指挥者，优美的旋律经久不息。”

当然，乔布斯和克里斯安在一起并非只有堕落、毒品、性而已，乔布斯有些时候会一本正经地告诉克里斯安，自己一定会成为一个百万富翁。他说话的神情，就仿佛那是一件信手拈来的小事。在乔布斯身上激情与冷漠并重，有些时候他施展超凡的魅力，让所有人都对他刮目相看，有些时候他保持沉默，久久不愿搭理别人，又酷又冷，近乎不近人情。克里斯安常和乔布斯腻在一起，对此尤其感触很深，她认为乔布斯有点“半疯”，因为他总是在不停地变换形象。

高中毕业后，乔布斯决定暑假要和克里斯安住在一起。因为和沃兹合作出售蓝盒子手头有一些钱，他在洛斯阿尔托斯一座山上租了一间小房子。然后，他回到家里，正式向父母宣告了这件事情：“我要和克里斯安同居了。”保罗瞪大了眼睛，怒喝：“不准去！除非我死了。”

乔布斯看着近乎歇斯底里的父亲无动于衷，丝毫不在乎父母亲的感受，只淡淡说了一句“再见”就离开了家门。这个夏天，乔布斯和克里斯安在他们租下的小屋里过上了“同居”的生活。这在当时虽然并不违法，但仍然被很多人斥为离经叛道的荒唐行为，自然，乔布斯显然不会在乎别人说些什么。

克里斯安很有才华，喜欢画画，她画了一幅小丑的画送给乔布斯，乔布斯就把这幅画一直挂在墙上。乔布斯有时候会很浪漫，他会写诗，玩玩吉他，但有些时候又非常冷血、粗鲁。

暑假期间，在乔布斯身上还发生了一件事：他的红色菲亚特着火了，他也差点因此丧命。当时，乔布斯和高中朋友蒂姆·布朗驾车行驶在圣克鲁兹山区的天际线大道上。蒂姆突然闻到一股烧焦味，他向后一看，吓了一跳：菲亚特的引擎正在“嗞嗞”冒着火花。蒂姆努力保持镇定，告诉乔布斯车着火了，让他靠边停车。乔布斯照做了，然后给父亲保罗打了电话。尽管父子两人这一段时间在闹矛盾，但是保罗还是驾车来到了这里，把乔布斯的菲亚特拖回了家。

菲亚特坏了，乔布斯只得寻思重新购买一台。他让沃兹开车载自己去了迪安扎学院，那儿有很多的招工启事。最后，他们选择圣何塞西门购物中心的工作，工作内容是穿上戏服逗小孩子玩，报酬3美元一个小时。于是，乔布斯、沃兹以及克里斯安在盛夏季节穿起了厚厚的戏服，分别扮演梦游仙境的爱丽丝、疯帽子和白兔子。尽管又热又闷，工作很辛苦，但沃兹仍然干得有滋有味，他很有爱心，把这份逗孩子笑的工作视为乐趣。而乔布斯则恰恰相反，他觉得这个烂工作完全是在受罪，以至于他只要在里面待上一会儿就有揍那些小孩儿的冲动。

乔布斯和克里斯安的关系起伏不定。1974年，乔布斯从印度回来后，同克里斯安在罗伯特·弗里德兰的农场度过了一段美好时光。但是当他们搬回洛斯阿尔托斯之后，两人关系转淡，最后成了普通朋友。乔布斯经过印度之行，经过佛教禅修的洗礼，已经戒掉毒瘾，并离开了克里斯安，回到了家中，在雅达利公司上班。而克里斯安则搬进了一间小公寓，很多时间她待在乙川弘文的禅宗中心。次年初，克里斯安和格雷格·卡尔霍恩交往，打得火热。他是乔布斯和克里斯安的好朋友，在乔布斯和克里斯安关系转淡时，他乘虚而入，并获得了克里斯安的芳心。那个时候，男女关系很开放，克里斯安周旋在两个男人之间，毫无顾忌。

1976年，卡尔霍恩决定去印度朝圣，克里斯安要求同去。乔布斯告诉卡尔霍恩不要带克里斯安同去，说她会妨碍他的精神探索，但是，卡尔霍恩还是带着克里斯安去了印度。这次朝圣之旅持续了近乎一年左右。他们到印度后曾经一度花光了身上所有的钱，卡尔霍恩就搭车去了伊朗，在德黑兰教英语赚钱。克里斯安在待在印度，等到卡尔霍恩赚够了钱，他们就分别搭车到阿富汗进行会合。一段时间后，克里斯安和卡尔霍恩关系破裂，分别返回了美国。

1977年，乔布斯的苹果公司已经渐入正轨，乔布斯手头有了很大一笔钱。他搬出了父母的房子，在库比蒂诺的城郊租下了一间房子，月租金600美元。和他住在一起的是丹尼尔·科特基，他是乔布斯的大学同学，同时也是苹果的第一批员工。科特基和乔布斯两人性格相近，都是典型的嬉皮士，所以非常地合拍。他们会做一些疯狂的事，比如将其中的一间房子出租给各种各样疯狂的人，有一段时间，乔布斯还将某个房间租给了一位脱衣舞女。没过多久，克里斯安也搬进了他们的房子。尽管乔布斯和克里斯安关系断断续续，但他们始终没有正式分手。

克里斯安搬进来以后，他们面临着分配房间的问题。乔布斯自然是霸占了其中最大的一间，克里斯安不愿意和乔布斯同居，选择了另外一间大房子，这样就只剩下了两个小房间。科特基觉得这两间小房子有点像是婴儿床，就搬进了客厅，睡在了一些泡沫垫子上。这些泡沫垫子都是苹果电脑包装箱的填充物，很柔软，睡在上面比较舒服。后来，克里斯安带了几只猫回来。这些猫非常调皮，常在泡沫上撒尿，科特基无可奈何，只得将这些泡沫扔掉，重新开辟睡觉的地方。

乔布斯和克里斯安同在一个屋檐下，有些时候难免把持不住，重燃欲火。他们纵欲的后果是，克里斯安发现自己怀孕了。这对两人来说，并不是一个好消息。当时，乔布斯和克里斯安关系断断续续维持了五年左右，尽管有时候会发生肉体关系，但激情早已不在了。尤其是乔布斯创办苹果后，整日忙于工作，疏离了克里斯安，这让她有着强烈的不安全感。她不知道两人未来将会怎样，更不知道这个孩子对乔布斯而言意味着什么。她很矛盾，对怀孕这件事手足无措。

1977年11月，这一年的感恩节，格雷格·卡尔霍恩搭车从科罗拉多州来拜访乔布斯和克里斯安。卡尔霍恩是乔布斯的好友，也是克里斯安之前的情人。克里斯安认为他是一个可以诉说的人，就把自己怀孕的事情告诉了他，让他帮自己拿个主意。卡尔霍恩就在同乔布斯的交谈中，有意无意地提到这件事。但他发现，乔布斯对于克里斯安怀孕的事毫不关心，只关心自己的事业。乔布斯的冷漠让克里斯安伤透了心，两人之间的矛盾越积越深，关系急剧恶化。

亲子鉴定

"如果让我重来一次的话，我肯定会做得更好。"

——回忆当年拒绝承认丽萨是亲生女儿一事时，乔布斯如是说

苹果公司日渐兴旺，乔布斯每天忙于工作，痴迷于苹果的事业版图，根本就没有做好当父亲的准备，再加上自己本身作为一个被遗弃的孩子，更令他内心里对"父亲"这个字眼充满了反感。所以，当克里斯安告诉他有了身孕时，乔布斯首先想到的不是负起责任，而是逃避现实。

乔布斯希望克里斯安能够去堕胎，在当时，堕胎已经是一件合法的事情了。但是，克里斯安也是一个我行我素的人，她很恼火乔布斯不负责任的行为，于是坚决不同意堕胎，表示要将孩子生下来。乔布斯心里感到恐惧、不安，他用自己的冷漠、粗暴无情来掩饰自己的情绪。他完全将自己置身事外，对克里斯安肚里的孩子不闻不问，就好像那根本不是自己的骨肉一样。

乔布斯甚至公开宣称，克里斯安肚里的孩子并不是自己的骨肉，他言之凿凿地说："我怎么能确定那个孩子是我骨肉？和克里斯安上床的男人可不止我一个。"这种说法让克里斯安怒不可遏，她确实有过其他的性伴侣，但是在那段时间里，她一直居住在乔布斯租来的房间里，和其他的男人根本没有任何的交集。克里斯安可以百分之一百确定，肚子里的孩子就是乔布斯的。

乔布斯的说法，也让丹尼尔·科特基诧异不已。因为，那段时间科特基正好与他们住在同一座房子里。如果乔布斯的说法成立的话，那么自己就成了最大的犯罪嫌疑人。科特基当然很清楚事情的来龙去脉，也很明白克里斯安肚里的孩子确实是乔布斯的。但是，乔布斯为什么要否认呢？为什么要如此残酷地对待克里斯安呢？科特基觉得难以理解。他猜测，乔布斯根本就不想承担责任。

结婚更不可能了。乔布斯很明白，他虽然和克里斯安发生过肉体关系，且断断续续有五六年的交往，但是克里斯安并不是他心目中理想的结婚对象。如果因为孩子两个人勉强走到了一起，谁都不会快乐，婚姻也是会出现问题的。所以，乔布斯希望她能够堕胎，不要这个孩子。在克里斯安表示将会生下这个孩子后，乔布斯没有再逼迫她去堕胎，他只是要求克里斯安在生下孩子后，不要把孩子送人领养，因为他自己就是别人领养来的，他明白被遗弃的孩子的痛苦。

还有一个颇具讽刺性的巧合：当时乔布斯和克里斯安都是23岁，而乔安妮·席贝尔和阿卜杜勒法塔赫·约翰·钱德里也是在23岁有了乔布斯。当年，钱德里和乔安妮遗弃了乔布斯，而乔布斯现在也在试图遗弃自己的孩子。后来，乔布斯谈到此事时，一再否认自己继承了生父逃避现实、不肯承担责任的处事风格，但他也坦承这个颇具讽刺意味的巧合令他感到非常震惊。

女人在怀孕期间神经会变得很敏感，乔布斯的麻木不仁，令克里斯安的情绪变得很不稳定，她开始在房间里摔盘子、扔东西，在家里乱丢垃圾，还用炭笔在墙上写上一些乱七八糟的谩骂的话。科特基被夹在了两人中间，左右为难，他有时候会对处于困境的克里斯安施以援手，安慰她“史蒂夫对待你的方式不对”，也有时候会站在乔布斯的一边，告诉他克里斯安的做法过分。

这个时候，罗伯特·弗里德兰伸出了援助之手。他听说这件事后，就让克里斯安到他的苹果农场去住。伊丽莎白·霍姆斯和其他朋友当时还住在农场里，有他们的照应，克里斯安精神、情绪得到了慰藉。乔布斯也因为这个安排得到了喘息之机。为了彻底表明自己和克里斯安没有任何关系，也为了让克里斯安不再抱有幻想，乔布斯决定尽快寻找一个女人，来代替她的位置。

此时的乔布斯早已经不是当年那个蓄着长发、邋里邋遢的嬉皮士青年，而是苹果公司的老板，年少多金，且衣冠楚楚，相貌英俊。这样的一个青年俊彦，自然是不难找到新女朋友的。很快，他就和女职员芭芭拉·亚辛斯基陷入了爱河。这位魅力女性是一个有着波利尼西亚人和东欧人血统的金发尤物，长得非常漂亮。乔布斯对她非常迷恋，两人经常去芭芭拉位于山上的小平房里过夜。他们经常出双入对，一起在圣克鲁兹山生活，一起去看贝兹的演唱会，还曾经一起去夏威夷度假，这段感情持续了四年左右，直到乔布斯遇上了另一个女人——琼·贝兹。

1978年5月17日，克里斯安在俄勒冈州的苹果农场产下了一名女婴。弗里德兰给乔布斯打了电话，告诉了他这个消息。弗里德兰是世界上少数对乔布斯有较大影响力的人，乔布斯接到电话后，态度判若两人，当即飞往农场，看望克里斯安母女，顺便给女儿取名。本来按照公社的惯例，是要给孩子娶一个带有东方精神的名字，但是乔布斯反对。他认为，孩子是在美国出生的，所以坚持给孩子取个美国名字。克里斯安表示同意。最后，乔布斯给女儿取名为丽萨·妮科尔·布伦南，并没有把自己的姓氏赋予这个非婚生的小孩。乔布斯在农场待了几天后就返回苹果公司上班了，回到苹果后，乔布斯又恢复了冷若冰霜的态度，对克里斯安母女不闻不问。

不久，克里斯安带着女儿丽萨搬到了门洛帕克，住在一个又小又破的房子里。由于没有了经济来源，只能靠政府救济金维持生活。乔布斯此时已经成为硅谷最年轻有为的富豪之一，但是他对克里斯安母女漠不关心，拒不支付抚养费，始终不愿意承认丽萨是自己的女儿。

丽萨出生一年后，克里斯安实在难以忍受，就在加州圣马特奥县法院向乔布斯提起了诉讼，要求他承担起一个父亲的义务。起初，乔布斯决心奉陪到底，打赢这场官司。乔布斯找来了好几个律师为自己出谋划策，律师们想让科特基作证，称他从来没有看见乔布斯和克里斯安有过性行为，同时他们还想收集证据，证明克里斯安确实和其他的男人发生过肉体关系。乔布斯的这种态度让克里斯安有些抓狂，她打电话给乔布斯，劈头就是一通咆哮：“你知道那不是真的……”

乔布斯在法庭上拒不承认丽萨是自己的骨肉，最终法院裁定，采用最新的DNA技术来辨明乔布斯和丽萨之间的亲子关系。当时，DNA技术虽然还是新技术，但是已经被广泛运用生物、医学等各个领域了。乔布斯到加州大学洛杉矶分校做了测试，最终觉得这门新技术非常有用，同意进行亲子鉴定，把事情搞清楚。结果表明，乔布斯和丽萨是亲子关系的概率是94.41%。法院据此判定丽萨是乔布斯的亲生女儿，乔布斯每月必须付385美元的赡养费，并偿还加州政府此前发放的5856美元的政府救济金。尽管法院已经做了裁决，但执拗的乔布斯仍然不接受法庭的判决，死活不承认丽萨是自己的女儿。有一次，他甚至在法庭上公然宣称自己没有生育能力，不可能生出这个孩子。这个借口当然是荒唐可笑的，对克里斯安母女也是不公平的。

这件事情让乔布斯在苹果声望受损，乔布斯为此在董事会就此事做了解释，但同时坚称，他不是孩子父亲的概率非常大。《时代》杂志的记者迈克尔·莫里茨这一时间正准备对乔布斯做一个专访。乔布斯就这件事情上向莫里茨表示：“只要分析一下数据，就可以发现，全美国28%的男性都有可能是这个孩子的爸爸。”这个论断是极其荒谬的，也给克里斯安造成了极大的伤害，她认为乔布斯是在抨击她是一个可能同全美国28%的男人上过床的荡妇。

乔布斯拒不履行做父亲的责任，令丽萨母女度过了一段艰苦的岁月。在那两年里，丽萨和她的母亲差不多是靠福利救济度日的。直到1980年，乔布斯这才回心转意，同意接受法律判决，承认丽萨是自己的女儿，同时按时支付一定的抚养费用。后来，更接回丽萨共同生活了一段时间。

多年以后，乔布斯回首往事，对当年之事表示后悔，他承认，当年是由于自己还没有准备好当一个父亲，所以没能勇敢地面对。他希望当时能以另外一种方式处理整件事情，能够较好地安顿丽萨母女。乔布斯也不忘表示，自己善待了丽萨母女。他提供丽萨抚养费直到她18岁，还给了克里斯安一笔钱，给她们买了房子，装修好。克里斯安送丽萨去最好的学校读书，费用也是由他来承担的。“我努力把事情做好，”乔布斯说，“但如果让我重来一次的话，我肯定会做得更好。”

找回被遗弃的丽萨

“那时，我应该多去看看她的。”

——谈到女儿丽萨时，乔布斯如是说

丽萨出生后，与母亲克里斯安相依为命，乔布斯很少去看她，从这一点上来说，乔布斯没有尽到做父亲的责任。然而，亲情、血缘关系毕竟是割舍不断的，乔布斯有些时候也会忍不住开车去看丽萨母女生活得怎样。克里斯安和丽萨住的地方离苹果公司很近，房子是乔布斯给她们买的。有一次，乔布斯开车经过这里，突然想到那个小丽萨已经3岁了。他停车走进了那所房子，但是他没有进门，只是坐在门前的台阶上跟克里斯安聊了一会儿。他不敢进屋去见丽萨，当然，丽萨也根本不知道他是谁，因为她自出生就没有见过自己的爸爸。后来，每年他都来这里几次，和克里斯安简单地讨论一下丽萨的学校或其他的事情，然后就开着车离开了。

但是，到了丽萨8岁的时候，乔布斯来这里更加频繁了。那个时候，他已经被驱逐出了苹果公司，另外创立了一家NeXT公司。NeXT公司氛围更为平静友善，少了苹果公司的争权夺利，乔布斯可以更加肆意地放纵自己的天性，做自己想做的事情。而且此时他已经过了而立之年，不再是当年的轻狂少年了。他认识到，自己应该为丽萨做些什么。乔布斯很喜欢这个孩子。尽管自小缺乏父爱，但丽萨小小年纪就显示出自己的艺术天赋，她的写作能力特别棒，令她的老师刮目相看。她聪明勇敢，活力十足，身上又隐隐透着某些乔布斯的叛逆气质，这让乔布斯引以为傲。他有时候出去吃饭，就开车接上她。两人还经常出去散步，他带她去滑旱冰。丽萨在乔布斯那里很放纵，乔布斯也总是满足她。有一天，乔布斯出乎意料地带着小丽萨去了自己的办公室，小妮子高兴极了，在走廊里侧手翻，还一边嚷着："快看我呀!"

乔布斯的这种改变，NeXT的同事们印象深刻。NeXT的工程师阿维·特凡尼安是乔布斯的朋友，经常和乔布斯一块儿出去吃饭。据他说，乔布斯每次出去吃饭时，都会接上丽萨，见到丽萨时，他就好像变了一个人，不再是公司里那个脾气暴躁、需要控制一切的"暴君"，而是一个和颜悦色的慈父。乔布斯是个严格的素食者，丽萨却不是。丽萨想要吃鸡肉时，他从来都不会制止。

就好像无数的父母都会在孩子面前妥协一样，很多时候乔布斯也会因为女儿改变一些习惯。20世纪70年代，年仅19岁的乔布斯远赴印度旅行，从印度回来后，他开始信奉佛教，并开始吃素。乔布斯在饮食方面很挑剔，严格要求自己，从来不会在这个问题上妥协，有一年苹果晚会上，由于工作人员没有为他准备素食，他当场大吵大叫，厉声训斥工作人员。然而，同丽萨在一起时，乔布斯虽然仍然保持着吃素食的习惯，但有时候也会因为女儿在饮食方面的要求有所放松。丽萨还记得当年和父亲一起在车里吃烧鸡的事："有几次我们去美食店里买热气腾腾的烧鸡，一卷一卷的鸡肉在烤叉上翻转着，香气四溢，店员把烧鸡装在衬有锡箔纸的纸袋里，我们就坐在车里用手拿着吃。"这样的景象并不多见，更多的时候，乔布斯在饮食方面仍然吹毛求疵，严格律己。有一次，乔布斯和丽萨一起出去吃饭。乔布斯正在喝汤，这时候有人告诉他，汤里面放有黄油。乔布斯听了这话，当即把一口汤吐了出来。丽萨起初对父亲这种饮食上的洁癖深感不解，但随着年长，逐渐意识到乔布斯的良苦用心。乔布斯向来追求极简主义，信奉佛教苦行、禅修。他认为，一个人的收获来自自身的贫瘠、匮乏，情感上的富足、愉悦来自自我克制。物极必反，欲望越多，渴望得到越多，最终很可能失去越多。

长期的疏离和冷漠，也让乔布斯对丽萨的爱显得弥足珍贵。尽管这份爱来得很晚，但丽萨仍然很珍惜每一次和父亲见面的机会。乔布斯每次去见丽萨，都会逗留几个小时。乔布斯没有像以前那样遮遮掩掩，拒不承认与丽萨的关系了。他常会带着丽萨出去玩，有些时候还会带着丽萨去拜访苹果公司的好友、同事安迪·赫茨菲尔德、乔安娜·霍夫曼等人。乔布斯第一次带着丽萨去见霍夫曼时，就开门见山地宣布：

“这是丽萨。”霍夫曼顿时就明白了，这就是乔布斯的女儿。两人的轮廓太像了，坚挺的下巴，略带中东味道的棱角无不说明了眼前这个可爱的小女孩就是乔布斯的女儿。霍夫曼小时候父母离异，直到10岁时才知道父亲是谁，这段刻骨铭心的痛苦经历，让她深深明白缺乏父爱对一个孩子而言是多么残忍的一件事。所以，她对于乔布斯的改变非常高兴，经常鼓励乔布斯要善待丽萨，努力做一个好父亲。乔布斯听从了她的建议，好好对待丽萨。后来，当乔布斯意识到这是多么重要时，他对霍夫曼感激万分。在很多年后，乔布斯还曾遗憾地说：“那时，我应该多去看看她的。”

尽管，乔布斯在硅谷被很多人视为神一样的存在，但是面对着女儿丽萨，他只是一个父亲、一个凡人。有一次，乔布斯带着女儿丽萨去了日本，住进了东京有名的大仓酒店。这家酒店兼具时尚和商务风格，在一楼有一间精致的寿司餐厅。乔布斯带着丽萨前去品尝，鲜美、精致的寿司，令前来的食客们无不垂涎三尺。乔布斯领着丽萨找了个安静的角落坐下，点了鳗鱼寿司。乔布斯没能抵住这种美食的诱惑，和丽萨大快朵颐。他们吃了很多，吃得很饱，丽萨至今还记得寿司入口即化的感觉，仿佛父女之间的距离也因此融化了。丽萨第一次感觉到和父亲在一起是那么的放松、那么的温暖、那么的满足。乔布斯在那一刻步下神坛，变成了一个普通人。

乔布斯和丽萨也会闹矛盾。乔布斯自私、善变，对克里斯安是这样，对于女儿丽萨也是这样。在上一秒钟，他可能表现得无比热情，就像是一个风度翩翩的绅士，但下一秒钟，他就可能变得冷酷无情、自私自利。丽萨总是不敢确定和乔布斯的关系，因为她不知道下一秒钟会发生什么。有一次，丽萨举行生日会，很多人都早早地去参加了，但是乔布斯直到很晚都没有出现。最希望出现的人反而没有出现，丽萨的心情是可想而知的，据赫茨菲尔德的描述，丽萨变得极度焦躁、不安，直到最后乔布斯出现，丽萨的心情这才阴转晴，又变得兴高采烈起来。

丽萨8年级的时候，已经年满14岁了，正是反叛的年龄。有一天，她的老师给乔布斯打电话，说有些问题很严重，校方表示如果可能的话，她最好从她妈妈家搬出来。乔布斯跟丽萨一起出去散步，问她愿不愿意过来跟他一起住。丽萨考虑了两天，最后答应了，搬进了新家。当时，乔布斯和鲍威尔已经结婚了。丽萨搬进来后，住进了紧挨着她爸爸卧室的那个房间。

克里斯安对女儿突然搬出家，住进了乔布斯的房子里大感不满，她认为是乔布斯耍阴谋夺走了丽萨。她有时候会从几个街区外的住处赶过来，站在院子里向他们大声吵闹，嚷嚷乔布斯夺走女儿。

丽萨在帕罗奥图高中的4年里，基本上都是和乔布斯和鲍威尔住在一起。她此时已经开始使用“丽萨·布伦南·乔布斯”这个名字。乔布斯在这四年里，试图给予丽萨更多的关爱，但有时候又会表现得冷漠、不够亲密。丽萨每次和乔布斯闹矛盾时，都会躲到附近的朋友家里。鲍威尔这时候成了父母共同的桥梁，尽量关照丽萨，学校的活动也都是由鲍威尔去参加的。

到高年级后，丽萨的才华逐渐显露。由于其出色的文字能力，她加入了学校刊物《钟楼》的编辑部，成为其中一员。她还同另一个同学曝光了一桩丑闻——学校董事会秘密给学校管理层加薪。因为这件事，丽萨一度成为风云人物。上大学时，丽萨报考了哈佛大学。因为乔布斯太忙，没有在家，她自己模仿了爸爸的笔迹在申请表上签名。后来成功被哈佛大学录取。

1996年，丽萨正式进入哈佛大学。先后在校报《克里姆森报》、文学刊物《代言人》工作。后来，还去伦敦的国王大学留学一年。在大学时光里，乔布斯和丽萨的关系始终起伏不定，两人经常会为了一些鸡毛蒜皮的小事争吵。丽萨表现得很叛逆，甚至几个月不来往，不说话。有时候吵得激烈，乔布斯就断了她的经济来源，而丽萨就找她最好的朋友借。有一次，丽萨认为乔布斯不会支付自己的学费了，就向安迪·赫茨菲尔德借了2万美元。乔布斯得知这件事后，非常生气，对赫茨菲尔德大发雷霆，并当即将钱汇给对方。2000年，丽萨哈佛大学毕业，乔布斯并没有出现在女儿的毕业典礼上。据乔布斯所说，是因为他没有被丽萨邀请。

丽萨大学毕业后，同姑姑莫娜·辛普森一样，成了一名自由作家，并搬到曼哈顿居住。乔布斯跟她的关系仍然时好时坏。乔布斯对克里斯安很残忍，而丽萨不能容忍父亲对母亲这种恶劣的态度，因此矛盾不断。乔布斯曾经给丽萨买了一栋价值70万美元的房子，记在丽萨名下。但是克里斯安说服丽萨签字，转到自己名下，后来把房子卖了，用这笔钱跟一个精神导师出去旅游，钱花完了回到旧金山，成为一个艺术家。乔布斯对这件事非常不满。有一次，克里斯安患上严重的鼻窦感染，需要钱治病，乔布斯拒绝支付费用，这又导致丽萨好几年没跟他说话。

莫娜·辛普森根据这些事情，加上她的想象，写出了她的第三部小说《一个凡人》，并于1996年出版。这部小说着重刻画了一名被遗弃的女儿寻找自己生父的故事。这位父亲正是以乔布斯为原型，女儿正是以丽萨为原型。这部书在一定程度上符合事实，比如描写乔布斯的某些怪癖，描述了乔布斯和丽萨之间关系等。这部小说对乔布斯的描写是十分苛刻的，所以在某些方面也曾引起了乔布斯的不快。丽萨也读了这部小说，从中看到了自己的影子，但在某些方面也有不满。多年来，丽萨跟莫娜的关系时好时坏，但较之乔布斯，又亲密得多了。

与贝兹的姐弟恋

“我们就像天空中的两片云，偶然间相遇，然后认真地谈了一场恋爱。”

——回忆起和琼·贝兹的恋情时，乔布斯如是说

芭芭拉·亚辛斯基是乔布斯继克里斯安后的另一个女人。两人相遇相知，认真地谈了一次恋爱，但激情很快退去。1982年，乔布斯的生命中出现了第三个女人：琼·贝兹。琼·贝兹是美国著名乡村女歌手，有“民谣女皇”的称号。她比乔布斯整整大14岁，两人的恋情持续了好几年。

乔布斯能够结识大明星琼·贝兹，多亏了法里纳。当时，法里纳是一家慈善基金的主要负责人，正在为监狱募捐电脑。她找到了乔布斯，希望能和乔布斯达成合作。乔布斯对这次合作很感兴趣，同样让他感兴趣的是：法里纳竟然是大明星琼·贝兹

的妹妹。乔布斯对琼·贝兹非常仰慕，通过法里纳的牵桥搭线，乔布斯终于结识了这位大明星。两人见面聊天，彼此心存好感。几周之后，他们就频频开始约会了，在库比蒂诺共进午餐。乔布斯后来回忆这段感情，不无伤感地说："我们就像天空中的两片云，偶然间相遇，然后认真地谈了一场恋爱。"

但是，乔布斯在里德学院时的好友伊丽莎白·霍姆斯认为，乔布斯与贝兹交往，是因为贝兹曾经是鲍勃·迪伦的情人。鲍勃·迪伦是乔布斯的偶像，20世纪60年代，美国掀起了轰轰烈烈的反战浪潮。琼·贝兹和鲍勃·迪伦是当时著名的反战人士，在反战运动中，由于两人有着共同的艺术风格和共同的理想信仰，很快坠入爱河。他们的恋情一度被视为乐坛佳话，后来，两人分手了，因为他们太相似，注定无法厮守一生。70年代时，贝兹和戴维·哈里斯结婚了，同样，他也是一位反战活动家。婚后，贝兹生下一个儿子加布里埃尔。遗憾的是，贝兹的这段婚姻最终仍以离婚而告终。到了80年代，贝兹已过不惑之年，却没料到会和乔布斯重燃爱火。

琼·贝兹机智且风趣，乔布斯和她在一起会觉得很放松。有一次，两人相约一起去吃午餐，贝兹告诉乔布斯，她正在教加布里埃尔如何打字。乔布斯觉得有些不可思议，问她："你真的在打字机上打字?"贝兹回答是，乔布斯跟着说："可是，那已经老得掉牙了。"当时，电脑已经具备打字功能，并且成为一种时尚、潮流，乔布斯是新科技的弄潮儿，所以才会这么说。

贝兹紧接着问："打字机老掉牙了，那么我呢?"尽管乔布斯口才出众，这个暧昧的问题仍令他一时不知道该怎么回答。两人的关系越来越亲密了，乔布斯的同事、朋友们对此有目共睹。有一天，乔布斯带着贝兹到了他的办公室，向贝兹展示麦金塔的样机。这个举动让麦金塔团队目瞪口呆，他们完全没有想到一向重视保密工作的乔布斯竟然会把这台计算机曝光给一个外人。在乔布斯的眼里，贝兹当然不能算是一个外人的。他频频地出入贝兹的家，还送给了加布里埃尔一台 AppleⅡ电脑，后来又送给贝兹一台麦金塔电脑。乔布斯经常到贝兹家里教她如何使用电脑，喜欢显摆一些新技术。对于贝兹来说，这些技术太高深了，要完全搞懂可不容易。

乔布斯和贝兹在一起有时候表现得很浪漫，但有时候乔布斯的举动又让贝兹感到莫名其妙。贝兹至今仍然记得，在他们恋爱初期的一次晚餐时，乔布斯谈起了拉尔夫·劳伦和他的马球服装店。这家马球服装店贝兹从来没有去过，乔布斯告诉她，那儿有一件红裙子非常漂亮，很适合她。然后，他们驱车去了斯坦福购物中心的专卖店。贝兹满怀欣喜地认为，乔布斯一定会买这条红裙子给自己，但出乎意料的是，乔布斯只是给自己买了一大堆衬衫，却没有给贝兹买那条红裙子。有时，乔布斯会送贝兹花，但他从来不肯承认是自己特地买花送给她的，而只是说这些花是办公室里活动剩下的。贝兹总结乔布斯的怪异行为，认为他既浪漫，又害怕浪漫。

乔布斯很喜欢在贝兹面前炫耀电脑的新技术，在 NeXT STEP 计算机的开发阶段，乔布斯经常会开车去贝兹家里，向她展示 NeXT STEP 计算机的各种功能。有一次，乔布斯向贝兹展示 NeXT STEP 强大的音乐功能。他让它演奏了一曲勃拉姆斯的四重奏，然后兴奋地告诉贝兹，电脑最终会比人演奏得更好听，甚至连意境和节奏都会更好。贝兹对此非常愤怒，她是一名歌手，容不得乔布斯亵渎音乐。

乔布斯对琼·贝兹的这段感情基本上不被所有人看好，此时的乔布斯已经过了而立之年，已经不是当年那个为了否认亲生女儿不惜自称“没有生育能力”的毛头小伙子了，他渴望家庭和孩子，而琼·贝兹已经不可能给他这一切。就这样，大约过了3年，他们的感情转淡，从恋人变成了朋友。

在这段时间里，乔布斯生命里闯进了另一个女孩：珍妮弗·伊根。1983年的夏天，乔布斯跟琼·贝兹去硅谷参加一个小型的晚餐聚会，结识了坐在身边的珍妮弗·伊根。当时的伊根正就读于宾夕法尼亚大学，她根本不清楚乔布斯是谁，乔布斯却深深地被伊根迷住了。伊根活泼、健美，身上散发着年轻人的魅力。乔布斯见到她的第一面，就喜欢上了这个美丽的女孩。乔布斯当时还很年轻，面容英俊，事业有成且富有魅力，伊根很快就同意了乔布斯的约会要求。

那一年里，乔布斯常常飞来东部看她。伊根也会坐火车前去和他见面。很多个夜晚，他们会煲几个小时的电话粥。在电话里，他们会争论对于人生的看法。乔布斯一直尊奉一条佛教信条：要避免对物质的执着。他告诉伊根，人们的消费欲望是不健康的，对于物质的执着会引发很多的问题。伊根举了乔布斯制作很多诸如电脑之类的消费品的例子，反驳乔布斯的行为与他的信条背道而驰。而乔布斯则辩解，他之所以制作尽可能集所有功能于一体的电子产品是为了把人们的消费欲望降到最低。这个辩解显然有点苍白无力，因为在之后的几十年里，乔布斯一直致力于高科技产品的生产。而每一种产品的问世，都大大地刺激了顾客的消费欲望。

1984年1月，麦金塔面世，顿时风靡世界。乔布斯一夜成名，风光无限，他的光芒简直已经盖过了微软主席比尔·盖茨。一天，乔布斯突然出现在伊根的家门前。他搬了一台尚未拆箱的麦金塔电脑，径直走进了伊根的卧室去安装。这一举动，令伊根家中的一干客人们震惊不已。乔布斯有些时候会告诉伊根，他预计自己不会长寿，所以才如此拼命地工作，如此缺乏耐心。

到了这年秋天，两人的关系逐渐转淡，伊根明确表示她现在太年轻了，谈婚论嫁还为时过早，彻底将乔布斯挡在了婚姻的门外。后来，两人联系就少了。乔布斯死后，一些媒体挖掘到乔布斯生前的一些绯闻旧事，并就此向伊根求证，但伊根对于当年的那段爱情始终讳莫如深，不愿多谈。

超凡脱俗的莱德斯

“她是我真正爱的第一个人，我们心意相通。再也没有人比她更了解我了。”

——谈到和克里斯蒂娜·莱德斯的感情时，乔布斯如是说

1985年，对于乔布斯而言，是人生中最为黑暗的一年。因为就在这一年里，乔布斯被驱逐出他一手创建的苹果公司。没有比这更痛苦的事情了。或许是上天对他的补偿，乔布斯人生失意，却情场得意，也正是在这一年里，乔布斯邂逅了生命里一个重要的女人——克里斯蒂娜·莱德斯。乔布斯后来说，他生平真正爱的只有两个女人，

一个是他的妻子鲍威尔，而另一人正是莱德斯。

莱德斯是一名图形设计师，曾经在奥斯本、惠普等电脑公司工作过。她相貌很美，有着金色的头发和白皙的皮肤，很多人都觉得她长得像好莱坞红星达丽尔·汉纳，其漂亮程度甚至有过之而无不及。有一天，乔布斯去了莱德斯的公司办事，无意中见到了办公室里的莱德斯，顿时惊为天人，为之倾倒。乔布斯多年后回忆莱德斯，仍然很感慨地认为，她是他见过的最漂亮的女人。

乔布斯向莱德斯展开了猛烈的追求。但是，那时莱德斯已经有了男朋友。乔布斯可不管这些，他一旦认定了某个目标就非要达成不可。当乔布斯再次约莱德斯出去时，莱德斯很坦率地告诉自己的男朋友，她想出去了。晚餐后，莱德斯哭了起来，她明白她的人生从此被打乱了。果然，几个月后，莱德斯就搬进了乔布斯在伍德赛德那座没装修的大房子。乔布斯后来谈及这段感情，说："她是我真正爱的第一个人，我们心意相通。再也没有人比她更了解我了。"

他们确实有很多的共同语言。莱德斯来自一个不幸的家庭，乔布斯就和她分享自己被领养的痛苦。两人生活上都朴实无华，他们的穿衣风格如出一辙，乔布斯一直追求纯粹的简约主义，常年上身穿着黑色高领毛衣，下身穿着蓝色牛仔裤，脚上穿着一双运动鞋。莱德斯也是如此，经常素面朝天，穿着牛仔裤，T恤衫，很少穿比较正式的服装。有一次，公司举行宴会，莱德斯穿了一条裙子，结果那天晚上她看上去很忸怩不安，好像如此正式的装束毁掉了她的天然美。他们的爱炽热、激烈，充满激情，全然不顾旁人的眼光。多年后，许多 NeXT 公司的老员工仍然记得他们在公司大厅亲热的场景。他们吵架也同样公开，在电影院里、家中访客面前，都发生过这样的事情。莱德斯喜欢朴素的生活，非常反感乔布斯在金钱方面资助自己。乔布斯曾经给莱德斯买了一辆新车，莱德斯暴跳如雷，开车掉头撞向了建筑物，车子全毁了。

在苹果公司陷入动荡，乔布斯被排挤出苹果时，莱德斯建议乔布斯不如到欧洲走一走，散散心。乔布斯答应了。于是，莱德斯陪着乔布斯踏上了欧洲的旅程。他们的第一站是巴黎。在这座举世闻名的浪漫之都，远离了公司的阴谋、争权夺利，身边又有着温婉可人的莱德斯陪伴，乔布斯心情放松了很多。某天夜晚，他们漫步在塞纳河畔，倚在光滑的石栏上，望着桥下的淙淙流水，讨论是否该定居法国。莱德斯希望乔布斯忘记不快，和她共同定居法国，生儿育女，过着简单而幸福的生活。但乔布斯不愿意，他虽然受挫但依然野心勃勃，他希望能够再创辉煌。对于乔布斯这样的一个吞吐风云的王者而言，爱情注定不会是他生命的全部，田园牧歌式的生活更是无法拴住他那颗放荡不羁的心。离开巴黎后，他们相继游历了托斯卡纳、佛罗伦萨、瑞典、莫斯科等地。三个月后，他们返回了美国。乔布斯重新投身战场，为事业而打拼。

莱德斯很聪明，很有灵气，可是她没有乔布斯的雄心壮志。这让他们在很多方面理念不同。莱德斯试过和史蒂夫住在几乎空无一物的伍德赛德宅邸，但她并不开心。她讨厌住在这个几乎连家具都没有的房子里。她向往家庭生活，但乔布斯显然给不了她。乔布斯聘请了一对曾经在潘足斯之家餐厅工作的年轻而时髦的夫妇担任家里的管家和素食厨师，这让莱德斯感觉自己就像是个外人。她有时候会搬出去，到自己在帕罗奥图的公寓居住。有一次，她和乔布斯大吵之后，愤而出走，搬回了家，临行前她在通向他们卧室的走廊墙壁上写道："忽视是一种虐待。"

莱德斯承认会为乔布斯而着迷，但同时也会因为乔布斯的忽视而感到痛苦万分。乔布斯太过于以自我为中心，经常会忽略莱德斯的感受。随着相处时间的长久，两人的矛盾、隔阂也越来越深。

在很多方面，乔布斯和莱德斯都似乎格格不入。乔布斯残忍、霸道，对于公司的员工很野蛮，做事情从来只考虑自己，很少考虑别人。而莱德斯恰恰相反，她待人和善，对任何人都很仁慈。在街上，遇到流浪汉，她总是会慷慨解囊。有时候，她还会去做义工，帮助那些患有精神病的患者。她对乔布斯的前任女友表现得也很豁达，她努力让克里斯安、丽萨与自己相处融洽。她还经常劝乔布斯多和丽萨相处，给予她足够多的关爱，可以说，乔布斯转变心意，接受丽萨，表现出一个父亲应有的态度，和莱德斯的努力有着很大的关系。莱德斯的这种特质让乔布斯着迷，但同时也注定在生活细节上，两人会因为性格差异而出现争执，难以和谐相处。

两人最大的分歧是哲学层面的分歧，莱德斯认为审美是个人的事情，没必要统一。而乔布斯则认为应该有一个理想的、统一的美的标准，对大众实行美学教育。他热衷于推销他的审美观，将自己的意识强加于他人身上。莱德斯不认同这种看法，认为人应该学会倾听，而不一味地发号施令。

莱德斯知道自己想要什么样的生活，最终从对乔布斯的迷恋中清醒过来。她非常地清楚，即便和乔布斯组成家庭，她也不会是一个好妻子。她可能会搞砸很多事情，她无法忍受乔布斯的不仁慈。她不想伤害乔布斯，但她也不想站在一边看着乔布斯伤害别人。1989 年的夏天，乔布斯向莱德斯求婚，却遭到了莱德斯的拒绝，这让乔布斯内心难免会生出几分的挫败感。

莱德斯和乔布斯分手后，除了照常在计算机公司上班外，还在业余时间帮助成立精神健康资源网站，帮助心理疾病患者。有一天，她偶然读到一本关于"自恋人格障碍"的精神病学手册。这本书让她惊呆了，她发现，乔布斯和这本书中列出的"自恋人格障碍"患者的几大特征完全吻合。比如说，喜欢指使他人，要他人为自己服务；过分自高自大，对自己的才能夸大其词，希望受人特别关注；认为自己应享有他人没有的特权；缺乏同情心，等等，这每一条似乎都是为乔布斯量身定做的，每一条都能够从乔布斯身上找出好多个具体的案例来做注脚。莱德斯瞬间明白了，她觉得自己比以往什么时候都更了解乔布斯了。这五年来分分合合，种种痛苦全都找到了症结。她几乎敢百分之一百地肯定，乔布斯是典型的"自恋人格障碍"患者。这也让她明白，期待让乔布斯能够做出改变，变得友善，不那么以自我为中心，比登天还难。

莱德斯后来有了自己的婚姻，也有了自己的孩子。乔布斯也和鲍威尔结婚，组建了自己的家庭。尽管两人联系已经不多，但乔布斯仍然会时不时地公开表达对她的思念。有一次，乔布斯在自己的起居室里回忆起莱德斯，突然大哭了起来。他认为莱德斯是他见过的最清纯的女性，他和她的身上有着某种精神关联。泪水滚滚滑落，这一刻的乔布斯不像一名叱咤风云的枭雄，反倒像一名情场失意的浪子。在乔布斯身患癌症，开始和死神抗争时，莱德斯恢复了和乔布斯的联系，经常鼓励他，给予他以支持。莱德斯回忆这段往事，仍然动情不已，表示虽然两人因为价值观的冲突注定没办法走到一起，但这些年来，彼此的关心和爱一直持续下来。

劳伦·鲍威尔

“我一生中真正爱的女人只有两个，蒂娜和劳伦。之前，我一直认为自己爱琼，但事实上我对她仅停留在了喜欢的阶段。”

——回忆自己的爱情史，乔布斯如是说

乔布斯和莱德斯分手后，很快又遇到了让他心动的姑娘。那是1989年一个周四的晚上，乔布斯接受斯坦福大学邀请，前去做一场演讲。到了会场后，乔布斯被引导坐在第一排的位置。乔布斯发现旁边坐着一个金发美女，就忍不住搭讪起来。这名美女就是乔布斯后来的妻子劳伦·鲍威尔。

鲍威尔来自新泽西州，是英雄的后代。她的亲生父亲是海军陆战队的飞行员，在引领一架受损的飞机着陆时，不料发生两机相撞事件，他为了让飞机坠落的地点避开居民区，没有来得及跳伞，结果不幸牺牲。鲍威尔的继父是个酒鬼和虐待狂，鲍威尔的母亲为了孩子们默默忍受着苦难，没有和这个男人离婚。家庭的不幸，让鲍威尔在很小的年纪就学会了自立。后来，她考上了宾夕法尼亚大学，在大学阶段获得了双学士学位，即宾夕法尼亚大学的文学士和沃顿商学院的理学士。毕业后，她就直接到了纽约华尔街，一开始在美林投资管理公司工作，后来又到了著名的高盛集团做固定收益交易策略师。

但是，鲍威尔对这份工作并不满意，觉得这份工作没有启发性，于是决定辞职，她的老板乔恩·科尔津想说服她留在高盛，被她拒绝。离职后，她飞到意大利的佛罗伦萨学习了8个月的艺术史，然后来到了斯坦福商学院，成为该校工商管理硕士班的一名学生。鲍威尔曾经在入学时，就发出了豪言壮语：“我来这所学校的目的就是为了结识一个像史蒂夫·乔布斯那样的富豪，然后嫁给他。”很多人都对这种想法付之一笑，但鲍威尔从不这么认为，她积极收集硅谷资讯，为目标而努力着。

这天，朋友拉她来参加一个讲座。当她知道来人是乔布斯后，兴奋极了，迫切地希望能够一睹偶像风采。但她们去得晚了，所有的位子都满了，所以她们坐在过道上。后来有人告诉她们不能坐在那儿，鲍威尔就带着她的朋友径直走到第一排，坐在前排为重要人物预留的位子上。仿佛冥冥自有注定似的，乔布斯进来后恰好坐在了她的身边。于是，两个人就这么相识了。

他们调侃了几句。鲍威尔笑说，她能坐在那儿是因为她中了彩票了。乔布斯听出她这话有仰慕之意，挑逗她问，奖品是什么呢。鲍威尔迷人地一笑，说：“奖品就是你请我去吃晚饭。”两人都笑了。

演讲开始了。很多人都发现，一贯口才出众的乔布斯说话竟然结结巴巴，一副心不在焉的模样。太反常了！要知道乔布斯是硅谷有名的演讲大师、谈判专家，面对着数千人的场合，他可以即兴演讲1个小时，让所有的听众为他富有魅力的演讲而痴狂。但这次，明显有些不一样。

乔布斯站在台上，目光频频地投向了鲍威尔，多少显得有些意乱情迷。鲍威尔是标准的美人，正是乔布斯喜欢的那种类型。她有着一头金黄色的头发，脸容娇俏妩媚，腰肢纤细，双腿瘦直而迷人，和舞蹈家的差不多。鲍威尔也不时迎向乔布斯的目光，这更让乔布斯魂不守舍。

这恐怕是乔布斯一生中最为拙劣的演讲了。演讲结束后，乔布斯被一群同学围在中间询问，尽管保持着最基本的礼貌，但是内心焦躁无比，因为他看到鲍威尔离开了，不过后来她又回来了，看着被众人围得水泄不通的他微笑。时间又过去了一会儿，鲍威尔终于等不下去了，她转身离开。见到这一幕的乔布斯立刻冲开众人，追了出去。终于在停车场看到了丽人的身影，他冲过去说："嘿，你的彩券不是还没兑换吗？怎么就走了？"这句话把鲍威尔逗笑了，乔布斯接着说："把你兑换彩券的时间定在周六怎么样？"鲍威尔同意了，给了他自己的电话号码。乔布斯也把自己的私人电话号码给了她，仅从这一点，就不难想象，乔布斯对于鲍威尔有多么喜欢了，因为这个电话只有自己最亲密的几个朋友和商业伙伴知道。

当晚，NeXT 教育销售团队有一个晚宴要举行，乔布斯本来是打算参加的，但是现在他犹豫了："如果明天世界就会毁灭，我是会去参加晚宴呢，还是和这个美丽的女子约会呢？"答案不言自明，于是，乔布斯转身跑回到鲍威尔的车旁，问道："提前兑换奖券怎么样？"鲍威尔同意了。

美丽的夜晚，他们到帕罗奥图的一家时髦的素食餐厅圣迈克尔巷共度晚餐，仿佛有说不完的话似的，他们在那儿待了 4 个小时。而另一边，NeXT 教育销售团队的人正苦苦等待着乔布斯。一直到晚宴进行到一半的时候，他们才等来了乔布斯的电话："嘿，伙计们，我有更重要的事情要做，不去参加晚宴了。我身边有位美丽的女士，我们正在进行第一次约会。"亲历了这一切的特凡尼安后来回忆说："史蒂夫有时候很随性，但是那天，我感觉到肯定有些特别的事情发生了。"是的，特别的事情发生了，那就是爱情！从这一天起，乔布斯迎来了生命里最重要的一段恋情。

午夜之后，临别之际，鲍威尔邀请乔布斯周六到她在帕罗奥图的公寓做客。乔布斯愉快地答应了。回到家之后，鲍威尔特别兴奋，她激动地给自己的好友凯瑟琳·史密斯打电话："你绝对想不到我今天碰到了谁！也绝对想不到今天发生了什么！真是太让人兴奋了！"

次日早上，史密斯打电话过来询问事情的经过，史密斯听完后也很兴奋，就特地开车从伯克利赶来，装作鲍威尔的室友，想见见乔布斯。周六，乔布斯如约而至，鲍威尔介绍了史密斯。乔布斯难得地显露了自己温柔的一面，还和史密斯交换了电话号码。乔布斯和鲍威尔热烈地相恋了，如胶似漆，羡煞旁人。

乔布斯的爱一如既往地炽热、充满激情，他们在公开场合接吻、亲热，完全不顾旁人的眼光。史密斯作为他们的朋友，这样的情境就见过很多次。史密斯成了两人爱情的主要见证者，他们经常征询史密斯的意见。乔布斯会给史密斯打电话，询问鲍威尔对他的印象如何，喜不喜欢他。

乔布斯后来回忆到这段感情时，坦诚鲍威尔是自己真正爱着的人："我一生中真正爱的女人只有两个，蒂娜和劳伦。之前，我一直认为自己爱琼，但事实上我对她仅停留在了喜欢的阶段。”

渐渐地，鲍威尔也体验到乔布斯忽冷忽热的待遇。当乔布斯专注在她身上时，她会觉得自己就是这个宇宙的中心，感到幸福无比；但是，当乔布斯专注事业上时，又会完全忽略掉她，仿佛她根本就不曾存在一样。这种感觉让鲍威尔非常困惑。好在两人相恋不久，她心上的伤痕还不多。

1990年新年之交，乔布斯、鲍威尔受史密斯邀请前往伯克利做客。11岁的女儿丽萨也一道前往。他们到名厨爱丽丝·沃特斯开设的餐厅潘尼斯之家就餐。餐桌上，因为某件事，乔布斯和鲍威尔发生了争吵，随后两人分别离开。鲍威尔当晚留在史密斯的公寓过夜。次日早上，有人敲门，史密斯打开门一看，原来是乔布斯。他手里拿着一束采来的野花，要见鲍威尔。史密斯让她进门，告诉他，鲍威尔还在睡着。乔布斯径直去了卧房。过了好几个小时，他这才从卧室里出来，请史密斯进去。乔布斯问史密斯："如果我想娶劳伦，你会祝福我们吗？"

史密斯问鲍威尔："你愿意吗？"鲍威尔点头。史密斯于是对乔布斯说："你已经得到答案了。"然而，这并不是一个肯定的答案。他一时兴起向鲍威尔求婚，但没过多久，就把这件事抛之脑后了。

这年暑假来临的时候，鲍威尔在斯坦福商学院读完了第一年的课程。尽管和乔布斯的恋爱让她分心，但考试仍然顺利地通过了，乔布斯于是带着鲍威尔去了欧洲旅行。由于鲍威尔在意大利佛罗伦萨待过一段时间，所以她给乔布斯做起了向导，整个意大利都留下了他们的足迹。

鲍威尔一直希望乔布斯能够记得娶她的承诺，但乔布斯恍如已经把这件事情淡忘，之后几个月都没再提起这件事。最后，史密斯向乔布斯发难，问他这究竟算是怎么一回事？乔布斯回答说，他需要确切地感觉到鲍威尔可以受得了他过的这种生活以及他这个人。一直等到9月份，乔布斯还没有任何的动静，鲍威尔伤透了心，就搬离了乔布斯的房子。到了10月份，乔布斯送给她一枚钻石订婚戒指，她又搬了回来。可是，乔布斯在她回来后，又再度变得冷漠。

12月，乔布斯带着鲍威尔去了他最喜爱的度假胜地——夏威夷的康娜度假村，那是个家庭式度假村，所有人集体进餐。自从9年前乔布斯第一次来到这里后，就迷上了这个地方，之后每一年都想找个时间来这里度假。在这里，他们度过了一段快乐的时光。他们的爱情终于瓜熟蒂落，圣诞节前夜，乔布斯郑重向鲍威尔宣布，他想跟她结婚。只是这一次，又将如何呢？

禅师主持的婚礼

"这些都要感谢我的婚姻，感谢我的妻子。"

——在重新夺回苹果大权事业春风得意之时，乔布斯如是说

就在乔布斯承诺结婚不久，鲍威尔意外地发现自己怀孕了。她向乔布斯提出了尽

快结婚的要求，尽管这个要求合情合理，但乔布斯又一次退缩了。他又开始为结婚这个念头犹豫不决，不想承担责任。14年前，乔布斯让克里斯安怀孕了，他不肯承担责任，否认丽萨是自己的女儿，甚至在法庭上公然撒谎说自己没有生育能力。没想到，这么多年过去了，乔布斯自私、缺乏安全感、不肯承担责任的个性依然没有改变，鲍威尔伤心透顶，愤怒地从乔布斯的房中搬离。

对于鲍威尔的离去，乔布斯采取了听之任之的策略。他想自己之所以不想跟鲍威尔结婚，可能是因为自己还爱着克里斯蒂娜·莱德斯。于是打电话、送花，乔布斯用尽各种方法，试图说服莱德斯回到自己身边，甚至他还想到了要和莱德斯结婚。然而，莱德斯已经心灰意冷，她对于自己和乔布斯的关系有着清醒的认知，她知道尽管自己和乔布斯精神上相通，却不能朝夕相处，于是断然拒绝了。对莱德斯的不舍和对鲍威尔的迷恋，让乔布斯不知所措。他开始向周围的人寻求帮助，他会询问身边的每个人，莱德斯和鲍威尔谁更漂亮，谁更适合做自己的妻子。大多数给出的答案都是鲍威尔，于是，乔布斯终于下定决心，和鲍威尔结婚。

其实，除了众人的选择外，促成这段婚姻的还有另外一个因素，那就是乔布斯事业上面临的挫折。那时候NeXT公司和皮克斯公司的经营都陷入了困境，几乎到了难以为继的地步。这对于雄心勃勃的乔布斯来说，是一个巨大的打击。加上几年前养母克拉拉·乔布斯因病去世，无人可依，乔布斯内心的不安全感越来越强烈。好在他遇到了劳伦·鲍威尔，鲍威尔是个充满理性、极具包容精神的女人，她成了乔布斯在其最失意的日子里身边的依靠。乔布斯不敢想象，一旦事业失败，他能否再找到一个像鲍威尔这么善解人意的女子了。莱德斯已经明确拒绝，琼·贝兹爱已不在，芭芭拉已成人妻，克里斯安则苦大仇深，错过了鲍威尔也许会遗憾终生。

除此之外，乔布斯还担心他对鲍威尔的所作所为会影响自己的事业。当年，他在事业有成时抛弃了克里斯安和丽萨母女，结果招致了种种非议。如今鲍威尔已经有了身孕，如果他还像当初年少轻狂时一样抛弃了对方，一旦事情曝光，只怕强大舆论压力会让他从此再无出头之日。

乔布斯的回心转意令鲍威尔很高兴，她很快搬回了乔布斯的房子，并和他商定将在这年的3月18日举行婚礼。在得知乔布斯将要告别单身，步入婚姻殿堂时，乔布斯很多朋友在感到惊奇之余，也纷纷献上了祝福。阿维·特凡尼安是NeXT的工程师，也是乔布斯的好友，建议乔布斯在结婚之前举行一个单身派对。乔布斯并不喜欢搞什么派对，他也没有什么铁哥们儿。在特凡尼安的劝说下，乔布斯最终同意搞一个单身派对，说是个单身派对，其实参与的只有三个人，那就是准新郎官乔布斯及其好友特凡尼安和理查德·克兰德尔。克兰德尔本来是乔布斯的母校里德学院教授计算机的老师，但是他厌恶教学，就休了长假，到NeXT参与计算机的研发。

3月17日晚，特凡尼安和克兰德尔开着特意租来的豪华轿车来到了乔布斯家，打算开始庆祝乔布斯单身生涯中最后一个夜晚。富有戏剧性的是，来开门的不是乔布斯，而是鲍威尔，她穿着乔布斯的西装，还贴着假胡子说："嗨，伙计们，我是劳伦·鲍威尔，我跟你们一起庆祝史蒂夫的单身派对吧！"她怪异的装束和语调引得特凡尼安和克兰德尔哈哈大笑。不过，最终鲍威尔没有加入他们的单身派对中。

乔布斯上车后，特凡尼安驾车驶向了旧金山，希望给乔布斯一个难忘的单身派对。事实证明那确实是一次难忘的单身派对，因为乔布斯挑剔的饮食习惯，让所有人都印象深刻。特凡尼安本来想将派对的地点定在乔布斯喜欢的福德梅森格林素食餐厅的，但是没能订到位子，于是只好选在了另外一家很时尚的餐厅。结果，面包才刚上桌，乔布斯就下了一个结论："我不喜欢这家餐厅。"说完，起身就走。主角已经撤了，特凡尼安和克兰德尔只有跟着离开，最后他们来到了另外一家乔布斯喜欢的餐厅，单身派对才得以继续。和别人很 High 的单身派对相比，乔布斯的单身派对显得乏善可陈，三个人仅是在餐厅吃了顿饭，聊了会儿天，然后去一家酒吧喝了会儿酒，就各回各家了。不过，对于史蒂夫·乔布斯来说，能进行一次这样的单身派对已经相当不易了。

单身派对事件，让乔布斯对于特凡尼安心怀感激，因为他知道如果不是特凡尼安，估计自己连个单身派对都不会有，毕竟谁愿意为一个随时会发脾气的人搞派对啊！这种感激，让乔布斯还一厢情愿地做起了媒人。他想把自己的作家妹妹莫娜·辛普森介绍给特凡尼安，无奈辛普森心有所属，乔布斯才作罢。

鲍威尔尽管满心期待着和乔布斯结婚，但是她深知，和像乔布斯那样一个完美主义者结婚，绝对不会是一件容易的事。这首先表现在了婚礼的策划方案上，鲍威尔请来了婚礼策划师为她策划婚礼，对方展示了几个备选方案，供他们挑选。鲍威尔觉得难以取舍，乔布斯却看了会儿，就转身离开了房间。她们等了好久，也不见他没有回来。于是，鲍威尔就去找他，询问他的意见，乔布斯不耐烦地说："让他们滚蛋，他们做的就是狗屎。"已经对乔布斯这种情绪习以为常的鲍威尔，收集了乔布斯的意见，再次和策划师进行沟通，才最终确定了婚礼方案。

1991 年 3 月 18 日，36 岁的乔布斯·保罗·乔布斯和 27 岁的劳伦·鲍威尔正式举行了婚礼。婚礼地址选在约塞米蒂国家公园的阿瓦尼酒店，这家独具艺术风格的酒店风景十分优美，透过天花板上的落地窗可以欣赏到外面的半月石山和优山美地瀑布。婚礼秉持着乔布斯一贯的简约风格，操办得极其简单，参与仪式的嘉宾只有大约 50 人。他们大多是乔布斯和鲍威尔的家人，其中包括乔布斯的养父保罗·史蒂夫、生母乔安妮·辛普森和妹妹莫娜·辛普森以及她的未婚夫理查德·阿佩尔。参加婚礼的人也并非如外界所想乘飞机过去的，而是乘坐一辆乔布斯从硅谷租借来的豪华面包车。这是乔布斯坚持要求的，他希望能够控制婚礼的每个场面。

婚礼仪式也极其简单。多年来，乔布斯一直信奉佛教，所以他的婚礼多少有一点佛教的风格。当客人和簇拥着新娘的一群人步入屋内的时候，婚礼主持人、乔布斯的精神导师乙川弘文禅师挥杖敲锣，燃香诵经，宣告礼成。很多人对此不能理解，特凡尼安还打趣认为他是喝酒了呢。婚礼蛋糕也是尊重乔布斯的要求，按照严格素食标准制作的，没有添加任何的蛋、奶油及其他荤腥物质，这让很多人觉得难吃至极。之后，他们一家人出去散步。屋外大雪初晴，皑皑白雪一片。鲍威尔三个身高马大的兄弟打起了雪仗，场面激烈。乔布斯跟妹妹辛普森打趣说："瞧，鲍威尔是乔·纳马斯的后人，而我们是约翰·缪尔的后人。”乔·纳马斯是美国著名橄榄球四分卫，约翰·缪尔则被誉为“美国国家公园之父”。乔布斯这句话的意思是鲍威尔家善武，而他们家善文。

婚礼本身就是很盛大的一件事情，乔布斯又是那种很喜欢盛大场面的人，那他为什么如此低调呢？要知道，他在自己 30 岁的生日派对上，就隆重地邀请了 1000 多位亲朋好友、各界名流，盛况空前。那么，这一次，乔布斯为什么会如此低调呢？难道婚礼还不如生日宴会重要吗？有人猜测，这可能是因为乔布斯当时经济状况的恶化，公司入不敷出，亏损连连，这让他不想去邀请那些有头有脸的大人物。也有人认为乔布斯本来就对婚姻不是很看重，所以才在这方面显得懒散、低调。还有人认为，这可能是鲍威尔的主意。因为并不是每个女性都渴望有一个盛大的婚礼的，何况，鲍威尔知书达理，也一定会多为丈夫考虑。

这场婚礼是如此低调，以致很多人都是在乔布斯结婚之后才知道这件事情。苹果公司麦金塔部门的前财务主管黛比·科尔曼也是在一个月后才听说了乔布斯结婚的消息，对此她评价说：“有很多人在一鸣惊人之后，就归于沉寂了。比如《麦田守望者》的作者斯林格就仅写出了这一部传世之作。”持相同看法的不仅仅科尔曼一人，很多人都认为，步入婚姻的乔布斯，将会从此在事业上一蹶不振，再也不会东山再起。

事实证明，这只是他们一厢情愿的想法而已。因为，自从乔布斯和鲍威尔结婚之后，他的许多梦想都慢慢实现了。首先是他的皮克斯公司竟然凭借着一部《玩具总动员》起死回生，并连战连捷，先后制作了《虫虫特攻队》《怪物公司》《海底总动员》《超人特攻队》等佳片，积累了大量的财富。乔布斯身家十几亿美元，重新跻身美国最成功人士行列。紧接着，他又力挽颓势，重返苹果公司执掌大权，并带领着苹果公司进入飞速发展的黄金十年，成为全球市值第一的公司。对于这一切，乔布斯曾感言：“这些都要感谢我的婚姻，感谢我的妻子。”乔布斯认为，正是鲍威尔的到来改变了他糟糕的生活方式，将他引向了正确的生活道路。

虽然乔布斯自认为和莱德斯灵魂相通，但显然鲍威尔更适合他。鲍威尔坚强、包容，能够容忍乔布斯的苛刻。而克里斯安、莱德斯等人在情感上明显要比鲍威尔脆弱了，她们多愁善感，无法容忍忽视。乔布斯的冷漠，或许并非出于真心，只是性格使然，但对她们来说，却是一种伤害，这也注定了她们和乔布斯在一起不会天长地久。

这一点，乔布斯的很多朋友都深有体会。乔安娜·霍夫曼就认为，乔布斯能够和鲍威尔安顿下来，实在是太幸运了。因为鲍威尔很有才华，可以用自己的聪明才智吸引住乔布斯，性格又很豁达，可以包容乔布斯起伏多变的性格。安迪·赫茨菲尔德也有同感，认为鲍威尔虽然看起来和莱德斯有很多相似之处，其实完全不同。因为鲍威尔更坚强，就像披了铠甲，可以抵挡外来的伤害，这也正是乔布斯和鲍威尔婚姻成功的原因。

有了安定的家

"我希望自己的孩子可以随意走到一个朋友家里玩。"

——在谈到为何婚后搬家到帕罗奥图的一个社区时，乔布斯如是说

婚后，乔布斯夫妇搬了一次家。虽然乔布斯在伍德赛德的那栋拥有11间卧室的房子更大更气派，但实在不适合作为夫妻两人的安家之所。于是，他们搬到了帕罗奥图的一个适合家庭居住的社区里。这个社区面积不大，但环境清幽、交通便利，距离世界著名的高等学府斯坦福大学仅有1英里的路程。邻居大多声名赫赫，包括乔布斯好友安迪·赫茨菲尔德和乔安娜·霍夫曼、险投资家约翰·杜尔、谷歌创始人拉里·佩奇、Facebook创始人马克·扎克伯格等人。

社区的房子栉比鳞次地排列在安静的街道两旁，路边是人行道，在朝阳的沐浴下，显得低调而迷人。很多居家小院都是为斯坦福大学的职员设计的，通常有一个小院，卧室仅有两间，简单婉约，颇具农场风貌。由于住在这里的人们彼此都非常熟悉，所以邻居家的孩子们可以随便到各家去玩。"我希望自己的孩子可以随意走到一个朋友家里玩。"乔布斯后来这么说道。

这幢两层的红砖房建于20世纪30年代，是设计师卡尔·琼斯的作品，他的专长是精心打造"故事书风格"的英式或法式乡村小屋。房子极其雅致，建筑风格独树一帜。房屋木梁露在外面，屋顶铺着小圆石头，拼成曲线的图案。房子的两翼则围成一个传教士风格的庭院。很明显，这样的建筑风格和乔布斯推崇的那种极简主义和现代主义风格是完全背道而驰的。因此，可以想象的是，如果让乔布斯自己设计这所房子，肯定不会是这个样子。

乔布斯在买下房子后，就对房子进行了整修。原本窗子是彩绘玻璃，但他不喜欢这种艳丽的风格，就换成了透明玻璃。他们还扩建了厨房，增加了烧木柴的比萨炉和新房间，可以放下长长的木餐桌，成为家人餐前饭后的聚集地。乔布斯在整修的过程中，不断地改变主意，这也使得原本计划在4个月内完成的翻新工作最终用了16个月。起居室后面的小房子他们也买下来，然后拆掉，改成后院。鲍威尔在里面种植了各种花卉和蔬菜，因此他们经常可以吃上纯天然的绿色蔬菜。

乔布斯逐渐对卡尔·琼斯产生了浓厚的兴趣。他认为，卡尔·琼斯同他一样，具有创新精神，很有创造力。这种惺惺相惜的情怀，甚至让乔布斯迷上了卡尔·琼斯利用旧材料的方式。他常向客人们介绍房子里的这些小细节，如厨房的横梁是曾经用于金门大桥打水泥地基的模子。当年，在建这座房子时，金门大桥正在建设，卡尔就用这些废弃不用的模子做了厨房的横梁。"他很了不起，完成了自学成才的过程，同时他的制作工艺非常精细。他一辈子都没有发财，他也从不在乎那些。"乔布斯说。

家具是乔布斯必须考虑的事情。过去，他是硅谷有名的黄金单身汉，自然不用考

虑这些问题。但现在成家立室，有了妻子，并且很快会有孩子，他就必须步入正轨，置办一些必备的家居用品。他们买了床、梳妆台、摆在客厅的一套音响系统等，但是在沙发的问题上，他们两人一直未能达成一致。他们经常会在一起争论诸如“沙发的用途是什么?”此类的问题。在购买电器上，两人也会相持不下，经常会把这个问题上升到哲学高度。比如他们在选购一台新洗衣机时，会花很多时间讨论如何购买、取舍、设计等方面的问题，甚至会讨论彼此的价值观。最后，乔布斯、鲍威尔大约用了两星期时间，这才决定购买德国生产的米勒牌洗衣机和干衣机。

和很多富豪家满是艺术品不同，乔布斯的家中只有一件艺术品，那是安塞尔·亚当斯的一幅摄影壁画，是在加利福尼亚州隆派恩拍摄的内华达山脉冬季的日出。这幅巨画原本是安塞尔送给女儿的礼物，后来他女儿卖掉了它。乔布斯就买下了这幅壁画，并把它放在带有穹顶的卧室里。有一次，这幅画被管家用湿布擦了，乔布斯就找到当时和亚当斯一起工作的人重新修复这幅画。

这幢房子实在太普通了，以至于让很多硅谷大佬们难以相信声名显赫的乔布斯竟然是住在这里。有一次，比尔·盖茨夫妇前来做客。看了这个像农家小院似的房子，盖茨简直难以置信:“你们所有人都住在这儿?”当时，他在西雅图附近的66000平方英尺的豪宅已经动工。乔布斯已经入主苹果，是闻名世界的亿万富翁了，但他依然没有保镖、佣人，甚至白天都不锁后门。

乔布斯一家当时唯一的安全隐患来自他曾经的工作伙伴和朋友伯勒尔·史密斯。他曾经是麦金塔软件工程师，是一名技术天才。在乔布斯最辉煌的那段职业生涯中，他扮演着极其重要的角色。若论其贡献，恐怕不在乔布斯、安迪·赫茨菲尔德之下。1985年，史密斯像多位被乔布斯榨干了最后一滴心血的麦金塔工程师一样，辞职离开。几年后，他逐渐患上了双极躁狂抑郁症和精神分裂症。随着病情的恶化，他开始光着身子在街上闲逛，有时候会砸毁街上的汽车，还经常袭击教堂，砸毁教堂的玻璃。经过一年多的治疗，史密斯似乎恢复了正常。但是，停药后，他的病又发作了。这一次，他把袭击目标对准了乔布斯的家。他会在晚上到乔布斯家扔石头、砸玻璃，发恐吓信等。情况越来越糟糕了，有一天，他骑着自行车靠近乔布斯的房屋，往屋里扔了个樱桃炸弹烟花。乔布斯立即报警。史密斯被戴上手铐押往帕洛阿尔托法院。后来，史密斯的好友赫茨菲尔德将他保释出来，悉心照顾，这件事才告平息。乔布斯对史密斯很同情，经常问赫茨菲尔德自己还能帮上什么忙。有一次，史密斯再次因为犯病出事被关进监狱，还是乔布斯出面将他保释出来。

有了这个家，乔布斯在伍德赛德的那幢房子就废弃了。乔布斯一度想将这座1925年西班牙殖民复兴风格的房子拆掉，改建为现代化的豪宅，但一直未获批准，当地文物保护主义者希望保存这座建筑的原样，认为乔布斯的行为违反了加州法律。乔布斯和地方文化保护者进行了长期的斗争。直到2011年，乔布斯终于打赢了这场官司，但他时日无多，已经不想再建另一个家了。

当然，这座宅邸有时候仍旧会发生其作用。比如，他们会在那里的游泳池举行家庭派对。比尔·克林顿当总统时，曾经和妻子希拉里·克林顿来看在斯坦福上学的女儿，就住在这座府邸中。由于家中没有家具，每次克林顿夫妇来时，鲍威尔都会让人装饰一番，重新布置。在克林顿和莫妮卡·莱温斯基爆发桃色事件不久，克林顿夫妇再次来这里做客。鲍威尔检查家具时，发现一幅画不见了，就询问特工这是怎么一回事。一个人解释说，因为那幅画上是一个衣架和一条裙子，而那条裙子和莱温斯基的蓝裙子很像，他们怕希拉里见到生气，所以藏起来了。

有了安定的家，乔布斯明显有了很多的改变。在工作中，他或许会为某一件事情而暴跳如雷，火冒三丈，但在家里，他显得很平静、与世无争，对孩子们也付出很多的关爱。尤其是里德出生后，乔布斯在家里待的时间就更多了。丽萨此时已经是个中学生，乔布斯和她的关系越来越亲密，后来就把丽萨接到了家里，同自己生活在一起。鲍威尔很贤惠，并没有拒绝丽萨加入他们的家庭中。有时候，乔布斯和丽萨闹了矛盾，鲍威尔还会主动帮他们调解纷争。

乔布斯步入中年之后变得日益平和，每个周末，他和妻子都腾出时间免费接待小学生到家里玩耍。有一年的万圣节前夕，住在帕罗奥图附近的巴德·布罗姆利带领着一群化着浓妆的小孩子们来到了乔布斯家门口。乔布斯亲自打开房门，欢迎孩子们进屋做客。他亲切地抱起孩子，逗他们玩，没有丝毫的不耐烦，他还取来一些蔬菜、水果等一些有益于健康的小食品给这些可爱的孩子们吃。

鲍威尔在成婚后，仍旧在斯坦福大学攻读她的工商管理硕士学位。她很独立，从来不认为自己嫁给了一个富豪就可以无所事事。她觉得有自己的事业很重要，所以就在做好一名称职妻子的同时，努力为自己的事业和目标而奋斗。她从斯坦福毕业后，和一个同学做起了生意，开了一家名叫泰拉维拉的公司，公司主要制作素食有机餐。鲍威尔通过当地的一些食品销售渠道将公司的有机沙拉和一些健康食品配送给北加利福尼亚的很多商店，公司生意相当不错。

两年后，鲍威尔辞去了工作，专心照顾里德。她在照顾家庭之余，还按照自己的兴趣与意愿做一些事情。她认为，一位好妈妈并不一定就是那种家庭主妇型的。一旦家里有了足够的钱，还应该把时间、技艺和自身的能量用在公益事业上。在这种思想的影响下，她在1997年创建了分轨制大学。这是所非营利性质的公益学校，主要招收那些没有机会升入大学深造的青少年。学校根据学生的能力、成绩或需要开设相关的课程，培养社会需要的人才。后来，鲍威尔担任了这所大学的校长。此外，鲍威尔在女性权益、文化发展等方面也做出了不少的贡献。

一定要看到里德毕业

“当我被告知身患癌症时，我就跟上帝祈祷，请一定要让我看到里德毕业。”

——在被诊断出癌症后，乔布斯如是说

1991年，乔布斯和鲍威尔结婚六个月后，鲍威尔生下第一个孩子。是个男孩！开始两个星期，乔布斯夫妇没有给小男孩取名字，大家就一直称这个婴儿为“乔布斯的小男孩”。最后，他们给他取名为里德·保罗·乔布斯。里德是为了纪念乔布斯在里德学院那一段年少轻狂的时光，尽管乔布斯和鲍威尔坚持说，取“里德”这个名字只是因为好听，但熟悉乔布斯的人都明白，事实的真相是怎样的。“保罗”是乔布斯养父的名字。乔布斯对于养父保罗·莱茵霍尔德·乔布斯充满了感恩之情，所以把这个名字赋予自己同爱妻的第一个孩子。

里德可以说是最幸运的孩子。他出生并且成长于乔布斯最失意的日子，也正是在这个阶段，乔布斯付出了最多的父爱。那个时候，乔布斯在事业上饱受打击，无论是NeXT，还是皮克斯公司，都遇到了挫折，这些经历把他那最锋利的“棱角”都磨平了，他变得不再目中无人，粗暴冷漠，在情感上反而更趋于一个正常人。再加上身为人父的新奇感受也让乔布斯对于人生有了另一种看法。他曾说道：“人一旦做了父亲以后，他的人生观就会发生改变，这就好像你的内心深处突然多了一种神奇的力量去左右你的思想一样。此时，你对于周围的人和事的看法也会不同，这种全新的感觉在以前是绝对没有的。”

在里德两岁左右时，鲍威尔辞去了工作，开始做一个全职太太，全身心地照顾自己的孩子。她已经适应了做母亲的角色，并且打算要更多的孩子。乔布斯陪伴里德的时间很多，乔布斯深受佛教思想影响，觉得物质只能把生活填满却不能使生活充实。他很反感硅谷很多CEO都请保镖，认为那样的生活很变态。他坚持不请保镖，家中佣人也很少，这种极简主义对里德影响很大。

里德有些时候可以沾父亲的光，享受一些特殊的待遇。乔布斯在硅谷有很多的富翁好友，这些好友可不像乔布斯这样崇尚简约，他们生活都很奢华。甲骨文公司的CEO拉里·埃里森就是乔布斯的好友，他经常带乔布斯夫妇乘他的豪华游艇出游，而里德这时候也跟着沾光，体验豪华游艇的享受。1995年，乔布斯40岁生日，埃里森为他举行了一场隆重的生日派对，硅谷科技明星、大亨云集。年仅4岁的里德忙里忙外，调皮地把埃里森称作“我们的大款朋友”。

里德长大后，在很多方面都很像他的父亲：聪明睿智、富有魅力，尤其是眼神，如鹰一般锐利，更是像极了乔布斯。但跟他父亲不同的是，他显然更有爱心，他温文尔雅，行为友善，待人谦虚，一点儿都没有他父亲天性里的残酷。他能力出众，富有创造力，对科学情有独钟。

乔布斯一直希望能够参加儿子的高中毕业典礼，但情况并不乐观，自从被诊断出患有癌症以后，乔布斯身体状况时好时坏，谁也不知道他能够走到哪一天。乔布斯努力和命运抗争，希望能够活得更久些，好参加儿子的毕业典礼。他这么告诉记者：“当我被告知身患癌症时，我就跟上帝祈祷，请一定要让我看到里德毕业，这个信念支撑我挺过了2009年。”这话真让人动容，谁能想到一代天骄乔帮主也会有如此感性的一面。在他病重的那段时间里，里德确实成了他重要的精神支柱。每次看到里德时，他的心情都很放松，似乎连病也轻了几分。

父亲的病，也影响了里德对于未来的规划，他选择了医学。暑假时，他会去斯坦福的肿瘤学实验室实习，通过DNA排序去寻找结肠癌的基因标志。有一次，里德在实验中追踪到了基因变异如何在家庭成员间传播。乔布斯对此非常开心，为里德能够跟这些优秀的医生一起做研究而欣慰。他还把里德和自己做了比较，认为里德现在表现出的热情正像他当年对计算机的那种热情。他甚至宣称，“生物学和技术的结合定会促成21世纪最伟大的创新，它将开启一个新的时代，就像我在他那么大时，数字时代正拉开帷幕一样。”

这年，里德以他的癌症研究为基础，在水晶泉高地中学的班级做了高年级报告，乔布斯一家人全来捧场。当看着儿子在讲台上口若悬河地描述着如何用离心机和染色法做肿瘤的DNA排序时，乔布斯内心的骄傲、自豪可想而知。里德在医学方面的才华，令乔布斯刮目相看，他后来表示，他甚至幻想着将来里德会成为一名医生，和他的家人住在帕罗奥图，每天骑着自行车去上班。

2009年初，乔布斯病情加重，宣布第二次病休，由库克·蒂姆代理CEO工作。随后几个月里，乔布斯在田纳西州孟菲斯市的一家医院里进行了肝脏移植手术。手术很成功，但医生发现他的癌细胞已经扩散到身体其他部位。鲍威尔随同照顾丈夫，里德此时就成为家中的顶梁柱。他照顾着两个年幼的妹妹，很有家长的架势。但是，等到来年春，乔布斯病情好转时，里德又恢复了以往风趣的个性。里德温和的个性让他和家人有着非常亲密的关系，有一次，他甚至和他们讨论起了要带自己的女朋友去哪里吃饭的问题。乔布斯建议他们去帕罗奥图非常有档次的伊尔弗纳奥餐厅。里德不好意思地告诉父亲，自己订晚了，没能订到位子。乔布斯就问儿子道：“需要我帮忙吗?”里德立刻摇头否定说：“我要自己解决问题。”里德的两个小妹妹也给出了自己的建议。一向内向的艾琳提议说，里德和他女朋友可以在自己家的花园里搭个帐篷，然后自己和伊芙下厨为他们做一顿美味的烛光晚餐。里德感激地拥抱了妹妹，但是没有采纳这一建议。

里德在学校里参加了旧金山的一个电视节目。他和四名同学校的学生组成了“神童”团队参加比赛。里德为了保持低调，特意以母亲的姓氏在节目中亮相。当时，除了伊芙参加马术比赛外，全家人都来给他加油打气。里德在这档节目中显示了自己丰富的学识。当主持人问他未来想做什么时，他回答希望将来致力研究肿瘤学，救助其他跟父亲同样患癌症的病人。

乔布斯在观众席中注视着自己的儿子，眼里充满自豪。他保持低调、神秘，不想被人认出来，所以，当工作人员忙忙碌碌地做着准备工作时，他努力控制自己的情绪，做到了摆着一排排折叠椅的家长席中。但是，他蓝牛仔裤、黑色套头衫的标志性的穿着出卖了他，一个女人直接坐到他身边拍照。乔布斯明显有些不耐烦，他径直坐到了椅子的另一侧，根本不愿搭理那个女人。

2010年6月，乔布斯如愿以偿地参加了里德的高中毕业典礼，亲眼见证了儿子生命中的重要时刻。乔布斯过去参加了很多的开幕典礼、颁奖典礼，但没有一次如这次这么高兴。他在现场兴奋地用心爱的iPhone给正为自己写传记的作家沃尔特·艾萨克森发去一封邮件，告诉对方，他正在现场参加儿子的毕业典礼，他快乐极了。当天晚上，为了庆祝里德毕业，乔布斯家里的人和朋友特地举行了家庭派对。里德非常高兴，依次和家中成员跳了舞。派对结束后，乔布斯还带着里德来到车库，让儿子从他的两辆自行车中任选一辆，因为他直觉地觉得自己不会再有机会骑了。里德选择了其中一辆，并向父亲表示感谢。乔布斯则回答说："孩子，这是理所当然的，谁让你身上有我的DNA呢？"

曾经有人问乔布斯，准备把什么东西留给他的孩子时，乔布斯这么回答："我要努力做一个好父亲，正如我的父亲一样。"微微一顿，他接着说了一句令人难忘的话，"我每天都在思考我究竟做了些什么。"

艾琳与伊芙

"她性格急躁，简直就像个炮筒子一样，同时还很倔强，和我有一拼，这就有点报应的意味了。"

——在谈起小女儿伊芙时，乔布斯如是说

乔布斯生平共有四个孩子。长女丽萨是初恋女友克里斯安所生，早年曾一度被乔布斯遗弃，后来承认丽萨是自己的私生女，父女关系转为和睦。爱妻鲍威尔则为乔布斯生下了一男二女。除了爱子里德外，还有两个女儿：艾琳和伊芙。乔布斯跟儿子里德关系很亲密，但跟女儿们就疏远些。工作之外，他有时也会关注她们，但当他脑子里想着别的事情时，又会完全忽视她们。

艾琳·锡耶纳·乔布斯是乔布斯的第三个孩子，生于1995年。她安静内向，似乎更多地遗传了母亲鲍威尔的温婉和好脾气。艾琳在感情上没有得到父亲足够的关心和爱。每一次，当乔布斯大发脾气的时候，她就会有些不知所措，不知道该如何与父亲相处。但她身上还是有父亲的影子，她和自己的父亲一样，喜欢设计和建筑，梦想是成为一名建筑师，事实上她也确实有这方面的天分。父亲暴躁的脾气，让艾琳刻意地保持了与他的距离。因此，尽管对新苹果园区的设计图充满了好奇，但是因为父亲没有邀请自己一起看，她就选择了远远地避开。

为了尽力让自己成为一个好父亲，乔布斯曾经保证过，会在每个孩子13岁的时候，带他们最喜欢的地方旅行一次。艾琳对于自己与父亲的这次旅行非常期待。然而，事实充分证明了一句话，好事多磨。2008年，艾琳终于13岁了，她期待着和父亲的旅行，然而乔布斯的病情却加重了，不能出行，这让艾琳很是失望。不过，乔布斯答应她等病况好转，他就履行诺言。这样一拖，就到了2010年，艾琳期待已久的旅行再次被提上日程。深知父亲喜好的艾琳选择了父亲非常喜欢的城市京都。然而，就在艾琳满心期待时，乔布斯突然说自己不想去了。艾琳为此伤心了好久，但她从没有表示出来，而是闷在了心里。艾琳期待已久的父女京都之旅，最后也变成了母女法国之旅。但是就在从法国回来后没过久，乔布斯带领着全家人飞往夏威夷度假村，鲍威尔对此非常激动，因为这是前往京都的前站，此前她还在担心丈夫会再次取消和艾琳的京都之行呢，现在看来一切的担心都没有必要了。可是，天有不测风云，在夏威夷乔布斯患上严重的牙痛，当时他没有在意，认为不过是小事一桩，只要凭借意志就能够不药而愈。结果，那颗牙坏掉了，他必须去医院修补。烦心事接二连三，就在乔布斯为牙疼之事心烦意乱时，苹果公司接到了大量顾客的投诉，说最新的 iPhone 4 手机天线有缺陷，信号质量很差。美国权威杂志《消费者报告》也因此而不推荐此款手机，从而引发了 iPhone 4 的"天线危机"。作为苹果 CEO，乔布斯在这种时候自然要挺身而出了。于是，他带里德赶回库比蒂诺，着手应对这一危机。鲍威尔和艾琳则留在了夏威夷，希望乔布斯能尽快地解决了这场危机，然后赶过来和她们会合，按原计划带领她们去京都。

让鲍威尔等人没有想到的是，乔布斯竟然真的在解决完所有问题后返回了夏威夷。里德没有同来，因为他需要在帕罗奥图家里照顾年纪最小的伊芙。鲍威尔、艾琳非常开心，认为这真是一个奇迹。随后他们飞赴京都，一起住在俵屋旅馆。这种旅馆静雅、简约，正是乔布斯一向钟爱的类型。在这座散发着禅意的城市里，乔布斯恍如走下了"神坛"，而只是一个凡人、一个好丈夫、一个好父亲。他带着她们吃好吃的荞面、美味的寿司。艾琳感觉很放松、很幸福，好像她和父亲的距离一下子拉近了。艾琳可能不知，有这种感觉的，除了她外，还有她的姐姐丽萨。二十多年前，乔布斯带着丽萨第一次来京都时，丽萨同样有这种感觉。他带着她在大仓酒店楼下的寿司店里，吃美味的鳗鱼寿司。他们吃得尽兴，那种奇妙的体验是前所未有的。

乔布斯还带着她们参观了京都有名的佛教禅宗寺庙。乔布斯一生受佛教影响，对于散发着禅意的东西痴迷，寺庙古刹也是他向往的地方。鲍威尔和艾琳对此也没有意见，兴高采烈地陪着乔布斯游历了很多名寺古刹。艾琳最喜欢的是西芳寺，这座寺庙原为圣德太子的别墅，后改建为禅宗别院。因为寺庙满园生长有 100 多种苔藓植物，郁郁青青。故而又被称为"苔寺"，艾琳对这些苍翠的青苔很感兴趣。父女两人在这种静谧、轻松的氛围下，关系自然又进一步。

2010 年春，艾琳最大的心愿是希望乔布斯带她去参加奥斯卡颁奖典礼。此前，皮克斯的作品《飞屋环游记》大获好评，收获好几项奥斯卡奖提名。乔布斯虽然身体情况很糟，但仍准备出席这一届奥斯卡颁奖礼。艾琳很喜欢电影，希望能够随着父亲一起走红地毯，露一把脸。鲍威尔也表示愿意放弃这次的奥斯卡之旅，而让乔布斯带女儿去，但乔布斯最终也没有带艾琳前去。

艾琳虽然年纪很轻，但成熟聪明、善解人意，对于父亲缺少对她的关注，她表示理解。她曾说："虽然我也很渴望父亲可以多关注我一点，但是我理解他，他不仅是我的父亲，还是一个大公司的 CEO，那很酷，所以我不生他的气。"

乔布斯最小的孩子名叫伊芙，出生于 1998 年。这个孩子像极了她的父亲，自信、有主见，是家中出名的暴脾气。她很勇敢，敢于和自己的父亲抗争，偶尔还能影响父亲的决定，跟他讨价还价，有时候甚至还敢开自己父亲的玩笑。乔布斯对于这个女儿很喜爱，也常拿这个可爱的孩子打趣。有一次，他开玩笑说，伊芙也许是将来接管苹果的人，如果她不去竞选总统的话。

伊芙和乔布斯一样，一旦定下一个目标，就一定要努力达成。她热爱骑马，而且立下一个宏大的心愿：到奥运会上参加马术比赛。她一本正经地去询问教练该如何做时，教练被她逗乐了，告诉她，那要付出很多的努力。伊芙则回答说："告诉我该怎么做就行了，剩下的我自己解决。"教练告诉了她很多训练的技巧。于是，伊芙就按照教练告诉她的，制定计划每天艰苦锻炼。

乔布斯很霸道，一般不能容忍别人对自己的决定说"不"，他只希望别人按照自己指定的计划行事。但是，伊芙似乎是个例外，她是个相当不错的谈判专家，敢于向父亲提出意见，搞定自己的父亲。最典型的一个例子是，2010年的某个周末，一家人正筹备一次周末旅行。艾琳希望延迟半日，但是不敢跟父亲讲，因为乔布斯决定了的事情通常没有回旋的余地。当时，伊芙还只是个12岁的小丫头，但她自告奋勇，主动承担起说服父亲的任务。晚餐时，她郑重向父亲提出了这个要求，有理有据，俨然一名大义凛然的律师。乔布斯强忍笑意，打断了她的话："不行，我不同意那样做。"他这么说当然不是感到厌烦，而是想看看伊芙接下来回做些什么。可爱的伊芙果然没有气馁，这个晚上，她和妈妈鲍威尔一起分析了多种可以说服爸爸的方法，仍然试图改变父亲的心意。

乔布斯觉得伊芙更多地继承了自己的性格，因此她也吸引了乔布斯更多的关注，乔布斯曾这样评价自己的小女儿："她性格急躁，简直就像个炮筒子一样，同时还很倔强，和我有一拼，这就有点报应的意味了。"对于伊芙，乔布斯还表现出了自己细腻的一面，觉得女儿比想象的敏感得多。他认为，伊芙太聪明了，让她觉得自己可以远离别人，靠自己的聪明才智独自解决问题，但结果发现自己没有什么朋友。朋友是很重要的，伊芙只有不断学习，认清自己，得到人生的历练，这样才能得到她需要的朋友。

乔布斯的遗产

一个伟大的传奇故事

“今天，世界失去了一位有远见卓识的人物，科技界失去了一位标志性的传奇人物。”

——戴尔公司 CEO 迈克尔·戴尔听闻乔布斯去世的消息后，如是说

2011 年 10 月 5 日，乔布斯带着他改变世界的梦想离开了这个世界。

他 21 岁倾其所有创立苹果公司时，可谓一穷二白，可是离开这个世界的时候，持有的苹果和迪士尼的股票价值 46 亿美元。他一次次在绝境中奋起，在逆境中前进，他用勇往直前和百折不挠的精神留给世人一段鼓舞人心的传奇故事。

乔布斯的一生是坎坷而不平的。他是私生子，还未出生已经注定了要被遗弃的命运。“我觉得被抛弃这件事，只会让我更加独立。”对于被遗弃这件事，乔布斯曾经这样说。是的，被遗弃只是让乔布斯更加独立而有思想。他在上初中的时候，就用自己坚定的意志让父母同意搬家；在上大学的时候，就独立决定要去昂贵的里德学院上学；在仅上了一个学期大学之后，就决定退学……可以说，乔布斯一直都在完全按照自己的意志行事。

他目标非常明确，且有实现目标的决心和勇气。

他痴迷禅宗。为了挣到足够的钱去印度进行精神之旅，从未有过正式工作经验的他，一身嬉皮士的打扮就来到当时炙手可热的雅达利公司，并扬言说：“得不到一份工作，我是不会离开的。”要知道当时雅达利的招聘启事上标明的条件是有在大公司工作的经历，乔布斯显然不符合这一条。可就是这样的勇气和决心让乔布斯获得了生平第一份正式工作。

苹果公司的诞生更是乔布斯勇往直前的见证。当时除了 Apple Ⅰ 的主板外，乔布斯什么都没有，甚至这个主板也不是乔布斯设计的。可是没有资金、没有销售渠道、

没有员工、没有办公室的苹果公司还是在乔布斯的坚持下成立了。苹果公司的成立资金是乔布斯和自己的合伙人沃兹砸锅卖铁筹来的，乔布斯卖掉了自己最值钱也仅有的财产——一辆大众汽车；而沃兹则卖掉了自己的惠普65计算器。

苹果公司的第一单生意也是乔布斯凭借自己的激情和勇气拉来的。Apple Ⅰ在制造好后，曾经在一个俱乐部上展示过。这次展示没有吸引到电脑发烧友，倒是引起了一个电脑销售商的注意。在展示结束后，电脑商给了乔布斯和沃兹一张名片，淡淡地说："保持联系。"结果第二天，乔布斯光着脚就冲进了那个电脑商的办公室，说自己来和他联系了。乔布斯的激情打动了这个电脑商，他决定订购50台Apple Ⅰ。这在苹果公司的发展史上可是个大事件，每当回忆起这件事的时候，乔布斯的好友和合伙人沃兹总是说："那是苹果发展的历程中，最大的一笔生意。"

有人说：要看一个人，不应只看他在顺境中如何得意，更应看他在逆境中如何崛起。

苹果公司成立于1976年的愚人节，这似乎注定了乔布斯要受到自己一手创办的公司的愚弄。

1985年，也就是在苹果公司创办9年后，乔布斯遭遇了人生中的最大挫折，他被自己千方百计招聘来的CEO赶出了自己一手创办的公司。而这一年，乔布斯刚满30岁。

30岁本应是人生的巅峰时刻，乔布斯却不得不独自品尝着被驱逐的苦酒。被踢出苹果后，忧郁、彷徨、无助各种情绪困扰着乔布斯，他不明白自己怎么就走到了这一步。他和自己当时的女友去了欧洲，试图通过游历减轻伤痛。在欧洲，他经常会一个人骑着自行车出去，他在佛罗伦萨还认真地研究了当地建筑材料的质地，甚至专门留意了一下那里的铺路石，它们来自托斯卡纳小镇附近费伦佐拉的一家采石场。就像乔布斯当年退学后，选修的书法让他在麦金塔电脑上预置了很多字体一样，这次对于石头的无意关注，后来被乔布斯利用到了苹果零售店里。苹果零售店大部分店面的地板用的都是这家采石场的砂岩。由此可见，即使是在绝境中，即使已经被苹果驱逐，乔布斯仍然眷恋着苹果，仍然怀揣着改变世界的梦想！

乔布斯的消沉并没有持续很长时间，他改变世界的梦想仍然存在，他研制电脑的激情仍然火热，于是，很快他就重新找到了奋斗的目标，重燃了斗志。他决定要成立一家名字为NeXT的电脑公司，正如公司名字所昭示的，他要重新开始，奔赴人生中的下一站。

他决绝地卖出了手中持有的苹果的几乎全部股票，只留下了象征性的一股，他的说法是，如果自己愿意，还可以参加董事会。他利用出售股票得到的资金，很快成立了新公司NeXT。第二年，他又购买了一家公司皮克斯。

如果说成立NeXT电脑公司还在众人意料之中的话，购买皮克斯就大大出乎众人意料了。要知道，在购买皮克斯之前，乔布斯从来没有接触过动画产业，估计他和动画最密切的联系也就是小时候看的动画片了。可是这样一个对动画一窍不通家伙毫不犹豫地购买了一个动画公司。

这就引出了作为决策者必须具有的另一项能力，那就是对于产业发展趋势和发展方向的精确预测，也就是要具有超前的眼光。

在这一点上乔布斯无疑是优秀的。他早在苹果公司成立之前，沃兹刚做出第一个Apple Ⅰ主板的时候，就预见到Apple Ⅰ代表着电脑产业的发展潮流和趋势；而这一次，乔布斯无疑又预见到了动画产业的发展趋势。

后来，乔布斯回忆购买皮克斯的动机时说："我看到动画的时候，有和在施乐看到图形用户界面同样的感觉。我知道在动画方面他们走在了别人前面。"

这种对于产业未来发展趋势的预测，让乔布斯总是走在时代前沿，占有了竞争优势，而这也成了乔布斯成功的法宝之一。

当别人可能还在逆境中痛苦、彷徨、迷茫的时候，乔布斯已经走出了逆境，一下子拥有了两家公司。这就是乔布斯不同于常人的地方，他有超前的眼光、一往无前的勇气、顽强不屈的意志力和明确的目标，并且为了实现目标，乔布斯愿意付出努力。这种一往无前的勇气，有时甚至让人觉得带有赌徒的性质。

皮克斯冒险上市就是乔布斯赌的最大的一次。当时，皮克斯和迪士尼合作制作的动画片《玩具总动员》大获成功，乔布斯决定在《玩具总动员》上映一周后，让皮克斯公司上市，而且是高价上市（本来确定的股票价格是每股14美元，但是乔布斯坚持将每股的价格提高到了每股22美元）。这对于皮克斯公司来说，风险是巨大的，要知道，皮克斯公司已经成立10年了，但是这10年间没有一年是获得很大赢利的，谁会愿意买一个从来没有明显赢利的公司的股票呢？这还真是应了哈姆雷特那句经典的台词："生存还是毁灭，这是个问题。"

但是，乔布斯赌赢了，开盘后不久，皮克斯的股价就飙升到了45美元，甚至因为买盘太过而不得不延迟进行交易，乔布斯拥有的皮克斯股票的价值也一下达到了12亿美元。而就在上市之前，乔布斯还处于破产的边缘，转眼之间他再次成为亿万富翁。

命运的天平终于向乔布斯倾斜了，上天终于给了这个命途多舛的弃儿应得的回报。可是，与其说这是上天对于乔布斯的馈赠，不如说这是乔布斯自己奋斗、拼搏来的成功。他顽强不息的奋斗精神、对于完美的苛刻追求、改变世界的激情、超前的眼光，真正地奠定了他成功的基石，也谱写了他精彩的人生传奇。

在皮克斯的成功上市让乔布斯从濒临破产到再次成为亿万富翁时，乔布斯接受了《纽约时报》约翰·马尔科夫的采访。在采访中，他对于自己资产的剧增浑不在意，他说："钱对我来说意义不大，我的未来不需要游艇，我做这个从来不是为了钱。"

自从开始创业，乔布斯就很少考虑赚钱的问题，他更多的时候，考虑的是改变世界。对于他来说，赚钱远没有改变世界有吸引力。

在苹果公司成立之初，乔布斯曾经去硅谷著名的风投聚集地寻求风险投资。在那里他见到了素有"硅谷风投教父"之称的唐·瓦伦丁。瓦伦丁见多了怀揣着发财梦创业的人们，他问乔布斯："你的梦想是什么？"他以为乔布斯会像很多人那样回答说："成为百万富翁。"然而乔布斯毫不犹豫地回答："我想改变世界。"瓦伦丁看着这个一穷二白的年轻人，为他的理想所震惊，他觉得眼前这个小伙子要么就是个自大狂，要么就是个超级人才。

1980年12月12日，运转良好的苹果公司正式上市了。刚一开市，苹果公司460万的公开股在几分钟内就被抢购一空，一天之内股票价格上涨了32%。这次上市成了有史以来新股上市最成功的一次，也是自20世纪50年代中期福特汽车公司公开上市超额认购以来，超额认购数量最大的一次。苹果公司一夜之间成就了300多个百万富翁，而乔布斯更是一跃成为身家2.56亿元的亿万富翁。

乔布斯曾经这样回顾过自己一夜暴富的感受："当我23岁的时候，财富达到了100万美元；在我24岁的时候，财富达到了1000万美元；而在我25岁的时候，财富则达到了1亿多美元。"世界上有资格说这句话的人没有几个，而乔布斯肯定是其中之一。

就像在皮克斯上市后，乔布斯说的那样，财富的多少并没有很大地影响乔布斯的生活。乔布斯的儿子里德·乔布斯总是称乔布斯的好友、甲骨文CEO拉里·埃里森为"我们的大款朋友"，可见乔布斯是多么不愿意炫富。乔布斯曾说："我认识的很多CEO都有保镖，有的甚至在家里都有保镖，那样的生活太变态了。我不想那样养大我的孩子。"他还说："我见到苹果公司的一些人在赚到钱后，就改变了自己原来的生活方法，这不是我想要的。我答应过自己，不会让钱毁了我的生活。"

这种不追求物质享受的生活方式，可能源于他痴迷的禅宗，禅宗让他认为物质只是把生活充满而不使之充实。不论这种生活方式的来源何在，他都让乔布斯更加专注于自己的理想——改变世界。

作为乔布斯创办的第一个公司，苹果始终承载着乔布斯改变世界的梦想。

在苹果逐步走向没落的时候，乔布斯很伤心，他曾经黯然地说："斯卡利引进下三烂的人和下三烂的价值观，把苹果给毁了。他们只在乎怎么赚钱，而不在乎如何制造出出色的产品。"的确，没有了独特而出色的产品作支撑，苹果公司就没有了区别于其他公司的优势，没落也就必然。

1997年苹果没落，乔布斯在阔别12年后重新回"家"，他每年只象征性地拿1美元的薪水（乔布斯说，这1美元的薪水，一半是基本工资，另一半要看工作表现来决定拿不拿），却竭尽所能地拯救苹果，因为那是他改变世界最初的战场。罹患癌症后，乔布斯曾说："癌症应该就是在1997年患上的，因为那时候我需要皮克斯、苹果两头忙。自那时起，我的免疫系统就非常弱。"

在乔布斯回归苹果之前，他和自己的好友甲骨文公司CEO拉里·埃里森有这样一段对话，充分地体现了两个人的追求是多么不同。

埃里森建议乔布斯通过收购的方法重回苹果，而乔布斯则不赞成这样的方法，他更愿意通过苹果购买NeXT而重回苹果。乔布斯对埃里森说："你看，拉里，这样一来，即使你不收购苹果，我也能重新回到苹果。"埃里森说："但是史蒂夫，我不明白这样做的话，我们怎么赚钱呢？"乔布斯把拉里拉到自己跟前说："拉里，这就是我对你来说很重要的原因。你要那么多钱干吗呢？"埃里森嘀咕着说："可能我是不需要这些钱，可是为什么要让富达的那些基金经理赚到这些钱呢？"由此可见，乔布斯回归苹果的动机，与其说是赚钱，不如说是改变世界。

改变世界的愿望是如此强烈，以至于有时，乔布斯会为了这个理想而采取一些和赚钱的商业法则相悖的行为。

Palm公司CEO和Handspring公司创始人唐娜·杜宾斯基自哈佛商学院毕业后曾经在苹果公司工作过一段时间。她谈到过这样一件事：当时杜宾斯基正负责打印机从分辨率为300dpi向1200dpi的转换工作。对于哪些旧的库存是要降低价格处理掉，还是从那些想要特价品的顾客身上赚钱，她征求了乔布斯的意见。乔布斯的答案是："把它们直接从产品清单上划掉，人们需要买新的，不需要旧的。"从商业赚钱的角度来看，乔布斯的这一选择无疑是错误的，但是正是这种不考虑金钱因素的思考模式，成就了乔布斯改变世界的梦想。

不考虑金钱的态度，成就了乔布斯追求残酷完美主义的天性，让他更加关注顾客的用户体验，而这种从用户体验出发的设计观点，正是苹果公司区分与其他公司的个性之处，也是苹果公司成功的基石和必不可少的要素，它成就了乔布斯改变世界的梦想。

汲汲于金钱的人，总是会被眼前的利益所蒙蔽而舍弃长远利益；不考虑金钱的人，却往往能够高瞻远瞩地看到长远利益，从而获得巨大的收益。乔布斯用自己的亲身经历告诉人们：好产品才是赢利的关键，只有做好了产品，才会真正地赢利，永久地赢利；只关注赢利，而不专心做好产品的公司是没有未来的。

他，21岁时拥有了自己的公司，30岁时被自己一手创办的公司赶出门外，当年创立一家公司，第二年购买一家新公司；他，25岁时成为亿万富翁，40岁时处于破产边缘，56岁辞世时所持股票价值46亿美元；他42岁时重返踢自己出门的公司，在世界范围内掀起了电脑革命、音乐革命、手机革命……他的一生就是一部不屈不挠的顽强奋斗史。

他很少关注金钱，自1997年重返苹果后，不论股价是涨是跌，他从来没有抛售过持有的股票。

他是一个还未出生就已经注定要被抛弃的孩子，他的生命中始终贯穿着被遗弃这个主题，但是他从未放弃过与命运的抗争。

他是一个创造者，他是一个斗士，他是一个传奇……

改变世界的苹果

"感谢史蒂夫，是你让我看到了我做的能够改变世界。我永远想念你。"

——Facebook创始人马克·扎克伯格在听闻乔布斯去世的消息后，如是说

苹果公司刚成立，乔布斯去红杉资本寻求风险投资的时候，曾说过："我的梦想是改变世界。"乔布斯是带着改变世界的梦想创立苹果公司的，苹果始终承载着乔布

斯改变世界的梦想。

乔布斯创立了苹果，而苹果成就了乔布斯改变世界的梦想。

苹果改变世界的步伐是从苹果公司的另一创始人——沃兹研制的一块电路板开始的。

当时，电脑还是骇客热衷的玩意，没有人认为电脑会像厨房的烤箱那样走进千家万户。然而苹果公司的 Apple Ⅰ让这一切成为可能。Apple Ⅰ改变了人机互动的模式，将人们从枯燥而讨厌的二进制中解放了出来，它最早定义了现代的人机交互方式。Apple Ⅰ不是世界上第一台个人电脑，但它绝对是世界上第一台容易操作的电脑。在 Apple Ⅰ之前，MITS 公司 1975 年初推出的 Altair 8800 非常受电脑迷追捧，但是 Altair 8800 操作起来非常麻烦，因为它用的是传统的二进制计算机语言。而相对来说，Apple Ⅰ的操作方式就简单的多了，只要连上键盘和显示器就可以了。Apple Ⅰ改变世界的另一个地方在于，它配备了屏幕和键盘，正如 Apple Ⅰ的研发人沃兹所说："在 Apple Ⅰ之前，所有电脑都有一个难懂的前面板，没有屏幕和键盘。在 Apple Ⅰ之后，所有电脑都有了屏幕和键盘。"而 Apple Ⅰ所有这些与其他电脑的不同之处，都成就了乔布斯对于电脑的定位——全功能消费品。全功能消费品这一概念，为电脑走进普通百姓家奠定了基础。

如果说 Apple Ⅰ是苹果改变世界的前奏，那么 Apple Ⅱ就是苹果改变世界的小试牛刀之举了。

它是一款值得彪炳史册的电脑，彻底改变了人们对于电脑的印象；它采用了漂亮的塑料外壳代替笨重而粗糙的铁制或木质外壳；它第一次没有使用风扇散热；它是第一款使用英特尔动态内存的电脑；第一款可以玩彩色游戏的电脑；第一款配备有游戏控制键的电脑；第一款具有高分辨率图形功能的电脑。正如乔布斯所说："苹果二代最伟大的意义在于它是一台成品电脑，而不再是一堆零部件的组合了。"

在多年以后，沃兹依然骄傲地说："即使现在你从 eBay 网上买一台二手 Apple Ⅱ，它也仍然能正常工作。"

Apple Ⅱ的成功是可以预见的，它在发布会当天就收到了 300 份订单，这比 Apple Ⅰ在过去一年内的总销量还大。它采用的塑料机箱，让它从那些笨重、粗糙的金属机箱和木质机箱中脱颖而出，让计算机初步具备了个人消费品的味道，拉近了电脑和消费者之间的距离。在 6 年后，Apple Ⅱ成为历史上第一款销售过百万的电脑。

承载着乔布斯改变世界梦想的苹果公司第一次改变了世界，拉开了个人电脑的第一个黄金时代。

如果说 Apple Ⅰ和 Apple Ⅱ更多的是从使用的简便性和功能性重新定义了个人电脑，那么麦金塔电脑就是从人机互动的友好性方面重新定义了个人电脑。

在雅达利公司，乔布斯第一次认识到了用户友好性的重要性，他非常欣赏雅达利公司乒乓游戏的游戏规则"投入硬币——躲开克林贡人"。这种"友好"的概念深深地影响了乔布斯。

1982 年，苹果寻找总裁时，乔布斯曾经和自己心仪的总裁人选斯卡利一起共进午餐。当时还是百事可乐总裁的斯卡利抱怨说，现在大多数计算机用起来都太麻烦了，带来的麻烦比用处还多。乔布斯回答了这样一句话："我们想要改变人们使用计算机的方式。"

乔布斯一直都在致力于改变人们使用计算机的方法，他认为计算机向人们透露出的信号应该是友好而有趣的。他的这一理念，不论是在被苹果踢出去之前，被苹果踢出去之后，还是回归苹果之后，始终如一。他一直向人们强调"友好"的概念，而在他之前，从来没有人知道计算机的友好应该是怎样的。乔布斯对于"友好"这一概念的追求深深地融进了苹果公司的基因中，成为苹果公司区分与其他公司的特征之一。

乔布斯第一次对于友好概念的应用是在 Apple Ⅱ上，他认为电脑应该是一款像烤箱一样的消费品，这就拉近了电脑和使用者的距离。很快乔布斯对"友好"这一理念有了更深的理解，这得益于对施乐公司的参观。

当时是苹果公司上市前夕，施乐公司以参观施乐为条件，获得了购买苹果股票的资格。这次投资从经济效益来说，施乐是成功的，它仅投入 100 万美元却获得了 3000 万美元的收益，但是从知识产权来说，它是损失惨重的，因为它独有的图形用户界面技术和鼠标概念遭到了外泄。

乔布斯第一次见到图形用户界面技术的时候，就兴奋地跳了起来，因为他敏锐地察觉到了这项技术代表的人机友好互动的概念，是电脑产业未来发展的趋势，有了这项技术，人们再也不用与冗繁的命令符和 DOS 指令直接打交道了。回到苹果后，乔布斯将这两项技术应用到了丽萨电脑和麦金塔电脑上，但是因为半路被踢出丽萨，所以麦金塔电脑更多地体现了乔布斯秉持的人机友好互动理念。

负责制作麦金塔图形用户界面的工程师柯戴尔·瑞茨拉夫说："乔布斯会一个像素一个像素地查看屏幕，确保图像准确对齐。"瑞茨拉夫负责设计的滚动条在整个图形用户界面中并不是特别重要，但即使是对于这些不起眼的部分，乔布斯也坚持要做到完美，坚持应该有比较艺术化的视觉效果。

乔布斯这种对于细节完美的苛刻追求，形成了其独特的个人风格，也深深地影响了苹果公司。

1997 年乔布斯回归苹果后，这种对于"友好"的追求有增无减。在研发 iPod 时，乔布斯认为当前市面上的音乐播放器都太复杂了，大部分人都搞不懂自己的播放器到底有哪些功能，有些功能都不知道怎么用，所以他决定，尽可能地简化 iPod 上的按键和功能，甚至连歌曲播放列表也只能在电脑上完成制作，再同步到 iPod 中。

在制造 iPhone 时，为了避免零件之间的合缝挂到用户的头发，苹果规定主要零件的合缝间距不能大于 0.1 毫米，同时，在测试的时候，测试员会拿着 iPhone 在脸颊上来回滑动，以确认没有一根头发会被合缝夹到。

正是这种从用户角度考虑问题的思维方式和追求残酷完美主义的精神，成就了苹果公司一件件让人们惊艳的产品。苹果公司之所以能够坚持这种思维方式和精神，是因为它和它的工作人员始终坚信自己不只是在制造产品，更是在谱写历史，在改变世界。

乔布斯认为，人们不知道自己想要什么，直到你把商品摆在了他们面前。乔布斯说："我记得亨利·福特曾说过：'如果我最初是问消费者他们想要什么，他们应该是会告诉我，要一匹更快的马！'" 1984 年 1 月 24 日，麦金塔电脑发布当日，《大众科学》的一位记者问乔布斯在制造麦金塔电脑之前，做过什么类型的市场调查。乔布斯嘲讽地回答说："亚历山大·格雷厄姆·贝尔在发明电话之前做过市场调研吗？"可见，乔布斯将苹果公司和发明了电话、改变了世界联络方式的贝尔放在了同等的地位，这猛地听起来有些狂妄，但是 Apple Ⅱ和麦金塔时期的苹果是担得起这个说法的。当时苹果公司凭借先进的技术和无比的创新能力，成功地开辟出一个本来不存在的个人电脑市场，拉动个人电脑产业的发展，这不能不说是很伟大的。如果没有苹果公司，个人电脑时代的到来至少要晚 5 年。

如果乔布斯没有被苹果公司踢走，也许苹果创造历史、改变世界的步伐仍将继续，然而，乔布斯被苹果流放了 12 年。12 年后，当乔布斯回归苹果的时候，电脑产业的面貌已经发生了翻天覆地的变化：原来的领头羊——苹果现在已经没落了，市场份额持续下降，处于破产的边缘，微软夺取了全面的胜利。这让一手创办了苹果，并对它寄予厚望的乔布斯很是伤心。在乔布斯回归苹果前夕，他曾经黯然地说："PC 产业的战争已经结束了，都结束了，微软早就赢了。"

乔布斯回归苹果时面临的就是这样一个产业格局。尽管苹果在 PC 之战中败北，让乔布斯很失望，但是他仍然深爱着苹果，毕竟这里是他改变世界的梦想开始的地方。回归苹果后，乔布斯开始了拯救苹果的大业。

曾经在苹果担任过主任工程师，目前在盛大多媒体创新研究院担任院长的陆坚认为，一个时代人们所穿衣服的颜色和款式与社会风俗、生活观念、人文理念等都有密切关系，中世纪的西方人和中华人民共和国成立初期的中国人，衣服颜色上都非常单调。西方在文艺复兴之后，中国在改革开放之后，人们的衣服颜色才变得五彩缤纷起来。他认为，电脑领域也一样，真正的创新应该是改变人们习以为常的现状。

初回苹果的乔布斯，就做了陆坚口中的这类创新者。既然 PC 战争已经结束了，乔布斯认为苹果要想在电脑产业再次取得成功，只有独辟蹊径，开辟出一块新的市场。这时设计师乔纳森·艾维助了乔布斯一臂之力。

艾维一直非常关注电脑的外形和颜色，在乔布斯的支持下，他的很多理念得到实践，于是有了乔布斯回归苹果后第一款改变世界的产品——拥有海蓝色半透明外壳的 iMac。随后苹果又推出了其他四种颜色亮丽的 iMac。

iMac 问世后，乔布斯的老对手比尔·盖茨不屑地说："苹果领先的只是颜色而已，没有什么了不起的，"接着他故意指着一台漆成红色的 Windows 电脑说，"我们很快就能做到。"

然而，就像陆坚分析的那样，乔布斯的这招颜色战略意义就在于打破了人们习以为常的现状，它重新树立了苹果公司潮流、时尚的品牌形象，在年轻一代的消费者圈子里，开辟出了一块市场。

iMac的成功，将苹果公司拉出了濒临破产的泥潭。没有了后顾之忧，苹果开始在改变世界的道路上大放异彩。

乔布斯曾经说："苹果公司更乐于去定义一个新市场，而不是参与到众多公司为一款前景难料的产品制造生存空间的战争中去。"

苹果公司在定义一个新市场时，更多的时候，凭借的是乔布斯敏锐的眼光，这种眼光让苹果公司总能在看似饱和的市场中，发现商机，开辟出新的市场。

苹果公司2001年发布的iPod，在世界范围内掀起了一场音乐革命，人们不论在世界哪个地方，都可以看到戴着白色耳机听音乐的身影。2007年，苹果公司发布iPhone，这款手机自2007年6月开始发售到2010年底，销量达到了9000万部，利润占了手机市场利润总额的一半以上，就像乔布斯在手机发布会上说的那样："苹果重新发明了手机。"2010年，苹果公司推出了乔布斯留给世界的最后礼物，也是苹果公司有史以来最成功的消费品iPad，它在短短的9个月内，销量达到了1500万台，重新搅热了平板电脑市场。

其实在苹果公司发布这些产品之前，市场上也有同类商品存在，但是乔布斯一眼就看出市场中充斥的都是二流商品，从而为苹果公司推出同类产品提供了借鉴和定位依据，这样苹果产品的胜出也就不足为奇了。

苹果公司从不和同类商品直接竞争，它总是独辟蹊径地开创出一个新的市场，吸引消费者自己进入这个市场中，可能这才是苹果公司真正的伟大之处吧。

乔布斯曾经说："我的激情在于打造一家可以传世的公司，这家公司里的人动力十足地要创造出伟大的产品，其他一切都是第二位的。"他还说："有些人自称为'企业家'，创办企业的目的却是卖掉或在上市后一走了之，我讨厌这样的企业家。他们不愿意花精力打造一家真正可以传世的公司，因为打造一家这样的公司太难了。但是也只有那样，你才能对这个世界有所贡献，为前人留下的遗产添砖加瓦。"

如果说之前，乔布斯一直在做的是从企业文化的角度打造一家创世公司，那么自2010年起，乔布斯开始有了具体动作。

2010年乔布斯心目中的传世公司之一——惠普决定弃用库比蒂诺园区，这个园区距离苹果总部不远，所以他悄悄地买了下来，并聘请了他认为世界上最好的建筑公司——诺曼·福斯特爵士的公司来负责园区的规划。他希望这个新建的苹果公司总部可以成为一个传世的项目。他说："我想留下一个标志性的园区，可以体现这家公司的价值观，代代相传。"

2010年5月，苹果公司的市值超过微软，成为地球上最有价值的科技公司。2011年春天，苹果公司的股票估价达到了350美元，比1997年的3.4美元，上涨了100倍。乔布斯曾经说过："我的目标是打造一家就像迪士尼、惠普、英特尔那样可以传世的公司。"无疑他做到了。

乔布斯时代的苹果改变了世界，后乔布斯时代的苹果能否继续改变世界，我们拭目以待……

魔性与“神迹”

“乔布斯的影响力将继续影响下一代，我以曾和他一起工作为荣。”

——乔布斯终身的对手和朋友比尔·盖茨在听闻其去世的消息后，如是说

2003年，《连线》杂志曾经召开过一次有1300多位前苹果员工参加的聚会，而乔布斯则成了这次聚会谈论的中心。一位与会者回忆说：“在大会上，几乎每人都有一个关于乔布斯是个浑蛋的故事。”由此可见，乔布斯在众人心目中是多么可恶的恶魔。

而在很多人都对他身上的魔性恐惧的同时，又有很多人觉得乔布斯身上有神的影子，他能让人们完成不可能的事情。曾经为麦金塔团队一员的黛比·科尔曼说：“他（乔布斯）会让你完成不可能完成的任务，因为你没有意识到它是不可能完成的。”

有多少人说乔布斯是个浑蛋，就有多少人说他让自己完成了不可能的事情，这就是乔布斯，一个既黑且白的人，一个魔性与神性的综合体。

乔布斯经常用自己暴君似的管理风格来对待那些做不好分内工作的员工。苹果的市场经理比尔·库里曾经回忆过这样一件事：“有一次，我正在和其他经理开会。乔布斯穿着短裤、光脚穿着跑鞋，就过来了。他对每一个人都不满意，于是就把鞋子一脱，把自己的脚丫子放到了桌子上，用自己的脚底板对着他最讨厌的那个人的脸。”这种率性而残酷的个性始终伴随着乔布斯。

在麦金塔项目研发期间，有一次，乔布斯通知负责设计图形用户界面的柯戴尔·瑞茨拉夫说，自己一会儿要过去看一下项目进程。瑞茨拉夫赶紧和成员们准备各种接待工作。在准备好后，就惴惴不安地坐在会议室里等待乔布斯的到来。他们设想了很多种乔布斯在看到设计后会有的反应，唯一没想到的是，乔布斯到达会议室后，连看都没有看设计，直接就开始训斥：“你们这群业余的废物！你们都是设计Mac OS的人吗?”整个设计团队点了点头。“还真是你们啊!”乔布斯的声音越来越高，“你们真是一群饭桶！窗口的样式和操作都太复杂了。打开一个窗口，竟然有8种不同的方式，为什么要这么复杂呢？这么多打开方法有什么用处呢？谁会用那么多种方法去打开一个窗口呢？……”原来乔布斯在进入办公室之前，已经看过了设计方案，乔布斯对于这一种设计的不足一口气嚷嚷了20分钟，瑞茨拉夫和他的团队感觉自己度过了人生中最难熬的20分钟。有人甚至在想，天啊，乔布斯都已经被气成这个样子了，他该不会一气之下把整个团队解散了吧。但是比较了解乔布斯脾气的瑞茨拉夫就比较淡定了，他知道乔布斯发这么大脾气，只是想让员工知道问题所在，并刺激员工更努力地创造出完美的产品。“如果他真想开除我们，直接就行动了，而不会跟我们啰唆那么多。”瑞茨拉夫后来回忆说。

乔布斯恶魔一般粗暴的管理模式可谓“美名远扬”。

2001年4月，苹果公司新招聘来研制iPod的托尼·法德尔要向乔布斯讲解关于

iPod 的提案。法德尔非常忐忑，因为在此之前，他听说过很多关于乔布斯的故事，有很多甚至可以说是骇人听闻的。他在见到乔布斯的时候，感叹说："哇，这就是乔布斯。"由此可见，乔布斯魔鬼似的粗暴管理方式是多么著名。

很多人都觉得在乔布斯手下工作就好像是噩梦一样。苹果的前员工彼得·卡瓦诺说："见到乔布斯就意味着被羞辱，被鄙视。乔布斯所说的所做的都必须是正确的，即便他错了。"

乔布斯的工作伙伴兼好友安迪·赫茨菲尔德说："有时我特别想问史蒂夫一个问题：'为什么你要对人那么粗暴而尖刻呢?'"乔布斯的家人对于这个问题也很好奇，他到底是真的不会温和地对待他人呢，还是他刻意地不让自己温和地对待他人呢？乔布斯自己这样回答这个问题："答案是后者，因为我在这个世界上是独一无二的，你怎么能期望我变成另外一个人呢?"

是的，他就是这么粗暴的一个人，你可以说他是个暴躁的恶魔，也可以说只是太率性了，但是你就是不能奢望他改变。

乔布斯恶魔一般的个性，不仅体现在他粗暴的管理模式上，还体现在他对待要辞退员工的态度上。

乔布斯被驱逐出苹果后创立的皮克斯公司，自 1986 年成立以来，状况一直不好，当皮克斯的硬件、软件和动画三部分都在赔钱的时候，乔布斯开始了毫不留情的裁员。正如亲历这次裁员的帕姆·克尔温所说："乔布斯对于他们不留一丝余地，说解雇立刻就要执行。"乔布斯决定，立刻开始裁员，且不支付遣散费。克尔温知道这一消息后，请求他至少提前两周告知员工们这个消息。乔布斯说："好吧，但通知应该倒推回两周生效。"

1997 年乔布斯回归苹果后，面对着千疮百孔的苹果，做得最多的一件事就是裁员。于是有了关于恶魔乔布斯的段子。一天，一个倒霉蛋进了电梯，发现乔布斯也在电梯里。乔布斯问："你叫什么名字？在那个部门工作?"员工因为紧张磕磕巴巴地回答："我叫某某某，在某某某个部门工作。"乔布斯紧盯着那个人的眼睛问："你工作的重点是什么，对公司有什么价值，对未来有什么计划?"本来就很紧张的员工在乔布斯紧迫盯人的目光下，更紧张了，根本就没听清乔布斯问的什么，于是支支吾吾半天也没有说出什么来，于是他听到了乔布斯最后一句话："你明天不用来上班了。"这则关于乔布斯电梯裁人的段子在苹果公司内流传甚广，甚至有的员工听闻这个段子后，宁愿走楼梯也不愿坐电梯。这则关于乔布斯的段子固然有夸张的成分，但它充分体现了乔布斯在裁员时的冷酷无情。

2005 年，因为苹果中国的销售队伍存在不按总部规范操作的现象，所以出现了著名的"大换血"事件。上任不到半个月的苹果中国区总经理，苹果电脑公司主管亚太区的副总裁、中国区渠道总监，华东、华南及西南三个区域的总经理等多名高管，在同一天被集体免职。

乔布斯就是这样雷厉风行，当为了苹果公司的利益需要化身为魔的时候，乔布斯从不犹豫。

偶尔，乔布斯也会反省自己。他说："有时候，我也觉得自己太严厉了。我知道每个人背后都有一个家庭，他的失业可能给家庭带去很大的影响，但是我认为我必须时刻保证自己的团队是最优秀的，这就让我不能有丝毫的仁慈心理或优柔寡断。"

对于自己恶魔一般的粗暴，他曾经这样自白："我不认为直接地指出别人的错误是一种残暴的行为，我觉得直接地告诉他，是我的责任。因为我知道自己在干什么，而且通常情况下我都是对的。彼此坦诚相对是我一直想在公司里建立的文化，诚实到残酷的地步，这就是我追求的。我觉得任何人都可以走到我面前说'史蒂夫，你做的就是一坨狗屎'，同样，我也可以这样说别人。我们会为了某些问题激烈地争吵，但那些记忆于我而言，都是美好的。当我对着某人喊着'你做的这个东西就是一坨狗屎'的时候，我没有什么恶意，只是想刺激他做得更好而已。我工作中的原则就是：你得超级诚实，不能存在任何虚伪的成分。也许有其他更好的方法，比如像个穿西装打领带的绅士那样，操着上等人的语言讲道理，但那不是我的方法，我就是这个样子。"

这就是真实的乔布斯，诚实而残酷着。

乔布斯恶魔一般的个性，还体现在他对于别人创意和想法的掠夺上。

乔布斯第一款让世界惊艳的产品是麦金塔电脑，但是知道内情的人都认为：杰夫·拉斯金才是真正的麦金塔之父，乔布斯充其量也只是麦金塔的养父，是乔布斯硬生生地从拉斯金手中将麦金塔项目抢了过来。

在乔布斯抢走麦金塔项目之前，拉斯金曾经给当时苹果的CEO迈克·斯科特发过一封言辞激烈的备忘录，在备忘录中，拉斯金说："他很少赞扬别人，对于别人的建议，他通常的做法就是贬得一文不值。即使听到了很好的建议他也是如此。不过，事后，他会到处宣扬这个想法，好像这个想法是他自己的。"

作为和乔布斯有长期合作关系的广告公司，TBWA/Chiat/Day广告公司的李·克劳对这一点也深有体会。在制作iPod的广告时，李·克劳的团队制作了两个不同的版本，其中一个较为传统，就是白色背景中放在一张iPod的特写，另一个方案很时尚，充满符号感，是一个年轻的身影耳朵中插着iPod标志性的白色耳机，身体在随着音乐摇摆。乔布斯看到两个方案后，本来选定的是第一个方案，他认为第二个方案不能展示产品。李·克劳给出了自己的意见，选择第二个方案，但是加上一句广告语，"把1000首歌装进口袋"。乔布斯听后改变了主意，选用了第二种方案。于是，很快乔布斯开始声称这是他的创意，他到处宣扬要推出更多符号化的广告。乔布斯回忆说："我听到一些怀疑的声音：'这样的广告怎么能促进iPod的销售呢？'我决定发挥CEO的作用，支持这个创意。"

曾经是麦金塔团队一员的巴德·特里布尔也曾经有过这样的经历，他说："史蒂夫的很好或糟糕都是暂时的，他今天认为很好，明天就可能认为很糟糕。有时，你告诉了他一个想法，他立刻进行了激烈的批判，可是过一段时间之后，他又会四处宣扬这个想法，好像这是他自己想出来的。"

乔布斯回归苹果后，拉动苹果运转的三驾马车之一，同时也是乔布斯亲密战友和好朋友的艾维也曾经对于乔布斯的这种抢劫别人灵感的做法感到不满。

艾维身上有艺术家的敏感，艺术家都非常重视保护自己的作品和创意，乔布斯这种抢劫灵感的做法，让艾维很受伤。他说“他（乔布斯）在听过我的一些想法后会否定说：‘糟透了，这个想法一点意思都没有。’但是不久，他就会在其他场合提出这个想法，好像这个想法是他想出来的。我很重视自己的创意，经常会有一些奇思妙想随手记在笔记本上。当史蒂夫这么做的时候，我就会觉得很受伤。”当不知情的人将苹果公司的创新完全归功于乔布斯时，艾维有时也会生气，但是同时艾维非常感激乔布斯的知遇之恩，他说：“很多公司不是没有创意，而是被淹没在了繁多的流程中，但在苹果不会这样，史蒂夫会催促我们尽快把这些创意付诸实践。”

对于乔布斯身上的粗暴而残酷的魔性，不同人有不同的看法。

微软创始人之一保罗·艾伦认为，很多时候乔布斯对员工发脾气，都只是一种策略，只是在演戏，目的就是为了促使员工做得更好。

曾经在皮克斯工作过的一位员工说：“史蒂夫确实对我们很凶，但是同时他给予了我们最大程度的信任。很多时候，我们很怕他生气，因为他生气通常代表着我们辜负了他的信任。”

可能这才是更多人面对乔布斯怒气时候的心态吧。因为，很多被乔布斯训斥的人都发现，乔布斯是对的，就像苹果的一位副总裁说的那样：“史蒂夫好像天生就是一个超级优秀的消费者，他能够一眼看出产品中不人性化的地方，然后对它进行激烈的批评。这种批评可能会让人觉得不舒服，但是它可以有效地提醒和敦促被批评者进行改进。这是乔布斯最常用的一种管理方式。”可能这也解释为什么很多人都抱怨乔布斯粗暴的管理模式，但是实际上苹果公司的离职率很低。

2004年1月，乔布斯与迪士尼合作的关系破裂，乔布斯告诉皮克斯的员工们这个消息时，员工们的情绪很低沉。乔布斯向大家解释了不再继续合作的原因，并保证作为一家有标志性意义的公司，皮克斯一定会继续走向成功的。在乔布斯这番讲话之后，员工们一扫低沉的情绪，又全身心地投入了工作中。在皮克斯工作了很久的奥伦·雅各布亲身经历了那一刻，他说：“乔布斯身上有一种绝对的能力让你去相信他。本来还很沮丧的我们，突然之间都有了信心。他让我们相信，不论发生什么，皮克斯都一定会成功的。”

乔布斯就是有这样一种创造奇迹的能力，他像神一样，似乎是无所不能的。关于他的这种创造奇迹的能力，很多人称为现实扭曲力场。对于这种能力的来源，乔布斯的工作伙伴和好友赫茨菲尔德说：“乔布斯认为有些人是特别的，比如爱因斯坦、甘地以及他在印度遇到的导师等，他认为自己也是其中之一，自己是被上帝选中并受到启示的。”

曾经为麦金塔团队一员的黛比·科尔曼说：“当乔布斯想让你完成一件事情时，他会目不转睛地盯着你，给你施加巨大的压力。那时就算摆在你面前的是一碗毒药，你也会如他所愿地喝下去的。”她认为，乔布斯这种能力是充满力量的，它让乔布斯可以激励自己的团队。

不论这种能力来源于哪里，它确实让乔布斯创造了很多的“神迹”。

1994年起，苹果开始使用由IBM和摩托罗拉联合生产的PowerPC芯片，刚开始几年里，这种芯片确实比英特尔的芯片快，但是到1997年的时候，它已经明显落后了。乔布斯回到苹果后，果断地停止使用这种芯片，而换用了英特尔的芯片。你可能会问，这就是小事一桩，有什么了不起啊？了不起的在于，乔布斯让苹果公司在“换心”的同时，几乎一拍都没落下。电脑界的另一个天才、乔布斯的老对手——比尔·盖茨对于乔布斯的这一点钦佩不已，他说：“换掉微处理器芯片，同时一拍都不能落下，这听起来是不可能的，但他们基本做到了。”乔布斯就是有这种能力，创造出让对手都拍案叫绝的奇迹。

乔布斯讨厌开关键，所以当苹果公司在制作iPhone时，乔布斯给自己的团队下了死命令：iPhone手机面板上只能有一个控制键。设计师和工程师们绞尽脑汁也想不出如何用一个控制键完成所有操作功能，他们一次次地跑到乔布斯面前，告诉乔布斯说：“这是不可能完成的。”乔布斯都置若罔闻，只是强调说：“iPhone上将只有一个按键，你们去设计吧。”在碰了N次壁后，设计师们终于设计出了乔布斯要求的只有一个按键的手机。这种只有一个按键的设计还延伸到了后来的iPad上。苹果公司的很多创新都是被乔布斯逼出来的，乔布斯就像神一样，指引着苹果前进的方向。

2010年6月，就在苹果发布iPhone4后没几天，人们就发现当用手拿住手机两边的金属缝时，信号会丢失，于是引起了苹果危机公关上非常有名的“天线门”事件。乔布斯召开了新闻发布会说明情况。在发布会上，乔布斯没有像大多数道歉者那样卑躬屈膝，也没有道歉，而是表示苹果理解这个问题并会尽力改正。他说：“金无足赤，人无完人，这是每个人都知道的。我们的手机不是完美的，我知道，但是我们努力地想要用户满意。”他同时表示，如果消费者确实对自己的iPhone 4不满意，苹果接受退货，如果消费者不想退货的话，可以免费获得苹果提供的胶套。对于乔布斯这种既没有责令召回也没有卑躬屈膝地道歉的行为，大多数消费者竟然觉得乔布斯是对的。结果iPhone4的退货率只有1.7%，远低于iPhone3GS和其他大多数手机的退货率。不仅如此，人们对于iPhone4的热情似乎不降反升，原有存货很快全部售完，人们只有提前三周预定才能买到手机。而在“天线门”事件发生之前，只需提前两天预定即可。这不能不说是危机公关史上的一个奇迹。一个犯了错误还理直气壮的人竟然不仅获得了人们的原谅，还促进了产品的销售，这种奇迹也只有神才创造出来吧？

1997年，乔布斯回归苹果的时候，硅谷编辑迈克尔·墨菲说：“想要救苹果？可以，但是你需要同时满足下列条件：一个伟大的管理者，卓越的预言家，富有魅力的领导人，手腕高超的政治家。上一个符合这些条件的人，出现在2000年前，他已经被永远地钉在十字架上，他是耶稣。”西部数据公司CEO查尔斯·哈格蒂则揶揄说：“想挽救苹果，去把上帝请来吧。”但是我们知道，苹果招来了乔布斯，然后苹果复活了。既然这样的事情，只有上帝才能做，那么乔布斯就是苹果的上帝，也只有乔布斯才能在苹果创造出一个个奇迹。

曾经有一位苹果的副总裁这样评价乔布斯：“他是一个既黑且白的人。”是的，乔布斯既是一个邪恶粗暴而冷血的恶魔，也是一个创造了神迹的上帝，他是一个矛盾的综合体。正是这些矛盾的奇异组合造就了让人又爱又恨的乔布斯，让我们向魔性与神迹共存的创新者乔布斯致敬！

永不止步的创新精神

"乔布斯是美国最伟大的创新领袖之一，他改变了我们的生活，重新定义了电脑行业。"

——美国总统奥巴马在听闻乔布斯去世的消息后，如是说

乔布斯的偶像鲍勃·迪伦曾经说过一句话："你不忙着求生，就在忙着求死。"他认为生命的过程就在于不断地创新，超越自己。和自己的偶像一样，乔布斯身上也有着强烈的创新精神，他一直都在不断地追求自我超越。

乔布斯自创业之初就特别重视创新。

在 Apple Ⅱ上，乔布斯进行了两项革新，一是采用了漂亮的塑料外壳，这让 Apple Ⅱ一经发布，就从众多外壳笨重而粗糙的电脑中脱颖而出，同时它拉近了电脑和消费者之间的心理距离，为电脑成为消费品提供了可能；二是 Apple Ⅱ内没有安装电扇，摒弃了传统的电源，采用了开关电源。乔布斯认为风扇发出的噪声会打扰人们思考，让人无法集中精神，所以他坚持 Apple Ⅱ中不安装风扇，这促成了开关电源的发明。乔布斯认为开关电源的发明意义重大，"开关电源是和 Apple Ⅱ的逻辑电路板一样伟大的发明，罗德（发明开关电源的人）应该为世人所铭记。"乔布斯很少赞扬别人，但是对于这项创新及其发明人，乔布斯却毫不吝啬赞美之词。

在苹果公司起步阶段，鉴于能力有限，在某些方面会寻求别的公司的支持，例如产品的设计和广告等，但是在技术方面的创新，乔布斯始终坚持必须在苹果公司内部完成。如果苹果公司的技术人员确实没有能力完成，乔布斯就会雇用其他公司的人员来苹果公司帮助他们完成，但是乔布斯绝对不允许技术人员到苹果公司以外的地方进行科学技术研发。

乔布斯痴迷禅宗，他的精神导师，禅宗大师铃木俊隆曾经说："初学者看待问题的角度多种多样，但专家看待问题的角度少之又少。"这一观点深深地影响了乔布斯。乔布斯认为人们应该抱有初学者的心态来面对周围的事物，就像个新生儿那样对这个世界充满好奇，只有这样才能始终保持创新能力。

乔布斯对于这个世界就始终保持着初学者的心态，所以他能够不断地创新。乔布斯第一次在施乐中心见到图形用户界面时，眼睛发着光，激动地跳了起来，兴奋地挥舞着胳膊，大声反复说自己不敢相信施乐竟然没有把这项技术商业化。这种大嚷大跳的行为简直就像个见到了糖果的孩子，正是这种初学者的心态让乔布斯保持了持久的创新能力。

乔布斯曾经说："你很少能见到一个艺术家在三四十岁时还能创造出令人赞叹的作品。"他认为，人在过了三十岁之后就会变得思维僵化，缺乏创新意识。他认为这是因为人们被卡在了固定的思维模式中，就像唱片针总是滑进某一段固定的凹槽中，跳不出来一样。但是，他认为有些人天生就具有强烈的好奇心，永远都拥有一颗孩子般的心来面对这个世界，可是这样的人非常少。乔布斯无疑就是这样的人，他 30 岁离开苹果，12 年后回归苹果的时候，已经 42 岁了，早就应该陷进凹槽中跳不出来了，乔布斯却用惊人的创造力，奉献给了世界 iMac、iPod、iPhone、iPad……一系列让人眼花缭乱的产品，这些产品无一不是设计精美的艺术品，无一不是科技与人文的完美融合。

对于乔布斯来说，最大的敌人是自己，只有战胜了自己的思维定式，才能真正地开始创新。

1975 年，还在惠普工作的沃兹带着自己研制的电路板到了惠普，向公司高层展示了自己的成果。惠普的高管对这个设计的印象很好，但是他们最后还是说这不是惠普当时所能开发的，于是有了后来将惠普远远甩在后面的苹果公司。

这件事情，让乔布斯意识到了新生事物的厉害，因此他非常重视对于新产品的研发。即使是在互联网泡沫的破裂导致其他科技公司减少了对新产品的投入时，乔布斯也没有减少对于新产品的投入。

2001 年互联网经济泡沫破裂，数字领域蒙上了一层阴影，纳斯达克指数比最高时下降了超过了 50%。只有 3 家科技公司在 2001 年 1 月的"超级碗"大赛上登了广告，而 2000 年，在这个大赛上刊登广告的科技公司有 17 家。即使是在那样的情况下，乔布斯也依然支持研发新产品。他回忆那段时期时说："当所有人都在削减开支的时候，我们反而决定要在情况低迷时继续投资。我们主要会投资在研发上面，发明出一些新东西，一旦低潮期过去，我们就已经领先于竞争对手了。"正是这种逆势而为，注重研发新产品的行为，造就了苹果始终领先于市场的优势，也成就了苹果持续创新最辉煌的十年。

乔布斯曾经说："苹果要想一直拥有无限的创意，很重要的一点就是要营造吸引人的工作环境。"乔布斯努力在苹果公司中营造出一种有益于创新的工作环境。

乔布斯在研制麦金塔时组建的麦金塔团队是历史上最有名的创新团队之一。为了激发麦金塔团队的创造力，乔布斯将办公环境布置得轻松而有活力。当时，他们的办公地点是位于班德利大道的苹果主办公区，并于 1983 年在班德利 3 号楼安顿了下来。3 号楼中有一个现代化中庭大厅，乔布斯让人在大厅中安装了一些游戏机和玩具，让员工在工作疲惫之时可以放松一下，当然了，这些游戏都是由伯勒尔·史密斯和安迪·赫茨菲尔德挑选出来的。其中大家最喜欢玩的一款游戏叫诺弗球，这是一款可以投掷或用波波枪发射的彩色小球，工程师们甚至为这个游戏设置了新的游戏规则。乔布斯还认为办公室里太冷清了，于是特批用公款购买了东芝的 CD 音响系统、马丁·洛根扬声器和 100 张 CD 光盘放在办公区里，让员工们在周末或者晚上的时候，在不干扰正常工作的情况下听听音乐，娱乐身心。后来乔布斯还在大厅中摆放了一架贝森朵夫钢琴和一辆宝马摩托车，他觉得这些东西可以让员工迷上简洁高雅的工艺风格。有的擅长乐器演奏的员工还把自己的乐器放到了办公室，这样中午吃饭时就可以为同事们即兴演奏一曲。乔布斯还为麦金塔团队的海盗们提供了可以随便租用的汽车，乒乓球室以及完全归他们使用的篮球场，还有完全免费的按摩服务以及果汁。麦金塔团队的办公区域用玻璃围了起来，看上去员工就像待在鱼缸里一样，但是从大厅就可以看到员工们奋斗的身影。麦金塔团队这种融娱乐性和工作性于一体的办公氛围，后来在谷歌、Twitter、Facebook 等公司中得到了发扬光大。

乔布斯非常重视人与人之间面对面的交流，他认为创意通常来自人与人之间自发的谈话和随机的谈论。因此，1999 年凭借《玩具总动员 2》在动画界站稳了脚跟的乔布斯，在决定建立一幢展示皮克斯形象的大楼时，坚持要建一幢围绕中庭的庞大建筑，为员工们的偶遇提供机会。他甚至想要每一层只设两个厕所，男女各一，这样就可以增加大家偶遇的机会了，但这一提议最后因遭到众人的反对而作罢。他觉得数字生活给人们带来了孤立感，且不利于创新，他说：“在我们这个网络时代，有人认为创意通过邮件和网络 iChat 聊天就可以被激发出来，这是错误的。创意更多的时候产生于自发的谈话和随机的讨论中。比如，你偶遇某个人，你问他最近在忙些什么，他的回答让你的脑子里蹦出各种想法，发出‘哇’的一声感叹。”

乔布斯曾说过：“苹果应该是一个这样的工作场所：每个人都可以直接跑到 CEO 的办公室里，把他的想法说给 CEO 听。”

为了促进团队凝聚力、加强队员之间的交流，同时促进团队的创新能力，乔布斯每半年都会带着团队中的大部分人去附近的度假胜地举行为期两天的集思会。在集思会中，每个队员都可以向乔布斯汇报自己最近在做些什么、取得了哪些进展、有哪些问题有待解决。这样直接的交流，有助于乔布斯掌控整个团队的进程，同时辅助队员解决遇到的问题，加快创新的进程，刺激灵感的产生。

乔布斯一方面非常重视营造有利于创新的环境，另一方面斯非常重视对于创新型人才的选拔和招聘。

乔布斯认为人才是一个公司成长的基石，因此他非常重视人才的招聘，尤其是具有独特思维方式的创新型人才的招聘。

他在招聘人才时，常常会问应聘者一些出人意料的问题，比如，你吸食过迷幻药吗？你几岁失去童贞的？这些问题侵犯了应聘者的个人隐私，在正常情况下，面试官是不可以问这些问题的，但是乔布斯认为，这些问题一方面可以排除一些不认真思考问题的人，另一方面可以试探出应聘者的幽默感、叛逆精神和反击能力，所以他坚持问这些问题。除了这些奇怪的问题外，乔布斯还会让应聘者和史密斯或赫茨菲尔德一起玩一个名为“守护者”的游戏，如果应聘者可以跟上他们的步伐，他就会录取这个人，否则就淘汰。

乔布斯一生有 1/4 的时间用来招聘人才，参加过 5000 多人的招聘。有人认为作为 CEO 不应该花费过多的时间在人才的招聘上，但是乔布斯认为，招聘是最重要的工作。招聘就是在寻找合作伙伴，只有寻找到了真正志同道合且优秀的合作伙伴，公司才能富有创造力，取得长远的发展，所以他长期坚持亲自招聘人才，即便是在后来他身体状况欠佳的情况下，他也经常亲自面试重要岗位上的人。据苹果中国的一位员工透露，苹果中国的核心管理者以及重要的销售代表，在进入苹果公司时都经过了乔布斯的亲自面试。

乔布斯对于那些没有创新精神的公司非常不屑。

1981年8月，在乔布斯正带着他的“海盗”们致力于麦金塔电脑的开发时，IBM公司推出了自己的个人电脑。乔布斯让自己的团队购买了一台进行研究，结果他们发现，IBM的电脑糟透了，没有任何创新，于是，乔布斯在《华尔街日报》上做了一整版的广告，标题是《我们真诚地欢迎IBM的加入》。这在当时是一则非常有名的广告，尽管最后这则广告成了对苹果公司的讽刺，但是它充分地体现了当时的乔布斯对于没有任何创新的IBM是多么不屑。

在乔布斯的整个职业生涯中，他都把自己看作创新型的斗士，而把一些大公司看作邪恶势力的代表，这在他非常喜欢的麦金塔电脑的广告《1984》中充分体现了出来。他总是想着要利用创新的力量打败邪恶势力。在PC之战时，乔布斯曾经说：“如果因为我们的失误，让IBM赢得PC之战的胜利，那么接下来20年，计算机领域都将处于黑暗之中，因为IBM一旦控制了市场，就会停止创新。”乔布斯还把自己的老对手微软也归入了邪恶势力中，他说：“微软尽管比IBM好一点，但它们本质上是一样的，他们没有创新精神。”

乔布斯曾经说：“苹果的成功只能通过创新取得。如果我们无法把自己的创新之处告诉顾客，那么迎接我们的就只会是失败。”于是，在这个理念的支撑下，乔布斯开创了个人电脑的零售时代。现在世界各地都散落着苹果零售店，人们随时都可进入苹果零售店感受浓郁的苹果文化，享受专业的苹果服务，这都得益于乔布斯的创新思维。

乔布斯始终将苹果定位为一个创新和时尚的品牌，这就让苹果公司从众多制造粗糙的通用型电脑的公司中脱颖而出。苹果大胆的设计和开创性的应用程序商店，让苹果公司成为当代最有创新精神的公司。2005年，《商业周刊》杂志公布了当年度全球创新企业20强名单，苹果公司以绝对优势排在第一位。

乔布斯认为，人们必须不断地推动创新，只有这样，才能在这个世界上留下脚印，才能改变世界。乔布斯对于创新的不懈追求彻底地改变了世界上的六大产业：个人电脑业、动画电影业、音乐产业、移动电话产业、平板电脑产业、数字出版产业，还影响了零售连锁业的产业发展格局。此外，他开发的应用程序商店，为数字内容开辟了一个全新的市场。

乔布斯在1997年回归苹果后，推出的“非同凡想”系列广告，是对于特立独行的创新者的赞歌，让我们借用这则广告，来向改变了世界的创新者——乔布斯致敬：

致疯狂的人

他们特立独行

他们桀骜不驯

他们惹是生非
他们格格不入
他们用与众不同的眼光看待事物
他们不喜欢墨守成规
他们也不愿安于现状
你可以认同他们反对他们
颂扬或诋毁他们
但唯独不能漠视他们
因为他们改变了寻常事物
他们推动人类向前迈进
或许他们是别人眼里的疯子
但他们是我们眼中的天才。
因为只有那些疯狂到以为自己能够改变世界的人
才能真正改变世界

乔布斯和苹果的创新大事记

1975 年 6 月 29 日，Apple Ⅰ诞生，改变了人机互动的模式，将人们从枯燥而讨厌的二进制中解放了出来，它最早定义了现代的人机交互方式。

1977 年 6 月 5 日，Apple Ⅱ开始发售，电脑第一次有塑料外壳；第一次自带电源装置而无须风扇；第一次装有英特尔动态内存；第一次在主板上带有 48K；第一次可玩彩色游戏；第一次设内置扬声器界面；第一次装上游戏控制键；第一次具有高分辨率图形功能；第一次实现中央处理器和主板共享内存，第一次有了消费品的样子。

1983 年 1 月 19 日，“丽萨”电脑发布，市场上第一台拥有图形用户界面的个人电脑。

1984 年 1 月 22 日，广告“1984”放映，广告好像科幻片，创新了产品的广告形式。

1984 年，1 月 24 日，苹果正式发布麦金塔电脑，简洁而优雅的设计，友好的外形，完美的图形用户界面，尽管因为价格昂贵，销量不佳，但它是一款革命性的电脑。

1989 年 9 月 18 日，NeXT 公司发布 NeXT STEP 操作系统，领先了时代 5 年。

1995 年 11 月 22 日，皮克斯公司制作的《玩具总动员》上映，世界上第一部公开宣称全部用电脑制作完成的动画片，革新了动画制作模式，谱写了动画产业新历史。

1998 年 8 月 15 日，苹果发布 iMac 电脑，它蓝色半透明外壳改变了人们印象中电脑黑色的沉闷形象，刮起了电脑界一股彩色的旋风。

2001 年 5 月 19 日，在弗吉尼亚州的泰森角和加州的格伦代尔，最早的两家苹果零售店开业，开创了零售连锁商店的新模式。

2001 年 10 月 23 日，苹果发布 iPod，应用了苹果独创的转轮技术，极为简单易用，没有开关。

2003 年 4 月 28 日，苹果发布 iTunes 音乐商店，掀起了音乐革命，改变了音乐界，为对抗音乐盗版起到了重要作用。

2004 年 1 月 6 日，苹果发布 iPod mini，改变了人们运动休闲娱乐的方式。

2005 年 1 月 15 日，苹果发布 iPod shuffle，去除了屏幕，独创了随机播放模式。

2007 年 1 月 9 日，苹果发布 iPhone，在技术上发明多点触控技术和滑动操作，在材质上使用金刚玻璃，重新发明了手机。

2008 年 7 月，iPhone 应用程序商店开始营业，一方面为数字内容开辟了一个全新的市场，另一方面开创了一个全新的产业。

2010 年 1 月 27 日，苹果发布 iPad，开创了平板电脑圆角矩形的新时代，重新激活平板电脑市场，改变了出版、新闻、电影、电视等所有媒介，掀起了一场媒介革命。

2011 年 3 月 2 日，苹果发布 iPad2，前后各置一个摄像头，更加轻薄，采用可以分离的保护套，无缝连接，既保护了 iPad，又不遮盖 iPad 优美的线条，同时不影响屏幕的效果。

2011 年 6 月，苹果发布 iCloud，正式展开具有预见性的数字中枢战略。